良渚遗址群考古报告之一

瑶 山

（修订本）

浙江省文物考古研究所　编著

文物出版社

北京·2021

图书在版编目（CIP）数据

瑶山/浙江省文物考古研究所编著 -- 修订本. --
北京：文物出版社，2021.12
　　ISBN 978-7-5010-7167-8

Ⅰ.①瑶… Ⅱ.①浙… Ⅲ.①良渚文化—墓葬（考古）
—发掘报告—杭州 Ⅳ.①K878.85

中国版本图书馆CIP数据核字（2021）第140972号

审图号：GS（2021）2863号

Yáoshān
瑶山（修订本）

编　　著：浙江省文物考古研究所

责任编辑：黄　曲
美术编辑：程星涛
责任印制：苏　林

出版发行：文物出版社
社　　址：北京市东城区东直门内北小街2号楼
邮　　编：100007
网　　址：http://www.wenwu.com
经　　销：新华书店
印　　刷：河北鹏润印刷有限公司
开　　本：889mm×1194mm　1/16
印　　张：27
版　　次：2021年12月第1版
印　　次：2021年12月第1次印刷
书　　号：ISBN 978-7-5010-7167-8
定　　价：430.00元

本书版权独家所有，非经授权，不得复制翻印

REPORTS OF THE GROUP SITES AT LIANGZHU, VOLUME I

YAOSHAN

(Revised Edition)

(With an English Abstract)

by

Zhejiang Provincial Institute of Cultural Relics and Archaeology

Cultural Relics Press
Beijing · 2021

修订说明

2019年7月6日，良渚古城遗址顺利通过第43届世界遗产大会审议，成功列入《世界遗产名录》。良渚古城遗址申遗过程中，杭州良渚遗址管理区管理委员会曾组织翻译《瑶山》《反山》英文本。2019年3月，本人提出正式出版两书英文本的计划，得到时任浙江省文物考古研究所刘斌所长的支持，也得到《反山》报告负责人王明达先生、《瑶山》报告负责人芮国耀先生的同意。为持续扎实做好良渚古城遗址和良渚文化的考古和宣传工作，2020年，在浙江省委宣传部的大力支持下，浙江省文物考古研究所组织翻译的《瑶山》《反山》等重要考古报告英文本正式列入"良渚考古图书出版"项目。

浙江省文物考古研究所编著的《瑶山》《反山》报告，作为良渚遗址群考古报告之一、之二，分别于2003年、2005年由文物出版社出版发行。在组织翻译两书英文版时，因涉及对两本报告中文原版的重新校勘，也考虑到原报告几乎绝版，我们决定重新修订《瑶山》《反山》报告。

本次《瑶山》修订出版，说明如下：

1、各墓出土器物图内的顺序编号改为墓葬随葬品的出土编号。对部分器物线图根据同类器合排在一起的原则进行了拼合或拆分。放大了部分遗迹照片，彩图部分器物名称、编号与正文不一致的，均依正文修改。对原书错误以及确实需要补充的必要内容的修改，详见本书第240页到第244页的《修订与勘误表》。对原书误排或校勘疏漏的字词，有据可依者直接改入正文，未收入《修订与勘误表》。

2、本报告第四章十二号墓采集玉琮，依1988年余杭县文物管理委员会办公室发表的简报，共计7件。原报告收录的编号2790、2791的两件玉琮为出土地点不明的玉琮，并非十二号墓采集玉琮。应归属十二号墓的2790玉琮现借展于中国国家博物馆，此次修订，仅补充器物文字描述，未收录线图和照片。

3、修订本增加了第247页到第275页两篇发掘简报，附录于后。为保存发掘简报发表时的风貌，除更替部分特别不清楚的插图外，余原文照录，仅改正了原文误排的字词。版式依修订本正文格式编排。

4、承蒙李新伟先生应允，将其《返璞归真——良渚遗址群考古报告之一＜瑶山＞读后》一文收入修订本。代为序。

《瑶山》《反山》的修订由本人负责，得到浙江省文物考古研究所陈明辉先生、朱叶菲女士和良渚博物院夏勇先生的大力协助。感谢文物出版社黄曲责任编辑的支持和辛勤工作。

再次感谢为反山、瑶山考古工作付出辛勤劳动的前辈和同仁。

方向明
2021年4月24日

代序

返璞归真

—— 良渚遗址群考古报告之一《瑶山》读后

李新伟

良渚文化是20世纪最后十余年里中国史前考古的明星。1988年元月，《文物》第一期刊发反山、瑶山两遗址的发掘简报，刚刚寂寥地度过五十岁生日的良渚文化，焕发珠光宝气，重新闪亮登场。琮璜璧钺，高坛贵冢，震动整个中国考古界，引众多学者竞折腰。空前热烈的讨论随之而起，玉器当仁不让地成为关注的焦点，相关的探讨异彩纷呈，巨大地推动了对良渚文化社会性质和独特发展道路的认识，引发了对中国史前社会多元发展格局的深入思考。但困境也随之而来：基础考古材料的欠缺、对玉器的过分热情使得良渚文化研究逐渐沉浸在一种浮华的氛围中，难有突破。良渚文化六十年诞辰虽然风光，但庆祝论文结集出版之后是一片沉寂，"良渚"不再是在各种期刊上随处可见的关键词。2001年在北京召开的中国文明起源讨论会上，良渚故乡的学者多沉默少言。我耳闻他们正在扎实地做着发掘和资料整理，当时就想，江东弟子多才俊，卷土重来的日子不会太远。

今年元月终于见到了印刷堪称上乘的《瑶山》报告，兴奋不已，每一个对良渚文化牵肠挂肚的人都会有同感。封面不尽如人意，整体色调偏浅，布局有点乱，如果凝重些可能会更好，但内容之精彩让人喜出望外。严文明先生在《关于编写考古报告的谈话》中讲道："任何考古报告都应该是田野考古工作的忠实记录和集中表述。""千呼万唤始出来，犹抱琵琶半遮面"是考古报告的大忌。《瑶山》最让"良渚爱好者"感到痛快淋漓的是对资料的全面如实发表，返璞归真的清新气息扑面而来，吹散弥漫的浮华。

按年度排列的发掘过程介绍翔实精当。1987年发现中心祭坛和墓葬，揭露了遗址的核心部分；1996年发现西2、北2石坎，认识到遗址规模远超出原来的想象；1997年上半年度发现南1、南2、西3、西4石坎和M14，收获丰富，基本探明了遗址中心部位的堆积过程；1997年下半年度发现西5、西6石坎，对整个遗址布局有了进一步认识；1998年在东北、西北和南部进行了补充发掘，"基本弄清瑶山遗址的平面布局及其主体部位的堆积营建过程"。虽然因为后期的破坏和"保护性发掘"的制约，目前认识到的瑶山遗址整体布局还有很多让人困惑之处，但与1987年时的认识相比，无疑有了重大进步。报告作者清晰地叙述了每一次田野工作的学术目的和操作方法。读者可以深切感受到全面了解像瑶山这样的高等级遗址不可能一蹴而就，而是需要在开阔的学术视野指导下的扎实田野工作。值得特别称道的是提供了丰富直观信息的大量附图。仅遗址中心部位的剖面图就有九幅，最大限度地提供了地层信息。难以亲历发掘现场的读者因此有了观看现场直播的感觉，基本可以站在与发掘者平等的地位上，依据真正客观的、而不是发掘者按自己的主观意志"透露"的资料展开研究，形成自己的认识。这样做要承担点"风险"——田野发掘和资料分析中若有欠缺会更容易暴露出来，作者的观点更容易受到读者的挑战。比如根据作者提供的地层关系，有些读者可能会倾向于认为灰土沟和墓葬不一定是最晚阶段的产物。但我相信比起那些因使读者难以获得完整资料才显得无懈可击的考古报告，《瑶山》体现出的返璞归真风格肯定会获得更多发自内心的尊重。

《瑶山》对所有墓葬写真式的全面细致报道，赢得的将不仅仅是尊重——特别富于感性的"良渚爱好者"们肯定还会大呼"过瘾"。《瑶山》的文字和彩版均按墓号排列，检索非常方便。以前出版的《赵宝沟》和《大南沟》报告采取了类似的结构，都获得过好评。我们由此可以感受到一种悄然而起的改变：比起遗存的形制，遗存的共存关系或出土背景（CONTEXT）正日益受到更多的重视。20世纪五六十年代被强烈呼唤过的"见物又见人"的研究取向，现在水到渠成，已经自然而然地引导着大多数学者的实践了。对于瑶山这批意义重大的墓葬来说，按照共存关系无一遗漏地发表资料是最高的礼遇。作者发表资料之详细超乎我的意料：每一枚长宽只有几毫米的玉粒都得到了被展示的机会，而且有平面也有剖面；M10∶97串饰由201件玉管组成，每一件玉管都有图示，排满了整整一页。不会有人指责烦琐吧？对于单纯的类型学研究，若干典型标本确实已经足够了。但对于制玉、用玉制度研究，这种"不厌其烦"是必不可少的。当我们感到考古资料"没用"的时候，往往是因为我们没有找到从中提取有价值信息的方法。

"墓葬"部分的附图更加让人称道。归纳起来有三个特点。一是除了墓葬全景图外，还有局部特写图，详尽描绘重要随葬品的出土背景。二是全方位表现重要遗物的形态特征。大部分遗物都有平面、俯视、侧视图，很多遗物有背视图、展开图和拓片。如M9∶1-2玉柱形器用三幅侧视展开图和拓片表现大致相同、其实有细节差异的刻划兽面；M9∶2玉三叉形器由正面、背面、剖面、侧视、俯视和仰视六幅线图，正、背、上、下四幅拓片及正、背两幅彩照充分展示。三是特别注重表现玉器制作、使用痕迹。钻孔玉器的孔部被非常精确地表现，细小玉管上留下的切割痕都被细致的描绘下来。无缘亲手摩挲珍贵遗物的读者，面对这些融入了绘制者的学术素养和真诚的附图，是应该肃然起敬的。

比起泼墨如水的资料描述，寥寥数页的"研究认识"，可谓惜墨如金。没有以前良渚文化研究中常见的奇思妙想，关于南北行墓随葬品的差别、冠形器用途等的讨论，全部是从基础材料中得出的审慎推论。有些明显可以"发挥"一下的内容，如墓葬间的等级差别等，作者都没有涉及。摆脱浮华，返璞归真的意图得到了充分的体现。

"人心苦不知足，既平陇，复望蜀。"《瑶山》虽然已如此精彩，还是让人感到些遗憾。如报告后记所言，玉器鉴定的空缺是报告的一大缺憾。我们期望拟议展开的对玉器的多学科研究能够尽快有报告问世，而且也是一部"不厌其烦"的作品，详细发表每一件玉器和石器的质地。玉料种类在各墓葬中的分布可以提供有关玉料资源控制和分配的重要信息（可参看美国学者对中美洲史前燧石器制造业的研究，如 K. V. Flannery, *The Early Mesoamerican Village*, New York, Academic press, 1976 中的相关部分）。多学科研究还应该包括对土壤的鉴定，很多读者会非常想知道几种主要的堆积土，特别是红土和灰土是从何而来的。对地层的介绍和图示已相当详尽，但如果有一张主要堆积土的平面分布图会更好。再有，英文摘要如果能长些，详细些就好了，新近出版的《桂林甑皮岩》报告是个很好的范例。

面对《瑶山》这样一部凝聚着辛劳和真诚的报告，每一位真正热爱良渚的人还会有个共同的期望——良渚文化研究的返璞归真。

（原载《中国文物报》2004 年 3 月 31 日）

目　录

第一章　绪　言 1

　第一节　余杭的历史沿革与良渚遗址群 1
　　一、历史沿革 1
　　二、良渚遗址群 1
　第二节　发现经过 3
　　一、瑶山的地理位置 3
　　二、瑶山遗址的发现 4

第二章　发掘过程 6

　第一节　1987年度的发掘 6
　第二节　1996年度的发掘 10
　第三节　1997年上半年度的发掘 11
　第四节　1997年下半年度的发掘 20
　第五节　1998年度的发掘 23

第三章　墓　葬 26

　第一节　一号墓 26
　　一、墓葬形制 26
　　二、随葬器物 28
　第二节　二号墓 33
　　一、墓葬形制 33
　　二、随葬器物 35
　第三节　三号墓 52
　　一、墓葬形制 52
　　二、随葬器物 53
　第四节　四号墓 62
　　一、墓葬形制 62

二、随葬器物 ... 62

第五节　五号墓 ... 69
　　一、墓葬形制 ... 69
　　二、随葬器物 ... 70

第六节　六号墓 ... 72
　　一、墓葬形制 ... 72
　　二、随葬器物 ... 72

第七节　七号墓 ... 75
　　一、墓葬形制 ... 75
　　二、随葬器物 ... 80

第八节　八号墓 ... 114
　　一、墓葬形制 ... 114
　　二、随葬器物 ... 114

第九节　九号墓 ... 121
　　一、墓葬形制 ... 121
　　二、随葬器物 ... 122

第十节　十号墓 ... 141
　　一、墓葬形制 ... 141
　　二、随葬器物 ... 143

第十一节　十一号墓 ... 168
　　一、墓葬形制 ... 168
　　二、随葬器物 ... 168

第十二节　十四号墓 ... 191
　　一、墓葬形制 ... 191
　　二、随葬器物 ... 192

第四章　采集及地层出土遗物 ... 198

第一节　十二号墓 ... 198

第二节　西区出土遗物 ... 217

第三节　地层出土遗物 ... 226

第五章　研究认识 ... 229

第一节　墓葬的器物组合及年代 ... 229
　　一、陶器组合 ... 229
　　二、石器组合 ... 229

三、玉器组合 229
　　四、器物组合 231
　　五、墓葬年代 231
　第二节　玉器的研究 232
　　一、玉器的刻纹 232
　　二、玉作工艺 233
　　三、主要器类研究 234
　第三节　祭坛与墓地 235

英文提要 237

后　记 239

修订与勘误表 240

附　录 245
　附录一　余杭瑶山良渚文化祭坛遗址发掘简报 247
　附录二　浙江省余杭县安溪瑶山12号墓考古简报 268

插图目录

图一　瑶山遗址位置图 2

图二　良渚遗址群遗址分布示意图 3

图三　瑶山遗址示意图 4

图四　瑶山遗址等高模拟图 5

图五　1987年布方位置及遗迹平面图 7

图六　瑶山遗迹剖面图 8

图七　T3出土玉器及北1石坎覆土层中出土陶鼎足 9

图八　M13 9

图九　1996年至1997年上半年发掘探方平面示意图 11

图一〇　瑶山遗迹等高线实测图 12

图一一　1996年揭露之土台遗迹平面图 13

图一二　南1石坎平面图 14

图一三　南2石坎平面图 15

图一四　T204中探沟南壁剖面图 16

图一五　T204北探沟东壁剖面图 16

图一六　西2、西3、北2石坎平面图 17

图一七　T206北壁、T204南探沟北壁、T305北壁剖面图 17

图一八　西4石坎平、剖面图 18

图一九　97H1平、剖面图 19

图二〇　1997年下半年至1998年发掘探方平面示意图 21

图二一　西5、西6石坎平面图 22

图二二　条状砾石堆积平面图 24

图二三　T0509、T0508、T0507东壁剖面图 24

图二四　M1平面图 27

图二五　M1出土玉冠形器（M1:3）及拓片 28

图二六　M1出土玉镯形器（M1:30）及拓片 29

图二七　M1出土玉镯形器（M1:30）拓片 30

图二八　M1出土玉璜 30

图二九	M1出土玉管串、圆牌串饰	31
图三〇	M1出土玉珠、管、锥形器和陶鼎	32
图三一	M2平面图	34
图三二	M2出土玉冠形器（M2:1）及拓片	35
图三三	M2出土玉带盖柱形器、三叉形器、长管	36
图三四	M2出土玉长管（M2:7）及拓片	37
图三五	M2出土玉锥形器及拓片	37
图三六	M2出土玉锥形器及拓片	38
图三七	M2出土玉琮（M2:22）	40
图三八	M2出土玉琮（M2:22）拓片	41
图三九	M2出土玉琮（M2:23）	42
图四〇	M2出土玉琮（M2:23）拓片	43
图四一	M2出土小玉琮及拓片	44
图四二	M2出土玉柱形器、钺、端饰、镯形器	45
图四三	M2出土玉圆牌（M2:17）及拓片	46
图四四	M2出土玉锥形器、坠、鸟	47
图四五	M2出土玉条形饰、手柄	48
图四六	M2出土玉手柄（M2:55）拓片	49
图四七	M2出土玉管串	50
图四八	M2出土玉管、珠、粒	51
图四九	M2出土石钺	52
图五〇	M2出土陶器	52
图五一	M3平面图	54
图五二	M3出土玉冠形器（M3:5）及拓片	55
图五三	M3出土玉带盖柱形器、长管	55
图五四	M3出土玉三叉形器（M3:3）	56
图五五	M3出土玉锥形器	56
图五六	M3出土玉钺（M3:12）	56
图五七	M3出土小玉琮及拓片	57
图五八	M3出土玉镯形器	58
图五九	M3出土玉珠、坠	58
图六〇	M3出土玉管串	59
图六一	M3出土玉管	59
图六二	M3出土玉管	60
图六三	M3出土石钺（M3:13）	61

图号	标题	页码
图六四	M3出土陶器	61
图六五	M4平面图	63
图六六	玉璜（M4:34）、冠形器（M4:28）及管串（M4:35）出土情况	64
图六七	M4出土玉冠形器（M4:28）	64
图六八	M4出土玉璜及拓片	64
图六九	M4出土玉圆牌串饰	65
图七〇	M4出土玉柱形器、锥形器	66
图七一	M4出土玉镯形器	67
图七二	M4出土玉管、珠	68
图七三	M4出土玉管串（M4:35）	68
图七四	M4出土陶器	69
图七五	M5平面图	70
图七六	M5出土玉冠形器、圆牌	71
图七七	M5出土玉管串、珠、管	71
图七八	M5出土陶器	71
图七九	M6平面图	73
图八〇	M6出土玉冠形器（M6:1）及拓片	74
图八一	M6出土玉璜、镯形器	74
图八二	M6出土玉纺轮、柱形器、锥形器、珠串、饰件、管、珠	74
图八三	M6出土陶器	75
图八四	M7平面图	76
图八五	玉三叉形器（M7:26）出土情况	77
图八六	玉冠形器（M7:63-27）出土情况	78
图八七	玉管串（M7:28）出土情况	78
图八八	玉钺（M7:32）出土情况	79
图八九	M7出土玉冠形器（M7:63-27）及拓片	80
图九〇	M7出土玉带盖柱形器	81
图九一	M7出土玉三叉形器（M7:26）及拓片	81
图九二	M7出土玉长管	81
图九三	M7出土玉锥形器及拓片	82
图九四	M7出土玉锥形器	83
图九五	M7出土玉钺（M7:32）	84
图九六	M7出土玉钺（M7:32）拓片	84
图九七	M7出土玉钺冠饰（M7:31）	85
图九八	M7出土玉钺冠饰（M7:31）拓片及平面展开图	86

图号	标题	页码
图九九	M7出土玉钺端饰（M7：33）	87
图一〇〇	M7出土玉钺端饰（M7：33）拓片	87
图一〇一	M7出土玉琮（M7：34）	88
图一〇二	M7出土玉琮（M7：34）拓片	89
图一〇三	M7出土玉琮（M7：50）	90
图一〇四	M7出土玉琮（M7：50）拓片	91
图一〇五	M7出土小玉琮及拓片	92
图一〇六	M7出土小玉琮及拓片	93
图一〇七	M7出土小玉琮及拓片	94
图一〇八	M7出土小玉琮及拓片	95
图一〇九	M7出土玉锥形器（M7：42）及拓片	96
图一一〇	M7出土玉镯形器	97
图一一一	M7出土玉柱形器、镯形器	98
图一一二	M7出土玉端饰（M7：29）	99
图一一三	M7出土玉端饰、带钩	100
图一一四	M7出土玉牌饰（M7：55）及拓片	101
图一一五	M7出土玉饼状饰、坠饰、半圆形饰	101
图一一六	M7出土玉管串（M7：5）	102
图一一七	M7出土玉管串（M7：28之一）	103
图一一八	M7出土玉管串（M7：28之二）	104
图一一九	M7出土玉管串（M7：72）	104
图一二〇	M7出土玉管串	105
图一二一	M7出土玉管串	106
图一二二	M7出土玉珠、珠串	107
图一二三	M7出土玉管	108
图一二四	M7出土玉管	109
图一二五	M7出土玉粒、珠	111
图一二六	嵌玉漆器（M7：155）出土情况	112
图一二七	M7出土石钺	113
图一二八	M7出土石钺（M7：157）	113
图一二九	M7出土鲨鱼牙齿	114
图一三〇	M8平面图	115
图一三一	M8出土玉冠形器、三叉形器	116
图一三二	M8出土玉锥形器	117
图一三三	M8出土玉钺（M8：14）	117

图一三四	M8出土玉长管、柱形器、镯形器、珠串、管串、坠	118
图一三五	M8出土玉管、珠、粒	119
图一三六	M8出土石柱形器、束腰形饰	120
图一三七	M8出土石钺（M8∶21）	121
图一三八	M9平面图	123
图一三九	M9出土玉冠形器（M9∶6）及拓片	124
图一四〇	M9出土玉带盖柱形器及拓片	124
图一四一	M9出土玉三叉形器（M9∶2）及拓片	125
图一四二	M9出土玉长管	126
图一四三	M9出土玉锥形器	126
图一四四	M9出土玉钺（M9∶14）	127
图一四五	M9出土玉锥形器及拓片	128
图一四六	M9出土玉琮（M9∶4）	129
图一四七	M9出土玉琮（M9∶4）拓片	130
图一四八	M9出土玉刻纹管（M9∶5）及拓片	131
图一四九	M9出土小玉琮及拓片	132
图一五〇	M9出土小玉琮及拓片	133
图一五一	M9出土玉镯形器、条形器	134
图一五二	M9出土玉柱形器、牌饰	134
图一五三	M9出土玉管串（M9∶31）	135
图一五四	M9出土玉管串	135
图一五五	M9出土玉管串（M9∶77）	136
图一五六	M9出土玉管、珠	137
图一五七	M9出土玉粒	139
图一五八	M9出土石钺（M9∶13）	140
图一五九	M9出土陶器	140
图一六〇	M10平面图	142
图一六一	M10出土玉冠形器（M10∶4）及拓片	143
图一六二	M10出土玉带盖柱形器	143
图一六三	M10出土玉三叉形器（M10∶6）及拓片	144
图一六四	M10出土玉锥形器	145
图一六五	M10出土玉钺（M10∶14）	146
图一六六	M10出土玉琮（M10∶15）	147
图一六七	M10出土玉琮（M10∶15）拓片	148
图一六八	M10出土玉琮（M10∶16）	149

图一六九	M10出土玉琮（M10∶16）及拓片	150
图一七〇	M10出土玉琮（M10∶19）	151
图一七一	M10出土玉琮（M10∶19）拓片	152
图一七二	M10出土玉柱形器、长管	153
图一七三	M10出土玉长管（M10∶21）及拓片	154
图一七四	M10出土玉镯形器	155
图一七五	M10出土玉镯形器（M10∶31）	155
图一七六	M10出土玉端饰	156
图一七七	M10出土玉牌饰（M10∶20）及拓片	157
图一七八	M10出土玉半圆形饰	158
图一七九	M10出土玉月牙形饰	158
图一八〇	M10出土玉环形饰、条形饰、弹形饰	159
图一八一	M10出土玉管串	159
图一八二	M10出土玉管串（M10∶63）	160
图一八三	M10出土玉管串（M10∶65之一）	161
图一八四	M10出土玉管串（M10∶65之二）	162
图一八五	M10出土玉管串（M10∶97）	163
图一八六	M10出土玉管	164
图一八七	M10出土玉管、珠	165
图一八八	M10出土玉粒	166
图一八九	M10出土石钺	167
图一九〇	M10出土陶豆（M10∶82）	167
图一九一	M11平面图	170
图一九二	M11墓葬中南部器物平面分布图	171
图一九三	M11出土玉冠形器（M11∶86）及拓片	172
图一九四	M11出土玉带盖柱形器、璜	172
图一九五	M11出土玉璜（M11∶84）及拓片	173
图一九六	M11出土玉璜（M11∶94）及拓片	174
图一九七	M11出土玉圆牌串饰	175
图一九八	M11出土玉圆牌（M11∶59）及拓片	176
图一九九	M11出土玉镯形器	177
图二〇〇	M11出土玉柱形器	178
图二〇一	M11出土玉柱形器（M11∶64）及拓片	179
图二〇二	M11出土玉端饰、长管、锥形器	180
图二〇三	M11出土玉手柄（M11∶15）	180

图二〇四	M11出土玉手柄（M11:72）	180
图二〇五	M11出土玉纺轮、刻纹管	181
图二〇六	M11出土玉坠、弹形饰	181
图二〇七	M11出土玉管串（M11:76）	182
图二〇八	M11出土玉管串（M11:77）	183
图二〇九	M11出土玉管串	184
图二一〇	M11出土玉珠串（M11:78）	184
图二一一	M11出土玉瓣形饰（M11:81之一）	185
图二一二	M11出土玉瓣形饰（M11:81之二）	186
图二一三	M11出土玉瓣形饰（M11:82）	187
图二一四	M11出土玉管	188
图二一五	M11出土玉珠、绿松石珠	188
图二一六	M11出土玉粒	190
图二一七	M11出土陶器	191
图二一八	M14平、剖面图	193
图二一九	M14出土玉冠形器（M14:10）	194
图二二〇	M14出土玉璜、镯形器、锥形器	194
图二二一	M14出土玉珠、圆牌、瓣形饰	195
图二二二	M14出土玉管	196
图二二三	M12出土玉冠形器、三叉形器	199
图二二四	M12出土玉带盖柱形器、半圆形饰	199
图二二五	M12出土玉锥形器	201
图二二六	M12出土玉琮（2784）	203
图二二七	M12出土玉琮（2784）	204
图二二八	M12出土玉琮（2785）	205
图二二九	M12出土玉琮（2786）	206
图二三〇	M12出土玉琮（2787）	207
图二三一	M12出土玉琮（2788）	208
图二三二	M12出土玉琮（2789）	209
图二三三	M12出土玉钺（2792）	210
图二三四	M12出土玉端饰、小琮、锥形器	210
图二三五	M12出土玉柱形器	211
图二三六	M12出土玉刻纹管	212
图二三七	M12出土玉刻纹管	214
图二三八	M12出土玉匙、匕形器	215

图二三九	M12出土玉长管	216
图二四〇	M12出土玉器座（2793）	217
图二四一	西区出土玉冠形器（3048）	218
图二四二	西区出土玉柱形器器盖（2805）	218
图二四三	西区出土玉锥形器	218
图二四四	西区出土玉三叉形器（2851）	219
图二四五	西区出土玉琮（2841）	220
图二四六	西区出土玉琮	221
图二四七	西区出土玉琮（2844）	222
图二四八	西区出土玉钺（3047）	223
图二四九	西区出土小玉琮、锥形器、坠	224
图二五〇	西区出土玉镯形器、端饰、长管、柱形器	225
图二五一	西区出土石钺（3046）	225
图二五二	西区出土石钺	226
图二五三	地层出土玉、石器	227

彩图目录

彩图1. 1987年发掘时的瑶山
彩图2. 1997年发掘时的瑶山
彩图3. 1987年揭露遗址全景
彩图4. 西1石坎
彩图5. 西2石坎局部
彩图6. 南1石坎局部
彩图7. 南1石坎
彩图8. 北1石坎
彩图9. M1
彩图10. M1玉璜出土状况
彩图11. 玉冠形器（M1:3）
彩图12. 玉镯形器（M1:30）
彩图13. 玉镯形器（M1:30）
彩图14. 玉镯形器（M1:30）
彩图15. 玉璜（M1:5）
彩图16. 玉璜（M1:12）
彩图17. 玉管串（M1:4）
彩图18. 玉圆牌（M1:13-1）
彩图19. 玉圆牌（M1:13-2）
彩图20. 玉圆牌（M1:13-3）
彩图21. 玉圆牌（M1:13-4）
彩图22. 玉圆牌（M1:13-5）
彩图23. 玉珠、管（M1:1、2、14、19、20）
彩图24. 玉管（M1:6、10、11、16~18）
彩图25. 玉管（M1:21~23、28、29）
彩图26. 玉锥形器（M1:15）
彩图27. 玉珠（M1:7~9）
彩图28. M2

彩图29. M2玉琮、玉钺和石钺等出土状况
彩图30. 玉冠形器（M2:1）
彩图31. 玉三叉形器（M2:6）
彩图32. 玉带盖柱形器（盖）（M2:2）
彩图33. 玉带盖柱形器（柱）（M2:3）
彩图34. 玉长管（M2:7）
彩图35. 玉长管（M2:18）
彩图36. 玉锥形器（M2:8-1）
彩图37. 玉锥形器（M2:8-2）
彩图38. 玉锥形器（M2:9-1）
彩图39. 玉锥形器（M2:9-2）
彩图40. 玉锥形器（M2:10）
彩图41. 玉锥形器（M2:11）
彩图42. 玉锥形器（M2:12）
彩图43. 玉琮（M2:22）
彩图44. 玉琮（M2:23）
彩图45. 玉钺（M2:14）
彩图46. 小玉琮（M2:20）
彩图47. 小玉琮（M2:21）
彩图48. 玉柱形器（M2:4）
彩图49. 玉柱形器（M2:5）
彩图50. 玉圆牌（M2:17）
彩图51. 玉圆牌（M2:17）
彩图52. 玉柱形器（M2:16）
彩图53. 玉镯形器（M2:24）
彩图54. 玉端饰（M2:15）
彩图55. 玉锥形器（M2:25）
彩图56. 玉锥形器（M2:28）

彩图57. 玉条形饰（M2:51）
彩图58. 玉坠（M2:26）
彩图59. 玉端饰（M2:44）
彩图60. 玉端饰（M2:46）
彩图61. 玉端饰（M2:54）
彩图62. 玉鸟（M2:50）正面
彩图63. 玉鸟（M2:50）背面
彩图64. 玉手柄（M2:55）
彩图65. 玉手柄（M2:55）细部
彩图66. 玉管串（M2:37）
彩图67. 玉管串（M2:40）
彩图68. 玉管串（M2:57）
彩图69. 玉管串（M2:58）
彩图70. 玉管串（M2:19）
彩图71. 玉管（M2:39、48、43-1、43-2）
彩图72. 玉管（M2:29、47、52、53）
彩图73. 玉管串（M2:38）
彩图74. 玉管串（M2:59）
彩图75. 玉珠（M2:13）
彩图76. 玉珠（M2:42、60、41）
彩图77. 玉粒（M2:30~33、45、49）
彩图78. 石钺（M2:27）
彩图79. 石钺（M2:61）
彩图80. M3
彩图81. 玉带盖柱形器（盖）（M3:1）
彩图82. 玉带盖柱形器（柱）（M3:2）
彩图83. 玉冠形器（M3:5）
彩图84. 玉三叉形器（M3:3）
彩图85. 玉长管（M3:9）
彩图86. 玉锥形器（M3:4-1~4-5）
彩图87. 玉钺（M3:12）
彩图88. 小玉琮（M3:38）
彩图89. 小玉琮（M3:39）
彩图90. 小玉琮（M3:38、39）
彩图91. 玉镯形器（M3:14）

彩图92. 玉镯形器（M3:15）
彩图93. 玉镯形器（M3:16）
彩图94. 玉锥形器（M3:23）
彩图95. 玉坠（M3:44）
彩图96. 玉管串（M3:29）
彩图97. 玉管串（M3:31）
彩图98. 玉管串（M3:42）
彩图99. 玉管（M3:6、7、21、27、37、46）
彩图100. 玉管（M3:10）
彩图101. 玉管（M3:11、48）
彩图102. 玉管（M3:17、24、26、28、35）
彩图103. 玉管（M3:18）
彩图104. 玉管（M3:19、25）
彩图105. 玉管（M3:22）
彩图106. 玉管（M3:30、33、34、36）
彩图107. 玉管（M3:47）
彩图108. 玉珠（M3:8）
彩图109. 玉管串（M3:41）
彩图110. 石钺（M3:13）
彩图111. M4
彩图112. M4玉璜、冠形器及管串出土情况
彩图113. M4玉璜与圆牌串饰出土情况
彩图114. 玉冠形器（M4:28）
彩图115. 玉璜（M4:6）
彩图116. 玉璜（M4:34）
彩图117. 玉圆牌（M4:7）
彩图118. 玉圆牌（M4:13）
彩图119. 玉圆牌（M4:8）
彩图120. 玉圆牌（M4:9）
彩图121. 玉圆牌（M4:10）
彩图122. 玉圆牌（M4:11）
彩图123. 玉圆牌（M4:12）
彩图124. 玉圆牌（M4:14）
彩图125. 玉柱形器（M4:3）
彩图126. 玉管串（M4:35）

彩图127. 玉镯形器（M4∶15）
彩图128. 玉镯形器（M4∶16）
彩图129. 玉镯形器（M4∶17）
彩图130. 玉锥形器（M4∶18）
彩图131. 玉管（M4∶2、5）
彩图132. 玉管（M4∶1、24~26、36）
彩图133. 玉管（M4∶19~22）
彩图134. 玉管（M4∶23、27、29）
彩图135. 玉管、珠（M4∶44、33、31、37）
彩图136. 玉珠（M4∶4）
彩图137. 玉珠（M4∶30、32）
彩图138. 陶豆（M4∶38）
彩图139. 陶盘（M4∶45）
彩图140. M5
彩图141. 玉冠形器（M5∶3）
彩图142. 玉圆牌（M5∶2）
彩图143. 玉圆牌（M5∶8-2）
彩图144. 玉圆牌（M5∶8-1）
彩图145. 玉管串（M5∶5）
彩图146. 玉管（M5∶4）
彩图147. 玉珠（M5∶6、1、7）
彩图148. M6
彩图149. 玉冠形器（M6∶1）
彩图150. 玉璜（M6∶2）
彩图151. 玉镯形器（M6∶3）
彩图152. 玉镯形器（M6∶4）
彩图153. 玉珠串（M6∶8）
彩图154. 玉饰件（M6∶9）
彩图155. 玉锥形器（M6∶14）
彩图156. 玉纺轮（M6∶5）
彩图157. 玉管（M6∶10、16、11、12）
彩图158. 玉柱形器（M6∶6）
彩图159. 玉珠（M6∶7、13、15）
彩图160. M7
彩图161. M7玉冠形器等出土情况

彩图162. M7玉管串饰出土情况
彩图163. M7玉琮及部分玉器出土情况
彩图164. M7嵌玉漆器出土情况
彩图165. M7玉牌饰出土情况
彩图166. M7玉三叉形器出土情况
彩图167. 玉三叉形器（M7∶26）正面
彩图168. 玉三叉形器（M7∶26）背面
彩图169. 玉冠形器（M7∶63-27）
彩图170. 玉带盖柱形器（盖）（M7∶8-1）
彩图171. 玉带盖柱形器（盖）（M7∶8-1）
彩图172. 玉带盖柱形器（柱）（M7∶8-2）
彩图173. 玉锥形器（M7∶22）
彩图174. 玉锥形器（M7∶23）
彩图175. 玉长管（M7∶25）
彩图176. 玉长管（M7∶84）
彩图177. 玉长管（M7∶145）
彩图178. 玉锥形器（M7∶24-1）
彩图179. 玉锥形器（M7∶24-2）
彩图180. 玉锥形器（M7∶24-3）
彩图181. 玉锥形器（M7∶24-4）
彩图182. 玉锥形器（M7∶24-5）
彩图183. 玉锥形器（M7∶24-6）
彩图184. 玉锥形器（M7∶24-7）
彩图185. 玉锥形器（M7∶24-8）
彩图186. 小玉琮（M7∶43）
彩图187. 小玉琮（M7∶44）
彩图188. 小玉琮（M7∶45）
彩图189. 玉琮（M7∶34）
彩图190. 玉琮（M7∶50）
彩图191. 玉钺（M7∶32）
彩图192. 玉钺冠饰（M7∶31）
彩图193. 玉钺端饰（M7∶33）
彩图194. 玉钺端饰（M7∶33）
彩图195. 小玉琮（M7∶46）
彩图196. 小玉琮（M7∶47）

彩图197. 小玉琮（M7:47、46）
彩图198. 小玉琮（M7:49）
彩图199. 小玉琮（M7:51）
彩图200. 小玉琮（M7:52）
彩图201. 小玉琮（M7:54）
彩图202. 小玉琮（M7:147）
彩图203. 玉锥形器（M7:42）
彩图204. 玉镯形器（M7:6）
彩图205. 玉镯形器（M7:20）
彩图206. 玉镯形器（M7:35）
彩图207. 玉镯形器（M7:36）
彩图208. 玉镯形器（M7:37）
彩图209. 玉镯形器（M7:38）
彩图210. 玉镯形器（M7:39）
彩图211. 玉镯形器（M7:40）
彩图212. 玉柱形器（M7:27）
彩图213. 玉柱形器（M7:98）
彩图214. 玉镯形器（M7:30）
彩图215. 玉镯形器（M7:41）
彩图216. 玉镯形器（M7:57）
彩图217. 玉镯形器（M7:58）
彩图218. 玉端饰（M7:18）
彩图219. 玉端饰（M7:29）
彩图220. 玉带钩（M7:53）
彩图221. 玉带钩（M7:53）
彩图222. 玉牌饰（M7:55）
彩图223. 玉坠饰（M7:56）
彩图224. 玉饼状饰（M7:11）
彩图225. 玉半圆形饰（M7:101）
彩图226. 玉半圆形饰（M7:133）
彩图227. 玉半圆形饰（M7:134）
彩图228. 玉半圆形饰（M7:135）
彩图229. 玉管串（M7:5）
彩图230. 玉管串（M7:28）
彩图231. 玉管串（M7:70）
彩图232. 玉管串（M7:72）
彩图233. 玉管（M7:72）
彩图234. 玉管串（M7:73）
彩图235. 玉管（M7:80、81）
彩图236. 玉管串（M7:82）
彩图237. 玉管（M7:102）
彩图238. 玉管串（M7:104）
彩图239. 玉管串（M7:114）
彩图240. 玉管（M7:115）
彩图241. 玉管串（M7:116）
彩图242. 玉管（M7:132）
彩图243. 玉管串（M7:141）
彩图244. 玉管串（M7:148）
彩图245. 玉珠串（M7:60）
彩图246. 玉珠串（M7:61）
彩图247. 玉珠串（M7:69）
彩图248. 玉珠串（M7:136）
彩图249. 玉管（M7:10）
彩图250. 玉珠串（M7:59、62、64~68）
彩图251. 玉管（M7:9）
彩图252. 玉管（M7:1~4）
彩图253. 玉管（M7:12、13、15、86、88）
彩图254. 玉管（M7:14、21、75、96）
彩图255. 玉管（M7:16、87、110、111、118）
彩图256. 玉管（M7:48、91、100、124、128）
彩图257. 玉管（M7:77）
彩图258. 玉管（M7:85）
彩图259. 玉管（M7:89、92、95、107、108）
彩图260. 玉管（M7:90、103、120）
彩图261. 玉管（M7:94、122、142）
彩图262. 玉管（M7:97、99、106、129）
彩图263. 玉管（M7:105）
彩图264. 玉管（M7:109、117、119、125）
彩图265. 玉管（M7:121、123、130、131、149、161）

彩图266. 玉管（M7：126、127、146、151）
彩图267. 玉珠（M7：74、93）
彩图268. 玉珠（M7：78）
彩图269. 玉珠（M7：79）
彩图270. 玉珠（M7：112、113）
彩图271. 玉珠（M7：150）
彩图272. 玉粒（M7：17）
彩图273. 玉粒（M7：19）
彩图274. 玉粒（M7：63-1~63-26）
彩图275. 玉粒（M7：143）
彩图276. 玉粒（M7：144）
彩图277. 玉粒（M7：152）
彩图278. 石钺（M7：76）
彩图279. 石钺（M7：83）
彩图280. 石钺（M7：157）
彩图281. 鲨鱼牙齿（M7：137）
彩图282. 鲨鱼牙齿（M7：137）
彩图283. M8
彩图284. 玉冠形器（M8：3）
彩图285. 玉三叉形器（M8：8）正面
彩图286. 玉三叉形器（M8：8）背面
彩图287. 玉钺（M8：14）
彩图288. 成组玉锥形器（M8：10-1~10-5）
彩图289. 玉锥形器（M8：30）
彩图290. 玉锥形器（M8：31）
彩图291. 玉长管（M8：27）
彩图292. 玉柱形器（M8：28）
彩图293. 玉镯形器（M8：29）
彩图294. 玉坠（M8：34）
彩图295. 玉管串（M8：33）
彩图296. 玉珠串（M8：32）
彩图297. 玉管（M8：1、9、11、17、25）
彩图298. 玉管（M8：18、24、37）
彩图299. 玉管（M8：22）
彩图300. 玉管（M8：26）

彩图301. 玉珠（M8：35）
彩图302. 玉珠（M8：12、16、20、38）
彩图303. 玉珠（M8：15、19）
彩图304. 玉粒（M8：13）
彩图305. 玉粒（M8：36）
彩图306. 石束腰形饰（M8：4）
彩图307. 石束腰形饰（M8：5）
彩图308. 石带盖柱形器（盖）（M8：2-1）
彩图309. 石带盖柱形器（M8：2）
彩图310. 石钺（M8：21）
彩图311. M9
彩图312. 玉冠形器（M9：6）
彩图313. 玉带盖柱形器（M9：1）
彩图314. 玉带盖柱形器（盖）（M9：1-1）
彩图315. 玉带盖柱形器（柱）（M9：1-2）
彩图316. 玉三叉形器（M9：2）
彩图317. 玉三叉形器（M9：2）
彩图318. 玉长管（M9：3）
彩图319. 玉长管（M9：28）
彩图320. 玉长管（M9：29）
彩图321. 玉刻纹管（M9：5）
彩图322. 玉钺（M9：14）
彩图323. 玉锥形器（M9：7）
彩图324. 玉锥形器（M9：8）
彩图325. 玉锥形器（M9：9）
彩图326. 玉锥形器（M9：10）
彩图327. 玉锥形器（M9：17~19）
彩图328. 玉琮（M9：4）
彩图329. 玉琮（M9：4）细部
彩图330. 小玉琮（M9：11）
彩图331. 小玉琮（M9：12）
彩图332. 小玉琮（M9：49）
彩图333. 小玉琮（M9：11、12）
彩图334. 小玉琮（M9：72）
彩图335. 小玉琮（M9：50）

彩图336. 玉镯形器（M9：41）
彩图337. 玉柱形器（M9：35）
彩图338. 玉柱形器（M9：36）
彩图339. 玉锥形器（M9：40）
彩图340. 玉牌饰（M9：68）
彩图341. 玉牌饰（M9：68）
彩图342. 玉条形饰（M9：57）
彩图343. 玉管串（M9：48）
彩图344. 玉管串（M9：31）
彩图345. 玉管串（M9：66）
彩图346. 玉管串（M9：70）
彩图347. 玉管串（M9：71）
彩图348. 玉管串（M9：77）
彩图349. 玉管（M9：15、65）
彩图350. 玉管（M9：22、23、25、27、39、56）
彩图351. 玉管（M9：37、38、44、45、52）
彩图352. 玉管（M9：53~55、63、76）
彩图353. 玉管（M9：58~61、64）
彩图354. 玉管（M9：67、69、73、16、21）
彩图355. 玉管（M9：74）
彩图356. 玉珠（M9：24、26）
彩图357. 玉管（M9：75）
彩图358. 玉珠（M9：42、43）
彩图359. 玉粒（M9：20）
彩图360. 玉粒（M9：30）
彩图361. 玉粒（M9：30）
彩图362. 玉粒（M9：32、34）
彩图363. 玉粒（M9：33）
彩图364. 玉粒（M9：46）
彩图365. 玉粒（M9：47）
彩图366. 玉粒（M9：51）
彩图367. 玉粒（M9：62）
彩图368. 嵌玉漆杯（M9：78）出土情况
彩图369. 石钺（M9：13）
彩图370. 陶鼎（M9：79）

彩图371. 陶豆（M9：80）
彩图372. 陶缸（M9：82）
彩图373. M10
彩图374. M10中部随葬品出土情况
彩图375. M10玉三叉形器及成组锥形器出土情况
彩图376. 玉冠形器（M10：4）
彩图377. 玉带盖柱形器（盖）（M10：2-1）
彩图378. 玉带盖柱形器（柱）（M10：2-2）
彩图379. 玉三叉形器（M10：6）
彩图380. 玉三叉形器（M10：6）细部
彩图381. 成组玉锥形器（M10：5-1~5-11）
彩图382. 玉琮（M10：15）
彩图383. 玉钺（M10：14）
彩图384. 玉柱形器（M10：1）
彩图385. 玉琮（M10：16）
彩图386. 玉琮（M10：19）
彩图387. 玉柱形器（M10：17）
彩图388. 玉柱形器（M10：34）
彩图389. 玉柱形器（M10：23）
彩图390. 玉柱形器（M10：32）
彩图391. 玉柱形器（M10：33）
彩图392. 玉柱形器（M10：38）
彩图393. 玉柱形器（M10：90）
彩图394. 玉长管（M10：21）
彩图395. 玉长管（M10：37）
彩图396. 玉长管（M10：53）
彩图397. 玉镯形器（M10：3）
彩图398. 玉镯形器（M10：28）
彩图399. 玉镯形器（M10：26）
彩图400. 玉镯形器（M10：27）
彩图401. 玉镯形器（M10：29）
彩图402. 玉镯形器（M10：30）
彩图403. 玉镯形器（M10：31）
彩图404. 玉端饰（M10：18）
彩图405. 玉端饰（M10：18）

彩图406. 玉端饰（M10：24）
彩图407. 玉半圆形饰（M10：42）
彩图408. 玉半圆形饰（M10：42）
彩图409. 玉半圆形饰（M10：43）
彩图410. 玉半圆形饰（M10：44）
彩图411. 玉半圆形饰（M10：44）
彩图412. 玉半圆形饰（M10：45）
彩图413. 玉半圆形饰（M10：48）
彩图414. 玉半圆形饰（M10：99）
彩图415. 玉月牙形饰（M10：46）
彩图416. 玉月牙形饰（M10：46）
彩图417. 玉月牙形饰（M10：47）
彩图418. 玉牌饰（M10：20）正面
彩图419. 玉牌饰（M10：20）背面
彩图420. 玉牌饰（M10：20）
彩图421. 玉环形饰（M10：22）
彩图422. 玉管串（M10：61）
彩图423. 玉条形饰（M10：25）
彩图424. 玉弹形饰（M10：67）
彩图425. 玉弹形饰（M10：70）
彩图426. 玉管串（M10：49）
彩图427. 玉管串（M10：63）
彩图428. 玉管串（M10：65）
彩图429. 玉管串（M10：97）
彩图430. 玉管（M10：36）
彩图431. 玉管（M10：39、40、57、60、66）
彩图432. 玉管（M10：51）
彩图433. 玉管（M10：101、102、59、41、74、93）
彩图434. 玉管（M10：52）
彩图435. 玉管（M10：54、56、58）
彩图436. 玉管（M10：55）
彩图437. 玉管（M10：62）
彩图438. 玉管（M10：68、69、71、72、75）
彩图439. 玉管（M10：76~79）

彩图440. 玉管（M10：80、81、86、87、91）
彩图441. 玉管（M10：88）
彩图442. 玉管（M10：104）
彩图443. 玉管（M10：85、106）
彩图444. 玉珠（M10：12）
彩图445. 玉珠（M10：10）
彩图446. 玉珠（M10：105）
彩图447. 玉珠（M10：11、9）
彩图448. 石钺（M10：8）
彩图449. 玉珠（M10：35、64）
彩图450. 玉珠（M10：50）
彩图451. 玉珠（M10：94、100、103）
彩图452. 陶豆（M10：82）
彩图453. 石钺（M10：13）
彩图454. 玉粒（M10：7）
彩图455. 玉粒（M10：95）
彩图456. 玉粒（M10：96）
彩图457. 玉粒（M10：98）
彩图458. 玉粒（M10：107）
彩图459. M11
彩图460. M11中部随葬品出土情况
彩图461. M11玉镯形器出土情况
彩图462. M11玉璜及管串出土情况
彩图463. M11玉纺轮出土情况
彩图464. 玉璜（M11：84）
彩图465. 玉璜（M11：83）
彩图466. 玉冠形器（M11：86）
彩图467. 玉冠形器（M11：86）
彩图468. 玉带盖柱形器（盖）（M11：89-1）
彩图469. 玉带盖柱形器（柱）（M11：89-2）
彩图470. 玉璜（M11：94）
彩图471. 玉璜（M11：94）
彩图472. 玉璜（M11：54）
彩图473. 玉圆牌（M11：53-1）
彩图474. 玉圆牌（M11：53-2）

彩图475. 玉圆牌（M11∶53-3）
彩图476. 玉圆牌（M11∶53-4）
彩图477. 玉圆牌（M11∶56）
彩图478. 玉圆牌（M11∶55）
彩图479. 玉圆牌（M11∶55）
彩图480. 玉圆牌（M11∶57）
彩图481. 玉圆牌（M11∶58）
彩图482. 玉圆牌（M11∶59）
彩图483. 玉圆牌（M11∶59）
彩图484. 玉圆牌（M11∶62）
彩图485. 玉圆牌（M11∶60）
彩图486. 玉圆牌（M11∶61）
彩图487. 玉圆牌（M11∶43）
彩图488. 玉镯形器（M11∶52）
彩图489. 玉镯形器（M11∶66）
彩图490. 玉镯形器（M11∶42）
彩图491. 玉镯形器（M11∶65）
彩图492. 玉镯形器（M11∶67）
彩图493. 玉镯形器（M11∶68）
彩图494. 玉镯形器（M11∶69）
彩图495. 玉镯形器（M11∶70）
彩图496. 玉镯形器（M11∶71）
彩图497. 玉柱形器（M11∶63）
彩图498. 玉柱形器（M11∶64）
彩图499. 玉柱形器（M11∶85）
彩图500. 玉柱形器（M11∶88）
彩图501. 玉锥形器（M11∶44、75）
彩图502. 玉长管（M11∶20）
彩图503. 玉手柄（M11∶72）
彩图504. 玉手柄（M11∶15）
彩图505. 玉手柄（M11∶72）
彩图506. 玉纺轮（M11∶16）
彩图507. 玉弹形饰（M11∶30）
彩图508. 玉刻纹管（M11∶73-1）
彩图509. 玉刻纹管（M11∶73-2）

彩图510. 玉坠（M11∶24）
彩图511. 玉管串（M11∶76）
彩图512. 玉管串（M11∶77）
彩图513. 玉管串（M11∶95）
彩图514. 玉管串（M11∶96）
彩图515. 玉珠串（M11∶78）
彩图516. 玉瓣形饰（M11∶81）
彩图517. 玉瓣形饰（M11∶82）
彩图518. 玉瓣形饰（M11∶82）背面
彩图519. 玉端饰（M11∶3）
彩图520. 玉端饰（M11∶3）
彩图521. 玉管（M11∶79、1）
彩图522. 玉管（M11∶2、5、8、12、14、4、6、21、26）
彩图523. 玉管（M11∶27、11）
彩图524. 玉管（M11∶29、31~33）
彩图525. 玉管（M11∶34、37、38、40）
彩图526. 玉管（M11∶41、90~92）
彩图527. 玉管（M11∶74）
彩图528. 玉珠（M11∶7、46）
彩图529. 玉珠（M11∶28、87）
彩图530. 玉粒（M11∶23）
彩图531. 玉珠（M11∶35、39、93）
彩图532. 玉粒（M11∶17）
彩图533. 玉粒（M11∶18）
彩图534. 玉粒（M11∶25）
彩图535. 玉粒（M11∶80）
彩图536. 玉粒（M11∶36）
彩图537. 绿松石珠（M11∶19、22）
彩图538. 陶甗（M11∶47）
彩图539. 陶鼎（M11∶48）
彩图540. 陶鼎（M11∶10）
彩图541. M14
彩图542. 玉冠形器（M14∶10）
彩图543. 玉锥形器（M14∶37）

彩图544. 玉璜（M14∶25）
彩图545. 玉镯形器（M14∶36）
彩图546. 玉镯形器（M14∶39）
彩图547. 玉圆牌（M14∶23）
彩图548. 玉瓣形饰（M14∶34、35、38）
彩图549. 玉珠（M14∶11、12）
彩图550. 玉管（M14∶1~5）
彩图551. 玉管（M14∶6~9、13）
彩图552. 玉管（M14∶14、15、18~20）
彩图553. 玉管（M14∶16、17、22、32、33）
彩图554. 玉管（M14∶21、24、26~28）
彩图555. 玉管（M14∶29~31、40）
彩图556. 玉管（M14∶41、51、52）
彩图557. 玉管（M14∶42~45、50）
彩图558. 玉冠形器（2850）
彩图559. 玉带盖柱形器（盖）（2853）
彩图560. 玉带盖柱形器（柱）（2854）
彩图561. 玉三叉形器（2807）
彩图562. 玉半圆形饰（2806-1）
彩图563. 玉半圆形饰（2806-2）
彩图564. 玉半圆形饰（2806-3）
彩图565. 玉半圆形饰（2806-4）
彩图566. 玉锥形器（2816）
彩图567. 玉锥形器（2817）
彩图568. 玉锥形器（2818）
彩图569. 玉锥形器（2819）
彩图570. 玉锥形器（2820）及细部
彩图571. 玉锥形器（2821）
彩图572. 玉锥形器（2822）
彩图573. 玉锥形器（2823）
彩图574. 玉锥形器（2824）
彩图575. 玉琮（2784）
彩图576. 玉琮（2785）
彩图577. 玉琮（2786）
彩图578. 玉琮（2787）

彩图579. 玉琮（2788）
彩图580. 玉琮（2789）
彩图581. 玉钺（2792）
彩图582. 小玉琮（2825）
彩图583. 玉锥形器（3050）
彩图584. 玉端饰（2794）
彩图585. 玉端饰（2797）
彩图586. 玉端饰（2838）
彩图587. 玉端饰（2838）
彩图588. 玉柱形器（2798）
彩图589. 玉柱形器（2799-1）
彩图590. 玉柱形器（2799-2）
彩图591. 玉柱形器（2800-1）
彩图592. 玉柱形器（2800-2）
彩图593. 玉柱形器（2800-3）
彩图594. 玉柱形器（2801）
彩图595. 玉柱形器（2803）
彩图596. 玉柱形器（2804）
彩图597. 玉刻纹管（2826-1~2826-4）
彩图598. 玉刻纹管（2826-5~2826-8）
彩图599. 玉刻纹管（2826-1）
彩图600. 玉刻纹管（2826-14）
彩图601. 玉刻纹管（2826-16）
彩图602. 玉刻纹管（2826-9~2826-12）
彩图603. 玉刻纹管（2826-13~2826-16）
彩图604. 玉刻纹管（2826-17~2826-20）
彩图605. 玉刻纹管（2826-21~2826-24）
彩图606. 玉刻纹管（2826-17）
彩图607. 玉刻纹管（2826-24）
彩图608. 玉刻纹管（2826-25~2826-28）
彩图609. 玉刻纹管（2826-30）
彩图610. 玉刻纹管（2826-31）
彩图611. 玉刻纹管（2826-29~2826-32）
彩图612. 玉匕形器（2837）
彩图613. 玉匕形器（2837）刻纹

彩图614. 玉匙（2836）
彩图615. 玉匙（2836）刻纹
彩图616. 玉长管（2795）
彩图617. 玉器座（2793）
彩图618. 玉长管（2808）
彩图619. 玉冠形器（3048）
彩图620. 玉带盖柱形器（盖）（2805）
彩图621. 成组玉锥形器（2863-1~2863-5、2863-7、2863-8）
彩图622. 玉三叉形器（2851）
彩图623. 玉琮（2842）
彩图624. 玉琮（2841）
彩图625. 玉琮（2844）
彩图626. 玉琮（2845）
彩图627. 玉钺（2840）
彩图628. 玉钺（3047）
彩图629. 小玉琮（2846）
彩图630. 小玉琮（2847）
彩图631. 小玉琮（2848）

彩图632. 小玉琮（2849）
彩图633. 玉锥形器（2815）
彩图634. 玉锥形器（2827）
彩图635. 玉锥形器（2863）
彩图636. 玉坠（3051）
彩图637. 玉柱形器（2855）
彩图638. 玉端饰（2780）
彩图639. 玉端饰（2856）
彩图640. 玉镯形器（2779）
彩图641. 玉柱形器（2852）
彩图642. 玉长管（2858）
彩图643. 石钺（2868）
彩图644. 石钺（2869）
彩图645. 石钺（3046）
彩图646. 玉圆牌（M11：60）线切割痕
彩图647. 玉圆牌（M5：8）缺口的线切割痕
彩图648. 玉管（M3：11）端面线切割截断
彩图649. 玉钺（M3：12）顶部锯切割痕

第一章 绪 言

第一节 余杭的历史沿革与良渚遗址群

一、历史沿革

余杭原为浙江省杭州市的郊县,建县历史悠久。秦始皇统一中国后,在今余杭辖区内设置钱塘、余杭两县,同属会稽郡,此乃余杭建县之始。后历经多次变更,现在的余杭由原来的杭县、余杭县合并而成。1912年前,杭县为钱塘、仁和两县地,且钱塘包括今杭州市,故历史上杭州、钱塘同属一地。1927年,划杭县六区建杭州市,从此市县分设。1994年5月,余杭撤县建市。2001年3月,撤销县级市建制,余杭遂成为杭州市下辖的余杭区。

余杭位于浙江北部,在钱塘江的北岸,处于杭嘉湖平原向西部山地丘陵的过渡地带。境内的自然河流主要是东苕溪。东苕溪发源于浙江省东天目山的马尖岗,向东流经临安、余杭、德清,至湖州与西苕溪汇合,总称苕溪,它是浙江省唯一的一条向北注入太湖的河流。以东苕溪为界,余杭大致可分为东、西两区。东苕溪以西为山地丘陵地区,地势较高。如与临安市交界的窑头山,海拔1095米,是天目山脉东端的主峰。东苕溪以东是展开的冲积平原,地势平坦,为杭嘉湖平原的西部边缘。良渚遗址群就分布在余杭中部丘陵山地与水网平原交界的东苕溪两岸(图一)。

二、良渚遗址群

浙西天目山脉是长江和钱塘江的分水岭,逶迤向东,直至余杭的瓶窑、安溪、良渚三镇。在余杭彭公分为南、北两支,且山势逐渐降低,呈扇形展开。其中,南段较高的山峰有栲栳山(海拔127.88米)、大观山、天福山(海拔76米)、猪头山(海拔67米),北段较高的山峰有塔姆山、乌儿松岗(海拔202.20米)、百亩山(海拔196.70米)、东山(海拔174米)等。南、北两支山脉状如钳形,围着瓶窑、安溪、良渚三镇的平原地区。这里水网密布,土地肥沃,地势低洼,仅有一些低矮的岗地。

该地区的考古工作始于20世纪30年代。1936年,原浙江西湖博物馆(今浙江省博物馆)的施昕更在良渚、长命桥一带调查,发现十余处遗址。他在良渚周围试掘几处遗址,发现了以磨光石器和黑陶为代表的新石器时代遗存。随后,他出版了《良渚(杭县第二区黑陶文化

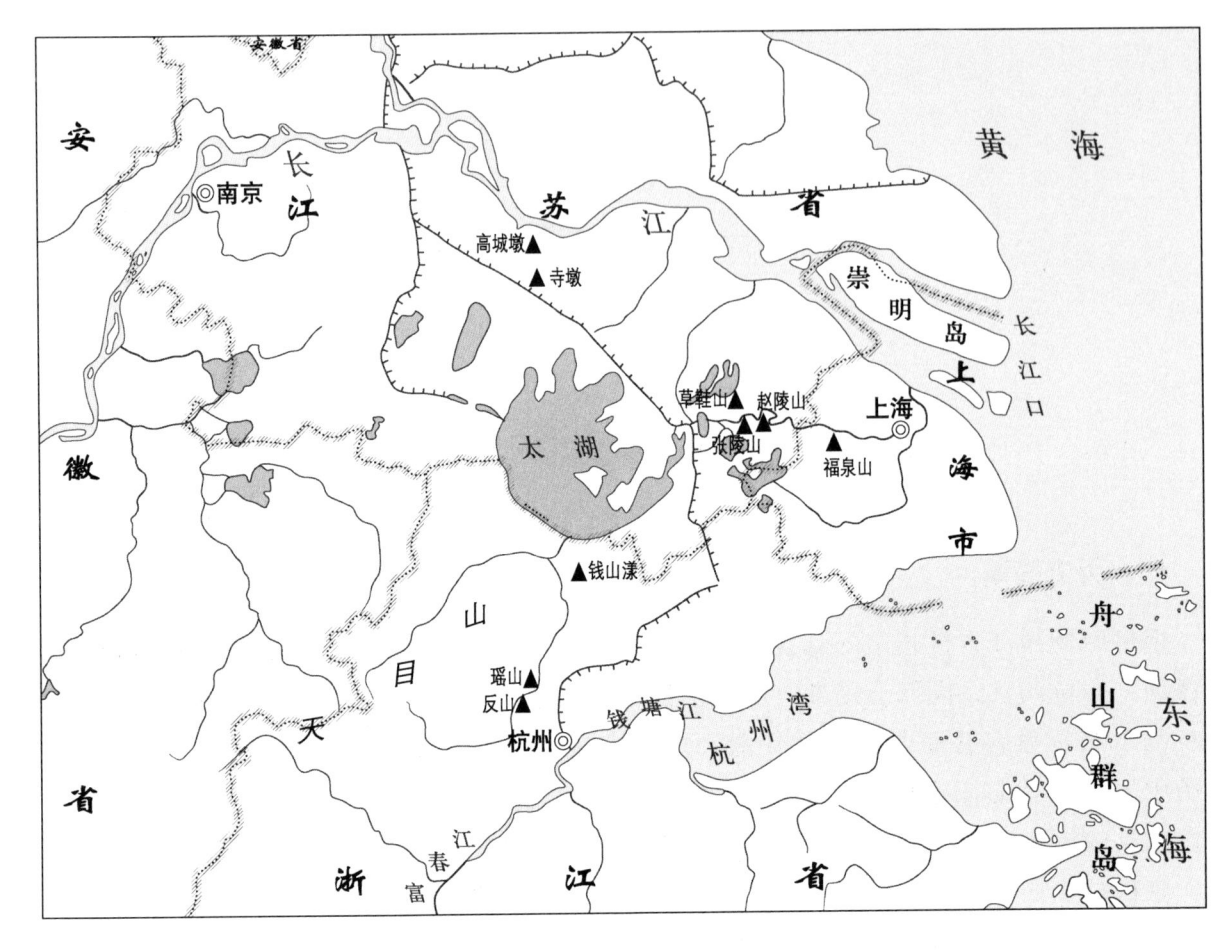

图一　瑶山遗址位置图

遗址初步报告)》，良渚因此而成为良渚文化的最早发现地和命名地[1]。

此后的六十多年间，经过几代考古工作者的努力，在瓶窑、安溪、良渚三镇先后发现、发掘了一百余处新石器时代遗址，其中主要是良渚文化遗址。目前所说的"良渚遗址"，是分布在瓶窑、安溪、良渚三镇地域内的良渚文化遗址的总称，我们称之为"良渚遗址群"。据测绘部门实测，良渚遗址群的保护范围近34平方千米，东苕溪从良渚遗址群的西、北部流过。在良渚遗址群南缘还有一条东西向小运河，当地俗称"良渚港"，开凿年代不详。20世纪80年代以来，在此范围内发掘了反山、瑶山、汇观山、莫角山等一系列重要遗址，"良渚遗址群"遂成为探索中国早期文明的重要地区之一（图二）。

在良渚遗址群范围内，遗址堆积年代始于马家浜文化时期。在吴家埠遗址下层[2]、荀山东坡遗址下层[3]、梅园里遗址下层[4]、庙前遗址下层[5]均发现了马家浜文化晚期遗存。

---

[1] 夏鼐在《长江流域考古问题》中正式提出"良渚文化"的命名，见《考古》1960年第2期。
[2] 浙江省文物考古研究所：《余杭吴家埠新石器时代遗址》，《浙江省文物考古研究所学刊：建所十周年纪念（1980—1990）》，科学出版社，1993年。
[3] 《余杭县良渚荀山新石器时代遗址》，《中国考古学年鉴（1986）》，文物出版社，1988年。
[4] 浙江省文物考古研究所发掘资料。
[5] 丁品：《余杭良渚庙前遗址发掘的主要收获》，《浙江省文物考古研究所学刊：建所十周年纪念（1980—1990）》，科学出版社，1993年。

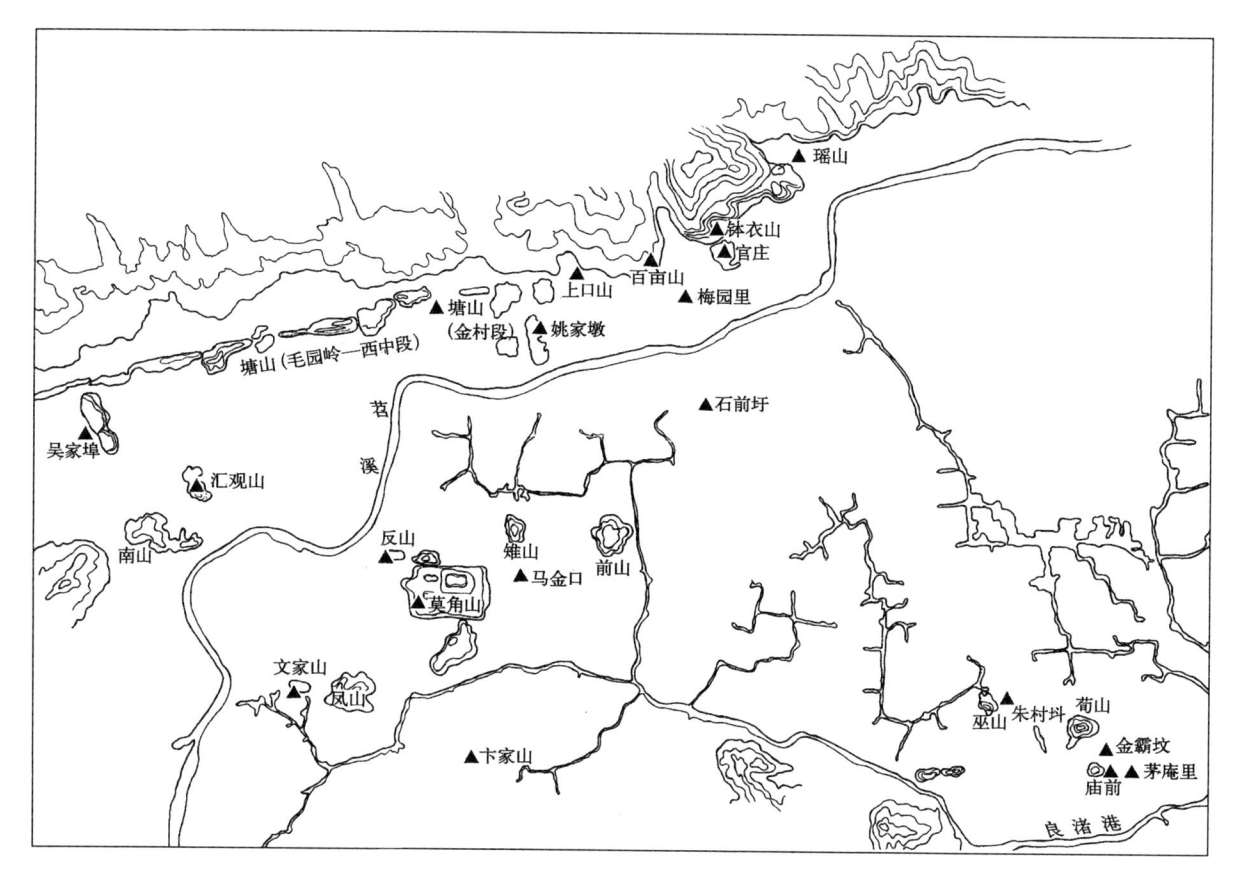

图二 良渚遗址群遗址分布示意图

在良渚遗址群内，至今尚未发现典型的崧泽文化遗存。

东苕溪从地理上将良渚遗址群分成南、北两部分。历年来，浙江省与余杭文物部门调查、发掘的良渚文化遗址或含良渚文化的遗存有一百余处，大致分三个区域：1.北部东苕溪北岸至山前的东西向狭长地带，2.东南部良渚镇荀山一带，3.西部以莫角山遗址为中心的地区。在莫角山和荀山之间的大片区域未发现良渚文化遗址，钻探表明，这一区域为地势低洼的沼泽相堆积。瑶山便位于第一区域的东端。

第二节 发现经过

一、瑶山的地理位置

瑶山位于良渚遗址群的东北角，东经30°25′37″，北纬120°00′56″。其行政区划属于安溪镇（原安溪乡）下溪湾村，当地称作"窑山"。考虑到此名在这一带颇为多见，容易产生混淆，所以在1987年发掘时，我们取"窑""瑶"同音，将"窑山"改称"瑶山"，并一直沿用至今。东苕溪在瑶山东南曲折流过，北部、东北为山间小谷地，原有一条山间溪流，自西北向东流入东苕溪，现已淤塞干涸。

瑶山是天目山余脉凤凰山（海拔114.70米）向东伸展的低矮山丘，发掘以前，瑶山的山表种植着杉树和茶树。由于历年来开采矿石，到发掘时，东部最高区的海拔高度为38.20米，去除山表堆积，实际高度约为海拔36米（图三、四；彩图1）。

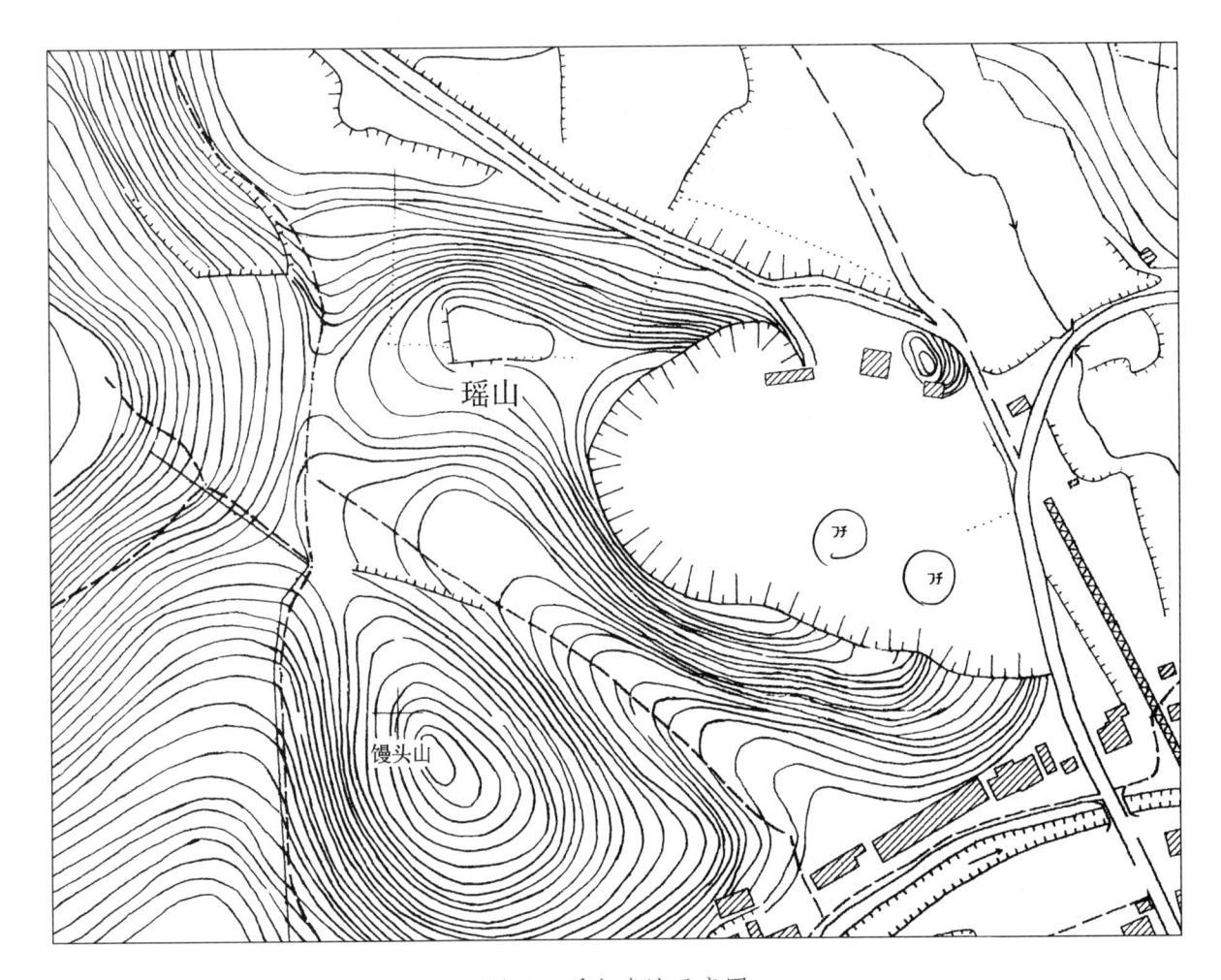

图三 瑶山遗址示意图

瑶山以南有一小山丘，当地俗称"馒头山"，海拔37.30米。1998年发掘瑶山遗址的同时，我们曾对其做过钻探试掘，发现表层耕土下多为自然岩体，未见良渚文化堆积。但在表层耕土中发现了一些良渚文化遗物。馒头山西南多见汉代陶片及红烧土，可能是汉代的窑址。瑶山西南为凤凰山南坡遗址，往西是钵衣山遗址[1]。瑶山往东是出土过良渚文化玉璧的小竹山遗址。

二、瑶山遗址的发现

1987年5月1日，当地部分村民分别在瑶山西北坡（即后来正式发掘区域）、余杭与

---
[1]《余杭县钵衣山良渚文化遗址》，《中国考古学年鉴（1990）》，文物出版社，1991年。

图四　瑶山遗址等高模拟图

德清交界的羊尾巴山南坡进行盗掘，并在瑶山挖出大量良渚文化玉器。正在家乡休假的浙江省文物考古研究所技工马竹山（安溪乡后河村人）闻讯后，于次日向安溪乡文化站站长颜云泉汇报，两人火速前往瑶山和羊尾巴山，及时制止了仍在盗掘的村民，颜云泉随即报告了上级文物主管部门。当日，杭州市和余杭县的文物主管部门负责人赶赴现场，由安溪乡政府和余杭县文物管理部门派员，协助公安部门收缴被盗文物，同时，事发现场由当地政府负责保护。

5月3日下午，浙江省、杭州市、余杭县三级文物管理部门和公安部门的负责人抵达现场，决定在打击盗掘、收缴文物的同时，由浙江省文物考古研究所组成发掘队，立刻进行抢救性考古发掘。5月4日，浙江省文物考古研究所向国家文物局提出抢救性发掘申请，并组成了由牟永抗、王明达为领队的考古发掘队，具体发掘由浙江省文物考古研究所第二研究室组织实施。杭州市文物考古所、余杭县文物管理委员会办公室也派人参加了发掘。从此开始了前后十余年的瑶山发掘工作。

第二章 发掘过程

第一节 1987年度的发掘

1987年5月5日，浙江省文物考古研究所牟永抗、芮国耀，余杭县文物管理委员会办公室王云路，杭州市文物考古所桑坚信到达现场，进行发掘前的准备工作。发掘从5月7日正式开始，到6月4日结束。自始至终参加发掘的有浙江省文物考古研究所的牟永抗（领队）、芮国耀（现场负责人）、沈岳明、陈欢乐以及杭州市文物考古所的桑坚信。期间参加发掘的还有浙江省文物考古研究所的刘斌、费国平，浙江省文物考古研究所技术室的强超美承担了录像和照相工作。在发掘期间，余杭县文物管理委员会办公室的王云路、安溪乡政府的颜云泉协助做了大量的行政后勤工作，保证了发掘工作的顺利进行。

一、根据盗掘现况，首先确定的发掘区域约400平方米。在此范围内，自北向南平行布列东西向探沟4条，探沟之间间隔2米。其中，T1~T3东西长25、南北宽2米，T4东西长15、南北宽2米。发现良渚文化遗迹后，T1~T3都向西延长了5米；T4向西延长10米，并往南扩展3米。在T1以北间隔2米处布T5，东西长20、南北宽3米。在发掘过程中，为了全面揭露遗迹，将探沟之间的部分隔梁清除，所以，实际发掘面积近600平方米（图五、六）。

本次发掘的重要收获是发现了良渚文化时期的祭坛（彩图3）。祭坛平面呈方形，有里外三重土色。最里面的一重土偏于东部，是一座"红土台"，台面海拔高度34.80米，平面略呈方形，基本为正南北方向。"红土台"平面东边长7.60、北边长5.90、西边长7.70米，南边两端被多个墓葬打破，残长约6.20米。"红土台"表面基本平整，部分红土中夹杂少量砾石块，未发现其他遗迹。从打破"红土台"的扰坑壁面观察，也没有发现夯筑现象。第二重土为灰色土，围绕在"红土台"四周，平面呈"回"字形。堆积剖面呈方角沟状，沟壁较直，平底。现存深度0.65~0.85、宽1.70~2.10米。围沟内灰色填土疏松，未见任何遗物。在第二重灰土围沟的西、北、南三面，是黄褐色斑土筑成的"土台"，台面上散见较多的砾石，大小不一，推测"土台"原来可能铺有砾石台面。灰土围沟东面为自然山土，而南面的"台面"由于历年垦殖已遭破坏，仅残存高约0.20米的"土坎"。

在砾石黄土台的西、北边缘，各有一道由砾石叠砌而成的石坎，石块叠筑整齐，自土台向外呈斜坡状分布。在以后的发掘时，为记录研究方便，我们将西侧石坎编为西1石坎（彩图4），北侧石坎编为北1石坎（彩图8）。其中，西侧石坎顶端残长11.30米，北侧石坎顶

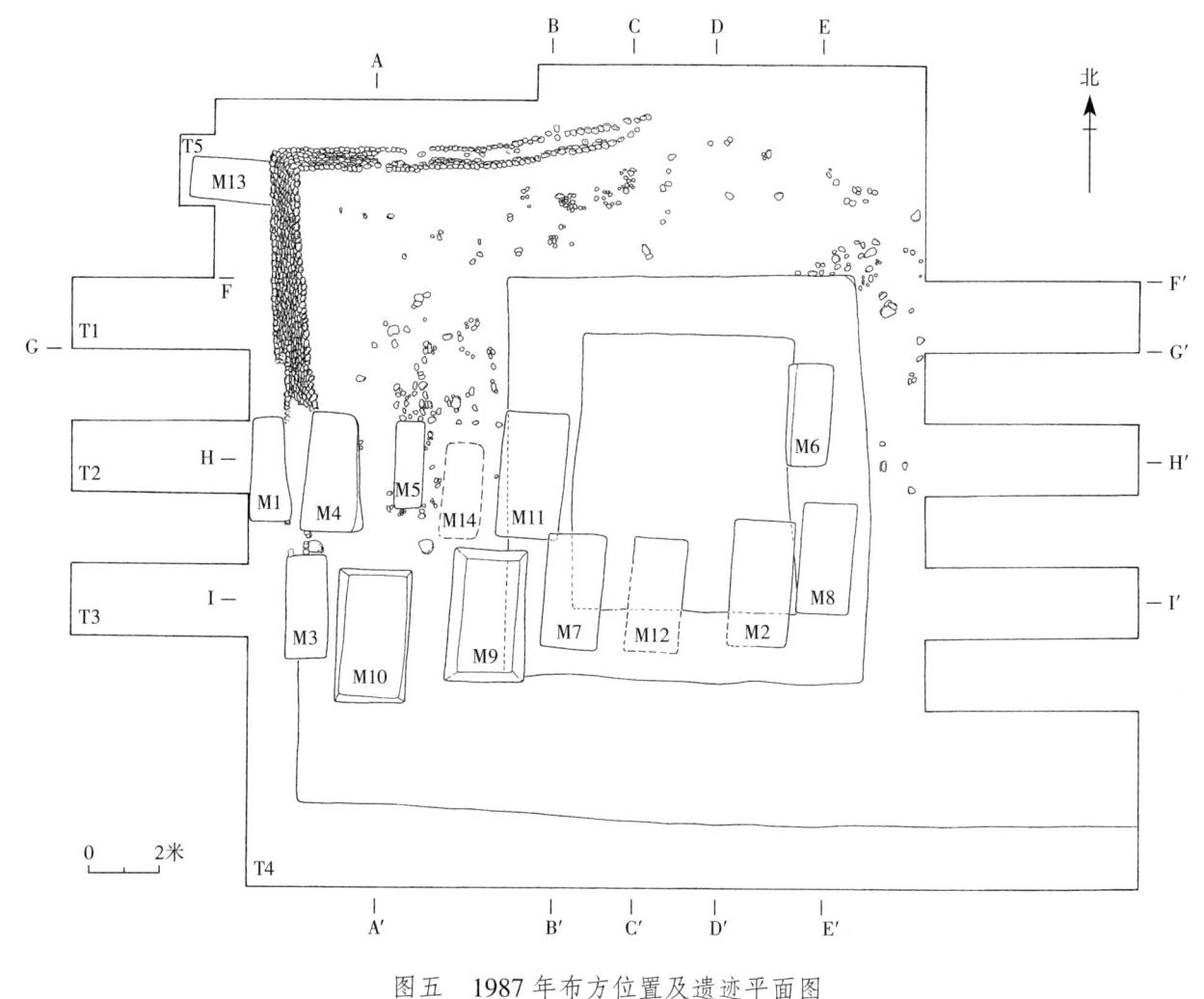

图五　1987年布方位置及遗迹平面图

端长10.60米，两道石坎平面基本呈直角相连，转角处垂直高度0.90米，顶端海拔34.30米，略低于"红土台"的台面。石坎外侧面上还叠压着褐色斑土，较为坚硬，但未见夯筑痕迹。

本次发掘的另一个主要收获是发现了11座良渚文化墓葬，编号为余瑶M1~M11。墓葬集中在"祭坛"遗迹的南半部，东西向排列，分为南、北两行。北行5座，自西向东分别为M1、M4、M5、M11、M6；南行6座，自西向东分别为M3、M10、M9、M7、M2、M8。在M7与M2之间原本还有一墓，但被一较大的盗坑破坏，发掘时仅清理了残存的墓圹北端，且未发现遗留的随葬品。据说盗掘出土的玉器均出于该区域，因此为记录研究之便，我们将其编为M12。

上述发掘收获已做过简要报道[1]，大部分出土器物稍后也在《良渚文化玉器》[2]一书中发表。

---

[1] 浙江省文物考古研究所：《余杭瑶山良渚文化祭坛遗址发掘简报》，《文物》1988年第1期。
[2] 浙江省文物考古研究所、上海市文物管理委员会、南京博物院：《良渚文化玉器》，文物出版社、两木出版社，1989年。

图六　瑶山遗迹剖面图

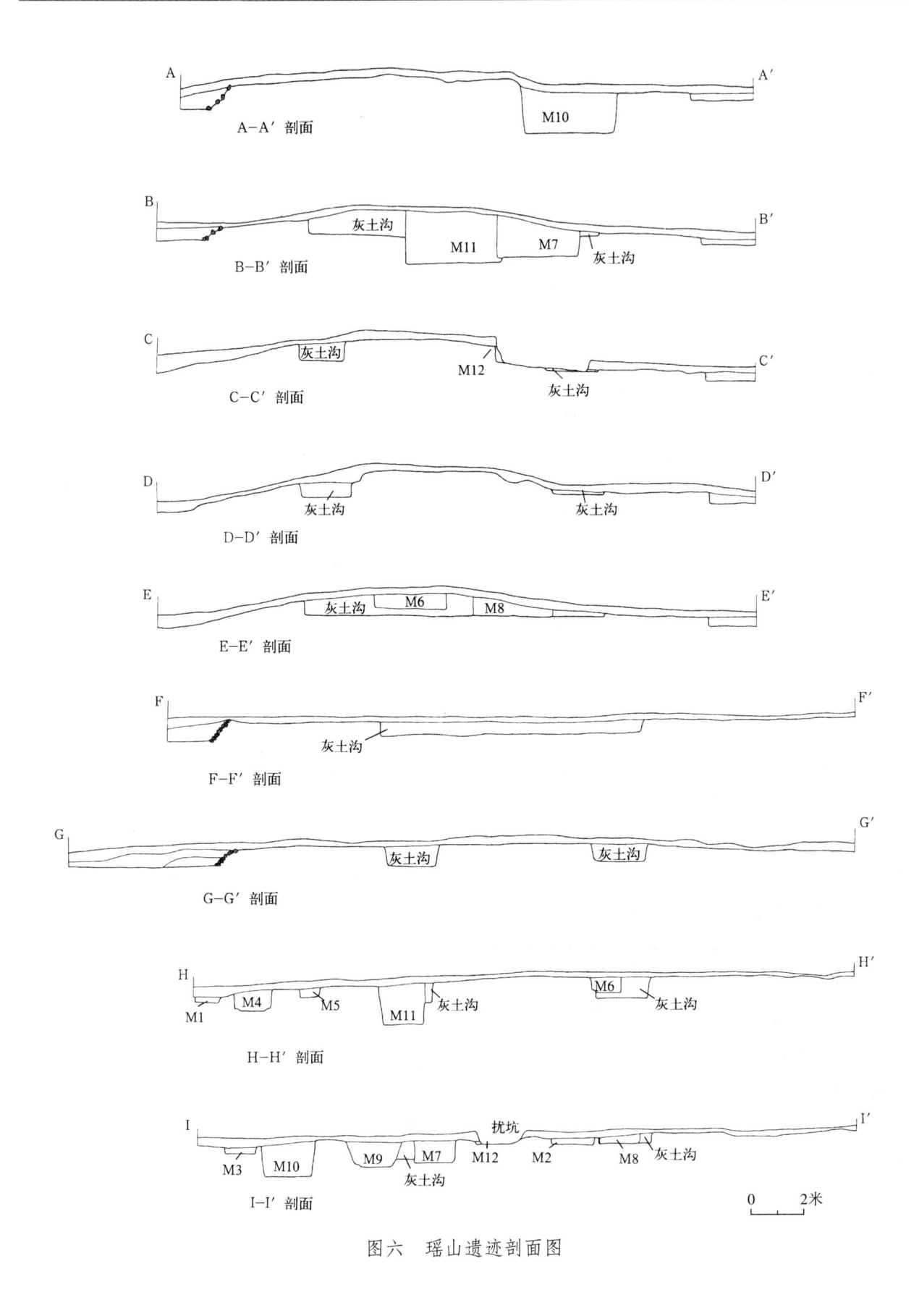

二、在T4探沟的东南部发现一个小坑，编号为H1。它开口于表层耕土下，打破沙性风化岩土。坑口平面呈圆形，直径0.80米，坑壁直，平底，坑口至坑底深0.12米。坑内堆积为灰褐色细沙土，土质疏松。在接近坑底处发现极薄的一层草木灰堆积，平面略呈长方形，长约0.38、宽约0.16米，呈西南—东北向分布。坑内无其他包含物。

在T3西端表土层中，出土良渚文化玉器5件，均为白玉。T3:1，长管，圆柱形，有双向钻孔。长5.4、直径1.4、孔径0.7厘米（图七，8）。T3:2和T3:5均为球形珠，上面钻一对隧孔。直径分别为1.4厘米和1.5厘米（图七，1、2）。T3:3，冠形器残件，仅存上端中间部分（图七，4）。T3:4，锥形器残件，长条形，两端均残。残长2.7、直径0.35厘米（图七，3）。

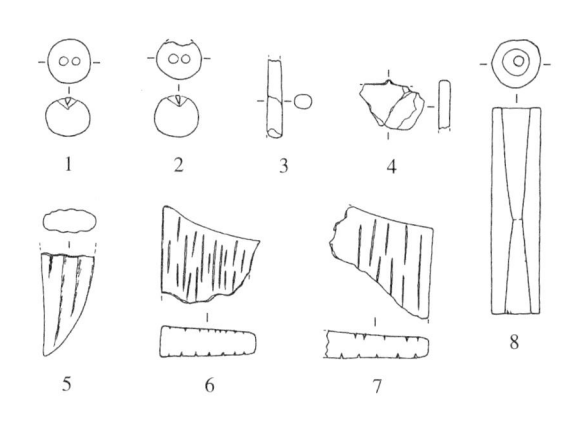

图七　T3出土玉器及北1石坎覆土层中出土陶鼎足

1、2.玉珠(T3:2、5)　3.玉锥形器(T3:4)　4.玉冠形器(T3:3)　5~7.陶鼎足　8.玉长管(T3:1)（5~7为1/4，余均1/2）

发掘T5时，全部剥剔暴露了北1石坎。在石坎夹缝中出土了残碎的石镞，可粗略看出断面呈菱形。在叠压着石坎的褐色斑土内，出土了鱼鳍形鼎足残片，断面扁薄（图七，5~7）。在该堆积层和石坎夹缝中，还出土了良渚文化夹砂红陶缸残片，均为小碎片，无法知其全貌。

在T5西端发现一座东周时期长方形竖穴土坑墓，编号为余瑶M13（图八）。该墓位于西1石坎北端西侧，墓向95°，墓坑长2.70、宽1.22米。坑壁较直，墓坑西端残存深约0.10米，墓坑中段深约0.45米。墓坑东壁利用西1石坎而呈斜坡状，墓底平整，自东向西略有倾斜。墓坑北侧有一个二层台，宽0.15~0.20、高约0.18米。墓内填土为略为疏松的灰褐色斑土。随葬品均置于墓东部，共出土印纹陶器5件、原始瓷器3件。

图八　M13

三、由于确定了保护性发掘的原则，所以，"祭坛"仅清理至遗迹表面，而没有继续往下发掘，也未对其营建结构做进一步的解剖确认。至于该遗迹的范围，根据叠压西1、北1两条石坎之上的所谓"护坡土"，确认了遗迹的西、北边缘；根据灰土围沟以东即是岩石山体，大致确定遗迹的东部边缘；又根据T4表层耕土下土色土质的细微差别，勉强画出以"土坎"为标志的遗迹南缘。当时认为已完整揭露出祭坛遗迹和墓地，因而未做进一步发掘瑶山遗址的计划。我们用土回填墓坑，并在整个遗迹之上覆盖近1米厚的土，然后封砌石台，作现场保护，在石台表面用砖、石勾勒出遗迹和墓葬的平面轮廓，略作展示。

第二节 1996年度的发掘

第一次发掘之后的几年内，在瑶山遗址保护性石台的周围多次发生盗掘，且屡禁不止。为了加强对瑶山遗址的保护，1996年，根据国家文物局的指示，浙江省文物考古研究所良渚工作站对瑶山遗址进行了第二次发掘，期望在第一次发掘地段的周围发现良渚文化遗迹，进而确认它与祭坛墓地的关系。本次发掘从1996年5月16日开始，至7月23日结束。参加发掘的有浙江省文物考古研究所的芮国耀、丁品、方向明、马竹山、陈欢乐以及余杭市良渚文化遗址管理所的费国平。

一、根据遗址的地貌和现场植被情况，共布6个规格不等的探沟、探方，总发掘面积350平方米。为区别第一次发掘探方，这次发掘的探方（沟）编号取三位数，第一位数编为2，指第二次发掘，后面两位数以流水号编号（图九、一〇）。

T201呈东西向，位于石台的东侧，长29.50、宽2米。T202呈东西向，位于石台东侧，长40、宽2米。揭去耕土层后，这两条探沟便暴露出平坦的山体基岩，散见一些砾石，其西端可与第一次发掘区东部的堆积相连。T203呈南北向，位于石台北部，长26.50、宽2米。揭去耕土层后，即暴露出自南往北倾斜的山体基岩，散见一些沙石。T205位于石台之南，为南北向的1米宽的探沟，长18.85米。揭去耕土层后，当时判断其下面为沙质风化基岩。

二、T204位于石台的西部，南北长23.40、东西宽5米，发现遗迹后，在西壁自南往北11米处向西扩方1米。T206位于石台西部，东端与T204相连。东西长14、南北宽2.30米。这两个探沟在揭去耕土层后，暴露出一个沙性红褐土台遗迹。由于确定了保护性发掘的原则，因此仅对遗迹表面作了揭露。从遗迹平面观察，它有一道长约9米的石坎，编为西2石坎（彩图5）。北侧也残存一条石坎，编为北2石坎，断续连接，长约4.50米，其中长约0.80米的一段较为完整。两道石坎均为砾石叠砌（图一一）。我们对西2石坎的北端进行局部剥露，其垂直高度约0.50米。覆土主要是夹黑褐色斑点的灰黄土，土质略显疏松，所有覆土自东向西倾斜。

历年盗掘已严重破坏遗迹面貌，从而影响了对遗迹整体的认识。第一次发掘时建立的测量用水泥基桩当年即遭破坏，这次发掘时，已无法测定两次发掘所见的带石坎的土台遗迹的相对高差。第一次发现的遗迹由于封砌了石台，本次T204的发掘区域无法与之相连。对于两者是否为同一整体，发掘队当时从下列现象得出认识：1.在覆盖于西2石坎之上的堆积土层中，发现了一些细碎的良渚文化陶片，而不见晚于此的遗物，在石坎砌缝中也有同样的遗物发现，因此可以确认本次发现遗迹的年代和文化属性。2.西2石坎的堆砌方法、结构与第

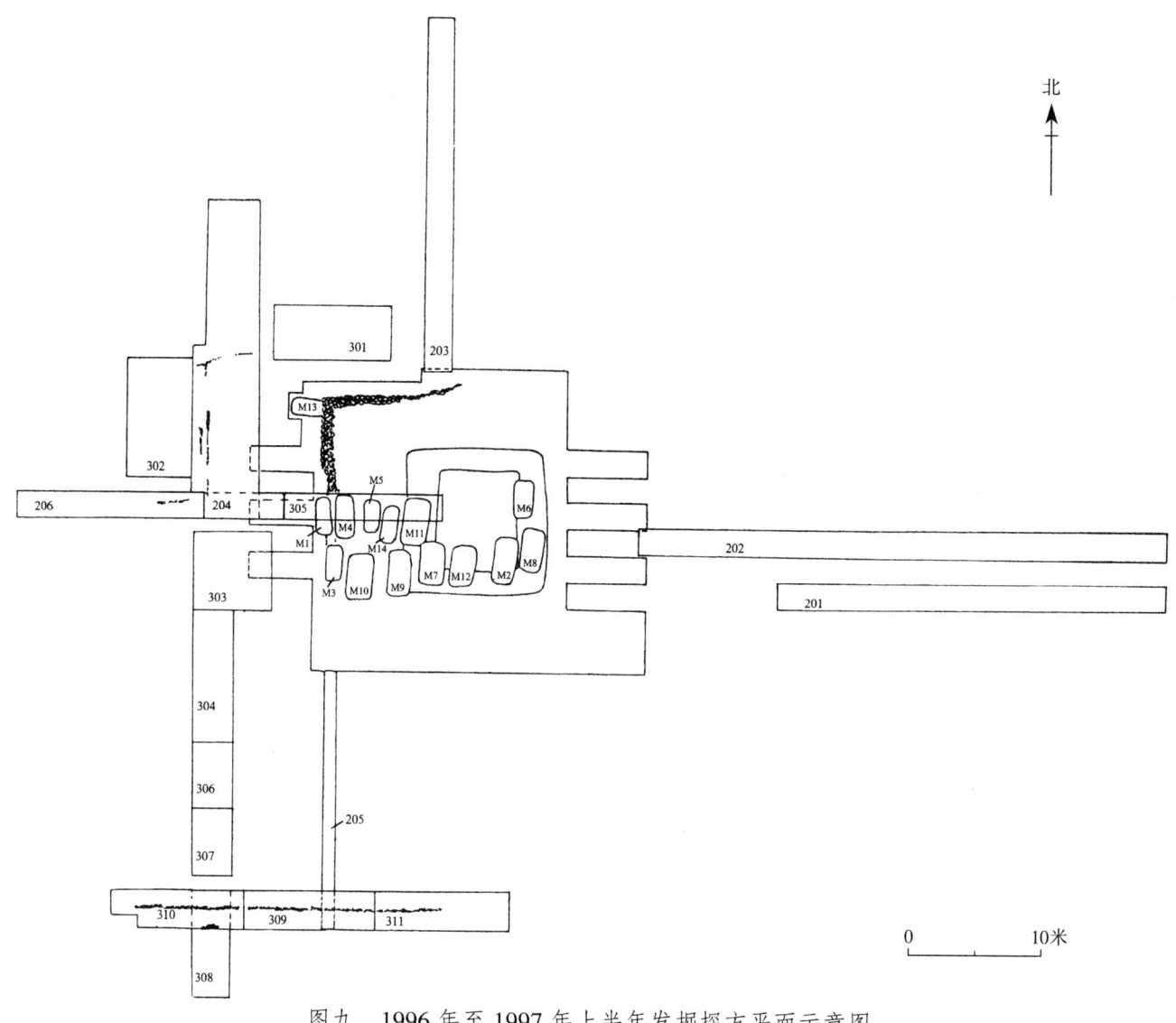

图九　1996 年至 1997 年上半年发掘探方平面示意图

[图上三位数编号为探方(沟)编号]

一次发现的西 1 石坎相同。3. 据参加过 1987 年度发掘的人员回忆判断，第一次发掘的石坎西侧"护坡土"之上的堆积，与本次发现的沙性红褐土堆积可以相连。由此推测，两次发掘所发现的石坎土台遗迹可能是同一整体。发掘队一致认为，有必要对瑶山遗址做更加全面的揭露，以求进一步认识瑶山祭坛遗迹的总体面貌及其营建结构。由于发掘队主要成员当年下半年有其他发掘任务，进一步的发掘工作只能安排在下一年度。

第三节　1997 年上半年度的发掘

本次发掘的主要目的，是进一步确认上一年度在保护性石台西北部发现的以石坎及土台为代表的遗迹范围，及其与 1987 年度发现的"祭坛"遗迹的关系；保护性石台的西北、南

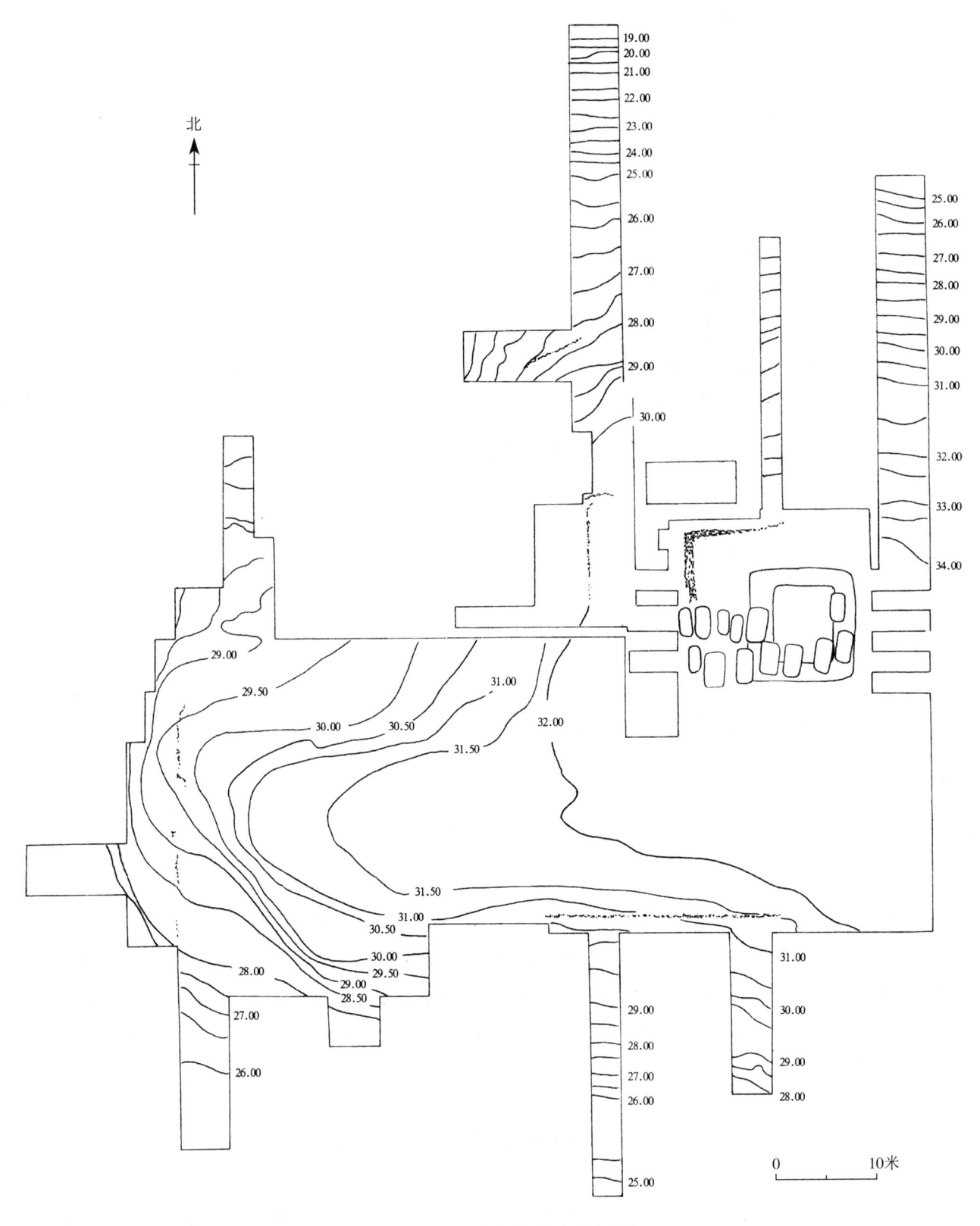

图一〇 瑶山遗迹等高线实测图

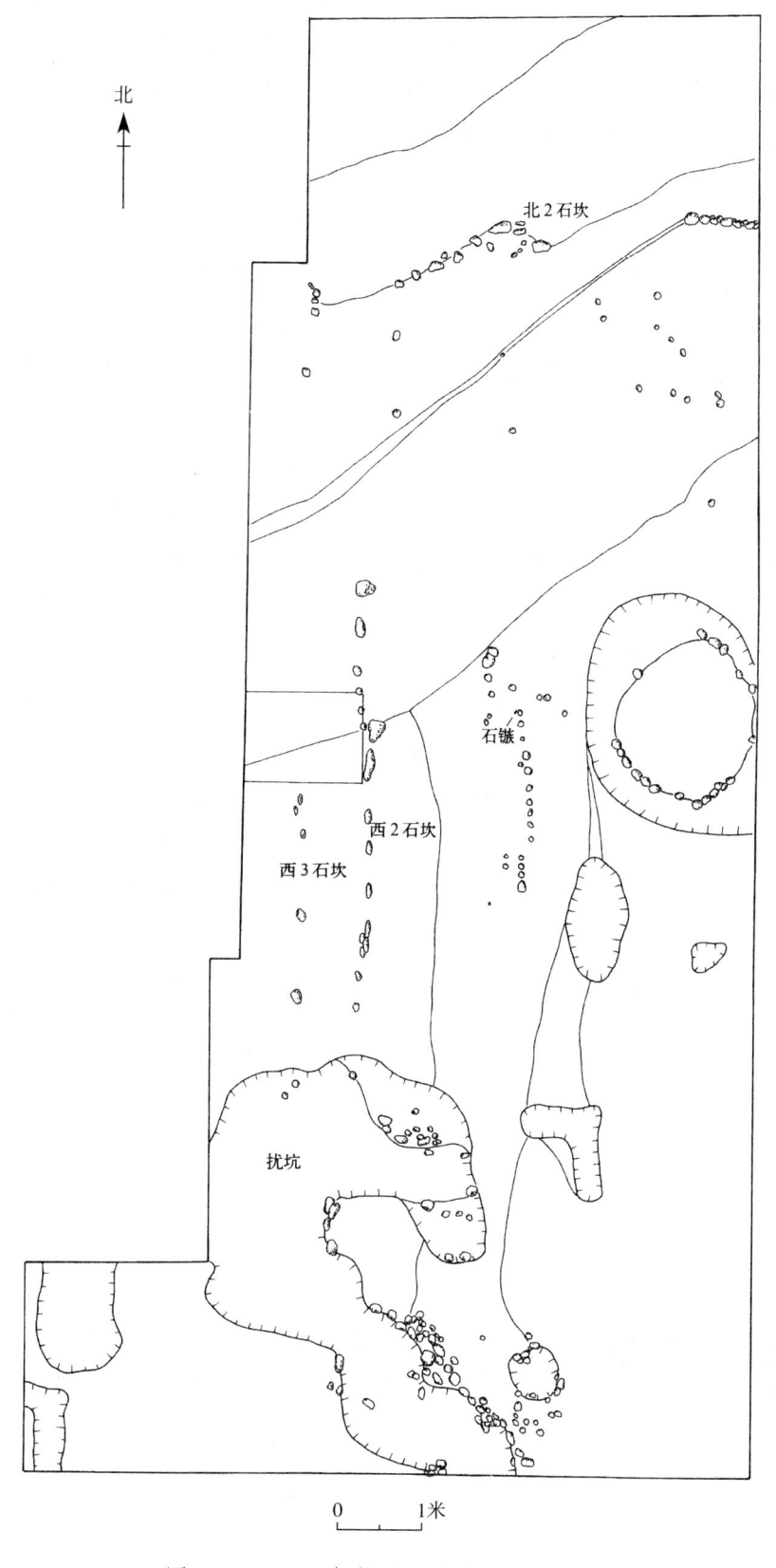

图一一　1996年揭露之土台遗迹平面图

面有无其他遗迹分布；解剖1987年发现的遗迹，确认其营建结构。这次发掘的探方编号仍取三位数，第一位数编为3，指第三次发掘，后面两位数以流水号编号。

围绕上述目的，在T204北部以东布T301、南部以西布T302，在T204以南布T303、T304、T306、T307、T308；在T308发现东西向石坎后，在其东、西两面布T309、T311和T310。T305则位于T204东南，与T206同向，并切入1987年封砌的石台（见图九）。

本次发掘自1997年4月23日开始，至7月23日结束。参加发掘工作的有浙江省文物考古研究所的芮国耀、丁品、方向明、胡继根、马竹山、陈欢乐、方忠华、葛建良，余杭市良渚文化遗址管理所的费国平，余杭市良渚文化博物馆的施时英。

一、T301揭去表层耕土后，即为1996年度发现的土台堆积之红褐色沙性土，自东南向西北倾斜。堆积表面没有发现其他遗迹。

在T302的表层耕土之下，是1996年发现的叠压在西2石坎之上的夹黑褐色斑点的黄土，北部之上叠压了褐色斑土，自东南向西北倾斜。堆积表面没有发现其他遗迹。

T303、T304、T306、T307、T308的表土之下是红褐色沙性土，与上一年度发现的土台遗迹堆积一致，层面自北往南缓慢倾斜。在T308发现了东西向的石坎堆积后，在其两侧发掘T309~T311，发现一条基本呈东西走向的石坎，编为南1石坎，长约24米（图一二；彩图6、7）。在T310，利用局部小探沟对叠压在石坎之上的堆积进行解剖，以期了解南1石坎的堆积情况。南1石坎坡度约60°，用砾石较为整齐地叠砌而成，垂直高度约0.70米。顶端海拔高度31.44米，与"祭坛"台面的绝对高差接近3米。石坎西端被后期堆积破坏而中断，东端与自然山体相连。石坎外侧叠压了呈慢坡状堆积的夹黑褐色斑点黄土，大致覆盖了石坎的一半高度。发掘时我们注意到，黄色斑土堆积基本上保持原来的状态，其堆筑时并未全部覆盖整个石坎。

在南1石坎以南约1.50米处的黄色斑土间，发现一条东西向石坎，长约1.20米，编为南2石坎（图一三）。南2石坎低于南1石坎，两者顶端高差约0.70米。南2石坎的堆筑状

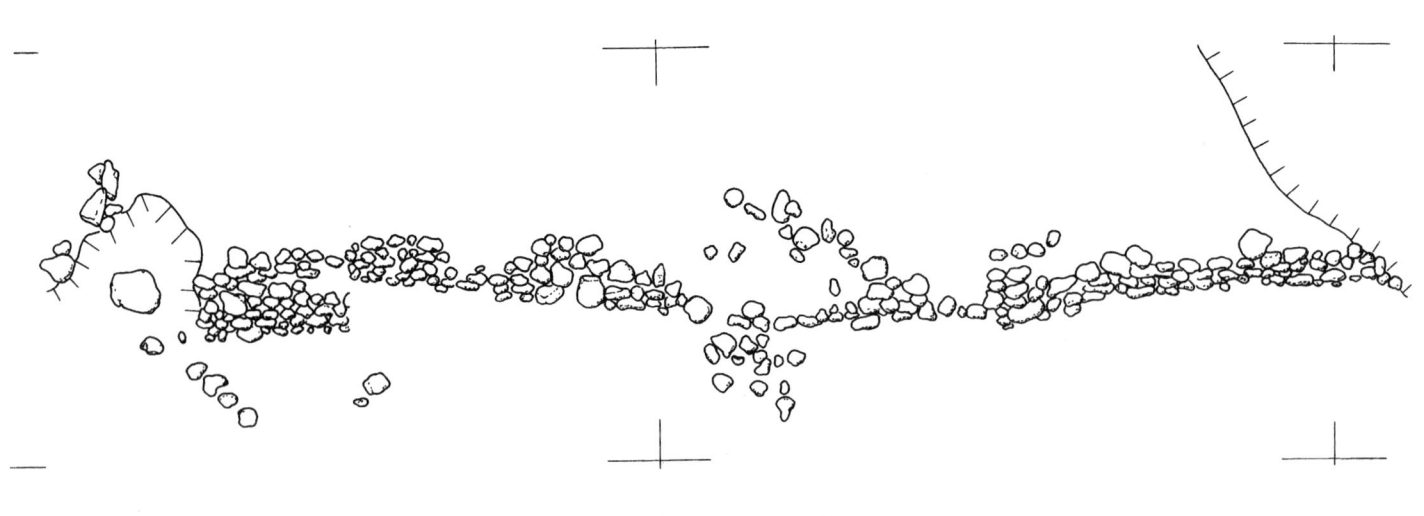

图一二 南1石坎平面图

态与南 1 石坎相似，但仅叠砌 2~3 层，自北往南略为倾斜。

二、为了确认西 2 石坎与土台的营建结构，在 T204 西 2 石坎的北端部分，开一条与石坎垂直的东西向探沟，长 6、宽 1 米，编为 T204 中探沟。从探沟南壁剖面观察，其堆积情况如下（图一四）：

图一三　南 2 石坎平面图

第 1 层　表层耕土。

第 2 层　夹黑斑点的黄土。第 1 层下露出西 2 石坎。在其西侧还有一道断续的南北向石坎，编为西 3 石坎。两道石坎间距约 0.70 米。西 2 石坎以东、西 3 石坎以西及两道石坎之间的堆积土色土质一致。石坎多为 2~3 层砾石叠砌（图一六）。

第 3 层　褐色斑土，分布于探沟西段，叠压在西 2 石坎下半部。此层底部有散乱的砾石铺面。

第 4 层　红褐色沙土，夹少量砾石，自东向西呈斜坡状堆积，西部较薄。此层底部有散乱的砾石铺面。

第 5 层　灰色斑土，出土少量碎陶片，夹杂散乱的砾石。

第 6 层　浅红色土，较纯，分布于探沟东部。

第 6 层以下为风化砂岩。

为了确认土台北部的营建结构，在 T204 东北部紧贴东壁开一条南北向的探沟，长 5、宽 2 米，编为 T204 北探沟。从探沟东壁剖面观察，其堆积情况如下（图一五）：

第 1 层　表层耕土。

第 2 层　夹黑斑点的黄土，自南往北倾斜堆积。此层与 T204 中部探沟的第 2 层相同。

第 3 层　浅灰褐色土，含少量细碎的良渚陶片。

第 4 层　黑灰色土，叠压在第 3 层之下，只分布于探沟西北部。

第 5 层　褐色斑土，含少量良渚陶片以及一些石块。此层底部有不太规整的砾石铺面。

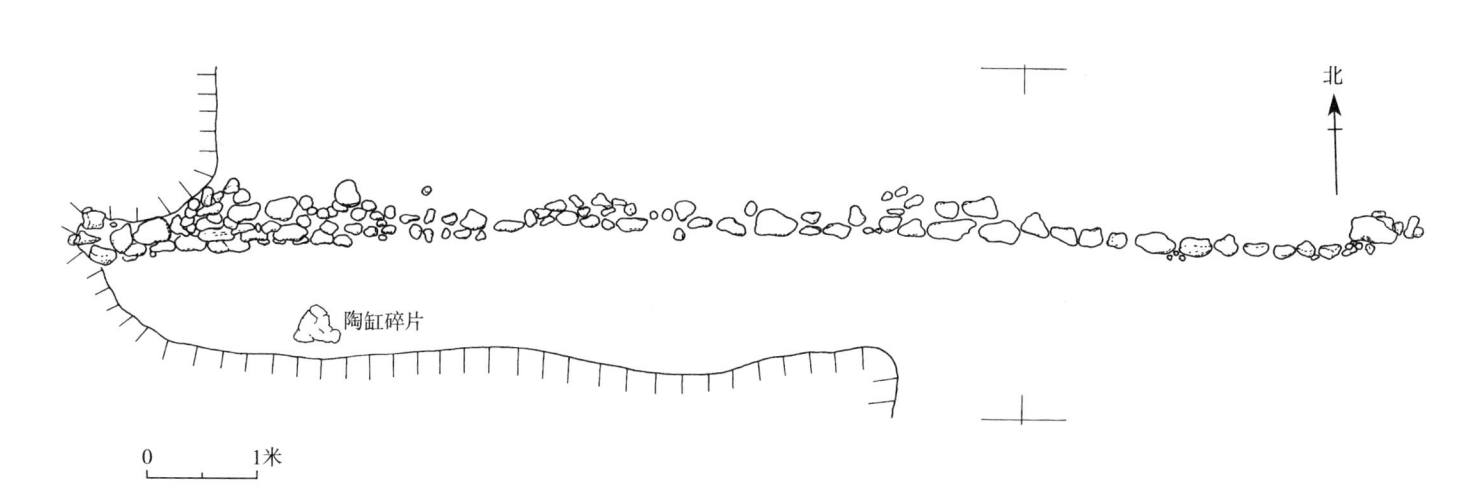

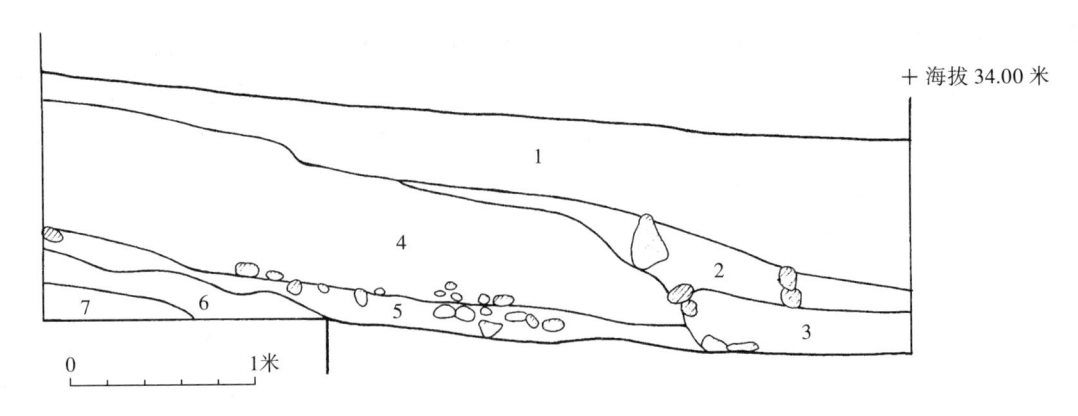

图一四　T204中探沟南壁剖面图

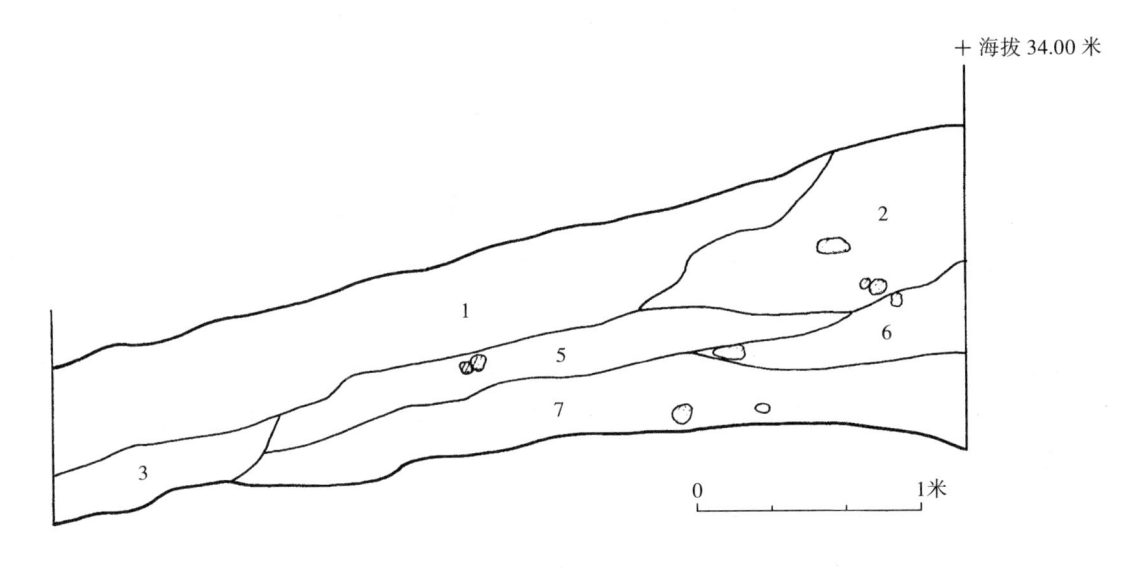

图一五　T204北探沟东壁剖面图

北2石坎叠压在此层边缘，多为一二层砾石叠砌，未见明显的石坎斜坡。

第6层　红褐色沙土，此层与T204中部探沟的第4层相同。

第7层　灰褐色土，此层与T204中部探沟的第5层相同。

从T204西北部的进一步剥剔情况看，北2石坎在探沟中长仅0.50米，往西间断延伸，长约3.20米。从剥面观察，其平面处于第3层、第4层与第5层、第7层的分界线，与探沟中揭露的情况一致。

三、为了达到本次发掘的主要目的，我们在T204南端紧贴南壁又开了一条探沟，宽2.30米，编为T204南探沟，挖至原生土。同时，将T206发掘至原生土。为了对1987年发现的遗迹作局部解剖，以便了解其营建结构，我们在T204东南布T305，为东西向，径直切入祭坛遗迹。

1. T204南探沟的地层堆积以北壁剖面为例介绍如下（图一七）：

第1层　表层耕土及被扰乱之回填土。

图一六 西2、西3、北2石坎平面图

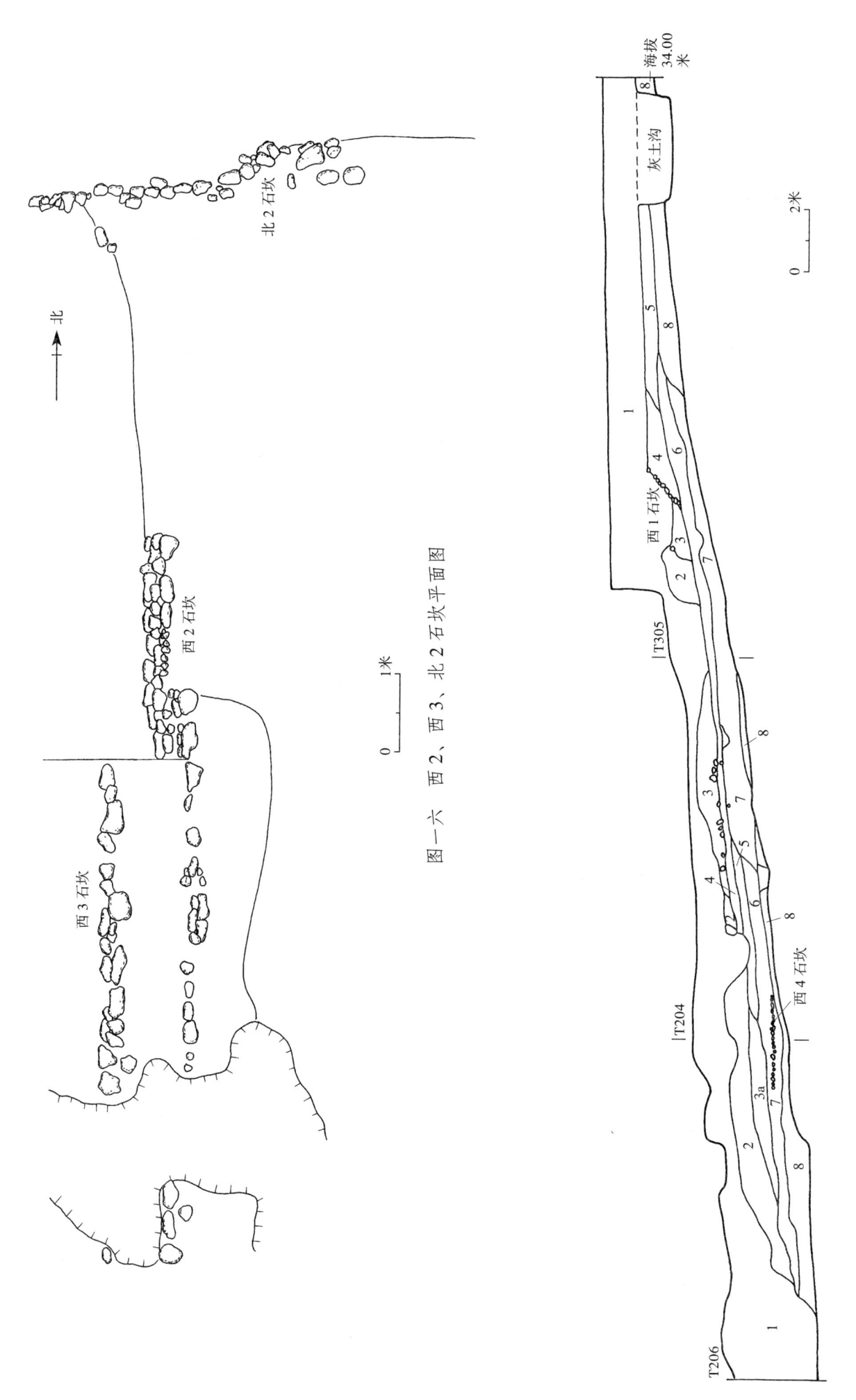

图一七 T206北壁、T204南探沟北壁、T305北壁剖面图

第2层　夹黑斑点的黄土，分布在探沟西端，并延伸至T206，由东向西倾斜。土质纯净，无文化遗物。此层与T204中探沟的第2层相同。

第3层　红褐色沙土，夹杂少量砾石。主要分布在探沟东半部，由东向西略为倾斜。此层与T204中探沟的第4层相同。

第4层　灰褐色斑土，土质较松，内含极少量细碎陶片。此层与T204中探沟的第5层相同。

第5层　较硬的红土，纯净无包含物。

第6层　棕红色土，坚硬，含较多的砾石碎块，沙性，并夹杂较多的黑色斑土块，分布在探沟西部。该层层面发现不规整的小范围的砾石铺面，由东向西倾斜。

第7层　较浅的红土，土质较纯，无文化遗物。分布于探沟东部，堆积较厚，最厚达70厘米。此层与T204中探沟的第6层相同。

第8层　褐色斑土，主要分布于探沟西部。含细沙及少量的风化砂岩。

第8层以下为原生土。

由于探沟上半部堆积破坏扰乱较为严重，南北向分布的西2、西3石坎未在探沟内发现。

2. T206的地层堆积情况相对比较复杂，现以北壁剖面为例介绍如下（图一七）：

第1层　表层耕土及晚期扰乱堆积，在探沟东端已至生土。

第2层　夹黑斑点的黄土，主要分布于探沟东部，自东向西倾斜，自北往南倾斜并渐薄。此层与T204南探沟的第2层相同。

第3层　分为两小层。第3a层为褐色斑土，分布于探沟的东北部，自东向西、自南往北倾斜。此层与T204中探沟的第3层相同。第3b层为深褐色斑土，分布于探沟中南部，与第3a层无直接叠压关系。

第4层　纯净的红土，分布于探沟东端，自东南向西北倾斜。与T204南探沟的第5层相同。北缘发现一道石坎，编为西4石坎（图一八）。西4石坎略呈东西向，自南往北倾斜，长约2.40米，用砾石叠砌，高约0.35米，顶端海拔高度为32.10米。被第3a层叠压，又叠压着第7层。

在探沟南半部的第4层之下有第5、6层堆积。

第5层　棕红色土，夹杂有较多的沙砾及黑色斑土，土质较硬。

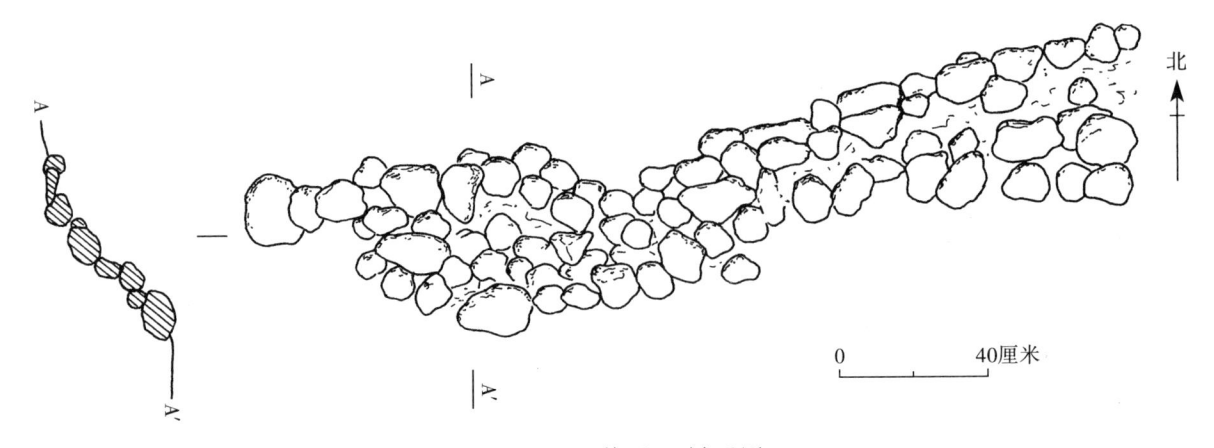

图一八　西4石坎平、剖面图

第 6 层　灰褐色土，夹杂较多的黑色斑土，土质较硬。

第 7 层　棕红色土。与 T204 南探沟的第 6 层相同。

第 8 层　黄褐色斑土，含较多的沙砾。与 T204 南探沟的第 8 层相同。此层堆积可能为生土。

第 8 层以下为风化基岩。

3. T305 与 T206 及 T204 南探沟同向，往东切入封砌的石台，地层堆积以 T305 北壁剖面为例介绍如下（图一七）：

第 1 层　原回填堆积土。

第 2 层　红褐色土。与 T204 南探沟的第 3 层相同。

第 3 层　夹黑斑点的黄土，叠压在西 1 石坎之上，大部分已在 1987 年度发掘中清理。

第 4 层　略带沙性的黄土。

第 5 层　深黄色土，略带沙性。第 4、5 层便是 1987 年发掘时发现的"砾石土台"堆积，层面基本水平。第 4 层西端叠砌西 1 石坎，第 5 层东端被"灰土围沟"打破而没有再往东延伸。

第 6 层　灰褐色斑土，含极少量的碎小陶片和沙砾石块，并夹杂少量红烧土颗粒。由东向西倾斜延伸至 T204，即南探沟的第 4 层。

第 7 层　浅红色土，质地紧密，未见任何包含物。东端直接叠压在第 8 层之上，由东向西倾斜延伸。该层与 T204 的第 7 层相同。

第 8 层　略含沙性的红土，土质略显疏松。呈东高西低的斜坡状堆积，至探沟中段被第 7 层叠压。其东端被"灰土围沟"打破，暴露的堆积乃是 1987 年发现的"红土台"。

第 8 层以下为红色风化砂岩，自东往西呈斜坡状堆积。这是原始起筑地面[1]。

4. 在 T305 发掘过程中，我们对 M5 的墓底做了进一步清理，发现在其墓坑周壁环绕着一圈深约 7 厘米的浅沟，从而使墓底形成低矮的土台。

在 T305 东端发现一个灰坑（97H1），开口于第 1 层，打破第 5、8 层，东部被 M11 打破。平面呈不规则的长方形，东西向，南北宽约 1.50、残长 1.90、深约 0.70 米。坑壁不甚明显，坑内填土为较疏松的灰褐色土，夹杂着砾石。坑底发现极少量的朱红色漆皮样物质，整体形状不明，难以起取（图一九）。

在 M5 与 M11 之间发现一座良渚文化墓葬，编号为余瑶 M14。M14 开口于第 1 层下，打破第 5、6 层至生土。应为北行墓列之一，弥补了 1987 年发掘的缺憾。

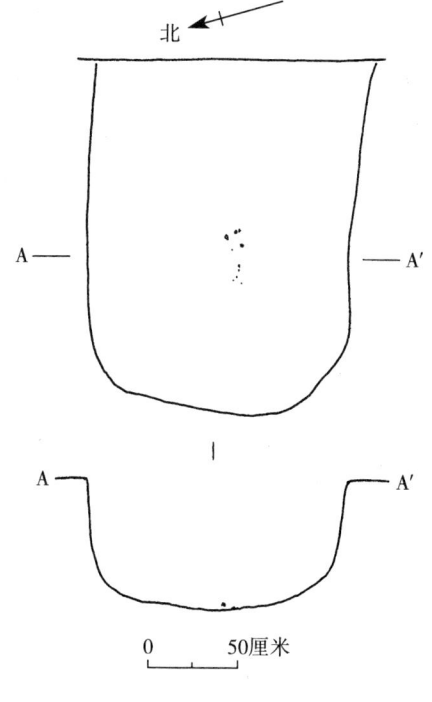

图一九　97H1 平、剖面图

---

[1] 2017 年为申遗展示，再次确认该层，判断其为山体基岩。原先认为沙性红土中包含的小鹅卵石，并非人工搬运。

表一　瑶山遗址部分探方地层对应表

营建阶段	T305	T206	T204南探沟
Ⅰ	⑧		
	⑦		⑦
		⑦	⑥
		④	⑤
Ⅱ	⑥	③a	④
Ⅲ	⑤		
	④		
	③		
Ⅳ	②		③
Ⅴ		②	②

T305北壁、T206北壁和T204南探沟北壁地层的层序对应参见表一。

四、经过这次发掘，瑶山遗址中心部位的堆积过程可归纳为以下七个阶段：

第Ⅰ阶段　在原生土面（风化砂岩及黄褐色沙土）之上，堆筑以红土为主的堆积。包括T305的第7、8层，T204的第5、6、7层，T206的第4、7层，局部加砌石坎（西4石坎和北2石坎）。

第Ⅱ阶段　在红土之上堆筑灰褐色斑土层，包括T305第6层、T204南探沟第4层。从堆积形态及土质、土色判断，T206第3a层可能也属于这一阶段的局部堆积。

第Ⅲ阶段　堆筑黄土台子，包括T305的第3~5层。表面基本平整，西侧围以西1石坎，并用带黑斑点的黄土（T305第3层）覆盖石坎。

第Ⅳ阶段　堆筑红褐色沙土台，包括T305第2层、T204南探沟第3层。台表大致呈慢坡状。在其西侧叠砌西2石坎和西3石坎。

第Ⅴ阶段　堆筑带黑斑点的黄土台，包括T204南探沟第2层和T206第2层。台表仍呈慢坡状，其西侧范围边缘与第Ⅰ阶段大致等同，从而完成了整个土台的营建。

第Ⅵ阶段　开挖围沟，填以纯净灰土，使中心部位形成红、灰土色的强烈反差。

第Ⅶ阶段　埋墓，对整个大土台造成一定程度的破坏。

第四节　1997年下半年度的发掘

通过1997年上半年度的发掘，结合前几次的发掘情况，我们对瑶山遗址有了一个全新的认识，特别是对遗址中心部位堆积的局部解剖，使我们进一步认识了祭坛遗迹的营建结构。接下来，确认瑶山遗迹的平面范围及其总体布局，就成为发掘队面临的首要问题。因此，1997年下半年，浙江省文物考古研究所良渚工作站在此继续进行发掘（彩图2）。发掘工作自 1997 年 10 月 14 日开始，至 1998 年 1 月 10 日结束。参加发掘的有浙江省文物考古研究所的芮国耀、丁品、赵晔、胡继根、马竹山、方忠华、葛建良、陈欢乐，余杭市良渚文化遗址管理所的费国平，余杭市良渚文化博物馆的施时英，发掘现场由丁品负责。

结合前两次发掘布方位置，此次发掘对瑶山遗址作网格状布方，探方东西长 10、南北宽 5 米。以瑶山西南坡角为方位基点，探方编号采用坐标法，取四位数字编列。东西 10 米为单位，编为探方号前两位，南北 5 米为单位，编为后两位（图二〇）。发掘原则是只揭露至良渚文化时期堆积层面，而不作深入的下挖。

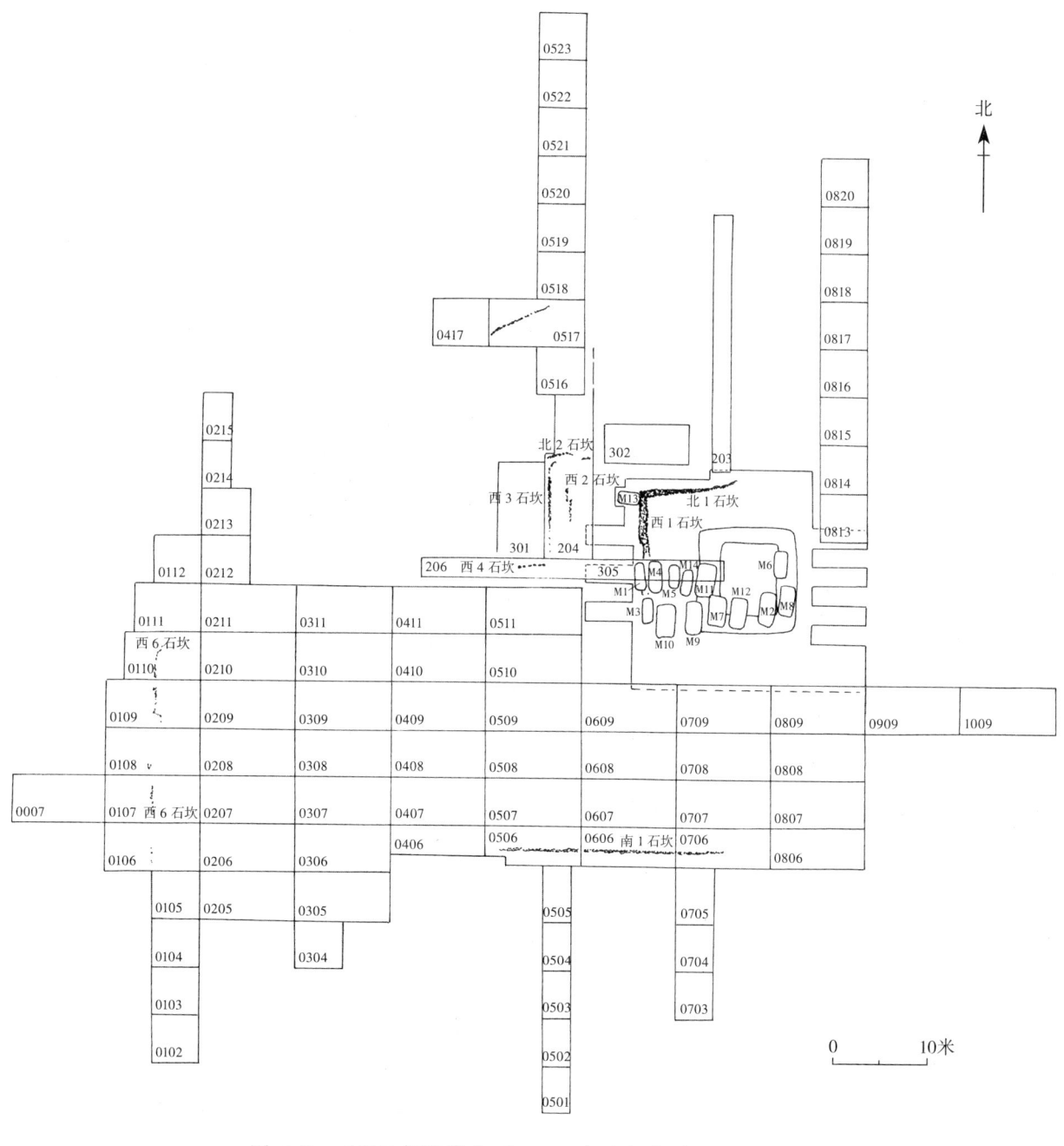

图二〇　1997 年下半年至 1998 年发掘探方平面示意图

在揭去厚 20~60 厘米不等的表层耕土及后期扰乱堆积后，即暴露出遗迹层面，其堆积由东向西平缓倾斜。在南 1 石坎以南，以 15°斜坡往南倾斜；在 T0108、T0109、T0110 西部往西，为相对较缓的陡坡；西北部 T0109、T0209、T0210、T0211 范围内，是由南往北倾斜的缓坡；在 T0310、T0410 范围内，则是南高北低的陡坡。

通过此次发掘，我们可以确认，瑶山遗迹平面略呈长方形，其南端大致以南 1 石坎为界，西端大致以 T0106~T0109 的西部为界，北界中段大致以 T0310、T0410 的陡坡为界。比较难确定的是东界。在 T0806、T0807、T0808 内，清除表层耕土后即暴露出风化砂岩，但其表面却异常平整，可能经过人工修整。而在 T0707、T0708 及 T0809、T0909 的表层耕土下，有厚薄不均、土质有别的良渚文化堆积。根据这些堆积以及风化砂岩的不明显界线，大致可以确定东界，即 T0706 东端往北，经 T0707 中部至 T0708 东部，再往东经 T0809 北部，往东北斜向至 T1009 中部。

在 T0306 东部发现一道较短的石坎，与南 1 石坎呈直线布列，两者应是同一石坎。但在 T0406，南 1 石坎遭到后期破坏而中断。石坎之上叠压的堆积是带黑斑点的黄土。在西端形成往北的拐角。

T0206 的表层耕土下是陡坡，其上分布着较为密集的砾石，但受后期扰乱而未见规整布列，部分还被黄褐色沙土（南 1 石坎叠压的堆积）叠压。此处可能是遗迹的西南角。

西 5 石坎、西 6 石坎的发现也是本次发掘的主要收获（图二一）。两条石坎均为南北走向，位于 T0106、T0107、T0108、T0109、T0110 内。西 5 石坎仅见顶端砾石，呈南北向条状分布，砾石块较大，布列稀疏。因未作细部发掘，长度难以确定。西 6 石坎以较小的砾石叠砌，南北长约 22 米。从表面观察，其两侧堆积的土质、土色与

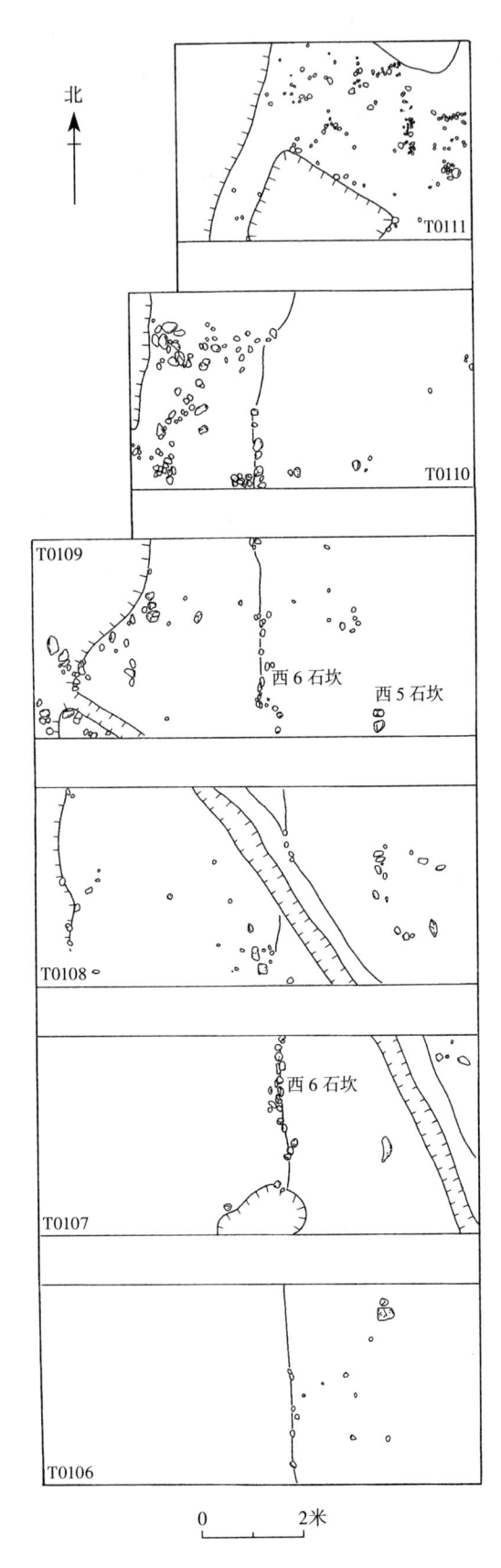

图二一　西 5、西 6 石坎平面图

南1石坎两侧的堆积一致。

在T0111和T0211探方的表层耕土下发现砾石铺面一处，因受地形限制，未能全面揭露。为密集布列的砾石，砾石大小不一，但铺就平整。可能是受到后期扰动，稍显凌乱。在T0111，其层面还发现小玉管1件和陶器残片2件，仅能粗略判断器形为夹砂陶鼎和泥质陶罐。

此外还发现一条宽0.25~0.70、深0.15~0.45米的沟，分布于T0109、T0108、T0107、T0206、T0205、T0304内。位于瑶山遗迹的西南陡坡下，呈西北—东南走向，北端至T0109西部，南端至T0304中部。此沟在表层耕土之下，打破了遗迹的堆筑土层，在T0108破坏了部分西6石坎。显然，此沟的年代应晚于筑坎的年代。沟内堆积为含沙的灰褐色斑土，土质纯净，无文化遗物，因此难以判断此沟的确切年代。据我们的发掘经验判断，沟内堆积属良渚时期的可能性最大。

第五节　1998年度的发掘

为了进一步确认瑶山遗迹的平面布局，1998年4月2日至7月15日，浙江省文物考古研究所良渚工作站再次对瑶山遗址进行了发掘。参加发掘工作的有浙江省文物考古研究所的芮国耀、丁品、方向明、胡继根、楼航、马竹山、方忠华、葛建良、陈欢乐，由丁品主持现场发掘。

一、本次发掘仍采取保护性发掘原则，在大部分发掘区域内，揭露至良渚文化时期堆积层面后便不再深入下挖。发掘工作主要在东北、西北、西南、南部几个区域进行。

在东北区域揭露了T0813~T0820的东半个探方。整个层面自南往北倾斜，南北高差约9米。所有探方在揭露了表层耕土后，即暴露出含有风化砂岩碎块的红土，层面分布一些砾石，部分区域裸露山体基岩。层内未见文化遗物，应为原生土。从揭露的情况看，已处在遗迹范围之外。

在西北区域揭露了T0417、T0516、T0518~T0523的东半个探方。其中，T0519北端至T0522南端的表层耕土下露出一层偏黄的红土，土质坚硬，似乎存在台阶，但不规整，也不排除后期水土流失而形成的可能。其余探方在表层耕土下均暴露出风化的山体基岩。在T0517西南部有一层红褐色土，自东向西渐厚，其层面有零星的良渚文化陶片。在红褐色土北缘发现条状砾石堆积，长约3.90米，呈西南—东北走向，低于T305第2层层面约6.40米，但未见叠砌现象（图二二）。

在发掘区西北揭露了T0212、T0213的西半探方，以及T0214和T0215西端2米宽的区域。揭露了表土之后，即暴露出偏黄的红土堆积，自东南向西北倾斜，在T0215北端，该层层面低于T305第2层层面约7.90米。在T0212~T0214，该层层面散乱分布着较多的砾石，未作进一步揭露。该层堆积往南、往东延伸，分别至T0211、T0311，但层面的砾石堆积渐渐稀疏。

二、南部的发掘分成两部分。

1. 在发掘区东南部揭露了T0703~T0705的西半部分，除去表层耕土后即暴露出风化的山体基岩。在T0705北端发现与T0706相连的良渚文化堆积，最南缘与基岩交界处低于T305第2层层面约3.45米。

在发掘区西南部揭露了T0102~T0105的东半部分，表层耕土下即是黄褐色和灰褐色土堆积，未作进一步揭露。从层面可见细碎的良渚陶片和红烧土颗粒，是否为整个遗迹的组成部分还难以断定。在T0102南端，此层层面低于T305第2层层面约8.65米。

2. 为了搞清遗迹南半部大面积的平缓堆积土台的营建结构，我们揭露了T0505和T0507~T0511的东半部，直至原生土。本书只提供T0507~T0509东壁剖面图（图二三）。由于是保护性发掘，因此仅揭露了2米宽的区域。同时，为了完整地保存南1石坎，对南1石坎通过的T0506未作进一步发掘。这一区域的地层堆积大致分为以下几个阶段：

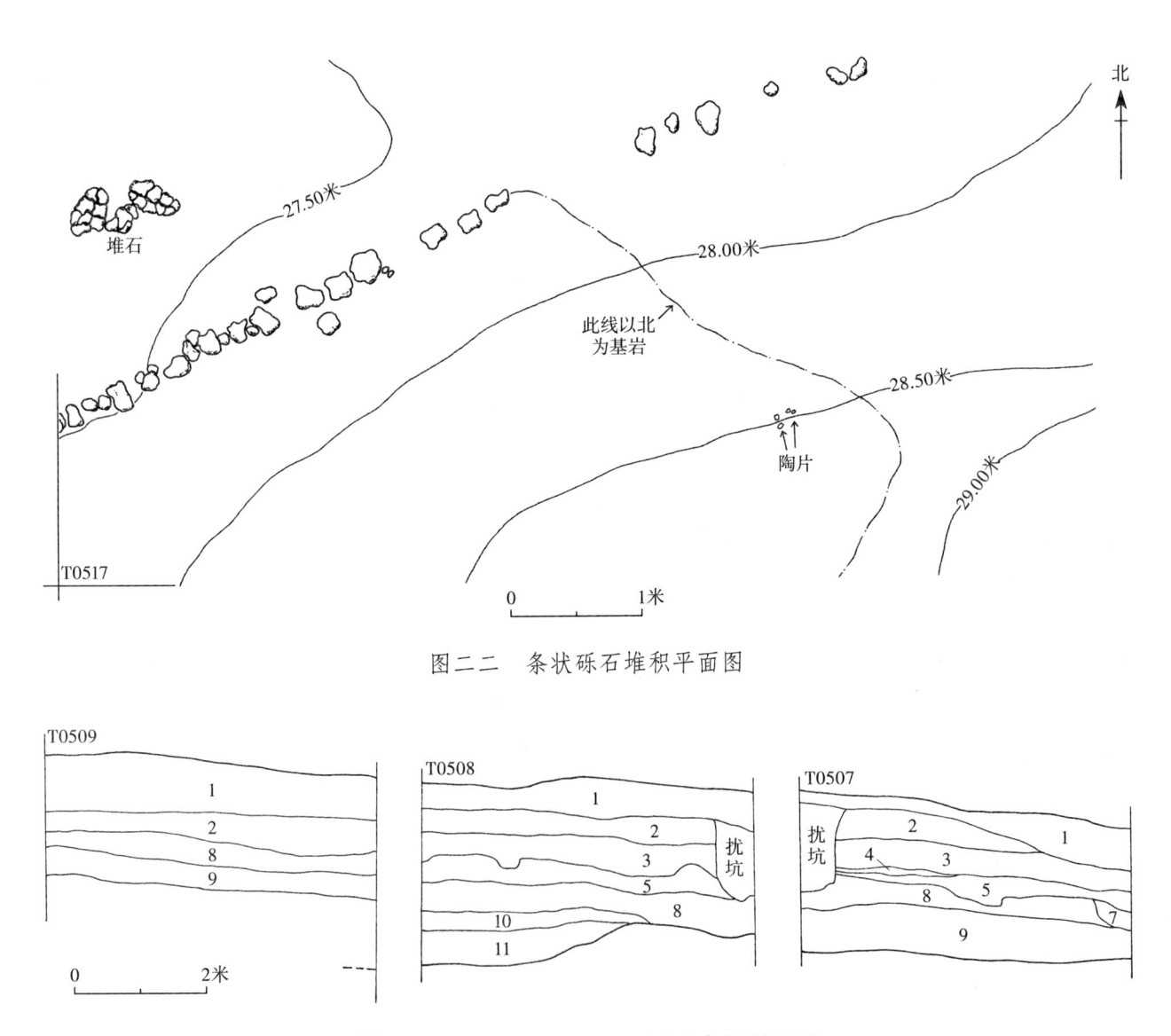

图二二　条状砾石堆积平面图

图二三　T0509、T0508、T0507东壁剖面图

1. 表层耕土　2. 浅褐色沙土　3. 褐色粗沙土　4. 黄褐色沙土　5. 深褐色沙土夹灰白色沙土　6. 黄色沙土　7. 浅灰白色土　8. 灰褐色土　9. 红土　10. 夹黑斑点浅黄土　11. 浅黄色夹灰白色土

（1）生土为风化砂岩，自北向南倾斜。在北端T0511，生土面低于T305第2层层面约2.30米；在南部T0507，生土面低于T305第2层层面约3.60米；在南端T0505，生土面低于T305第2层层面约5.40米。

（2）在生土之上堆筑一层较纯的红土（第9层堆积），厚35~60厘米，层面亦自北向南略微倾斜。在北端T0511，该层层面低于T305第2层层面约1.80米；在南端T0507，该层层面低于T305第2层层面约3.30米。此层与T204南探沟第7层堆积相连，为同一堆积，属于第Ⅰ阶段堆积。

（3）在T0511，红土层之上还叠压了一层灰褐色土，因遭盗掘，仅残留少量堆积，厚仅10厘米。从土质、土色和堆积层位观察，此层应与T204南探沟第4层相连，为同一整体，属于第Ⅱ阶段堆积。

（4）T0507~T0509在红土之上堆积了褐色沙土。此层堆积与北部T0511的灰褐色土均叠压在表层耕土层下，且两者无直接的叠压关系，所以，两者堆筑的早晚次序无法判断。该褐色沙土自北往南倾斜堆积，在T0506边缘叠砌南1石坎。从土质、土色观察，它与第Ⅳ阶段沙土台堆积相同。

完成上述发掘后，发掘队认为已基本弄清瑶山遗址的平面布局及其主体部位的堆积营建过程。至此整个发掘工作结束，由浙江省文物主管部门策划，对瑶山遗址作现场保护展示。

第三章 墓 葬

历年发掘的良渚文化墓葬有12座，主要集中在瑶山遗迹的东北部，从平面分布情况看，均不超出中心区域第Ⅲ阶段的堆积范围。全部墓葬分成南北两行，排列比较整齐。北行墓列有6座，自东向西依次是M6、M11、M14、M5、M4和M1；南行墓列也有6座，自东向西依次是M8、M2、M7、M9、M10和M3。被盗掘的M12位于M2与M7之间，该墓将在第四章介绍。

墓葬均为长方形土坑竖穴，基本南北向。由于在浙江省内发掘的良渚文化墓葬绝大多数头向朝南，因此在下面的墓葬介绍中，除发现有人骨遗骸的墓葬外，我们均取墓向朝南。随葬品有玉器、陶器、石器等，编号754件（组），以单件计共2660件。其中又以玉器为主，共出土678件（组），以单件计共2582件。玉器的种类包括冠形器、带盖柱形器、三叉形器、成组锥形器、钺、琮、小琮、璜、圆牌、镯形器、牌饰、带钩、纺轮等，但未发现良渚文化玉器的主要器类——璧。

本章将依照墓号次序，介绍墓葬形制和随葬品。

第一节 一号墓

一、墓葬形制

M1位于北行墓列最西端，其东侧为M4。开口于表层耕土下，打破西1石坎的覆土层。长方形竖穴土坑墓，墓向183°。墓坑长2.84米，南端略宽于北端，南端宽1.18、北端宽0.80米，墓坑深约0.20米。填土为疏松的灰黄色土，较纯净，没有其他包含物。墓内人骨已朽无存（彩图9）。

随葬品中陶器4件，为豆1、缸1、鼎1，另有1件泥质灰陶器，无法辨明器形。陶器置于墓坑北端，破碎严重，难以起取。

在M1坑口线范围内中部，有1件平置的玉镯形器（M1：30）及1件小玉管（M1：29），高于墓底约20厘米，可能存在特别的含义。其他玉器置于墓底，主要分成两大组。在墓南端有玉冠形器（M1：3）、带管串饰（M1：4）的玉璜（M1：5），在墓中部有玉璜（M1：12）、6件成组的玉圆牌饰（M1：13）、1件玉圆锥形器（M1：15）等（彩图10）。其余小件玉管、玉珠散落周围及北端陶器之间（图二四）。

图二四　M1平面图

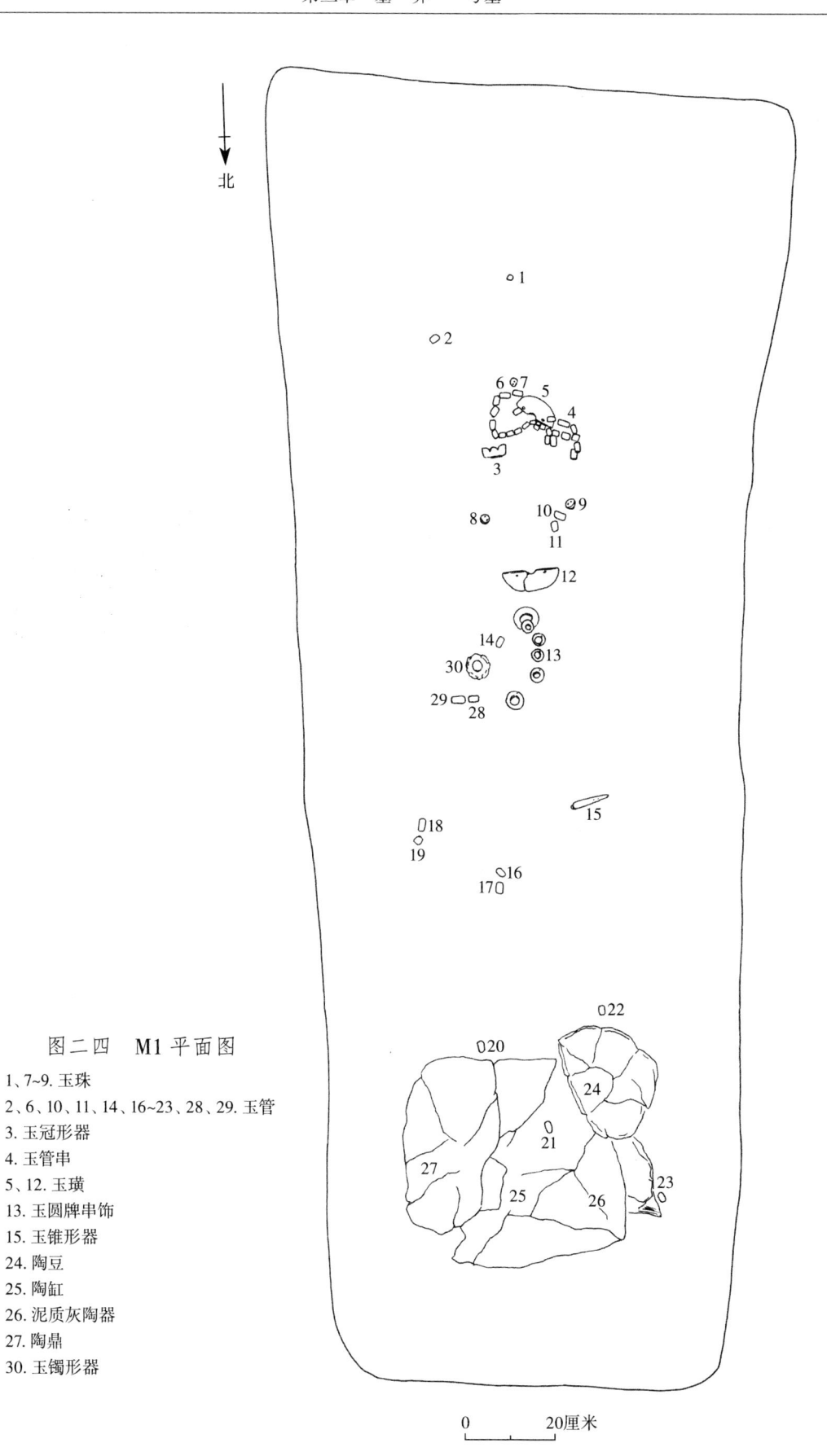

1、7~9. 玉珠
2、6、10、11、14、16~23、28、29. 玉管
3. 玉冠形器
4. 玉管串
5、12. 玉璜
13. 玉圆牌串饰
15. 玉锥形器
24. 陶豆
25. 陶缸
26. 泥质灰陶器
27. 陶鼎
30. 玉镯形器

二、随葬器物

随葬品包括玉器和陶器，编号 30 件（组），以单件计共 61 件。

（一）玉器

编号 26 件（组），以单件计共 57 件。多为白玉，种类有冠形器、镯形器、璜、圆牌、锥形器、管、珠等。发掘时，对墓内初步判定为同组的玉器编为同一器物号，在该器物号之下分别以 -1、-2、-3……标示各件玉器。

冠形器 1 件（M1：3）。体扁薄，平面略呈倒梯形，上端稍宽，中间有两道凹缺，使中央呈圆弧状凸起，下端均等对钻 3 个小孔，其中一孔已残。高 2.5、宽 4.5~4.8、厚 0.2 厘米（图二五；彩图 11）。

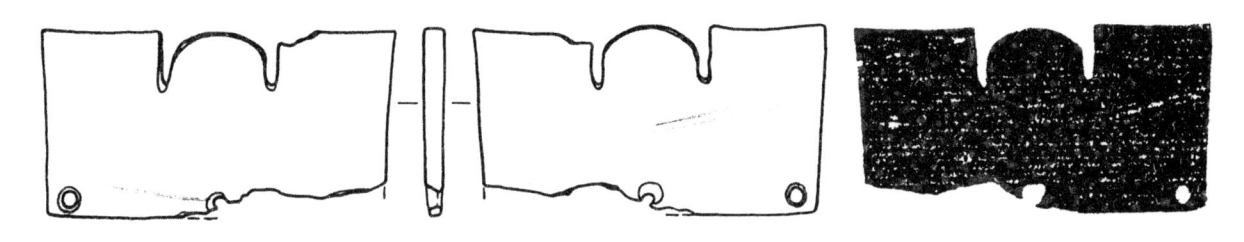

图二五　M1 出土玉冠形器（M1：3）及拓片（1/1）

镯形器 1 件（M1：30）。整体作宽扁的环状，内壁平直光滑，外壁琢刻出 4 个凸面，其上刻同向且相同的龙首形图案。利用外壁的宽平面表现龙首的正面形象，并以浅浮雕延伸至镯体的上下端，形成龙首的侧面形象，从而组成颇为立体的龙首图案。正面下端是龙首的扁宽嘴，露出平直的上唇和大而方整的上排牙齿，上唇两侧有圆形凸起的鼻孔，宽扁的鼻部与上唇平齐。之上有一对大而圆凸的眼球，外饰圆形眼圈。两眼上方用阴线刻出一对短角。眼、鼻之间有一菱形图案，内外双线，菱形正中阴线刻一小椭圆形。图案侧面用浅浮雕和阴刻线，表现深而长的嘴裂、鼻子和头部的侧面形象。以往曾将这种形态的玉器称为"蚩尤环"。若以平面加侧面进行观察，其形态与中国传说中的龙近似。高 2.65、直径 8.2、孔径 6.1 厘米（图二六、二七；彩图 12~14）。

璜 2 件。

M1：5，有灰褐色瑕斑，素面。平面呈半璧形，上端中部有半圆形凹缺，左、右两侧各对钻 1 个小圆孔，底端圆弧。整器边缘薄而中部厚。顶端及平面各有一道细线状切割痕。高 4.2、宽 10.1、厚 0.55 厘米（图二八；彩图 15）。

M1：12，出土时已断成三截。有灰绿色瑕斑，素面。平面呈半璧形，上端中部有半圆形凹缺，左、右两侧各对钻 1 个小圆孔，底端圆弧。器表有多组弧线状切割痕，多发现于器表不平整的凹面。高 4.8、宽 11.8、厚 0.5 厘米（图二八；彩图 16）。

管串 1 组（M1：4）。由 27 件管组成，其中 5 件略残损。圆柱形，双向对钻孔。长 1.2~1.9、

图二六　M1 出土玉镯形器（M1∶30）及拓片（1/2）

直径 0.8~0.9 厘米。此组管串出土时与 M1∶5 玉璜相连，两者应为成组器物（图二九；彩图 17）。

圆牌串　1 组（M1∶13）。由 6 件圆牌组成，此组圆牌串出土时与 M1∶12 璜相连，两者可能为成组器物。扁平圆饼形，中间钻圆孔。除 M1∶13-1 外，其余均在器边缘对钻 1 个小孔。

M1∶13-1，中间双向钻孔，孔的内壁有旋痕，器表有弧线状的切割痕。直径 4.5、孔径 1.7、厚 0.5 厘米（图二九；彩图 18）。

图二七　M1 出土玉镯形器（M1:30）拓片（1/2）

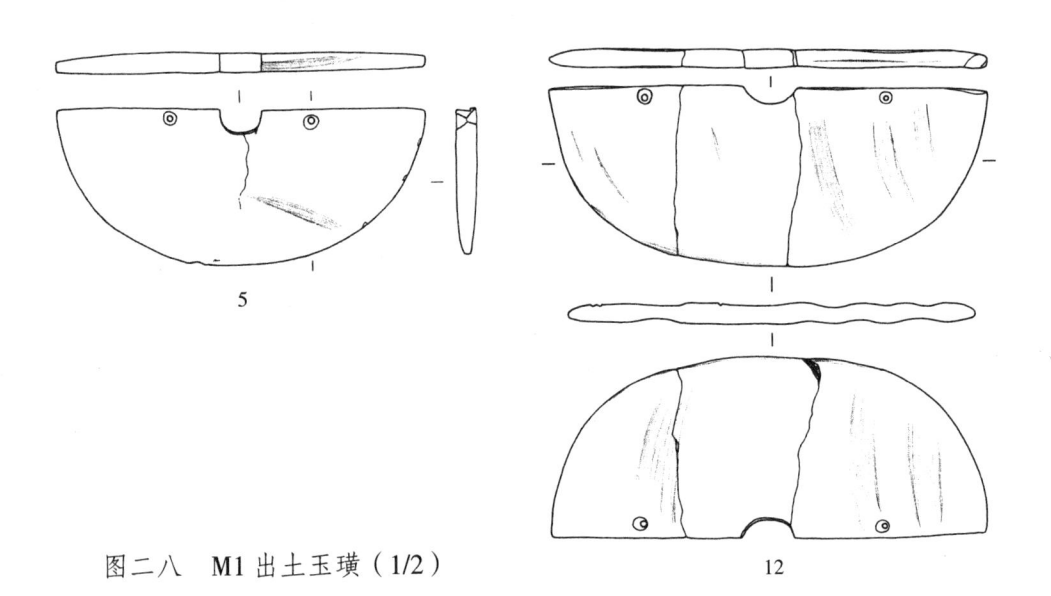

图二八　M1 出土玉璜（1/2）

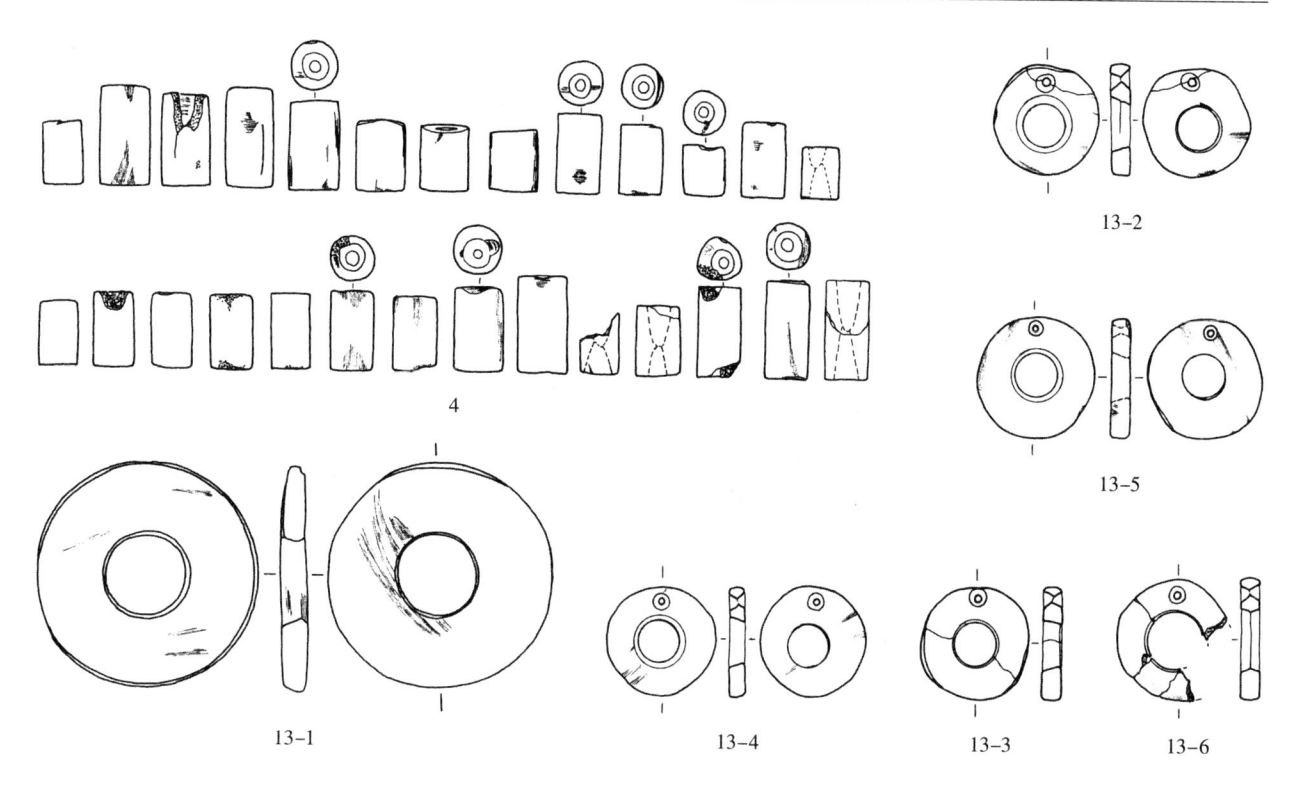

图二九　M1出土玉管串、圆牌串饰
4.管串　13-1~13-6.圆牌串饰（2/3）

M1:13-2，单向钻孔。直径2.2、孔径1、厚0.4厘米（图二九；彩图19）。

M1:13-3，单向钻孔。直径2.25、孔径1、厚0.4厘米（图二九；彩图20）。

M1:13-4，单向钻孔。器表有直线状切割痕。直径2.2、孔径0.9、厚0.3厘米（图二九；彩图21）。

M1:13-5，单向钻孔。器表有直线状切割痕。直径2.4、孔径0.8、厚0.4厘米（图二九；彩图22）。

M1:13-6，双向对钻孔，孔壁有旋痕。已残缺。直径2.3、孔径1.2、厚0.4厘米（图二九）。

锥形器　1件（M1:15）。出土时断成五截。长条形，横断面呈圆角方形，一端锥尖，另一端略扁，并双向对钻1个小孔。长6.3厘米（图三〇；彩图26）。

管　15件。多为圆柱形，中间对钻孔。

M1:2，长1.2、直径1、孔径0.4厘米（图三〇；彩图23）。

M1:6，长3、直径1.2、孔径0.6厘米（图三〇；彩图24）。

M1:10，横断面略呈三棱形。长1.9、直径1.1、孔径0.6厘米（图三〇；彩图24）。

M1:11，器表及一端面上有弧线状切割痕。长2.1、直径1.1、孔径0.6厘米（图三〇；彩图24）。

M1:14，长1、直径0.9、孔径0.45厘米（图三〇；彩图23）。

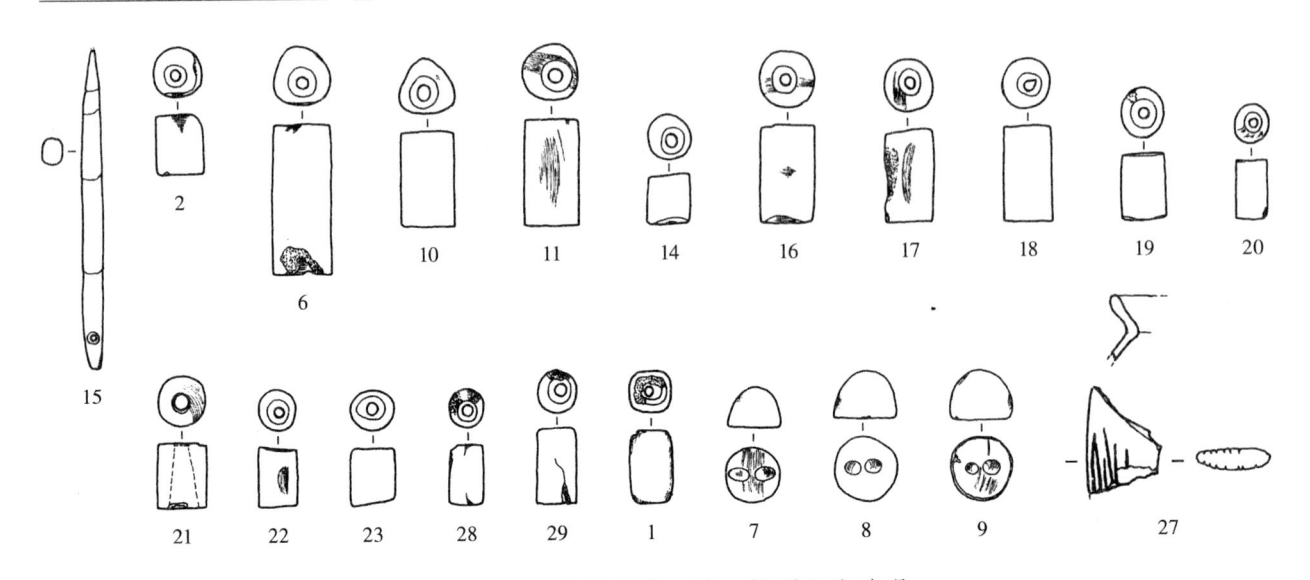

图三〇　M1 出土玉珠、管、锥形器和陶鼎

1、7~9. 玉珠　2、6、10、11、14、16~23、28、29. 玉管　15. 玉锥形器　27. 陶鼎（27 约 1/4，余 2/3）

M1：16，一端面上有弧线状切割痕。长 2、直径 1.1、孔径 0.5 厘米（图三〇；彩图 24）。

M1：17，器表及一端面上有切割痕。长 1.9、直径 1、孔径 0.4 厘米（图三〇；彩图 24）。

M1：18，长 1.9、直径 1、孔径 0.45 厘米（图三〇；彩图 24）。

M1：19，长 1.3、直径 0.9、孔径 0.5 厘米（图三〇；彩图 23）。

M1：20，长 1.1、直径 0.6、孔径 0.3 厘米（图三〇；彩图 23）。

M1：21，双向钻孔后切割断，所以呈单向钻孔形态，切割面有弧线状切割痕。长 1.3、直径 1、孔径 0.6 厘米（图三〇；彩图 25）。

M1：22，器表有一处凹陷的切割痕。长 1.2、直径 0.8、孔径 0.45 厘米（图三〇；彩图 25）。

M1：23，长 1.1、直径 0.9、孔径 0.6 厘米（图三〇；彩图 25）。

M1：28，长 1.2、直径 0.7、孔径 0.4 厘米（图三〇；彩图 25）。

M1：29，长 1.5、直径 0.8、孔径 0.45 厘米（图三〇；彩图 25）。

珠　4 件。分为腰鼓形和半球形两种。

腰鼓形珠　1 件（M1：1）。上下两端圆弧，对钻孔。长 1.5、直径 0.9、孔径 0.5 厘米（图三〇；彩图 23）。

半球形珠　3 件。平直的一面有隧孔。

M1：7，平面有弧线状切割痕。厚 0.8、直径 1.1 厘米（图三〇；彩图 27）。

M1：8，厚 0.9、直径 1.2 厘米（图三〇；彩图 27）。

M1：9，平面有弧线状切割痕。厚 1、直径 1.2 厘米（图三〇；彩图 27）。

（二）陶器 4件。

鼎 1件（M1：27）。夹砂红陶。破碎较甚，整器器形不明。侈口，圆唇，沿面平直。鼎足为鱼鳍形，横断面扁圆，中部厚而边侧薄，外侧略平直（图三〇）。

豆 1件（M1：24）。泥质灰陶。破碎较甚。仅见不甚完整的喇叭形圈足。

缸 1件（M1：25）。夹粗砂红陶，胎质酥松。破碎较甚，整器器形不明。器表饰粗篮纹。

另有1件泥质灰陶器（M1：26），破碎较甚，全为碎片，已无法辨认器形。

第二节 二号墓

一、墓葬形制

M2位于南行墓列的东端，其东侧是M8，西侧是被盗掘的M12。开口于表层耕土下，打破红土堆积的东南角以及围沟状灰土。长方形竖穴土坑墓，墓向185°，其西南被盗掘者破坏。墓圹长3.50、宽1.60米，墓坑最深0.80米，中部深0.46、最浅处为0.12米。坑底呈凹弧状，原当为独木棺。墓内人骨已朽无存（彩图28）。

在墓口坑线内，南北长2.70、东西宽1.10米的范围土质土色略有区别，使墓口平面的土色呈"回"字形。鉴于此，我们先将整个墓坑向下做少许，然后，在中间有差别的范围内清理，将其作为棺的范围，可剥剔出坑壁，随葬品均出于该范围内。所以，墓内有棺的判断大致准确。墓内填灰褐色斑土，纯净无遗物。其中棺线外的填土较为坚硬，清理时发现土呈片状，可能经过夯实，但无法确认夯层面；棺线内的填土稍显松软。野外发掘时，未对棺与墓坑的关系作解剖确认。

随葬品中陶器4件，为鼎1、圈足罐1、豆2，放置在墓坑北端，陶质疏松而难以完整起取。石器仅石钺一种，1件（M2：61）位于墓南部，另1件（M2：27）位于墓中部，刃部均向西。

在墓坑南端偏西处，出土玉冠形器1件（M2：1），有图纹的一面朝上，底端凸榫向东，正反面均留有朱红色涂层。与凸榫等宽向外延伸约10厘米处有木质纤维痕迹，但无法起取。玉冠形器旁是玉三叉形器（M2：6），出土时与1件长玉管（M2：7）基本相连。墓南端中部一组7件玉锥形器（M2：8~12），另有一组玉带盖柱形器（M2：2、3），盖与柱形器分离，有隧孔的一面朝上。玉钺（M2：14）位于中部偏南，钺孔周围有朱红色痕迹。钺顶端有1件小玉琮（M2：20），往北约90厘米处有1件小玉琮（M2：21），可能是钺柄底部的饰件。该墓出土玉琮2件。其中1件（M2：22）位于中部，出土时以图纹为准顶端向上；另1件（M2：23）顶端向南（彩图29）。墓中部西侧有1件玉锥形器（M2：25）。在墓北端陶豆（M2：34）之西北侧出土玉手柄1件（M2：55）、玉鸟1件（M2：50）。玉鸟出土时，有图纹那面朝下，鸟首向北。此外，大量玉管散落在墓内南、中、北三个区域，成组的有三串（M2：38、40、59），其余均为散件。比较特殊的是，该墓出土1件玉圆牌（M2：17），是南行墓中唯一出土此类玉器的一座墓葬（图三一）。

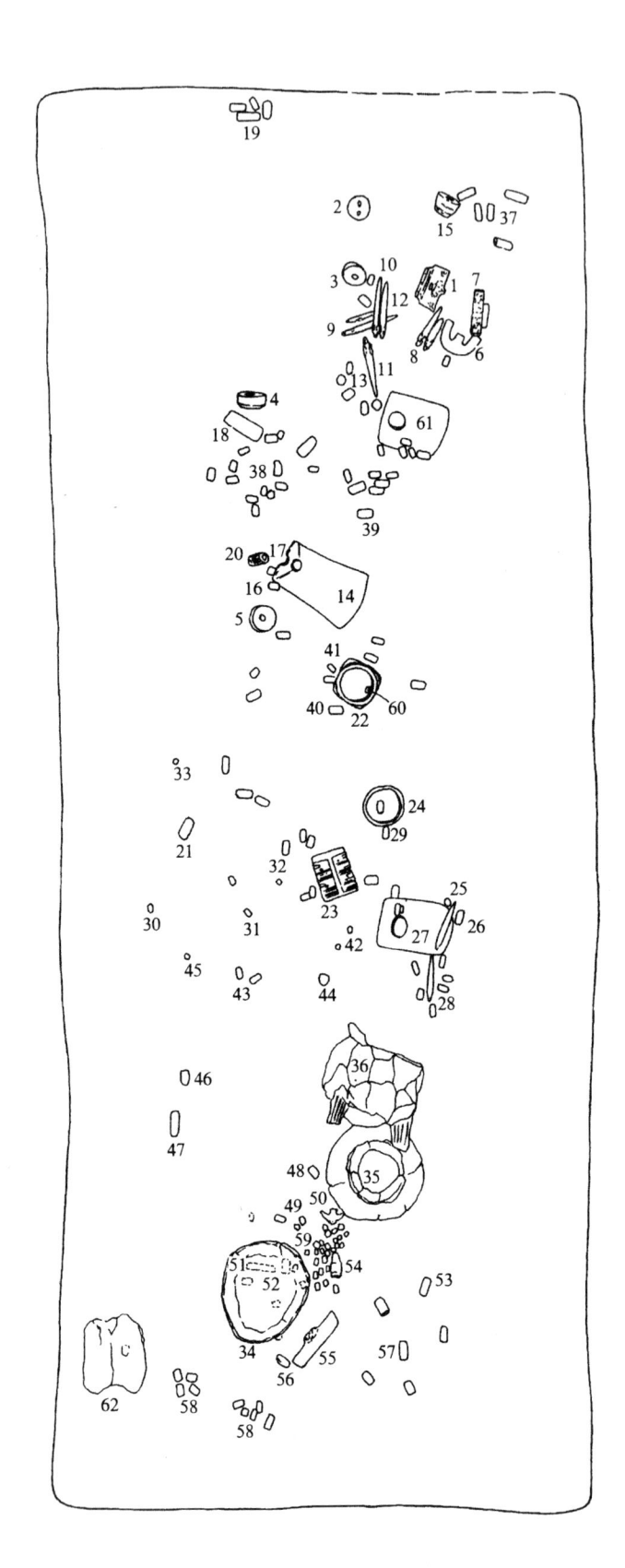

北

图三一 M2 平面图

1. 玉冠形器
2、3. 玉带盖柱形器
4、5、16. 玉柱形器
6. 玉三叉形器
7、18. 玉长管
8~12、25、28. 玉锥形器
13、41、42、56、60. 玉珠
14. 玉钺
15、44、46、54. 玉端饰
17. 玉圆牌
19、37、38、40、57~59. 玉管串
20、21. 小玉琮
22、23. 玉琮
24. 玉镯形器
26. 玉坠
27、61. 石钺
29、39、43、47、48、52、53. 玉管
30~33、45、49. 玉粒
34、62. 陶豆
35. 陶圈足罐
36. 陶鼎
50. 玉鸟
51. 玉条形饰
55. 玉手柄

二、随葬器物

随葬品包括玉器、石器和陶器，编号62件（组），以单件计共190件。

（一）玉器

编号为56件（组），以单件计共184件。多为白玉，种类有冠形器、带盖柱形器、三叉形器、成组锥形器、钺、琮、小琮、镯形器、手柄、圆牌、锥形器等。

冠形器 1件（M2：1）。体扁平微凹，平面略呈倒梯形。上端中间尖凸，下端凸榫上均等对钻3个小圆孔。背面弧凸，光素无纹；正面内凹，其上阴线刻神兽纹。图纹的上半部是头戴羽状冠的神人，脸庞呈倒梯形，眼、鼻、口俱全，并刻出双臂。图纹下半部是兽面，椭圆形眼眶，以重圈为眼，并刻三角形的眼角。蒜头鼻，鼻下侧用卷云纹表示鼻孔。长扁形嘴，嘴部有4枚粗壮的獠牙，其中内侧2枚朝上，外侧2枚向下。器的底边饰卷云纹带，上端两角各有一引颈回首的鸟纹。兽面下有一个椭圆形镂孔。高5.8、宽7.7、厚0.35厘米（图三二；彩图30）。

带盖柱形器 1组（M2：2、3）。由柱形器和器盖组成，故暂以形态名之。

M2：2，器盖。圆饼状，顶面弧凸，底面平整且钻有隧孔。底面有弧线状切割痕。直径4.4、高1.9厘米（图三三；彩图32）。

M2：3，柱形器。有青绿色瑕斑。圆柱形，中间穿孔略偏。柱体上端外壁有切割痕，顶面有两组相交的弧线状切割痕。高2.5、直径4.1~4.3厘米（图三三；彩图33）。

三叉形器 1件（M2：6）。有灰色瑕斑，素面。左、右两叉平齐，中叉较低且有竖向直孔。左、右叉的顶端与内侧均有1个对钻孔。高4.2、宽6.3、厚1.1厘米（图三三；彩图31）。

长管 2件。圆柱形管状，相对较长，故而名之。

M2：7，黄白玉。中间钻孔不规整。浅浮雕并阴线刻，图案被两周凸棱分成上、中、下三组，其中下组仅有整体图案的上部。每组上、下各4个圆凸，上面圆凸阴刻圆圈，周围以

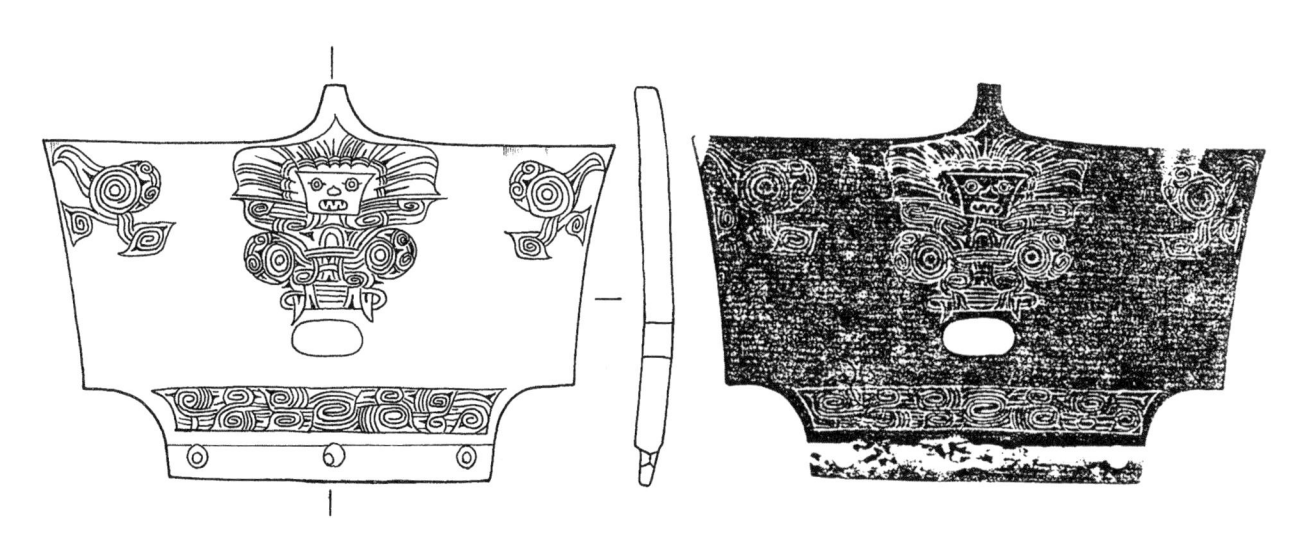

图三二 M2出土玉冠形器（M2：1）及拓片（1/1）

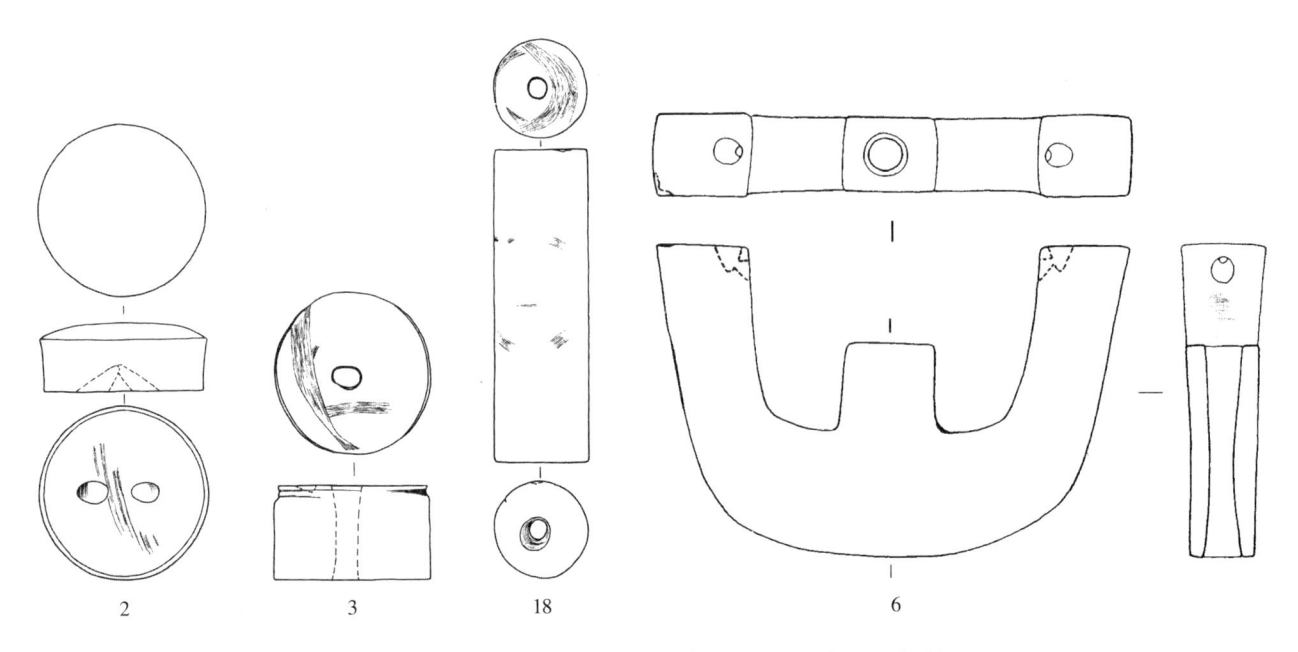

图三三　M2 出土玉带盖柱形器、三叉形器、长管
2. 柱形器器盖　3. 柱形器　6. 三叉形器　18. 长管（6 为 1/1，余为 1/2）

弧线相连。出土时与三叉形器基本相连，可能属于同一组。长 6.75、直径 1.4、孔径 0.5 厘米（图三四；彩图 34）。

M2:18，一端有大块褐色瑕斑。中间双向钻孔。长 8.1、直径 2.6、孔径 0.5 厘米（图三三；彩图 35）。

成组锥形器　1 组（M2:8）。由 7 件单件组成。

M2:8-1，长条状方柱体，首端锥尖，尾端有小凸榫，其上对钻小孔。器体下部刻出简化的神兽纹，并饰上、下 2 组细线纹。每面刻一小圆圈，示为眼，其下转角刻扁宽凸鼻。长 5.6、方体直径 1.1 厘米（图三五；彩图 36）。

M2:8-2，形制与 M2:8-1 相似，但尺寸稍长。下部刻较完整的神兽纹。图纹的顶端刻一周细线纹，其下以转角为中轴，相邻两面刻出眼、鼻梁和嘴。长 6.5、方体直径 0.8 厘米（图三五；彩图 37）。

M2:9-1，长条形，首端圆尖，尾端有扁凸榫，上面对钻小孔。素面。长 11.4、直径 0.8 厘米（图三六；彩图 38）。

M2:9-2，长条形，出土时断成两截。首端圆尖，尾端略扁，上面对钻小孔。素面。长 7.8、直径 0.7 厘米（图三六；彩图 39）。

M2:10，长条形，首端圆锥，尾端有凸榫，上面对钻小孔。有榫的一端呈圆角方柱形。正、背两面均刻浅浮雕的简化神兽纹，扁圆凸棱表示鼻，在转角处的一个圆凸表示眼睛。在两组图纹相邻处有竖向的凹槽，作为图纹的分界。长 9.8 厘米（图三六；彩图 40）。

M2:11，形制与 M2:10 基本相同。长 10.2 厘米（图三六；彩图 41）。

M2:12，长条形，首端圆尖，尾端有凸榫，上面对钻一小孔。素面。长 9.05、直径 0.9

图三四　M2 出土玉长管（M2：7）及拓片（1/1）

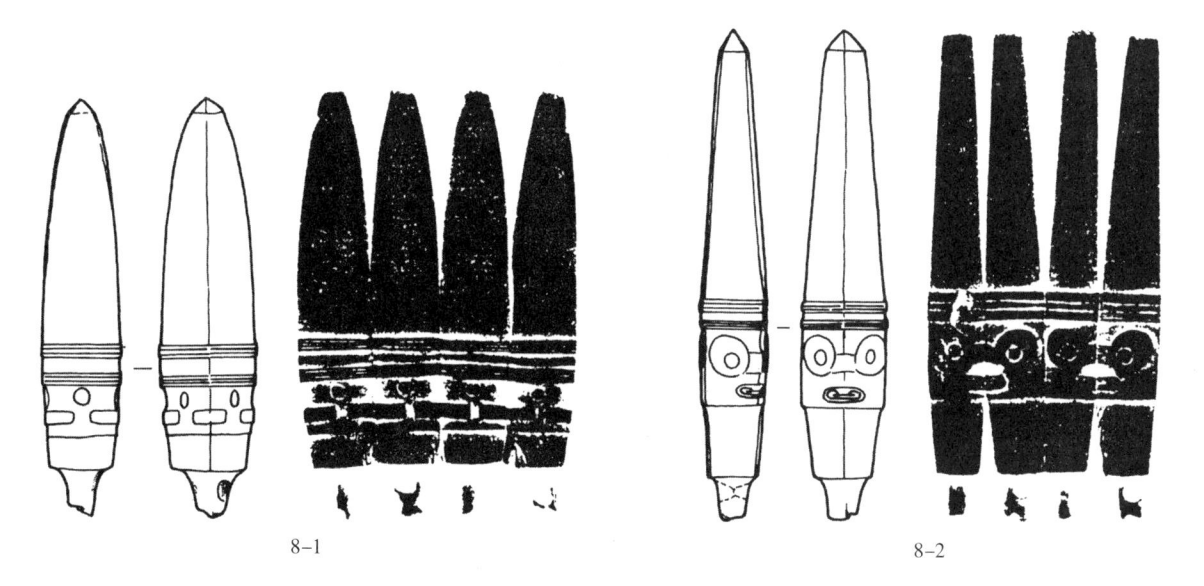

8-1　　　　　　　　　　　　8-2

图三五　M2 出土玉锥形器及拓片（1/1）

图三六　M2出土玉锥形器及拓片（1/1）

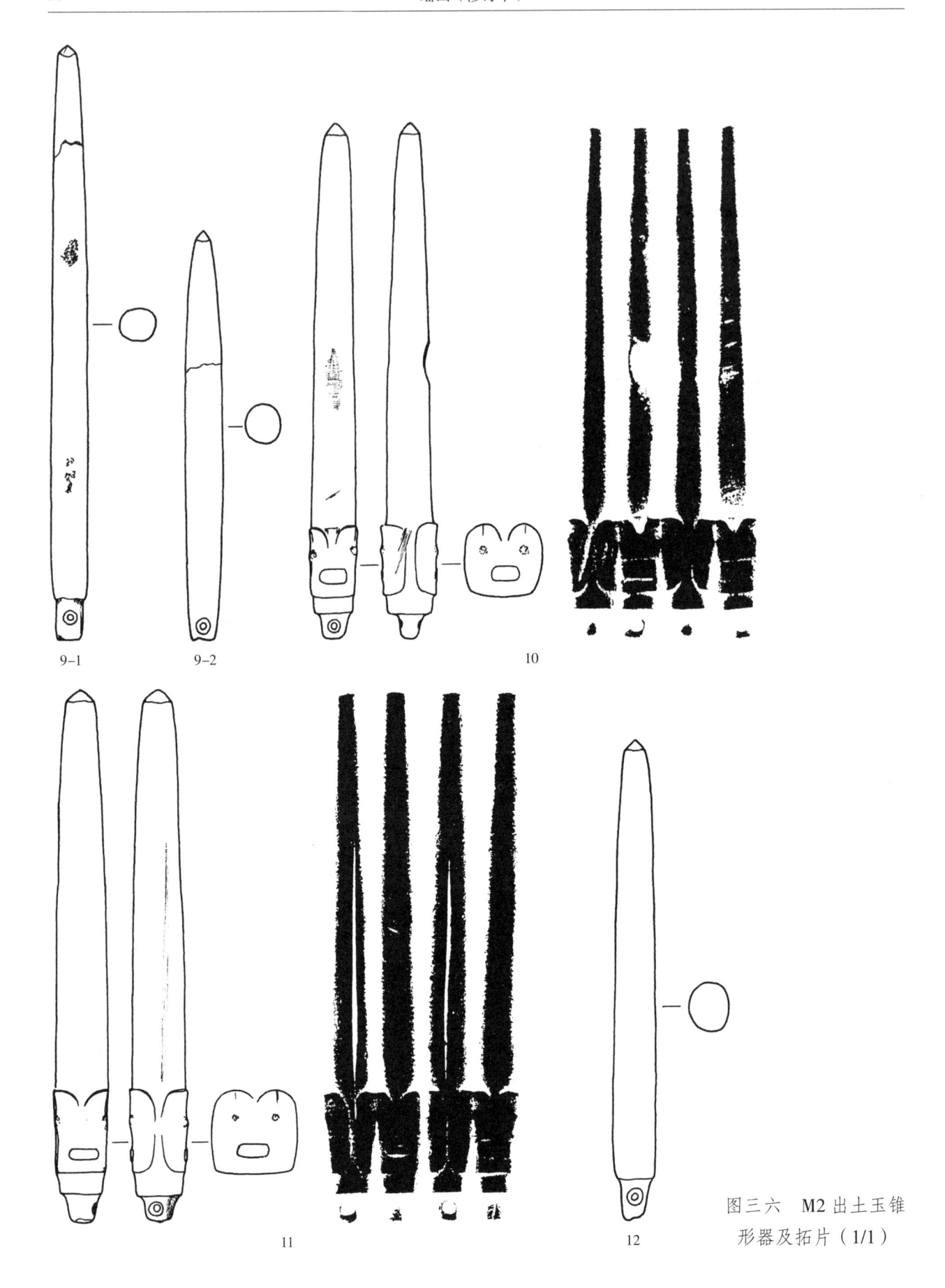

厘米（图三六；彩图 42）。

钺 1 件（M2：14）。灰褐色，有较多的红褐色瑕斑。平面略呈长方形，弧刃。顶端面有直向的切割后的折断痕，略经打磨。器上端对钻 2 个上下布列的圆孔，均留有对钻台痕。上端的孔略小，部分为顶端切割破圆。长 17.5、顶端宽 9.6、刃宽 11.5、厚 0.4~0.7 厘米（图四二；彩图 45）。

琮 2 件。

M2：22，有褐色瑕斑。矮柱状体，中穿圆孔，器外壁微弧。4 个转角处各有 1 个长方形凸面，其上以转角线为中轴刻神兽纹。整个图纹被一横向浅凹槽分为上、下两部分。顶端刻由 2 组线纹间卷云纹组成的纹饰带，其下刻左右对称的重圈为眼，并在横凸棱上阴刻卷云纹。图纹下部浅浮雕对称的椭圆形眼眶，其中刻重圈及卷云纹，两眼之间浅浮雕加阴刻，表示兽鼻。器顶端不平整，但经过打磨。高 5.2、射径 8.2、孔径 6.7 厘米（图三七、三八；彩图 43）。

M2：23，白玉。外方内圆的中空柱状体，四角接近 90°，器外壁微弧。整个图案被一横向凹槽分成上、下两部分，为相同的简化神兽纹。管钻重圈为眼，眼两侧各一短线，表示眼角，眼下有横扁凸鼻，其上阴刻云纹。在两眼之上阴刻 2 组弦纹带，示作羽冠。顶端留有不规则的切割痕，但经打磨。高 8.8、射径 7.8、孔径 6.2 厘米（图三九、四〇；彩图 44）。

小琮 2 件。形似玉琮，但体积较小。

M2：20，方柱体，中间双向钻圆孔。图案被 2 周横向浅凹槽分为上、中、下三部分，以转角线为中轴。刻简化神兽纹，整器总共有 12 组神兽纹，每组图案基本相同。顶端饰两组弦纹带，用圆圈表示双眼，下有横扁凸鼻。高 3.3、射径 1.5、孔径 0.65 厘米（图四一；彩图 46）。

M2：21，方柱体，中间的对钻孔略偏。形制与 M2：20 近同。高 3.5、射径 1.4、孔径 0.6 厘米（图四一；彩图 47）。

柱形器 3 件。均为圆柱形。

M2：4，有红褐色瑕斑。中间对钻穿孔，柱体一端略窄，呈凸榫状。高 2.2、直径 4、孔径 0.8 厘米（图四二；彩图 48）。

M2：5，有灰色瑕斑。中间的对钻孔略偏。柱体一端留有切割后的崩碴及切割痕，另一端面有弧线状切割痕。高 2、直径 4.5、孔径 0.7 厘米（图四二；彩图 49）。

M2：16，中间对钻孔。外表有一周断断续续的切割痕，割痕较深，断面略呈三角形，痕面还有横向的细线切割痕。柱体顶面亦有两道线痕。高 2.5、直径 4.5、孔径 1.1 厘米（图四二；彩图 52）。

圆牌 1 件（M2：17）。扁平圆饼形，中间对钻圆孔。外缘有 3 个浅浮雕凸面，上面用阴线及浮雕均等琢刻 3 个"龙首"纹，朝向一致。图纹之间刻双线弧边菱形。器表有弧线状切割痕。直径 4.1、孔径 1.2、厚 1.1 厘米（图四三；彩图 50、51）。

镯形器 1 件（M2：24）。有灰点状瑕斑。素面。宽环形，内壁弧凸，外壁直。一端表面有弧线状切割痕。高 2.6~3.2、直径 8.4、孔径 6.5 厘米（图四二；彩图 53）。

B·纹饰展开示意图

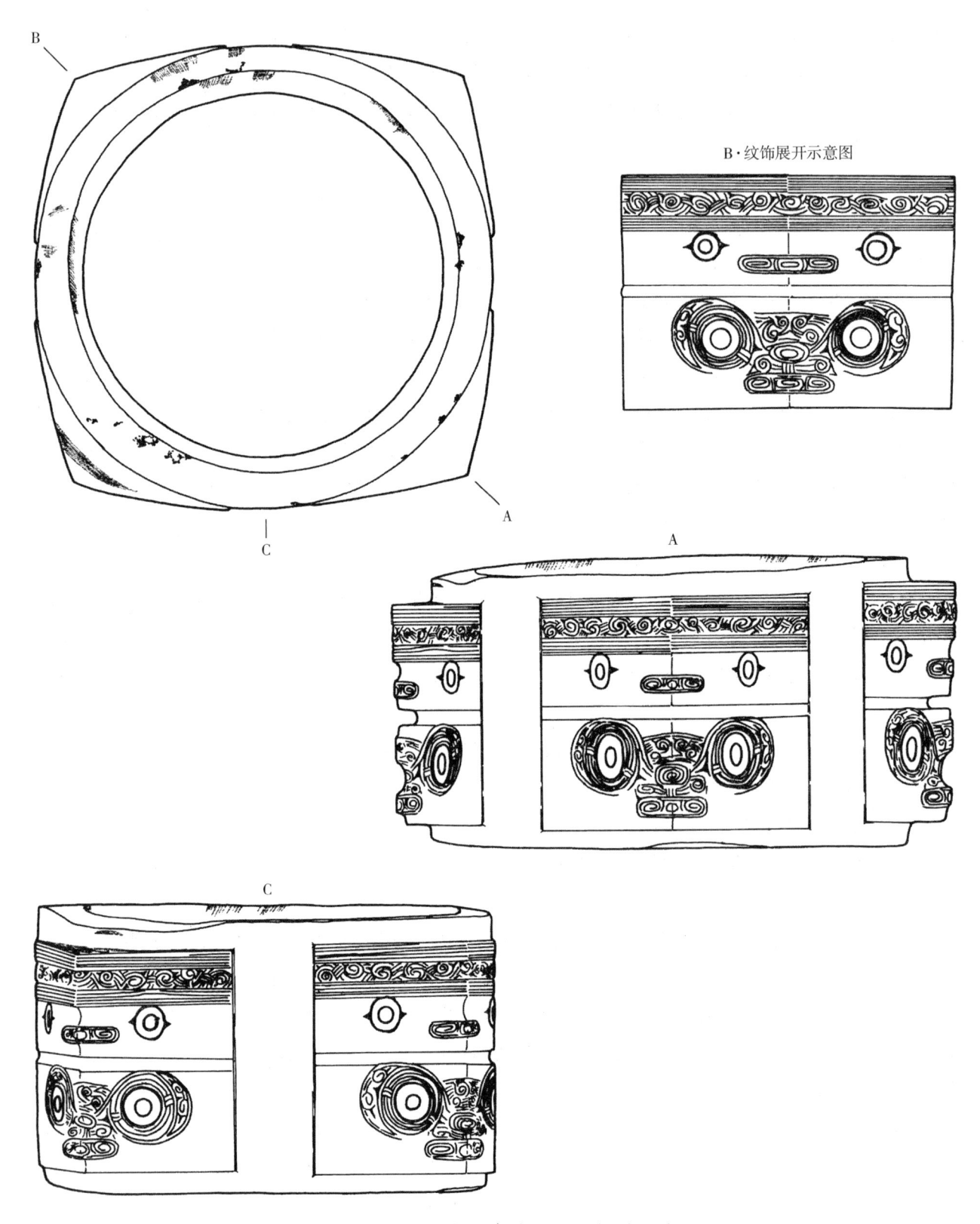

图三七　M2 出土玉琮（M2∶22）（1/1）

图三八　M2出土玉琮（M2∶22）拓片（A为1/3，B为1/1）

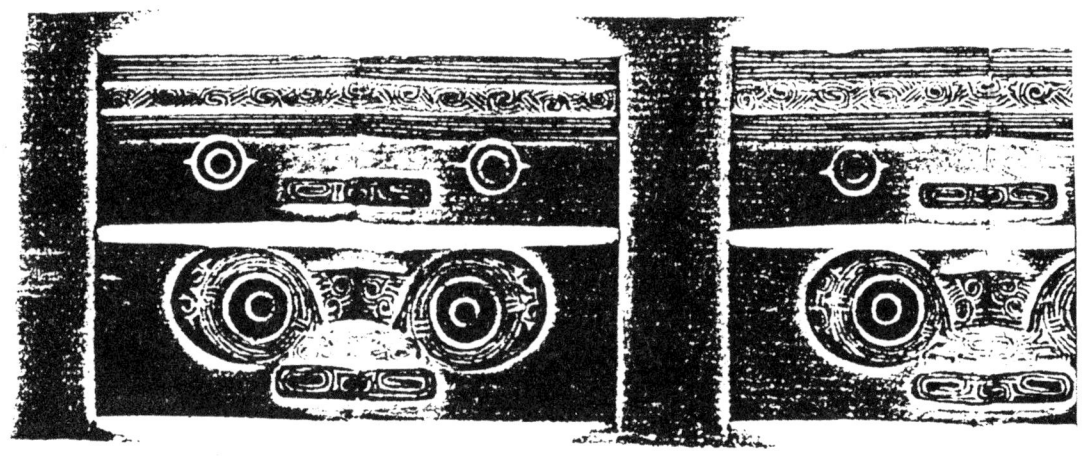

锥形器　2件。

M2∶25，长条方柱体，一端尖，另一端有小榫，上面对钻小孔。中部刻简化神兽纹，被一横向浅凹槽分成上、下两部分。每组神兽纹的上端饰弦纹带，以转角线为中轴，左、右相邻两组共享一圆圈，表示眼睛。长8.9、宽0.95厘米（图四四；彩图55）。

M2∶28，长条形，横断面略扁。首端折断后经过打磨，尾端对钻小孔。长9.25厘米（图四四；彩图56）。

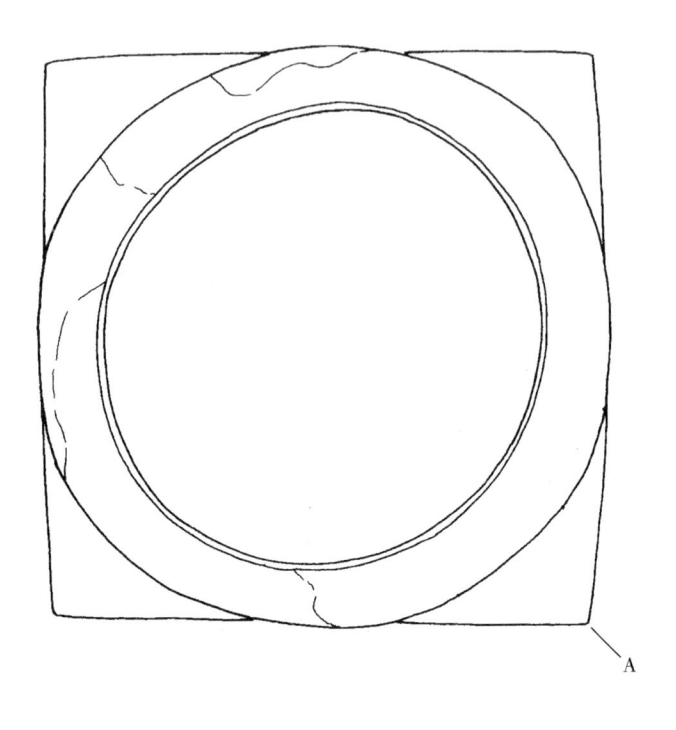

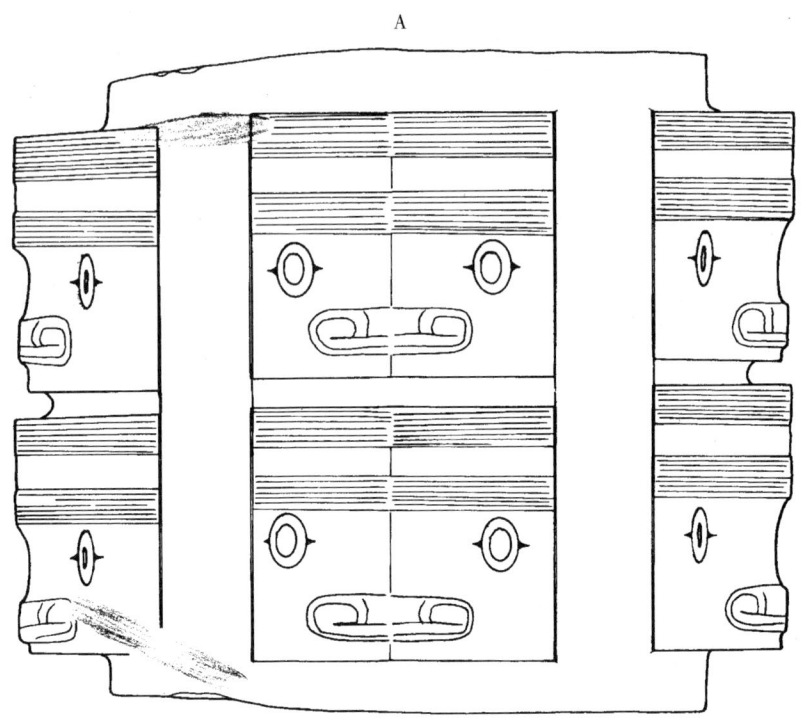

图三九　M2出土玉琮（M2∶23）（1/1）

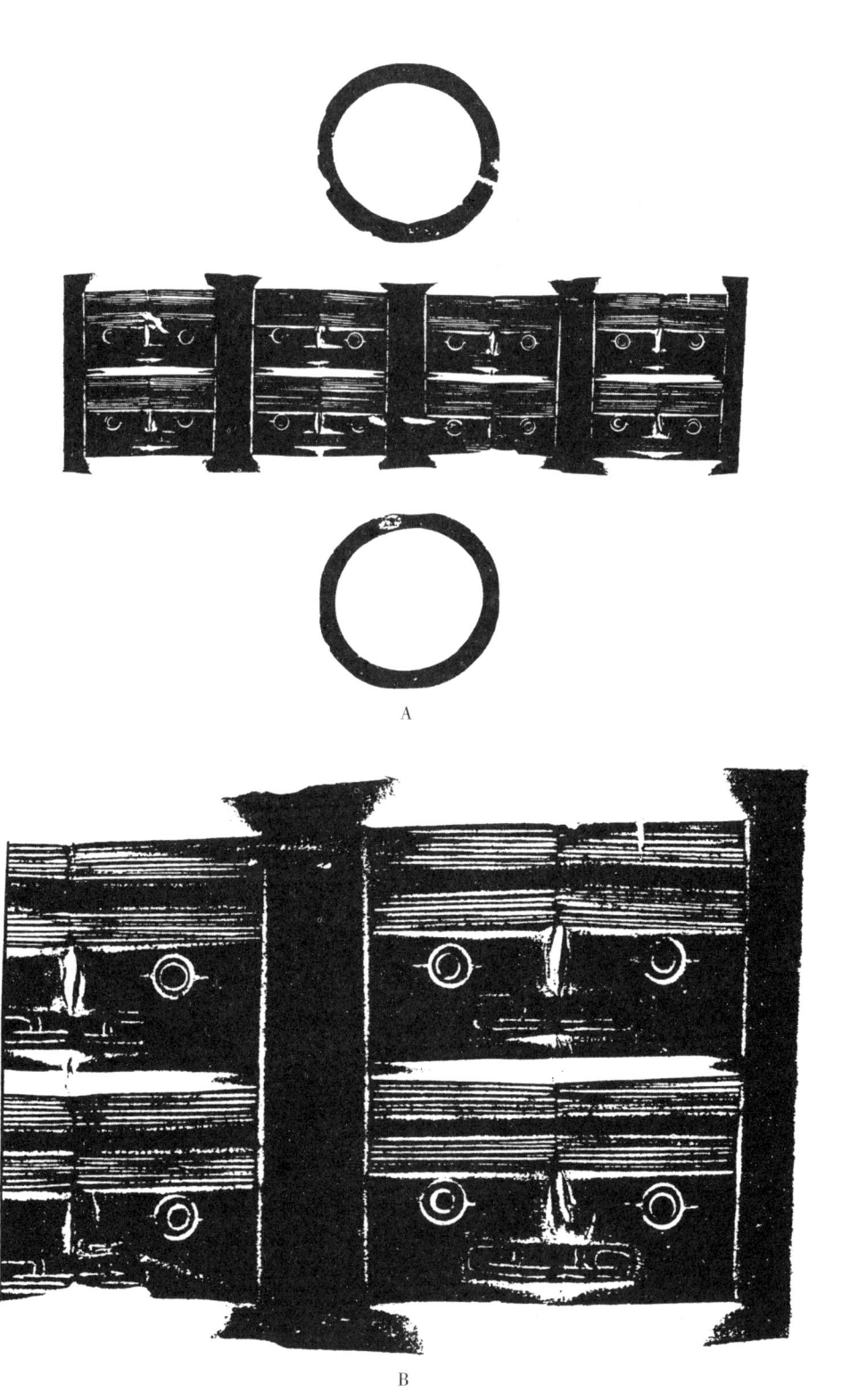

图四〇　M2出土玉琮（M2∶23）拓片（A为1/3，B为1/1）

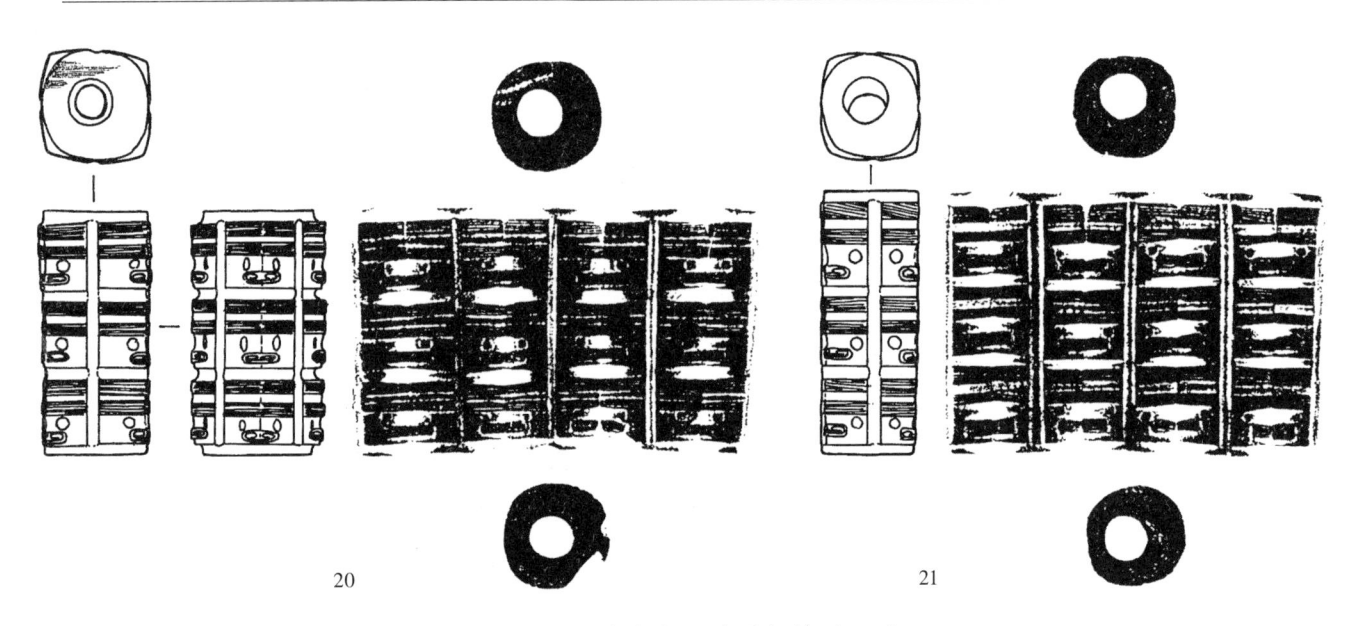

图四一　M2出土小玉琮及拓片（1/1）

坠　1件（M2∶26）。略呈水滴状。素面。下端圆尖，上端有一细长榫，上面对钻小孔。长3.9、直径1.25厘米（图四四；彩图58）。

端饰　4件。形态不一。

M2∶15，圆柱形，中穿孔。孔壁弧凸，外壁微内凹，柱体一端呈凸榫状。器外壁有与M2∶16柱形器相同的切割痕迹。上端直径3.2、下端直径3.8、长3、孔径2.2厘米（图四二；彩图54）。

M2∶44，有青灰色瑕斑。圆柱形，一端较细，呈圆凸榫状。器外壁阴刻三周弦纹。长2.4、直径1厘米（图四二；彩图59）。

M2∶46，形状、大小与M2∶44近同（图四二；彩图60）。

M2∶54，青玉。扁圆柱形，一端略为扁圆，另一端为椭圆形。粗端呈凸榫状，上钻2个并列的深凹孔。长4.55、直径1.5~2厘米（图四二；彩图61）。

鸟　1件（M2∶50）。青玉，有少量灰褐色斑。扁平体，头部前伸，两翼舒展，底中部微凸。背面平整，钻3对隧孔，其中两翼上的2对隧孔与侧面对钻。正面在鸟首尖端用浅浮雕和阴刻线琢出神兽纹，主要表现嘴和两眼。如将鸟嘴向下，其花纹既像俯冲而下的青鸟，又似挺角露齿的牛首。高3.2、宽4.6、厚0.5厘米（图四四；彩图62、63）。

手柄　1件（M2∶55）。长圆柱形，横断面略呈圆角方形，中间凹弧，两头微上翘。端面各有一深约0.8厘米的凹孔。器体中部内凹，并有一方形凸块，其上竖向琢刻神兽纹。眼球凸出，两眼之间阴刻云纹为额，额上两侧均阴刻线条，似是羽冠，长条形横凸面为鼻，鼻上饰云纹。与凸块相对的背面有一深约1厘米的凹孔。长10.4、厚2.2厘米（图四五、四六；彩图64、65）。

条形饰　1件（M2∶51）。青白玉。素面。扁平长条形，两端宽而中间窄。两端各遗留

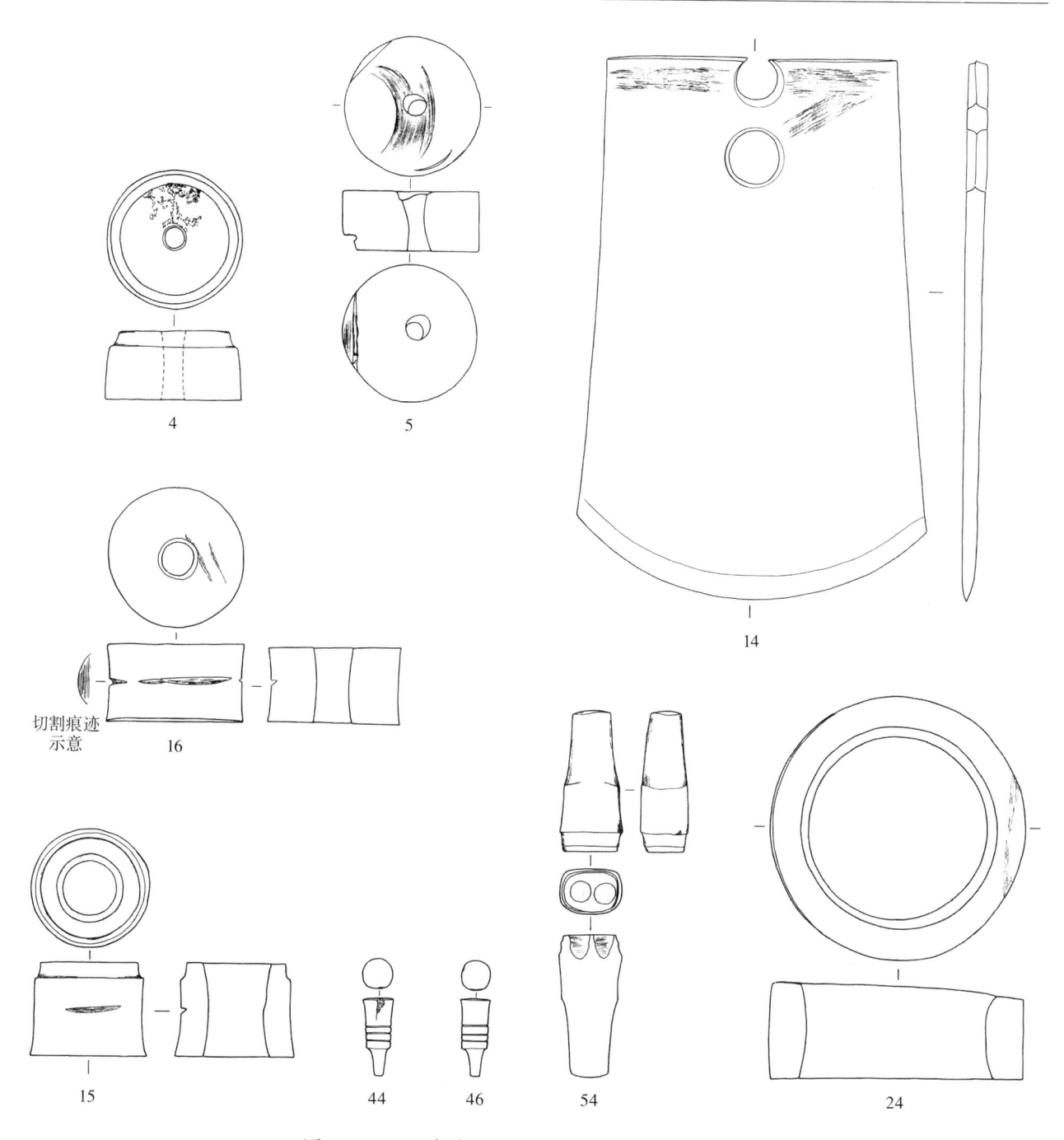

图四二　M2 出土玉柱形器、钺、端饰、镯形器
4、5、16. 柱形器　14. 钺　15、44、46、54. 端饰　24. 镯形器（1/2）

半个钻孔。长 5.8、宽 0.95~1.2、厚 0.25 厘米（图四五；彩图 57）。

管串　7 组。

M2：19，4 件单件，编为一个器物号。有褐色瑕斑。均为圆柱形，中间对钻孔。长 2.1~2.4、直径 1~1.4 厘米（图四七；彩图 70）。

M2：37，9 件单件，野外时编为一组，但大小不一，成串组的可能性不大。均为圆柱形，

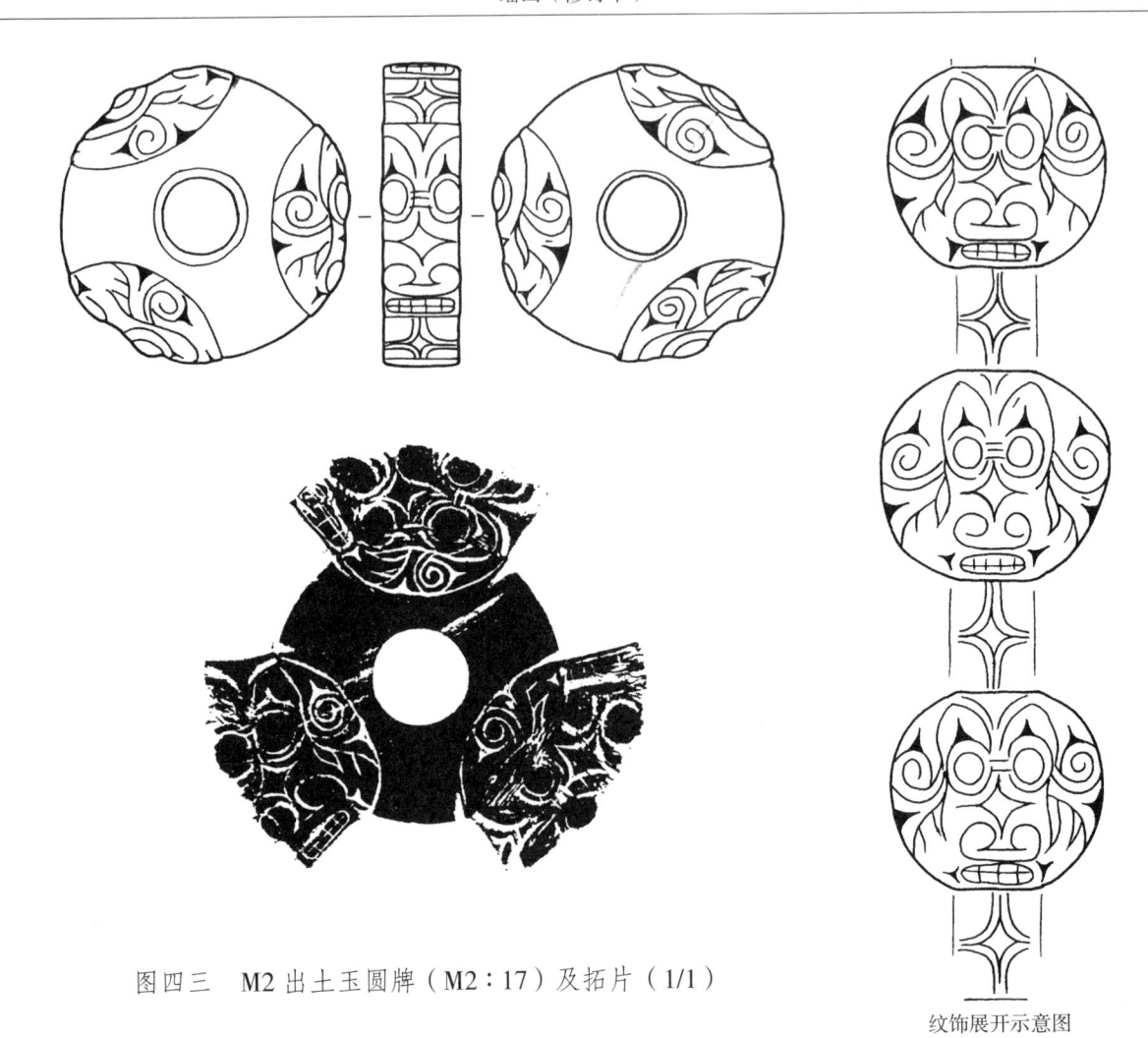

图四三　M2 出土玉圆牌（M2∶17）及拓片（1/1）

纹饰展开示意图

中间对钻孔。长 1.8~3.15、直径 0.7~1、孔径 0.5 厘米（图四七；彩图 66）。

M2∶38，28 件单件，野外时编为一组，但大小差异较大，可能并非成组。个别玉管夹灰色、褐色瑕斑。均为圆柱形，中间对钻孔。M2∶38-4 已残。长 1.5~4.8、直径 0.7~1.45、孔径 0.5~0.7 厘米（图四七；彩图 73）。

M2∶40，30 件单件，野外时编为一组，但大小不一，不一定成串。个别玉管夹灰色、褐色瑕斑。均为圆柱形，中间对钻孔。长 1.2~3、直径 0.7~1.2 厘米（图四七；彩图 67）。

M2∶57，由 5 件单件组成，编为一个器物号。圆柱形，中间对钻孔。长 1.1~1.2、直径 0.6~0.7 厘米（图四七；彩图 68）。

M2∶58，由 9 件单件组成，编为一个器物号。圆柱形，中间对钻孔。其中 1 件形体较大。长 0.9~1.9、直径 0.6~0.9、孔径 0.09~0.1 厘米（图四七；彩图 69）。

M2∶59，由 45 件单件组成，其中 3 件残。均为圆柱形，大部分是双向钻孔后切割断裂，成为 2 个单件，所以呈现单向钻孔形态。长 0.7~1.4、直径 0.7~0.8 厘米（图四七；彩图 74）。

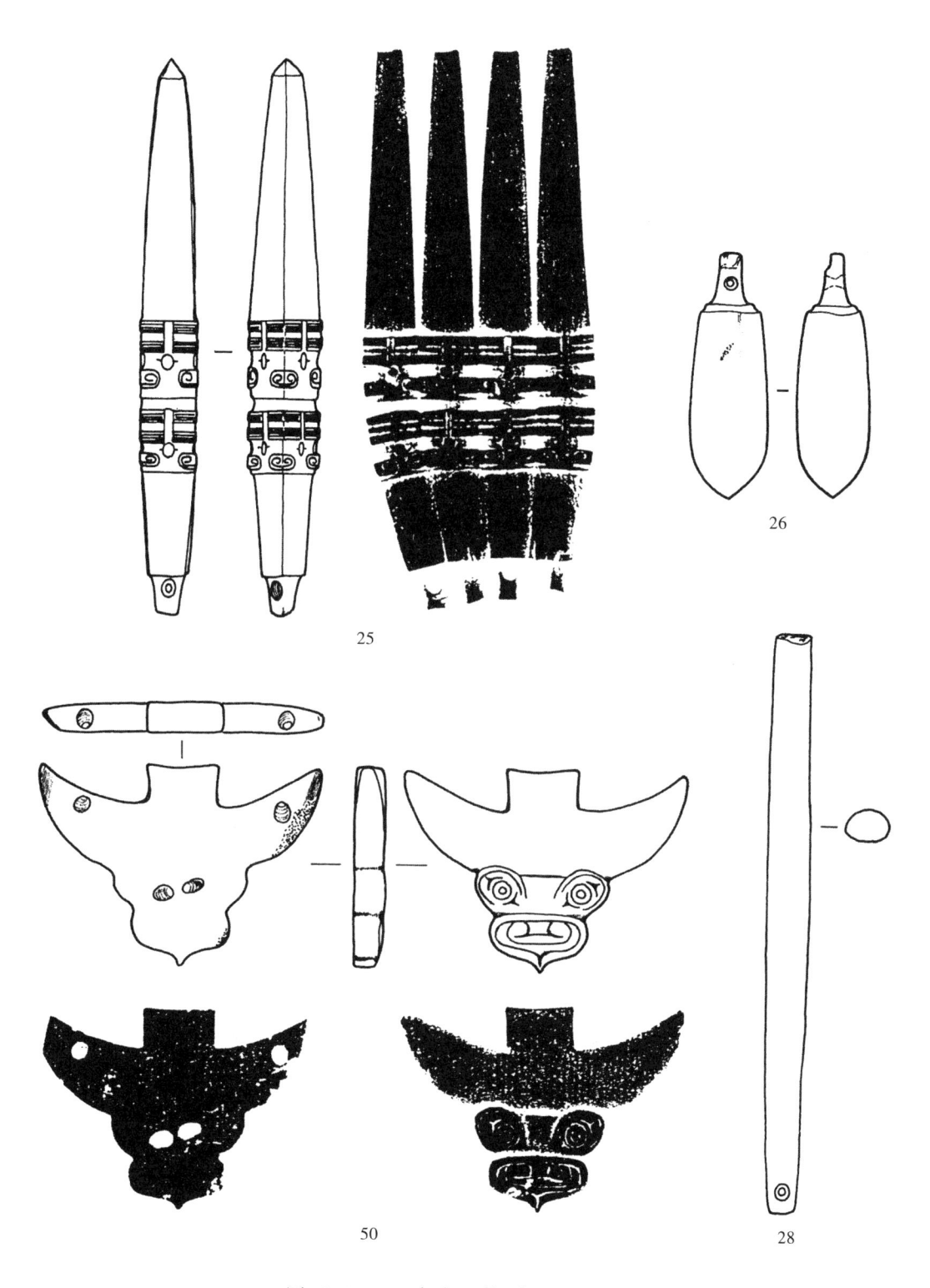

图四四　M2出土玉锥形器、坠、鸟
25、28.锥形器　26.坠　50.鸟（1/1）

手柄纹饰展开示意图

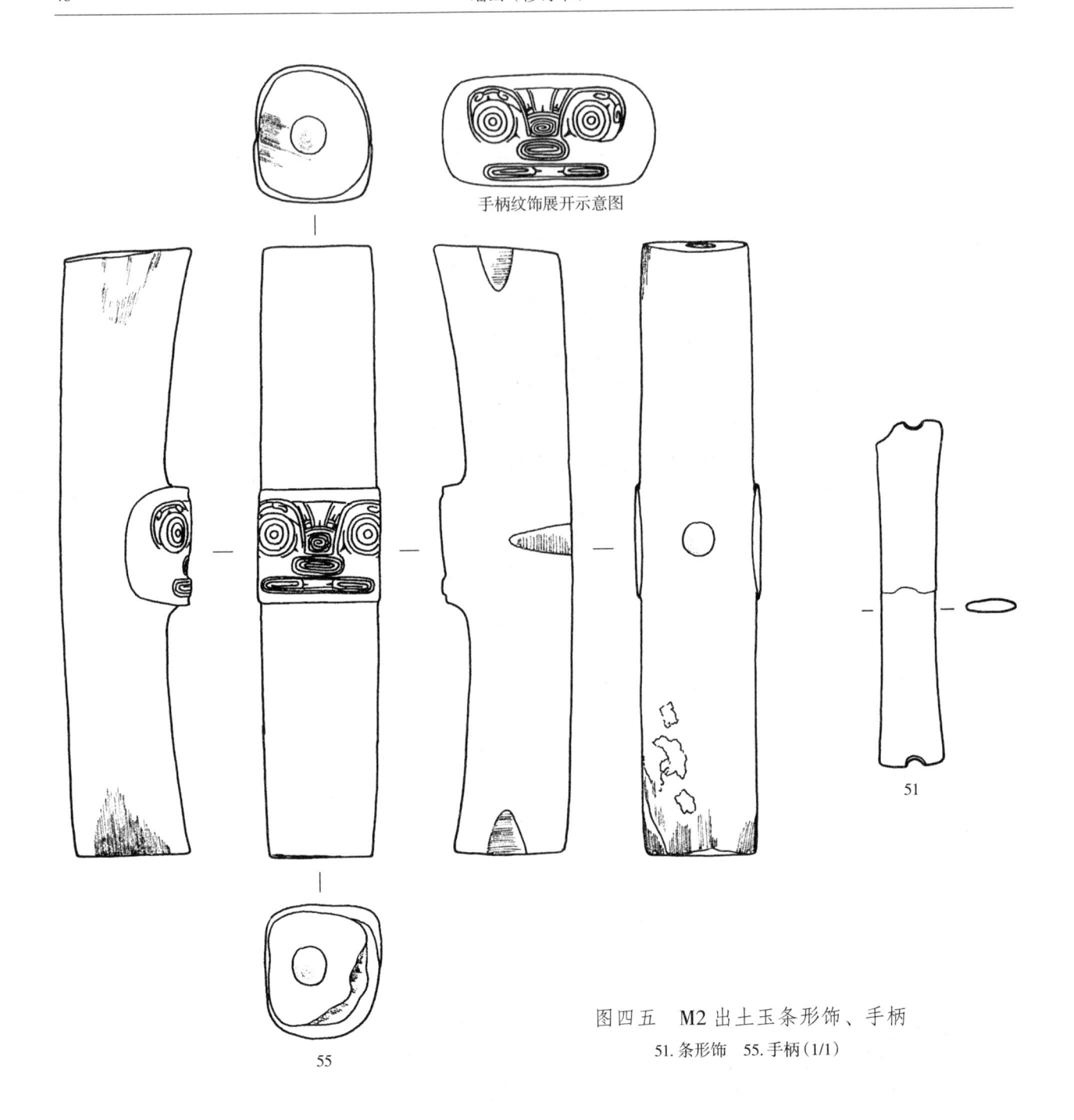

图四五 M2 出土玉条形饰、手柄
51. 条形饰　55. 手柄（1/1）

管 8 件。均为圆柱形，多为中间双向钻孔。

M2：29，长 2.5、直径 2.1、孔径 0.5 厘米（图四八；彩图 72）。

M2：39，长 1.9、直径 0.9、孔径 0.5 厘米（图四八；彩图 71）。

M2：43，2 件单件，编为一个器物号。其中 1 件玉管的外壁有直向切割痕。长 1.3~1.4、直径 0.75、孔径 0.4 厘米（图四八；彩图 71）。

M2：47，长 4.2、直径 1.5、孔径 0.65 厘米（图四八；彩图 72）。

M2：48，长 1.1、直径 0.7、孔径 0.35 厘米（图四八；彩图 71）。

图四六　M2 出土玉手柄（M2∶55）拓片（1/1）

M2∶52，两端不平整，内孔为双向钻孔后切割断裂，所以呈现单向钻孔形态。孔径小端有明显的线切割割断的痕迹。长1.9、直径1.3、孔径0.35~0.7厘米（图四八；彩图72）。

M2∶53，一端平整，另一端有明显的线切割割断痕迹。钻孔形态同M2∶52。这两件玉管可能是同一件玉器切割而成。长1.9、直径1.3、孔径0.35~0.65厘米（图四八；彩图72）。

珠　7件。可分为半球形和腰鼓形两种。

半球形珠　3件。

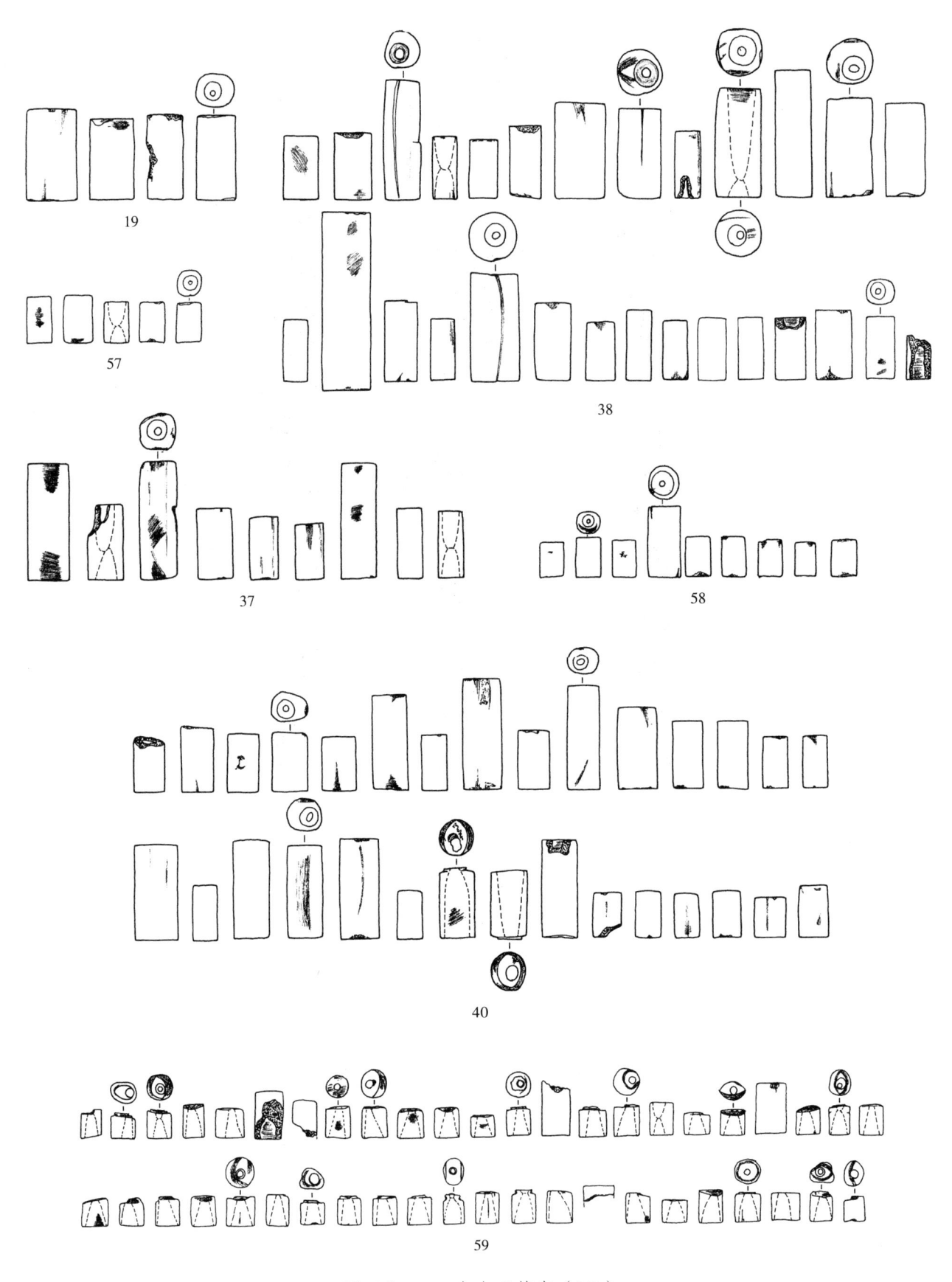

图四七　M2出土玉管串（2/3）

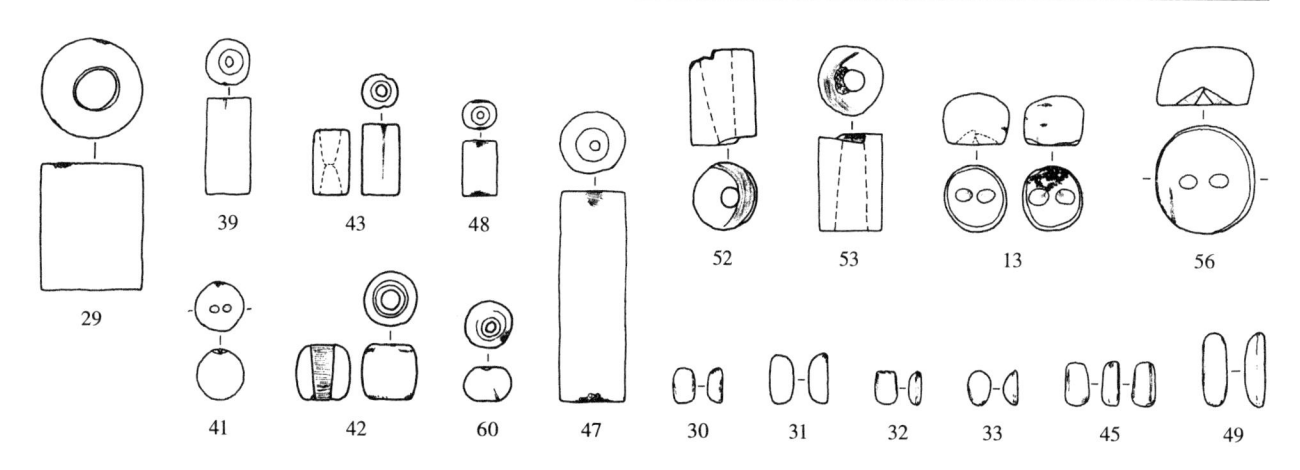

图四八　M2出土玉管、珠、粒

13、56.半球形珠　29、39、43、47、48、52、53.管　30~33、45、49.粒　41.球形珠　42、60.腰鼓形珠（2/3）

M2:13，2件单件。高1、直径1.25厘米（图四八；彩图75）。

M2:56，平面钻有隧孔。高1.1、直径2厘米（图四八）。

腰鼓形珠　3件。中间均对钻孔。

M2:42，2件单件。高1.05、直径1.05、孔径0.4厘米（图四八；彩图76）。

M2:60，高0.75、直径1、孔径0.3厘米（图四八；彩图76）。

球形珠　1件。

M2:41，直径1.1厘米（图四八；彩图76）。

粒　6件。

M2:30~33、45、49，一面弧凸，另一面平整。应为某种已朽的有机质器物上的镶嵌饰件。长0.65~1.4、宽0.45~0.5、厚0.25~0.35厘米（图四八；彩图77）。

（二）石器

仅石钺一种，共2件。

M2:27，平面略呈长方形，弧刃略宽于顶端，顶端不规整，器体上部对钻大圆孔。高15、顶宽9、刃宽11.4厘米（图四九；彩图78）。

M2:61，平面略呈长方形，刃端略宽于顶端，顶端斜直规整，上部对钻大圆孔。高12.9、顶宽9.7、刃宽10.5厘米（图四九；彩图79）。

（三）陶器　4件。

鼎　1件（M2:36）。夹砂红陶。破碎较甚，仅余矮鱼鳍形鼎足。鼎足横断面较扁，外侧平直，略厚于内侧，内侧折角圆弧（图五〇）。

豆　2件。

M2:34，泥质灰胎黑皮陶。破碎较甚，仅余豆柄。豆柄外径9.6厘米（图五〇）。

M2:62，泥质灰胎黑皮陶。均为细小碎片，无法确认形态。

圈足罐　1件（M2:35）。夹砂红陶。均为碎片，无法确认形态。

图四九　M2 出土石钺（1/2）

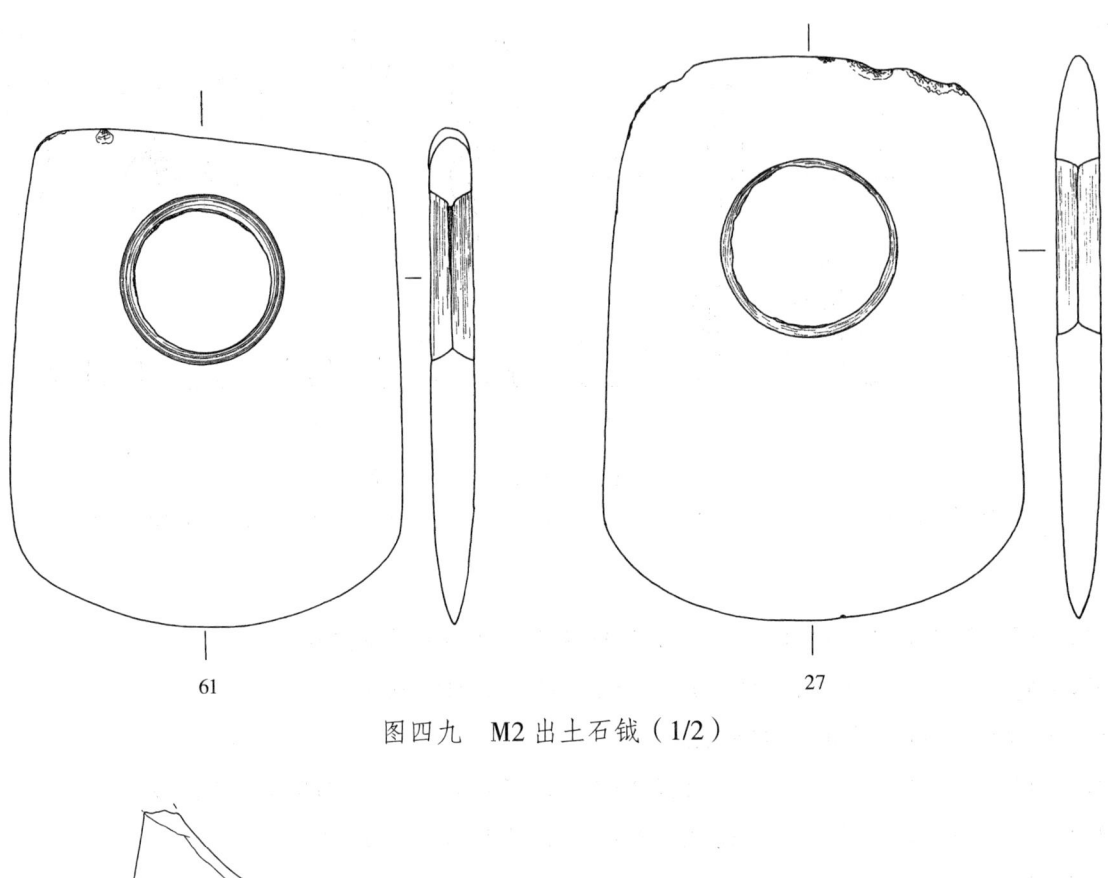

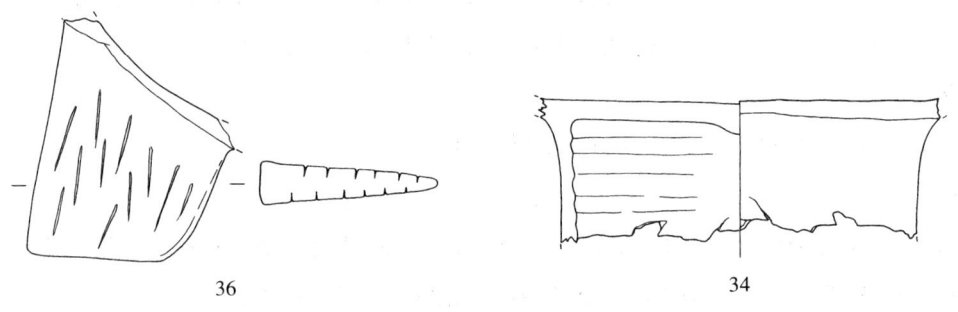

图五〇　M2 出土陶器
34. 豆柄　36. 鼎足（1/2）

第三节　三号墓

一、墓葬形制

M3 位于南行墓列的最西端，其东侧为 M10，北面为 M4。该墓开口于表层耕土下，打破黄土台子。长方形土坑竖穴墓，墓向 179°。墓圹长 2.86 米，南端略宽于北端，北端宽 1.04、南端宽 1.22 米，墓坑最深 0.84 米。历年耕作致使墓口呈北高南低之势，南端墓坑残高 0.30 米。坑壁陡直，墓底较平整。墓内填土为黄褐色斑土。人骨已朽无存（彩图 80）。

随葬品中陶器 4 件，集中在墓坑北端，破碎较甚，无法起取。大致可辨明陶器组合为鼎 1、豆 1、圈足罐 1、缸 1。

墓南端有1件刻纹玉三叉形器（M3：3），出土时刻纹面朝下。其旁有5件一组玉锥形器（M3：4）、一组玉带盖柱形器（M3：1、2）。成组玉锥形器出土时，均断成二至五截不等，叠压在一起的1件玉冠形器（M3：5）出土时也碎成三块。其北侧玉珠（M3：8）应为耳饰。玉器多集中在墓中部，其中1件玉钺（M3：12）的刃部朝东，其下叠压1件石钺（M3：13），石钺上端的圆孔内残留有朱砂涂层。右侧2件玉镯形器（M3：14、15），左侧1件玉镯形器（M3：16）已断成五截。它与成组锥形器、冠形器的破碎一样，可能均是埋入之后因葬具塌陷所致。此外还有小玉琮2件（M3：38、39），位于两件玉镯形器（M3：15、16）之间。陶豆旁有玉锥形器1件（M3：23），墓中部有玉管串2组（M3：29、31）。M3未出土玉琮（图五一）。

二、随葬器物

随葬品包括玉器、石器和陶器，编号50件（组），以单件计共107件。

（一）玉器

玉器45件（组），以单件计共102件。多为白玉，种类有冠形器、带盖柱形器、三叉形器、成组锥形器、钺、小琮、锥形器等。

冠形器 1件（M3：5）。有灰色筋斑。出土时已断成五截。体扁，平面呈倒梯形，器体上部中间有一椭圆形孔。顶端中段内凹，中央有凸起，两侧尖角外展，底部有扁平凸榫，榫上均等对钻3个小孔。器表有一组弧线状切割痕。高2.85、宽5.5~6.4、厚0.35厘米（图五二；彩图83）。

带盖柱形器 由2件单件组成。

M3：1，器盖。淡黄色玉，夹褐色瑕斑。圆柱状，顶部圆弧，底部平并钻有隧孔。底端面有弧线状切割痕。高2.8、直径3.6厘米（图五三；彩图81）。

M3：2，柱形器。圆柱形，中穿孔，孔壁稍有弧凸，外壁微内凹。一端有少量的弧线状切割痕。高2.8、直径3.5、孔径2厘米（图五三；彩图82）。

三叉形器 1件（M3：3）。淡黄色玉。素面。器体上端分为三叉，左、右两叉平齐，中间一叉低而宽，并上下钻孔，底端圆弧。器身正面琢刻神兽纹。眼眶呈弧凸椭圆形，单线阴刻圆眼，宽扁鼻，阔嘴，獠牙外伸。右眼由于外侧缘有开料斜面而略往左移，并小于左眼。左、右两叉呈凸面，各刻3组羽状纹；中叉正中有竖向凸脊，两侧各刻2组羽状纹。羽状纹下面均有卷云纹，神兽纹周围亦有卷云纹。左叉上侧缘为开料的碴口，但经打磨后刻纹。右下缘留有开料的斜面，略经打磨。左、右两叉内侧面有往下的弧线状切割痕，中叉顶端面也有弧线状切割痕。高5、宽6.9、厚1.2厘米（图五四；彩图84）。

长管 1件（M3：9）。有褐色瑕斑。圆柱形，中间对钻孔，器形不甚规整。长8、直径2.2、孔径0.9厘米（图五三；彩图85）。

成组锥形器 1组（M3：4）。由5件单件组成（图五五；彩图86）。

M3：4-1，夹灰、褐色瑕斑。出土时断成三截。长条形，一端圆尖，另一端略扁，残，

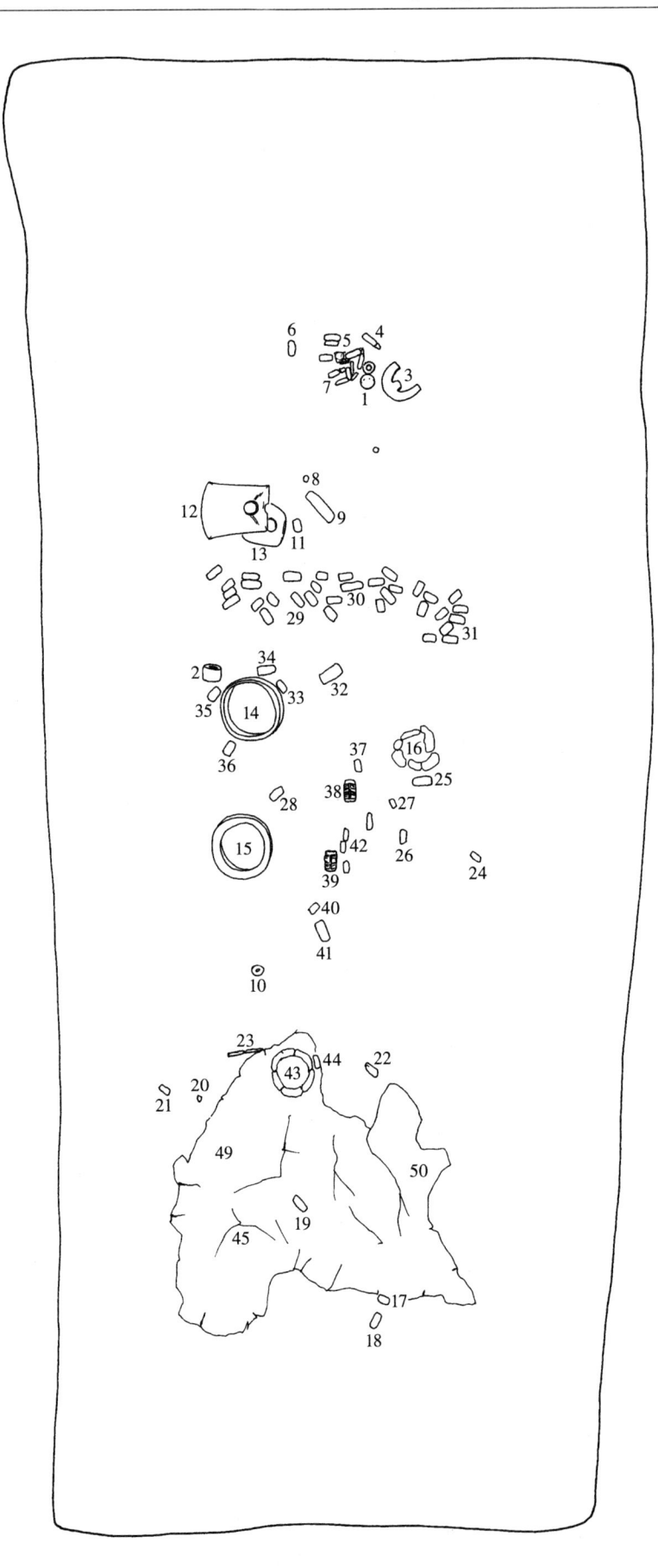

图五一 M3 平面图

1、2. 玉带盖柱形器
3. 玉三叉形器
4、23. 玉锥形器
5. 玉冠形器
6、7、10、11、17~22、24~28、30、
　 32~37、40、46~48. 玉管
8. 玉珠
9. 玉长管
12. 玉钺
13. 石钺
14~16. 玉镯形器
29、31、41、42. 玉管串
38、39. 小玉琮
43. 陶豆
44. 玉坠
45. 陶缸
49. 陶鼎
50. 陶圈足罐
（注：46~48 在 43、45 陶器下）

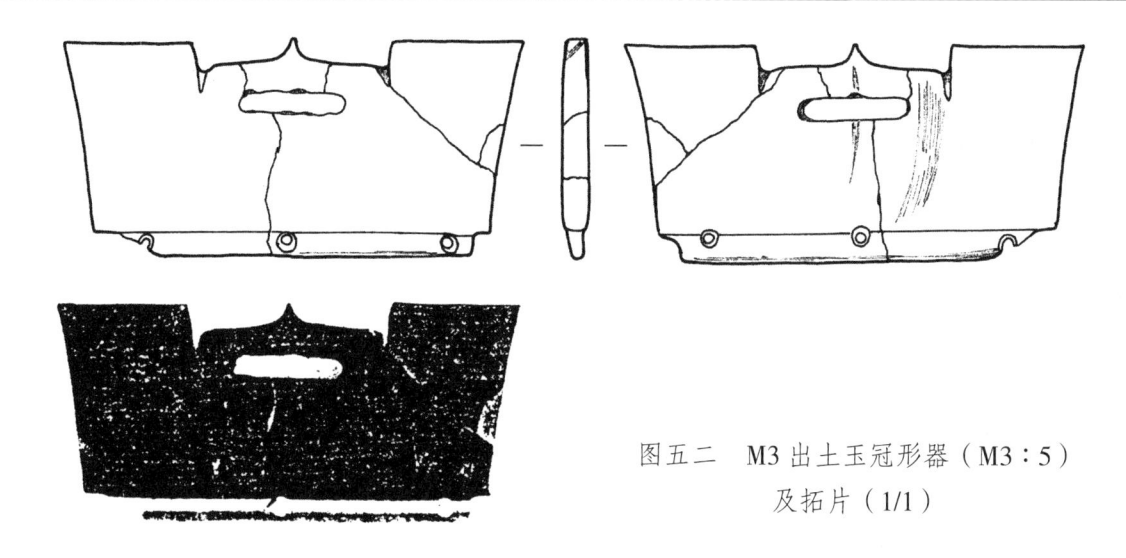

图五二　M3出土玉冠形器（M3:5）及拓片（1/1）

但可见对钻孔。长7.7、直径0.5厘米（图五五）。

M3:4-2，夹灰色瑕斑。出土时断成两截。长条形，一端圆尖，另一端略扁并对钻一孔。长7.9、直径0.6厘米（图五五）。

M3:4-3，夹灰色瑕斑。出土时断成三截。长条形，一端略扁并对钻一孔，另一端残。残长7.1、直径0.6厘米（图五五）。

M3:4-4，夹灰色瑕斑。出土时断成两截。长条形，一端圆尖，另一端略扁并对钻一孔。长8.4、直径0.5厘米（图五五）。

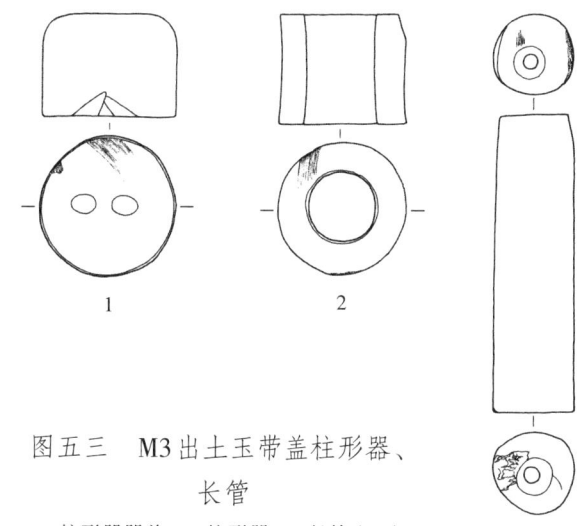

图五三　M3出土玉带盖柱形器、长管

1.柱形器器盖　2.柱形器　9.长管（1/2）

M3:4-5，夹灰色筋斑。出土时断成五截。长条形，一端圆尖，另一端略扁并对钻一孔。器表有两道直向切割留下的浅凹痕迹。长7.9、直径0.6厘米（图五五）。

钺　1件（M3:12）。灰白色玉，有青色瑕斑。素面。器体扁薄，平面呈梯形，弧刃，顶端中间有半圆孔，对钻而成，其下有1个对钻大圆孔，孔壁留有旋痕。器顶端两面切割后折断，故留有折断痕，略经打磨。器表上部可观察到自圆孔向上端左右两角伸展的各2组细刻线，圆孔之上有横向的细刻线。高12、顶宽8.9、刃宽10.9厘米（图五六；彩图87）。

小琮　2件（彩图90）。

M3:38，方柱形，中间双向钻孔。器表被横向浅刻槽分成上、下两部分，以转角线为中轴刻神兽纹。每组图案相同。顶端饰2组横向弦纹带，以示简化的羽冠，阴线刻出2只眼睛，眼两侧有短横线所示眼角，其下有横扁凸鼻。高3.2、射径1.4、孔径0.6厘米（图五七；彩图88）。

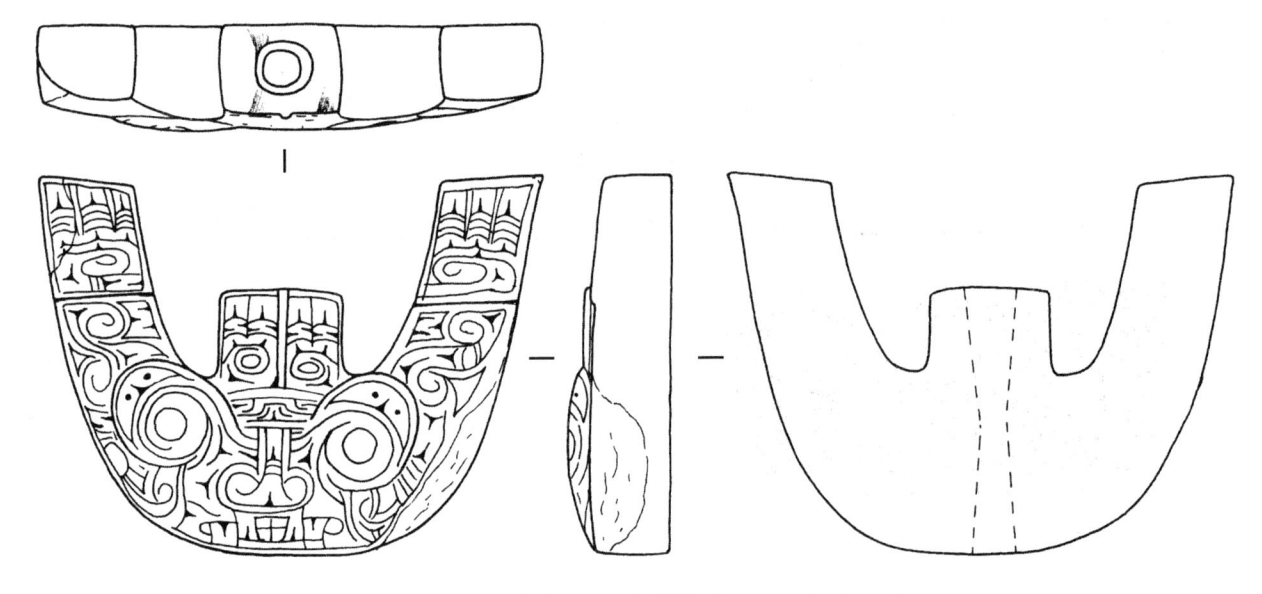

图五四　M3 出土玉三叉形器（M3：3）（1/1）

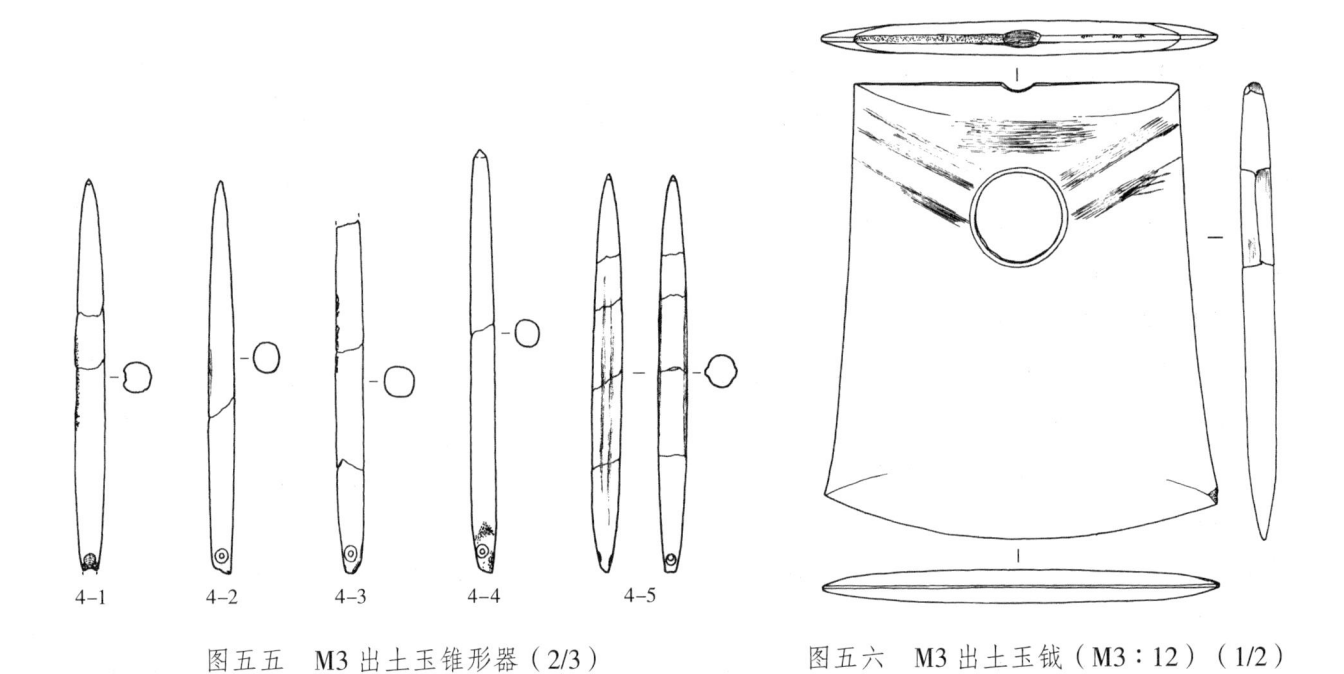

图五五　M3 出土玉锥形器（2/3）

图五六　M3 出土玉钺（M3：12）（1/2）

M3：39，形制、大小、刻纹与 M3：38 近同。高 3.25、射径 1.4、孔径 0.6 厘米（图五七；彩图 89）。

镯形器　3 件。

M3：14，有青灰色瑕斑。宽环带形，内壁微弧凸，外壁微内凹。一端有开料遗留的凹缺，略经打磨后还残留弧线状痕迹。高 3.1、直径 9.1、孔径 6.8 厘米（图五八；彩图 91）。

M3：15，有灰色瑕斑。宽环带形，内壁微弧凸，外壁微内凹。内壁可见少量切割旋线。高 2.8、直径 8.8、孔径 5.8 厘米（图五八；彩图 92）。

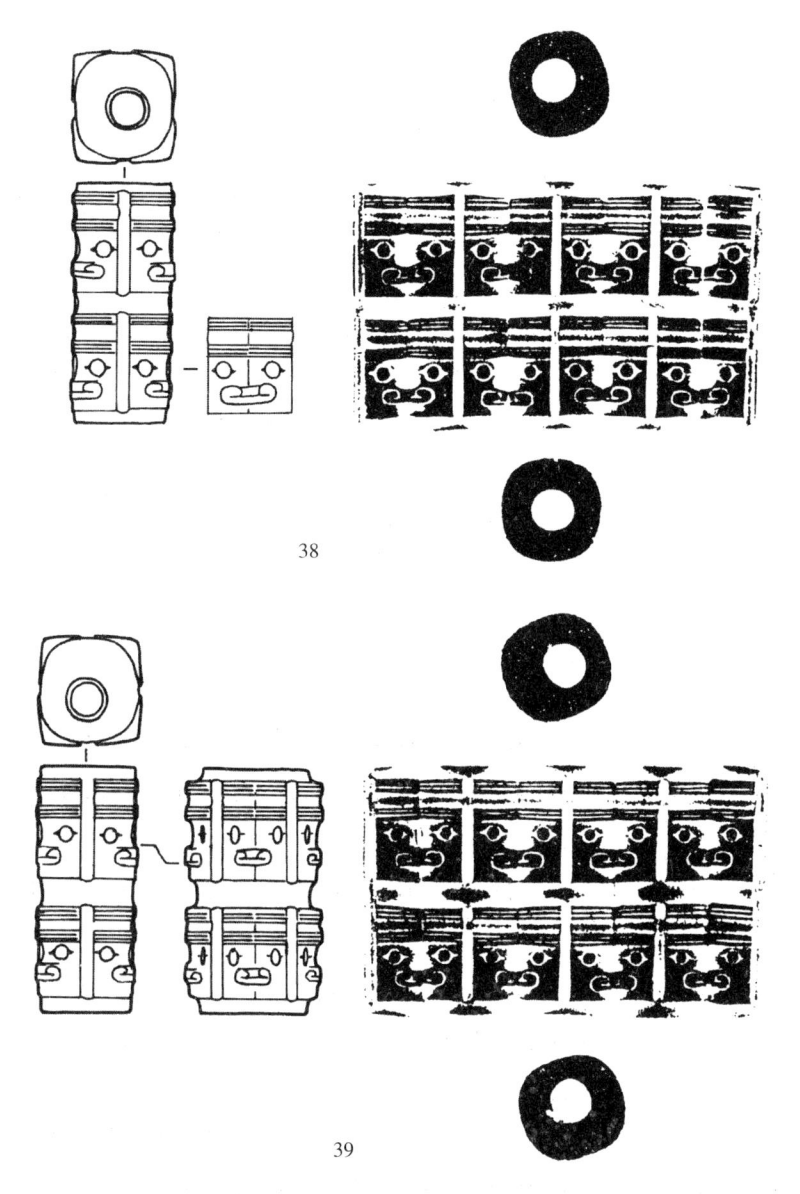

图五七　M3 出土小玉琮及拓片（1/1）

M3：16，有灰色瑕斑，出土时断成五截。宽环带形，内壁弧凸，外壁微内凹。高1.9、直径7.4、孔径6厘米（图五八；彩图93）。

锥形器　1件（M3：23）。残为三截，缺少一截而无法复原。长条形，一端圆尖，另一端略扁，残损但可见对钻一孔。残长5.8、直径0.5厘米（彩图94）。

坠　1件（M3：44）。垂囊形，一端圆尖，另一端有1个小凸榫，上对钻小孔。器表有一道直向微弧形的切割痕。长2.3、直径0.9厘米（图五九；彩图95）。

管串　4组。

M3：29，由23件单件组成，长短不一。圆柱形，中间对钻孔。长2.15~4、直径1~1.2、孔径0.4~0.6厘米（图六○；彩图96）。

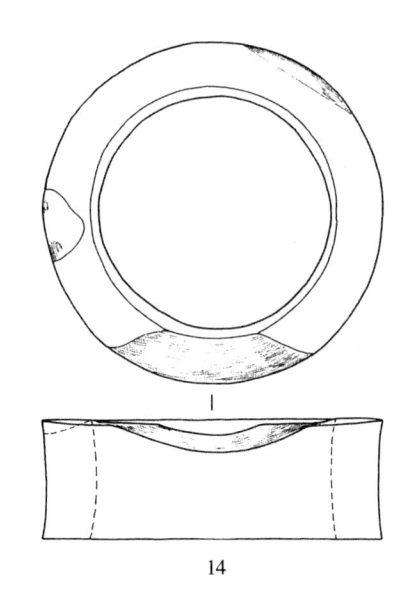

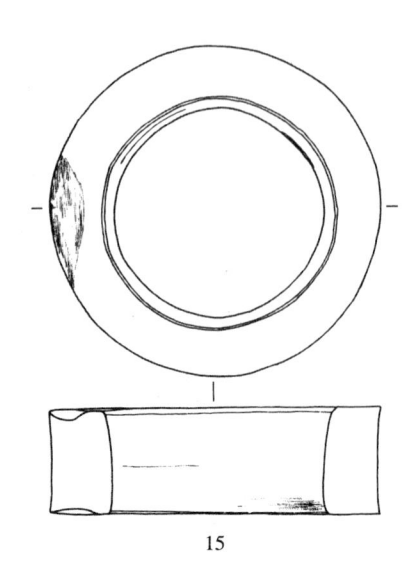

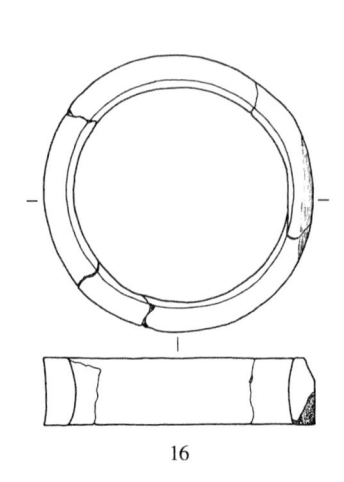

图五八　M3 出土玉镯形器（1/2）

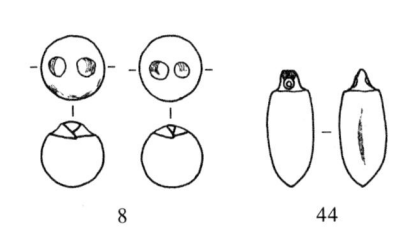

图五九　M3 出土玉珠、坠
8. 珠　44. 坠（2/3）

M3：31，由 10 件单件组成，其中 M3：31-4 残碎。圆柱形，中间对钻孔。长 1.7~2.5、直径 0.9~1.2、孔径 0.4~0.6 厘米（图六〇；彩图 97）。

M3：41，由 18 件单件组成。均呈圆柱形，中间对钻孔（彩图 109）。

M3：42，野外 4 件，编为一组，其中 2 件残。均呈圆柱形，中间对钻孔。长 2.5~2.9、直径 1.1、孔径 0.5~0.6 厘米（图六〇；彩图 98）。

管　27 件。均呈圆柱形，中间钻孔多为对钻，也有部分呈现单向钻孔形态。

M3：6，长 1.5、直径 0.9、孔径 0.45 厘米（图六一；彩图 99）。

M3：7，一端残。残长 1.4、直径 0.9、孔径 0.45 厘米（图六一；彩图 99）。

M3：10，器表微内凹，中间穿孔，孔壁弧凸。一端孔口有台阶状旋痕，另一端面有弧线状切割痕。长 1.8、直径 1.9、孔径 0.75 厘米（图六一；彩图 100）。

M3：11，中间钻孔呈现单面钻形态。一端是线切割末程折断部分的碴口，留有凹面，未经琢磨，线形切割由不同方向往内芯切割。另一端亦留有弧线状切割痕。长 1.4、直径 1.95、孔径 0.6 厘米。该器可与 M3：48 管相连，应是同一件玉管钻孔后切割分成（图六一；彩图 101）。

M3：17，钻孔后切割断，从而形成单向钻孔形态。切断面留有弧线状切割痕。长 1.8、直径 1.3、孔径 0.6 厘米（图六一；彩图 102）。

M3：18，器表有切割痕，一端有弧线状切割痕。长 1.75、直径 1.35、孔径 0.6 厘米（图六一；彩图 103）。

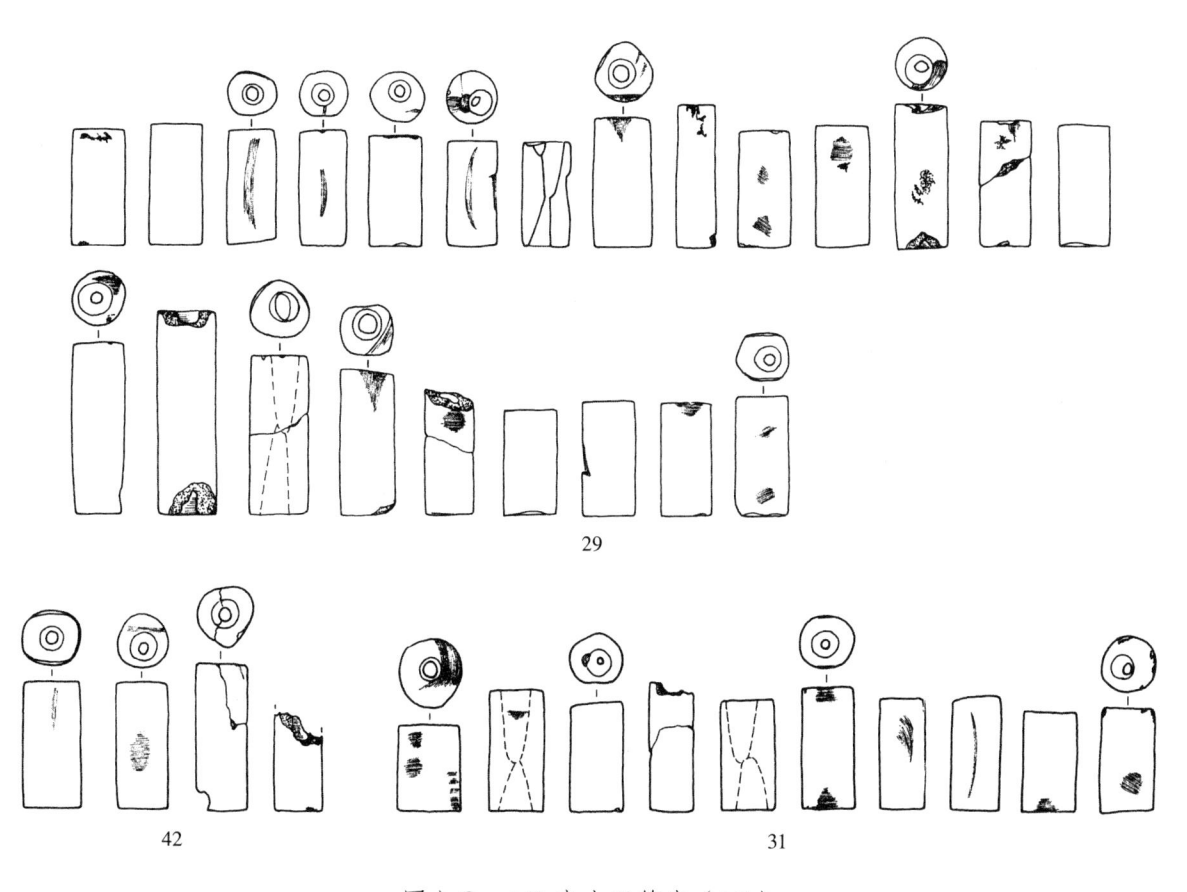

图六〇 M3 出土玉管串（2/3）

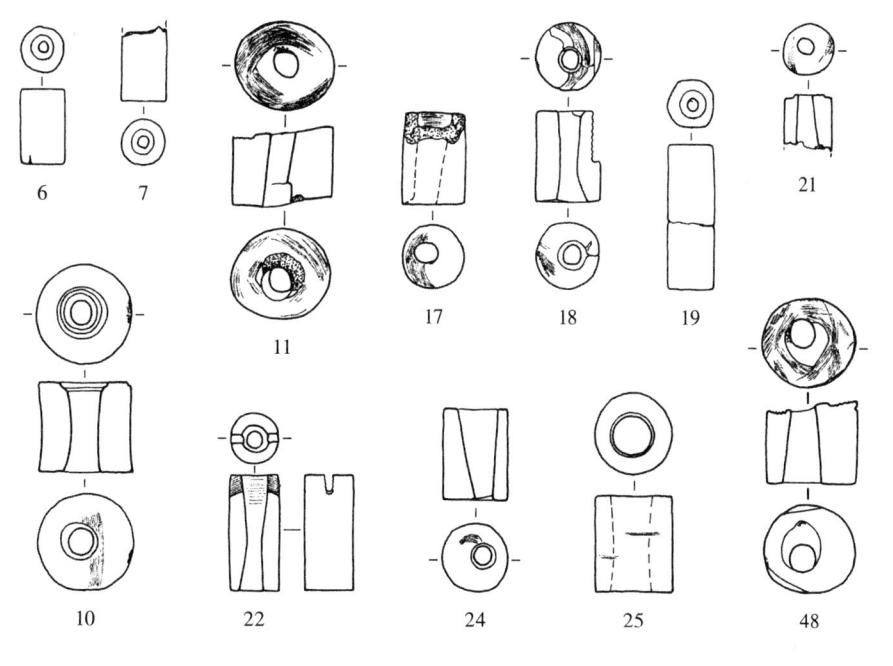

图六一 M3 出土玉管（2/3）

M3：19，断成两截。长2.9、直径0.95、孔径0.5厘米（图六一；彩图104）。

M3：20，甚残，呈碎末状。

M3：21，一端残，另一端留有钻孔后切割断的台痕以及弧线状切割痕。残长1.1、直径1、孔径0.35厘米（图六一；彩图99）。

M3：22，一端有直向的槽口，槽口的壁面上可见向内的同等弧度的弧线状切割痕，管孔内壁残留钻孔旋痕。长2.2、直径1、孔径0.5厘米（图六一；彩图105）。

M3：24，钻孔后切割断，从而形成单向钻孔形态。切断面有弧线状切割痕。长1.8、直径1.3、孔径0.7厘米（图六一；彩图102）。

M3：25，器表有两道短的切割痕。长1.9、直径1.6、孔径0.85厘米（图六一；彩图104）。

M3：26，钻孔后切割断，从而形成单向钻孔形态。切断面留有弧线状切割痕。长1.1、直径1.3、孔径0.6厘米（图六二；彩图102）。

M3：27，钻孔后切割断，从而形成单向钻孔形态。长1.8、直径1.1、孔径0.6厘米（图六二；彩图99）。

M3：28，钻孔后切割断，从而形成单向钻孔形态。切断面留有较大面的弧线状切割痕。长1.9、直径1.3、孔径0.7厘米（图六二；彩图102）。

M3：30，一端有细线切割痕。长4.1、直径1.35、孔径0.55厘米（图六二；彩图106）。

M3：32，双向钻孔后切割断而成，一端恰好处在双向钻孔的交接处。长1.7、直径1.3、孔径0.5厘米（图六二）。

M3：33，一端有切割痕。长2.9、直径1.2、孔径0.5厘米（图六二；彩图106）。

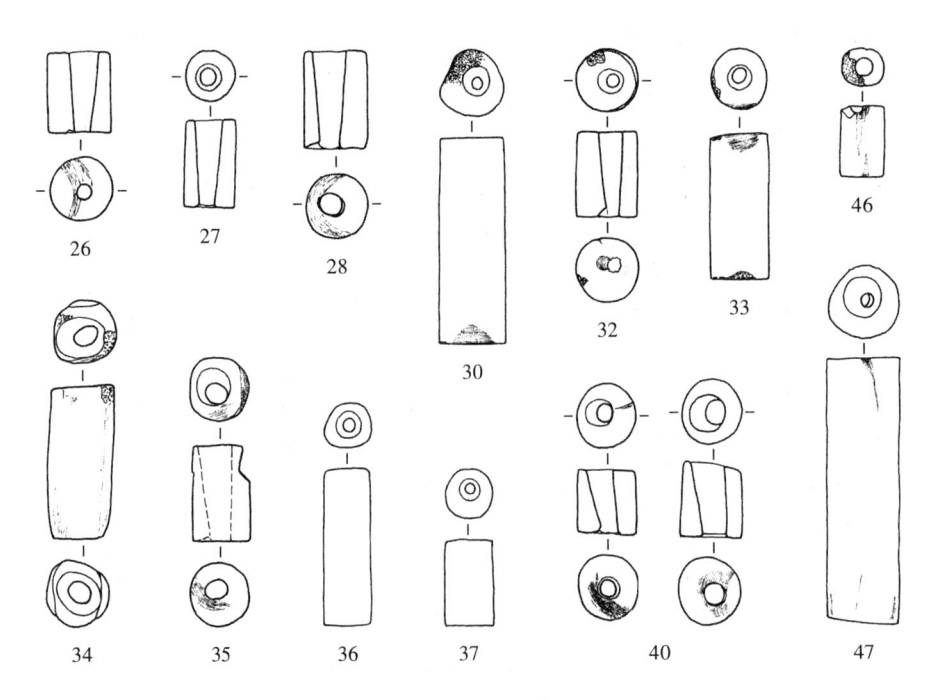

图六二　M3出土玉管（2/3）

M3：34，器形不规整。长3.1、直径1.35、孔径0.5厘米（图六二；彩图106）。

M3：35，钻孔后切割断，从而形成单向钻孔形态。切断面有弧线状切割痕，表面亦留有切割碴口。长1.9、直径1.2、孔径0.7厘米（图六二；彩图102）。

M3：36，长3.15、直径1、孔径0.5厘米（图六二；彩图106）。

M3：37，长1.7、直径1、孔径0.4厘米（图六二；彩图99）。

M3：40，2件单件编为一号。钻孔后切割断，从而形成单向钻孔形态。切断面有弧线状切割痕。长1.3~1.5、直径1.2、孔径0.6厘米（图六二）。

M3：46，器表有两道切割痕。长1.4、直径0.9、孔径0.35厘米（图六二；彩图99）。

M3：47，制作不甚规整，一端有一道切割痕。长5.3、直径1.5、孔径0.7厘米（图六二；彩图107）。

M3：48，有红褐色瑕斑。钻孔后切割断，中间钻孔呈现单向钻形态，与M3：11为同一件整体。线切割末程折断部分留有凸面，并经琢磨。长1.6、直径1.9、孔径0.55~0.9厘米（图六一；彩图101）。

珠　2件，编为一个号（M3：8）。球形，钻一对隧孔。直径1.25厘米（图五九；彩图108）。

（二）石器

钺　1件（M3：13）。器体较厚，平面略呈长方形，顶端平直，其下对钻一大圆孔，弧刃，下端略宽。高12.6、顶端宽6.5、刃宽8.7厘米（图六三；彩图110）。

（三）陶器　4件。

鼎　1件（M3：49）。夹砂红褐陶，破碎较甚，从残片观察为侈口，沿面微内凹。鼎足为鱼鳍形，足横断面扁，外侧平直，略厚于内侧（图六四）。

豆　1件（M3：43）。泥质灰陶，破碎较甚。侈口，盘壁微敞，盘底平，圈足上留有黑皮。口径约18厘米（图六四）。

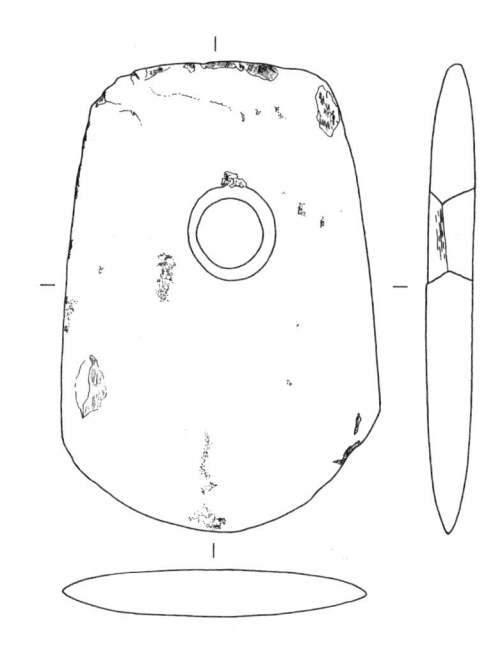

图六三　M3出土石钺（M3：13）（1/2）

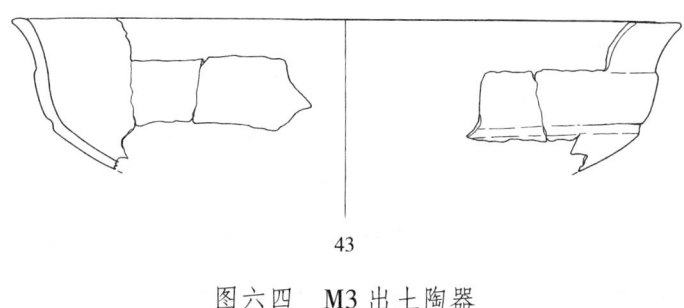

图六四　M3出土陶器
43.豆盘　49.鼎足（1/2）

圈足罐 1件（M3：50）。夹砂红陶，破碎较甚，仅可辨明圈足。

缸 1件（M3：45）。夹粗砂红陶，破碎较甚，无法辨明器形。

第四节 四号墓

一、墓葬形制

M4在北行墓列的西端，其西侧为M1，东侧为M5，南有M3、M10。开口于表层耕土下，打破黄土台子。长方形土坑竖穴墓，墓向178°。墓口长3.30米，南端略宽于北端，南端宽1.68、北端宽1.28米。墓壁斜直，墓底有二层台，墓口至二层台面深0.58~0.76米。二层台高0.08米。墓内填土为灰褐色斑土，较为纯净。墓内人骨已朽无存（彩图111）。

随葬品中陶器7件，置于墓坑北端，种类有鼎1、豆1、缸1、平底盘1、圈足盘1。另有2件陶器（M4：39、43），破碎较甚而无法辨明器种。

玉器集中于墓内南半部。其中，冠形器（M4：28）周围有1件璜（M4：34）和16件一组的管串饰（M4：35）。玉璜出土时，有刻纹的一面朝上（图六五；彩图112）。部分管串饰（M4：35-11、35-12）被冠形器所叠压，其余管串饰又叠压在冠形器之上，由此可以看出，璜、管串饰、冠形器之间有着密切联系。这组器物北侧有一对球形玉珠（M4：30、32），两者间距8厘米。与2件球形玉珠相邻还各有1件腰鼓形玉珠（M4：31、33）。这4件玉珠可能是死者的耳饰。

墓中部有1件玉璜（M4：6）与8件玉圆牌饰（M4：7~14），应成组（彩图113）。3件玉镯形器分别置于中部左、右两侧，其中2件（M4：15、16）在右侧，1件（M4：17）置于左侧，应是腕镯。1件玉锥形器（M4：18）断成三截，位于左侧玉镯形器上。其余玉管散见于墓中（图六六）。

二、随葬器物

随葬品包括玉器和陶器，编号45件（组），以单件计共61件。

（一）玉器

编号38件（组），以单件计共54件。多为白玉制品，种类有冠形器、璜、圆牌、镯形器、锥形器等。

冠形器 1件（M4：28）。玉色较杂。素面。平面呈长方形，上端略宽，下端有扁凸榫，上面均等对钻3个小圆孔。高2.85、宽5.3~5.56、厚0.4厘米（图六七；彩图114）。

璜 2件。

M4：6，玉色发黄，有褐色筋斑。半璧形，上端中间为圆弧形凹缺，单面钻孔而成，凹缺两侧各有1个对钻小孔。整器中间厚而侧缘薄，孔壁有经打磨的钻孔旋痕。器表留有开料切割痕，虽经打磨，仍显不平整。高6.05、宽13.7、厚0.18~0.6厘米（图六八；彩图

图六五 M4 平面图

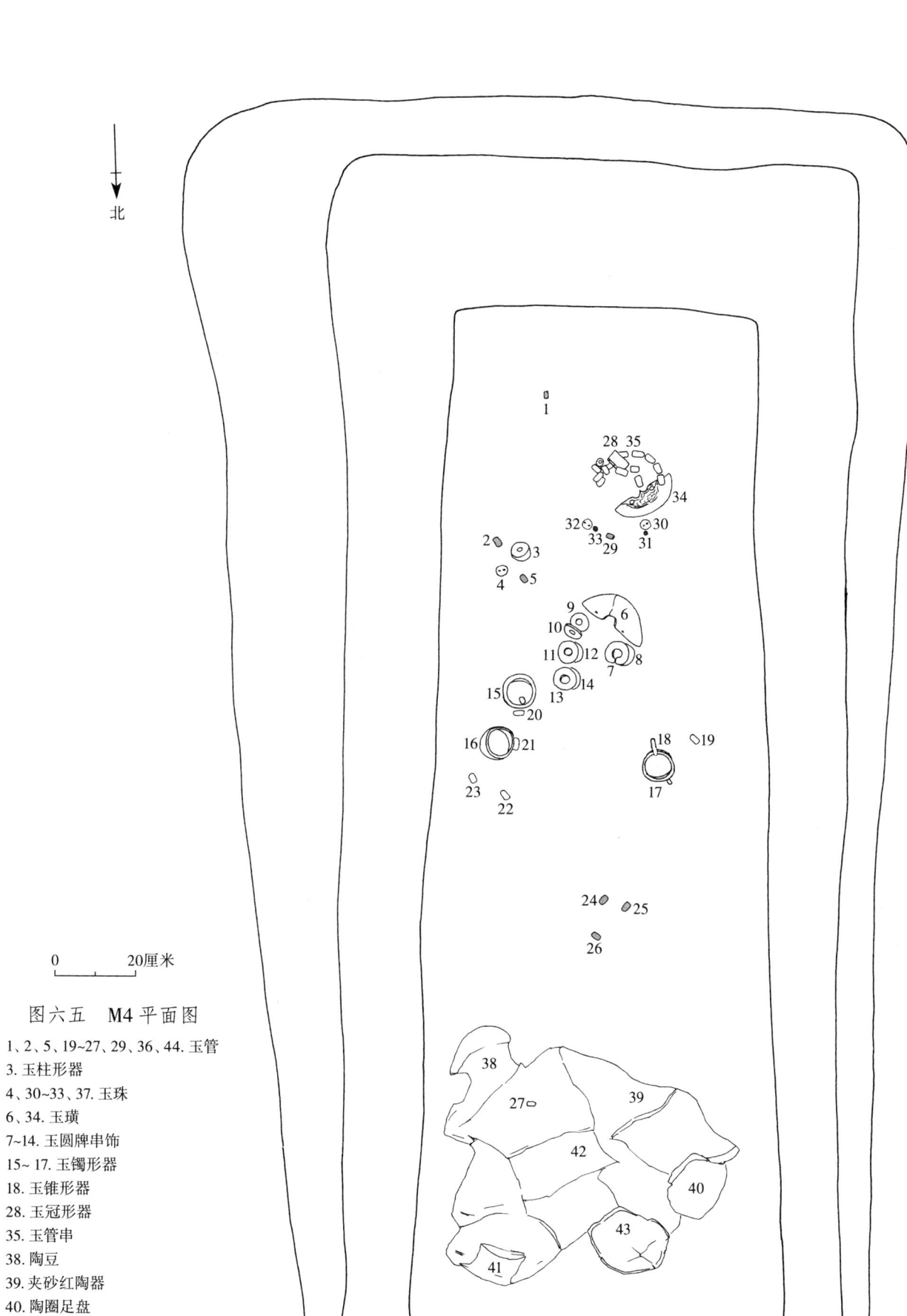

1、2、5、19~27、29、36、44. 玉管
3. 玉柱形器
4、30~33、37. 玉珠
6、34. 玉璜
7~14. 玉圆牌串饰
15~17. 玉镯形器
18. 玉锥形器
28. 玉冠形器
35. 玉管串
38. 陶豆
39. 夹砂红陶器
40. 陶圈足盘
41. 陶鼎
42. 陶缸
43. 泥质灰陶器
45. 陶平底盘
（注：36、37、44、45 在 38 号陶器下）

北

0　　20厘米

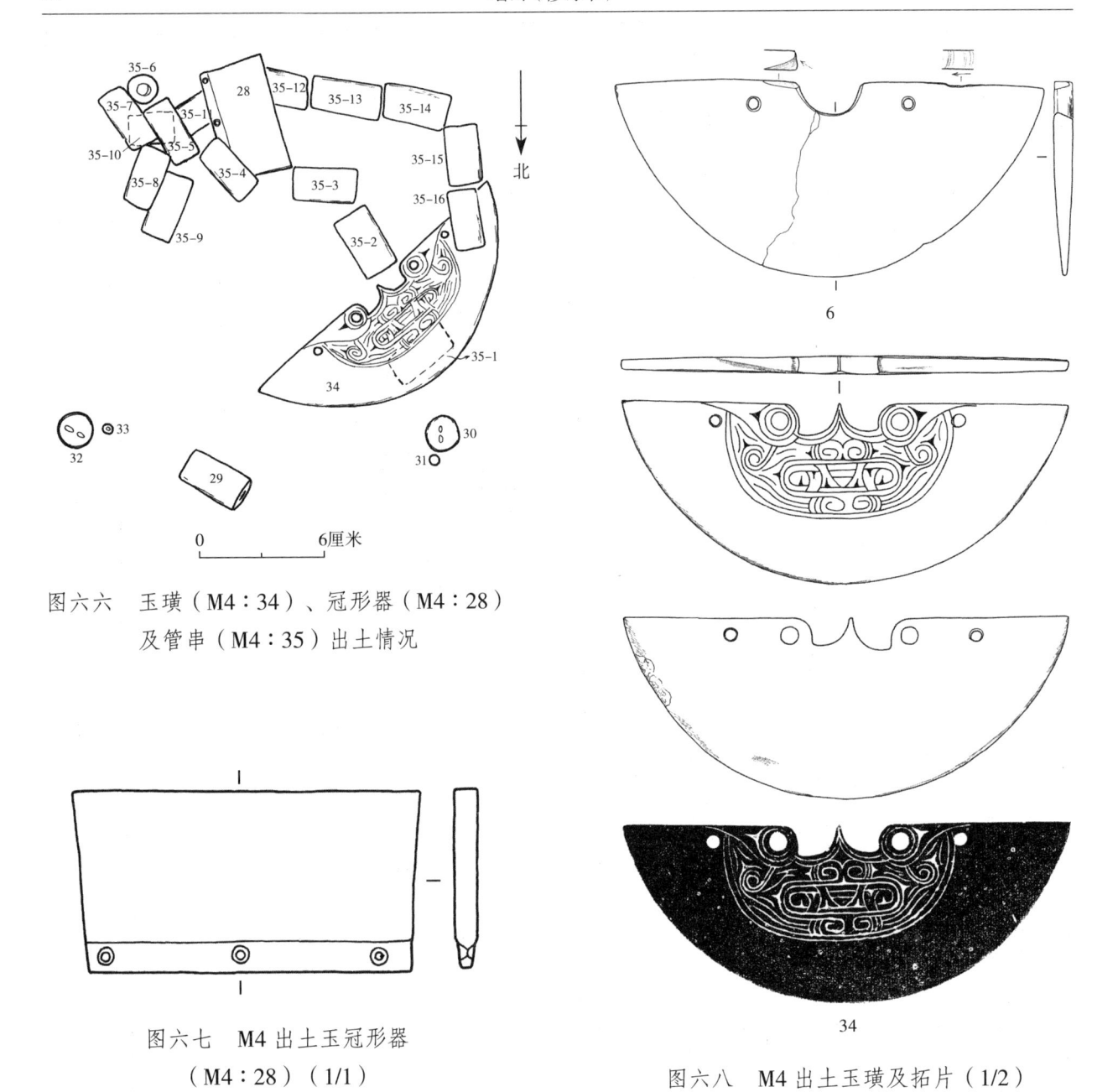

图六六　玉璜（M4∶34）、冠形器（M4∶28）及管串（M4∶35）出土情况

图六七　M4出土玉冠形器（M4∶28）（1/1）

图六八　M4出土玉璜及拓片（1/2）

115）。

M4∶34，玉色淡黄，有褐色瑕斑。半璧形，上端中间尖凸，凹缺两侧各有1个小圆孔，用于系挂。正面阴刻神兽纹。双眼镂孔，加圆周线和小三角勾勒，宽鼻由卷云纹和弧曲线共同构成，扁圆长方形阔嘴，内有尖利的牙齿和外伸的2对獠牙。图纹外围以双线半圆周边，内填卷云纹等。背面平整，光素无纹。边缘依稀可见打磨痕迹。高5.7、宽14.3厘米（图六八；彩图116）。

圆牌串饰　1组，由8件单件组成。出土时与玉璜（M4∶6）相邻，可能为同组挂饰。

M4∶7，块形。有灰黄色瑕斑。一侧用线切割开缺口，与之相对应的一侧对钻小孔。中间钻孔呈喇叭形，似是双向钻孔后切割而成。器表有略微凹陷的弧线状切割痕。直径4.7、孔径 2、厚 0.7 厘米（图六九；彩图 117）。

M4：8，璧形。体扁平，中间对钻一孔。器表有数道弧线状切割痕，两面弧线的弧度和长短不同。直径 4.9、孔径 1.8、厚 0.4 厘米（图六九；彩图 119）。

M4：9，璧形。体扁平，中间钻孔情况如 M4：7。直径 4.3、孔径 1.4、厚 0.4 厘米（图六九；彩图 120）。

M4：10，璧形。体扁平，中间钻孔情况如 M4：7。一面有两道弧线状切割痕（其中一道略有凹陷），另一面边缘有细线状切割痕。直径 4.2、孔径 1.35、厚 0.35 厘米（图六九；彩

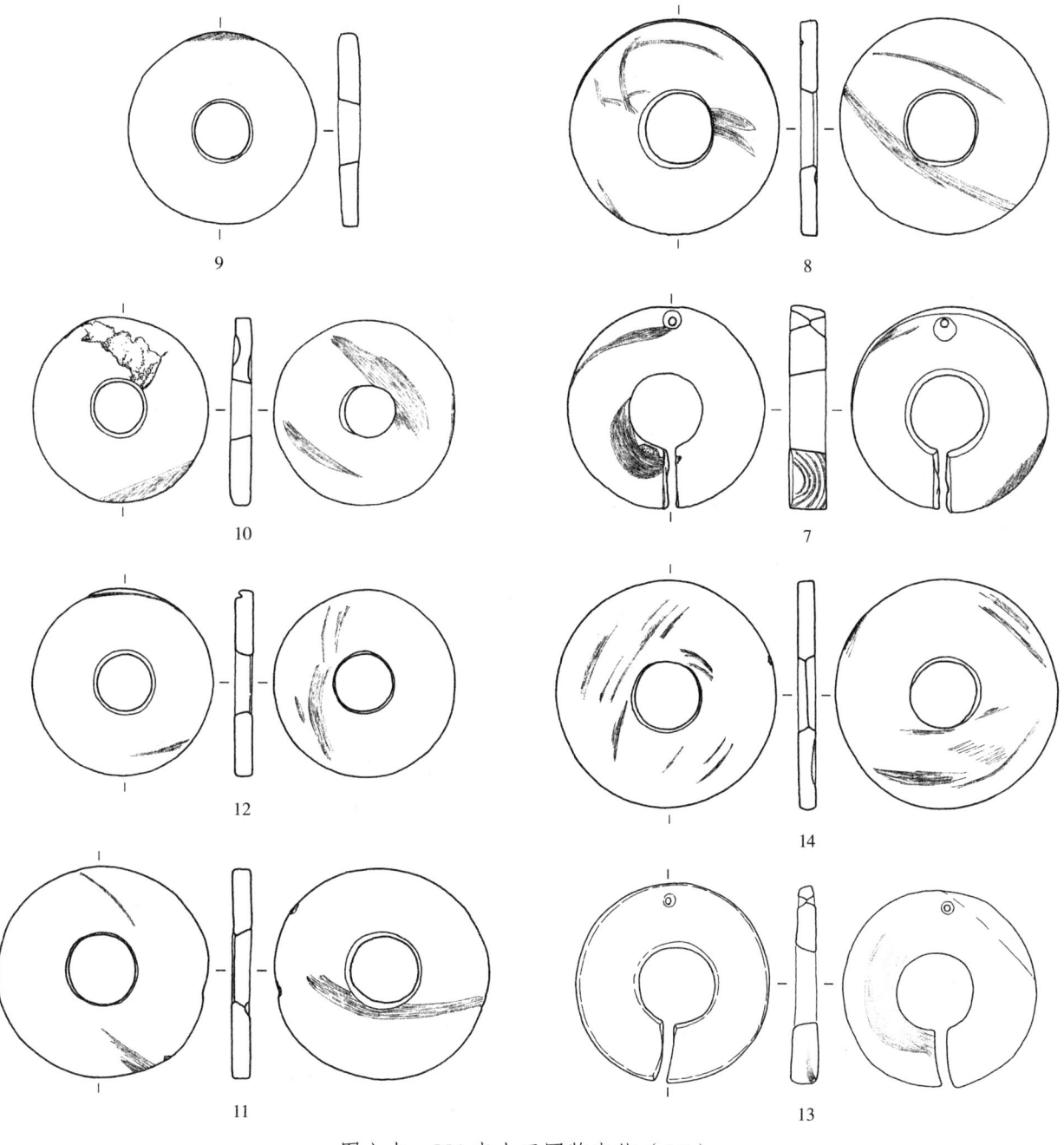

图六九　M4 出土玉圆牌串饰（2/3）

图 121）。

M4：11，璧形。夹灰色瑕斑。体扁平，中间钻孔情况如 M4：7，但在中孔一端略经打磨。一面有一道凹陷的弧线状切割痕。直径 5.05、孔径 1.7、厚 0.35 厘米（图六九；彩图 122）。

M4：12，璧形。体扁平，中间钻孔情况如 M4：11。一面有两道弧线状切割痕，另一面边缘有一道与器外缘同弧的切割痕。直径 4.3、孔径 1.4、厚 0.35 厘米（图六九；彩图 123）。

M4：13，玦形。体扁平，一侧用线切割开缺口，与之相对应的边缘对钻小孔，中间钻孔情况如 M4：7。器表一面有略微凹陷的弧线状切割痕。直径 4.6、孔径 1.7、厚 0.7 厘米（图六九；彩图 118）。

M4：14，璧形。体扁平，中间对钻一孔。器表两面有数道弧线状切割痕，有的深入器表。直径 5.2、孔径 1.6、厚 0.35 厘米（图六九；彩图 124）。

柱形器　1件（M4：3）。夹灰褐色筋斑。圆柱体，中间单向钻一小孔，孔内壁略经打磨。一端面有细线状切割痕。高 2.7、直径 3.6、孔径 0.9 厘米（图七〇；彩图 125）。

镯形器　3件。

M4：15，有大块的褐色瑕斑。宽环带形，内壁弧凸，外壁略弧。有部分缺损，但经打磨，并留有细线磨痕。高 2.35、直径 9、孔径 6.7 厘米（图七一；彩图 127）。

M4：16，有褐色瑕斑。宽环带形，内壁弧凸，外壁近平略凹。有部分缺损，但经打磨，并留有细线磨痕。高 2.45~2.6、直径 6.9、孔径 5.5 厘米（图七一；彩图 128）。

M4：17，有褐色瑕斑。环形，内壁略弧，外壁凸圆。高 1.3、直径 7.2、孔径 5.7 厘米（图七一；彩图 129）。

管串　1组（M4：35），由 16 件单件玉管组成，出土时与璜（M4：34）相连，应为同组挂饰。多数玉管夹灰色筋斑。圆柱形，器形不规整。其中 14 件为中间对钻孔，另 2 件则恰好在对钻孔交接点割断，并留有弧线状割痕。长 2.1~3.1、直径 1.2~1.3 厘米（图七三；彩图 126）。

锥形器　1件（M4：18）。出土时断成三截。长条形，断面呈圆角长方形。一端圆尖，另一端略扁，并对钻一小孔。器表有一道直向浅槽，为切割遗痕。长 7.7、直径 0.5 厘米（图七〇；彩图 130）。

管　编为 15 号，计 16 件单件。均为圆柱形，中间多为双向钻孔。

M4：1，长 1.1、直径 0.7、孔径 0.45 厘米（图七二；彩图 132）。

M4：2，直孔，两端面有弧线状切割痕。长 1.1、直

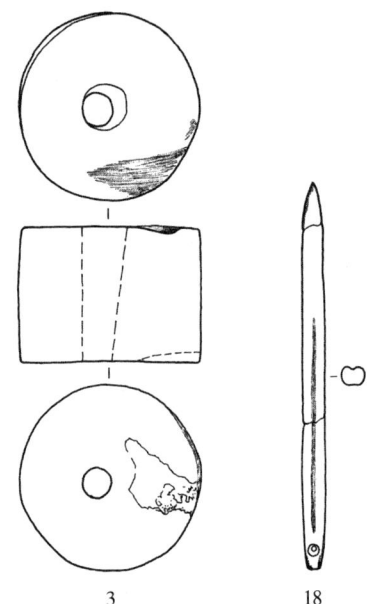

图七〇　M4 出土玉柱形器、锥形器
3. 柱形器　18. 锥形器（2/3）

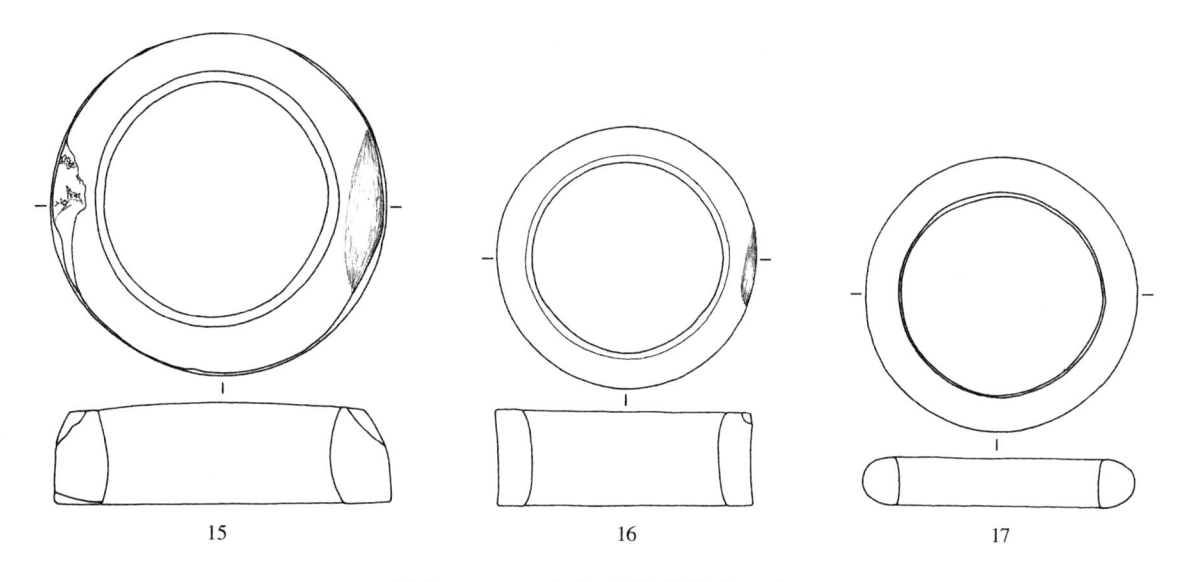

图七一　M4 出土玉镯形器（1/2）

径 1.4、孔径 0.4 厘米（图七二；彩图 131）。

M4：5，两端有凹陷的弧线状切割痕。长 1.2、直径 1.2、孔径 0.4 厘米（图七二；彩图 131）。

M4：19，器表有两道直向的切割痕。长 3.5、直径 1.2、孔径 0.6 厘米（图七二；彩图 133）。

M4：20，顶端有细线状切割痕。长 3、直径 1.2、孔径 0.55 厘米（图七二；彩图 133）。

M4：21，长 2.9、直径 1.3、孔径 0.6 厘米（图七二；彩图 133）。

M4：22，器表有直向的细线磨痕。长 2.4、直径 1.1、孔径 0.55 厘米（图七二；彩图 133）。

M4：23，一端有细线状切割痕，器表有一道直向的切割痕。长 2.7、直径 1.1、孔径 0.5 厘米（图七二；彩图 134）。

M4：24，长 1.2、直径 0.8、孔径 0.4 厘米（图七二；彩图 132）。

M4：25，三棱柱形。长 1、直径 0.7、孔径 0.35 厘米（图七二；彩图 132）。

M4：26，长 1.15、直径 0.65、孔径 0.4 厘米（图七二；彩图 132）。

M4：27，器表有切割痕迹。长 3.1、直径 1.15、孔径 0.5 厘米（图七二；彩图 134）。

M4：29，器表有切入的切割磋口，另有一道直向的切割痕。长 2.2、直径 1.15、孔径 0.5 厘米（图七二；彩图 134）。

M4：36，长 1.1、直径 0.9、孔径 0.4 厘米（图七二；彩图 132）。

M4：44，2 件单件。长 0.4、1.1 厘米，直径 0.5、0.9 厘米，孔径 0.2、0.4 厘米（图七二；彩图 135）。

珠　6 件。分为两种形态。

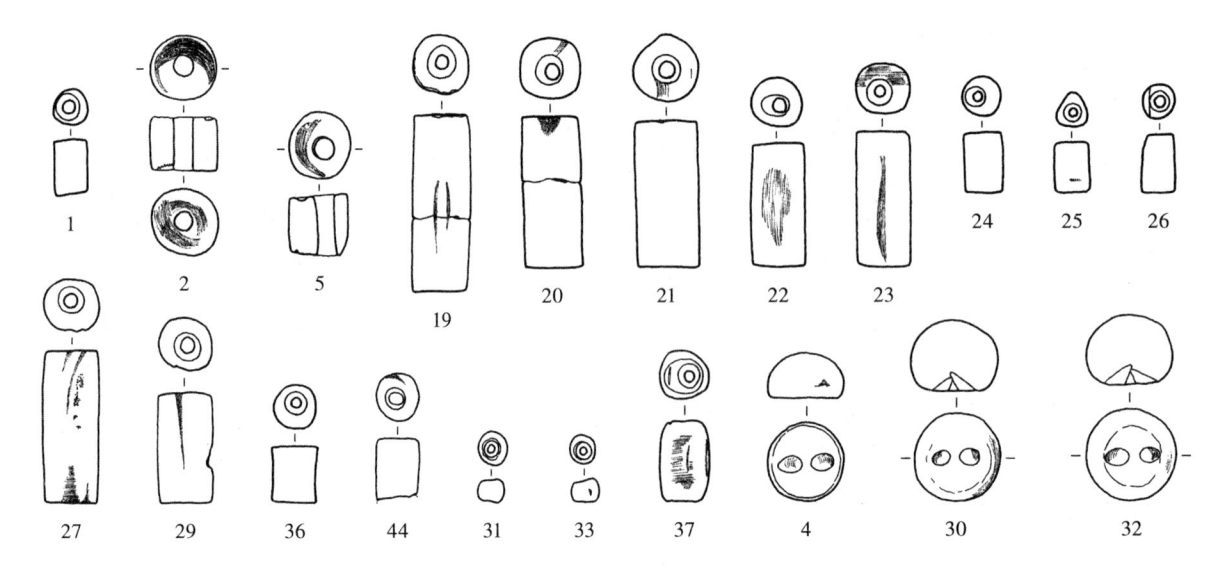

图七二　M4 出土玉管、珠

1、2、5、19~27、29、36、44. 管　4、30~33、37. 珠（2/3）

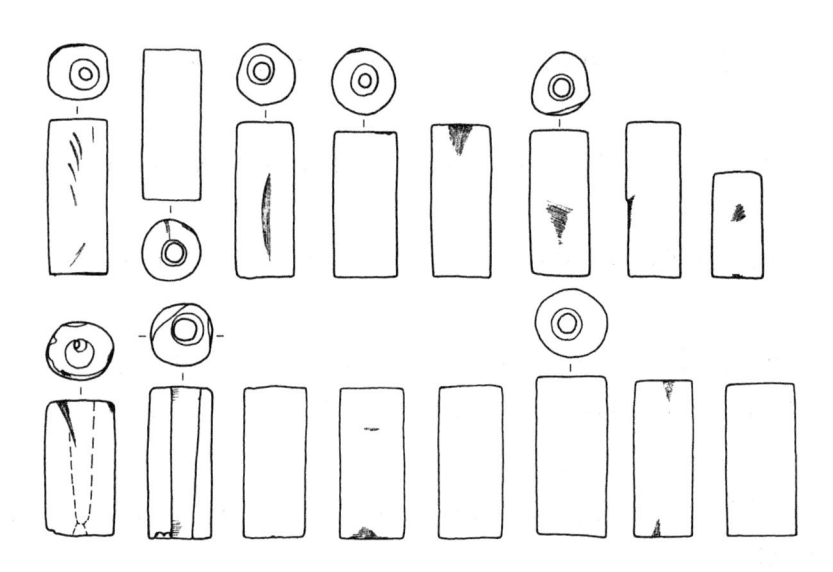

图七三　M4 出土玉管串（M4：35）（2/3）

腰鼓形珠　3件。外壁微弧，中间对钻孔。M4：31、33，大小基本一致。高0.5、直径0.7、孔径0.35厘米。M4：37，长1.6、直径0.9、孔径0.4厘米（图七二；彩图135）。

半球形珠　3件（M4：4、30、32）。一面弧凸，另一面平整并钻一对隧孔。直径1.6、1.8、1.7厘米，厚0.9、1.3、1.3厘米（图七二；彩图136、137）。

（二）陶器　7件。

鼎　1件（M4：41）。夹砂红褐陶。口沿甚残，鼓腹，圜底近平，下接鱼鳍形足（图七四）。

圈足盆　1件（M4：40）。泥质灰胎，外胎为橙黄色。器表磨光，施红色陶衣。破碎较甚。

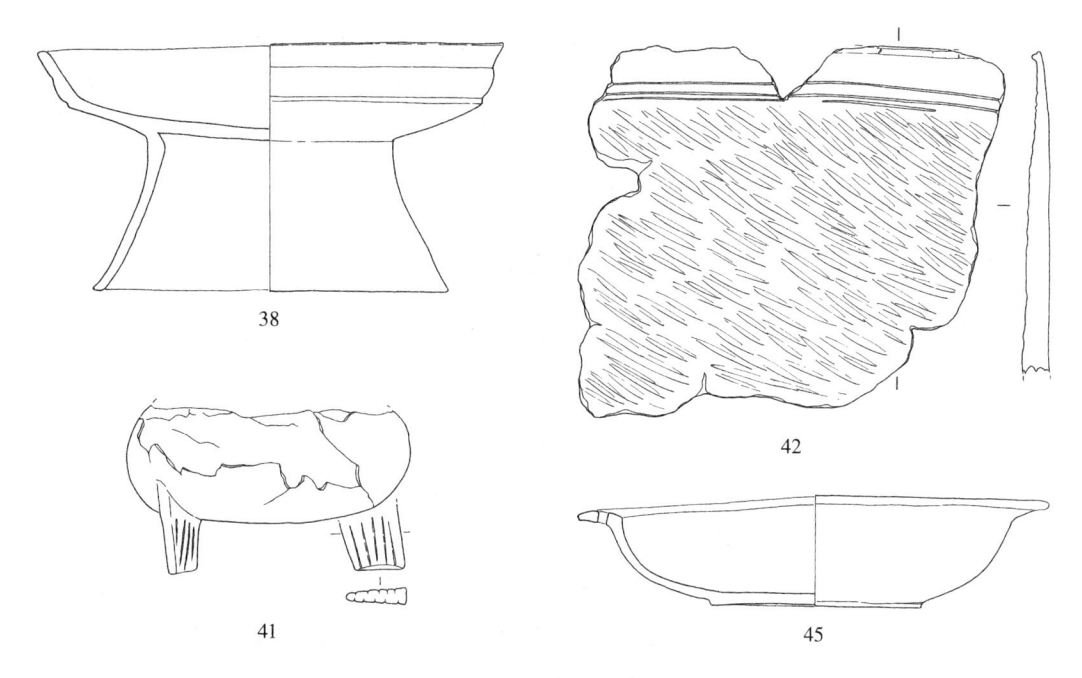

图七四　M4 出土陶器
38.豆　41.鼎　42.缸　45.平底盘（1/4）

平底盘　1件（M4∶45）。泥质橙红胎黑皮陶。宽沿，沿面弧凸，浅弧腹，平底，假圈足。沿面有一个竖向圆孔，对应的另一侧口沿残，故无法辨明是否也存在小孔。高6、口径25.8、底径11.2厘米（图七四；彩图139）。

豆　1件（M4∶38）。泥质灰胎黑皮陶。侈口，盘壁折，盘外壁两道凹弦纹，喇叭形圈足。器表施红衣。高12.9、口径25.2、足径19.4厘米（图七四；彩图138）。

缸　1件（M4∶42）。夹粗砂褐胎，外表红色。直口，尖唇，近底部胎较厚。器表饰斜向篮纹（图七四）。

另有1件夹砂红陶器（M4∶39）和1件泥质灰陶器（M4∶43），甚残，难以辨明器形。

第五节　五号墓

一、墓葬形制

M5位于北行墓列中段，其西为M4，东为M14，南为M10。开口于表层耕土之下，打破黄土台子。长方形竖穴土坑墓，墓向182°。墓圹长2.42、宽0.79、深0.34米。墓底周壁有一圈浅沟，深约7厘米，宽18~22厘米，使墓底形成低矮的土台。墓内填土为黄褐色斑土。墓内人骨已朽无存（彩图140）。

随葬品有玉器、陶器，编号12件（组），是这批墓葬中出土随葬品数量最少的一座。陶器有3件，为鼎1、豆1、残陶器1，均置于墓北端，破碎较甚。玉器发现于墓南部及中部。

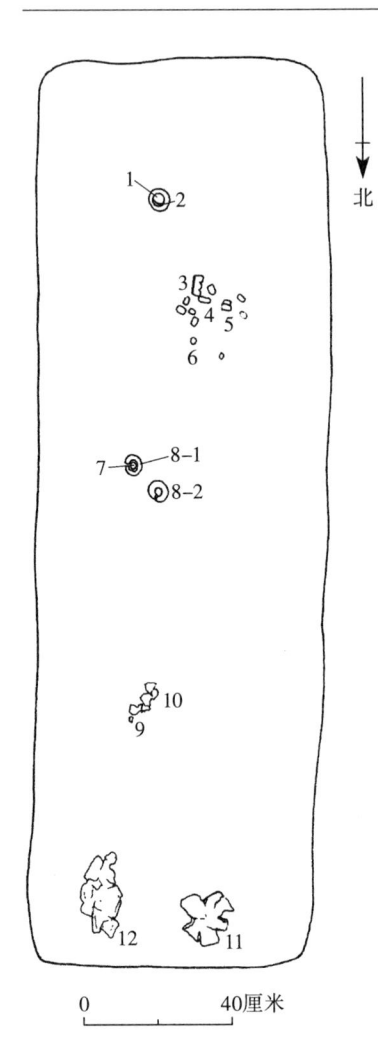

图七五 M5平面图
1、6、7、9. 玉珠　2、8. 玉圆牌
3. 玉冠形器　4. 玉管　5. 玉管串
10. 泥质陶器　11. 陶鼎　12. 陶豆

其中南部有1件冠形器（M5:3），周围有一组管串饰（M5:4、5）。此外还有一对半球形珠（M5:6），间距约5厘米。圆牌有3件，其中2件（M5:8）位于墓中部，1件（M5:2）位于墓南端（图七五）。

二、随葬器物

随葬品包括玉器和陶器，编号12件（组），以单件计共22件。

（一）玉器

编号9件（组），以单件计共19件，种类有冠形器、圆牌、管、珠等。

冠形器　1件（M5:3）。夹杂绿、褐色瑕斑。平面呈倒梯形，顶端中间内凹，使中央形成圆形凸起，下端有扁平凸榫，上面均等对钻3个小圆孔。高2.65、宽4.55~4.85、厚0.4厘米（图七六；彩图141）。

圆牌　3件。

M5:2，璧形。中间对钻孔，偏于一端，似是钻孔后切割。整器厚薄不匀，器表留有弧线状切割痕。直径4.3、孔径1.6、厚0.5厘米（图七六；彩图142）。

M5:8，2件单件，似是同一件钻孔后再切割而成，其中1件已残。块形。缺口有明显的线切割痕迹，与缺口对应的一侧对钻一个小圆孔。平面有弧线状切割痕，经过打磨，侧缘有切割痕。直径4.6、孔径1.6~1.8、厚0.3~0.7厘米（图七六；彩图143、144）。

管串　1组（M5:5），由8件玉管组成。有灰、褐色瑕斑。均圆柱形，中间对钻孔。长1.1~1.8、直径0.8~0.9厘米（图七七；彩图145）。

管　2件，编为一个号（M5:4）。有绿色瑕斑。圆柱形，中间对钻孔。长2.5、3.1厘米，直径1.2、1.4厘米（图七七；彩图146）。

珠　5件。分为半球形和腰鼓形两种。

半球形珠　3件。一面弧凸，另一面平直且钻有隧孔。

M5:1，直径1.35、厚0.9厘米（图七七；彩图147）。

M5:6，2件单件。直径1.2、厚0.9厘米（图七七；彩图147）。

腰鼓形珠　2件。

M5:7，中间对钻孔。长0.3、直径0.6、孔径0.3厘米（图七七；彩图147）。

M5:9，残碎。长0.7、直径0.7、孔径0.3厘米（图七七）。

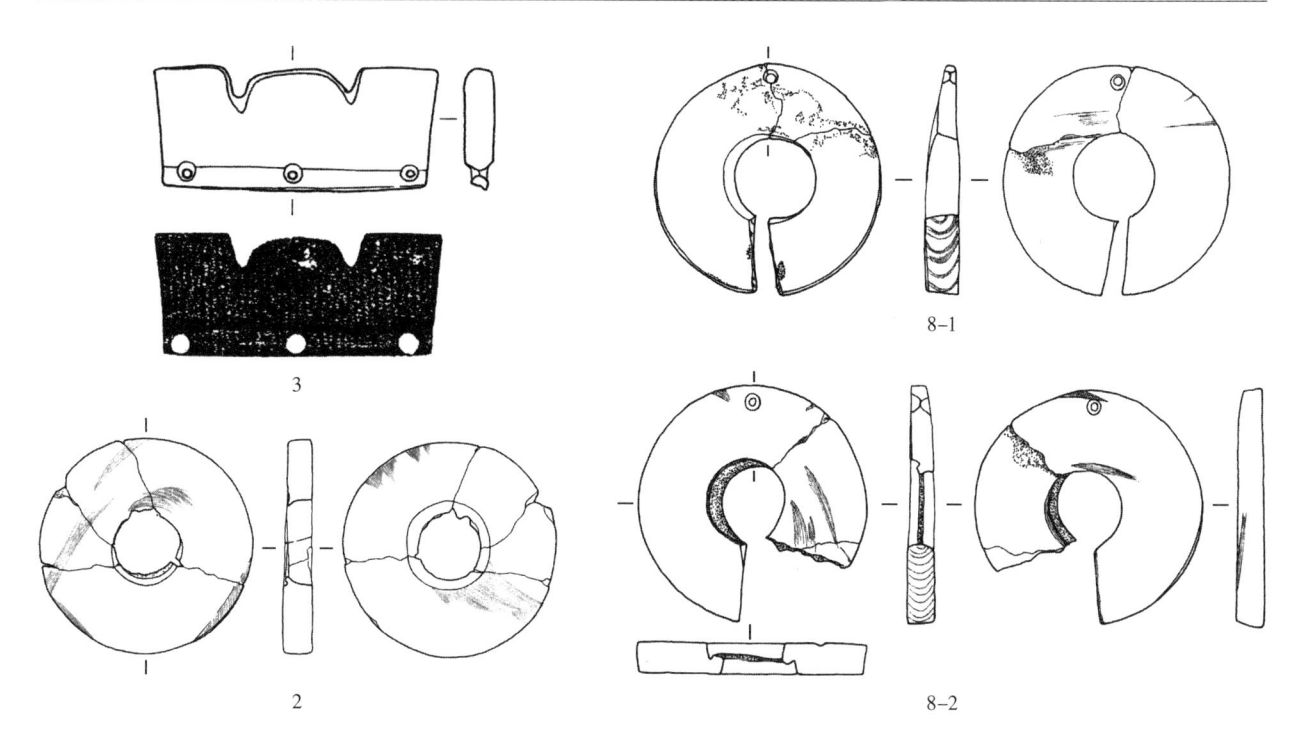

图七六　M5出土玉冠形器、圆牌

2、8-1、8-2.圆牌　3.冠形器及拓片（3为1/1，余为2/3）

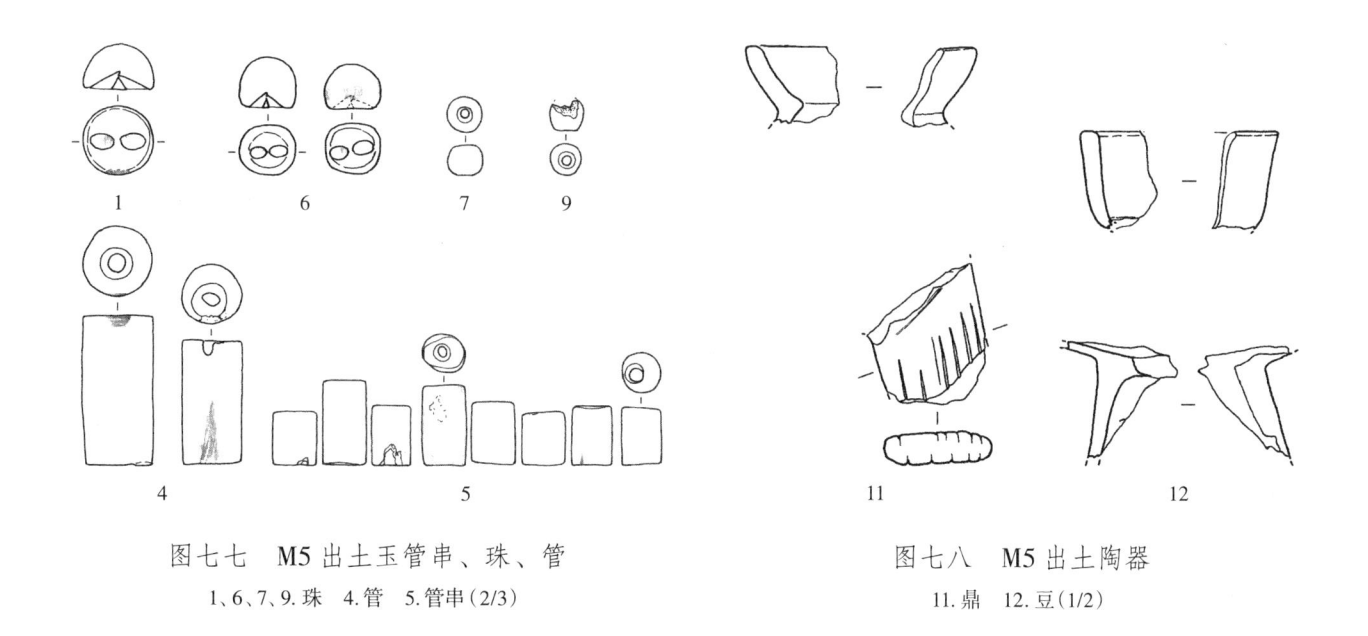

图七七　M5出土玉管串、珠、管

1、6、7、9.珠　4.管　5.管串（2/3）

图七八　M5出土陶器

11.鼎　12.豆（1/2）

（二）陶器　3件。

鼎　1件（M5∶11）。夹砂红褐陶。破碎较甚。侈口，斜唇，鼎足为鱼鳍形，较矮，横断面呈扁圆形（图七八）。

豆　1件（M5∶12）。泥质灰胎黑皮陶，器表有朱色彩绘。残碎（图七八）。

另有1件泥质陶器（M5∶10），黑胎，有橙红色表皮。破碎极甚，无法辨明器形。

第六节 六号墓

一、墓葬形制

M6 位于北行墓列的最东端，南为 M8。开口于表层耕土下，打破红土、灰土沟以及生土。长方形竖穴土坑墓，墓向 183°。墓圹长 2.85 米，北端略宽于南端，南端宽 0.84、北端宽 1.26 米，墓坑深 0.52 米。填土为黄褐色斑土。墓内人骨已朽无存（彩图 148）。

随葬品中陶器 4 件，为鼎 1、豆 1、圈足罐 1，另有 1 件不明器种的夹砂红陶器（M6：18）。均置于北端，破碎较甚。

陶器周围散见一些玉器，如 1 件玉纺轮（M6：5）。玉器主要分布在墓中部及南部，其中，1 件冠形器（M6：1）周围有珠串饰一组 8 件（M6：8），其旁侧有璜 1 件（M6：2）。墓中部左、右两侧各有 1 件镯形器（M6：3、4）。另有 1 件锥形器（M6：14），发现于墓中部左侧（图七九）。

二、随葬器物

随葬品包括玉器和陶器，编号 20 件（组），以单件计共 32 件。

（一）玉器

编号 16 件（组），以单件计共 28 件，种类有冠形器、璜、镯形器、锥形器、纺轮、柱形器、管、珠等。

冠形器 1 件（M6：1）。玉色青灰，夹杂褐色瑕斑。体扁，平面呈倒梯形，顶端凹缺，中心有凸起，两侧呈角状外伸。上部中间有一椭圆形孔，由 3 个实心钻钻孔组成。底端有扁长凸榫，上面对钻两个小孔。高 2.7、宽 5~6、厚 0.2~0.4 厘米（图八〇；彩图 149）。

璜 1 件（M6：2）。有青灰色瑕斑。半璧形，中部厚而边缘薄。上端中部为半圆形凹缺，两侧各对钻 1 个小圆孔。高 5.7、宽 10.5、厚 0.1~0.2 厘米（图八一；彩图 150）。

珠串 1 组（M6：8）。由 8 件单个玉珠组成，其中 1 件残甚。腰鼓形，其中 7 件对钻孔，1 件为隧孔。该组玉珠串出土时，与 M6：2 璜相邻（图八二；彩图 153）。

镯形器 2 件。均宽环带状，内孔壁弧凸，外壁平直。

M6：3，有红色瑕斑。高 2.8、直径 7.5、孔径 5.8 厘米（图八一；彩图 151）。

M6：4，高 2.3、直径 7、孔径 5.7 厘米（图八一；彩图 152）。

纺轮 1 件（M6：5）。玉色青灰，含青绿色瑕斑。扁平圆饼形，断面呈梯形，外壁略弧凸。中间对钻一孔，孔壁经过打磨。直径 4.2、厚 0.9、孔径 0.5 厘米（图八二；彩图 156）。

柱形器 1 件（M6：6）。玉色青灰。圆台形，横断面呈梯形，中间对钻孔，孔略偏。一端面有弧线状切割痕。高 1.6、直径 3.2、孔径 0.5 厘米（图八二；彩图 158）。

锥形器 1 件（M6：14）。长条形，略呈多棱状，似是开料所致。一端锥尖，另一端凸

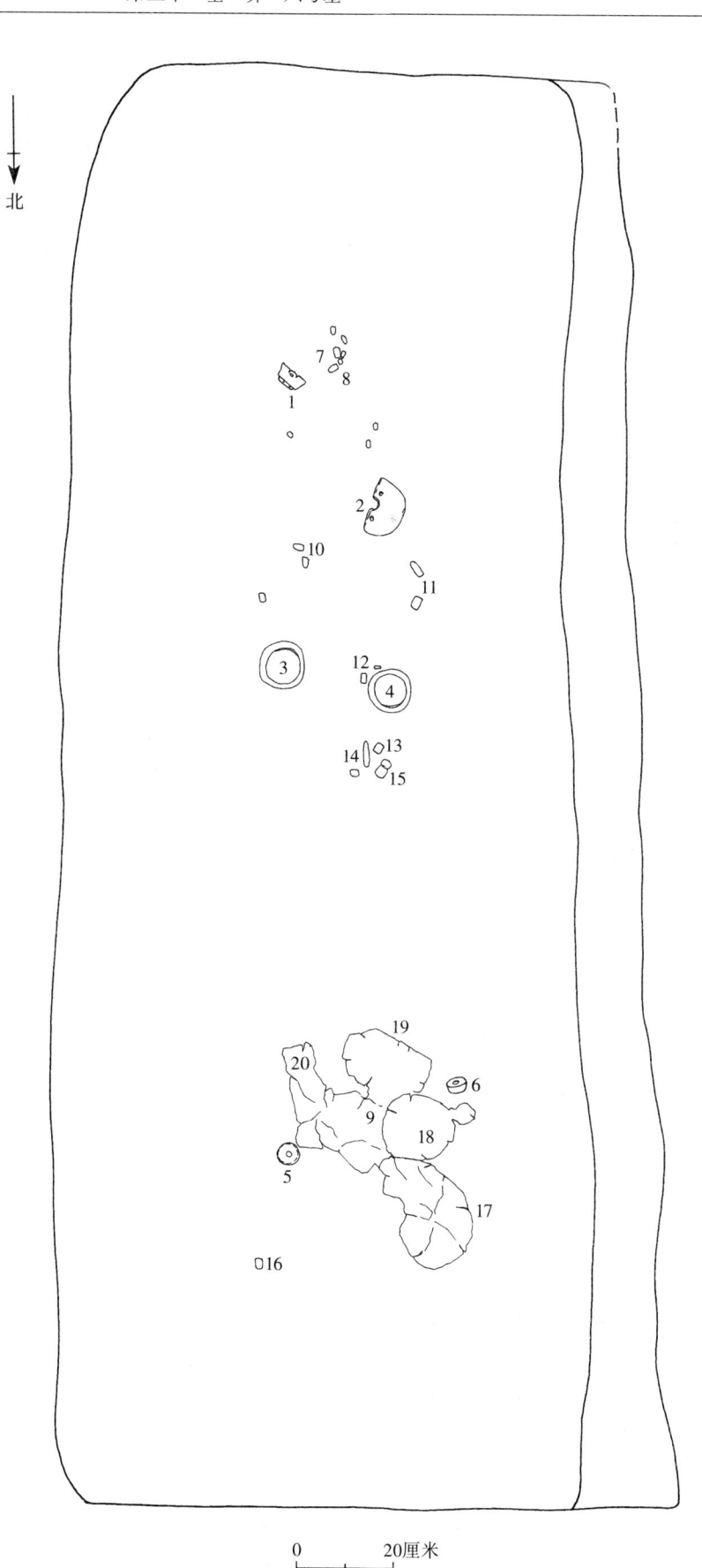

图七九　M6 平面图
1. 玉冠形器
2. 玉璜
3、4. 玉镯形器
5. 玉纺轮
6. 玉柱形器
7、13、15. 玉珠
8. 玉珠串
9. 玉饰件
10~12、16. 玉管
14. 玉锥形器
17. 陶豆
18. 夹砂红陶器
19. 陶鼎
20. 陶圈足罐

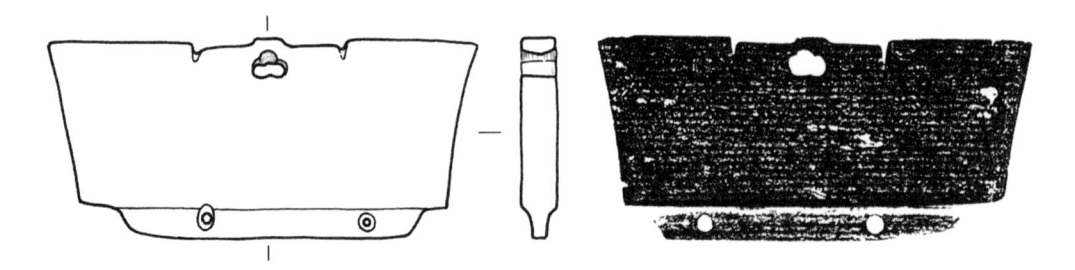

图八〇　M6 出土玉冠形器（M6:1）及拓片（1/1）

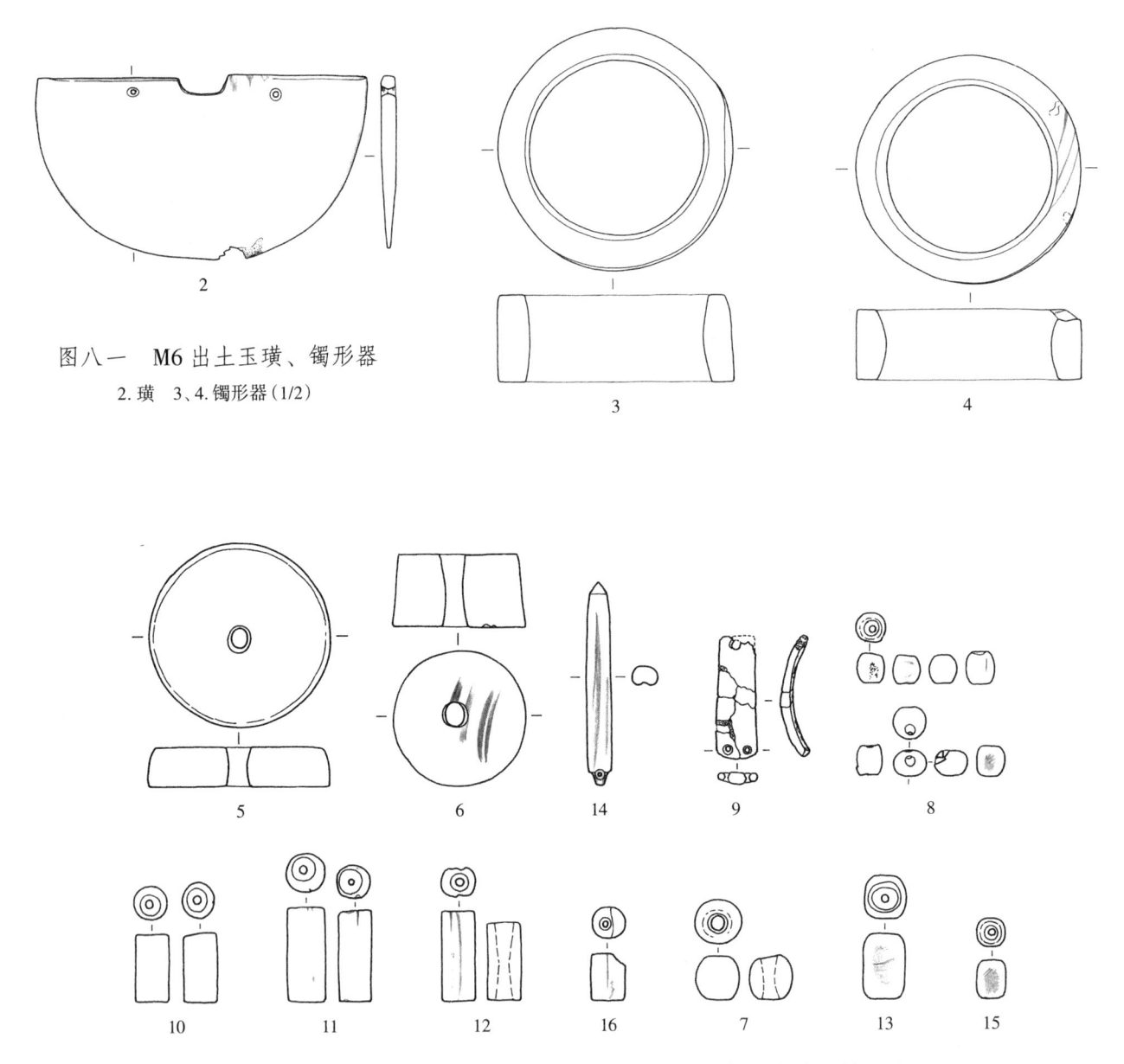

图八一　M6 出土玉璜、镯形器

2. 璜　3、4. 镯形器（1/2）

图八二　M6 出土玉纺轮、柱形器、锥形器、珠串、饰件、管、珠

5. 纺轮　6. 柱形器　7、13、15. 珠　8. 珠串　9. 饰件　10~12、16. 管　14. 锥形器（2/3）

榫上对钻小孔。器表有直向的切割痕。长4.7、直径0.6厘米（图八二；彩图155）。

饰件 1件（M6：9）。出土时残碎。宽条形，弧曲，凹弧面有凸脊，似是对钻而成的痕迹，经过打磨。一端对钻2个小圆孔，另一端残，边缘可见1个圆孔痕迹。长2.7、宽0.95、厚0.32厘米（图八二；彩图154）。

管 7件。均为圆柱形，中间对钻孔。

M6：10，2件单件。有绿色瑕斑。长1.65、直径0.8、孔径0.55厘米（图八二；彩图157）。

M6：11，2件单件。有青灰色瑕斑。长2.2、直径0.85、孔径0.45厘米（图八二；彩图157）。

M6：12，2件单件。有灰绿色瑕斑。长1.8、2.1厘米，直径0.8、孔径0.4厘米（图八二；彩图157）。

M6：16，长1.1、直径0.7、孔径0.35厘米（图八二；彩图157）。

珠 5件。均为腰鼓形，中间对钻孔。

M6：7，2件单件。有灰色瑕斑。长0.9、直径1、孔径0.4厘米（图八二；彩图159）。

M6：13，2件单件，形态相似。器表有弧线状切割痕。长1.5、直径1.1、孔径0.5厘米（图八二；彩图159）。

M6：15，器表有细线切割痕。长0.9、直径0.7、孔径0.3厘米（图八二；彩图159）。

（二）陶器 4件。

鼎 1件（M6：19）。夹砂红褐陶。破碎较甚。侈口，沿面微内凹，鼎足为鱼鳍形，断面外侧平直（图八三）。

豆 1件（M6：17）。泥质橙红陶。浅腹，折壁（图八三）。

圈足罐 1件（M6：20）。夹砂红陶。极破碎，无法辨明器形。

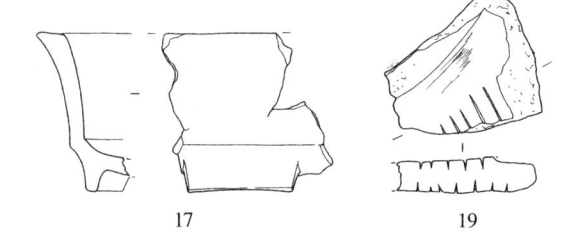

图八三 M6出土陶器
17.豆 19.鼎足（1/2）

另有1件夹细砂红陶器（M6：18），带鸡冠状錾耳。残甚，无法辨明器形。

第七节 七号墓

一、墓葬形制

M7位于南行墓列的中段，西与M9相邻，东边即是被盗掘的M12，其西北角打破M11的东南角。开口于表层耕土下，打破中间方形红土的西南角以及围沟状灰土。长方形竖穴土坑墓，墓圹长3.2、宽1.6米，墓坑深0.64~1.3米。坑壁较直，墓内填土为灰褐色斑土，土质较硬。在墓南部发现人头骨朽痕及牙齿残骸，推知该墓主头朝南，墓向184°（图八四；彩图160）。

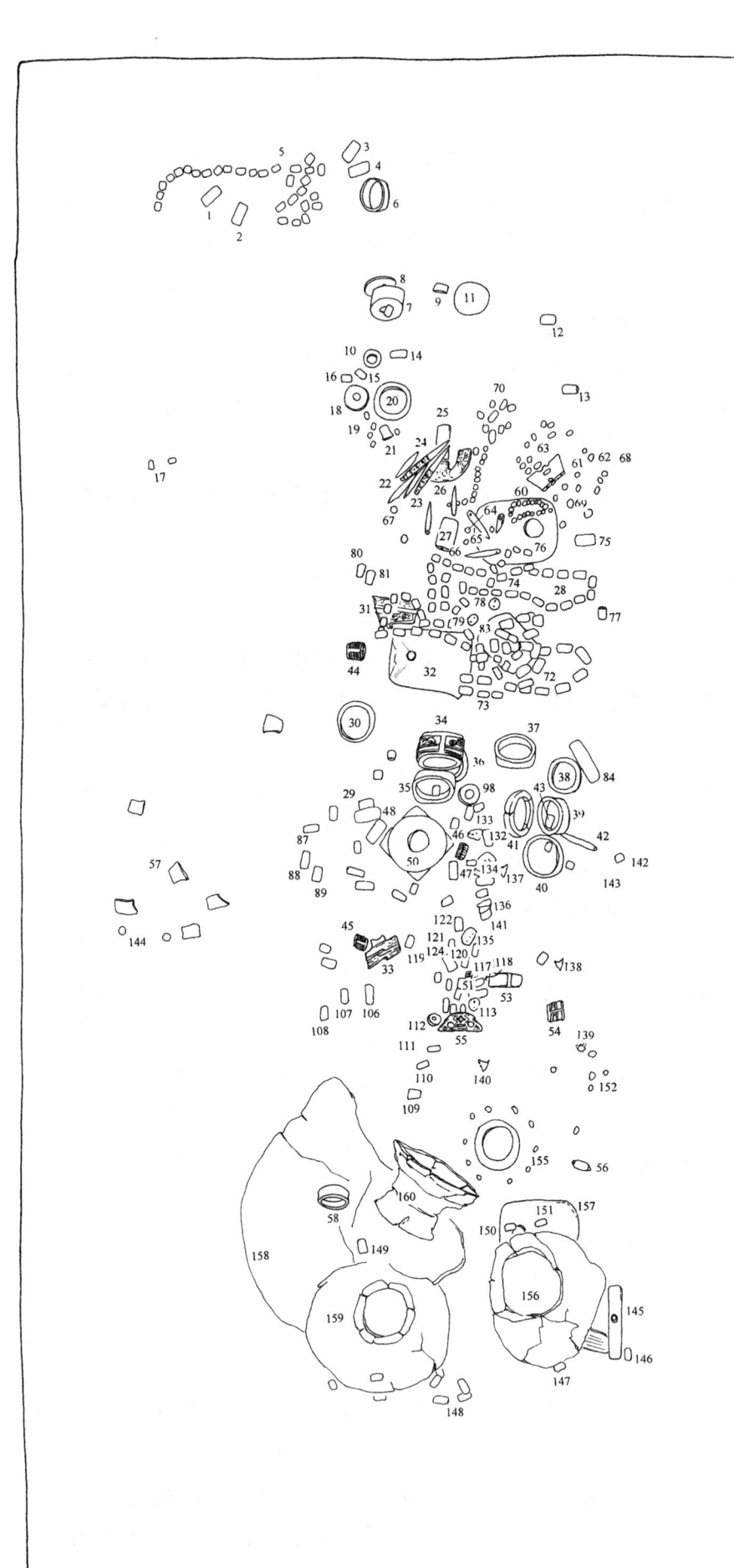

图八四 M7 平面图

1~4、7、9、10、12~16、21、48、75、77、85~92、94~97、99、100、103、105~111、117~131、142、146、149、151、161. 玉管

5、28、70、72、73、80~82、102、104、114~116、132、141、148. 玉管串

6、20、30、35~41、57、58. 玉镯形器

8. 玉带盖柱形器

11. 玉饼状饰

17、19、143、144、152. 玉粒

18、29. 玉端饰

22~24、42. 玉锥形器

25、84、145. 玉长管

26. 玉三叉形器

27、98. 玉柱形器

31. 玉钺冠饰

32. 玉钺

33. 玉钺端饰

34、50. 玉琮

43~47、49、51、52、54、147. 小玉琮

53. 玉带钩

55. 玉牌饰

56. 玉坠

59、62、64~68、74、78、79、93、112、113、150. 玉珠

60、61、69、136. 玉珠串

63. 玉冠形器及玉粒

76、83、157. 石钺

101、133~135. 玉半圆形饰

137~140. 动物牙齿

155. 嵌玉漆器

156. 陶鼎

158. 陶缸

159. 陶圈足罐

160. 陶豆

（注：49 在 48 下，52 在 51 下，82、86 在 31 下，101、102 在 50 下，161 在 158 下。59、85、90~97、99、100、103~105、114~116、123、125~131 均为散乱管珠，散布在其他器物下层。71、153、154 为空号）

0 20厘米

随葬品有玉器、石器、陶器、漆器、动物牙齿等。其中陶器4件，为鼎1、缸1、圈足罐1、豆1，置于墓坑北端。紧靠陶器有1件环状玉器（M7∶155），周围环绕13颗玉粒（M7∶152），形成同心圆，玉粒圈之间残留漆样朱红色物体，推知可能是嵌玉漆器，玉粒便镶嵌于该器外缘。已整体起取，惜无法剥剔复原（彩图164）。

北端陶鼎之下叠压石钺1件（M7∶157），刃朝向左侧。另有2件石钺在墓南半部，其中1件（M7∶83）在玉钺（M7∶32）西侧，刃向内侧；另1件（M7∶76）在冠形器北侧，刃亦向内。

玉器主要分布于墓中部及南部。在墓内最南端有一组29件管串饰（M7∶5），从纵向看，

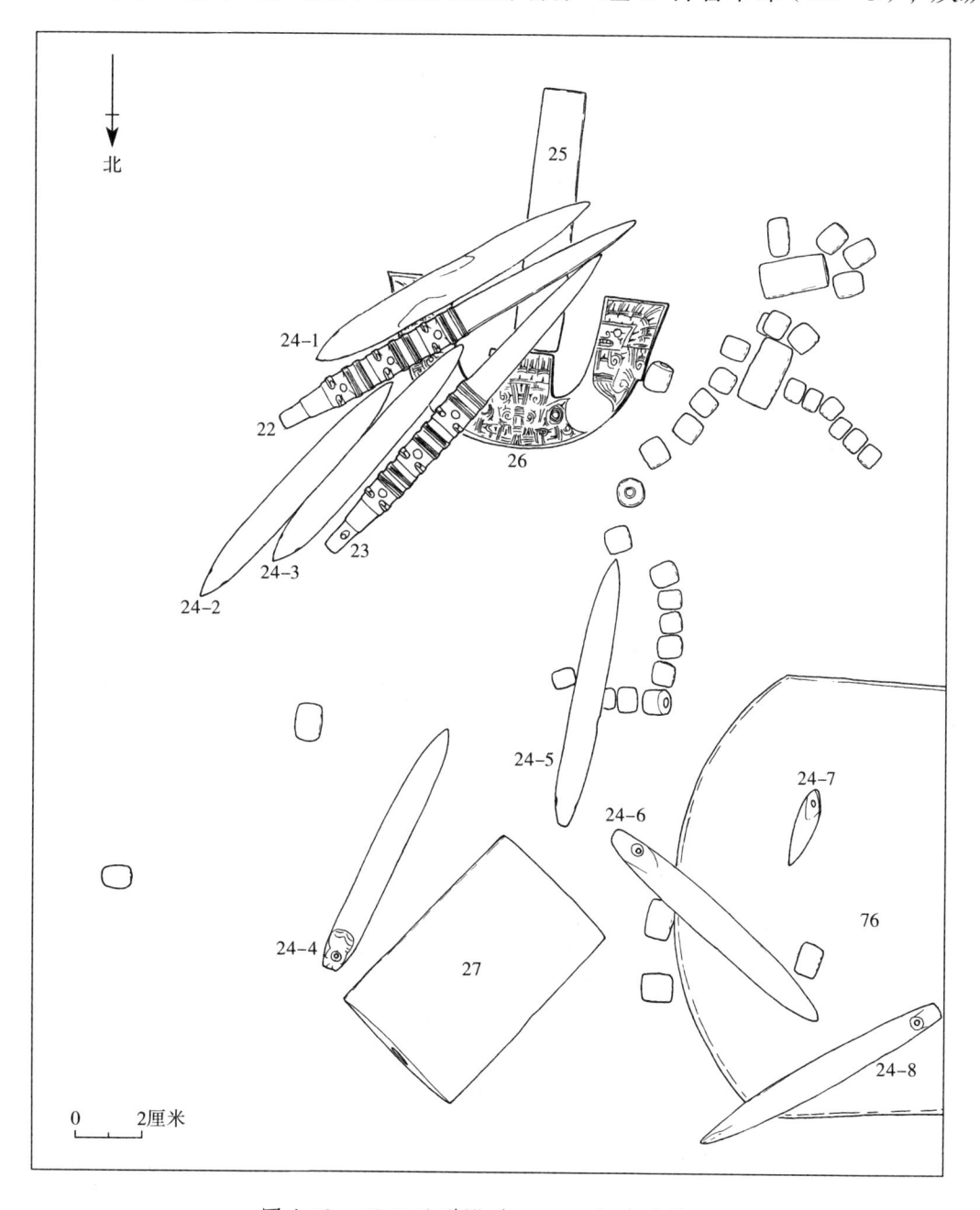

图八五　玉三叉形器（M7∶26）出土情况

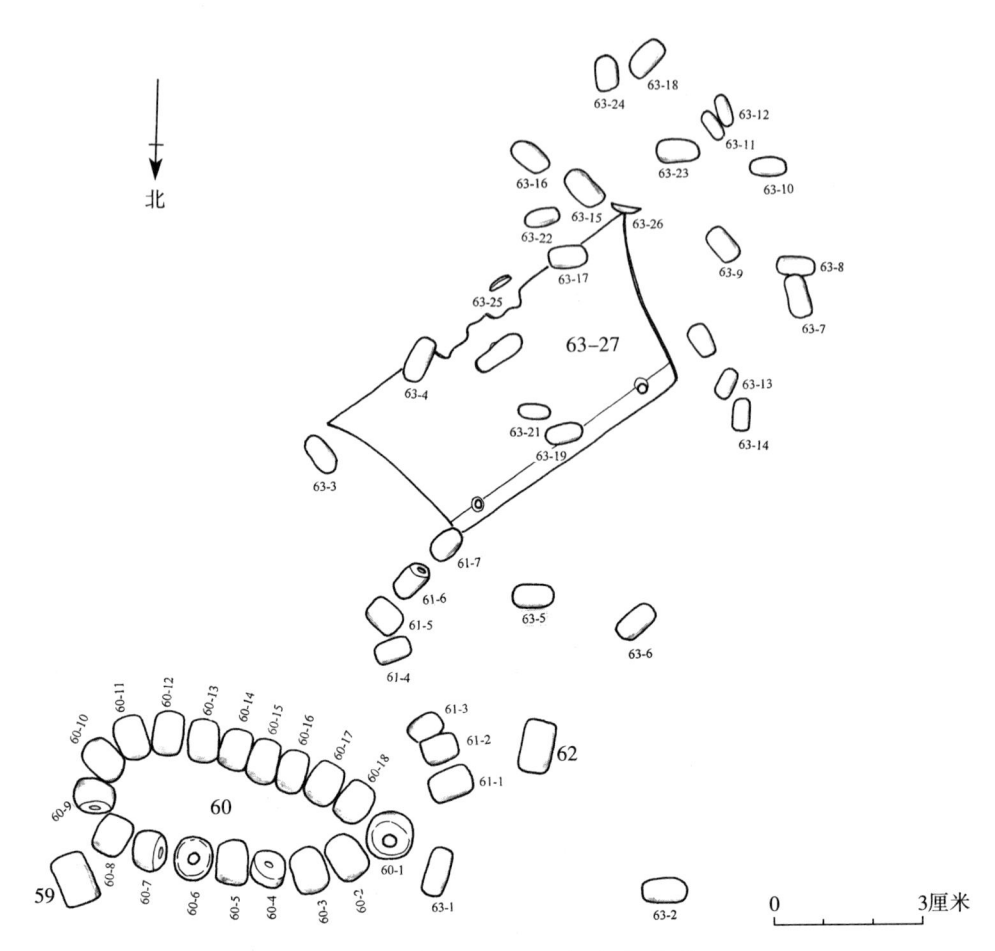

图八六 玉冠形器（M7∶63-27）出土情况

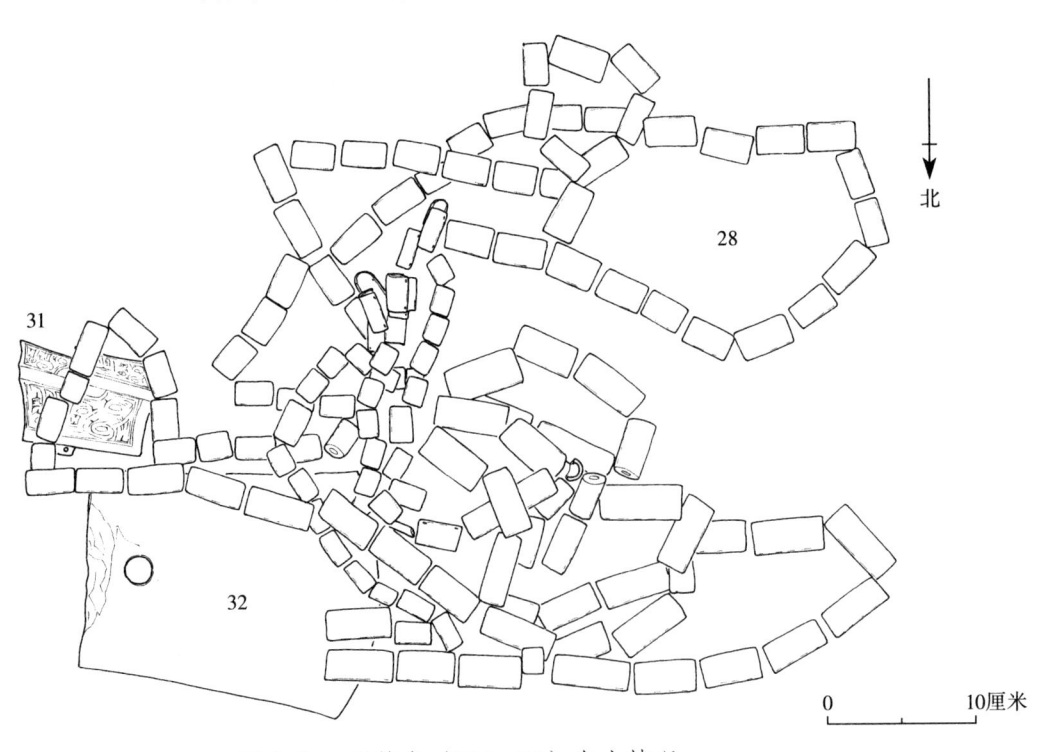

图八七 玉管串（M7∶28）出土情况

偏离随葬品分布区域，可能是葬具的饰件，因木质葬具腐朽塌陷而跌落移位。还有一组带盖柱形器（M7:8），往南倾置。在头骨朽痕南侧有1件长玉管（M7:25），与三叉形器（M7:26）的中叉紧密相连，由此推知，此类长玉管应与三叉形器配合使用（图八五；彩图166）。三叉形器出土时刻纹面朝上。另有一组10件锥形器（M7:22、23、24）散乱叠压在三叉形器和石钺之上。头部西侧有冠形器（M7:63），其四周散落着26颗小玉粒，应与冠形器一起镶嵌在已朽的有机质物体上。近旁还有一串由18颗玉珠组成的串饰（M7:60），此珠串围绕直径较小，显然非死者所佩挂（图八六；彩图161）。

玉钺（M7:32）置于东侧，刃缘向西，原似持于右手。其南有钺冠饰（M7:31），北有钺端饰（M7:33），三者组成带柄的完整玉钺形态。有机质的钺柄已朽，以两端饰间距推知，钺柄通长约80厘米。在钺底端有1件小玉琮（M7:45），可能是该钺的挂饰（图八八）。在钺的东侧有1件端饰（M7:29），榫头朝南，与之对应的是在头顶右侧的1件端饰（M7:18），两者间距约90厘米，它们可能是有机质柄状体的两个端饰。此外还有一组由114颗玉管组成的串饰（M7:28），叠压在玉钺（M7:32）和石钺（M7:83）之上，其位置约在死者的腹部位置，当为胸前挂饰（图八七；彩图162）。

墓室中部集中放置9件镯形器，分置于两侧，原应戴于两臂，似有臂环和腕镯之分。可以确认为臂环的有M7:30镯形器，位于右上肢。在墓中部东侧，1件镯形器（M7:57）显然因滚动跌落而破碎于墓室（棺）之外，由此推知，该器原被置于棺顶。我们进而推测，当时棺外可能有近似木椁之类的葬具。镯形器的西侧有1件锥形器（M7:42）。2件玉琮位于墓中部，

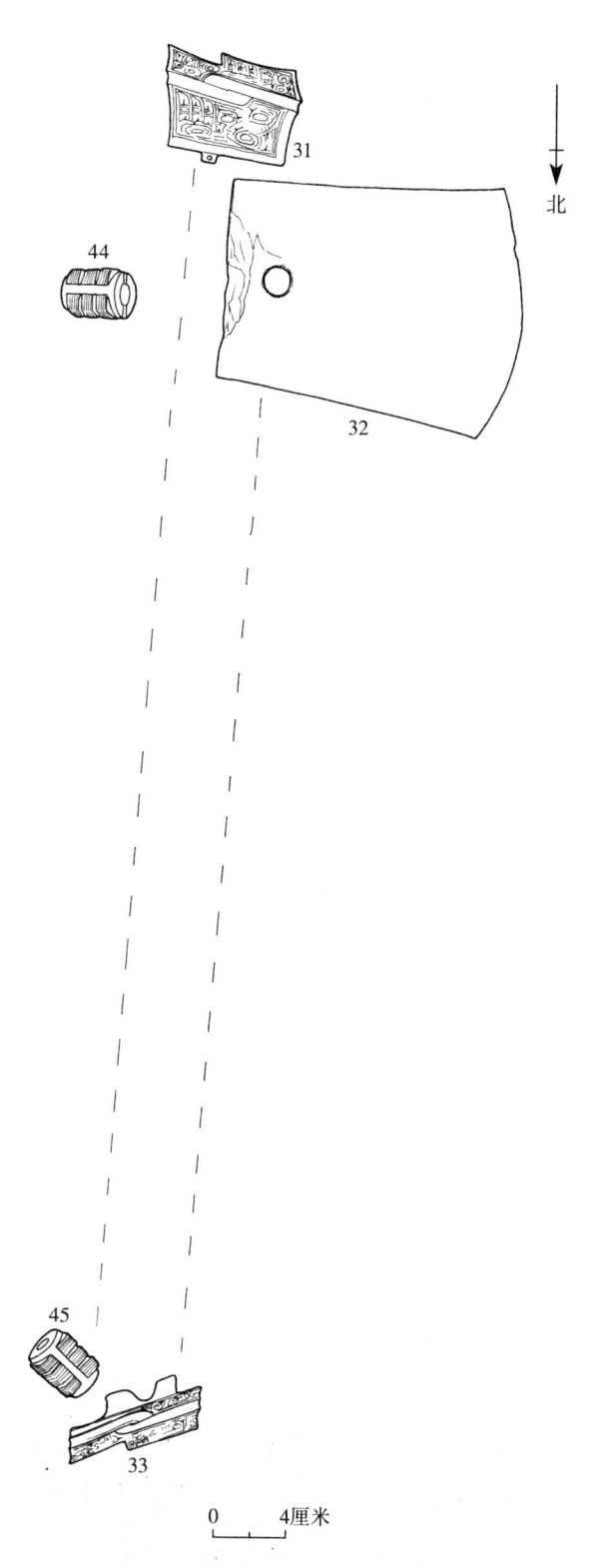

图八八　玉钺（M7:32）出土情况

其中1件（M7：50）形体较大，以神兽图纹为准，出土时正置；另1件（M7：34）出土时侧置（彩图163）。

北部近陶器处出土1件平面略呈三角形的玉牌饰（M7：55），圆端向南（彩图165）。其周围有4枚动物牙齿。

二、随葬器物

随葬品158件（组），以单件计共679件，是全部发掘墓葬中随葬品最丰富的一座，其种类有玉器、嵌玉漆器、石器、陶器和动物牙齿。

（一）玉器

编号147件（组），以单件计共667件。多为白玉，有冠形器、带盖柱形器、三叉形器、成组锥形器、钺、琮、小琮、带钩、牌饰、锥形器、镯形器等。

冠形器 1件（M7：63-27）。有较多的褐斑。体扁，平面呈倒梯形。顶端凹缺，中心有凸起，两端呈尖角状外伸，两侧边内凹；上部中间有椭圆形孔。底端为扁平凸榫，上面对钻2个小孔。一面有两道弧线状切割痕，但经过打磨。高3.3、宽5.4~7.2、厚0.4厘米（图八九；彩图169）。该器出土时，周围较小范围内分布着26颗玉粒（M7：63-1~63-26）（图八六；彩图161）。

带盖柱形器 1组（M7：8）。由器盖和柱形器组成。

M7：8-1，器盖。有淡灰色瑕斑。一面平直，另一面弧凸；平面有一对隧孔。厚1.6、直径3.8厘米（图九〇；彩图170、171）。

M7：8-2，柱形器。有淡灰色筋斑。扁圆柱体，中间钻一小圆孔。一端面有弧线状切割痕。高2.9、直径5、孔径0.7厘米（图九〇；彩图172）。

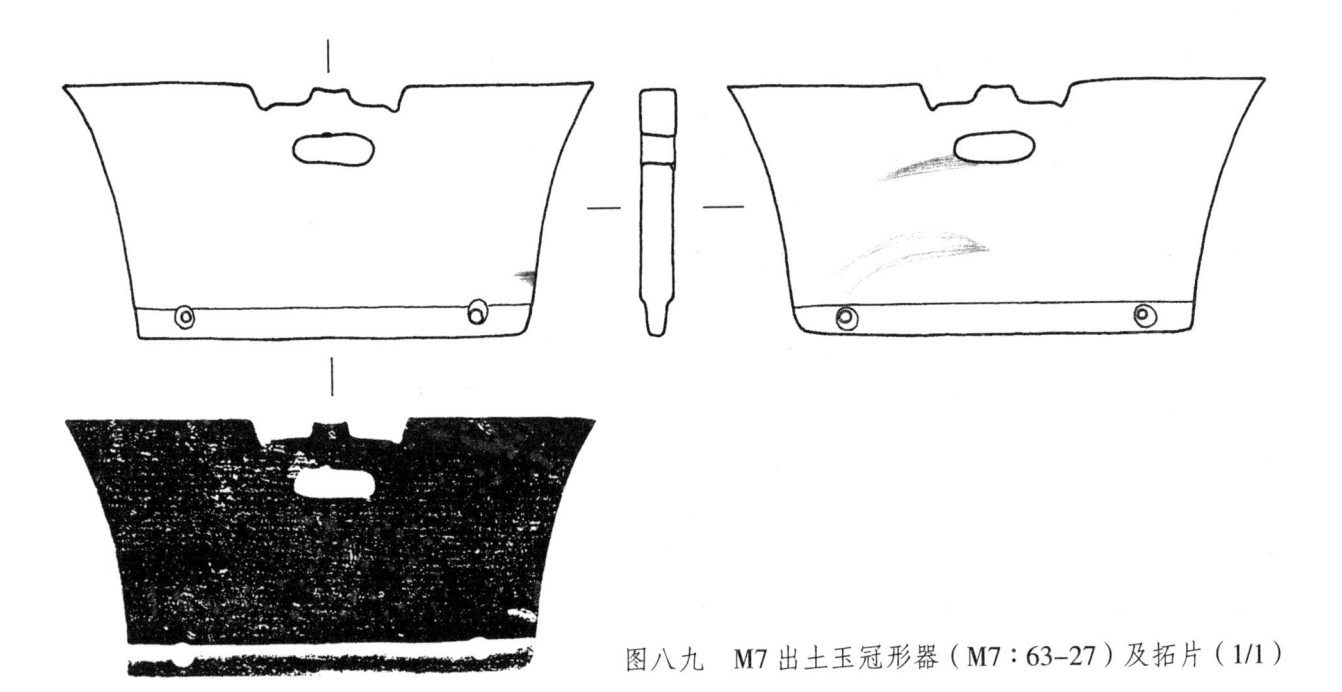

图八九 M7出土玉冠形器（M7：63-27）及拓片（1/1）

三叉形器 1件（M7∶26[1]）。有黄色瑕斑。左、右两叉平齐，中叉较低，且有竖向直孔一个。一面刻纹，另一面光素。左、右两叉均刻侧面相向的神人头像，神人头戴羽冠，方形脸庞，单圈眼，嘴内阴线刻上下两排整齐的牙齿。中叉上端饰五组直向羽状纹，表示羽冠，以此象征正面神人像；下端阴线刻兽面纹，有象征性的圆眼、狮鼻和獠牙。这是神人和兽面的另一种组合形式。高4.8、宽8.5、厚0.8厘米（图九一；彩图167、168）。

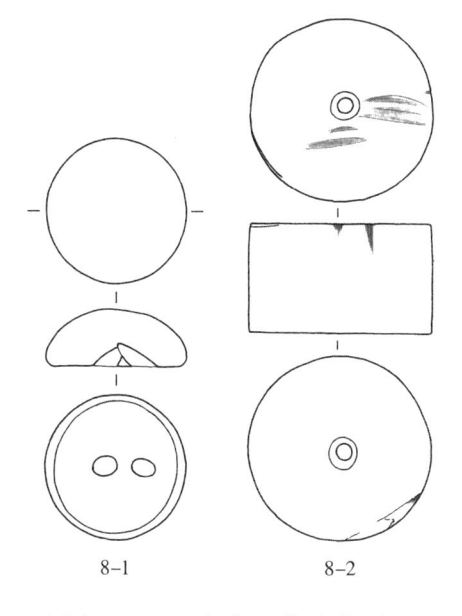

图九〇 M7出土玉带盖柱形器
8-1.柱形器器盖　8-2.柱形器（1/2）

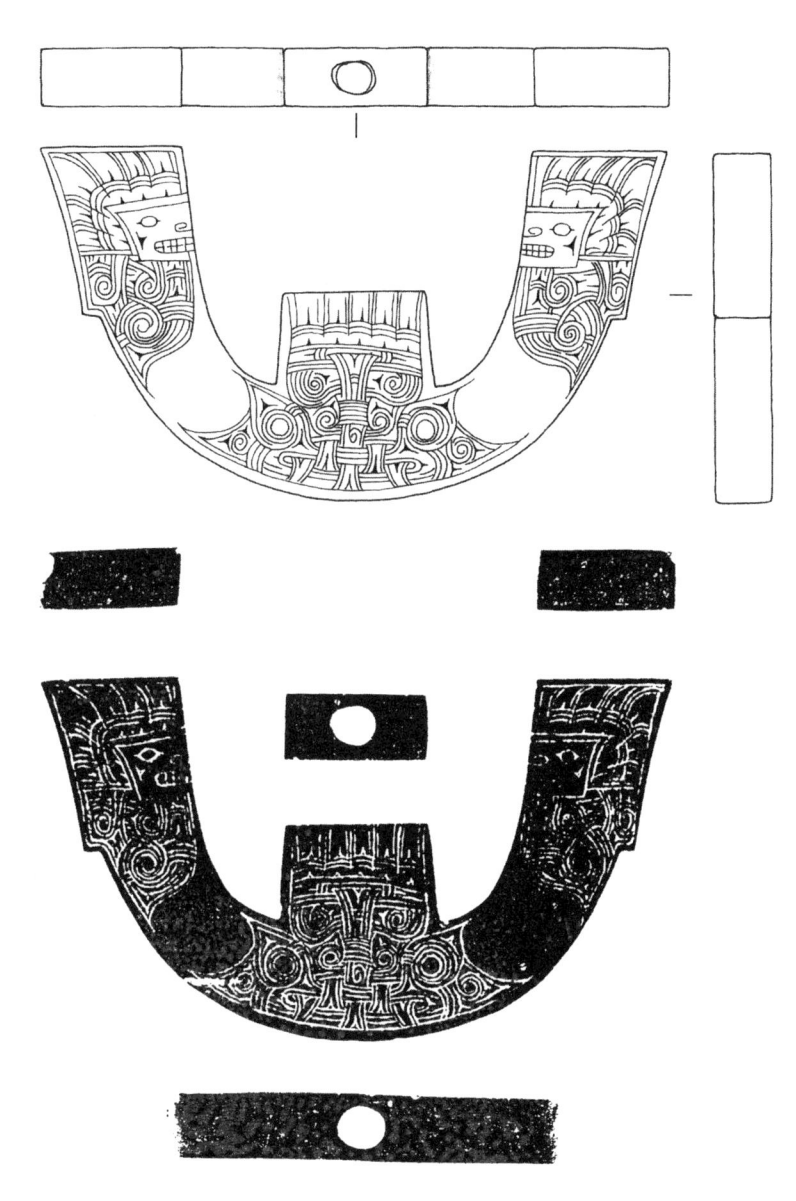

图九一 M7出土玉三叉形器（M7∶26）及拓片（1/1）

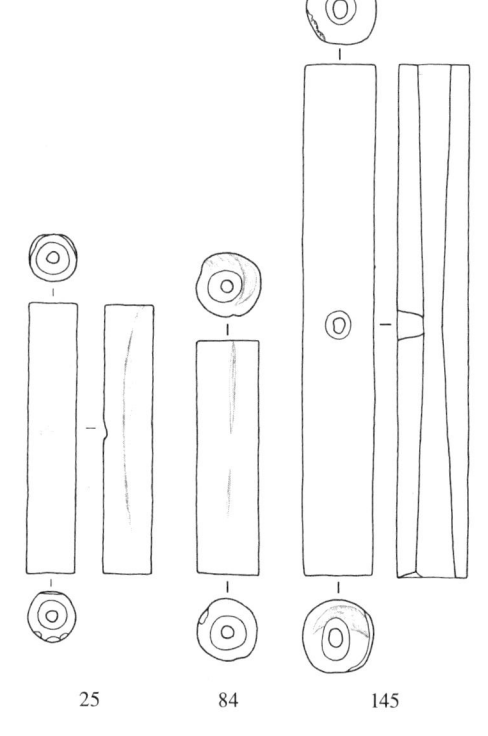

图九二 M7出土玉长管（1/2）

[1] 此三叉形器上海博物馆借展陈列，器物线图和照片由该馆提供。

长管 3件。

M7：25，出土时与三叉形器（M7：26）的中叉相连，两者应为配套使用。淡黄色玉，一端有褐色瑕斑。圆柱形，中孔双向对钻孔。器表有切割痕迹，但经过打磨。长7.3、直径1.3、孔径0.8厘米（图九二；彩图175）。

M7：84，一端有褐色瑕斑。圆柱形，双向对钻孔。器表有一道纵向的切割线痕，器端有弧线状切割痕。长6.2、直径1.8、孔径1厘米（图九二；彩图176）。

M7：145，有淡灰色筋斑。长圆柱体，对钻孔；在柱身中段有一垂直中孔的单向钻孔，孔内有旋纹。一端面有弧线状切割痕，略经打磨。长13.5、直径1.9、孔径0.9厘米（图九二；彩图177）。

成组锥形器 1组10件。长条柱状体。依照柱体的横断面，又可分为方柱形和圆柱形两种。

方柱形锥形器 2件。

M7：22，出土时叠压在M7：25、26之上。黄白色玉，略有褐色瑕斑。整体呈方柱体，前端较尖，后端呈凸榫状，上面对钻小圆孔。方柱体下半段琢刻简化的神兽纹，被两条横凹

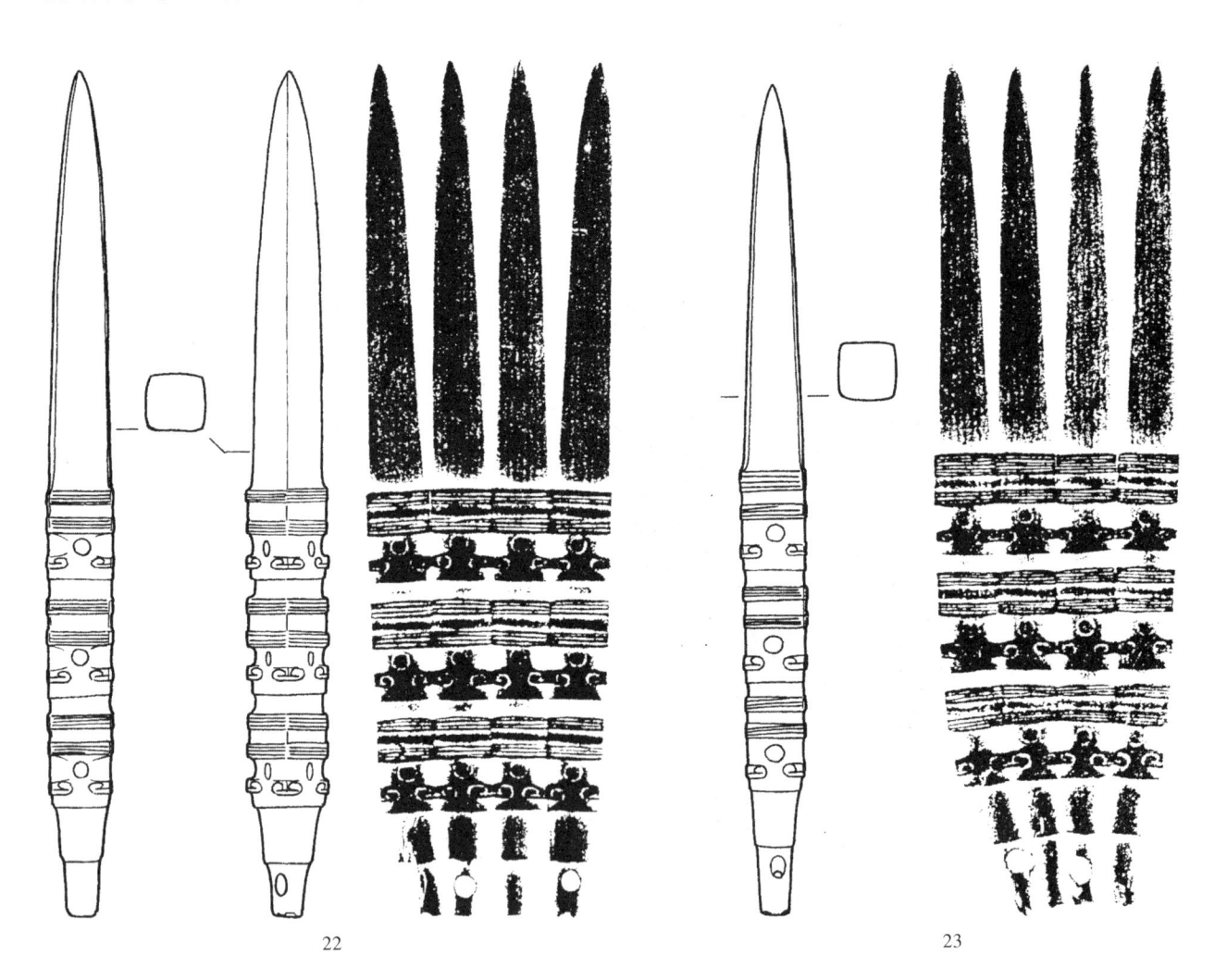

图九三 M7出土玉锥形器及拓片（1/1）

槽分成上、中、下三部分，每部分又以转角为中轴刻划纹饰。相邻两组共享一眼，即方柱体每一面仅刻一只圆圈形眼睛。长12.2厘米（图九三；彩图173）。

M7：23，形制与M7：22基本相同。长12厘米（图九三；彩图174）。

圆柱形锥形器　8件。均为素面。前端圆尖，后端呈扁凿形，并对钻横向圆孔。

M7：24-1，出土时叠压在M7：25、26之上。器表有切割痕迹，但经打磨。长9.3、直径1厘米（图九四；彩图178）；

M7：24-2，断面略呈圆角方形。长8.6、直径1厘米（图九四；彩图179）。

M7：24-3，出土时叠压在M7：26上。长9.2、直径0.9厘米（图九四；彩图180）。

M7：24-4，尾端斜面切割处留有崩碴痕，略经打磨。长7.9、直径0.9厘米（图九四；彩图181）。

M7：24-5，断面呈扁圆形。长7.9、直径0.72~0.91厘米（图九四；彩图182）。

M7：24-6，尾端切割成斜面。长8.3、直径1.05厘米（图九四；彩图183）。

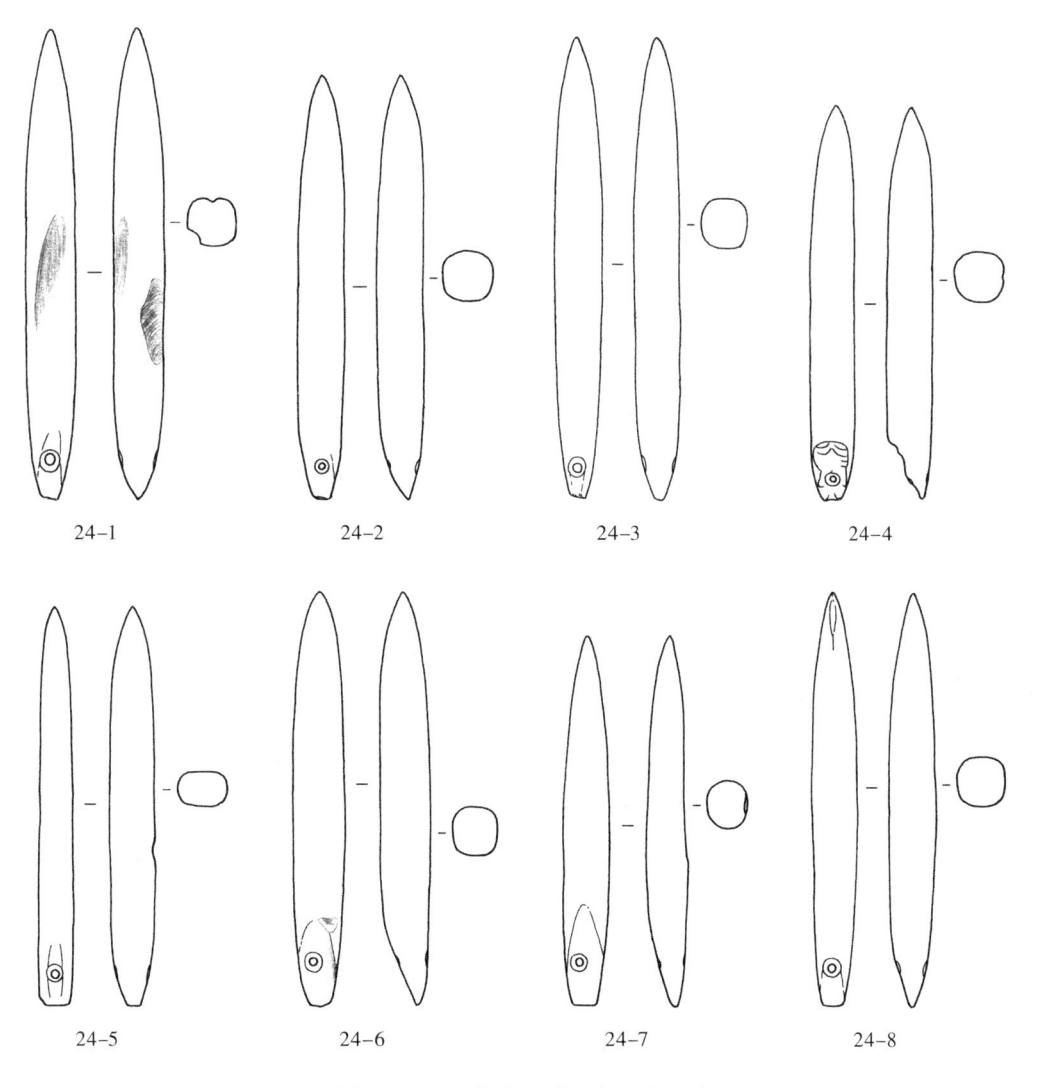

图九四　M7出土玉锥形器（2/3）

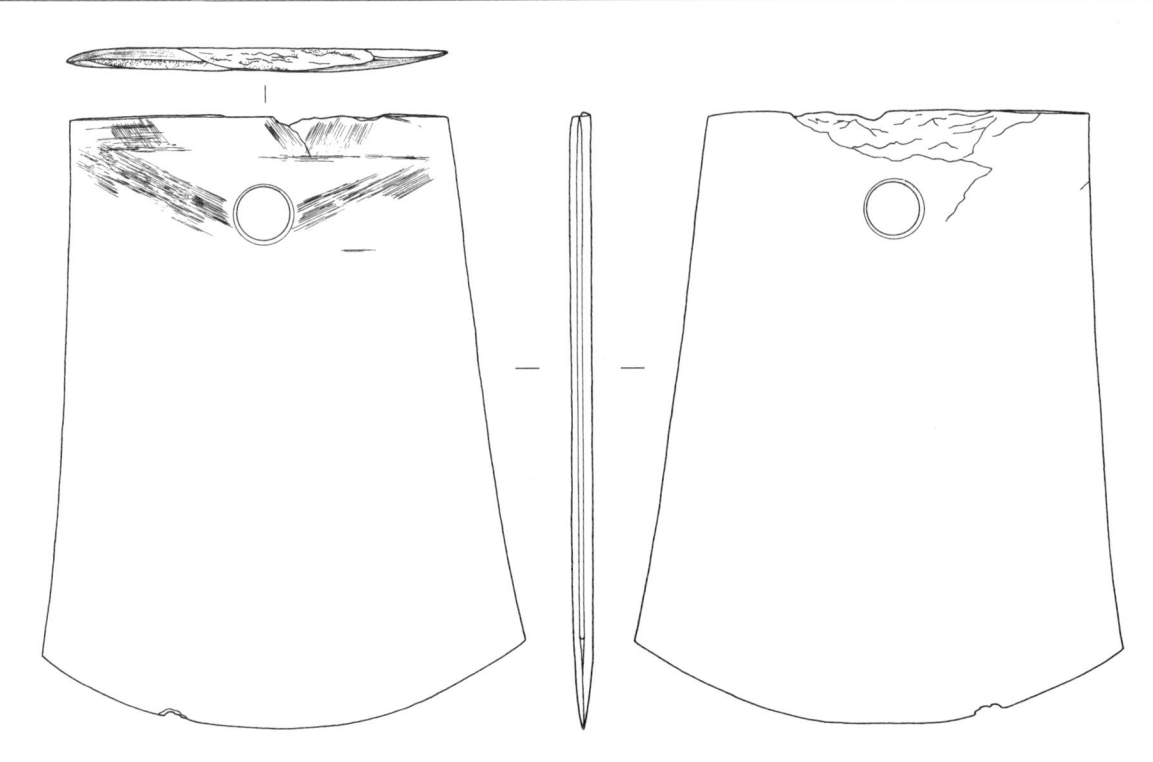

图九五　M7 出土玉钺（M7∶32）（1/2）

图九六　M7 出土玉钺（M7∶32）拓片（1/2）

M7∶24-7，长 7.35、直径 0.9 厘米（图九四；彩图 184）。

M7∶24-8，长 8.3、直径 1 厘米（图九四；彩图 185）。

后三件锥形器出土时，叠压在 M7∶76 石钺之上。

钺　1 组，由钺身、冠饰、端饰 3 件组成。

M7∶32，钺身。青白玉，有较多的褐色瑕斑。体扁薄，平面呈梯形，正锋弧刃，上部对钻一圆孔。顶端破裂，刃端有一处崩缺。圆孔两侧各有一道向两侧端角延伸的细密的线痕，这表明，钺的顶端原本嵌入柄内，再以某种线状物斜向捆扎、加固。嵌入的深度以顶端的横向线痕为限，此横向线痕以上有不同方向的斜向或直向的线痕，其作用可能是要增加钺与柄之间的摩擦系数。长 16.3、上端宽 10.3、刃宽 13、孔径 1.5 厘米（图九五、九六；彩图 191）。此钺出土时，其南端有钺冠饰 1 件，北侧有钺端饰 1 件。

M7∶31，为钺冠饰。据其出土部位推测，原本应安装于钺柄顶端。体扁平近方形，顶端倾斜作台阶状。底端平直，中段有一长方形凸榫，凸榫中间开一直向槽口，并有横向圆钻孔穿透凸榫。底部凸榫两侧各有一个呈"∞"形的卯孔，用多个实心钻钻成。器身表面有3周横向凸脊，将整器分成上、下两部分，均刻竖向羽状纹和卷云纹。正、背两面的图纹基本相同，但无法完全对称。高6.7、宽7.7、厚1.5厘米（图九七、九八；彩图192）。

M7:33，为钺柄末端饰。平面近长方形，横断面呈椭圆形。底端也呈台阶状，与钺冠饰相对应。承接钺柄的一端有椭圆形榫头，上有横向凹槽，凹槽内有长方形卯孔，便于安装。卯孔同样由多个实心钻钻孔而成。正、背两面的琢刻图纹与冠饰相同。宽7.5、高3.5、厚2.4厘米（图九九、一〇〇；彩图193、194）。

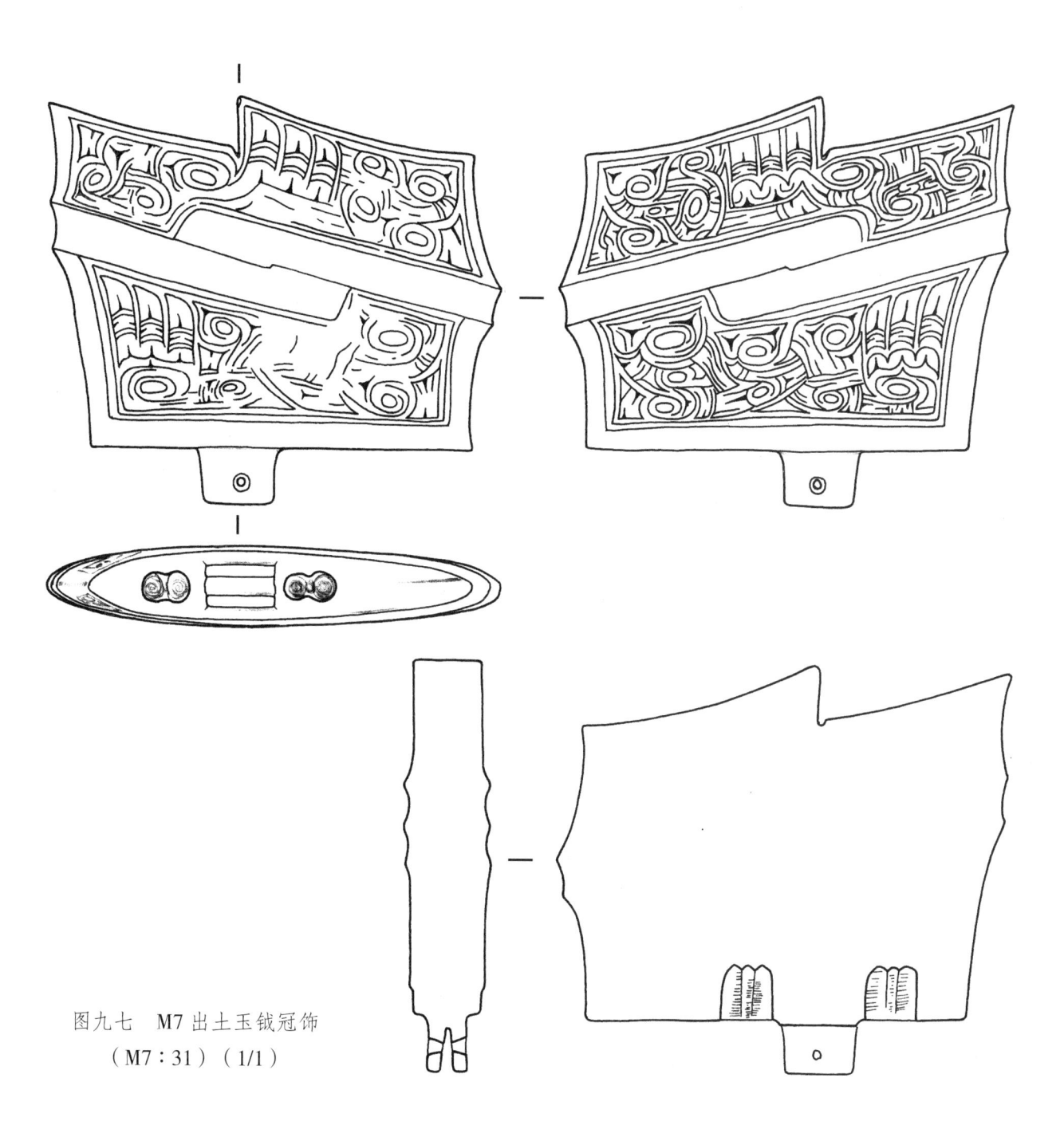

图九七　M7出土玉钺冠饰（M7:31）（1/1）

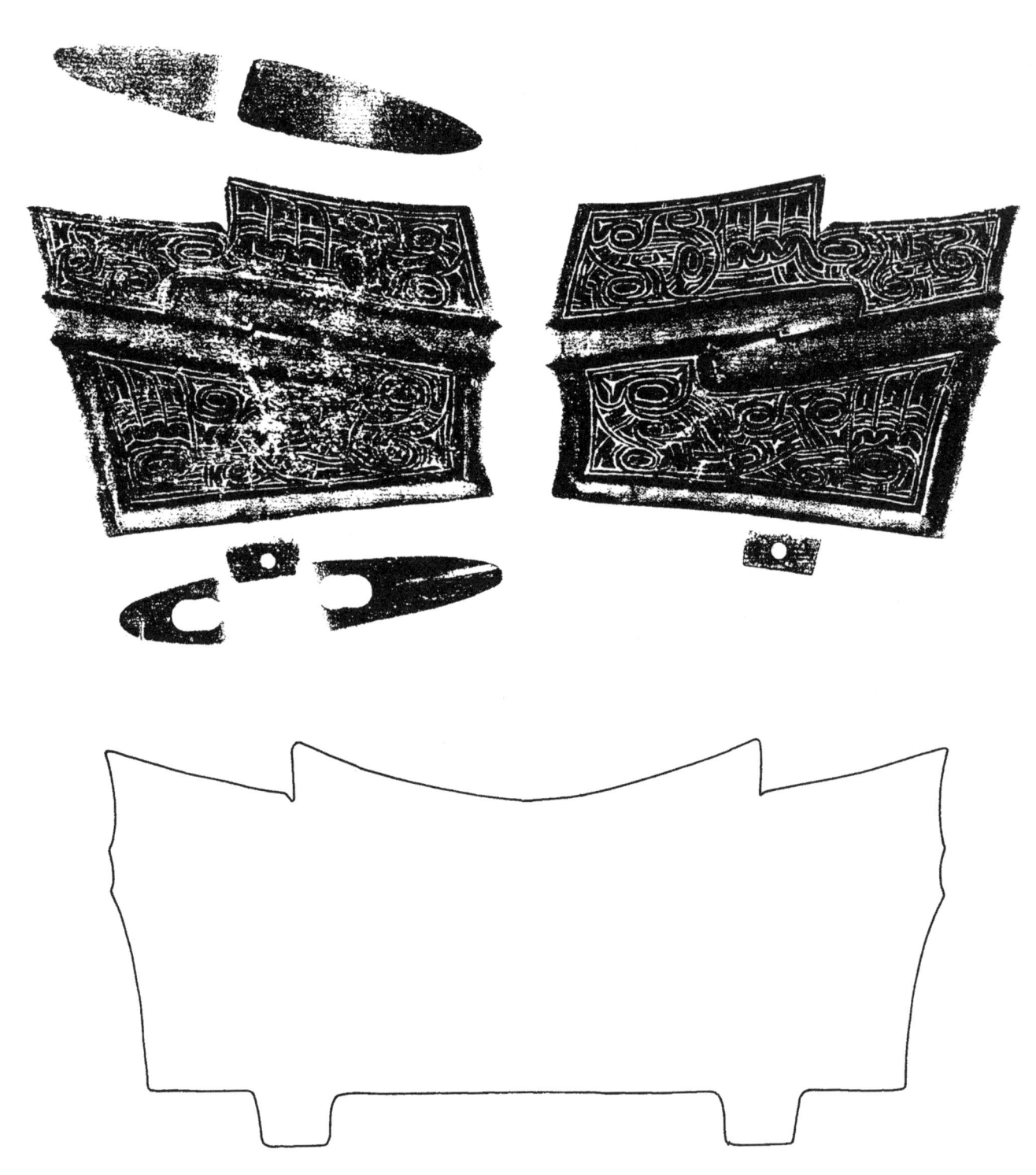

图九八　M7出土玉钺冠饰（M7∶31）拓片及平面展开图（1/1）

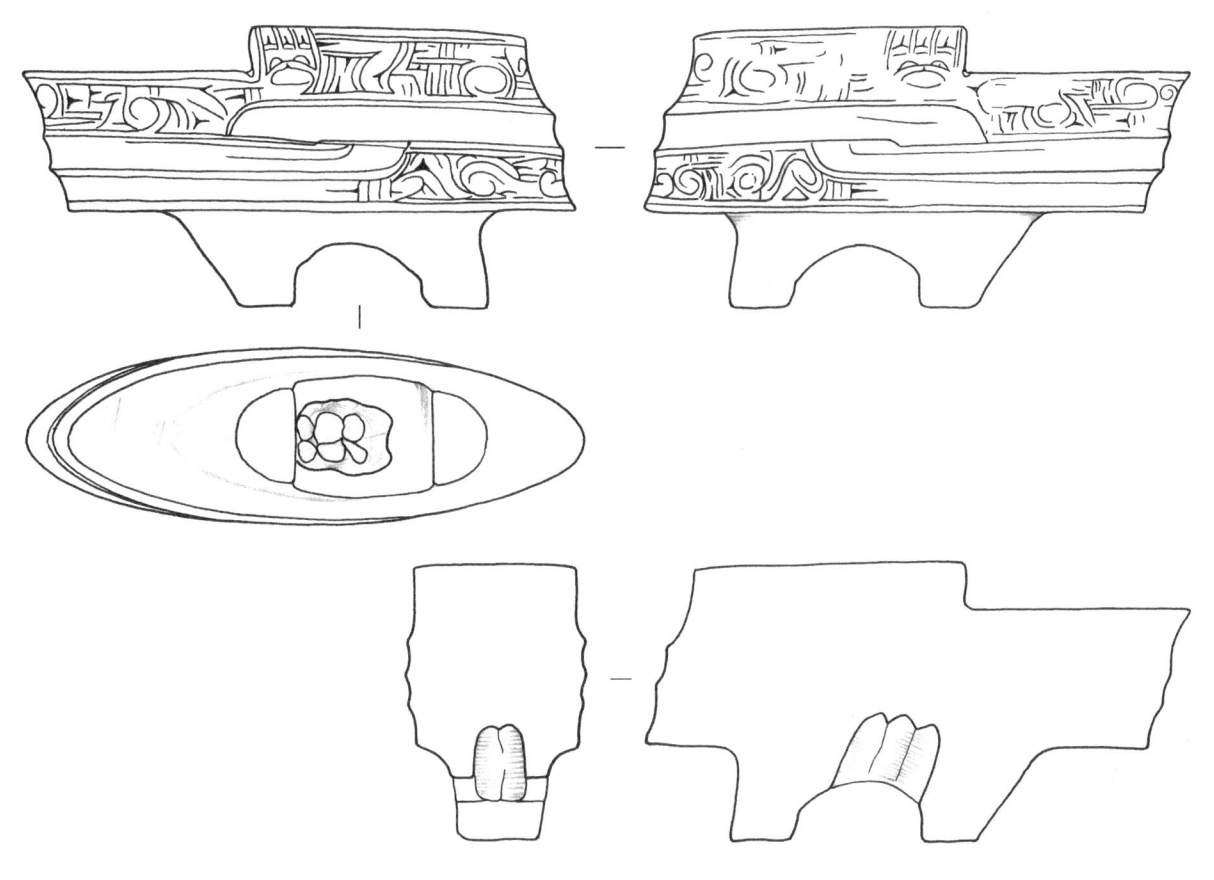

图九九 M7出土玉钺端饰（M7∶33）（1/1）

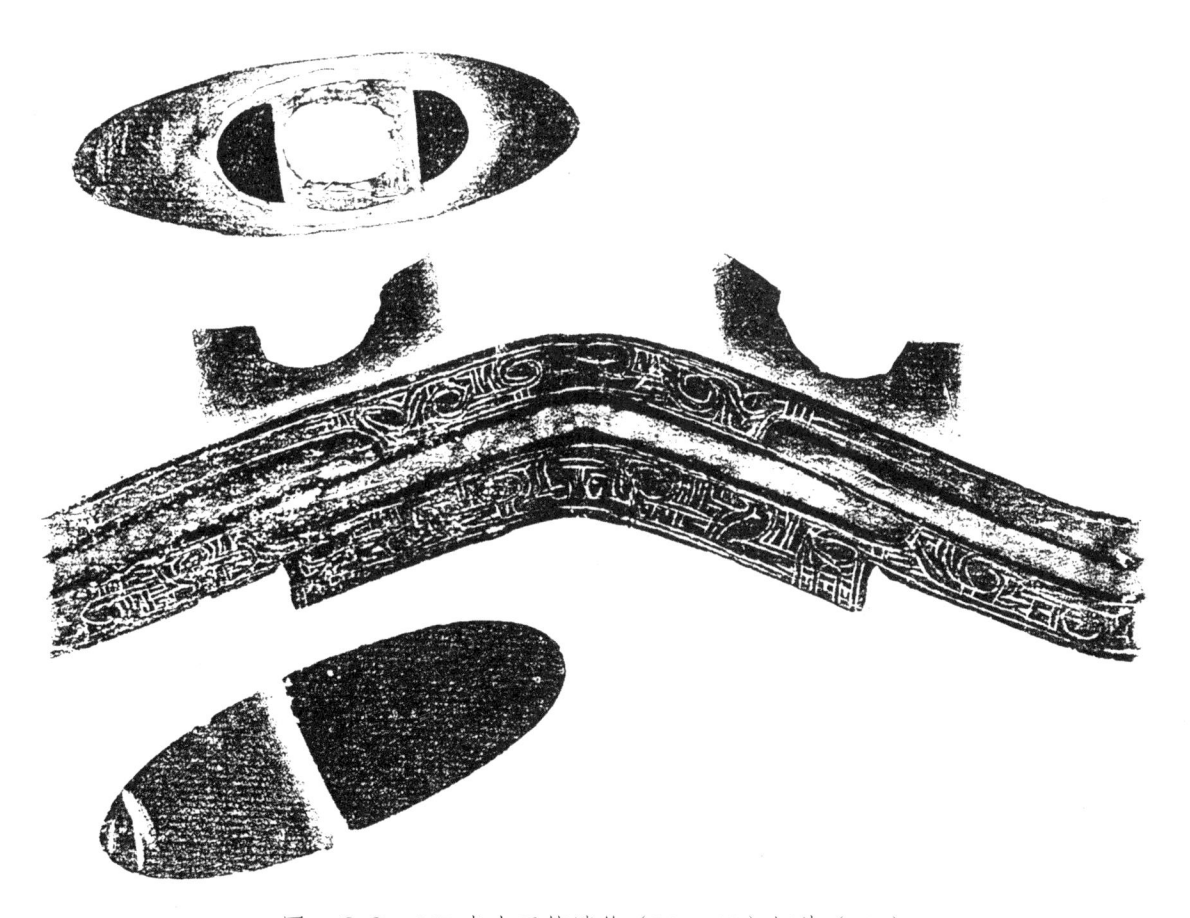

图一〇〇 M7出土玉钺端饰（M7∶33）拓片（1/1）

琮 2件。

M7∶34，有大块红褐色瑕斑。中空矮柱状体，内孔壁略弧凸，外表呈弧边方形。4个角的凸块以转角为中轴，琢刻神兽纹。每个凸面仅刻一组纹饰。顶端饰2组弦纹带，象征羽冠，眼眶凸起呈椭圆形，两眼间有扇面形的额，鼻扁宽并前凸。图纹左、右下角均刻弧线，表示脸庞。高4.4、射径7.5、孔径6.4厘米（图一〇一、一〇二；彩图189）。

M7∶50，隐显灰色瑕斑，有一处红褐色瑕斑。矮方柱体，内孔较大，内孔壁有1个浅圆孔。底端不平整，似是依原料大小切割后留下的不规则形态，但经过打磨。在转角处刻琢出角尺状凸面，依坯体不规则的形态而大小不一。凸面上均刻有一组简化神兽纹，大眼，横鼻，圆弧线脸庞，两侧阴刻半圆线表示耳朵。脸庞可能是管钻而成，因此在顶端弦纹带上留有圆弧线，但不连贯。器表打磨精致。高4.2、射径11.4~11.7、孔径6.4厘米（图一〇三、一〇四；彩图190）。

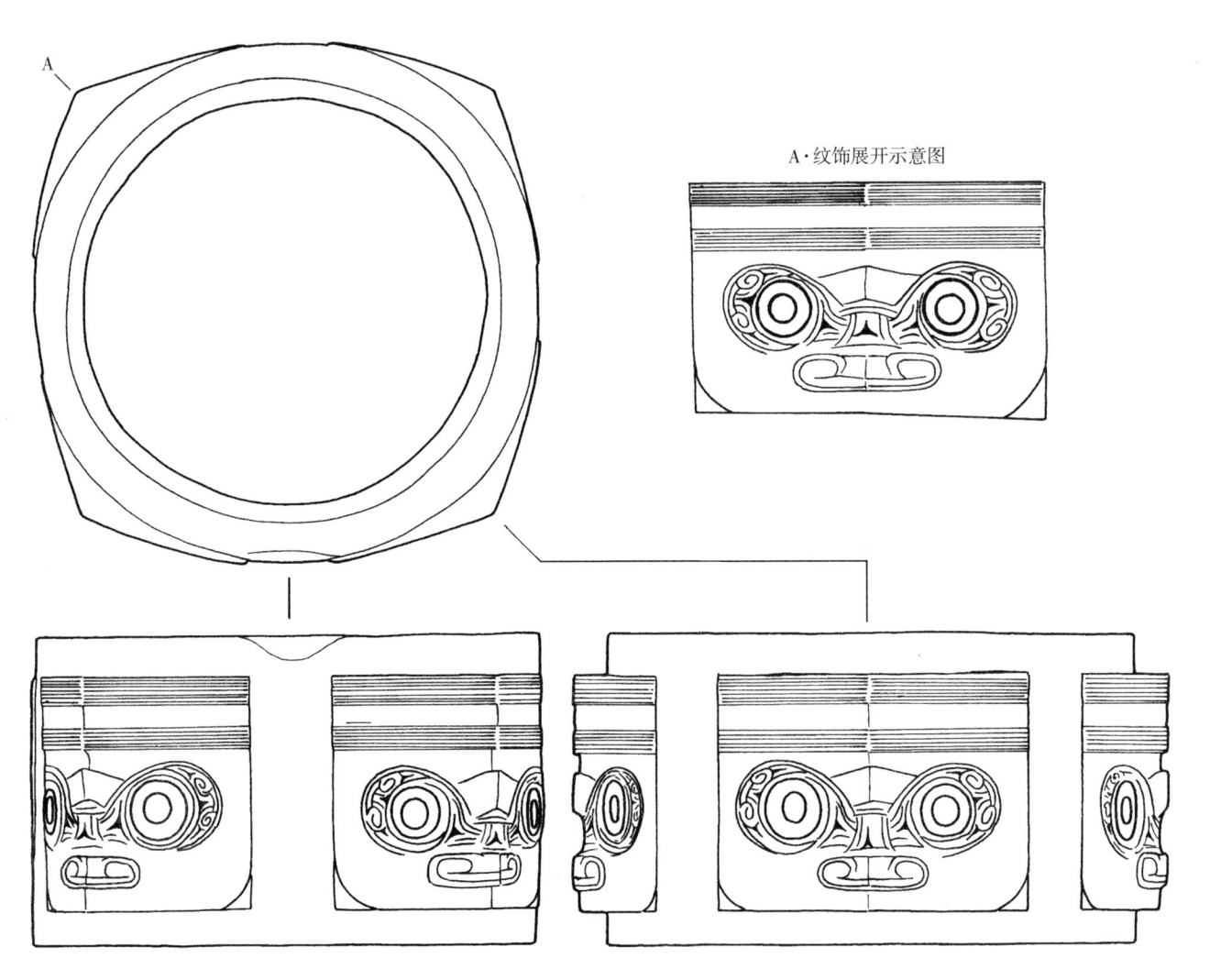

图一〇一　M7出土玉琮（M7∶34）（1/1）

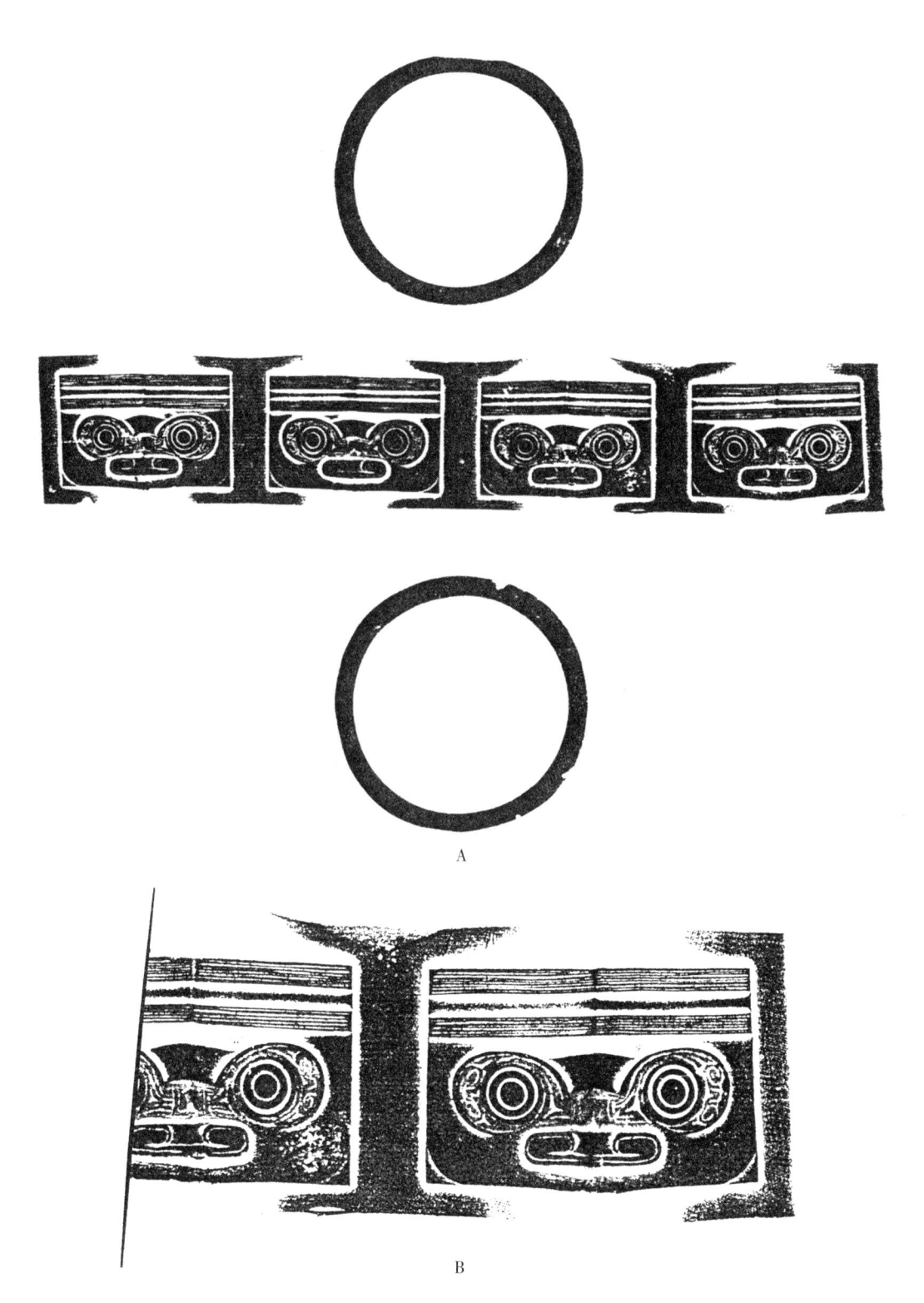

图一〇二 M7出土玉琮（M7∶34）拓片（A为1/2，B为1/1）

内壁管钻痕

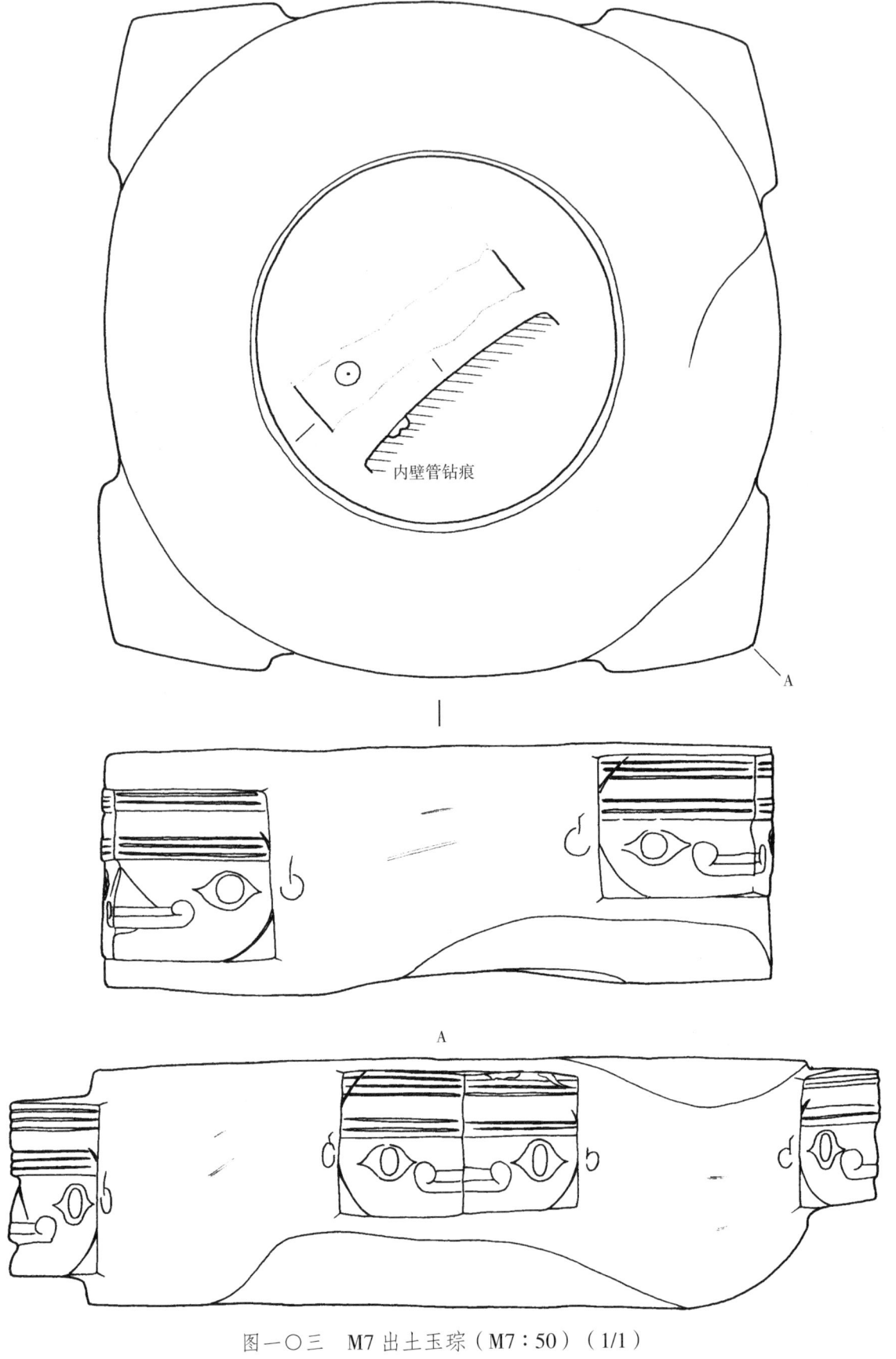

图一〇三 M7 出土玉琮（M7∶50）（1/1）

图一〇四　M7出土玉琮（M7∶50）拓片（A为1/3，B为1/1）

小琮　10件。

M7∶43，方柱体，中间对钻孔。神兽纹被横向凹槽分为上、下两部分，每一方柱面又以转角线为中轴刻神兽纹。上组图纹顶端饰2组弦纹带，有圆圈形小眼和横鼻；下组双眼呈椭圆形，眼眶凸起，有横扁凸鼻。高2.7、射径1.5、孔径1厘米（图一〇五；彩图186）。

M7∶44，有褐色瑕斑。方柱体，中间对钻孔。转角各饰3组横向弦纹带。一端射口有直条状凹槽。高2.65、射径2.2、孔径0.9厘米（图一〇五；彩图187）。

M7∶45，有灰色瑕斑。方柱体，中间对钻圆孔。转角各饰3组横向弦纹带。高2.4、射径2.1、孔径0.6厘米（图一〇六；彩图188）。

43

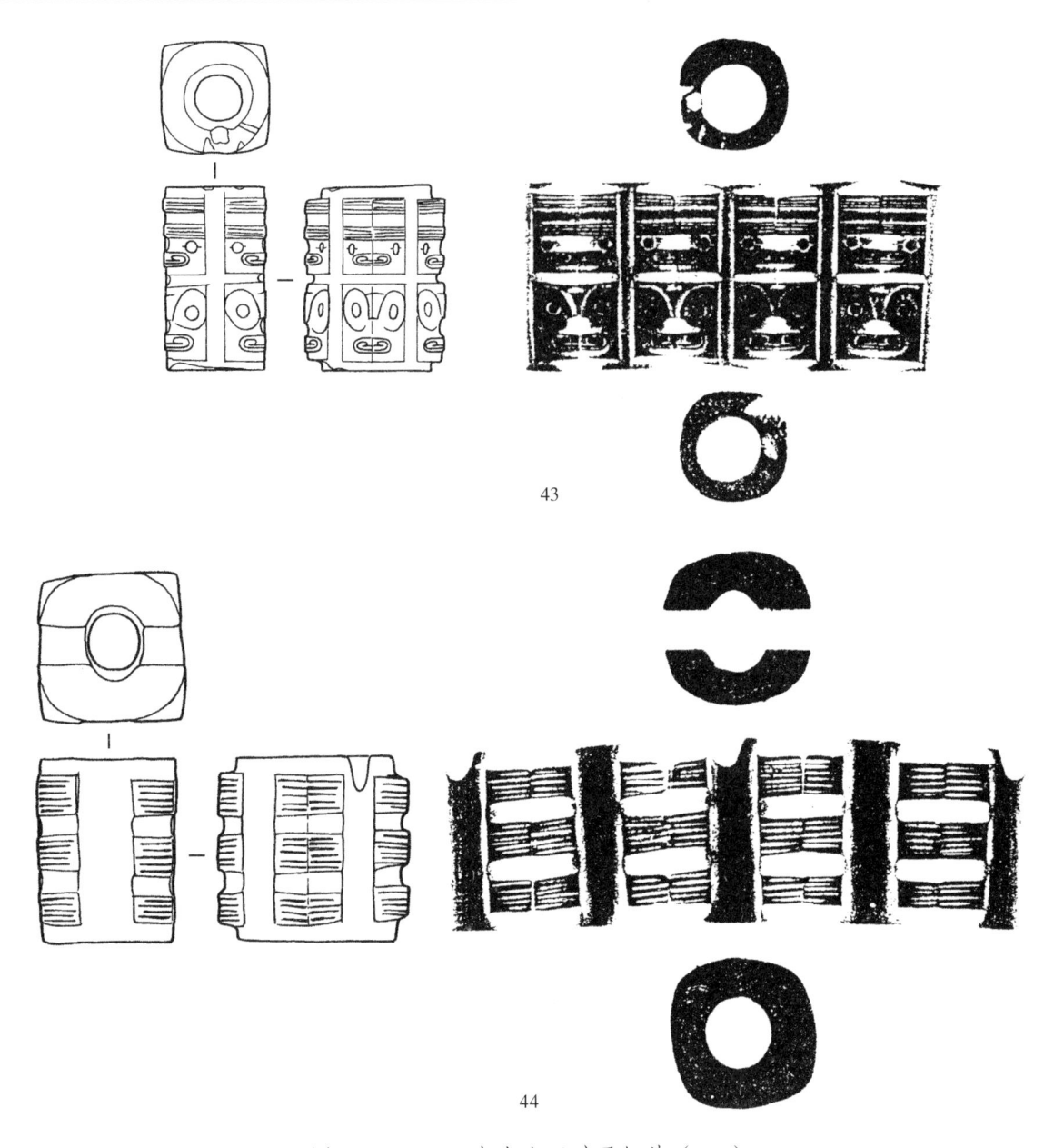

44

图一○五　M7出土小玉琮及拓片（1/1）

M7∶46，方柱体，中间对钻孔。以转角线为中轴刻简化的神兽纹，分为上、下两部分，每部分的图纹及琢刻手法近同。上端饰2组弦纹带，用圆圈表示双眼，下有横扁凸鼻。高3.3、射径1.3、孔径0.6厘米（图一○六；彩图195、197）。

M7∶47，有少量灰色瑕斑。与M7∶46的形制近同（图一○六；彩图196、197）。

M7∶49，有较多的灰色瑕斑。方柱体，中间对钻孔。器形不规整，转角各饰4组横向弦纹。器表留有微凹的切割痕迹。高4.5、射径1.6、孔径0.8厘米（图一○七；彩图198）。

M7∶51，显露少量绿色瑕斑。方柱体，中间对钻孔。分为上、中、下三部分，每部分的图纹基本相同，均为简化神兽纹。顶端饰2组弦纹带，用圆圈表示双眼，下有横扁凸鼻。高

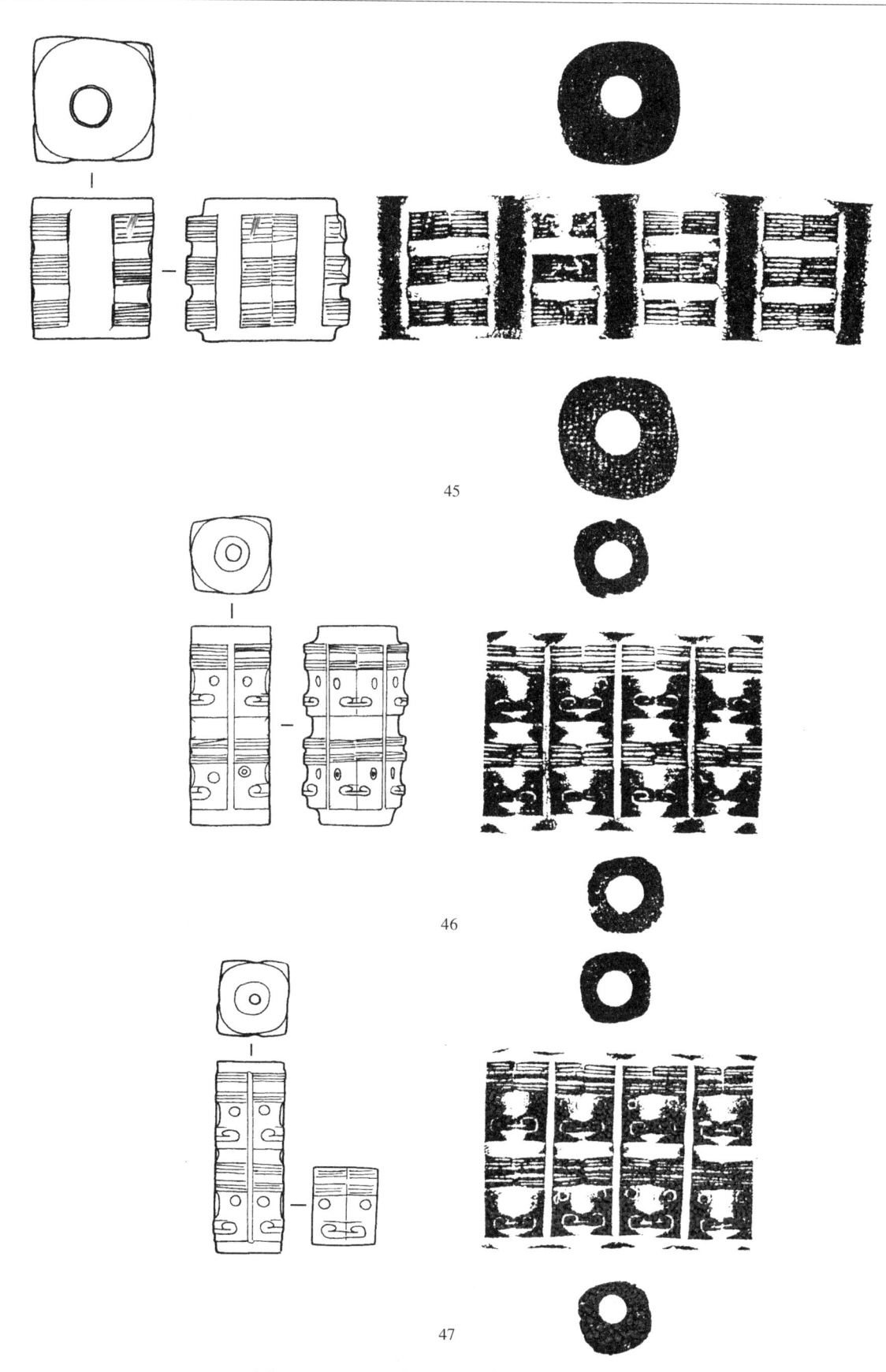

图一〇六　M7出土小玉琮及拓片（1/1）

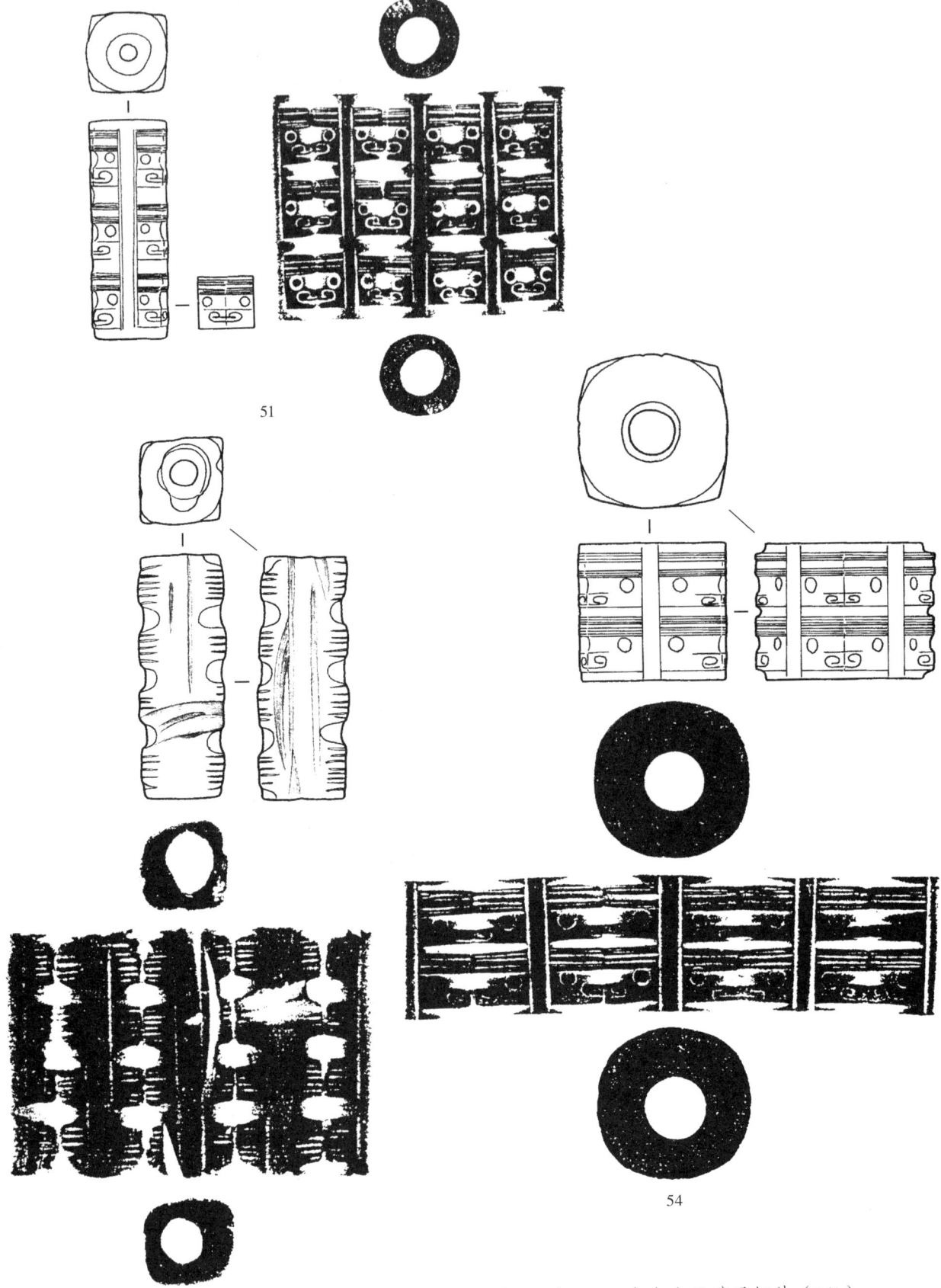

图一〇七 M7出土小玉琮及拓片（1/1）

3.9、射径 1.4、孔径 0.7 厘米（图一〇七；彩图 199）。

M7∶52，中间对钻孔错位，形制与 M7∶51 近同。高 3.8、射径 1.3、孔径 0.6 厘米（图一〇八；彩图 200）。

M7∶54，有褐色瑕斑。矮方柱体，上大下小，中间对钻圆孔，孔壁经打磨。转角刻简化神兽纹，分为上、下两部分。顶端饰 2 组弦纹带，有圆圈形双眼和横扁凸鼻。高 2.4、射径 2.6、孔径 1 厘米（图一〇七；彩图 201）。

M7∶147，玉质略有腐蚀。方柱体，中间对钻孔。器形不规整，刻纹也不甚规整。每个转角刻简化神兽纹，分成上、下近同的两部分。顶端饰 2 组弦纹带，有圆圈形双眼，下刻 2 条细线表示鼻子。高 3.9、射径 1.5、孔径 0.6 厘米（图一〇八；彩图 202）。

锥形器 1 件（M7∶42）。尖端有红褐色瑕斑。长条方柱形，顶端钝尖，尾端有小凸榫，上面双向钻 1 个小孔。器下半部刻有非常简化的神兽纹，上有 2 组弦纹带，其下阴线刻出鼻形。

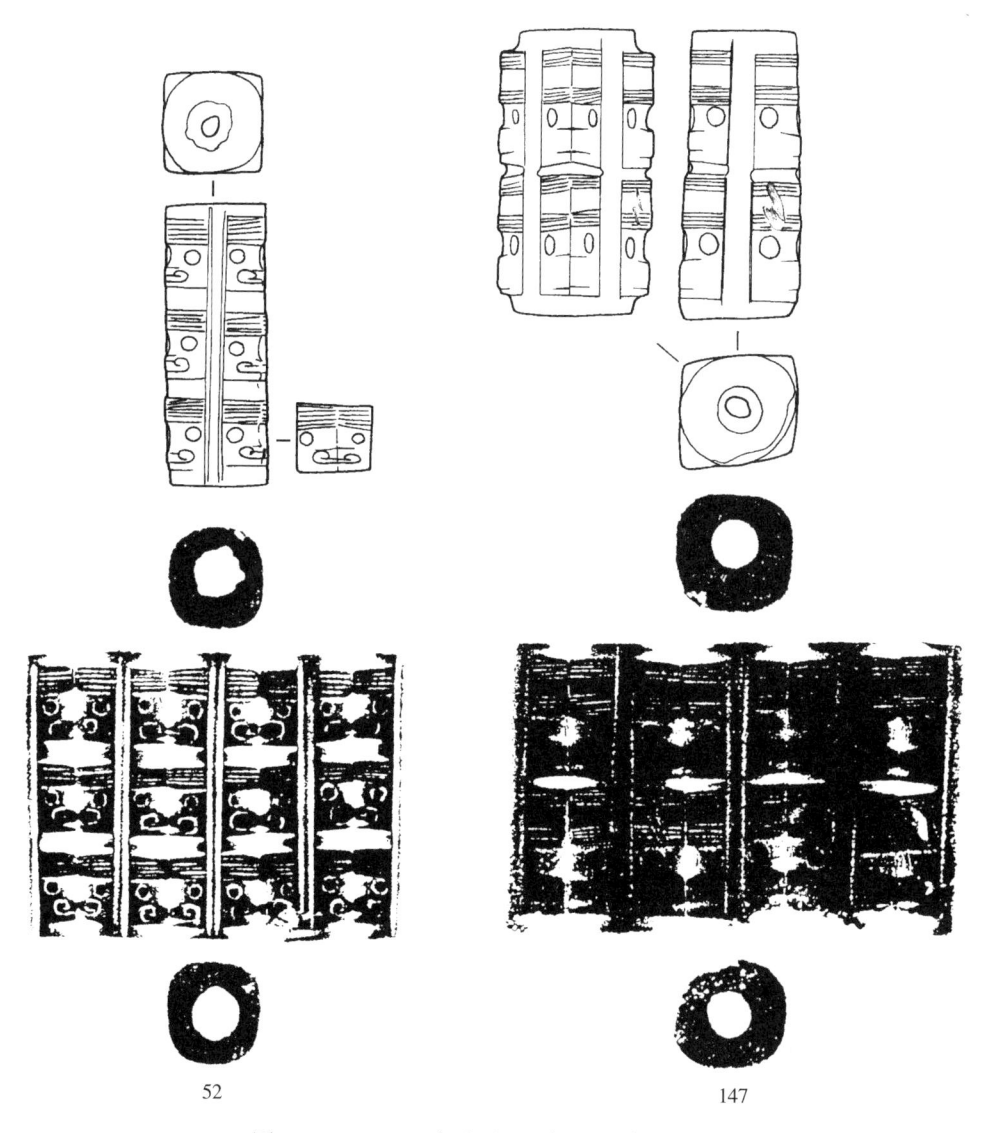

图一〇八　M7 出土小玉琮及拓片（1/1）

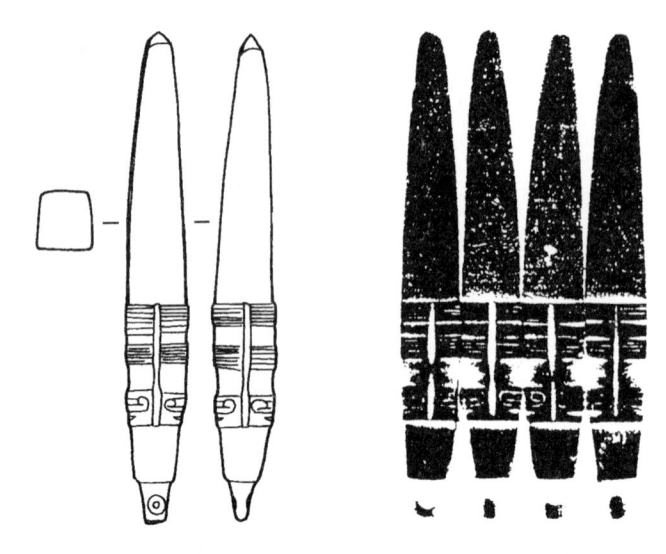

图一〇九　M7 出土玉锥形器（M7∶42）及拓片（1/1）

经观察可知，分割神兽纹的竖向直槽为最后刻成。长 6.5 厘米（图一〇九；彩图 203）。

镯形器　12 件。均为素面。

M7∶6，灰白色玉，有红褐色瑕斑。宽环带状，一端面斜，内壁略弧凸，并留有钻孔的台痕，外壁略凹。高 2~2.2、直径 5、孔径 4.5 厘米（图一一〇；彩图 204）。

M7∶20，有淡黄色瑕斑。宽环带状，内壁弧凸，外壁内凹弧。高 1.75、直径 7.3、孔径 5.7 厘米（图一一〇；彩图 205）。

M7∶30，有少量淡黄色瑕斑。扁环状，内壁弧凸，外壁凸圆。高 0.7、直径 8、孔径 5.9 厘米（图一一〇；彩图 214）。

M7∶35，有淡黄、绿色瑕斑。宽环带状，内壁略弧凸，外壁平直。有原料留下的斜面，但经打磨。高 3、直径 8.6、孔径 6.7 厘米（图一一〇；彩图 206）。

M7∶36，端部有红褐色瑕斑。圆筒形，内壁稍微弧凸，外壁较直，一端面斜平。高 4.7、直径 8.3、孔径 6.1 厘米（图一一〇；彩图 207）。

M7∶37，有黄、褐色瑕斑。圆筒形，一端略斜平，内壁略弧凸，外壁平直。高 3.9、直径 7.9、孔径 6.1 厘米（图一一一；彩图 208）。

M7∶38，有褐色瑕斑。宽环带状，内壁略弧凸，外壁平直。高 2.4、直径 7.7、孔径 6 厘米（图一一一；彩图 209）。

M7∶39，有灰、褐色瑕斑。圆筒形，内壁略弧凸，外壁平直。器壁较薄，外壁有斜向的切割痕。高 4.2、直径 7.2、孔径 6.3 厘米（图一一〇；彩图 210）。

M7∶40，有黄褐色瑕斑。宽环带状，一端呈斜面，内壁略弧凸，外壁直。端面及外壁面留有切入器面的弧线状切割痕。高 2.5、直径 8.1、孔径 5.6 厘米（图一一一；彩图 211）。

M7∶41，有褐色瑕斑。出土时断成五截。环状，内壁略直，外壁弧凸。整器用料不规整，内壁有竖向的弧线状切割痕，外弧凸面上也有少量的弧线状切割痕。高 0.5~1.1、直径

图一一〇　M7出土玉镯形器（1/2）

10.1、孔径8.8厘米（图一一一；彩图215）。

M7:57，有大量的褐色、灰色瑕斑，显得极为斑驳。出土时断成六截。宽环带状，外壁平直，内壁弧凸，并有环线状切割痕。高2.4、直径4.9~5.1、孔径4.5厘米（图一一〇；彩图216）。

M7:58，有黄色瑕斑。一端有斜向切痕，内壁有直向的切割弧线痕，隐约可见旋线纹。

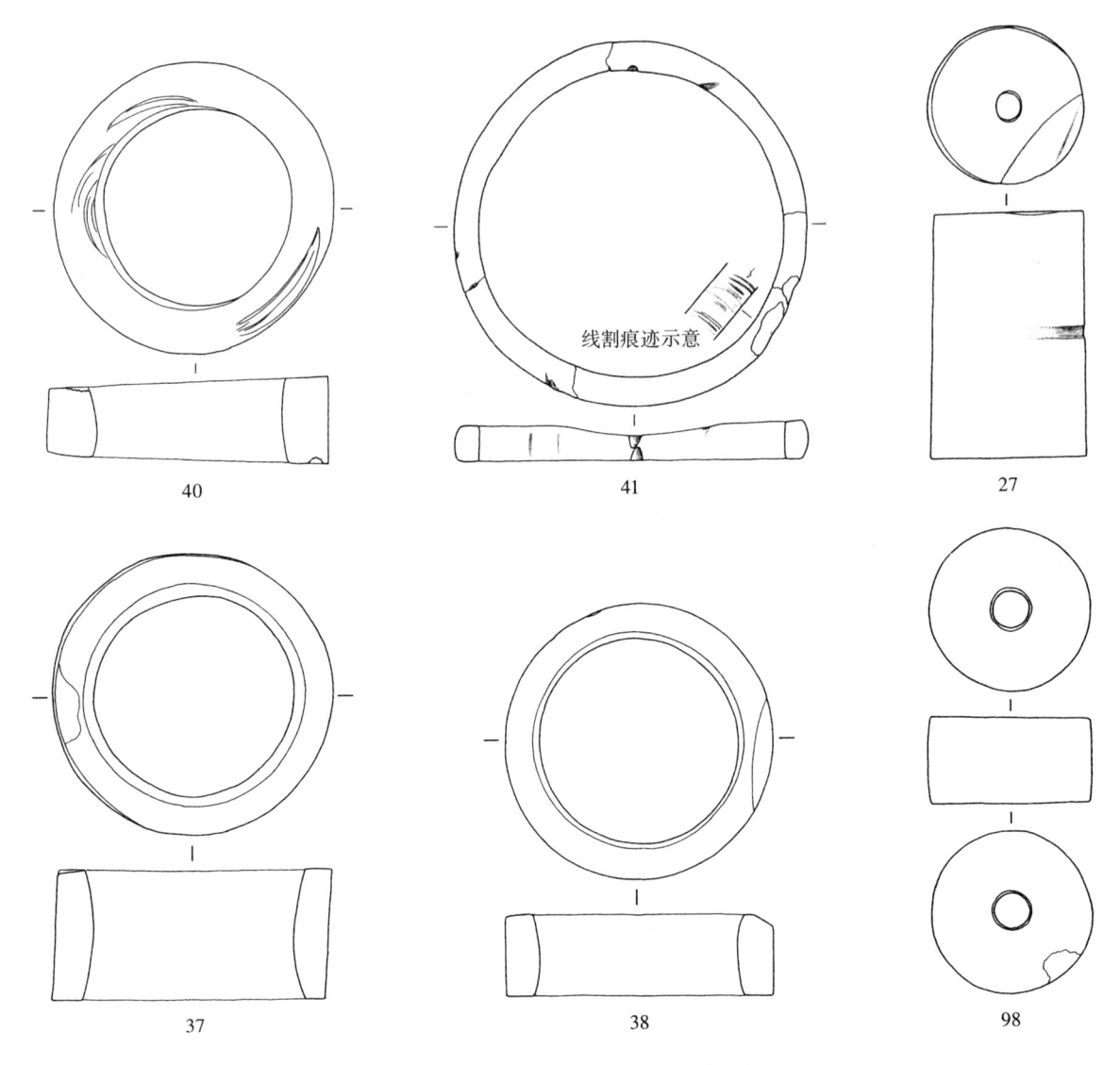

图一一一　M7出土玉柱形器、镯形器

27、98.柱形器　37、38、40、41.镯形器（1/2）

高1.8~2.2、直径5.1、孔径4.4厘米（图一一〇；彩图217）。

柱形器　2件。

M7:27，有少量绿色瑕斑。圆柱体，中间钻一小圆孔。外表中段有一道横向的切割痕，应为管钻遗痕。高7、直径4.2、孔径0.8厘米（图一一一；彩图212）。

M7:98，有较多绿色瑕斑。扁圆柱体，中间钻一小孔。高2.5、直径4.5、孔径1.25厘米（图一一一；彩图213）。

端饰　2件。

M7:18，有青灰色和淡黄色瑕斑。圆台形，中间对钻孔，外壁略凹弧。高2、直径4、孔径1厘米（图一一三；彩图218）。

M7:29，隐现红褐色瑕斑。整体略呈阶梯状圆台体，上端面有弧线状切割痕，顶部截面

第三章　墓　葬·七号墓

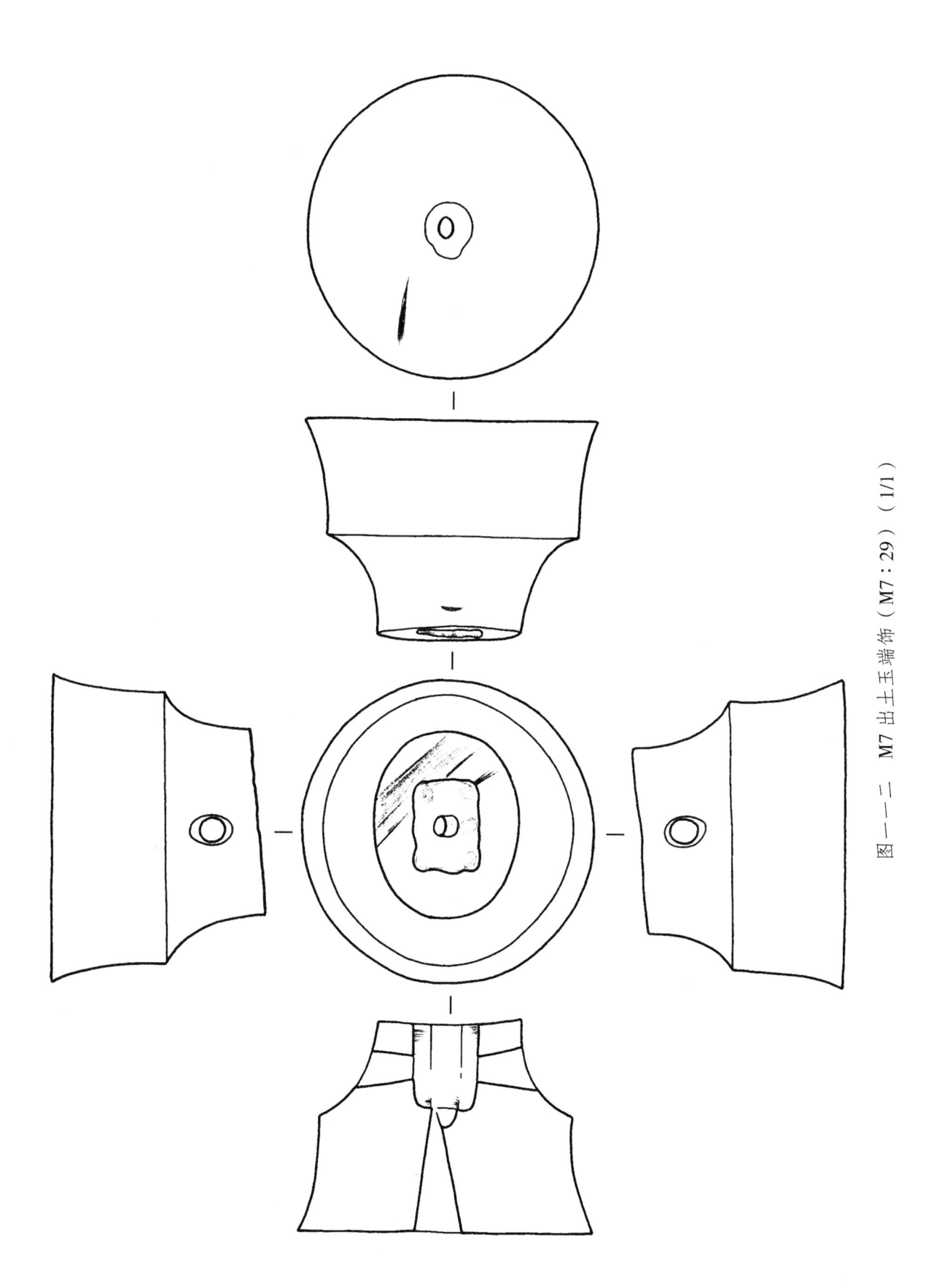

图一一二　M7 出土玉端饰（M7∶29）（1/1）

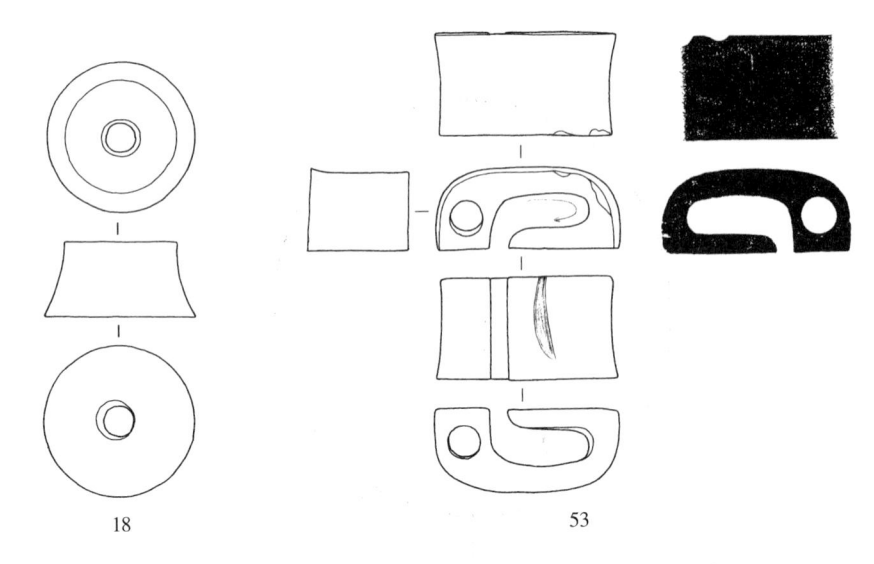

图一一三　M7出土玉端饰、带钩
18.端饰　53.带钩（1/2）

呈椭圆形，中央琢有长方形卯眼。卯眼系挖钻而成，四角留有实心钻孔痕迹，两侧横向穿孔与卯眼相通，卯眼中间至底面对钻小孔。底端面斜平。高4、直径5.5厘米（图一一二；彩图219）。

带钩　1件（M7∶53）。有少量淡黄色瑕斑。长方体，表面略凹弧，底面平直。一端横穿一直径约0.9厘米的圆孔，另一端挖琢成深槽状的弯钩。器表打磨光亮。底面有一道弧线状切割痕。长5、宽2.75、厚2.2厘米（图一一三；彩图220、221）。

牌饰　1件（M7∶55）。平面略呈三角形，底端尖弧。整器采用透雕和阴线刻技法，为神兽纹。两角各对钻1个圆孔为眼，眼两侧以线切割法镂扩成弧边三角形的镂孔，组成眼眶及眼睑，边周再用阴刻线勾勒。两眼之间的额头有不规则的长条形镂孔，鼻孔为阴刻的卷云纹。鼻下端有弧边"十"字形镂孔，似是嘴。眼眶以下的两侧各有1个锯齿状凸起，颇似蛙爪，"十"字形镂孔及其两侧的形态更似蛙的后腿，故整器又如变形的伏蛙。宽7、高3.9、厚0.42厘米（图一一四；彩图222）。

坠饰　1件（M7∶56）。垂囊形圆柱体，顶端有圆凸榫，其上对钻小孔；底端圆尖。中部饰一周凹弦纹，将器表分成上、下两部分。上部素面，下部用浅浮雕琢出2只眼睛和2个鼻子，并以阴线刻饰。长3.2、直径0.95厘米（图一一五；彩图223）。

饼状饰　1件（M7∶11）。青灰色与红褐色混杂。圆饼形，一面平直，另一面弧凸。直径5.5、厚1.4厘米（图一一五；彩图224）。

半圆形饰　4件。

M7∶101，上端凹弧，下端圆凸，左、右两角上翘，上端边缘等距离对钻3个小孔。器体自上而下均匀减薄，一侧面有两道斜向切割线。高2.3、宽3.05、厚0.35~0.55厘米（图一一五；彩图225）。

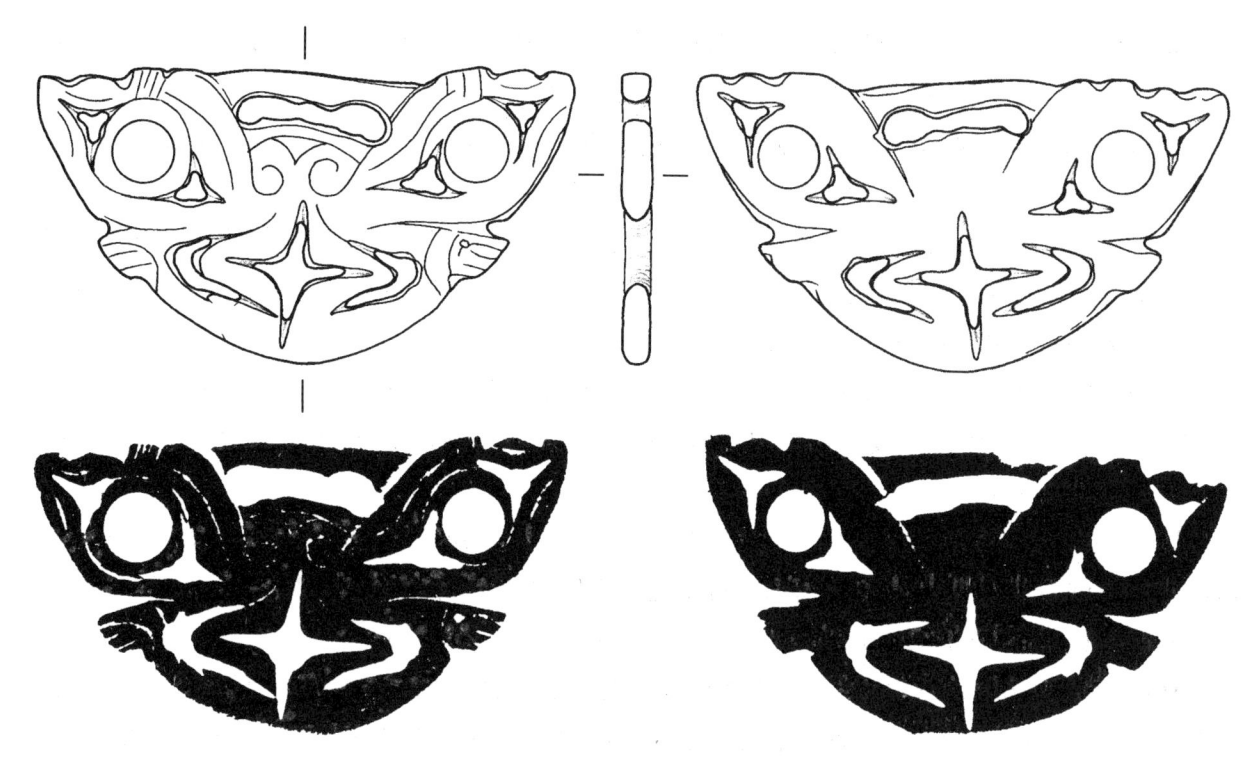

图一一四　M7出土玉牌饰（M7∶55）及拓片（1/1）

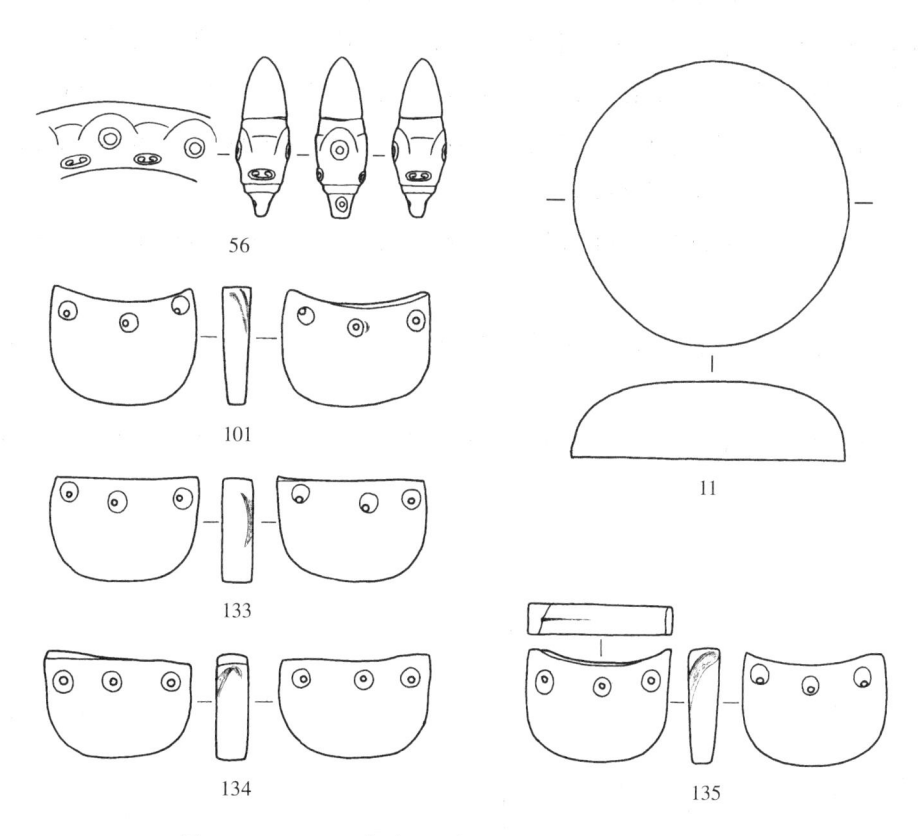

图一一五　M7出土玉饼状饰、坠饰、半圆形饰
11.饼状饰　56.坠饰　101、133~135.半圆形饰（2/3）

M7:133，上端近平，下端圆凸，上端对钻 3 个小孔。上端略厚于下端。一侧面有切割的痕迹。高 2.1、宽 3.1、厚 0.6~0.7 厘米（图一一五；彩图 226）。

M7:134，有红褐色瑕斑。上端斜平，下端圆凸，上端对钻 3 个小孔。一侧面有一道弧线状切割痕。高 2.1、宽 3.05 厘米（图一一五；彩图 227）。

M7:135，有红褐色瑕斑。上端凹弧，下端圆凸，左、右两角上翘，上端等距离钻 3 个小孔。整器自上而下均匀减薄，一侧面有一道弧线状切割痕，顶端有一道纵向切割痕。高 2.3、宽 3、厚 0.35~0.6 厘米（图一一五；彩图 228）。

管串　野外编号及室内整理归纳成 11 组，共计 255 件单件玉管。均为素面。

M7:5，由 29 件单件组成。有灰、褐色瑕斑。长短略有差别，长 0.9~1.6、直径 0.7~1 厘米（图一一六；彩图 229）。

M7:28，共 114 件单件（野外编号分别为 1~66、101~148）。多为白玉，有黄褐色瑕斑。圆柱形，个别玉管的横断面呈三角形，对钻孔。个别管表有切割痕迹。长短不一，长 1.4~4.5、直径 0.8~1.3、孔径 0.45~0.7 厘米（图一一七、一一八；彩图 230）。

M7:70，由 10 件单件组成，其中 2 件在野外编为一组。有灰色瑕斑。圆柱形，对钻孔。大者长 2、直径 0.9、孔径 0.5 厘米；小者长 0.95、直径 0.7、孔径 0.3 厘米（图一二○；彩图 231）。

M7:72，由 16 件单件组成。有黄、褐色瑕斑，并有较多的崩缺。其中 14 件为半圆管，凹槽状，形如圆管中间一剖为二，四角各有 1 个单向钻孔。另有 1 件圆柱形管、1 件三棱柱管，似不能归入此组串饰。半圆管长 1.8~2.8、直径 0.9 厘米（图一一九；彩图 232、233）。

M7:73，由 17 件单件组成。有较多的黄、褐色瑕斑。均为圆柱形，中间对钻孔。长 1.2~1.9、直径 0.95 厘米（图一二○；彩图 234）。

M7:80，2 件单件。圆柱形，对钻孔。长 2.7、直径 1、孔径 0.6 厘米（图一二○；彩图 235）。

M7:81，2 件单件。圆柱形，对钻孔。长 2.55、直径 1、孔径 0.5 厘米（图一二○；彩图 235）。

M7:82，12 件单件。圆柱形，对钻孔。M7:82-4，长 1.2、直径 0.7、孔径 0.4 厘米（图一二○；彩图 236）。

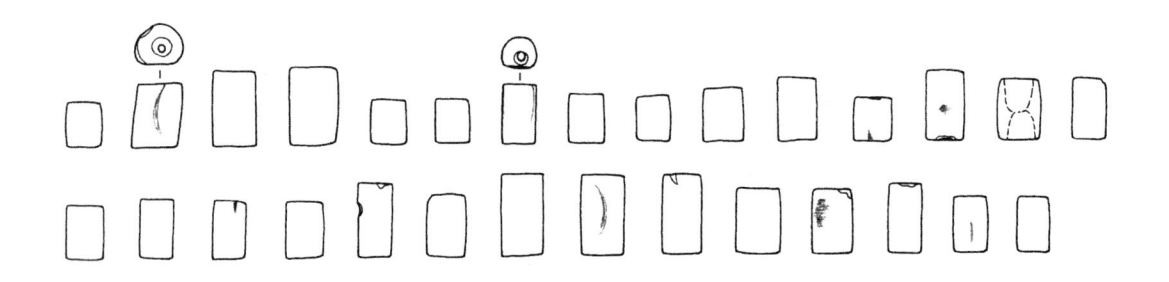

图一一六　M7 出土玉管串（M7:5）（2/3）

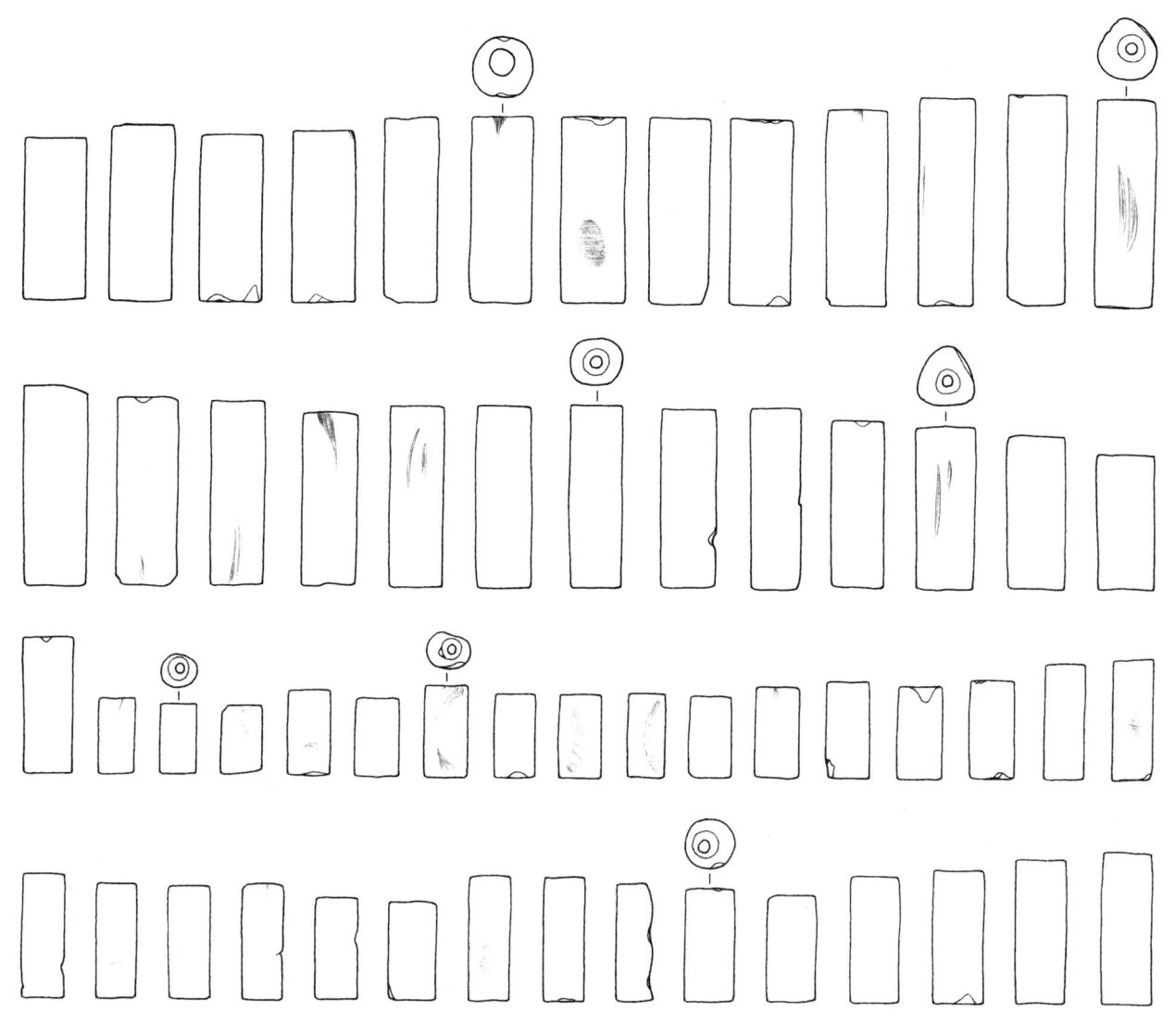

图一一七 M7 出土玉管串（M7：28 之一）（2/3）

以上三组（M7：80~82）野外编成3个号，室内整理时确认为一组。均有灰色或褐色瑕斑。

M7：102，4件单件。有灰色瑕斑。圆柱形，对钻孔。长2~2.9、直径0.8~1.1、孔径0.4~0.65厘米（图一二〇；彩图237）。

M7：104，11件单件。有灰色筋斑。圆柱形，对钻圆孔。长1.1~2.2、直径0.7~0.8厘米（图一二〇；彩图238）。

M7：114，5件单件。均有灰色瑕斑点。圆柱形，中间对钻孔。M7：114-4，管面有弧线状切割痕迹。M7：114-5，管面有片状切割痕。M7：114-5，长2.4、直径1.05、孔径0.5厘米（图一二一；彩图239）。

M7：115，3件单件。有灰色瑕斑。圆柱形，对钻孔。长1.8~3.5、直径0.9~1.45厘米（图一二一；彩图240）。

图一一八　M7出土玉管串（M7:28之二）（2/3）

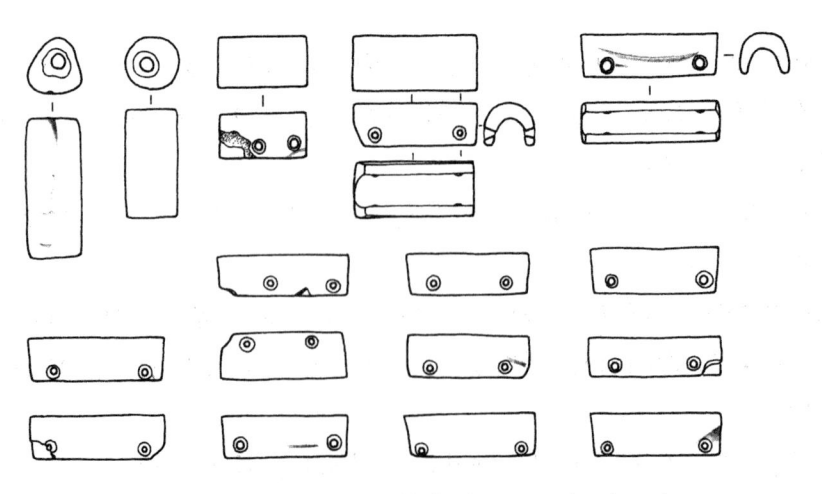

图一一九　M7出土玉管串（M7:72）（2/3）

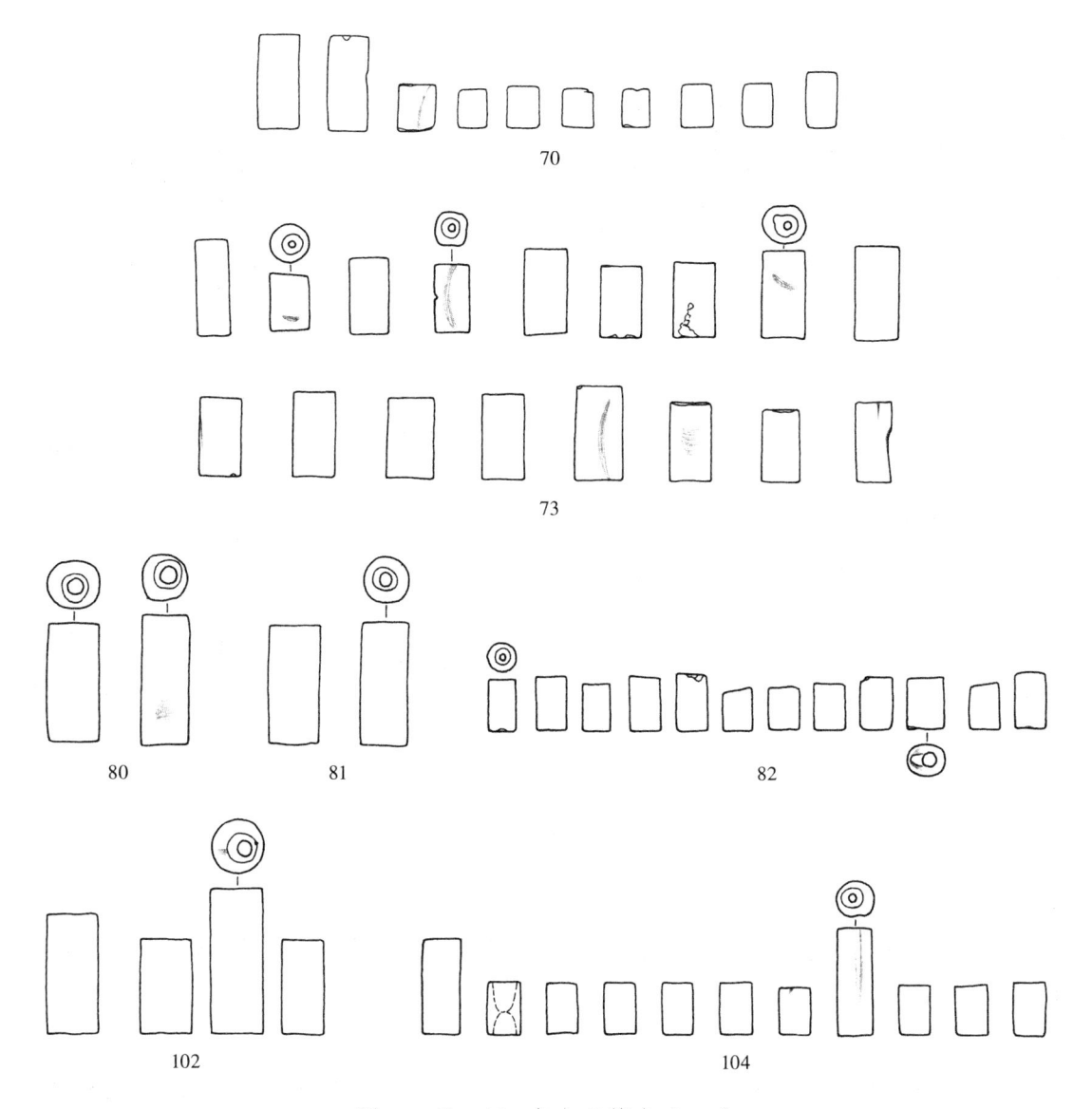

图一二〇　M7 出土玉管串（2/3）

M7：116，7 件单件。有淡灰色瑕斑。圆柱形，对钻孔。M7：116-1，长 2.1、直径 1.2、孔径 0.65 厘米（图一二一；彩图 241）。

M7：132，5 件单件。有灰褐色瑕斑。圆柱形，对钻孔。长 1.7~2.6、直径 0.9~1.05、孔径 0.5~0.6 厘米（图一二一；彩图 242）。

室内整理时，确认 M7：114~116、132 玉管（串）为成组管串。

M7：141，由 11 件单件组成。有灰、褐色瑕斑。圆柱形，对钻孔。个别管端有弧线状切割痕。M7：141-1，长 0.9、直径 0.65、孔径 0.3 厘米（图一二一；彩图 243）。

M7：148，由 7 件单件组成。有少量淡灰色瑕斑。圆柱形，对钻孔。M7：148-1~148-3 的一端稍残，M7：148-4 的管面有切割痕。M7：148-1，长 2.6、直径 0.95、孔径 0.65 厘米（图一二一；彩图 244）。

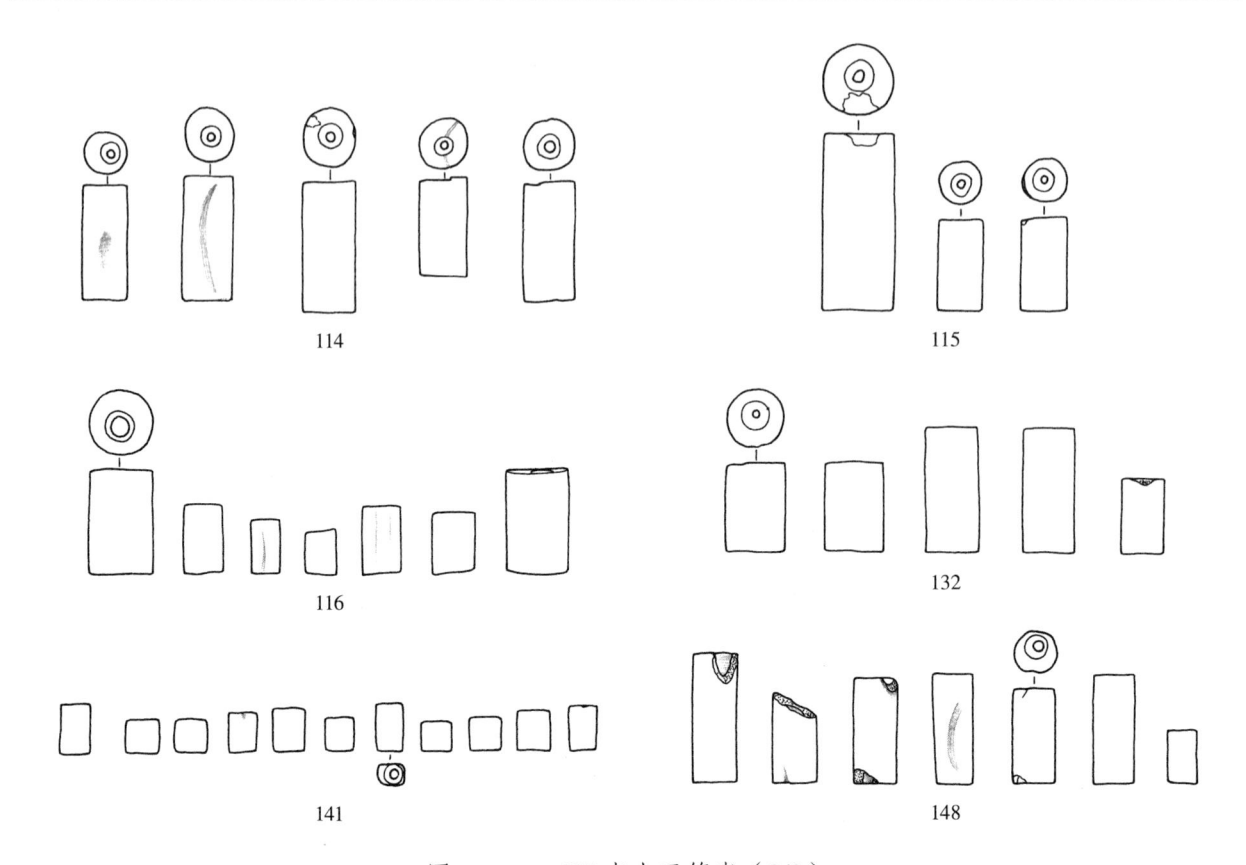

图一二一　M7出土玉管串（2/3）

珠串　5组。

M7：60，由18件单件组成，出土时珠与珠之间紧密相连。个别珠有褐色瑕斑。腰鼓形，中间对钻孔。器形大小略有差异。M7：60-1，长0.75、直径0.9、孔径0.2厘米（图一二二；彩图245）。

M7：61，7件单件。有灰褐色瑕斑。腰鼓形，对钻孔。长0.5~0.7、直径0.6~0.85厘米（图一二二；彩图246）。

M7：69，由22件单件组成。有较多的褐色瑕斑，腰鼓形，对钻孔。M7：69-1，长0.6、直径0.65、孔径0.2厘米（图一二二；彩图247）。

M7：136，由170件单件组成。有灰、褐色瑕斑，腰鼓形，大小不一。M7：136-3，长0.5、直径0.9厘米（图一二二；彩图248）。

在野外时，将M7：59、62、64~68共7件单件分别编号，它们实际上可能成串。大多有灰、褐色瑕斑。腰鼓形，中间对钻孔。长1.1、直径0.9~1、孔径0.4厘米（图一二二；彩图250）。

管　66件。多为圆柱形，中间对钻孔。

M7：1，有灰色瑕斑。长4、直径1.25、孔径0.65厘米（图一二三；彩图252）。

M7：2，长3.75、直径1.25、孔径0.6厘米（图一二三；彩图252）。

M7：3，有褐色瑕斑。长3.7、直径1.2、孔径0.7厘米（图一二三；彩图252）。

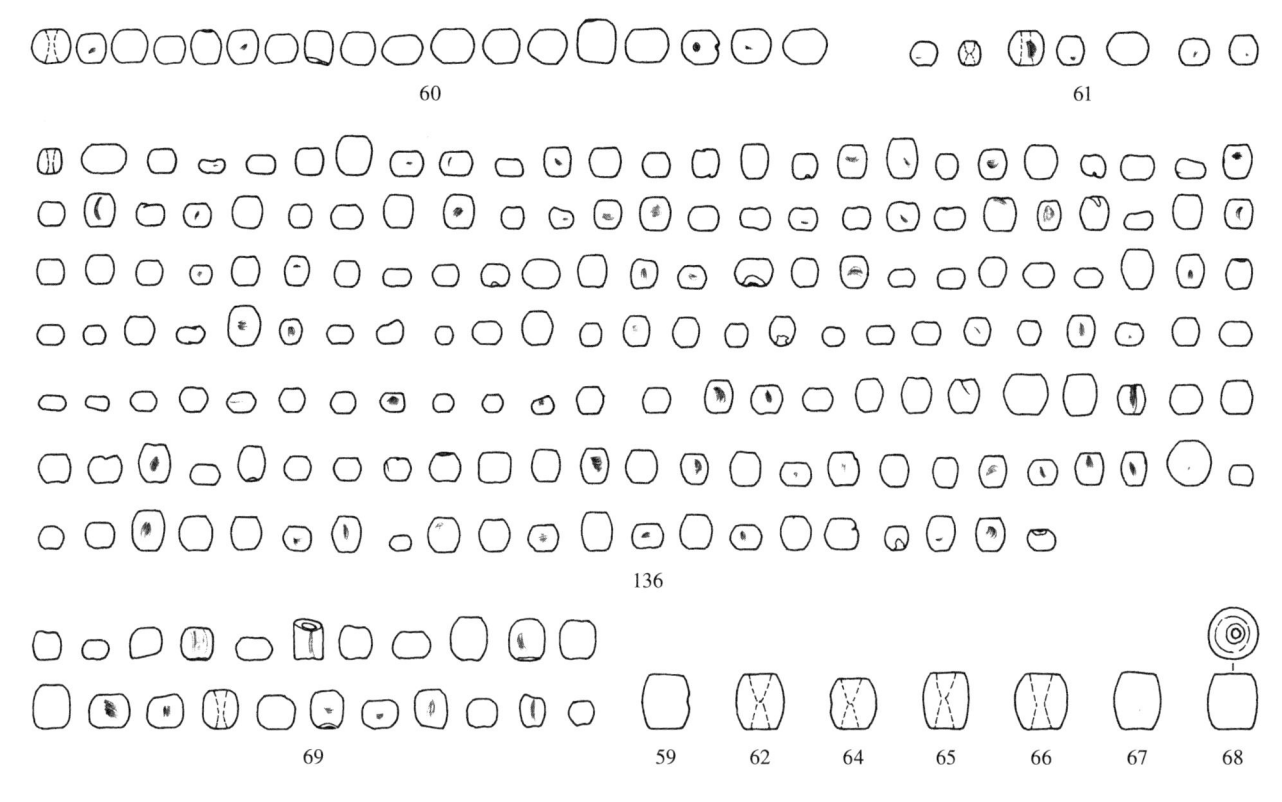

图一二二　M7 出土玉珠、珠串

59、62、64~68. 珠　60、61、69、136. 珠串（2/3）

M7:4，有青灰色瑕斑。长 3.8、直径 1.1、孔径 0.6 厘米（图一二三；彩图 252）。

M7:7，残碎（图一二三）。

M7:9，有黄色和褐色瑕斑。长 1.35~1.45、直径 2.95、孔径 1.8 厘米（图一二三；彩图 251）。

M7:10，有黄色和褐色瑕斑。长 1.5~1.6、直径 3、孔径 2 厘米（图一二三；彩图 249）。从 M7:9、10 两件玉管的质地、瑕斑来看，两者可能取自同一件玉料。

M7:12，长 1.5、直径 0.95、孔径 0.45 厘米（图一二三；彩图 253）。

M7:13，长 2.2、直径 0.8、孔径 0.45 厘米（图一二三；彩图 253）。

M7:14，有褐色瑕斑。长 2.5、直径 1.05、孔径 0.7 厘米（图一二三；彩图 254）。

M7:15，有褐色瑕斑。长 2.4、直径 1.1、孔径 0.5 厘米（图一二三；彩图 253）。

M7:16，有灰色筋斑。长 1.45、直径 1、孔径 0.4 厘米（图一二三；彩图 255）。

M7:21，长 3、直径 1.3、孔径 0.7 厘米（图一二三；彩图 254）。

M7:48，有灰色瑕斑。长 2.6、直径 1.1、孔径 0.65 厘米（图一二三；彩图 256）。

M7:75，长 2.9、直径 1.25、孔径 0.55 厘米（图一二三；彩图 254）。

M7:77，圆柱形，外壁圆弧，中段刻凹槽一周，槽底边呈弧凸形。长 1.75、直径 1.3、孔径 0.5 厘米（图一二三；彩图 257）。

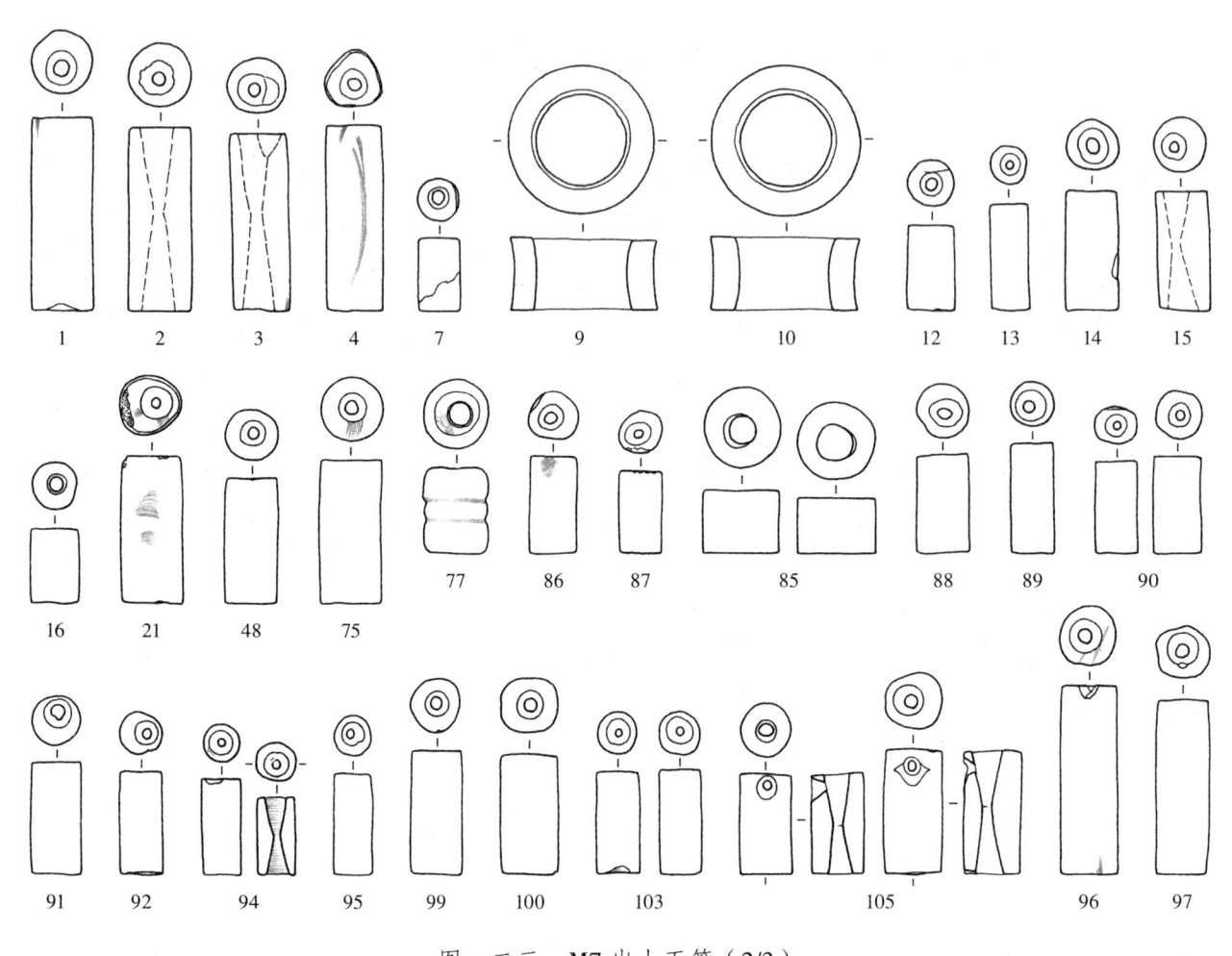

图一二三　M7 出土玉管（2/3）

M7：85，2 件单件。青白玉，有透明感。长 1.25、直径 1.6、孔径 0.6 厘米（图一二三；彩图 258）。

M7：86，有红褐色瑕斑。长 2、直径 1.05、孔径 0.5 厘米（图一二三；彩图 253）。

M7：87，有灰色瑕斑。长 1.6、直径 0.9、孔径 0.5 厘米（图一二三；彩图 255）。

M7：88，有青灰色瑕斑。长 1.9、直径 1.1、孔径 0.6 厘米（图一二三；彩图 253）。

M7：89，有灰色筋斑。长 2.25、直径 0.85、孔径 0.6 厘米（图一二三；彩图 259）。

M7：90，2 件单件。在 M7：35 之南，野外平面图中未示。长 1.9、直径 0.9~1、孔径 0.5 厘米（图一二三；彩图 260）。

M7：91，有灰色筋斑。长 2.3、直径 1.1、孔径 0.6 厘米（图一二三；彩图 256）。

M7：92，在 M7：91 之东，野外平面图中未示。长 2.05、直径 0.9、孔径 0.55 厘米（图一二三；彩图 259）。

M7：94，2 件单件。在 M7：50 东南，野外平面图中未示。有灰色瑕斑。孔壁有旋痕。长 1.55~2、直径 0.8~0.85、孔径 0.5 厘米（图一二三；彩图 261）。

M7：95，在 M7：50 之东，野外平面图中未示。有灰色瑕斑。长 2.1、直径 0.8、孔径 0.5

厘米（图一二三；彩图 259）。

M7：96，有灰色瑕斑。长 3.8、直径 1.2、孔径 0.8 厘米（图一二三；彩图 254）。

M7：97，有灰色瑕斑。长 3.6、直径 1.1、孔径 0.6 厘米（图一二三；彩图 262）。

M7：99，长 2.6、直径 1.1、孔径 0.5 厘米（图一二三；彩图 262）。

M7：100，有灰色瑕斑。长 2.4、直径 1.1、孔径 0.5 厘米（图一二三；彩图 256）。

M7：103，2 件单件。长 2.1~2.2、直径 0.8~0.85、孔径 0.5 厘米（图一二三；彩图 260）。

M7：105，2 件单件。有灰褐色瑕斑。一端侧面向内单向钻孔。长 2.5、直径 1.1、孔径 0.6 厘米（图一二三；彩图 263）。

M7：106，有灰色筋斑。长 2.8、直径 1.35、孔径 0.7 厘米（图一二四；彩图 262）。

M7：107，长 2.1、直径 0.9、孔径 0.5 厘米（图一二四；彩图 259）。

M7：108，长 1.95、直径 0.95、孔径 0.5 厘米（图一二四；彩图 259）。

M7：109，有灰色筋斑。长 1.85、直径 1.15、孔径 0.4 厘米（图一二四；彩图 264）。

M7：110，长 1.4、直径 0.75、孔径 0.4 厘米（图一二四；彩图 255）。

M7：111，长 1.3、直径 0.7、孔径 .5 厘米（图一二四；彩图 255）。

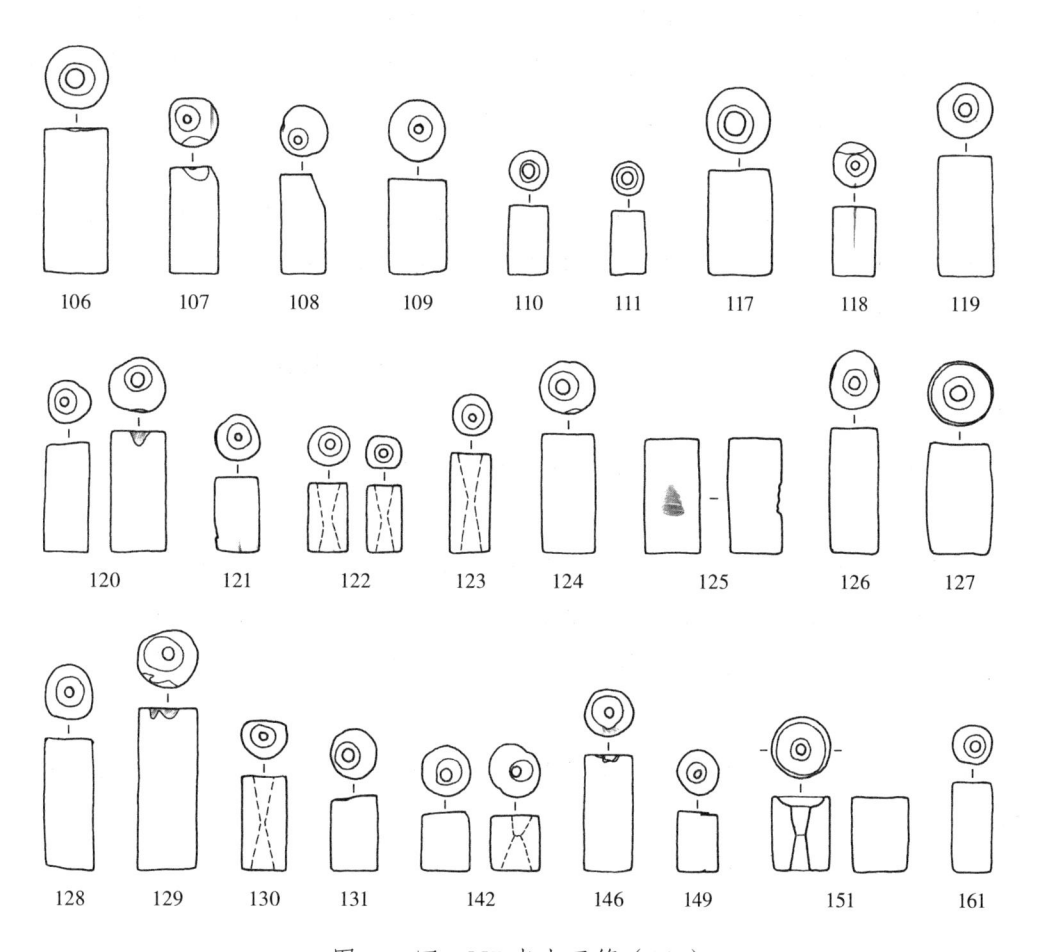

图一二四　M7 出土玉管（2/3）

M7：117，长 2.1、直径 1.2、孔径 0.65 厘米（图一二四；彩图 264）。

M7：118，长 1.4、直径 0.85、孔径 0.4 厘米（图一二四；彩图 255）。

M7：119，有红褐色瑕斑。长 2.4、直径 1.1、孔径 0.5 厘米（图一二四；彩图 264）。

M7：120，2 件单件。有灰色筋斑。长 2.2~2.4、直径 0.9~1.1、孔径约 0.4 厘米（图一二四；彩图 260）。

M7：121，有灰色瑕斑。长 1.45、直径 0.85、孔径 0.4 厘米（图一二四；彩图 265）。

M7：122，2 件单件。在 M7：121 近旁，野外平面图中未示。长 1.35、直径 0.8、孔径 0.4 厘米（图一二四；彩图 261）。

M7：123，有灰色瑕斑。长 1.95、直径 0.8、孔径 0.5 厘米（图一二四；彩图 265）。

M7：124，长 2.35、直径 1.1、孔径 0.55 厘米（图一二四；彩图 256）。

M7：125，有灰色筋斑。长 2.3、直径 1.1、孔径 0.6 厘米（图一二四；彩图 264）。

M7：126，有灰色瑕斑。长 2.5、直径 1.1、孔径 0.55 厘米（图一二四；彩图 266）。

M7：127，有灰色瑕斑。长 2.2、直径 1.25、孔径 0.6 厘米（图一二四；彩图 266）。

M7：128，长 2.55、直径 1、孔径 0.6 厘米（图一二四；彩图 256）。

M7：129，有褐色瑕斑。长 3.2、直径 1.2、孔径 0.6 厘米（图一二四；彩图 262）。

M7：130，有红褐色瑕斑。长 1.8、直径 0.9、孔径 0.45 厘米（图一二四；彩图 265）。

M7：131，有灰色筋斑。长 1.5、直径 0.9、孔径 0.45 厘米（图一二四；彩图 265）。

M7：142，2 件单件。有灰褐色瑕斑。长 1.2、直径 1、孔径 0.5 厘米（图一二四；彩图 261）。

M7：146，有灰色筋斑。长 2.3、直径 0.95、孔径 0.5 厘米（图一二四；彩图 266）。

M7：149，长 1.2、直径 0.9、孔径 0.4 厘米（图一二四；彩图 265）。

M7：151，长 1.5、直径 1.2、孔径 0.5 厘米（图一二四；彩图 266）。

M7：161，长 1.8、直径 0.8、孔径 0.5 厘米（图一二四；彩图 265）。

珠 10 件。多为白玉。

M7：74，3 件单件编为一号。有灰、褐色瑕斑。腰鼓形，对钻孔。长 1.05、直径 0.95、孔径 0.5 厘米（图一二五；彩图 267）。

M7：78，球形，有一对隧孔。直径 2.1 厘米（图一二五；彩图 268）。

M7：79，形态与 M7：78 一致。直径 2.2 厘米（图一二五；彩图 269）。

M7：93，2 件单件。腰鼓形，对钻孔。长 1.1、直径 1、孔径 0.45 厘米（图一二五；彩图 267）。

M7：112，有褐色瑕斑。半球形，平面有一对隧孔。直径 2.1、厚 1.1 厘米（图一二五；彩图 270）。

M7：113，有灰色瑕斑。半球形，平面有一对隧孔。直径 2.2、厚 1 厘米（图一二五；彩图 270）。

M7：150，有灰色瑕斑。球形，有一对隧孔。直径 1.4 厘米（图一二五；彩图 271）。

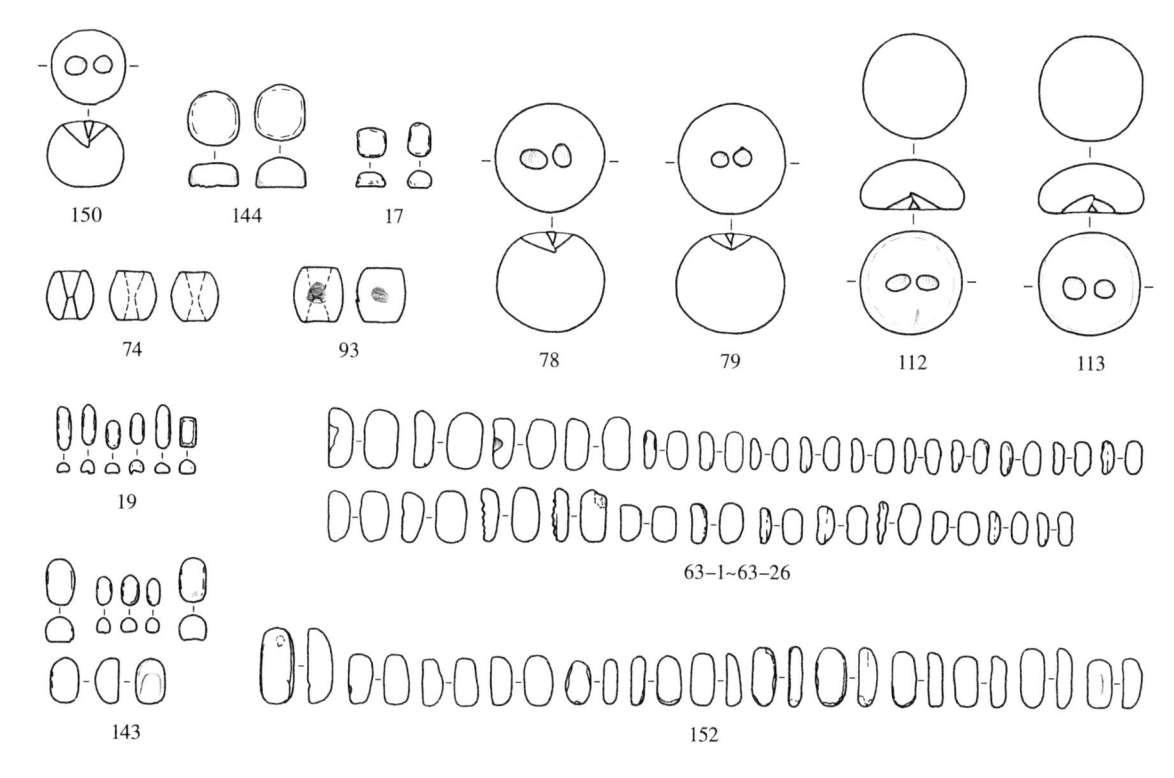

图一二五　M7 出土玉粒、珠

17、19、63-1~63-26、143、144、152. 粒　74、78、79、93、112、113、150. 珠（2/3）

粒　55 件。

M7：63-1~63-26，26 件单件，出土时分布在冠形器（M7：63-27）周围。形状相似，平面呈椭圆形，一面弧凸，另一面平整。长 0.7~1.2、宽 0.4~0.7、厚 0.25~0.5 厘米（图一二五；彩图 274）。

M7：17，2 件单件。近长方形，一面弧凸，另一面平。长 0.7、宽 0.5、厚 0.4 厘米（图一二五；彩图 272）。

M7：19，6 件单件，出土时位于 M7：20 镯形器周围。玉色白中透绿。椭圆形，一面平，另一面弧凸。长 0.6~0.9、宽 0.3~0.35、厚 0.2 厘米（图一二五；彩图 273）。

M7：143，6 件单件。椭圆形，一面弧凸，另一面平。三大三小，大者长 0.9、宽 0.6、厚 0.5 厘米，小者长 0.6、宽 0.3、厚 0.25 厘米（图一二五；彩图 275）。

M7：144，2 件单件。平面为圆形，一面弧凸，另一面平。直径 1.1、厚 0.6 厘米（图一二五；彩图 276）。

M7：152，13 件单件，为 M7：155 嵌玉漆器之外缘镶嵌物。平面呈椭圆形，一面弧凸，另一面平。M7：152-2，长 0.9、宽 0.5、厚 0.4 厘米（图一二五；彩图 277）。

（二）嵌玉漆器　1 件。

平面呈圆形，中间有 1 件环状玉器（M7：155），直径约 10 厘米。玉器外缘整齐地环绕着 13 颗椭圆形玉粒，玉粒圈直径约 14 厘米。玉粒圈以内留有漆样朱红色物体，推测可能是

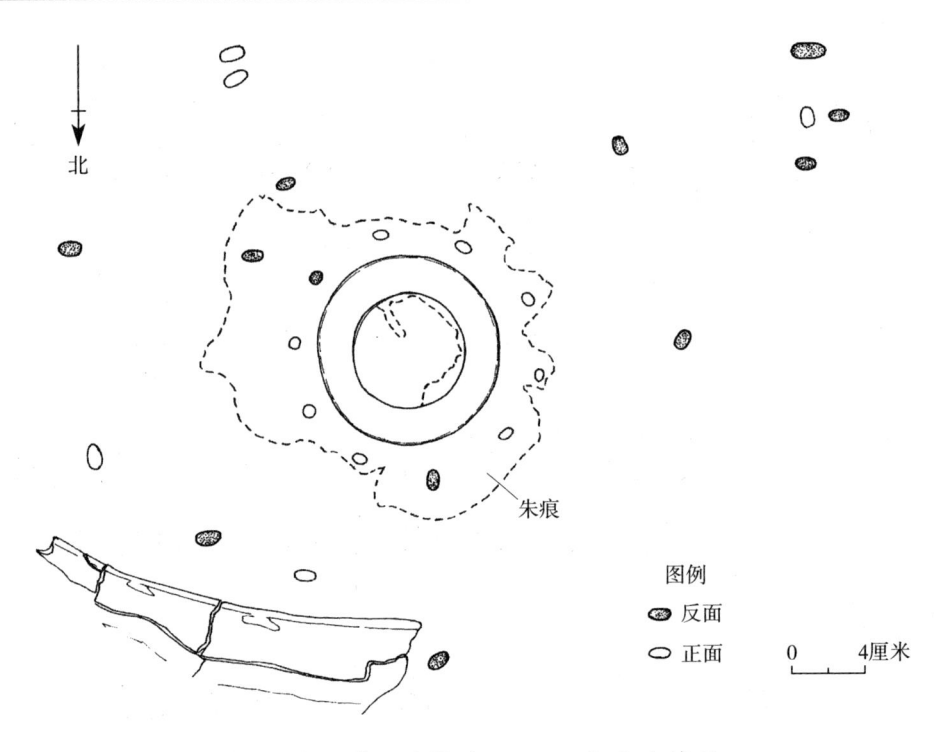

图一二六　嵌玉漆器（M7∶155）出土情况

嵌玉漆器，玉粒镶嵌于该器外缘（图一二六；彩图164）。

（三）石器　3件。

仅石钺一种。

M7∶76，黑褐色，器表有不规则的孔点。器体扁薄，平面略呈长方形，顶端微弧，弧刃，正锋，孔为对钻。高17.9、宽11.8~13、孔径4.2厘米（图一二七；彩图278）。

M7∶83，黑褐色。器体扁薄，平面略呈长方形，顶端平直，弧刃，正锋，对钻孔，孔内留有旋线。高14.7、宽9.4~10.5、孔径3.8厘米（图一二七；彩图279）。

M7∶157，黑褐色，器表有不规则的孔点。平面略呈方形，顶端微斜，弧刃，正锋，刃部有崩口，对钻一孔，孔内有旋线。器体对钻交接处有崩碴。高17、宽9.3~14.8、孔径5.3厘米（图一二八；彩图280）。

（四）陶器　4件。

鼎　1件（M7∶156）。夹砂红褐陶，器表磨光而呈橙色。器形破碎严重，仅可辨鼎足为鱼鳍形。

豆　1件（M7∶160）。泥质陶，多层胎质，胎芯自里向外依次为灰色、橙色，器表黑皮，磨光红陶衣。破碎较甚而无法辨明器形。

圈足罐　1件（M7∶159）。夹砂红陶。破碎较甚而无法辨明器形。

缸　1件（M7∶158）。夹粗砂陶，胎呈黑灰色，器表红色。胎质疏松，器表剥蚀较甚。均为碎片而无法辨明器形。

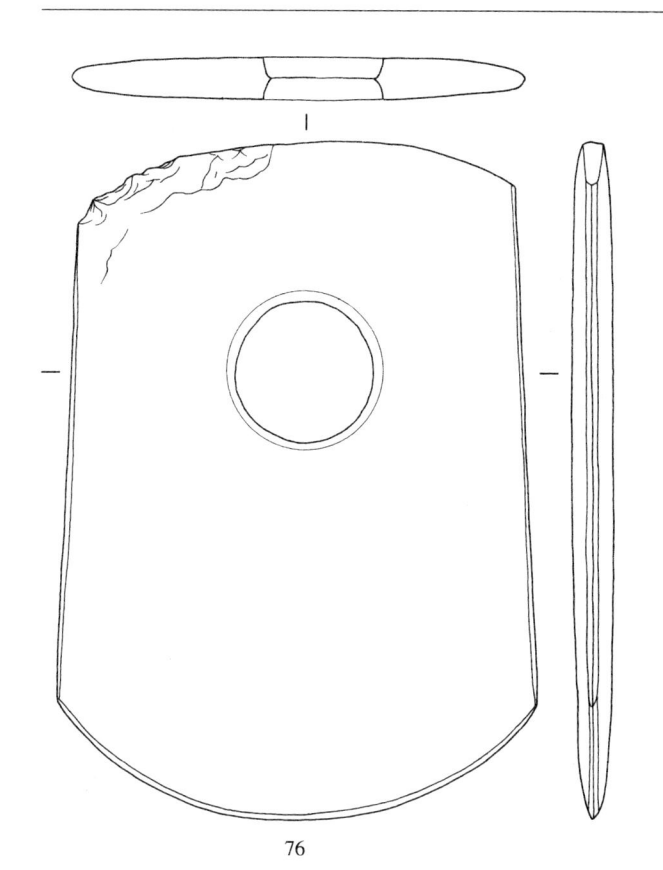

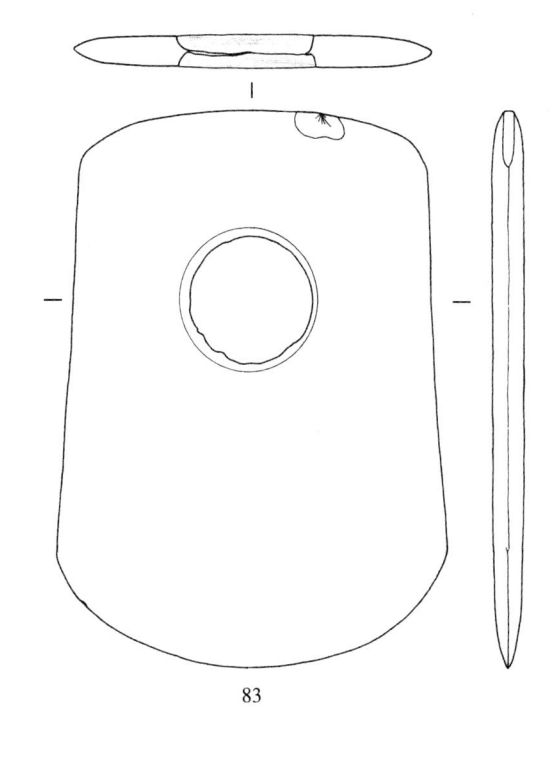

图一二七　M7出土石钺（1/2）

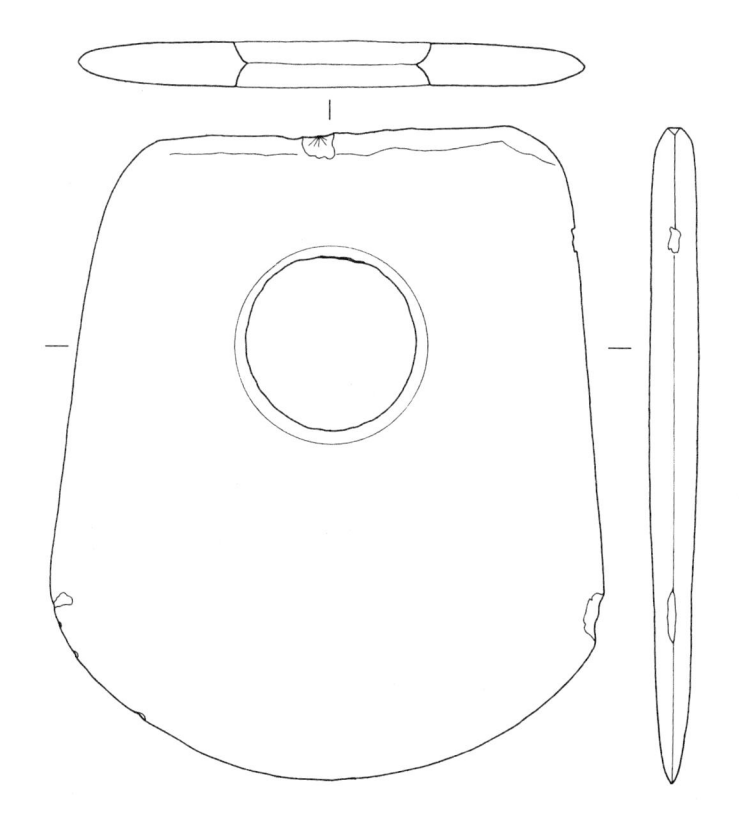

图一二八　M7出土石钺（M7∶157）（1/2）

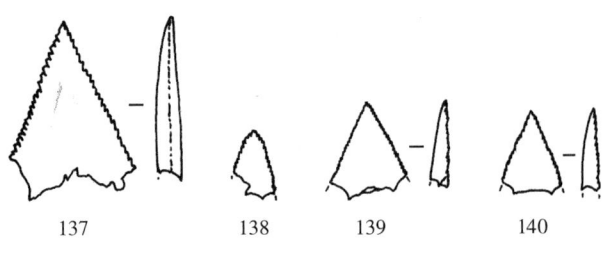

图一二九　M7出土鲨鱼牙齿（1/1）

（五）鲨鱼牙齿　4枚。

M7：137，已残。色白，呈三角形，两斜边为细刺。另一边残断，可见牙表层质，中空。长2.1、宽1.5厘米（彩图281、282）。M7：138、139、140，均残甚，仅见牙齿尖端（图一二九）。

第八节　八号墓

一、墓葬形制

M8位于南行墓列的最东端，西侧为M2。开口于表层耕土下，打破围沟状灰土。长方形竖穴土坑墓，墓向183°。墓圹长3.08、宽1.54、深0.36米。墓内填灰褐色斑土，土质较坚硬。

墓圹内有棺类葬具痕迹，为一长方形遗迹框线，长约2.60、宽约1米。清理M8时，先按墓坑线范围往下发掘，在深约10厘米处再次确认这类葬具痕迹线的存在。然后再按此范围往下清理，直至墓底。所有随葬器物均未超出此范围，这大致证实了我们对葬具痕迹的判断。但由于墓内填土比较坚硬，土色难辨，此葬具的剥剔颇为勉强，因而形成陡直的"坑壁"，并不一定展现了真实的原貌。墓内人骨已朽无存（彩图283）。

随葬品中陶器分布在北部，有鼎1、圈足罐1、缸1、豆1，破碎较甚而难辨器形。葬具内最南端有一组石质的带盖柱形器（M8：2），在整个南行墓列中，唯有M8不出玉质带盖柱形器，而以石质同类器替代。

玉器主要集中于南部，如冠形器（M8：3）和三叉形器（M8：8）。其中冠形器的凸榫朝向西南；三叉形器的叉端指向东南，出土时有隧孔的一面朝向墓底。三叉形器以北是一组锥形器（M8：10），由5件锥形器组成，个别锥形器叠压在玉钺之上。玉钺（M8：14）出土时呈东西向置放，顶端朝向墓坑壁，刃朝向墓内，与此相垂直南北向有11件玉粒（M8：13），它们可能是有机质钺柄上的镶嵌物。以玉粒布列的长度推测，该钺柄长在60厘米以上。此玉钺出土时，朝下一面端孔的周围涂有朱砂。墓内中部除1件玉镯形器（M8：29）、2件锥形器（M8：30、31）外，均为散乱的玉管、珠，从中可判断出有几组串饰。如M8：32串饰，由10件玉珠组成；M8：33串饰，由7件玉管组成。M8未出土玉琮（图一三○）。

二、随葬器物

随葬品包括玉器、石器和陶器，野外编号42件（组），以单件计共80件。

（一）玉器

编号31件（组），以单件计共68件。多为白玉，个别是青玉。均为素面。种类有冠形器、三叉形器、成组锥形器、钺、锥形器、镯形器等。

图一三〇　M8 平面图

1、9、11、17、18、22、24~26、37. 玉管
2. 石带盖柱形器
3. 玉冠形器
4~7. 石束腰形饰
8. 玉三叉形器
10、30、31. 玉锥形器
12、15、16、19、20、35、38. 玉珠
13、36. 玉粒
14. 玉钺
21. 石钺
23. 石柱形器
27. 玉长管
28. 玉柱形器
29. 玉镯形器
32. 玉珠串
33. 玉管串
34. 玉坠
39. 陶豆
40. 陶圈足罐
41. 陶缸
42. 陶鼎

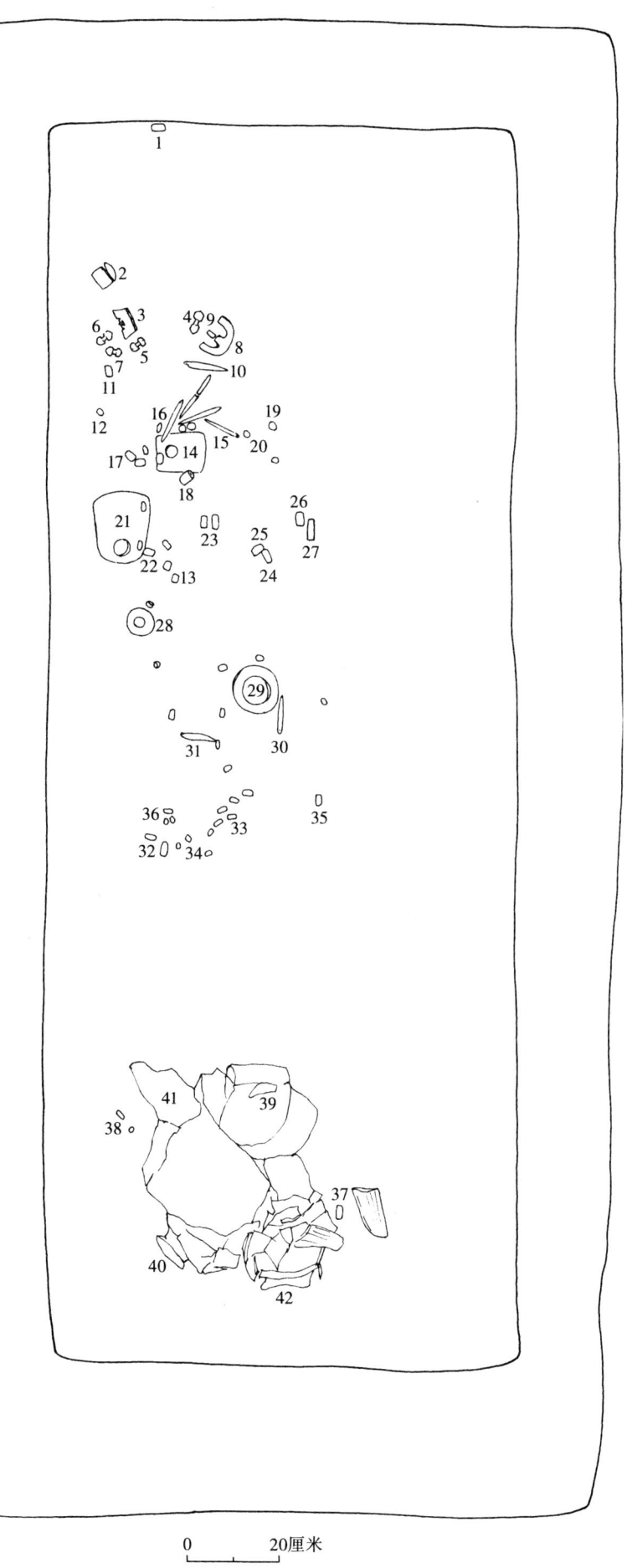

0　　20厘米

冠形器 1件（M8：3）。有灰色瑕斑。体扁，平面呈倒梯形。上端左、右两角微外撇，中间凹缺，凹缺内中央有尖凸。尖凸下有扁圆形孔，孔边缘留有钻痕，推知此孔为钻后馊扩而成。器下端有扁平凸榫，其上均等钻3个小圆孔。高3.1、宽6.3~7、厚0.2~0.3厘米（图一三一；彩图284）。

三叉形器 1件（M8：8）。左、右两叉平齐，顶端与内侧面均有对钻孔，背面边缘各有2对隧孔。中叉较矮，上下穿孔。高4.6、宽6.4、厚1~1.1厘米（图一三一；彩图285、286）。

成组锥形器 1组（M8：10）。由5件锥形器组成。

M8：10-1，长条形，一端圆尖，另一端微残略扁，并对钻小孔。器表有直向切割痕。长8.2、直径0.65厘米（图一三二；彩图288）。

M8：10-2，长条形，一端圆尖，另一端扁尖，并对钻小孔。器表有两道直向切割痕。出土时断成两截。长10.2、直径0.6厘米（图一三二；彩图288）。

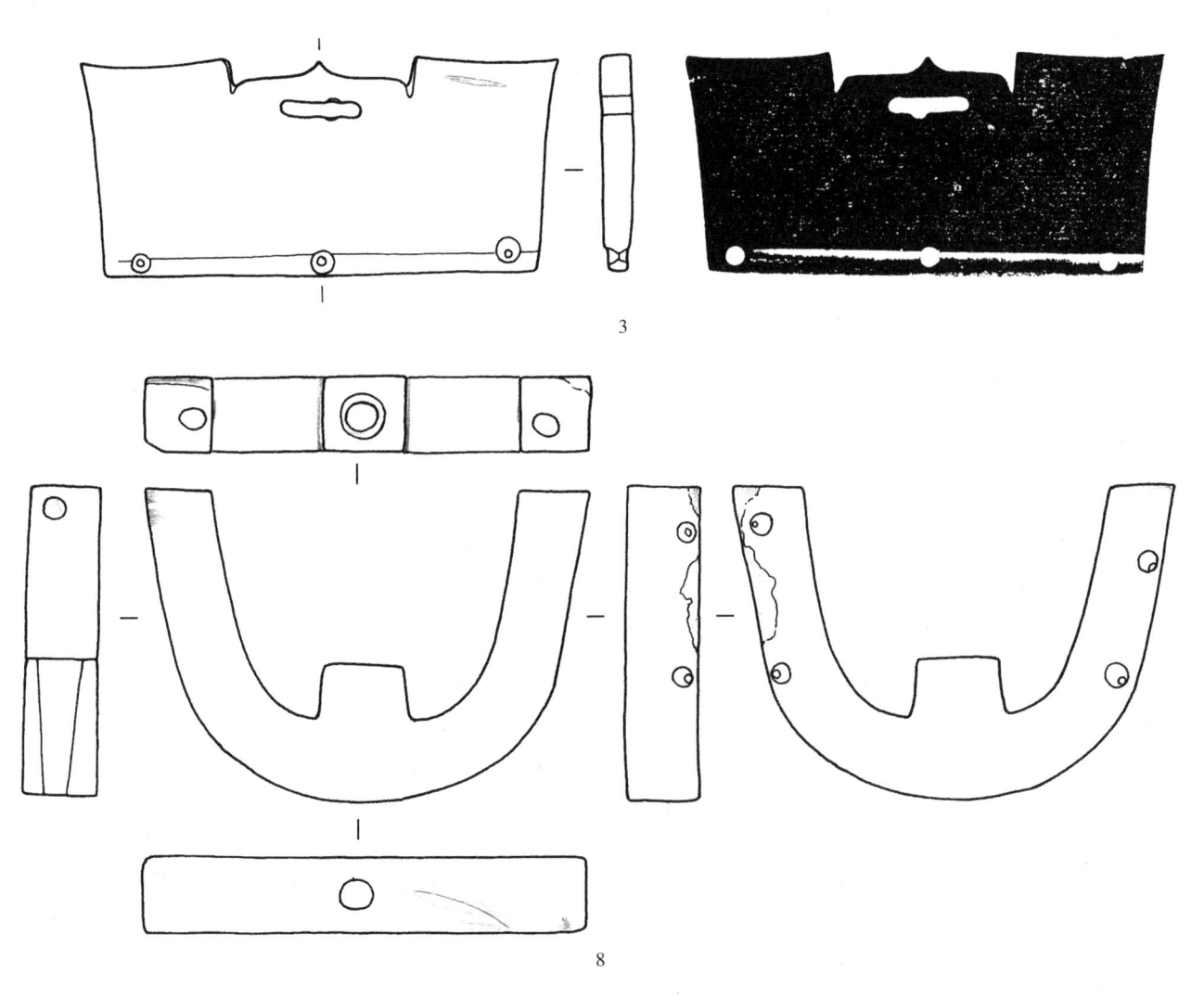

图一三一　M8出土玉冠形器、三叉形器

3.冠形器及拓片　8.三叉形器（1/1）

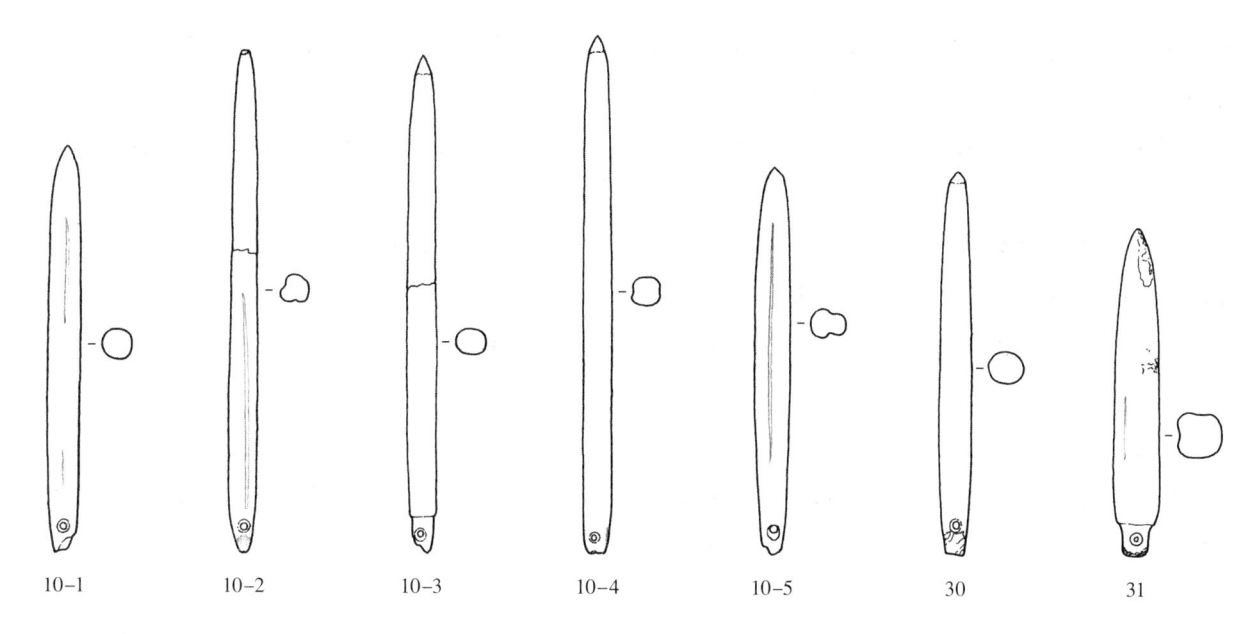

| 10-1 | 10-2 | 10-3 | 10-4 | 10-5 | 30 | 31 |

图一三二　M8 出土玉锥形器（2/3）

M8：10-3，长条形，一端圆尖，另一端略扁，呈凸榫状，并对钻小孔。长 10、直径 0.6 厘米（图一三二；彩图 288）。

M8：10-4，长条形，一端圆尖，另一端略扁，并对钻小孔。横断面略呈方形。长 10.4、直径 0.6 厘米（图一三二；彩图 288）。

M8：10-5，长条形，一端钝尖，另一端略扁，并对钻小孔。器表有两道直向切割痕，从而使横断面呈不规则形。长 7.7、直径 0.7 厘米（图一三二；彩图 288）。

锥形器　2 件。

M8：30，长条形，一端圆尖，另一端略扁，并对钻小孔。长 7.7、直径 0.65 厘米（图一三二；彩图 289）。

M8：31，长条形，一端圆尖，另一端为圆凸榫，并对钻小孔。横断面略呈方形。长 6.6、直径 0.9 厘米（图一三二；彩图 290）。

钺　1 件（M8：14）。玉色青灰，出土时背面有朱绘。平面略呈长方形，刃端宽于顶端。顶端平直，弧刃。上部对钻一孔，孔内留有台痕。顶端有直向切割痕，但经过打磨。器表留有不十分明显的弧线状切割痕迹。高 12.6、顶宽 8.2、刃宽 11.4、孔径 2.2、厚 0.8 厘米（图一三三；彩图 287）。

柱形器　1 件（M8：28）。有黄色瑕斑。

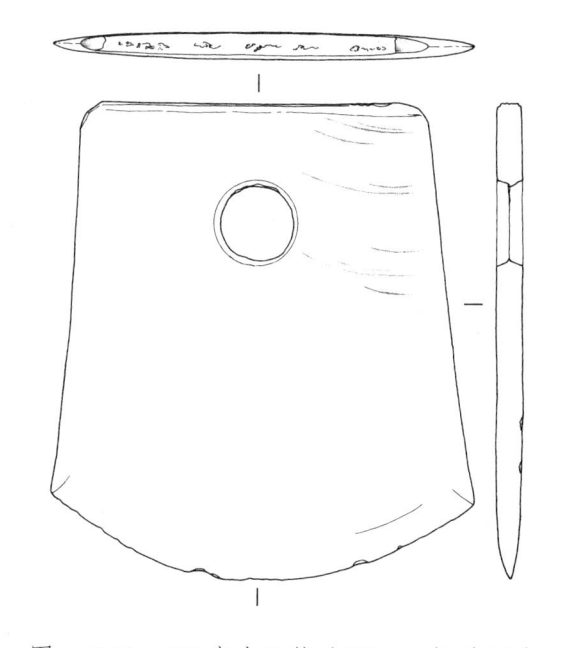

图一三三　M8 出土玉钺（M8：14）（1/2）

圆柱形，对钻孔，孔壁留有台痕以及旋痕。高1.5、直径4.5、孔径1.4厘米（图一三四；彩图292）。

镯形器 1件（M8:29）。有灰绿色瑕斑。宽环形，孔壁略弧凸。直径10.3、孔径6.6、厚1.8厘米（图一三四；彩图293）。

坠 1件（M8:34）。色紫，可能不属软玉。水滴形，上端圆尖，并对钻小孔。长1.15、直径0.7厘米（图一三四；彩图294）。

长管 1件（M8:27）。圆柱形，对钻孔。器表留有线形切割痕。长7、直径2、孔径0.9~1.1厘米（图一三四；彩图291）。

管串 1组。

M8:33，7件单件，其中2件略大。有灰色瑕斑。圆柱形，对钻孔。长1.45~2、直径0.8~0.9、孔径0.4~0.55厘米（图一三四；彩图295）。

珠串 1组。

M8:32，由10件单件组成。腰鼓形，对钻孔。部分玉珠器表留有切割痕。长1、直径0.6、孔径0.3厘米（图一三四；彩图296）。

管 14件。

M8:1，圆柱形，对钻孔。两端呈斜面。长1.2、直径0.8、孔径0.5厘米（图一三五；彩图297）。

M8:9，圆柱形，对钻孔。长2.35、直径0.75、孔径0.5厘米（图一三五；彩图297）。

M8:11，圆柱形，对钻孔。长2.5、直径1.1、孔径0.4厘米（图一三五；彩图297）。

M8:17，2件单件编为一号。圆柱形，对钻孔。长1.7~1.9、直径0.8、孔径0.4~0.6厘米（图一三五；彩图297）。

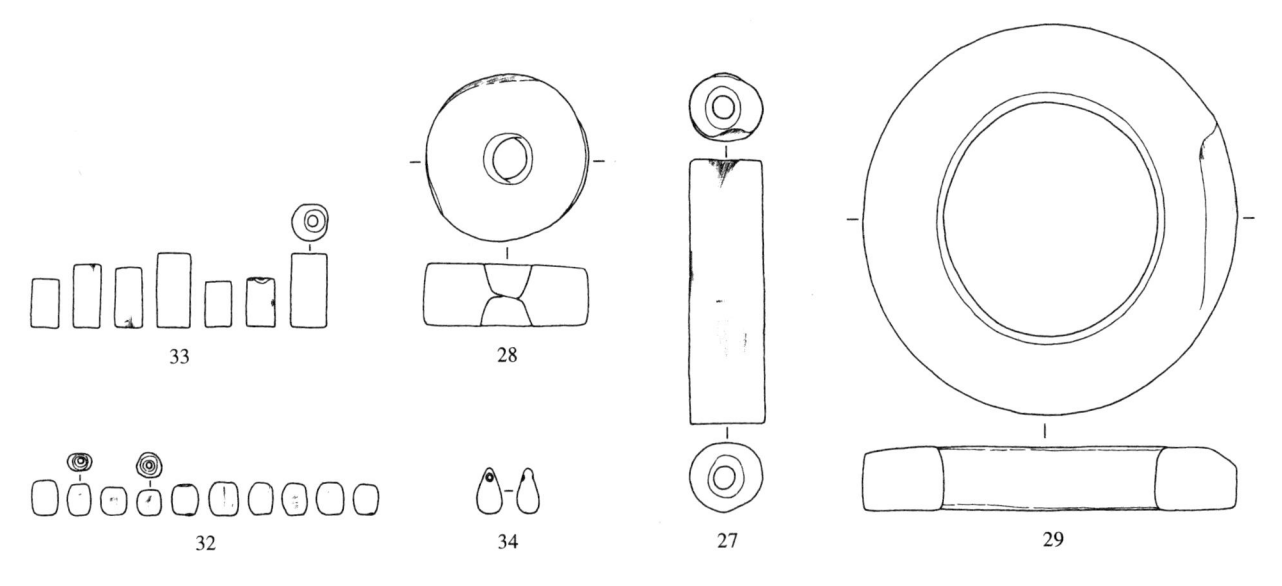

图一三四 M8出土玉长管、柱形器、镯形器、珠串、管串、坠

27.长管 28.柱形器 29.镯形器 32.珠串 33.管串 34.坠（1/2）

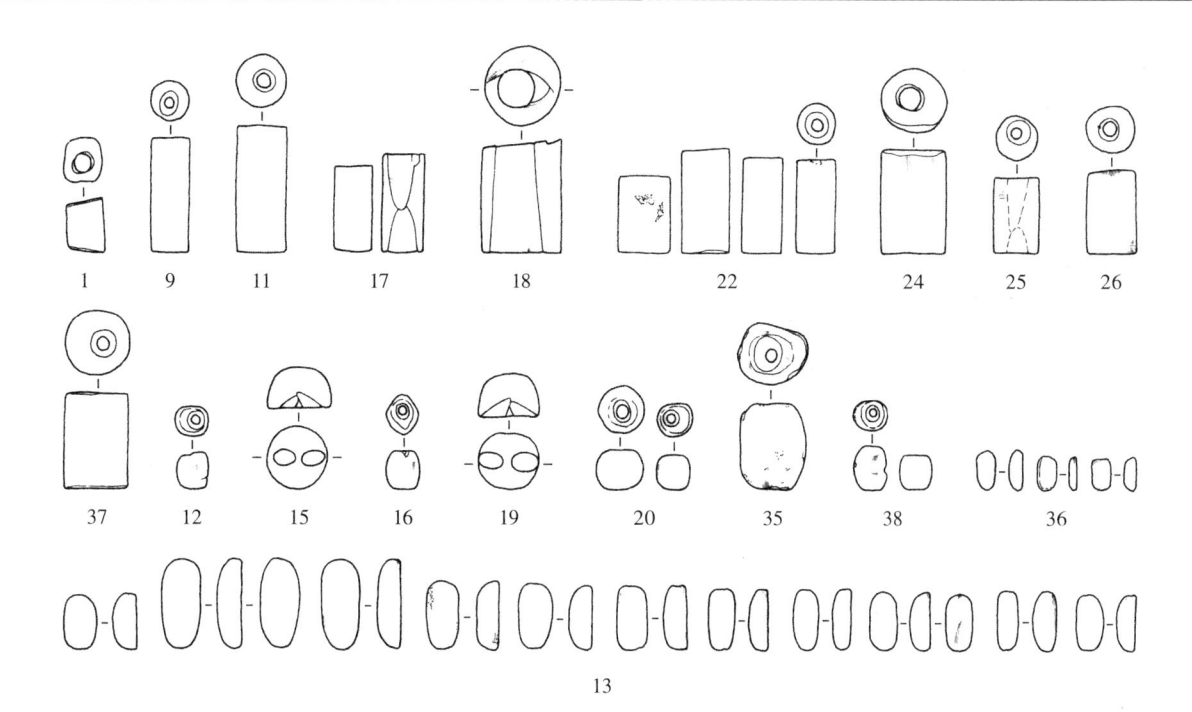

图一三五　M8出土玉管、珠、粒

1、9、11、17、18、22、24~26、37.管　12、15、16、19、20、35、38.珠　13、36.粒（2/3）

M8:18，圆柱形，对钻孔后切割，因而表现为单面钻形态。一端有弧线状切割痕。长2.2、直径1.6、孔径0.8~1厘米（图一三五；彩图298）。

M8:22，4件单件编为一号。有灰绿色瑕斑。圆柱形，对钻孔。长1.5~2.05、直径0.8~1.05、孔径0.4~0.5厘米（图一三五；彩图299）。

M8:24，有褐色瑕斑。圆柱形，对钻圆孔。长2.1、直径1.45、孔径0.8厘米（图一三五；彩图299）。

M8:25，有褐色瑕斑。圆柱形，对钻孔。长1.5、直径0.9、孔径0.4厘米（图一三五；彩图297）。

M8:26，青玉，有褐色瑕斑。圆柱形，对钻孔。长1.8、直径1、孔径0.3厘米（图一三五；彩图300）。

M8:37，有褐色瑕斑。圆柱形，对钻圆孔。长1.9、直径1.3、孔径0.5厘米（图一三五；彩图298）。

珠　9件。分为腰鼓形和半球形两种。

腰鼓形珠　7件。

M8:12，腰鼓形，对钻孔。长0.75、直径0.6、孔径0.4厘米（图一三五；彩图302）。

M8:16，腰鼓形，对钻孔。长0.8、直径0.55、孔径0.3厘米（图一三五；彩图302）。

M8:20，2件单件。腰鼓形，对钻孔。长0.7~0.8、直径0.6~0.7、孔径0.35厘米（图一三五；彩图302）。

M8：35，有褐色瑕斑。腰鼓形，器形不规整，对钻孔。长1.7、直径0.9、孔径0.55厘米（图一三五；彩图301）。

M8：38，2件单件编为一号。腰鼓形，对钻孔。长0.7~0.9、直径0.5~0.6、孔径0.3厘米（图一三五；彩图302）。

半球形珠 2件。

M8：15，半球形，平面钻隧孔。厚0.85、直径1.25厘米（图一三五；彩图303）。

M8：19，半球形，平面钻隧孔。厚0.8、直径1.2厘米（图一三五；彩图303）。

粒 14件。

M8：13，11件单件编为一号。平面呈椭圆形，一面弧凸，另一面平。长1.1~1.75、宽0.45~0.85、厚0.45~0.6厘米（图一三五；彩图304）。

M8：36，3件单件编为一号。平面呈椭圆形，一面弧凸，另一面平。长0.75、宽0.4、厚0.3厘米（图一三五；彩图305）。

（二）石器 8件。

带盖柱形器 1组（M8：2）。由器盖和柱形器组成。

M8：2-1，器盖。石英质。圆饼形，一面弧凸，另一面平并钻隧孔。直径4.7、厚1.7厘米（图一三六；彩图308、309）。

M8：2-2，柱形器。砂岩质。圆柱形，中穿孔。高2.6、直径4.3、孔径0.8厘米（图一三六；彩图309）。

束腰形饰 4件。平面略呈长方形，两端尖凸，拦腰刻有横向直槽。一面平，另一面略弧凸（图一三六）。

M8：4，长3.3、宽1.9、厚0.7厘米（彩图306）。

M8：5，长3.3、宽1.9、厚0.6厘米（彩图307）。

M8：6，残。长3.3、宽1.8、厚0.6厘米。

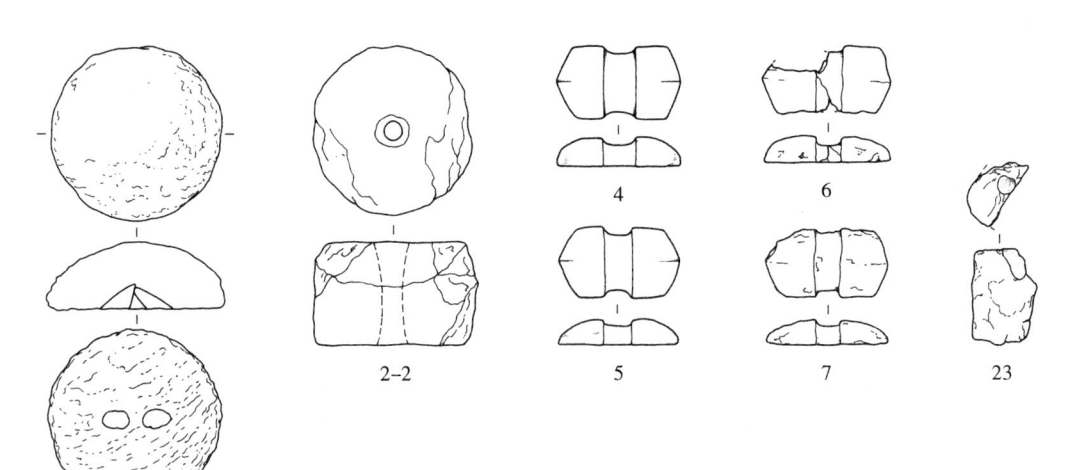

图一三六 M8出土石柱形器、束腰形饰
2.带盖柱形器 4~7.束腰形饰 23.柱形器（1/2）

M8：7，残。长 3.3、宽 1.7、厚 0.6 厘米。

柱形器 1 件（M8：23）。砂岩质。残甚，可能是柱形器。有钻孔旋痕（图一三六）。

钺 1 件（M8：21）。黑褐色。平面略呈长方形，顶端斜，未经仔细加工而略显粗糙。上部对钻孔，孔壁有旋痕。下端略宽，弧刃。器体较厚。高 15.3、刃宽 13.2、孔径 3.8、厚 1.3 厘米（图一三七；彩图 310）。

（三）陶器 4 件。

鼎 1 件（M8：42）。夹砂陶，胎呈红褐色，外表呈灰黑色。破碎较甚，无法辨明器形。有鱼鳍形足，外侧平且略厚。

豆 1 件（M8：39）。泥质陶，橙红胎，黑皮。破碎较甚而难辨器形，仅余喇叭形圈足。

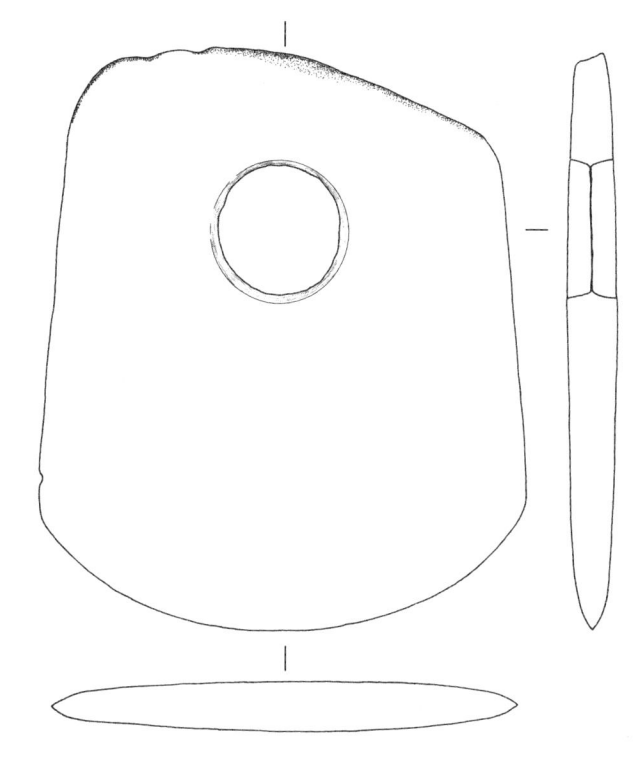

图一三七 M8 出土石钺（M8：21）（1/2）

圈足罐 1 件（M8：40）。夹细砂红褐陶，器表抹光。破碎较甚，无法辨明器形。

缸 1 件（M8：41）。夹砂红陶，极破碎，无法辨明器形。器表饰篮纹。

第九节　九号墓

一、墓葬形制

M9 位于南行墓列的中段略偏西，其西为 M10，东与 M7 相邻，北有 M11、M14。开口于表层耕土下，打破围沟状灰土及黄土台子。长方形竖穴土坑墓，南端略宽于北端，墓向 183°。墓室口大底小，坑壁斜直。墓口长 4、北宽 1.95、南宽 2.20 米，墓底长 3.15、宽 1.32 米，墓口至墓底深 1.30 米。坑内填灰色斑土，不见包含物。墓内人骨已朽无存（彩图 311）。

墓坑最北端随葬一组陶器，为鼎 1、豆 1、圈足罐 1、缸 1。胎质疏松，出土时破碎极甚。陶器南面出土 1 件嵌玉漆器（M9：78），胎体已朽，从漆皮范围可大致判断器物形态，惜无法起取。

随葬的玉器主要集中在墓坑南部和中部。其中南部有一组呈东西向布列的玉管串饰（M9：77），出土时略高于其他随葬器物，可能在埋葬时被置于葬具之外。此外，陶鼎南侧有一组由 22 件玉管组成的串饰（M9：70、71），北端陶器以南出土三角形玉牌饰（M9：68）1 件。

玉三叉形器（M9：2）出土时，弧凸面朝向墓底，叉端指向东南，与长玉管（M9：3）相距约 20 厘米，且二者有相对高差，推测是葬具塌陷所致。附近有一组玉带盖柱形器（M9：1），它是瑶山墓地内发现的唯一刻有图纹的柱形器，出土时图纹正置，但盖部叠压在柱形器之下。

玉锥形器一组 7 件（M9：7~10、17~19），偏于玉冠形器（M9：6）的东侧，一组 20 件玉粒散落其间，三者之间可能存在某种联系。

玉钺（M9：14）出于墓中部，刃向西，其上叠压 1 件刃向东南的石钺（M9：13）。玉钺东侧有 1 件小玉琮（M9：11），往北 58 厘米处也出土 1 件同样形制的小玉琮（M9：12）。这与 M7 的情况相同，小玉琮可能是钺柄的装饰物。在 2 件小玉琮的直线范围内，南北向分布着 5 件长条形玉粒（M9：32、33、34），它们可能是有机质钺柄上的镶嵌物。玉琮（M9：4）侧倒于玉钺以北，以图纹为准，其顶端朝向南。2 件玉柱形器（M9：35、36）分列两边，可能存在某种含义。

玉琮与玉钺之间有玉管串饰（M9：31），共 39 件，它们可能是墓主人的胸饰。在墓坑中部西侧出土玉镯形器（M9：41）和玉锥形器（M9：40）各 1 件（图一三八）。

二、随葬器物

随葬品有玉器、石器、陶器和嵌玉漆器，编号 82 件（组），以单件计共 268 件。

（一）玉器

编号 76 件（组），以单件计共 262 件。多为白玉，种类有冠形器、带盖柱形器、三叉形器、成组锥形器、钺、琮、小琮、锥形器、镯形器、牌饰等。

冠形器 1 件（M9：6）。玉色青白。体扁，平面呈倒梯形，上端两角微外撇，中间凹缺并有尖凸，尖凸之下有 1 个长圆形孔。下端有扁平凸榫，上面均等对钻 3 个小孔。高 3.7、宽 5.5~6.9、厚 0.15~0.3 厘米（图一三九；彩图 312）。

带盖柱形器 1 组（M9：1）。由器盖和柱形器组成（彩图 313）。

M9：1-1，器盖。呈扁平圆饼形，一面平，另一面弧凸，平面钻有隧孔。直径 4.5、厚 1 厘米（图一四〇；彩图 314）。

M9：1-2，柱形器。圆筒形，器表有 3 个弧凸面，每个凸面均为浅浮雕和阴线琢刻的神兽纹。上端中间饰 3 组羽纹，下有椭圆形微凸眼眶，双圈为眼，阔鼻，嘴扁宽，内露两组獠牙，中间 2 枚獠牙朝上，外侧的 2 枚冲下。其余部位阴刻线纹和卷云纹，作为地纹。每个凸面的图案均有微小差别，主要是嘴部之下的刻纹有所不同。高 3.5、直径 4.8、孔径 2.6~2.7 厘米（图一四〇；彩图 315）。

三叉形器 1 件（M9：2）。有褐色瑕斑。整器一面平，一面弧凸。呈三叉状，左、右叉平齐，顶端钻椭圆形孔，并从正、反两面钻通小孔。中叉略低，其顶端穿椭圆形孔，穿孔底端两侧各钻 1 个浅孔。椭圆形孔分别以 2 个或 3 个实心钻钻孔而成。整器两面刻相同的图案。两叉上部刻羽纹，下部刻神兽纹，双圆眼，扁嘴露出两组獠牙。其余部位阴刻卷云纹。高 5.05、宽 6.8、厚 0.4~0.6 厘米（图一四一；彩图 316、317）。

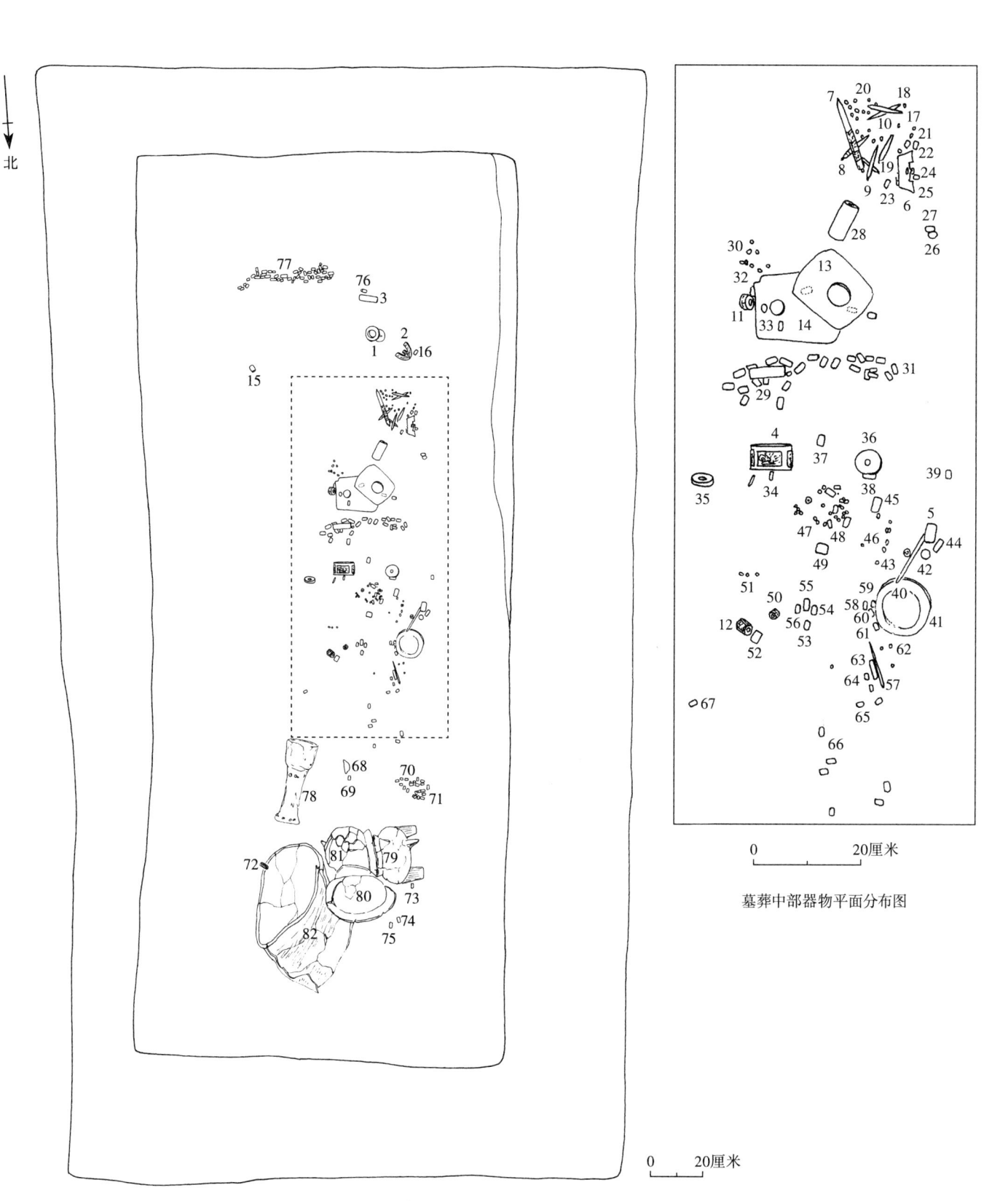

图一三八 M9 平面图

1. 玉带盖柱形器 2. 玉三叉形器 3、28、29. 玉长管 4. 玉琮 5. 玉刻纹管 6. 玉冠形器 7~10、17~19、40. 玉锥形器 11、12、49、50、72. 小玉琮 13. 石钺 14. 玉钺 15、16、21~23、25、27、37~39、44、45、52~56、58~61、63~65、67、69、73~76. 玉管 20、30、32~34、46、47、51、62. 玉粒 24、26、42、43. 玉珠 31、48、66、70、71、77. 玉管串 35、36. 玉柱形器 41. 玉镯形器 57. 玉条形器 68. 玉牌饰 78. 嵌玉漆器 79. 陶鼎 80. 陶豆 81. 陶圈足罐 82. 陶缸

墓葬中部器物平面分布图

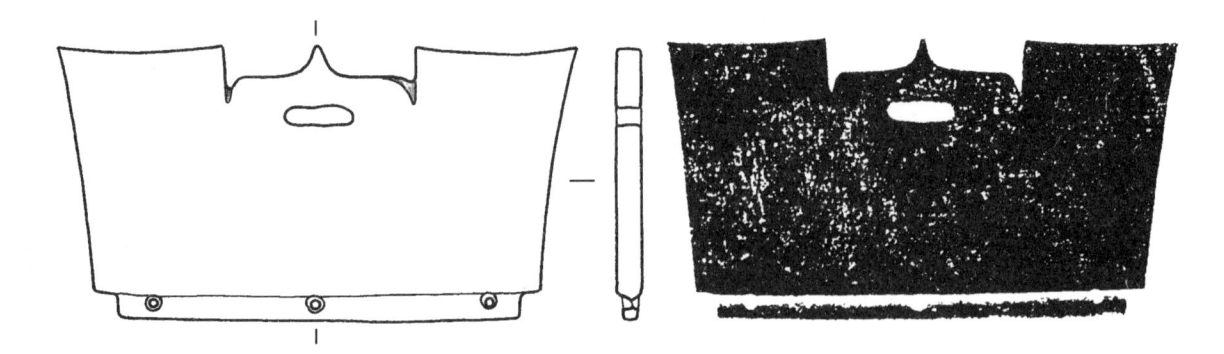

图一三九　M9 出土玉冠形器（M9∶6）及拓片（1/1）

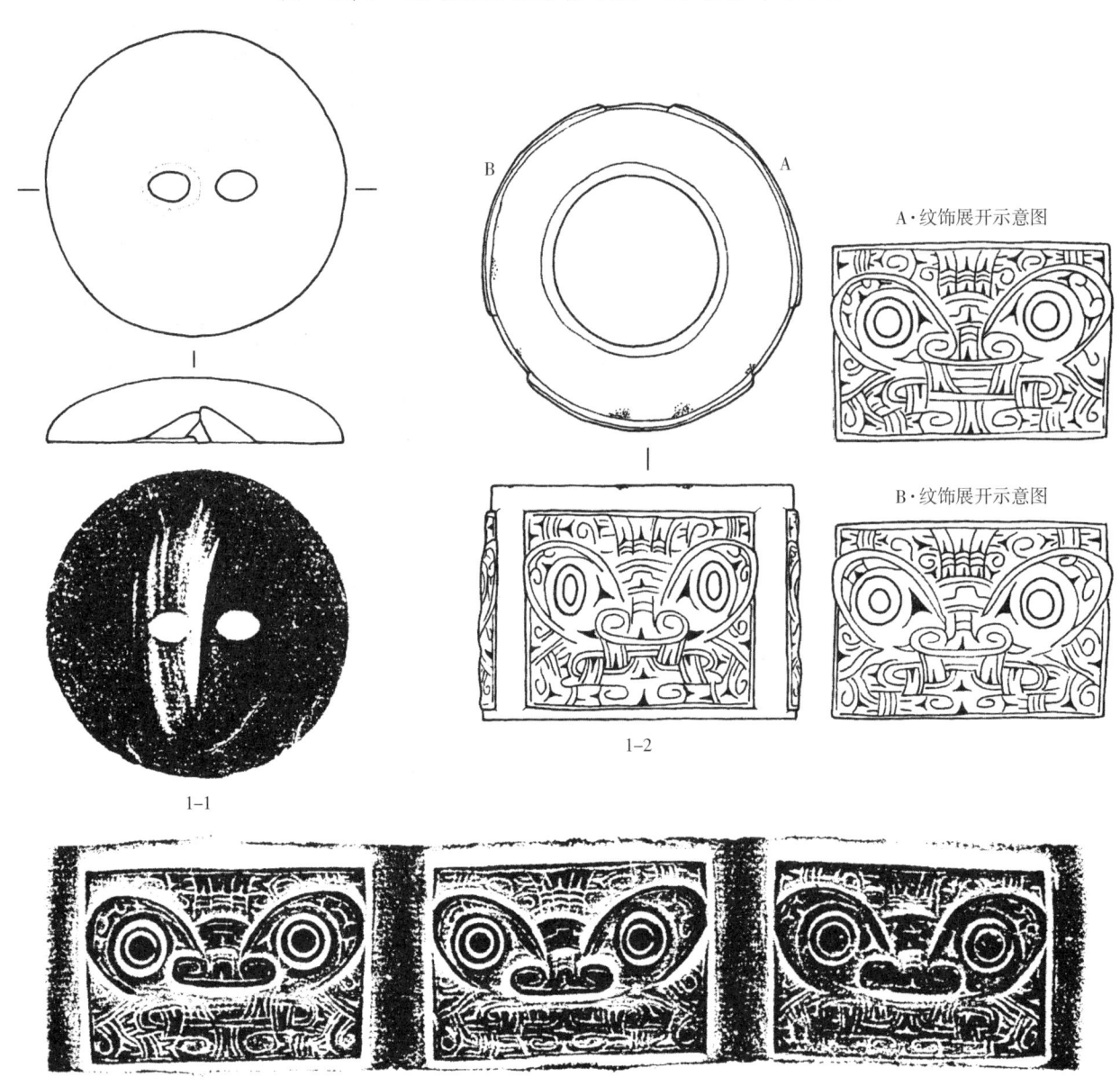

1-1
1-2

图一四〇　M9 出土玉带盖柱形器及拓片
1-1. 柱形器器盖　1-2. 柱形器（1/1）

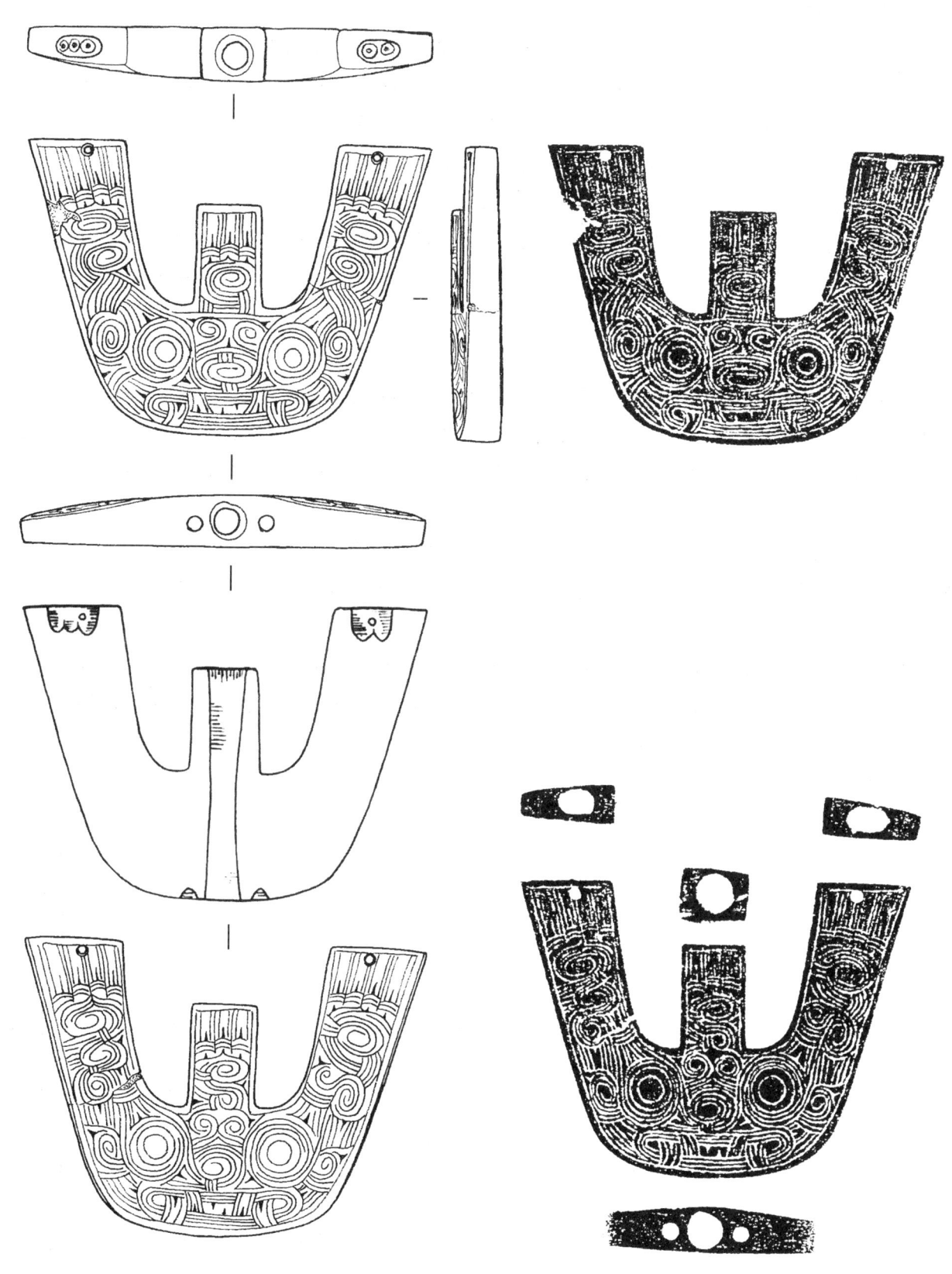

图一四一 M9出土玉三叉形器（M9∶2）及拓片（1/1）

长管 3件。

M9:3，有褐色瑕斑。圆柱形，对钻圆孔，双向钻孔的深度有较大的差异。长6.4、直径1.7、孔径0.65~0.75厘米（图一四二；彩图318）。长管出土时与三叉形器相距约20厘米，根据墓地内其他墓的情况推知，此长管应与三叉形器配套使用。

M9:28，圆柱形，对钻圆孔，器形及钻孔端均不规整。器表及一端有弧线状切割痕。长6.8、直径3.2、孔径1.15厘米（图一四二；彩图319）。

M9:29，器形不规整。圆柱形，对钻孔，一端钻孔用2个实心钻钻孔而成，双向钻孔的深度有较大的差异。两端及器表有弧线状切割痕。长7、直径1.8、孔径1厘米（图一四二；彩图320）。

成组锥形器 1组7件。

M9:7，长条方柱形。上端锥尖，下端有小凸榫，并对钻小孔。整器被弦纹带分成等长的上、下两部分，上端光素，下端琢刻简化神兽纹。以转角为中轴线，构成2组图案。眼眶椭圆形弧凸，眼球微鼓。两眼之间阴刻云纹为额，其上刻平行细弦纹，象征羽冠。扁平凸棱为鼻，上面阴刻卷云纹。长5.9厘米（图一四五；彩图323）。

M9:8，长条方柱体。顶端锥尖，另一端有圆凸榫，并对钻小孔。整器下半段琢刻简化的神兽纹，被横向浅槽分成上、下相同的两部分，共8组。每组上端饰细弦纹，单圆圈眼，鼻扁宽且前凸。长8.1、宽1厘米（图一四五；彩图324）。

M9:9，有少量青色瑕斑。顶端锥尖，尾端有圆凸榫，并对钻小孔。整器下部刻神兽纹。4个转角分别以鼻端为中心，合成2组兽面。浅浮雕宽带上阴刻卷云纹，表示神人部分。之

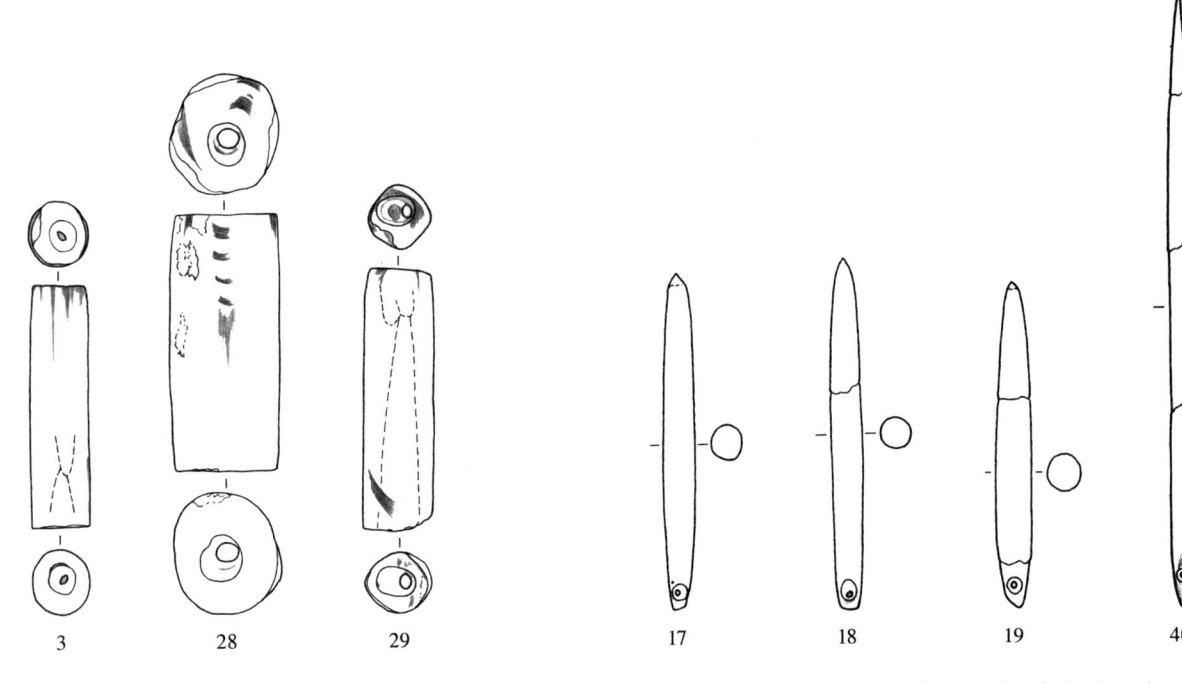

图一四二　M9出土玉长管（1/2）

图一四三　M9出土玉锥形器（2/3）

下在相对的 2 个转角琢刻弧凸的眼眶，圆眼、眼球四周饰云纹。在相隔的另外 2 个转角有凸起的鼻子，上饰卷云纹。长 6.9 厘米（图一四五；彩图 325）。

M9：10，出土时断成三截。长条方柱体。一端锥尖，另一端有圆凸榫，并对钻小孔。器体下半段琢刻神兽纹，被横向浅槽分为上、中、下三部分，共 12 组，每组图纹相同。上端饰 2 组弦纹带，其下有椭圆形眼眶和单圈双眼，鼻扁宽，阔嘴内露出 2 枚冲下的獠牙。长 13.5、宽 0.85 厘米（图一四五；彩图 326）。

M9：17，长条形，横断面呈圆形。一端圆尖，另一端有对钻的小孔。长 6.7、直径 0.65 厘米（图一四三；彩图 327）。

M9：18，出土时断成两截。长条形，横断面呈圆形。一端圆尖，另一端对钻小孔。长 7.05、直径 0.65 厘米（图一四三；彩图 327）。

M9：19，出土时已断成三截。长条形，横断面呈圆形。一端圆尖，另一端对钻小孔。长 6.5、直径 0.7 厘米（图一四三；彩图 327）。

钺 1 件（M9：14）。平面略呈长方形，弧刃宽于顶端，一刃角残，钺上部对钻一大一小 2 个圆孔。顶端留有弧线切割后的崩碴，略经打磨。圆孔一侧有直向切割痕，斜切入钺面。下孔两侧至顶端两角各有 1 组细线痕，宽约 1 厘米，顶端缘有斜向的细线痕。高 15.6、顶宽 10.6、刃宽 11.6、上孔径 1.55、下孔径 2.2、厚 0.8 厘米（图一四四；彩图 322）。

琮 1 件（M9：4）。有灰褐色瑕斑。圆筒形，孔壁微凸，但经打磨。器表有 4 个对称的长方形弧凸面，各饰 1 组神兽纹，图案基本相同。椭圆形眼眶，额、鼻均为浅浮雕，圆眼管钻而成。鼻微隆起，鼻翼阔，阴线刻出鼻孔。嘴扁宽且弧凸，上面阴线刻出两对獠牙，其中内侧獠牙朝上，外侧獠牙冲下。主体纹饰的空隙阴线刻有繁密的卷云纹。神兽纹之上还有 3 组羽状纹，象征神冠。高 4.5、射径 7.95、孔径 6.3 厘米（图一四六、一四七；彩图 328、329）。

刻纹管 1 件（M9：5）。圆柱形，中间对钻孔。器表上下两端刻浅横槽，以突出图纹。上下均有 4 个圆凸，周围阴刻弧线，圆凸之间刻一菱形纹。钻孔口不甚规整。高 3.7、直径 2、孔径 0.6 厘米（图一四八；彩图 321）。

小琮 5 件。

M9：11，有灰色瑕斑。方柱体，中间对钻孔。器表有 4 个弧凸面，分别以转角线为中轴，刻简化的神兽纹，图案基本相同。上端饰 2 组弦纹，其下有单线圆圈眼和凸鼻。高 3、射径 2.8、孔径 1.3 厘米（图一四九；彩图 330、333）。

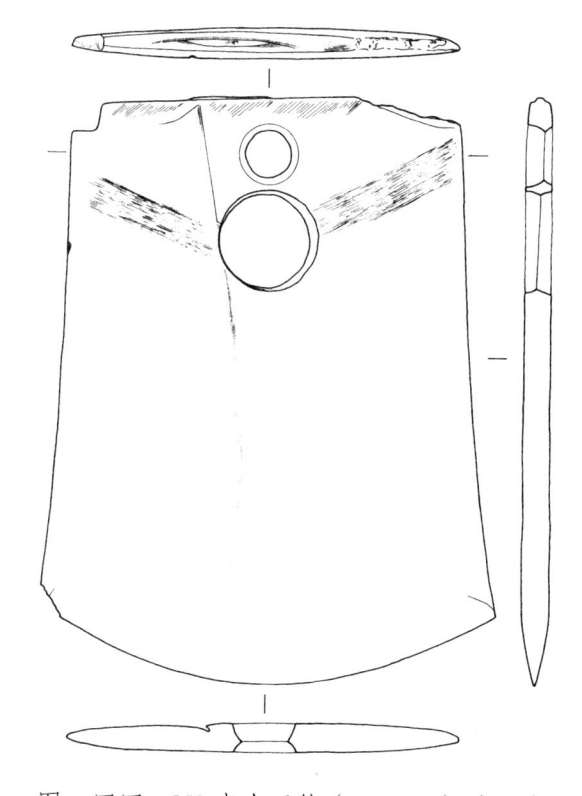

图一四四 M9 出土玉钺（M9：14）（1/2）

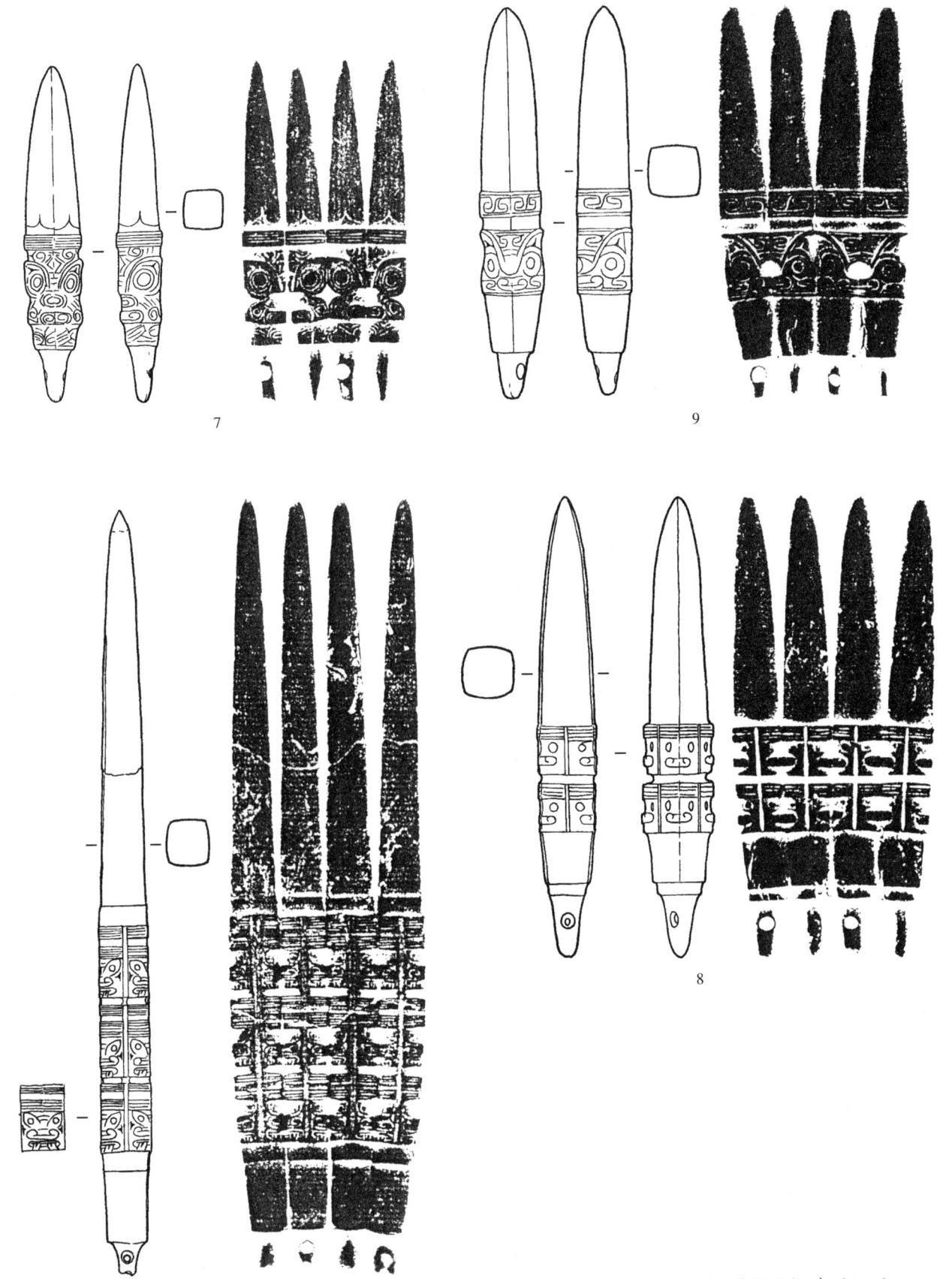

图一四五　M9出土玉锥形器及拓片（1/1）

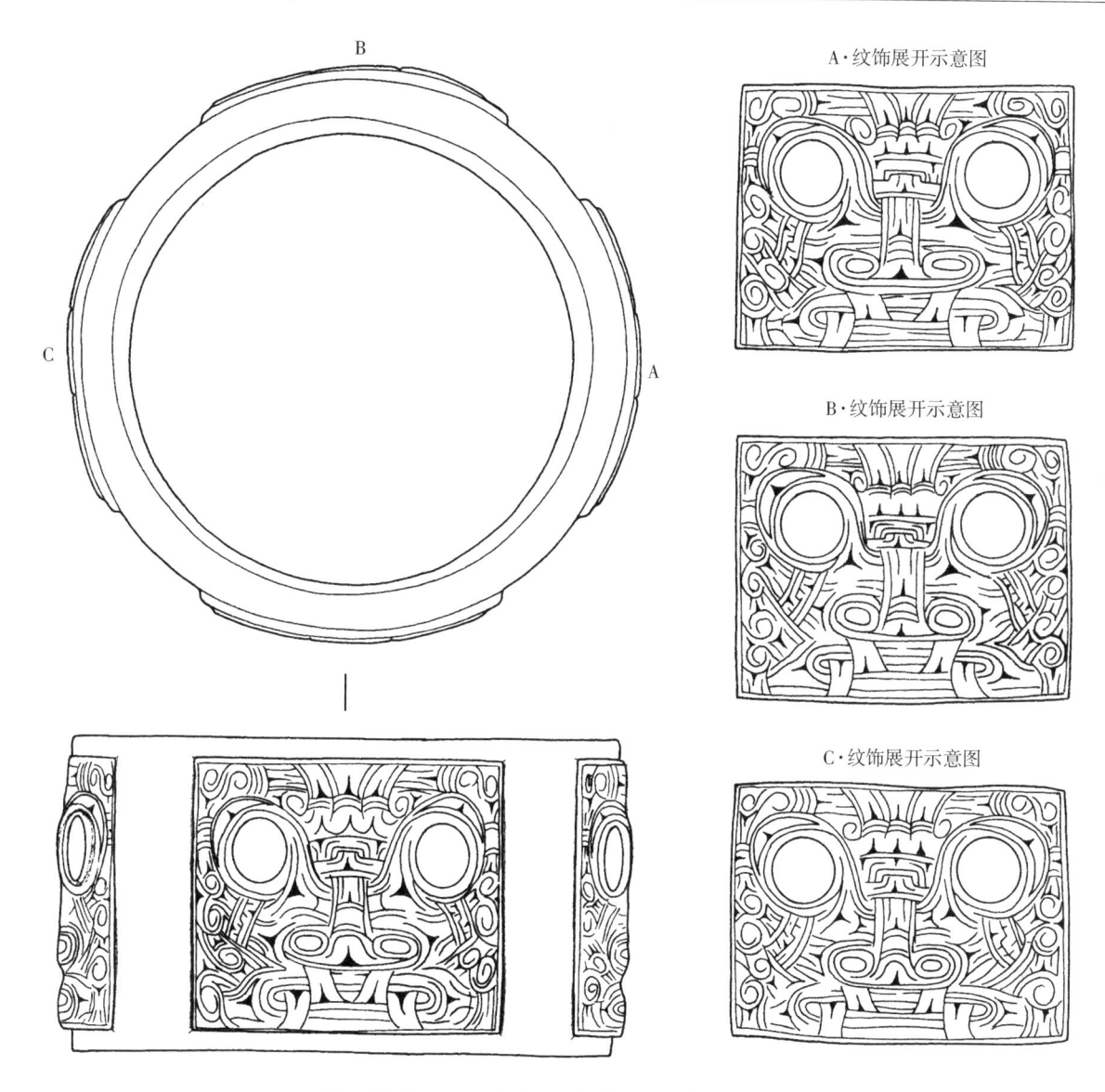

图一四六　M9出土玉琮（M9：4）（1/1）

M9：12，形制、大小、饰纹与M9：11相同（图一四九；彩图331、333）。

M9：49，方柱体，器身从中间被切断，现仅见琮体的下半部，断面有弧线状切割痕。上半部分的神兽纹仅留有下半部。下半部分的神兽纹以4个转角线为中轴，上端饰2组弦纹，其下是眼和鼻，眼为重圈。高1.7、射径1.6、孔径0.6厘米（图一五〇；彩图332）。

M9：50，方柱体，钻孔端不规整。4个转角分别琢刻上、下2组简化神兽纹。神兽纹的上端饰弦纹带，其下为单圈眼和鼻，两侧有圆弧线，表示脸庞。高2、射径1.6、孔径0.6厘米（图一五〇；彩图335）。

M9：72，方柱体，中间对钻孔。4个转角凸面各刻上下3组弦纹带。高3.55、射径1.5、孔径0.6厘米（图一五〇；彩图334）。

镯形器　1件（M9：41）。有灰色瑕斑。宽环带形，内壁弧凸，外壁直。高3、直径9.8、

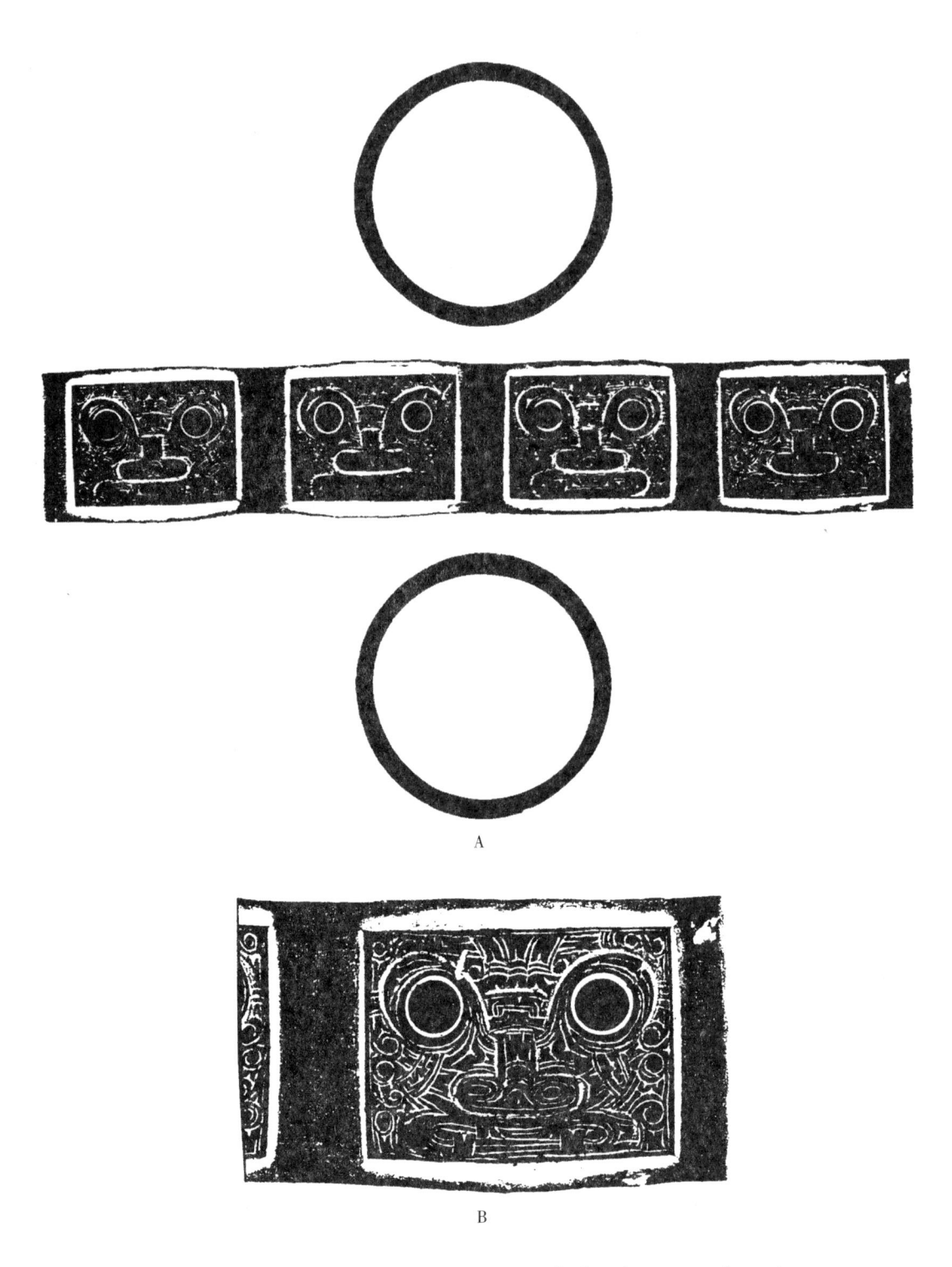

图一四七 M9出土玉琮（M9:4）拓片（A为1/2，B为1/1）

图一四八　M9 出土玉刻纹管（M9∶5）及拓片（1/1）

孔径 6.4 厘米（图一五一；彩图 336）。

柱形器　2 件。

M9∶35，有褐色瑕斑。圆柱形，单面钻孔。一端面有弧线状切割痕。高 1.55、直径 4.3、孔径 1 厘米（图一五二；彩图 337）。

M9∶36，圆柱形，单面钻孔。一端面有弧线状切割痕。高 1.55、直径 4.4、孔径 1.2 厘米（图一五二；彩图 338）。

牌饰　1 件（M9∶68）。白玉，用片料制作而成。平面呈倒三角形，中部厚而边缘薄。底角对钻 1 个小孔，顶端分别对钻 2 个小孔。器体一面弧凸，有几处粗糙面，但略经打磨；

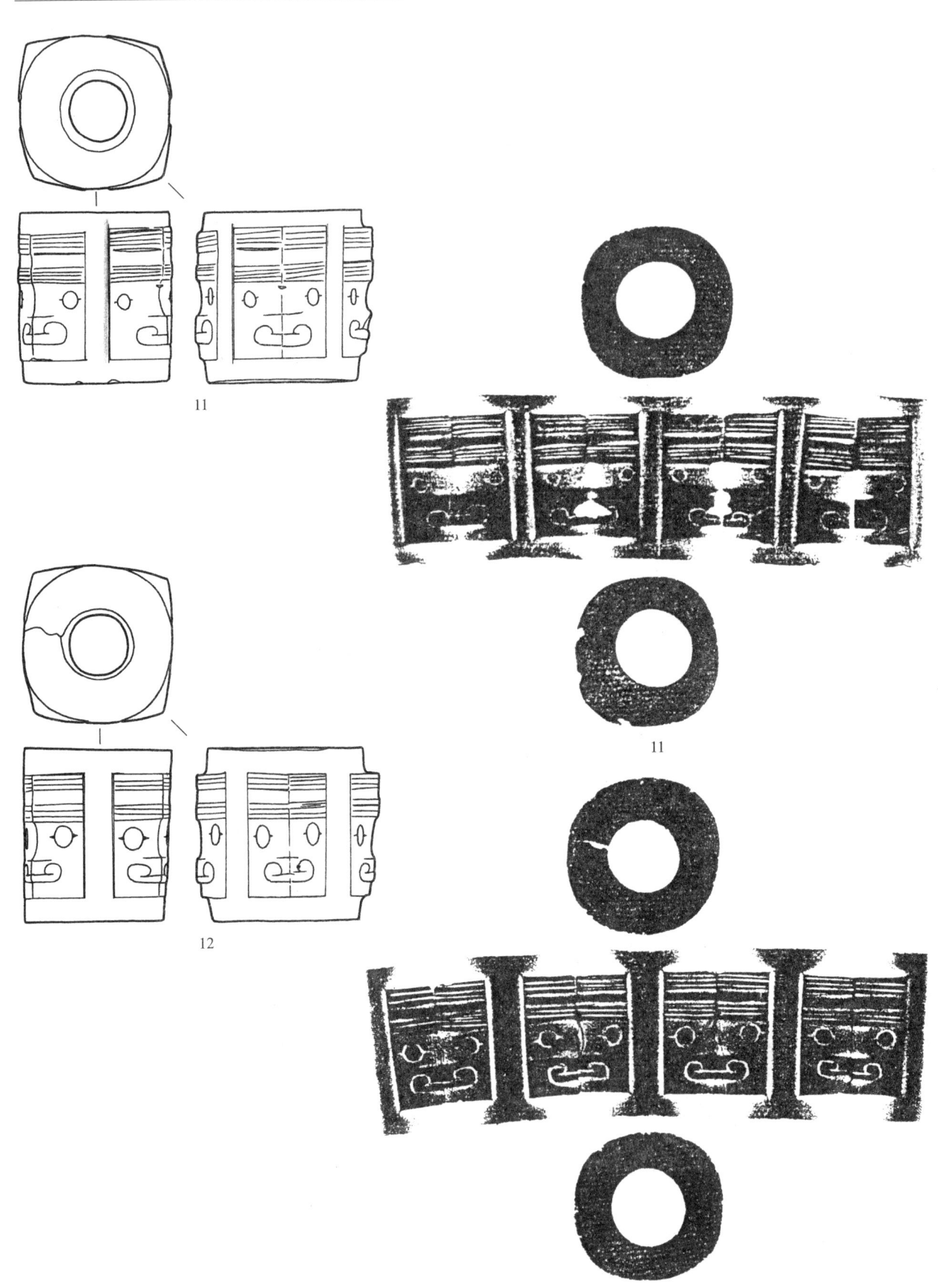

图一四九　M9 出土小玉琮及拓片（1/1）

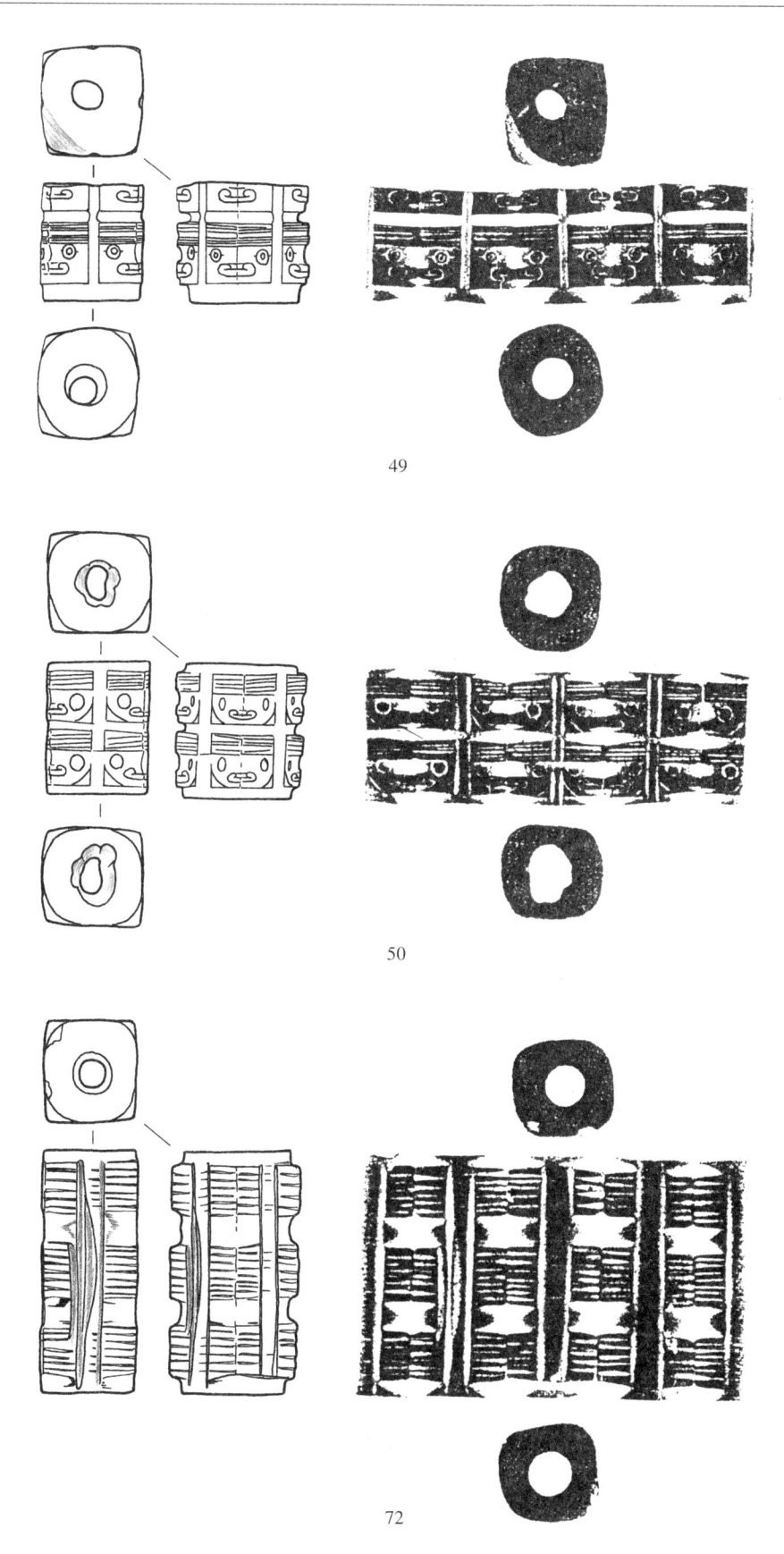

图一五〇　M9 出土小玉琮及拓片（1/1）

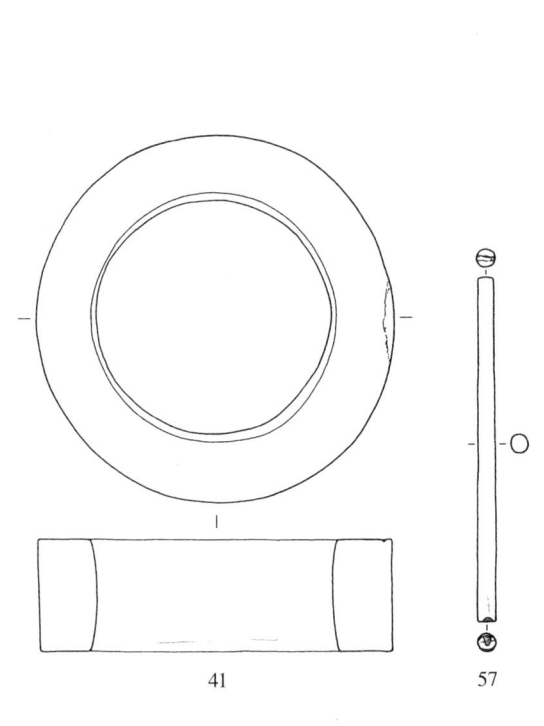

图一五一 M9 出土玉镯形器、条形器
41.镯形器　57.条形器（1/2）

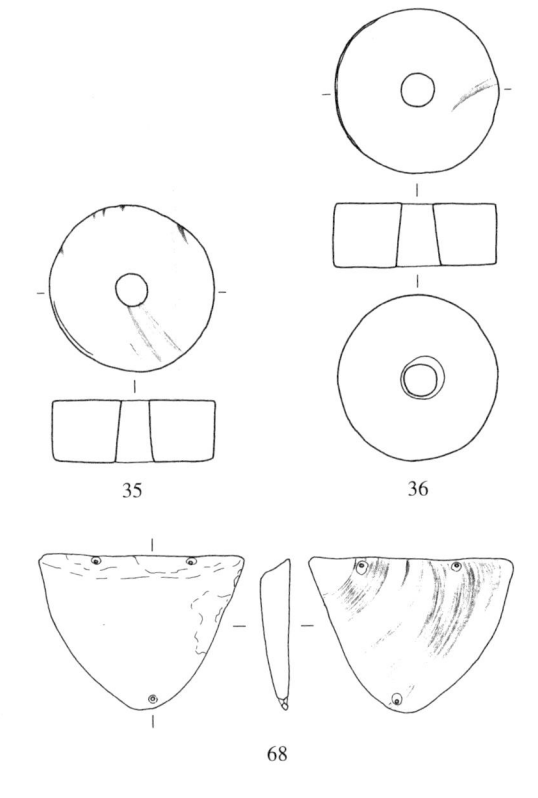

图一五二 M9 出土玉柱形器、牌饰
35、36.柱形器　68.牌饰（1/2）

另一面平，有较多的弧线状切割痕，并经打磨。长 4.1、宽 5.5、厚 0.8 厘米（图一五二；彩图 340、341）。

锥形器　1 件（M9：40）。出土时断成四截。长条形，一端锥尖，另一端扁尖，对钻孔。长 12.4、直径 0.5 厘米（图一四三；彩图 339）。

条形器　1 件（M9：57）。玉色青白。长条柱形，横断面略呈扁圆形。一端有横向切割线，另一端有半个钻孔痕。长 9.2、直径 0.5 厘米（图一五一；彩图 342）。

管串　6 组，共 133 件单件。

M9：31，由 39 件单件组成。多为白玉，部分有灰褐色瑕斑。圆柱形，多为对钻孔。个别的双向对钻孔，之后被切割断，从而表现为单面钻孔形态。器表和端面有弧线状切割痕。长 2.2~3.6、直径 1.1~1.2、孔径 0.5~0.6 厘米（图一五三；彩图 344）。

M9：48，由 8 件单件组成。有灰色瑕斑。圆柱形，对钻孔。个别的器表有弧线状切割痕。长 1.4~1.9、直径 0.9~0.95、孔径 0.4~0.5 厘米（图一五四；彩图 343）。

M9：66，由 8 件单件组成。多为白玉，部分有灰褐色瑕斑。圆柱形，对钻孔。长 1.4~1.7、直径 0.8~0.9、孔径 0.4 厘米（图一五四；彩图 345）。

M9：70，由 13 件单件组成。多为白玉，部分有灰褐色瑕斑。圆柱形，对钻孔，其中一件表现为单面钻孔，实为对钻后再切割而成。长 1.25~1.9、直径 0.9~1.05、孔径 0.4~0.5 厘米

图一五三　M9 出土玉管串（M9：31）（2/3）

图一五四　M9 出土玉管串（2/3）

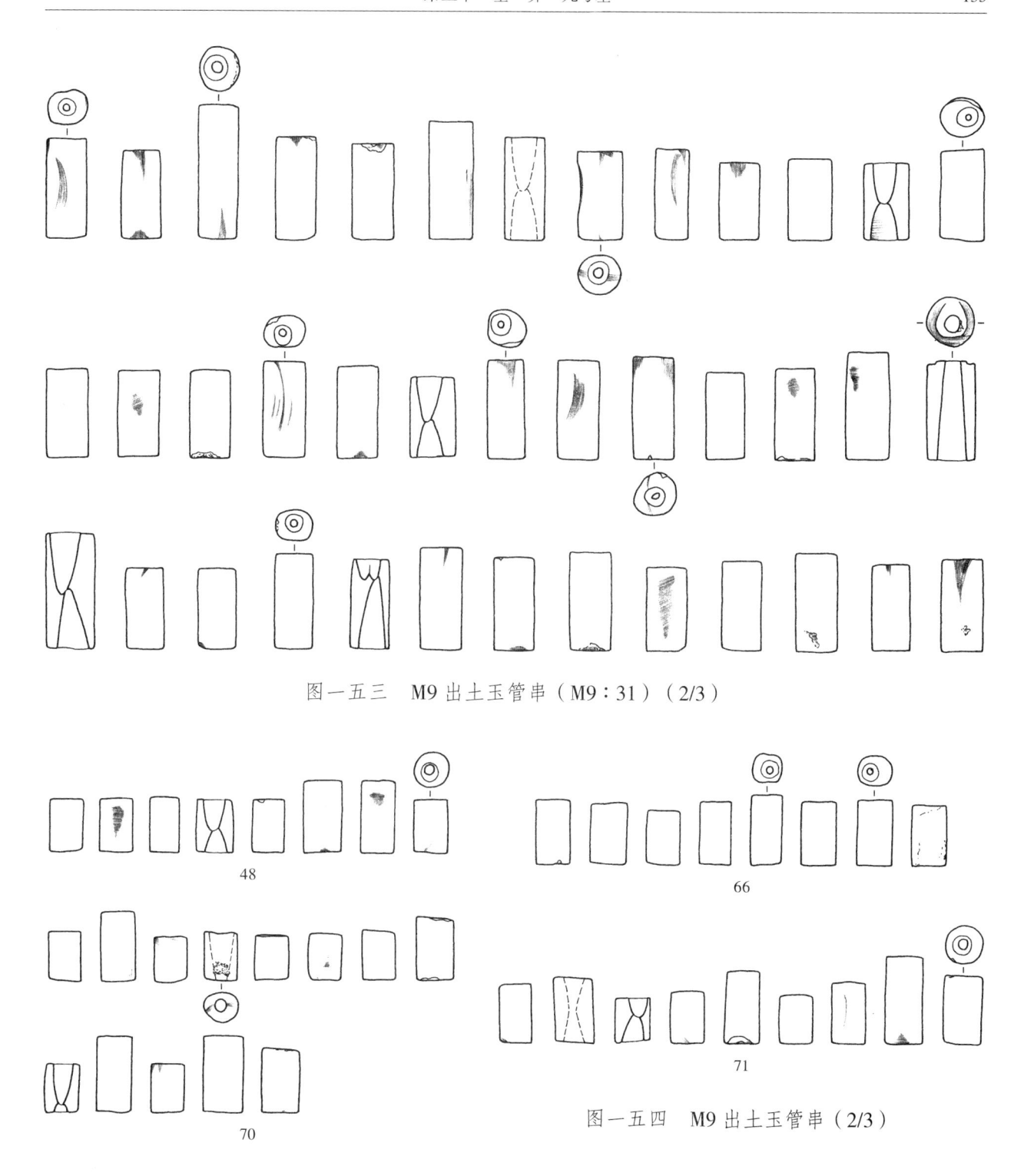

（图一五四；彩图 346）。

M9：71，由 9 件单件组成。多为白玉，部分有灰色瑕斑。圆柱形，对钻孔。长 1.2~2.2、直径 0.8~1、孔径 0.4 厘米（图一五四；彩图 347）。

M9：77，由 56 件单件组成。多为白玉，部分有灰褐色瑕斑。多为圆柱形，个别的横断面为三角形和方形，对钻孔。部分器表有弧线状切割痕。长 1~3.4、直径 0.85~1.2、孔径 0.4~0.6

厘米（图一五五；彩图 348）。

管 30 件。

M9：15，圆柱形，对钻孔。两端面有弧线状切割痕。长 1.5、直径 1.7、孔径 0.5~0.6 厘米（图一五六；彩图 349）。

M9：16，圆柱形，对钻孔。一端面有弧线状切割痕。长 2.05、直径 1.05、孔径 0.5 厘米（图一五六；彩图 354）。

M9：21，圆柱形，对钻孔。器表有弧线状切割痕。长 1.2、直径 0.9、孔径 0.4 厘米（图一五六；彩图 354）。

M9：22，圆柱形，对钻孔。一端面留有切割后的台痕。长 1.1、直径 0.9、孔径 0.4 厘米（图一五六；彩图 350）。

M9：23，有灰色瑕斑。圆柱形，对钻孔。长 1.3、直径 0.9、孔径 0.5 厘米（图一五六；彩图 350）。

M9：25，圆柱形，对钻圆孔。长 1.1、直径 0.7、孔径 0.4 厘米（图一五六；彩图 350）。

M9：27，圆柱形，对钻孔。器表有弧线状切割痕。长 1、直径 0.65、孔径 0.3 厘米（图一五六；彩图 350）。

M9：37，有灰色瑕斑。圆柱形，对钻圆孔。长 2.85、直径 1.1、孔径 0.5 厘米（图一五六；彩图 351）。

M9：38，有较多的灰色瑕斑。圆柱形，对钻孔。长 2.7、直径 1.1、孔径 0.7 厘米（图

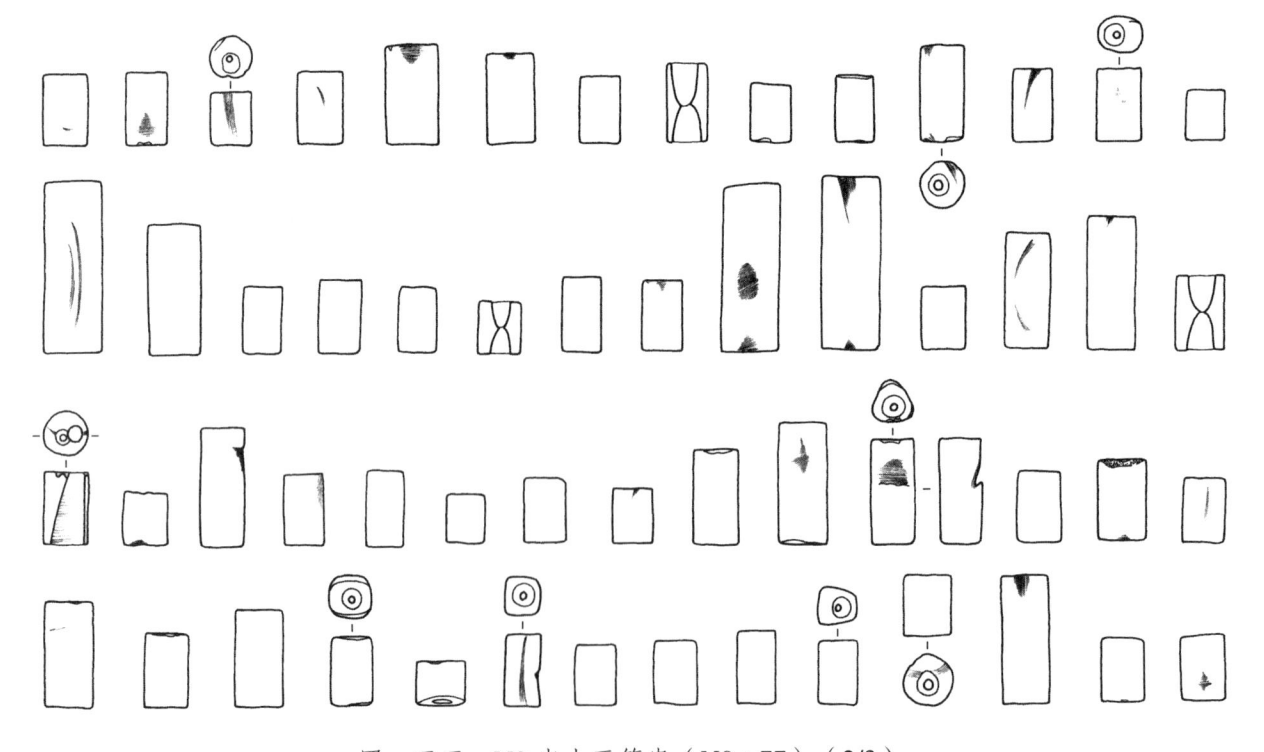

图一五五　M9 出土玉管串（M9：77）（2/3）

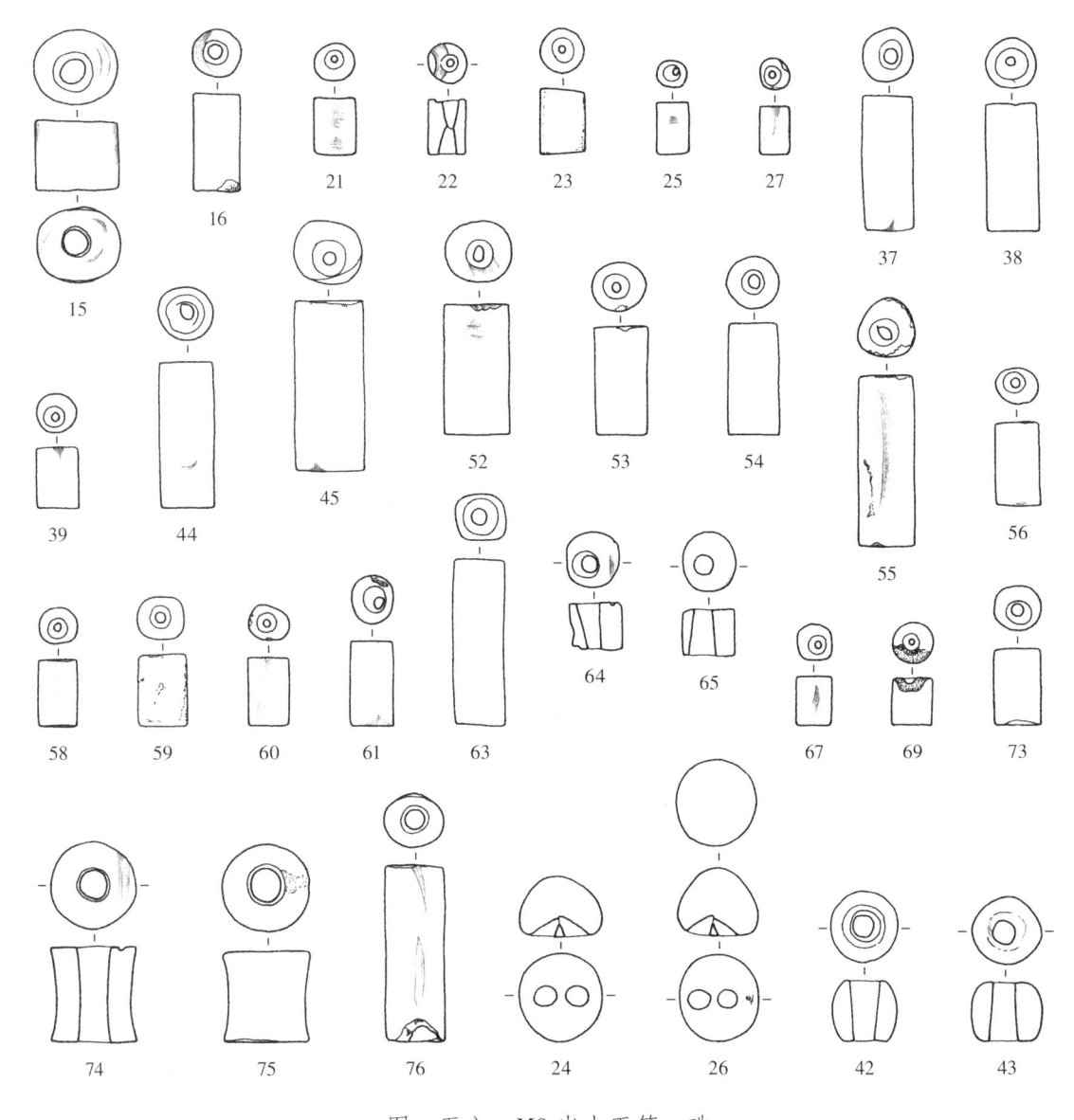

图一五六　M9 出土玉管、珠

24、26、42、43. 珠　余. 管（2/3）

一五六；彩图 351）。

M9：39，圆柱形，对钻孔。长 1.3、直径 0.8、孔径 0.4 厘米（图一五六；彩图 350）。

M9：44，圆柱形，对钻孔。长 3.05、直径 1.15、孔径 0.7 厘米（图一五六；彩图 351）。

M9：45，有灰褐色瑕斑。圆柱形，对钻孔。长 3.5、直径 1.5、孔径 0.6 厘米（图一五六；彩图 351）。

M9：52，有褐色瑕斑。圆柱形，对钻孔。一端面有弧线状切割痕。长 2.7、直径 1.4、孔径 0.5~0.6 厘米（图一五六；彩图 351）。

M9：53，有灰色瑕斑。圆柱形，对钻孔。长 2.3、直径 1.1、孔径 0.4 厘米（图一五六；

M9：54，有灰色瑕斑。圆柱形，对钻孔。长2.3、直径1.1、孔径0.4厘米（图一五六；彩图352）。

M9：55，圆柱形，对钻孔。长3.6、直径1.15、孔径0.5厘米（图一五六；彩图352）。

M9：56，圆柱形，对钻孔。长1.75、直径0.9、孔径0.4厘米（图一五六；彩图350）。

M9：58，有褐色瑕斑。圆柱形，对钻孔。器表有切割痕。长1.4、直径0.9、孔径0.4厘米（图一五六；彩图353）。

M9：59，有灰色瑕斑。圆柱形，横断面呈圆角方形，对钻孔。长1.5、直径1、孔径0.5厘米（图一五六；彩图353）。

M9：60，有灰色瑕斑。圆柱形，对钻孔。长1.4、直径0.8、孔径0.4厘米（图一五六；彩图353）。

M9：61，有褐色瑕斑。圆柱形，对钻孔。长1.8、直径1、孔径0.5厘米（图一五六；彩图353）。

M9：63，有褐色瑕斑。方柱形，对钻孔。长3.5、直径1.05、孔径0.6厘米（图一五六；彩图352）。

M9：64，圆柱形，双向钻孔后切割，仅见单向钻孔形态。长1、直径1.2、孔径0.55厘米（图一五六；彩图353）。

M9：65，圆柱形，双向钻孔后切割，因而表现为单向钻孔形态。长0.9、直径1.2、孔径0.6厘米（图一五六；彩图349）。

M9：67，圆柱形，对钻孔。器表有弧线状切割痕。长1、直径0.8、孔径0.4厘米（图一五六；彩图354）。

M9：69，圆柱形，对钻孔。长1、直径0.9、孔径0.3厘米（图一五六；彩图354）。

M9：73，有黄褐色瑕斑。圆柱形，对钻孔。长1.65、直径1、孔径0.4厘米（图一五六；彩图354）。

M9：74，有较多的灰色瑕斑。圆柱形，对钻孔，外壁内凹。经过打磨。长2、直径1.85、孔径0.7厘米（图一五六；彩图355）。

M9：75，有较多的灰色瑕斑。圆柱形，对钻孔，外壁内凹。经过打磨。长1.9、直径1.85、孔径0.85厘米（图一五六；彩图357）。

M9：76，有灰色瑕斑。圆柱形，对钻孔。器表有弧线状切割痕。长3.7、直径1.3、孔径0.5厘米（图一五六；彩图352）。

珠　4件。

M9：24，半球形，平面钻隧孔。直径1.8、厚1.3厘米（图一五六；彩图356）。

M9：26，半球形，平面钻隧孔。直径1.8、厚1.3厘米（图一五六；彩图356）。

M9：42，腰鼓形，单向钻孔。长1.3、直径1.4、孔径0.65厘米（图一五六；彩图358）。

M9：43，腰鼓形，单向钻孔。长1.25、直径1.3、孔径0.6厘米（图一五六；彩图358）。

粒 67件。

M9：20，20件单件编为一号。平面略呈椭圆形，一面平，另一面弧凸。长0.6~1.1、宽0.3~0.6、厚0.2~0.4厘米（图一五七；彩图359）。

M9：30，8件单件编为一号。平面呈椭圆形，一面平，另一面弧凸。长0.5~0.9、宽0.4、厚0.3厘米（图一五七；彩图360、361）。

M9：32，2件单件编为一号。长条形，一面平，另一面弧凸。长3.5、3.75厘米，宽0.6、厚0.45厘米（图一五七；彩图362）。

M9：33，有灰绿色瑕斑。长条形，一面平，另一面弧凸。长3.05、宽0.6、厚0.55厘米（图一五七；彩图363）。

M9：34，2件单件编为一号。长条形，一面平，另一面弧凸。长2.7、2.9厘米，宽0.5、厚0.5厘米（图一五七；彩图362）。

M9：46，8件单件编为一号。平面呈椭圆形，一面平，另一面弧凸。长0.8~1、宽0.55、厚0.3厘米（图一五七；彩图364）。

M9：47，19件单件编为一号。平面略呈椭圆形，一面平，另一面弧凸。长0.4~1.1、宽0.2~0.6、厚0.2~0.4厘米（图一五七；彩图365）。

M9：51，3件单件编为一号。平面呈椭圆形，一面平，另一面弧凸。长0.5~0.6、宽0.3、厚0.2厘米（图一五七；彩图366）。

M9：62，4件单件编为一号。平面呈椭圆形，一面平，另一面弧凸。长0.85~1.1、宽0.45~0.6、

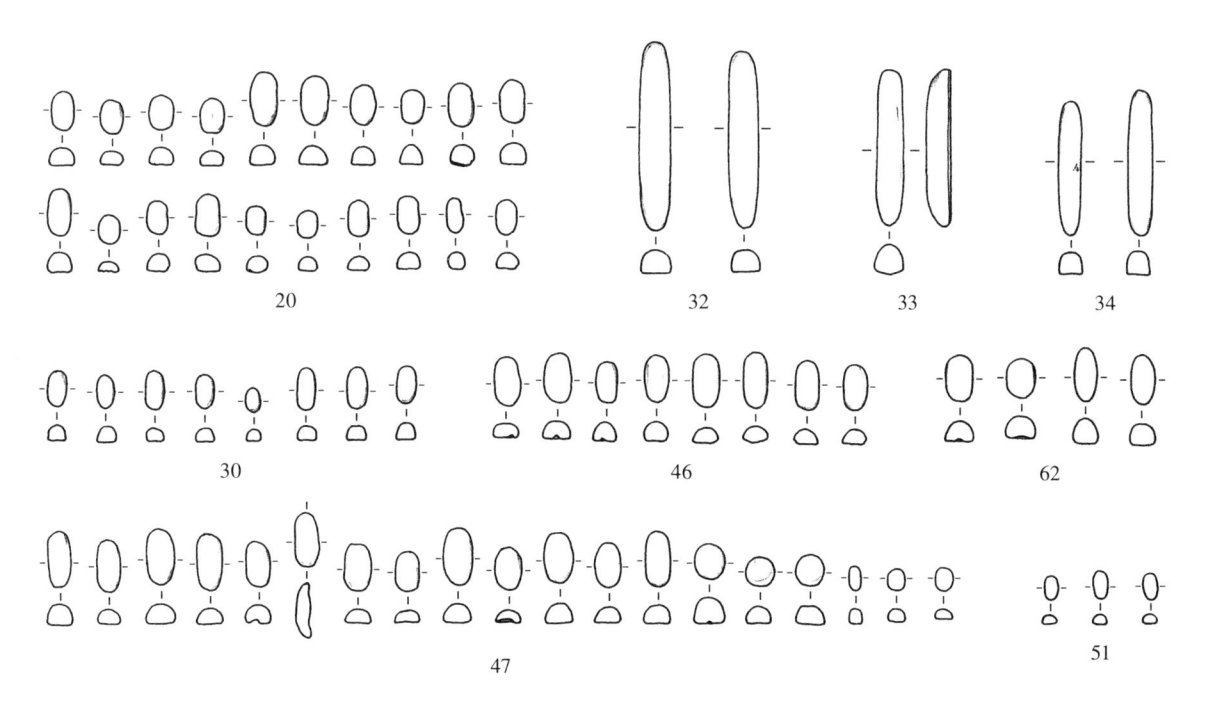

图一五七 M9出土玉粒（2/3）

厚 0.4~0.5 厘米（图一五七；彩图 367）。

（二）石器

钺 1件（M9：13）。黑褐色。平面略呈长方形，顶端微弧，弧刃宽于顶端，钺上部对钻圆孔，孔壁有旋痕。高 13、顶宽 9.6、刃宽 10.8、孔径 3.9、厚 1.1 厘米（图一五八；彩图 369）。

（三）嵌玉漆器

杯 1件（M9：78）。敞口圆筒形，下接细而高的喇叭形圈足。出土时胎体已朽，无法起取。漆皮呈朱红色，髹漆均匀，出土时仍有光泽。在杯体与圈足的接合处以及圈足近底部的外壁上，均镶嵌一周玉粒，玉粒正面弧凸，背面平整。因内、外壁的漆皮仍保持原状，所以从现场观测，原器壁厚 2~3 毫米，高 29、口径 11、圈足径 12 厘米（彩图 368）。

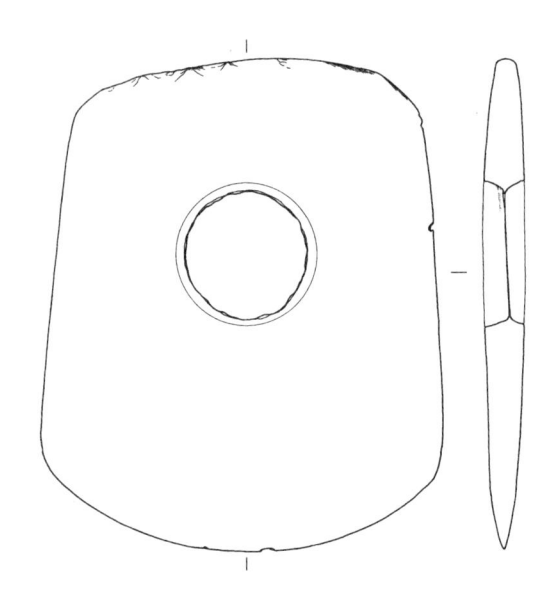

图一五八　M9 出土石钺（M9：13）（1/2）

（四）陶器　4件。

鼎 1件（M9：79）。夹细砂陶，陶胎里侧为红褐色，外侧呈灰黑色。侈口，沿面内凹，鼓腹，圜底。扁鱼鳍形足，外侧平、略厚，内侧折角圆弧。高 18.4、口径 14.8 厘米（图一五九；彩图 370）。

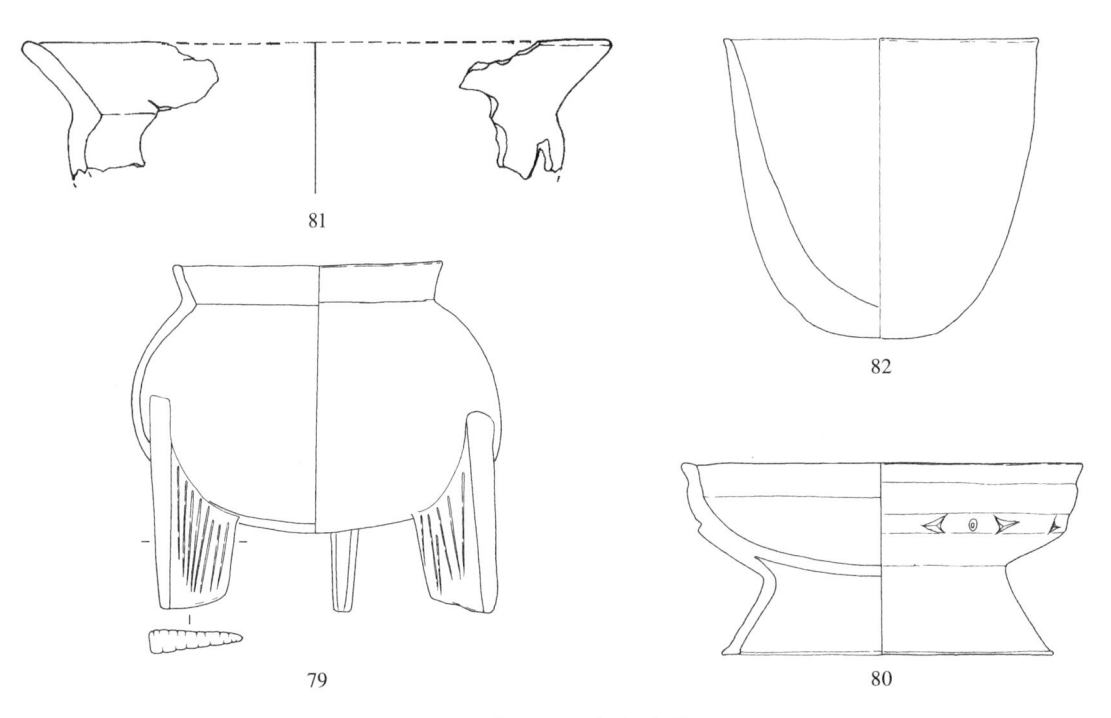

图一五九　M9 出土陶器
81.圈足罐　82.缸　79.鼎　80.豆（82 为 1/8，余为 1/4）

豆 1件（M9：80）。泥质灰陶，胎表为橙红色。侈口，斜唇，盘腹外侧微折，喇叭形矮圈足。盘外壁饰一周凹弦纹，以及一周由2个凹弧边三角形和1个圆形未透镂孔组成的纹带。根据观察，圆形孔是用管钻钻孔而成。高10.3、口径21.8、足径18.6厘米（图一五九；彩图371）。

圈足罐 1件（M9：81）。夹砂红陶，器表施橙红色陶衣，经磨光。侈口，沿面斜直。破碎极甚而无法辨别器形（图一五九）。

缸 1件（M9：82）。夹粗砂红陶。尖唇，深腹，圜底近平。器形不规整，下腹及底部胎较厚。高32.4、口径32~33.5厘米（图一五九；彩图372）。

第十节　十号墓

一、墓葬形制

M10位于南行墓的西端，西侧是M3，东有M9，北与M4、M5相邻。开口于表层耕土下，打破黄土台子。长方形竖穴土坑墓，墓向184°。墓圹长3.35、宽1.75、深1.34米。坑壁较规整，墓底也较平整。填土为斑杂的灰土，不见包含物。墓内人骨已朽无存（彩图373）。

墓内北端出土陶器4件，为鼎1、豆1、圈足罐1、缸1。胎质疏松，出土时破碎极甚。陶器周围散乱分布着玉管，陶豆之上还出土1件刻纹长玉管（M10：21）。在陶器之南发现1件三角形玉牌饰（M10：20），出土时有刻纹的一面朝下。

玉器主要分布在墓内中部和南部。南部有三叉形器、冠形器、带盖柱形器、成组锥形器等。其中，三叉形器（M10：6）有刻纹的一面朝下，压在平行分布的11件一组的锥形器（M10：5）之上，锥形器的尾端与三叉形器的叉端基本同向，均指向西南（彩图375）。在锥形器上面有1件玉镯形器（M10：3），其北为冠形器（M10：4）。冠形器的凸榫朝北。旁侧有1件石钺（M10：8），刃部朝东。最南端有一组东西向分布的玉管串（M10：65），由114件单件玉管组成。玉管串与三叉形器之间出土一组带盖柱形器（M10：2），柱与盖身分离。此外，玉柱形器（M10：1）出土时，高出墓底约30厘米，这说明，它原本可能被放在葬具之上。

在墓的中部发现多件玉镯形器、3件玉琮和1件玉钺（彩图374）。其中，双孔玉钺（M10：14）的刃部朝向东端，被压在石钺（M10：13）之下。玉琮分布在玉钺的周围，以图纹为准，M10：15玉琮顶端朝北，M10：16、19玉琮顶端朝上。玉琮西侧有多件玉镯形器，个别的相互叠压。上述器物之间散落着69件玉管，为一组串饰（M10：63），应为墓主人的胸饰。该墓未发现单件锥形器，但从玉条形饰（M10：25）的出土位置看，它可能有替代单件锥形器的功能。在中部偏北出土7件玉饰件（M10：42~48），平面呈半圆形或月牙形，从其扁薄的器体及器缘多有隧孔判断，它们可能是被缝缀物。周围还散落着串饰（M10：97），由201件玉管组成（图一六〇）。

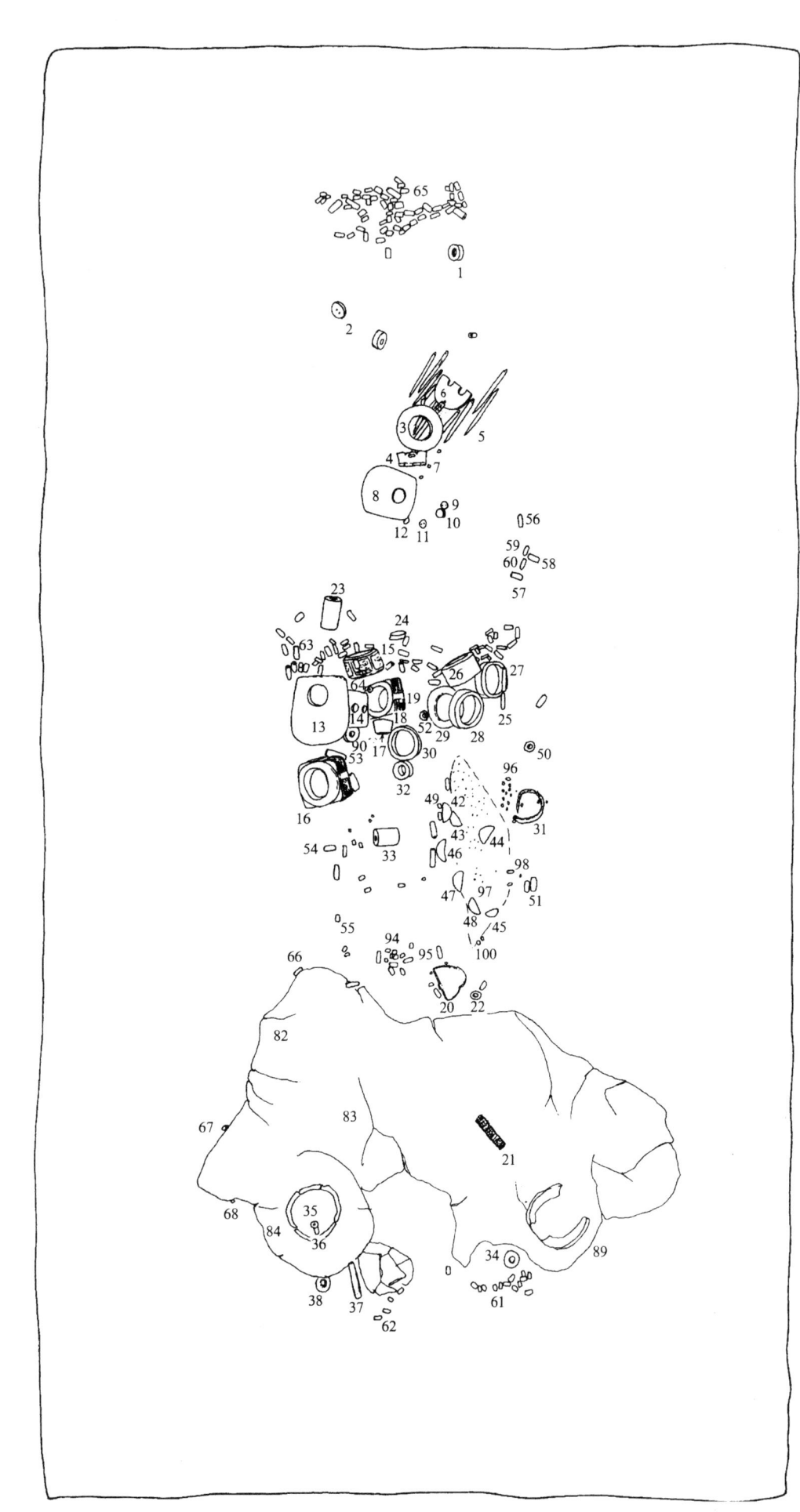

图一六〇　M10 平面图

1、17、23、32~34、38、90. 玉柱形器
2. 玉带盖柱形器
3、26~31. 玉镯形器
4. 玉冠形器
5. 玉锥形器
6. 玉三叉形器
7、95、96、98、107. 玉粒
8、13. 石钺
9~12、35、50、64、94、100、103、105. 玉珠
14. 玉钺
15、16、19. 玉琮
18、24. 玉端饰
20. 玉牌饰
21、37、53. 玉长管
22. 玉环形饰
25. 玉条形饰
36、39~41、51、52、54~60、62、66、68、69、71、72、74~81、85~88、91、93、101、102、104、106. 玉管
42~45、48、99. 玉半圆形饰
46、47. 玉月牙形饰
49、61、63、65、97. 玉管串
67、70. 玉弹形饰
82. 陶豆
83. 陶缸
84. 陶圈足罐
89. 陶鼎
（注：69 在 84 下，70~81、100~106 在 82 下，85~88、91、93 在 84 下，99 在 97 下，39~41 散落于其他器物下层。73、92 为空号）

0　　20厘米

二、随葬器物

随葬品包括玉器、石器和陶器，编号105件（组），以单件计共562件。

（一）玉器

编号99件（组），以单件计共556件。多为白玉，许多玉器有红褐色瑕斑。种类有冠形器、带盖柱形器、三叉形器、成组锥形器、钺、琮、镯形器、牌饰、弹形饰等。

冠形器 1件（M10:4）。有灰点瑕斑。平面呈倒梯形，上端略宽，中间凹缺，其中夹有尖凸。凹缺下钻1个椭圆形孔。下端有扁长凸榫，上面均等对钻3个小孔。高3.15、宽6.4、厚0.4厘米（图一六一；彩图376）。

带盖柱形器 1组（M10:2）。由器盖和柱形器组成。

M10:2-1，器盖。扁平圆饼形，一面弧凸，另一面平，并钻隧孔，隧孔内有旋痕。直径4.1、厚1.3厘米（图一六二；彩图377）。

M10:2-2，柱形器。圆柱体，中间对钻孔，并存明显的台痕。外壁微内凹，留有一道横向切割痕。高3、直径4.5、孔径1.7厘米（图一六二；彩图378）。

三叉形器 1件（M10:6）。有红褐色瑕斑。三叉平齐，中叉有竖向直孔，底端圆弧。正面浅浮雕和线刻神兽纹。三叉上端分别刻3组羽纹。器身中部为2个双圈大圆眼，眼外有弧形眼眶。两眼之间有长条形鼻梁，鼻翼阔。鼻下有扁长且弯弧的嘴，嘴内向外伸出2对獠牙，里侧的朝上，外侧的冲下。主体纹饰周围刻划卷云纹。背面光素平直。高5.2、宽7.4、厚1.3厘米（图一六三；彩图379、380）。

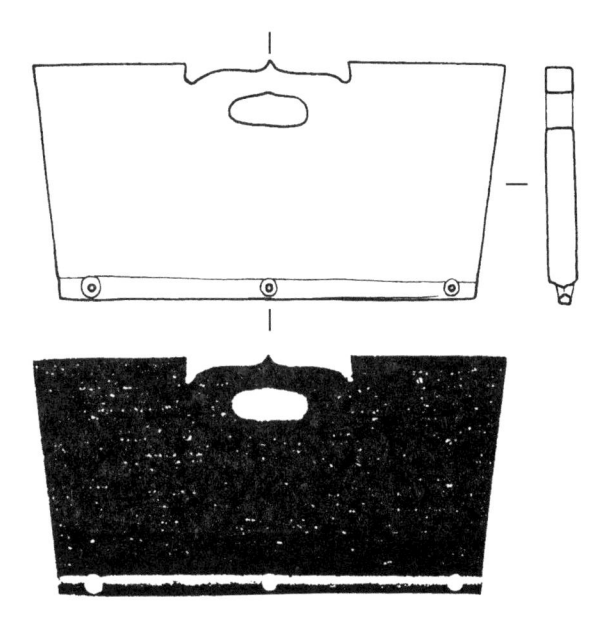

图一六一 M10出土玉冠形器（M10:4）及拓片（1/1）

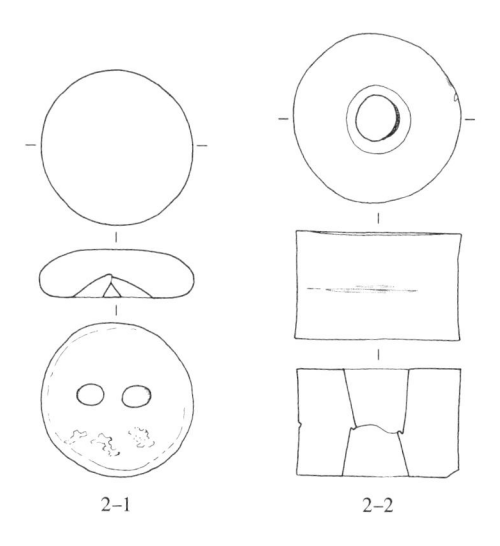

图一六二 M10出土玉带盖柱形器
2-1.柱形器器盖 2-2.柱形器（1/2）

图一六三　M10出土玉三叉形器（M10∶6）及拓片（1/1）

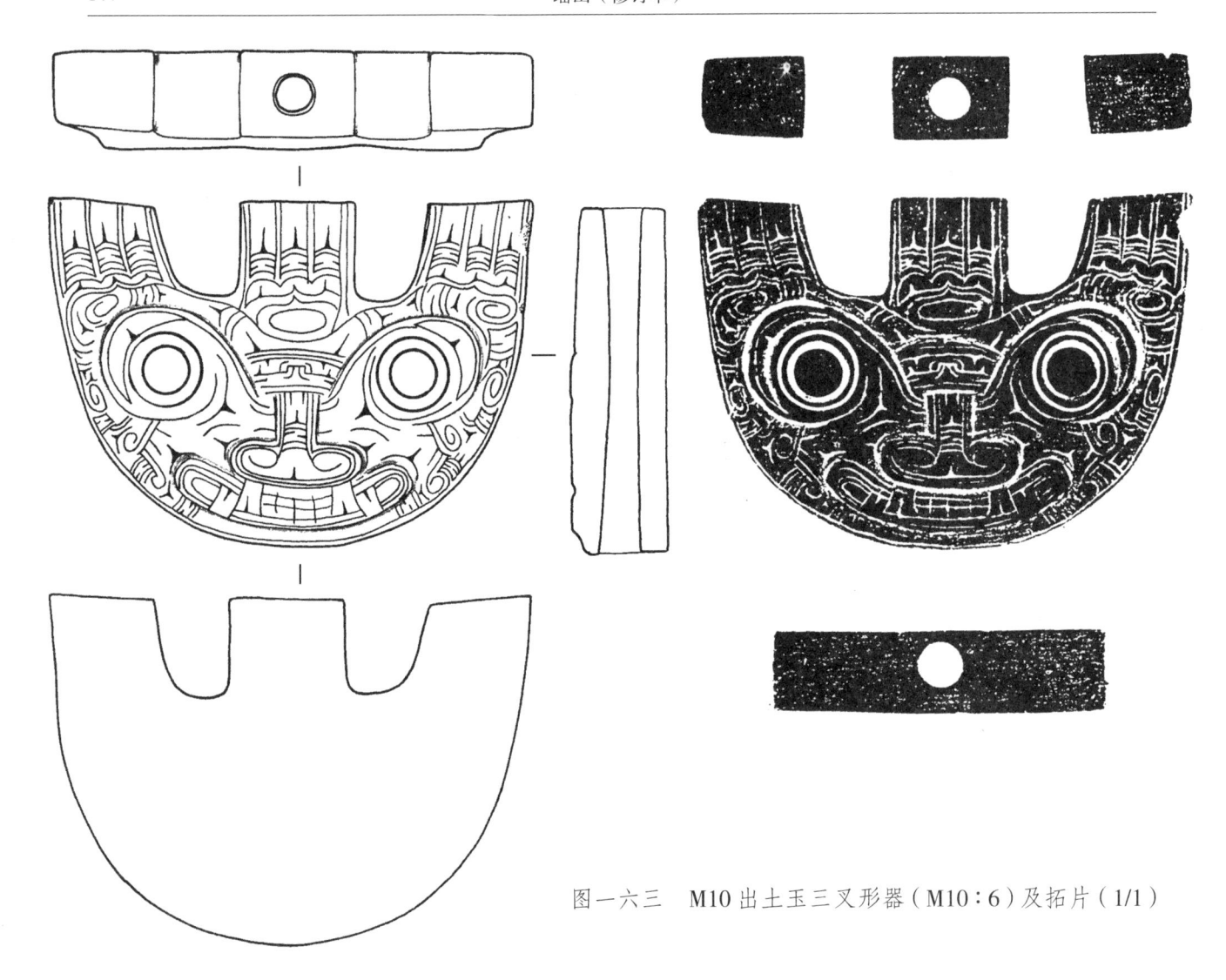

成组锥形器　1组11件（M10∶5）。均光素无纹。

M10∶5-1，有褐色瑕斑。长条形，一端锥尖，另一端略扁并对钻孔。长11.5、直径0.7厘米（图一六四；彩图381）。

M10∶5-2，青灰色，有褐色瑕斑。长条形，一端锥尖，另一端略扁并对钻孔。长11.7、直径0.8厘米（图一六四；彩图381）。

M10∶5-3，有褐色瑕斑。长条形，一端锥尖，另一端略扁并对钻孔。长11.7、直径0.8厘米（图一六四；彩图381）。

M10∶5-4，出土时断成两截。玉色青灰，有褐色瑕斑。长条形，一端锥尖，另一端略扁并对钻孔。长11.9、直径0.9厘米（图一六四；彩图381）。

M10∶5-5，出土时断成两截。玉色青灰。长条形，一端锥尖，另一端略扁并对钻孔。长11.8、直径0.8厘米（图一六四；彩图381）。

M10∶5-6，玉色灰白。长条形，一端锥尖，另一端略扁并对钻孔。长12、直径0.9厘米（图一六四；彩图381）。

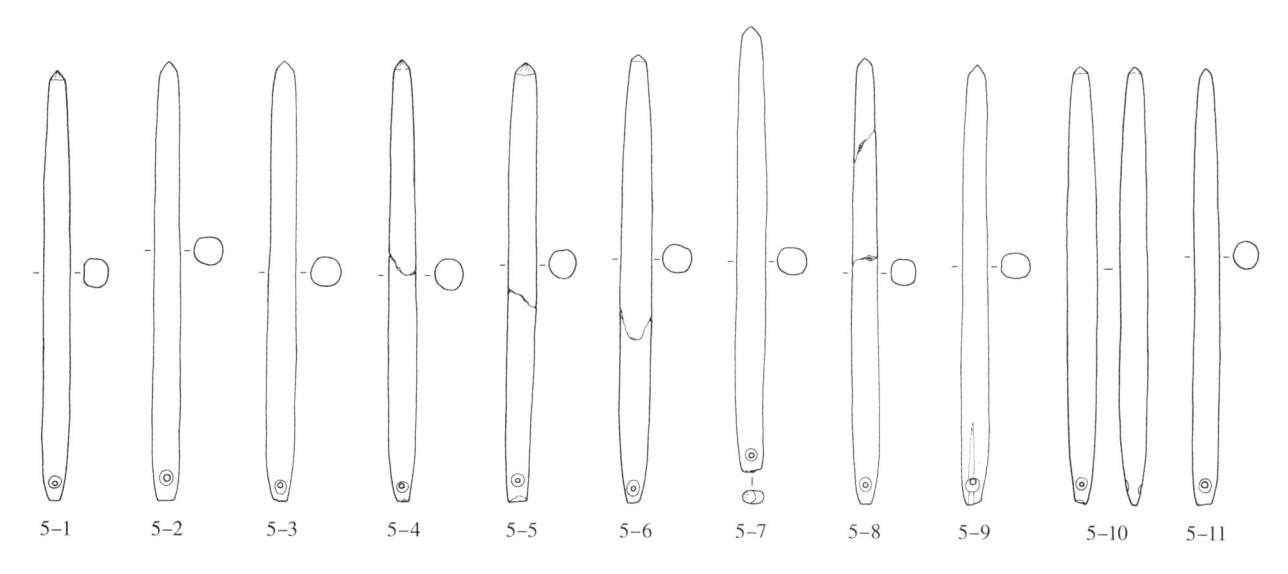

图一六四　M10 出土玉锥形器（1/2）

M10：5-7，玉色青灰，有褐色瑕斑。长条形，一端锥尖，另一端扁圆并对钻孔。长 11.9、直径 0.8 厘米（图一六四；彩图 381）。

M10：5-8，出土时断成三截。有灰色筋斑。长条形，一端锥尖，另一端略扁并对钻孔。长 11.8、直径 0.8 厘米（图一六四；彩图 381）。

M10：5-9，玉色青灰。长条形，一端锥尖，另一端略扁并对钻孔，下端留有直向的切割痕。长 11.8、直径 0.8 厘米（图一六四；彩图 381）。

M10：5-10，玉色青灰。长条形，一端锥尖，另一端略扁并对钻孔。长 11.6、直径 0.8 厘米（图一六四；彩图 381）。

M10：5-11，玉色青灰。长条形，一端锥尖，另一端略扁并对钻孔。长 11.7、直径 0.7 厘米（图一六四；彩图 381）。

钺　1 件（M10：14）。有大块的褐色瑕斑。体扁薄，平面呈梯形，顶端平直，弧刃。器身上部对钻 2 个圆孔，其中上孔两侧有横向线痕。下孔两侧各有一道斜向线痕，宽约 0.5 厘米，伸向顶端两角。孔壁有台痕。高 15.6、顶宽 8.2、刃宽 10.6、厚 0.8、上孔径 1.45、下孔径 1.95 厘米（图一六五；彩图 383）。

琮　3 件。

M10：15，有灰褐色瑕斑。圆筒形，中间对钻大孔，孔壁经过打磨。器表有对称的 4 个长方形弧凸面，上面均饰 1 组神兽纹。以浅浮雕琢出两眼、额、鼻翼的轮廓，并阴线刻眼珠和鼻翼，鼻下刻出嘴、唇及 2 对獠牙。神兽纹顶部有 2 组平行弦纹带，主体纹饰周围饰以繁密的卷云纹。高 4.5、射径 8.3、孔径 6.4 厘米（图一六六、一六七；彩图 382）。

M10：16，有红褐色瑕斑。矮方柱体，中孔较大。外壁略弧凸，转角大于 90°。以转角线为中轴，在 4 个弧凸面上分别琢刻神兽纹。顶部为凸起的横棱，其上、下均刻 2 组弦纹带，弦纹带之间饰绹纹，以象征羽冠。重圈圆眼，眼两侧有楔形眼角。两眼之间有椭圆饰，并在

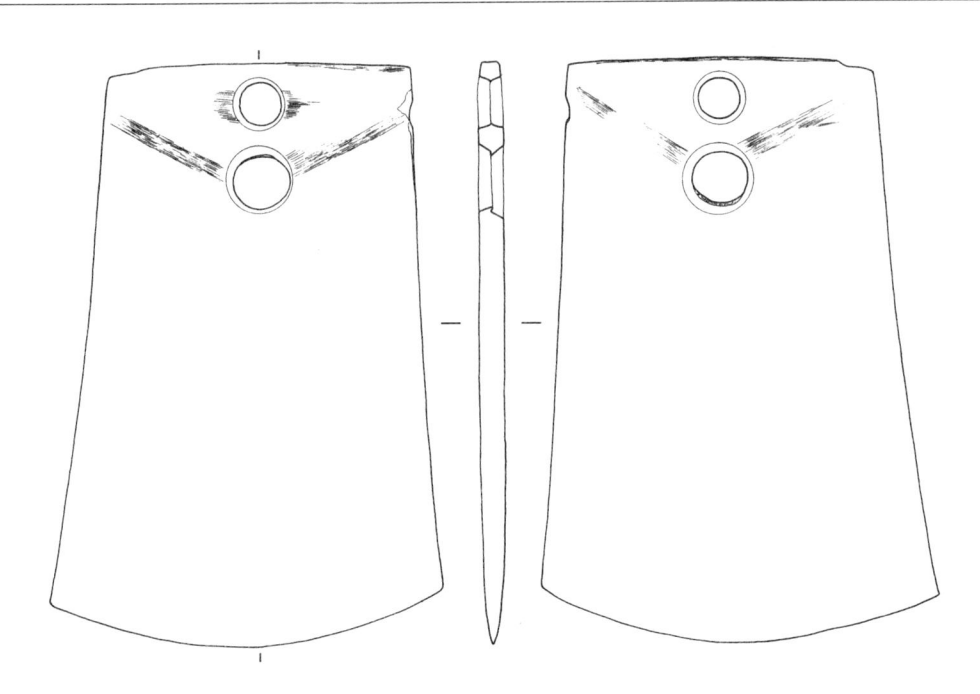

图一六五　M10 出土玉钺（M10：14）（1/2）

左、右上角刻出尖角。眼下鼻尖呈浮雕状凸起，两侧以弧线和尖角勾勒出鼻翼。神兽纹的左、右脸庞均饰以变体鸟纹。器顶端因用料缘故不平整，但经仔细打磨。内孔壁中间有一道横向的切割凹痕。高 5.8、射径 10.1、孔径 5.9 厘米（图一六八、一六九；彩图 385）。

M10：19，有灰褐色瑕斑。矮方柱体，中间钻孔，孔壁经过打磨。四面微弧凸，转角大于 90°。以转角线为中轴，琢刻 4 组神兽纹，每组图案在中段被横向浅槽分成上、下节。上节为神人部分，顶端刻 2 组平行弦纹带以象征羽冠，其下阴刻双眼，扁鼻凸起。下节为兽面部分，椭圆形眼眶外凸，内阴刻重圈圆眼，两眼之间用桥形凸面表示额，扁鼻凸起，鼻下线刻扁阔的嘴，嘴内有上下 2 对獠牙。主体纹饰周围饰以繁密的卷云纹。高 5.2、射径 8.2、孔径 6.4 厘米（图一七〇、一七一；彩图 386）。

柱形器　8 件。

M10：1，有黄色瑕斑。圆柱形，中间对钻孔，不规则。一端面有弧线状切割痕。高 2.4、直径 4、孔径 1.7 厘米（图一七二；彩图 384）。

M10：17，圆柱形，中间对钻孔，孔壁略弧凸。一端面有弧线状切割痕。高 2.05、直径 4.3、孔径 1.2 厘米（图一七二；彩图 387）。

M10：23，一端有褐色瑕斑。圆柱形，中间对钻孔，孔壁经打磨。高 6.95、直径 4、孔径 1.1~1.2 厘米（图一七二；彩图 389）。

M10：32，有灰色瑕斑。圆柱形，中间对钻孔，并留有台痕。两端面有弧线状切割痕，中孔壁有不甚明显的直向线痕。高 2、直径 4.2、孔径 2.1 厘米（图一七二；彩图 390）。

M10：33，圆柱形，中间对钻一小孔，孔内经打磨，外壁微内凹。一端面有弧线状切割痕。高 5.4、直径 4.3、孔径 0.9 厘米（图一七二；彩图 391）。

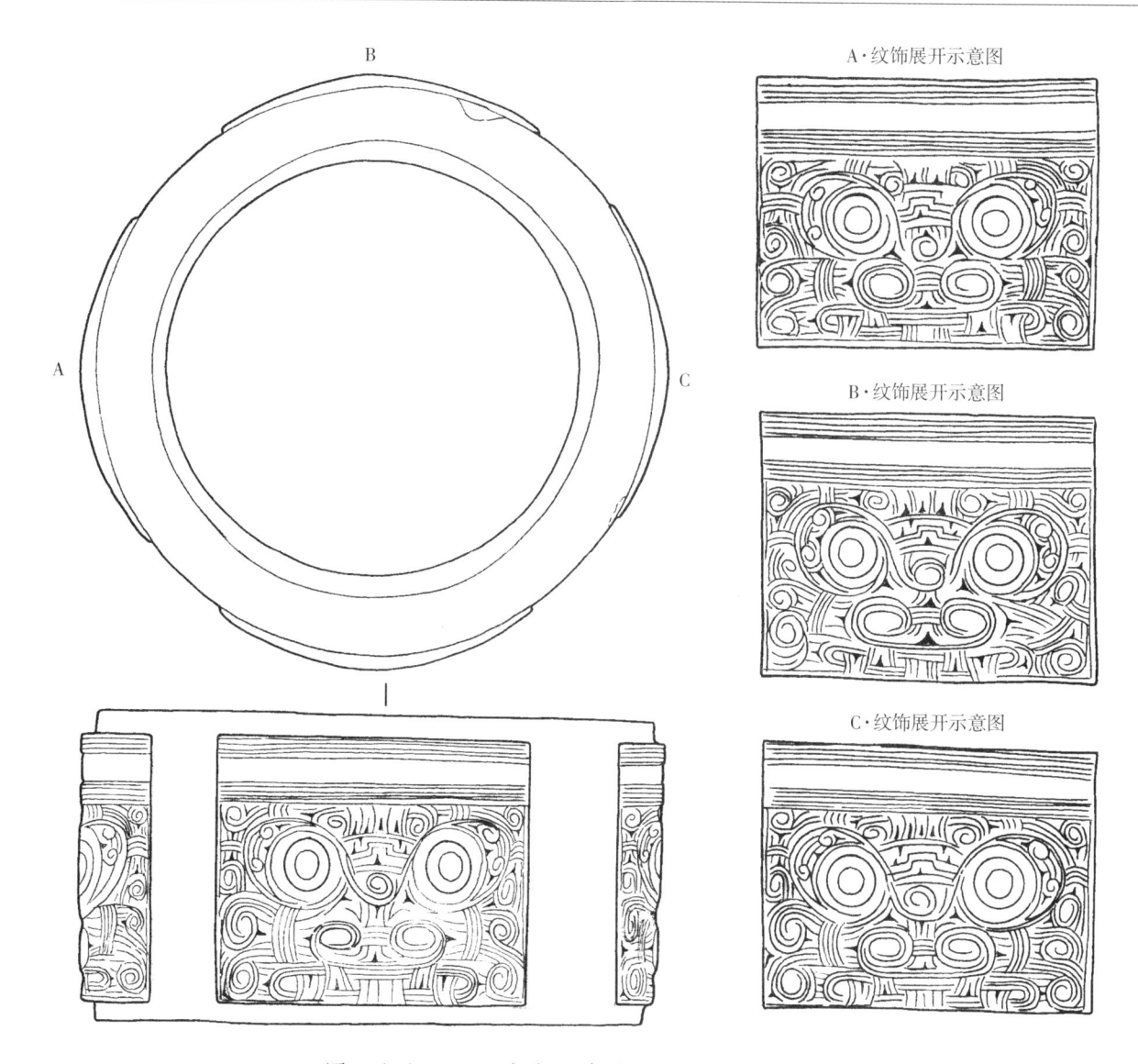

图一六六　M10出土玉琮（M10∶15）（1/1）

M10∶34，有灰色瑕斑。圆柱形，中间对钻圆孔，外壁略内凹。两端面有弧线状切割痕。高1.9、直径4.4、孔径1.8厘米（图一七二；彩图388）。

M10∶38，有灰褐色瑕斑。圆柱形，中间对钻孔，孔壁留有旋痕。高1.85、直径4.3、孔径1.4厘米（图一七二；彩图392）。

M10∶90，有灰褐色瑕斑。圆柱形，中间对钻孔，孔壁留有旋痕。高1.75、直径4.2、孔径1.4厘米（图一七二；彩图393）。

长管　3件。

M10∶21，圆柱形，中间钻孔不规整。器表浅浮雕并阴线琢刻出图案，被2周横凹槽分成相同的上、中、下三组。每组一周有4个圆形凸起，圆凸面上阴刻三重不规则圆圈，表示眼，眼之上刻以相连的半圆弧线。两眼之间刻有一双线菱形纹，菱形之下阴刻鼻子。整组图

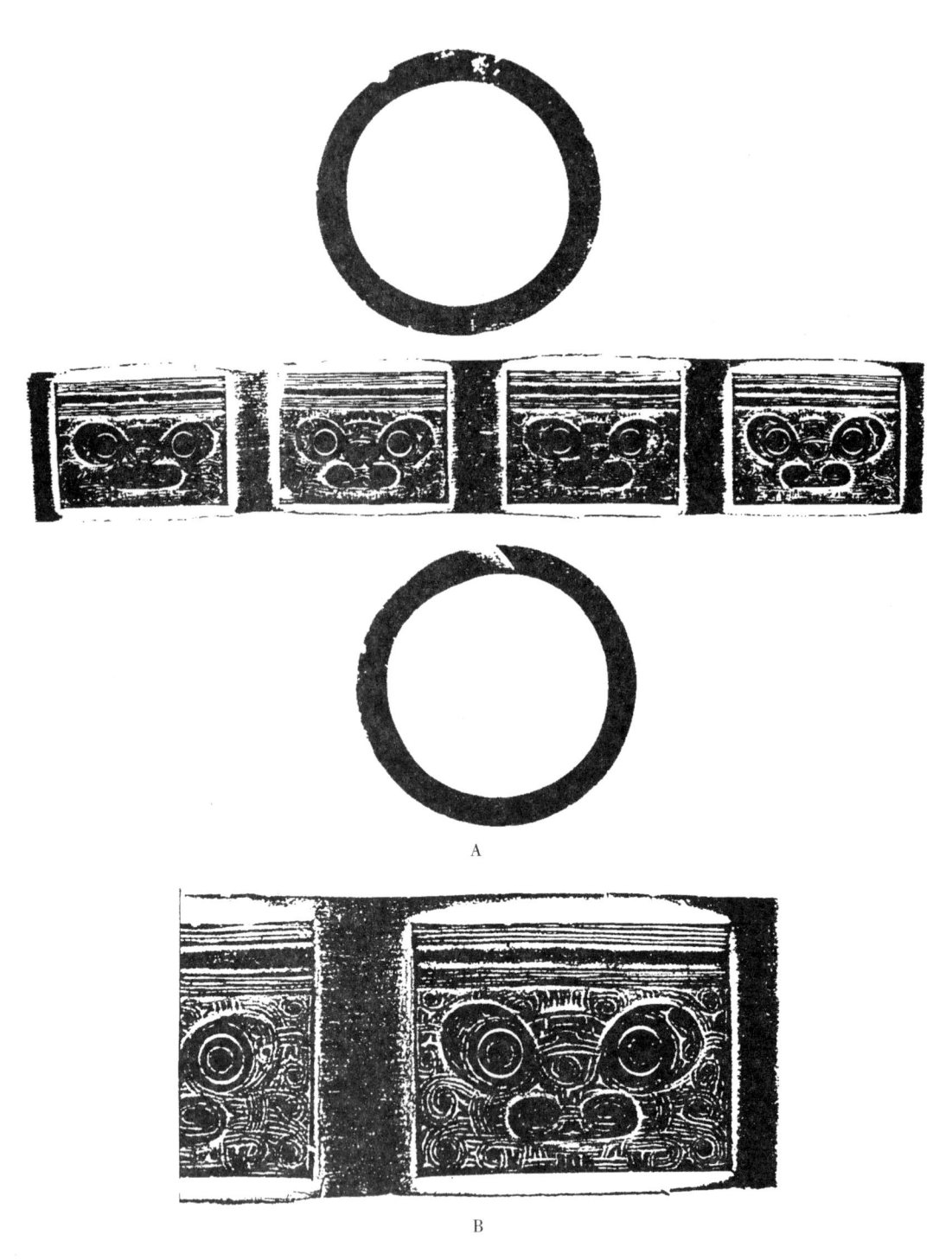

图一六七　M10 出土玉琮（M10：15）拓片（A 为 1/2，B 为 1/1）

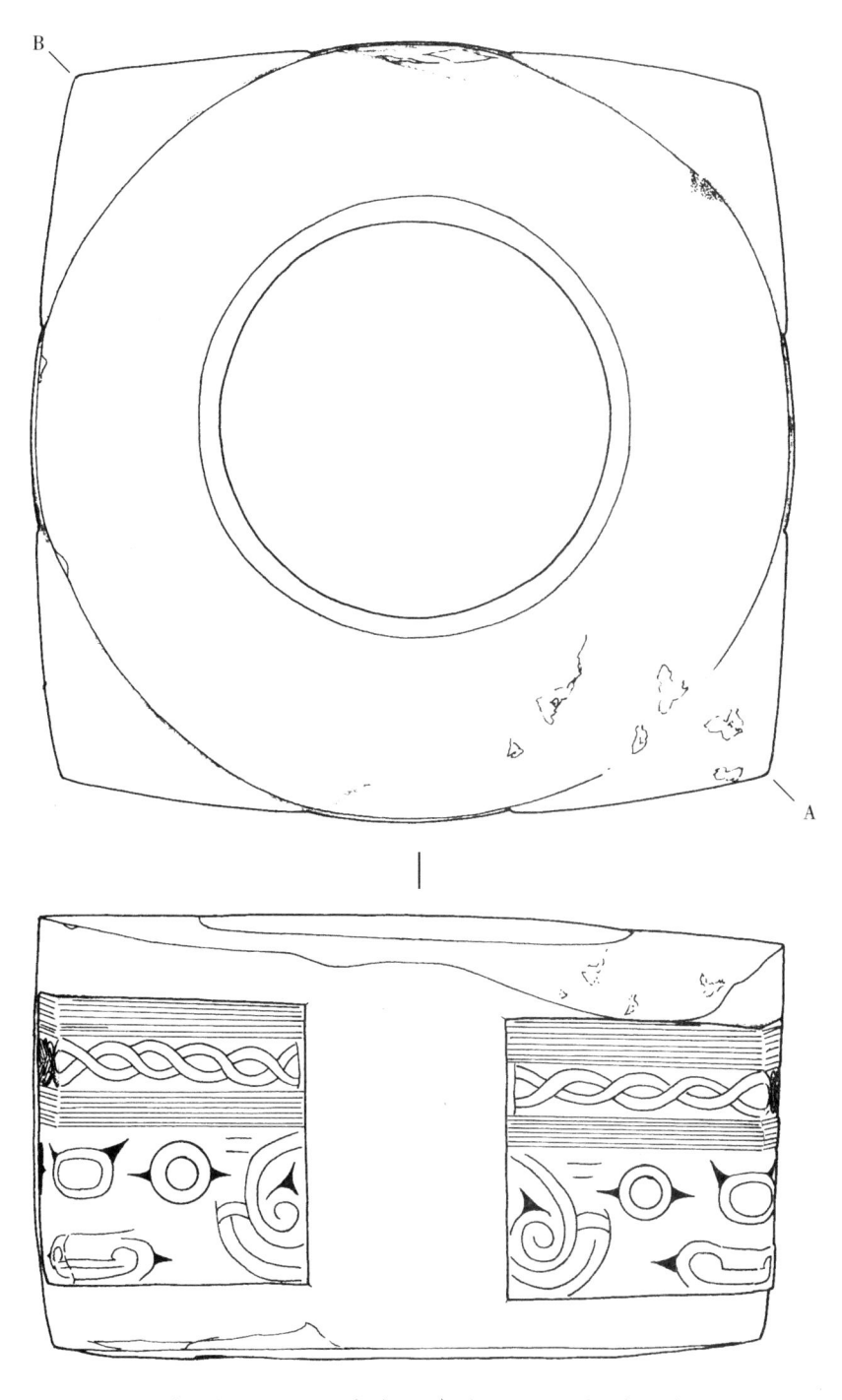

图一六八　M10 出土玉琮（M10：16）（1/1）

B·纹饰展开示意图

A

图一六九　M10出土玉琮（M10：16）及拓片（1/1）

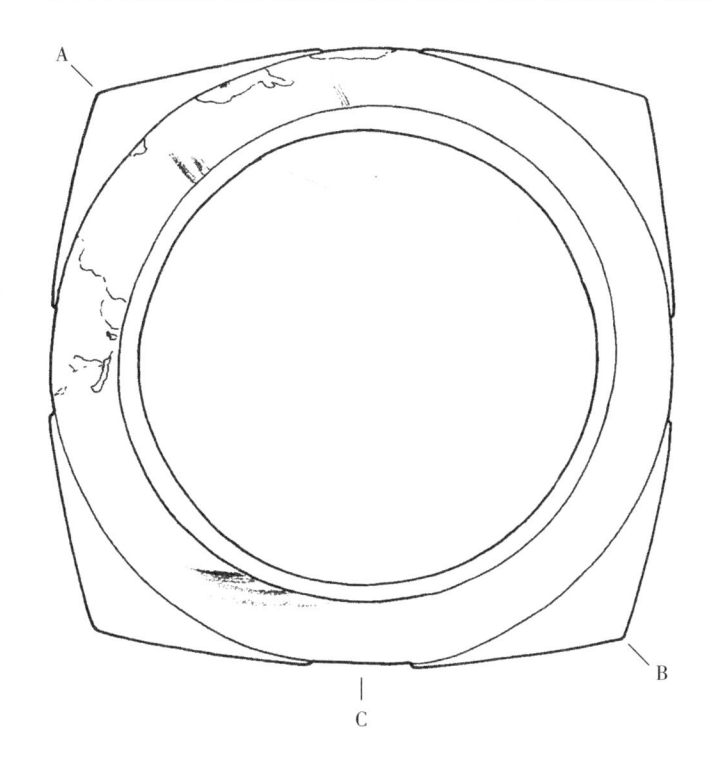

A·纹饰展开示意图

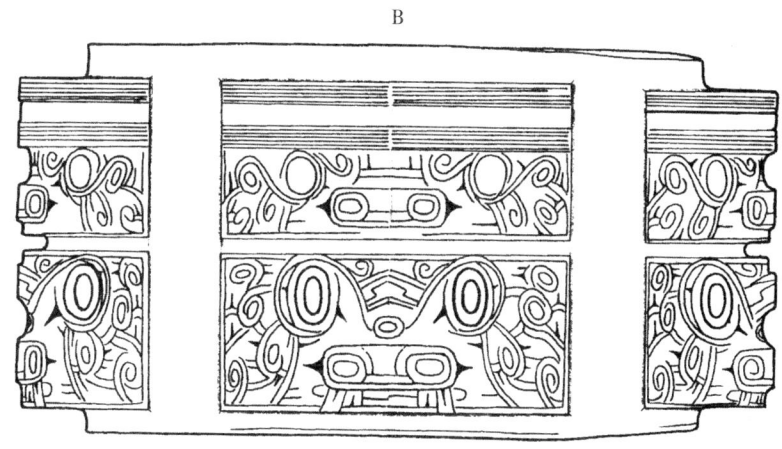

图一七〇 M10 出土玉琮（M10:19）（1/1）

图一七一　M10出土玉琮（M10∶19）拓片（A为1/2，B为1/1）

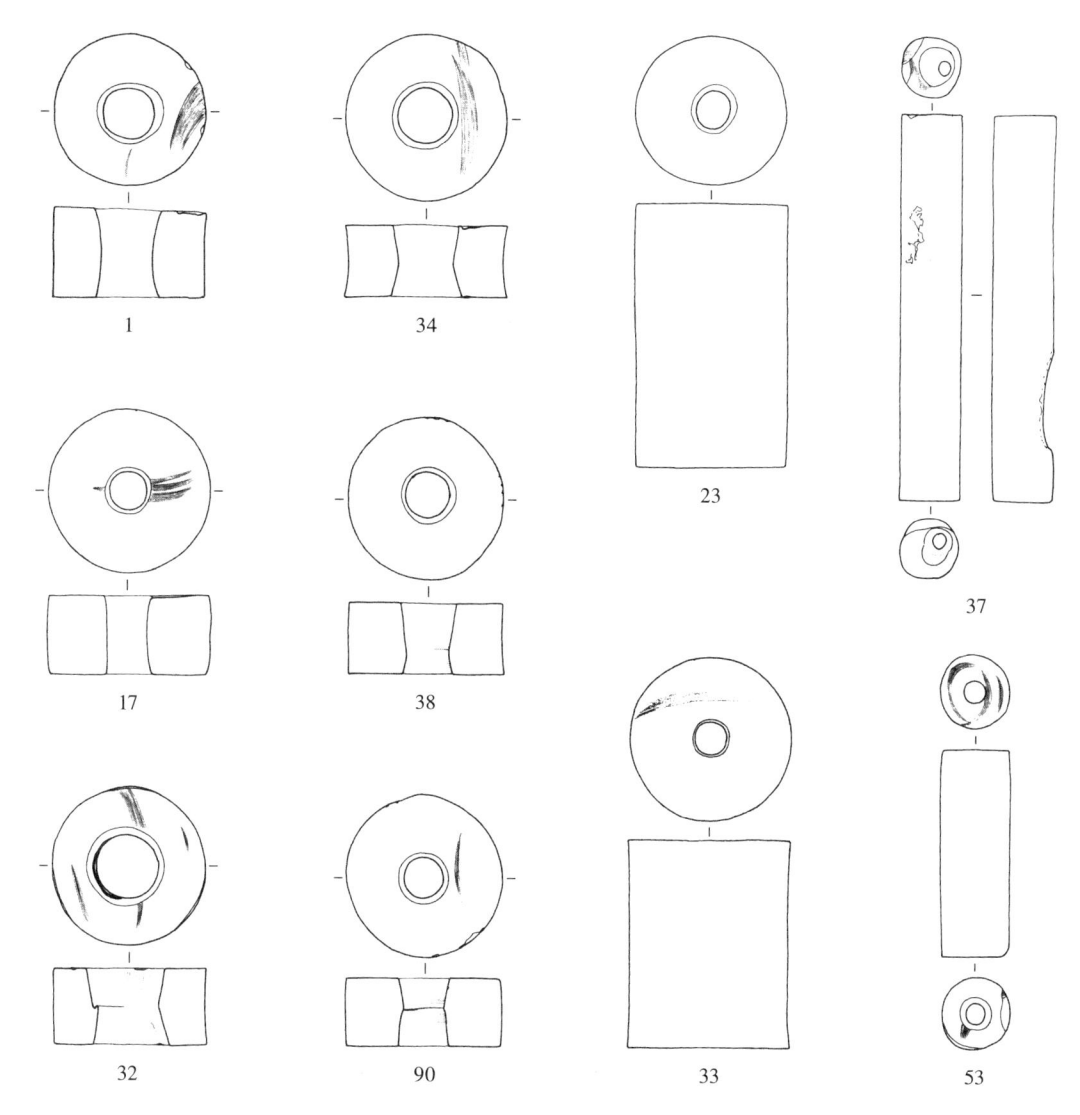

图一七二　M10出土玉柱形器、长管
1、17、23、32~34、38、90.柱形器　37、53.长管（1/2）

案可被释读为共用眼睛的4个"龙首"。长8、直径1.8厘米（图一七三；彩图394）。

M10:37，圆柱形，对钻孔，孔略偏。器表有开料留下的缺损，但经过打磨。长10.2、直径1.6、孔径0.8厘米（图一七二；彩图395）。

M10:53，有灰褐色瑕斑。圆柱形，对钻孔。两端面有弧线状切割痕。长5.5、直径1.9、孔径0.5~0.9厘米（图一七二；彩图396）。

镯形器　7件。

M10:3，有灰、褐色瑕斑。扁环形，内孔壁略弧凸。一端面留有开料缺损。直径10.3、孔径6.1、厚1.35厘米（图一七四；彩图397）。

M10:26，圆筒形，器体扁薄，外壁直，内孔壁微凸。制作较为精致。高4.2、直径7.35、孔径6.4厘米（图一七四；彩图399）。

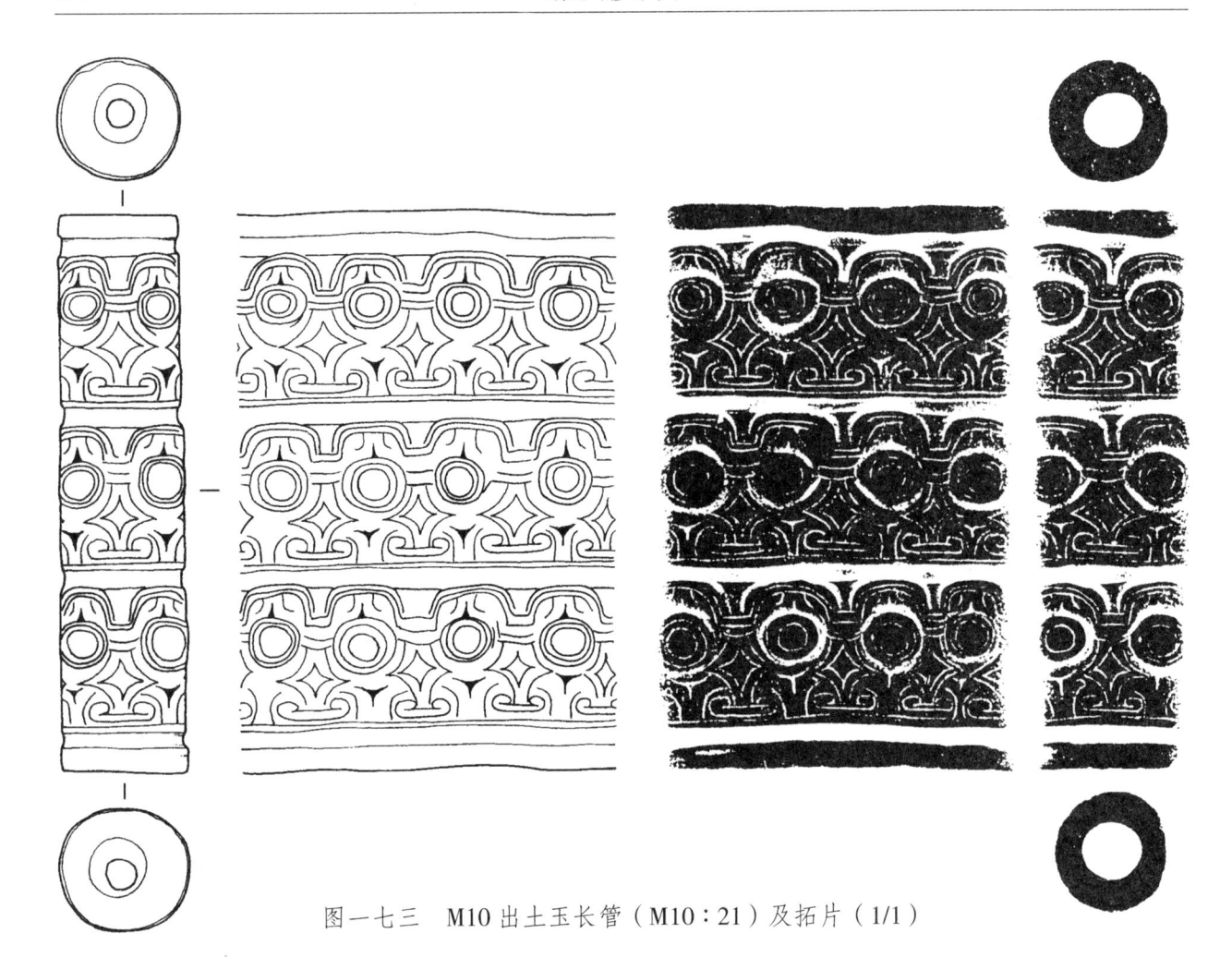

图一七三　M10出土玉长管（M10∶21）及拓片（1/1）

M10∶27，有褐色瑕斑。圆筒形，内孔壁弧凸，外壁微内凹。高3.7、直径8.2、孔径6.5厘米（图一七四；彩图400）。

M10∶28，有褐色瑕斑。宽环形，内孔壁弧凸，有横向的切割线痕。高2.3、直径8.8、孔径6.6厘米（图一七四；彩图398）。

M10∶29，有灰色瑕斑。宽环形，内孔壁微弧凸，外壁圆凸。高1.7~2.2、直径9.3、孔径6.3厘米（图一七四；彩图401）。

M10∶30，宽环形，内孔壁略弧凸，外壁微内凹。高2.75、直径8.1、孔径6.1厘米（图一七四；彩图402）。

M10∶31，出土时断成四截。圆环形，对钻孔而使内壁尖凸。高0.9、直径10.1、孔径9.1厘米（图一七五；彩图403）。

端饰　2件。

M10∶18，近似圆台形，外侧壁内凹。一端弧凸，另一端呈圆凸榫状，并开横向槽口。槽内用2个实心钻钻孔形成椭圆形孔，孔内壁留有旋痕，槽口内有横向与直向的线痕。高2.9、直径4.5厘米（图一七六；彩图404、405）。

3	26	27
28	29	30

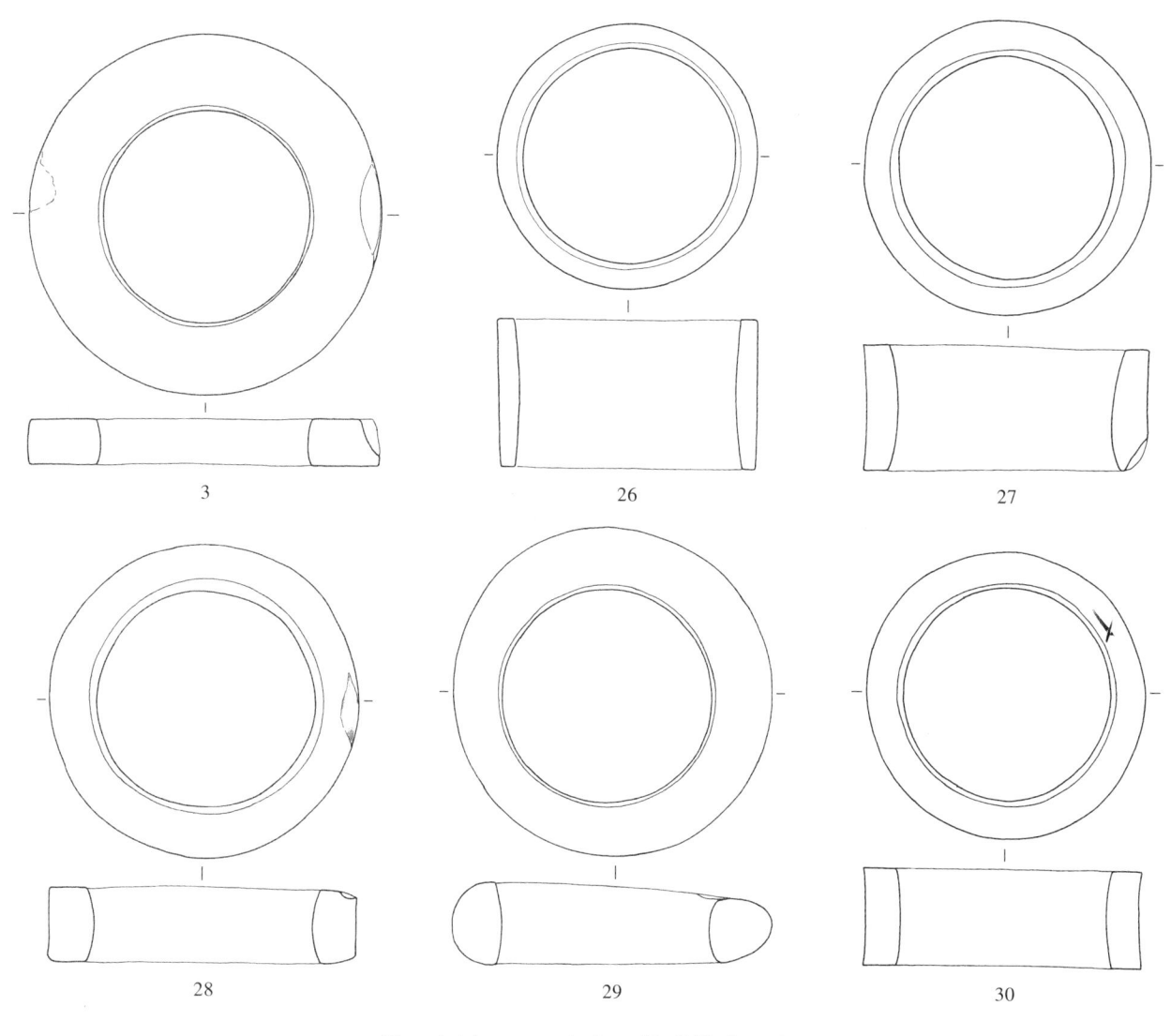

图一七四 M10 出土玉镯形器（1/2）

M10：24，圆台形，外侧壁微内凹。一端弧凸，另一端平。弧凸面端的中孔填一小圆片，厚约 0.4 厘米。平端面有弧线状切割痕。高 2.25、上直径 3.85、下直径 3.6 厘米（图一七六；彩图 406）。

牌饰 1 件（M10：20）。有褐色瑕斑。平面略呈三角形，顶端中部有凸脊，底端圆弧。正面以浅浮雕和阴刻线琢出神兽图案。上部有长方形的浅浮雕神人头像。神人头戴羽冠，为 11 组发散的羽状纹。脸呈倒梯形，橄榄形眼睛，单圈圆眼珠，蒜头鼻，扁圆嘴，嘴内刻上、下两排整齐的牙齿。头颈两侧有镂孔，以此勾勒出细长的脖颈。神人头像下部是浅浮雕兽面。兽面有椭圆形眼

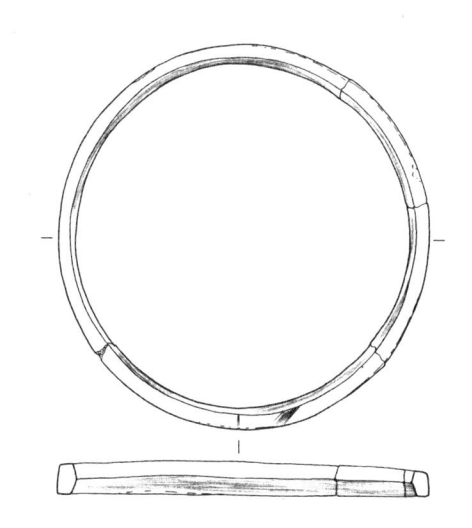

图一七五 M10 出土玉镯形器
（M10：31）（1/2）

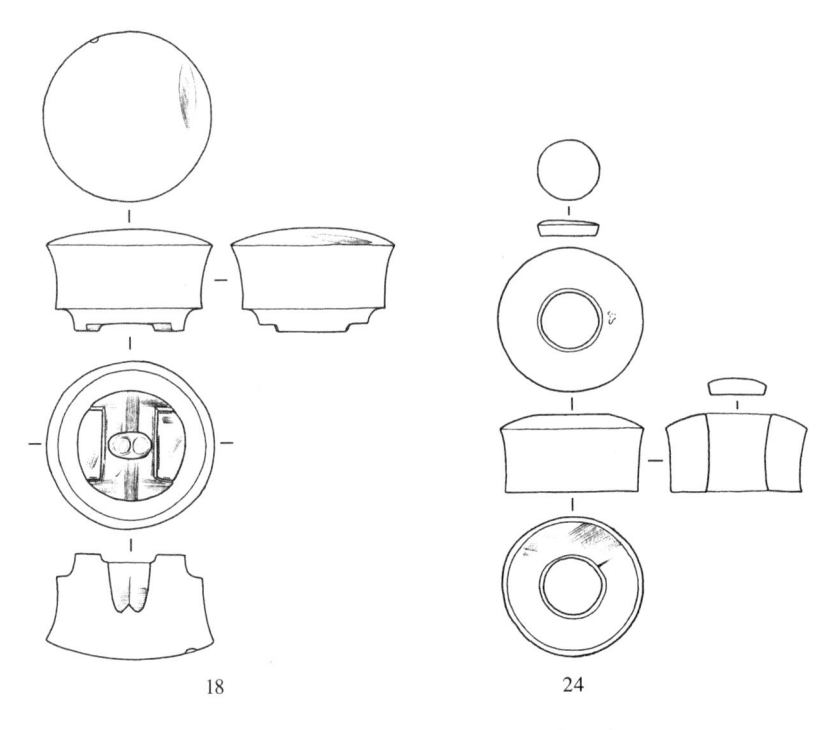

图一七六　M10 出土玉端饰（1/2）

眶，圆眼外鼓，眼外有四重眼圈，其中两圈为管钻而成，两圈为阴线刻出。鼻梁直且凸起，鼻翼宽，上刻卷云纹。阔嘴琢刻于器底边缘，嘴内有上、下两排牙齿，两侧还各刻一对獠牙。神人与神兽的空白处填以卷云纹。背面平直，有斜向钻成的4对小隧孔，上端3对，底端1对。高6.1、宽8.2、厚0.6~1.28厘米（图一七七；彩图418~420）。

半圆形饰　6件。

M10：42，有青、褐色瑕斑。上端平直，下端圆弧。上端两角各对钻一小孔，其中一角还与顶端对钻孔，另一角则是与背面对钻孔。底缘对钻孔。高2.55、宽4.7、厚0.5厘米（图一七八；彩图407、408）。

M10：43，有青、褐色瑕斑。形状近同M10：42。高2.7、宽4.75、厚0.5厘米（图一七八；彩图409）。

M10：44，有较多的青、褐色瑕斑。形状同M10：42。顶端有横向切割痕。高2.3、宽4.7、厚0.5厘米（图一七八；彩图410、411）。

M10：45，有较多的青、褐色瑕斑。形状与M10：42近同，唯底缘与背面也有对钻孔，背面有一未钻透孔痕。顶端有切割痕。高2.05、宽3.9、厚0.5厘米（图一七八；彩图412）。

M10：48，有较多的青、褐色瑕斑。形状同M10：45。高2.1、宽3.75、厚0.4厘米（图一七八；彩图413）。

M10：99，有较多的青、褐色瑕斑。形状同M10：45。顶端有切割痕。高2.3、宽4.05、厚0.4厘米（图一七八；彩图414）。

第三章 墓葬·十号墓

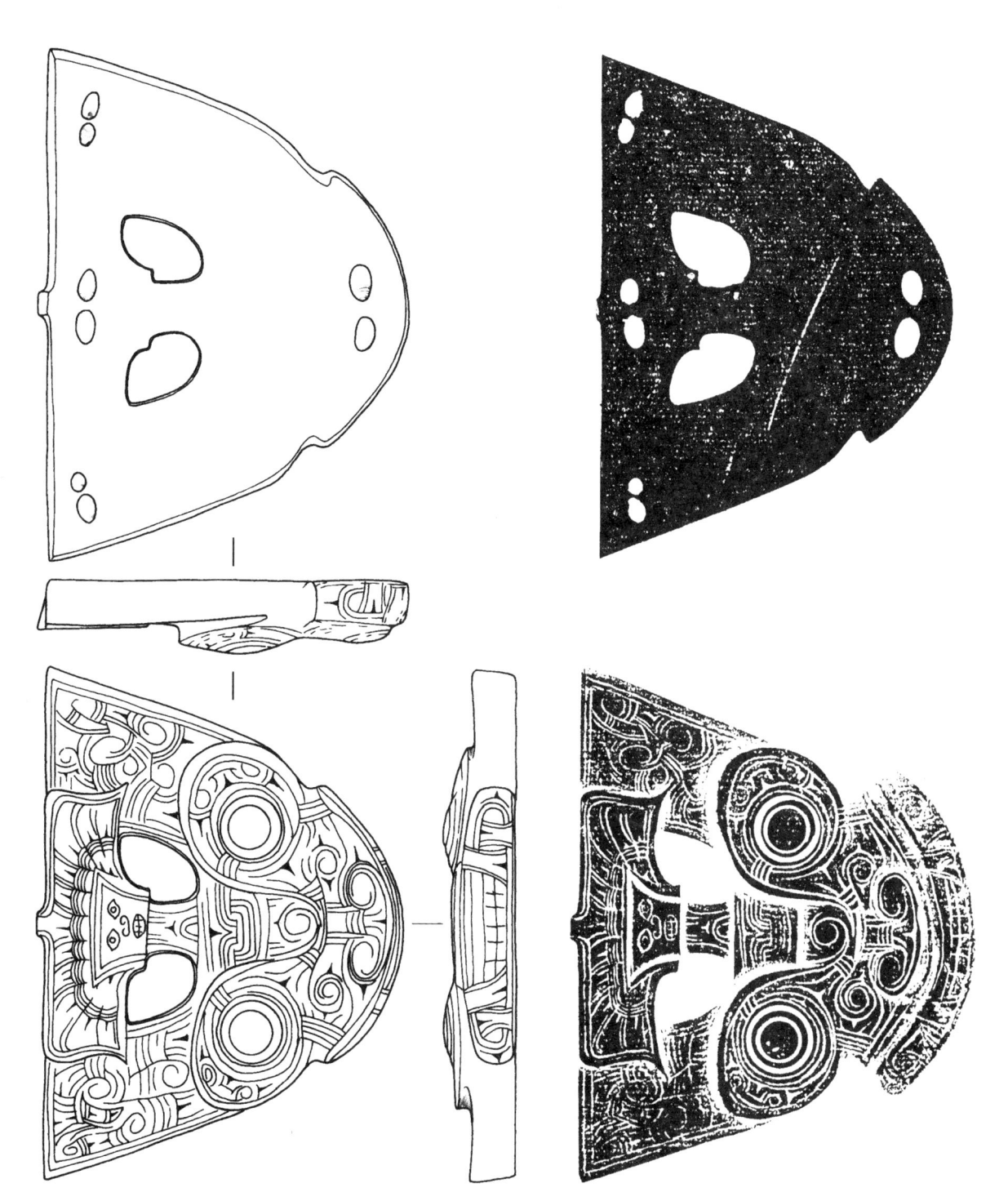

图一七七 M10出土玉牌饰（M10∶20）及拓片（1/1）

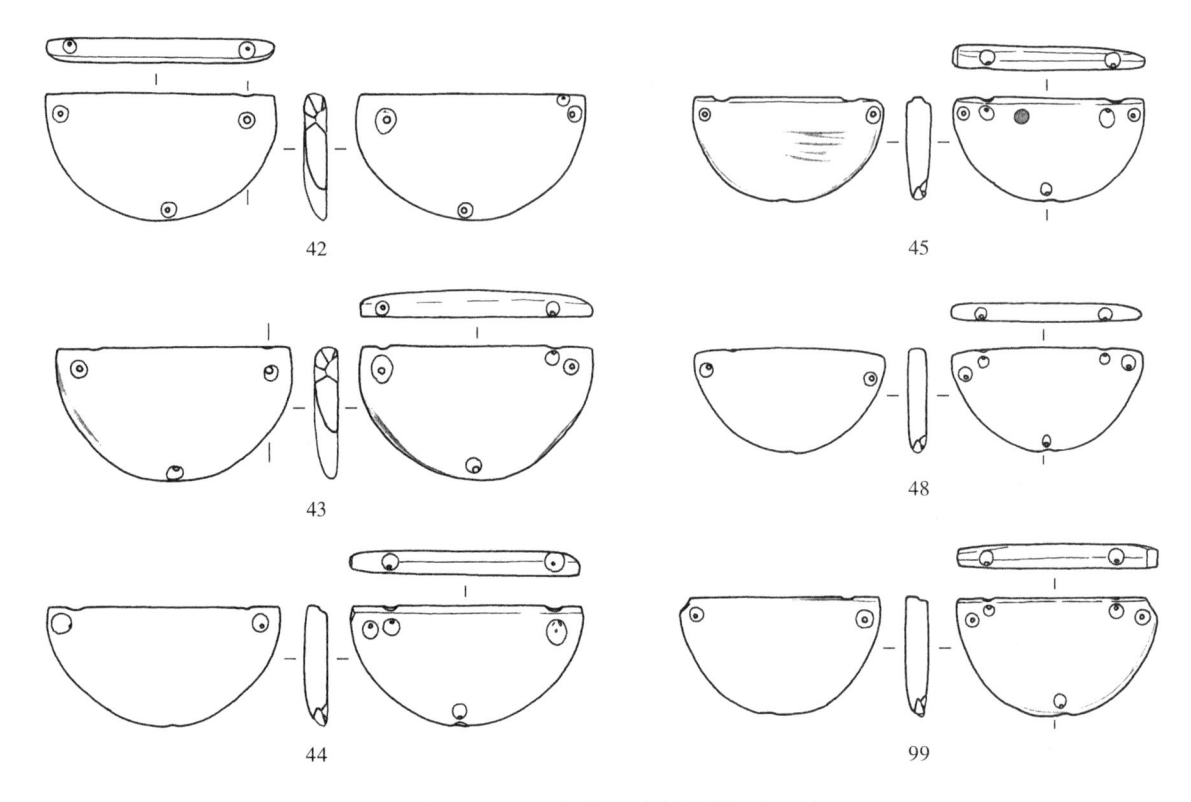

图一七八　M10 出土玉半圆形饰（2/3）

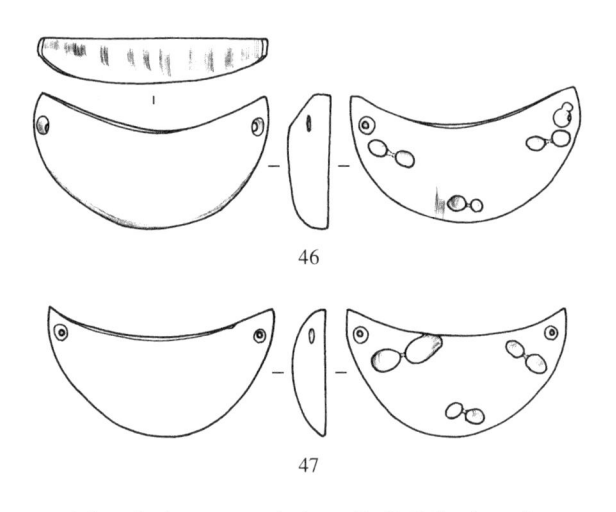

图一七九　M10 出土玉月牙形饰（2/3）

月牙形饰　2 件。

M10：46，有较多的褐色瑕斑。底端圆弧，上端凹弧，两角上翘，上端厚于底端。两角各有 1 个对钻孔。正面略弧凸，背面平，有 3 对隧孔。顶端有横向切割痕。高 1.95、宽 4.75、厚 0.9 厘米（图一七九；彩图 415、416）。

M10：47，有较多的褐色瑕斑。形状同上件。高 2、宽 4.5、厚 0.65 厘米（图一七九；彩图 417）。

环形饰　1 件（M10：22）。黄褐色玉。外形呈圆台状，中间对钻孔。外壁斜直，内壁略弧凸。高 0.8、直径 2.6、孔径 1.85 厘米（图一八〇；彩图 421）。

条形饰　1 件。

M10：25，出土时断成两截。有较多的灰色瑕斑。长条形，端面呈椭圆形，两端平直，各有一截凸起。长 10.1、直径 0.8 厘米（图一八〇；彩图 423）。

弹形饰　2 件。

M10：67，玉色灰白。圆柱形，形似枪弹。顶端呈圆台状，尾端钻圆孔未透，开有横向槽口。

孔壁留有实心钻痕。长 3.6、直径 1.3、孔径 0.7 厘米（图一八〇；彩图 424）。

M10：70，玉色灰白，有褐色瑕斑。形状、大小同上件（图一八〇；彩图 425）。

管串 5 组，共计 416 件单件。

M10：49，由 18 件单件组成，长短不一。有灰褐色瑕斑。多为圆柱形，个别呈圆角三角形。对钻孔，个别玉管器表留有切割痕。长 2.3~4.4、直径 1~1.5 厘米（图一八一；彩图 426）。

M10：61，由 14 件单件组成，长短不一。玉色灰白，有褐色瑕斑。圆柱形，对钻孔。长 0.8~1.3、直径 0.6~0.7 厘米（图一八一；彩图 422）。

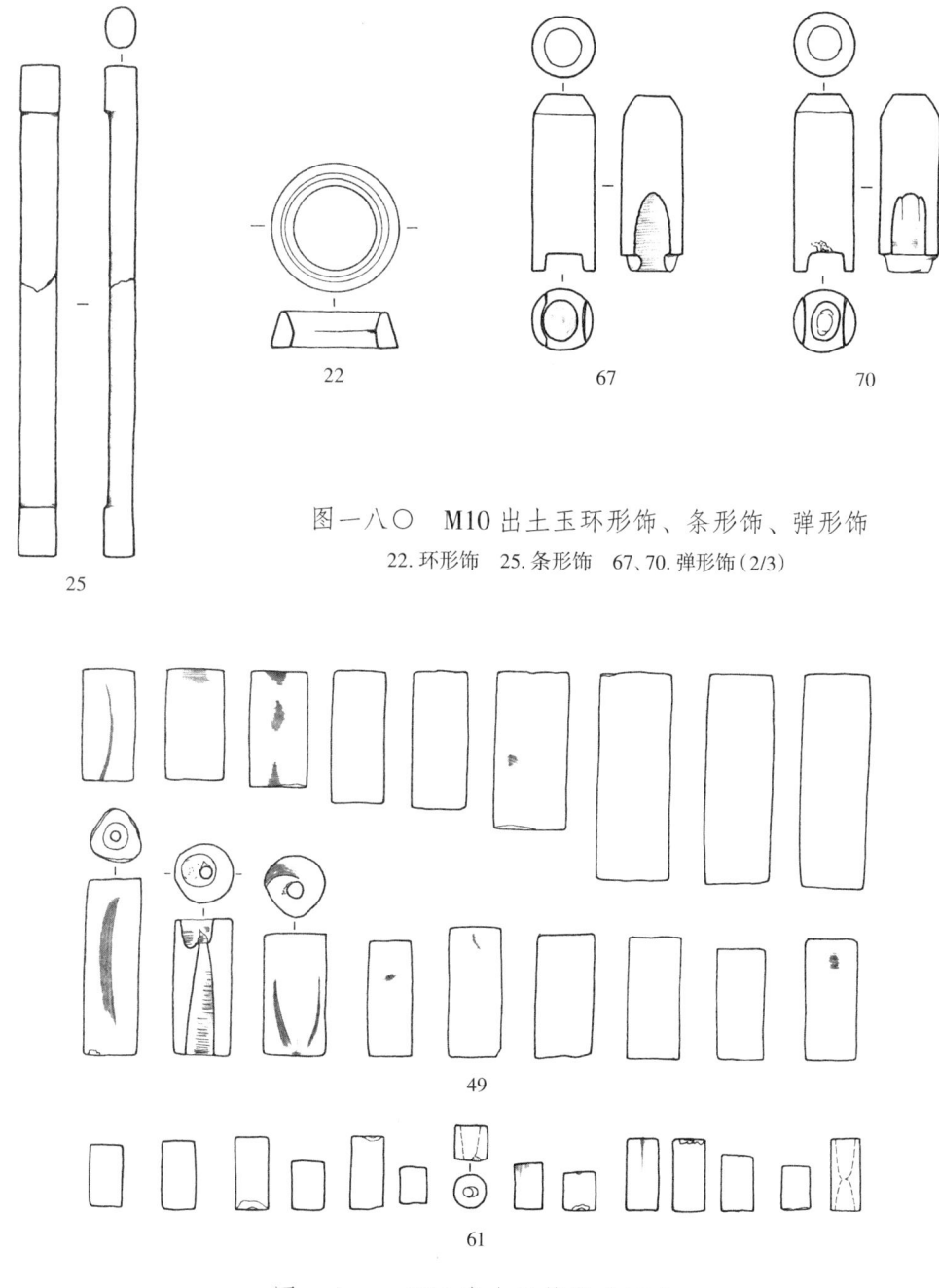

图一八〇　M10 出土玉环形饰、条形饰、弹形饰
22. 环形饰　25. 条形饰　67、70. 弹形饰（2/3）

图一八一　M10 出土玉管串（2/3）

M10:63，由 69 件单件组成，其中 1 件甚残。圆柱形，对钻孔。个别留有弧线状切割痕。长 1.7~3.2、直径 1.1~1.5 厘米（图一八二；彩图 427）。

M10:65，由 114 件单件组成。圆柱形，对钻孔，个别钻孔后被切割断。长 1.3~3.6、直径 0.8~1.4 厘米（图一八三、一八四；彩图 428）。

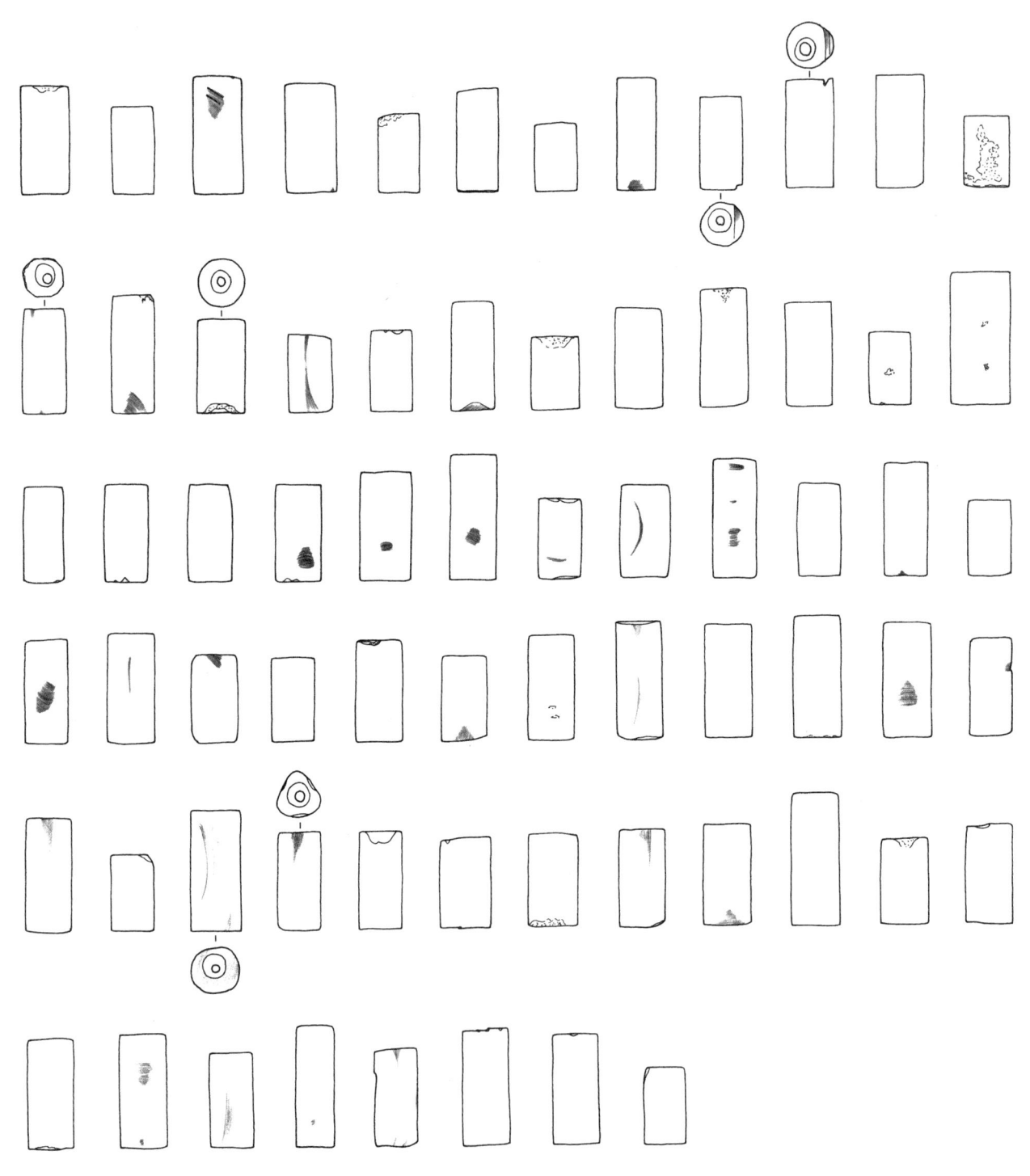

图一八二　M10 出土玉管串（M10:63）（2/3）

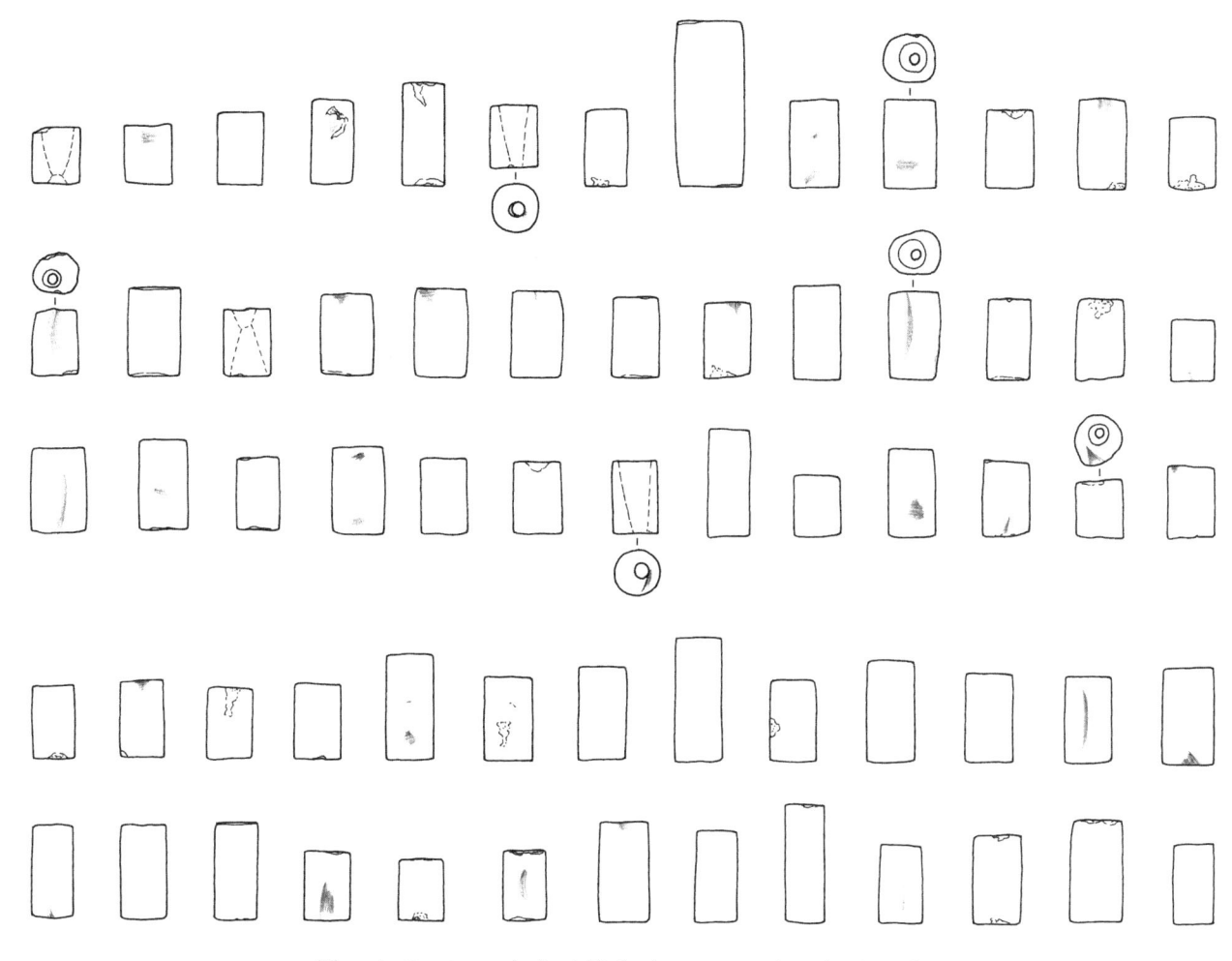

图一八三　M10出土玉管串（M10：65之一）（2/3）

M10：97，由201件单件组成。玉色多种，有白、黄、青、褐色，或多色相杂，个别深褐色者疑为非玉。一些玉管的端面或器表有弧线状切割痕。中孔多为对钻，也有钻孔后被切割断，从而显现单面钻孔形态。长0.4~1.4、直径0.65~0.75厘米（图一八五；彩图429）。

管 44件。

M10：36，圆柱形，对钻孔经过打磨，两端孔壁斜向并内凹。长1.8、直径1.95、孔径0.95厘米（图一八六；彩图430）。

M10：39，三棱柱形，对钻孔。器表有2道弧线状切割痕。长3.6、直径1.4、孔径0.6厘米（图一八六；彩图431）。

M10：40，圆柱形，对钻孔。长3.6、直径1.4、孔径0.6厘米（图一八六；彩图431）。

M10：41，有褐色瑕斑，圆柱形，对钻孔。器表有切割痕。长1.8、直径1、孔径0.5厘米（图一八六；彩图433）。

M10：51，2件单件编为一号。灰白色。圆柱形，对钻孔。其中一件的器表及端面上有弧线状切割痕。长2.75、2.85厘米，直径1.6、孔径0.5厘米（图一八六；彩图432）。

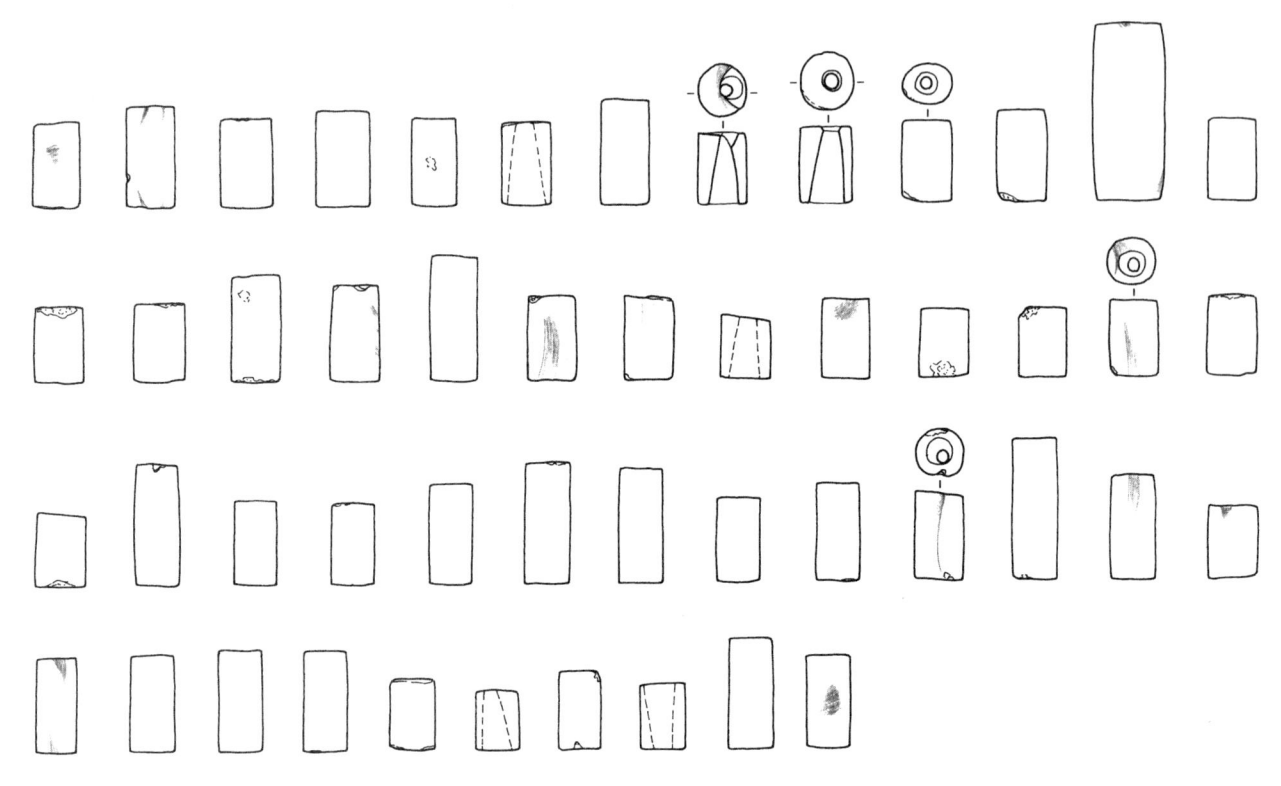

图一八四　M10 出土玉管串（M10：65 之二）（2/3）

M10：52，圆柱形，对钻孔，孔内留有钻孔台痕。长 1.5、直径 2.1、孔径 1.1 厘米（图一八六；彩图 434）。

M10：54，有大量的黄褐色瑕斑。圆柱形，对钻孔。两端面有弧线状切割痕。长 4、直径 1.7、孔径 0.8~1.1 厘米（图一八六；彩图 435）。

M10：55，圆柱形，对钻圆孔，孔内留有钻孔台痕。长 1.4、直径 2、孔径 0.8~1.1 厘米（图一八六；彩图 436）。

M10：56，有灰褐色瑕斑。圆柱形，对钻孔。器形不规整。长 3.8、直径 1.6、孔径 0.6 厘米（图一八六；彩图 435）。

M10：57，有灰色瑕斑。圆柱形，对钻孔。长 3.6、直径 1.25、孔径 0.7 厘米（图一八六；彩图 431）。

M10：58，有灰色瑕斑。圆柱形，对钻孔。长 3.6、直径 1.6、孔径 0.6 厘米（图一八六；彩图 435）。

M10：59，有红褐色瑕斑。三棱柱形，对钻孔。长 2.4、直径 1.1、孔径 0.6 厘米（图一八六；彩图 433）。

M10：60，有灰色瑕斑。圆柱形，对钻孔。器表有切割痕。长 2.4、直径 1.1、孔径 0.55 厘米（图一八六；彩图 431）。

M10：62，4 件单件编为一号。有灰色瑕斑。圆柱形，对钻孔。长 1.1~1.5、直径 0.65~0.7、

图一八五　M10 出土玉管串（M10∶97）（2/3）

孔径 0.4 厘米（图一八六；彩图 437）。

M10∶66，有褐色瑕斑。圆柱形，对钻孔。长 2.1、直径 1、孔径 0.5 厘米（图一八六；彩图 431）。

M10∶68，圆柱形，对钻孔。器表及端面有切割线痕。长 2.2、直径 1.05、孔径 0.5 厘米（图一八六；彩图 438）。

M10∶69，圆柱形，对钻孔。器表有切割痕。长 2.8、直径 1.1、孔径 0.6 厘米（图一八六；彩图 438）。

M10∶71，圆柱形，对钻孔。长 2.85、直径 1.2、孔径 0.6 厘米（图一八六；彩图 438）。

M10∶72，圆柱形，对钻孔。长 1.95、直径 1.1、孔径 0.55 厘米（图一八六；彩图 438）。

M10∶74，有青灰色瑕斑。圆柱形，对钻孔。长 1.8、直径 1、孔径 0.5 厘米（图

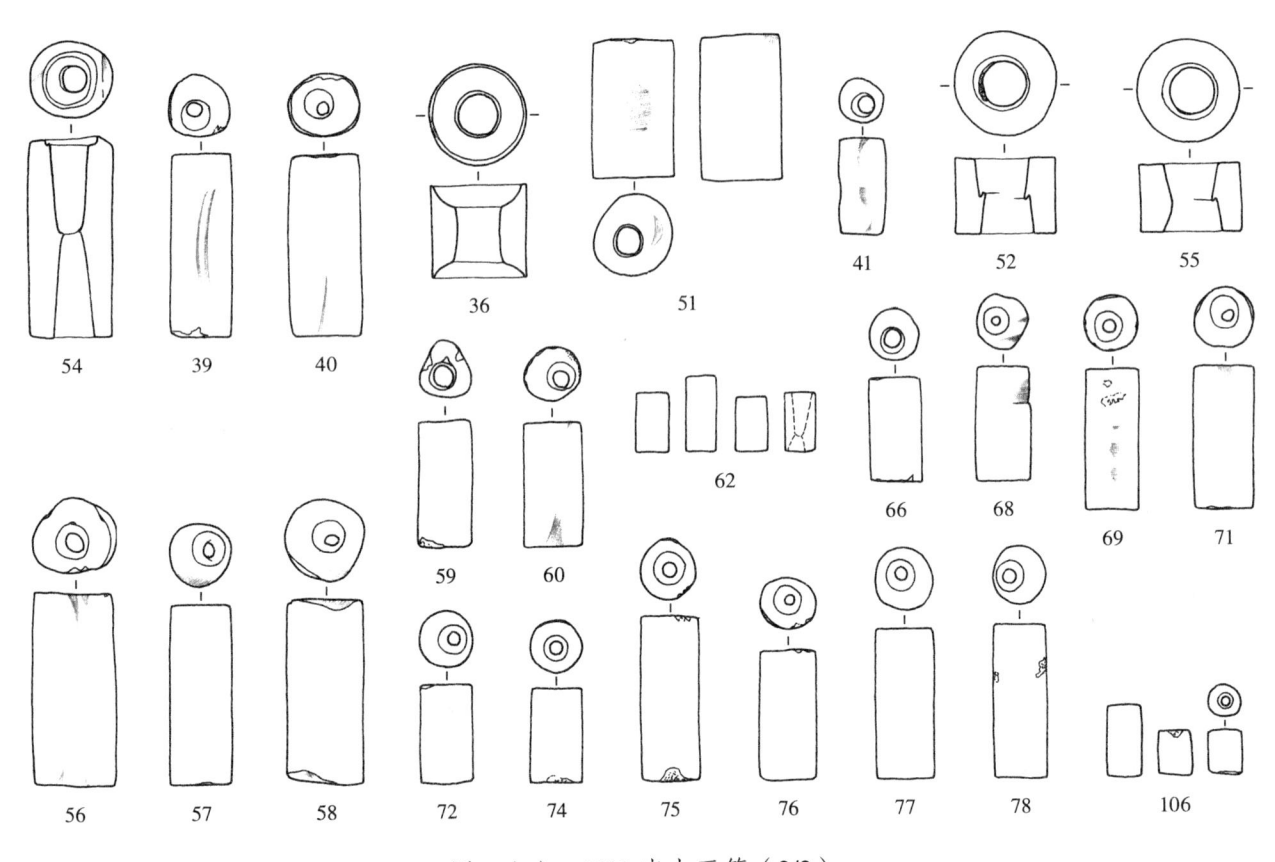

图一八六　M10 出土玉管（2/3）

一八六；彩图 433）。

M10：75，圆柱形，对钻孔。长 3.3、直径 1.3、孔径 0.6 厘米（图一八六；彩图 438）。

M10：76，有灰色瑕斑。圆柱形，对钻孔。长 2.6、直径 1.15、孔径 0.55 厘米（图一八六；彩图 439）。

M10：77，有红褐色瑕斑。圆柱形，对钻孔。长 3、直径 1.2、孔径 0.5~0.6 厘米（图一八六；彩图 439）。

M10：78，有红褐色瑕斑。圆柱形，对钻孔。长 3、直径 1.1、孔径 0.7 厘米（图一八六；彩图 439）。

M10：79，圆柱形，对钻孔。长 2.8、直径 1.2、孔径 0.45 厘米（图一八七；彩图 439）。

M10：80，圆柱形，对钻孔。器表有切割痕。长 2.9、直径 1.4、孔径 0.55 厘米（图一八七；彩图 440）。

M10：81，圆柱形，对钻孔。长 2.55、直径 1.4、孔径 0.45 厘米（图一八七；彩图 440）。

M10：85，有灰色瑕斑。圆柱形，对钻孔。长 1.5、直径 0.7、孔径 0.4 厘米（图一八七；彩图 443）。

M10：86，黄褐色玉。圆柱形，对钻孔，一端从外壁钻一孔。长 3.2、直径 1、孔径 0.55

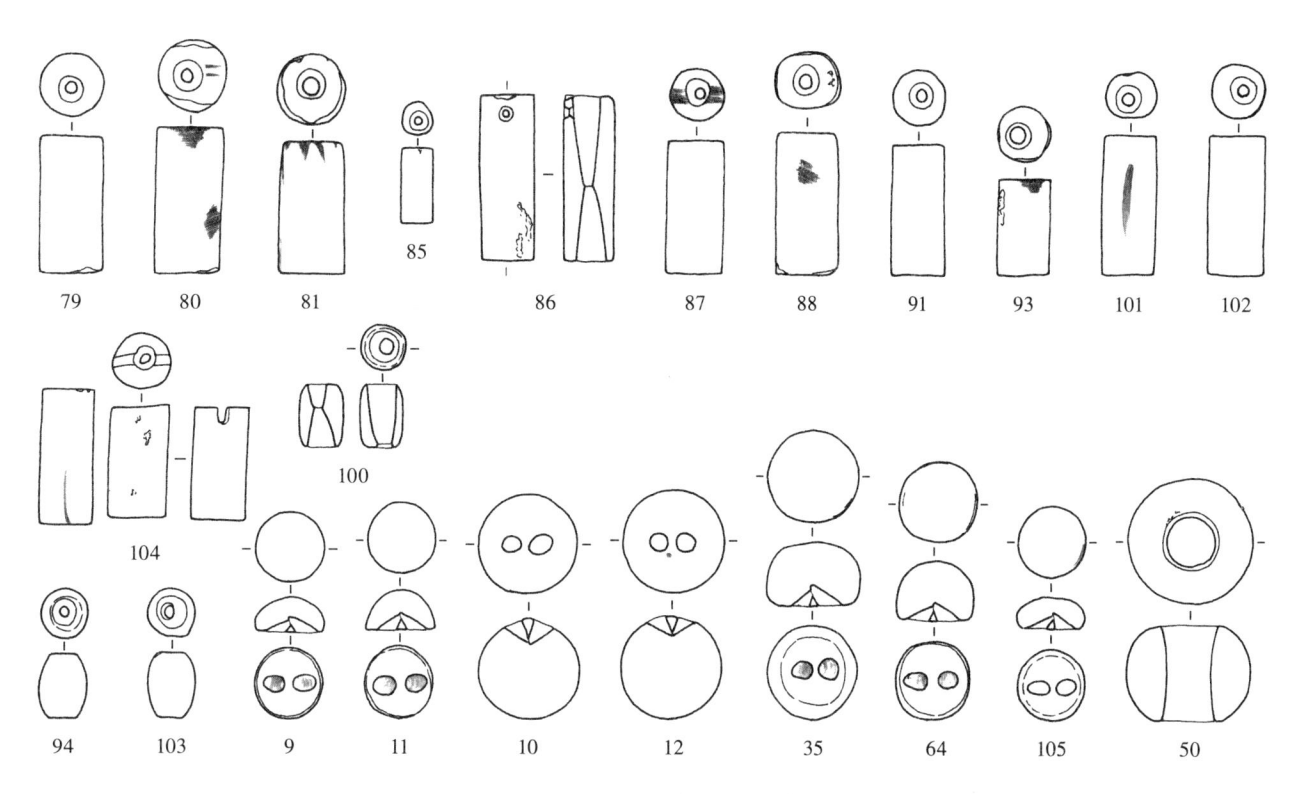

厘米（图一八七；彩图440）。

M10:87，圆柱形，对钻孔。一端面有直线形切割痕。长2.55、直径1.1、孔径0.5厘米（图一八七；彩图440）。

M10:88，圆柱形，对钻孔。器表有切割痕。长2.7、直径1.2、孔径0.5厘米（图一八七；彩图441）。

M10:91，玉色黄白。圆柱形，对钻孔。长2.55、直径1.1、孔径0.5厘米（图一八七；彩图440）。

M10:93，有青灰色瑕斑。圆柱形，对钻孔。长1.9、直径1.1、孔径0.5厘米（图一八七；彩图433）。

M10:101，灰褐色玉。圆柱形，对钻孔。器表有弧线状切割痕。长2.8、直径1.1、孔径0.5厘米（图一八七；彩图433）。

M10:102，圆柱形，对钻孔。长2.8、直径1.1、孔径0.5厘米（图一八七；彩图433）。

M10:104，2件单件编为一号。圆柱形，对钻孔，其中一件的一端面开有槽口。长2.2、2.7厘米，直径1.1厘米（图一八七；彩图442）。

M10:106，3件单件编为一号。其中2件玉色呈灰白色。圆柱形，对钻孔。长0.85~1.4、直径0.7、孔径0.3厘米（图一八六；彩图443）。

珠 12件。

M10∶9，有褐色瑕斑。半球形，平面钻隧孔。直径1.45、厚0.65厘米（图一八七；彩图447）。

M10∶10，球形，钻隧孔。直径1.9厘米（图一八七；彩图445）。

M10∶11，半球形，平面钻隧孔。直径1.3、厚0.75厘米（图一八七；彩图447）。

M10∶12，球形，钻隧孔。直径2厘米（图一八七；彩图444）。

M10∶35，半球形，平面钻隧孔。直径1.9、厚1.7厘米（图一八七；彩图449）。

M10∶50，有灰色瑕斑。腰鼓形，中间钻孔较大。长1.8、直径2.45、孔径1.1厘米（图一八七；彩图450）。

M10∶64，半球形，平面钻隧孔。直径1.7、厚1.2厘米（图一八七；彩图449）。

M10∶94，腰鼓形，对钻孔。长1.2、直径0.6、孔径0.5厘米（图一八七；彩图451）。

M10∶100，2件单件编为一号。有红褐色瑕斑。腰鼓形，对钻孔。长1.2、直径0.7、孔径0.35~0.6厘米（图一八七；彩图451）。

M10∶103，腰鼓形，对钻孔。长1.2、直径0.55、孔径0.35厘米（图一八七；彩图451）。

M10∶105，半球形，平面钻隧孔。直径1.3、厚0.6厘米（图一八七；彩图446）。

粒 32件。

M10∶7，3件单件编为一号。平面呈长圆形，一面平，另一面弧凸。长0.8、宽0.35、厚0.3厘米（图一八八；彩图454）。

M10∶95，2件单件编为一号。平面呈长圆形，一面平，另一面弧凸。长0.85~0.95、宽0.5~0.55、厚0.4厘米（图一八八；彩图455）。

M10∶96，12件单件编为一号。平面呈长圆形，一面平，另一面弧凸。长0.75~0.8、宽

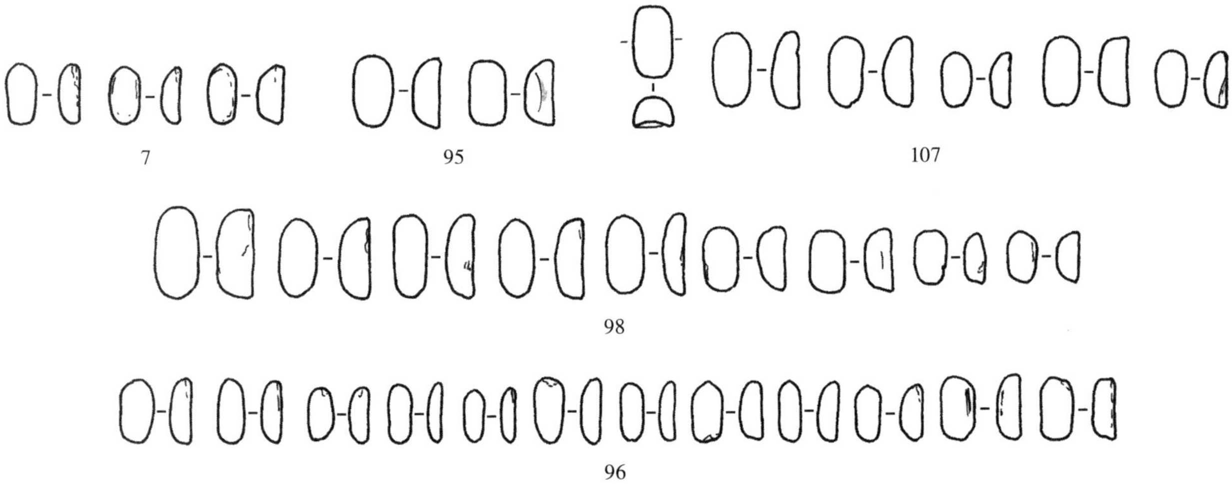

图一八八　M10出土玉粒（1/1）

0.35~0.5、厚 0.3 厘米（图一八八；彩图 456）。

M10：98，9 件单件编为一号。平面呈长圆形，一面平，另一面弧凸。长 0.7~1、宽 0.45~0.55、厚 0.4 厘米（图一八八；彩图 457）。

M10：107，6 件单件编为一号。平面呈长圆形，一面平，另一面弧凸。长 0.8~0.9、宽 0.5、厚 0.3 厘米（图一八八；彩图 458）。

（二）石器　2 件。

仅石钺一种。

M10：8，黑褐色。平面略呈方形，顶端微弧，弧刃，下端略宽。对钻孔，孔有旋痕。高 11.8、顶宽 11.3、刃宽 12、孔径 3.3、厚 1.3 厘米（图一八九；彩图 448）。

M10：13，黑褐色。平面略呈方形，顶端平直，弧刃。对钻孔，留有钻孔台痕。高 15、顶宽 12、刃宽 13.8、孔径 5、厚 1.2 厘米（图一八九；彩图 453）。

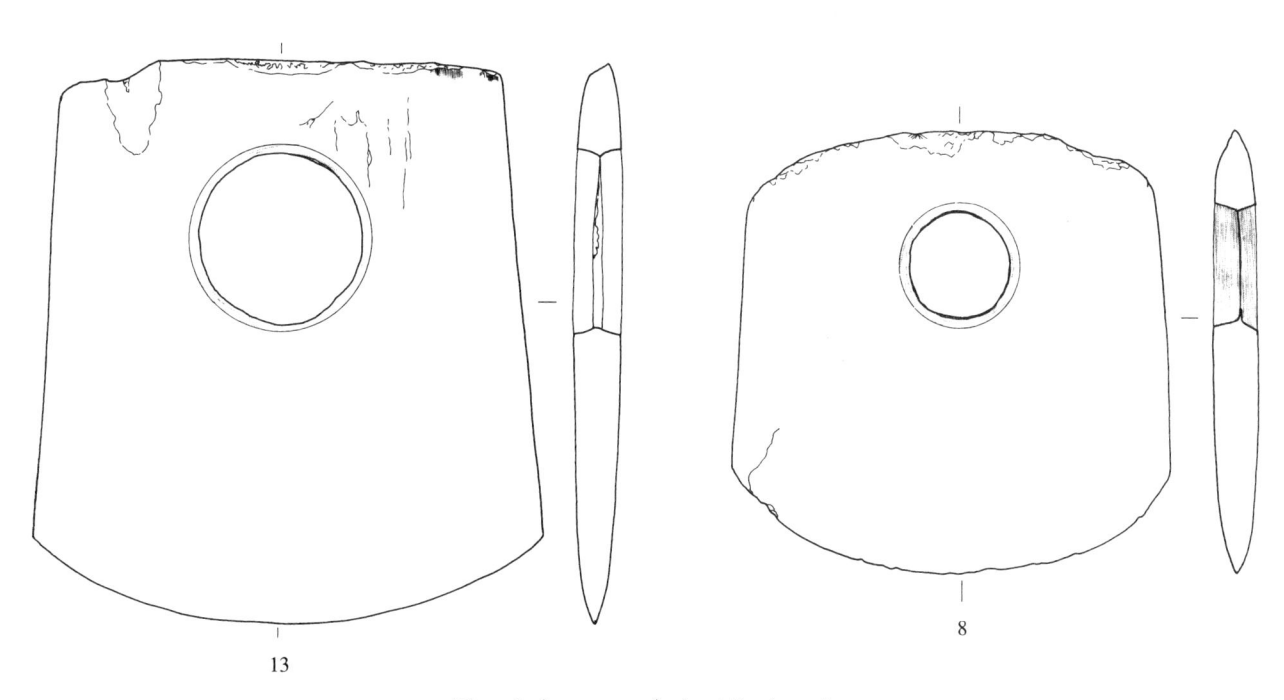

图一八九　M10 出土石钺（1/2）

（三）陶器　4 件。

鼎　1 件（M10：89）。夹砂红褐陶。破碎较甚，无法辨明器形。

豆　1 件（M10：82）。泥质陶，灰红色胎，黑皮。圆唇，盘壁较直。盘外壁饰 3 周凹弦纹。细柄下半部破碎较甚，已无法复原。口径 20.4 厘米（图一九〇；彩图 452）。

圈足罐　1 件（M10：84）。夹砂红褐陶。破碎较甚，无法辨明器形。

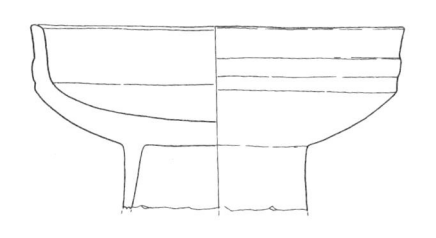

图一九〇　M10 出土陶豆（M10：82）（1/4）

缸　1件（M10:83）。夹粗砂陶，胎红色，器表抹浆，较光滑，呈灰黑色。素面。破碎较甚，器形难辨。

第十一节　十一号墓

一、墓葬形制

M11位于北行墓列的中段，西有M14，南有M9，东侧紧邻方形红土。开口于表层耕土下，打破灰土围沟、97H1及黄土台子，其东南角被M7打破。长方形竖穴土坑墓，墓向183°。墓圹长3.15、宽1.70、深1.58米。坑壁较直，墓底平整。填土为纯净的灰色斑土。墓内人骨已朽无存（彩图459）。

墓底发现平面呈长方形的板灰痕迹，长2.80、宽0.96米，应是棺的位置。全部器物均出自该范围，可知随葬品都置于棺内。

随葬品包括玉器、绿松石珠和陶器。墓内北部主要出土陶器，共7件，为鼎2、豆1、圈足罐1、缸1、甑1、过滤器1。其中，陶缸破碎后散落范围较大，过滤器、圈足罐、鼎均压在它上面。压在陶缸上的还有玉质带杆纺轮（M11:16）和玉手柄（M11:15）。玉纺轮出土时，杆穿于纺轮中孔，尖端朝南（彩图463）。陶缸以南的陶豆上面有7件玉饰（M11:30），排列整齐，形似子弹，尖端朝北。

玉器多出自墓中部，除散乱分布的管、珠、瓣形玉饰外，主要器种是玉璜组合串饰和镯形器（彩图460）。玉璜（M11:54）出土时微有倾斜，圆弧端朝北，其周围分布12件圆牌（M11:53-1~53-4、M11:55~62），根据M4同类器的出土情况，玉璜与圆牌成组，为墓主人的胸饰。该组器物的西侧出土1件锥形器，尾端朝北。镯形器9件，其中4件镯形器（M11:68~71）呈南北向上下叠压（彩图461）。在它们与玉璜串饰之间出土1件柱形器，以图纹为准，顶端朝南。大量的玉管、玉珠中，属成组串饰的有三组（M11:76管串、M11:77管串、M11:78珠串）。未能辨明的是墓中部散布的瓣形玉饰（M11:81、82），共75件，形状相似而大小略有差别。该类器的平面多钻有隧孔，所以，它们可能是有机织物的缝缀饰件。

墓内南部有两组玉管串饰（M11:95、96），1件玉璜（M11:84）被压在两组管串饰之下，另1件玉璜（M11:83）则叠压在管串饰之上。此外还有1件玉璜（M11:94），位于两组管串饰之间（彩图462）。此组器物之南为凸榫朝东的冠形器（M11:86），其两侧有一对半球形玉珠（M11:87）。最南端为带盖柱形器（M11:89），M11是北行墓列中唯一出土该类器的墓葬（图一九一、一九二）。

二、随葬器物

随葬品包括玉器、陶器和绿松石珠。编号96件（组），以单件计共546件。

（一）玉器

编号87件（组），以单件计共537件。多为白玉。有冠形器、带盖柱形器、璜、圆牌、镯形器、锥形器、纺轮、弹形饰等。

冠形器 1件（M11∶86）。有浅灰色瑕斑。体扁薄，平面呈倒梯形。上端中部内凹，其中央有尖凸，正下方钻1个椭圆形孔。器下端为扁凸榫，并对钻5个等距离的小孔。器体两面均阴线刻神兽纹。重圈圆眼，椭圆形眼眶，鼻翼外张，阔嘴内伸出2对獠牙。整器四周刻有边框，主体纹饰之外均填以卷云纹。高3.4、宽6.35、厚0.32厘米（图一九三；彩图466、467）。

带盖柱形器 1组（M11∶89）。由器盖和柱形器组成。

M11∶89-1，器盖。扁平圆饼形，一面弧凸，另一面平直，并钻隧孔。平面留有自外缘向里的弧线形切割痕。直径4、厚1.1厘米（图一九四；彩图468）。

M11∶89-2，柱形器。圆柱形，对钻圆孔，经过打磨。高3.6、直径3.9、孔径0.8厘米（图一九四；彩图469）。

璜 4件。

M11∶54，有灰色筋斑。器体较厚，底缘略薄。半璧形，上端中部向内凹弧，两侧对钻小孔。高6.3、宽15.6、厚0.6厘米（图一九四；彩图472）。

M11∶83，器体扁薄均匀，半璧形。上端中部向内凹弧，中央有尖凸，尖凸之下有横向月牙形镂孔。上端凹缺两侧各有1个对钻小孔，一边侧缘有上下2个对钻小孔。器表有一道横向的切割凹痕，另一面有纵向的弧线状切割痕，均经打磨。高7.45、宽15.8、厚0.4厘米（图一九四；彩图465）。

M11∶84，半璧形，上端凹弧形缺口两侧各钻一小孔。器体两面以透雕和阴线刻相结合的技法，雕琢神兽图纹。菱角形双眼，眼角两端上卷，圆孔代表眼珠。两眼之间用弧边"十"字形或三角形镂孔表现出鼻梁和鼻翼，鼻下面用弧形孔和阴刻线勾勒出阔嘴，嘴两端上翘。其余部位琢刻不规则的孔和阴线。上述图纹似可解读成两两相向的龙纹[1]。透雕镂孔均先用实心钻钻孔，然后馁扩。器体匀薄，下端圆弧边缘更薄，底缘略有缺损，但经打磨。高4.8、宽12.7厘米（图一九五；彩图464）。

M11∶94，有灰色瑕斑。桥形璜，器体中部稍厚，两顶端分别对钻2个小孔。在弧形器底边缘浅浮雕及阴线刻4个"龙首"图案，龙首方向一致，等距离纵向排列。龙首形象为短角，凸圆眼，菱形鼻，阔嘴。高2.9、宽8厘米（图一九六；彩图470、471）。

圆牌串 1组12件。基本上呈圆饼形，似小型玉璧，中间钻孔，孔壁斜，器外缘对钻一小圆孔。

M11∶53-1，器表有自外向内的弧线状切割痕。直径4.6、孔径1.6、厚0.4厘米（图一九七；彩图473）。

---

[1] 芮国耀、沈岳明：《良渚文化与商文化关系三例》，《考古》1992年第10期。

图一九一 M11 平面图

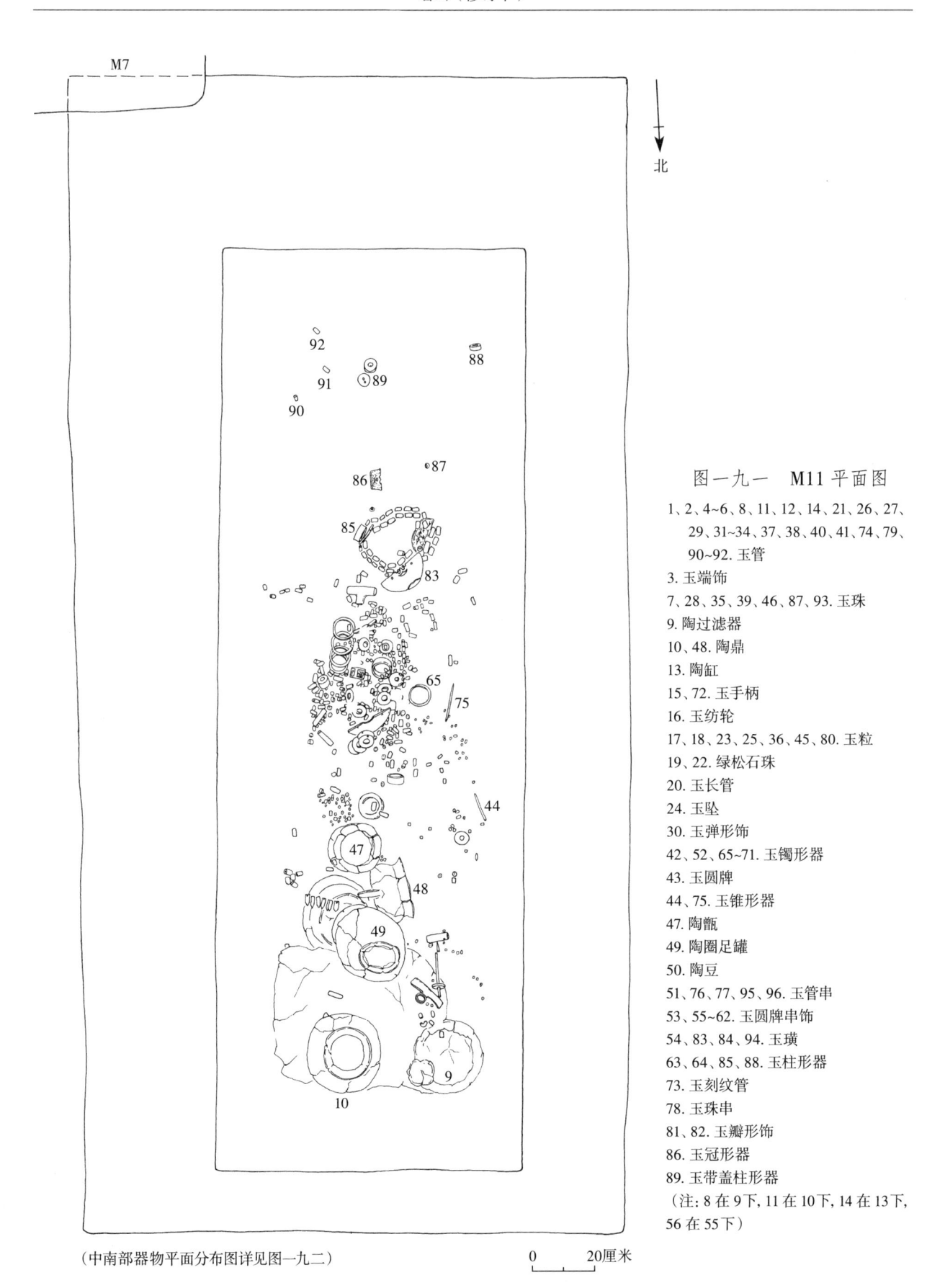

1、2、4~6、8、11、12、14、21、26、27、29、31~34、37、38、40、41、74、79、90~92. 玉管
3. 玉端饰
7、28、35、39、46、87、93. 玉珠
9. 陶过滤器
10、48. 陶鼎
13. 陶缸
15、72. 玉手柄
16. 玉纺轮
17、18、23、25、36、45、80. 玉粒
19、22. 绿松石珠
20. 玉长管
24. 玉坠
30. 玉弹形饰
42、52、65~71. 玉镯形器
43. 玉圆牌
44、75. 玉锥形器
47. 陶甗
49. 陶圈足罐
50. 陶豆
51、76、77、95、96. 玉管串
53、55~62. 玉圆牌串饰
54、83、84、94. 玉璜
63、64、85、88. 玉柱形器
73. 玉刻纹管
78. 玉珠串
81、82. 玉瓣形饰
86. 玉冠形器
89. 玉带盖柱形器
（注：8 在 9 下，11 在 10 下，14 在 13 下，56 在 55 下）

（中南部器物平面分布图详见图一九二）

0　20厘米

第三章 墓 葬·十一号墓　　171

北 ↓

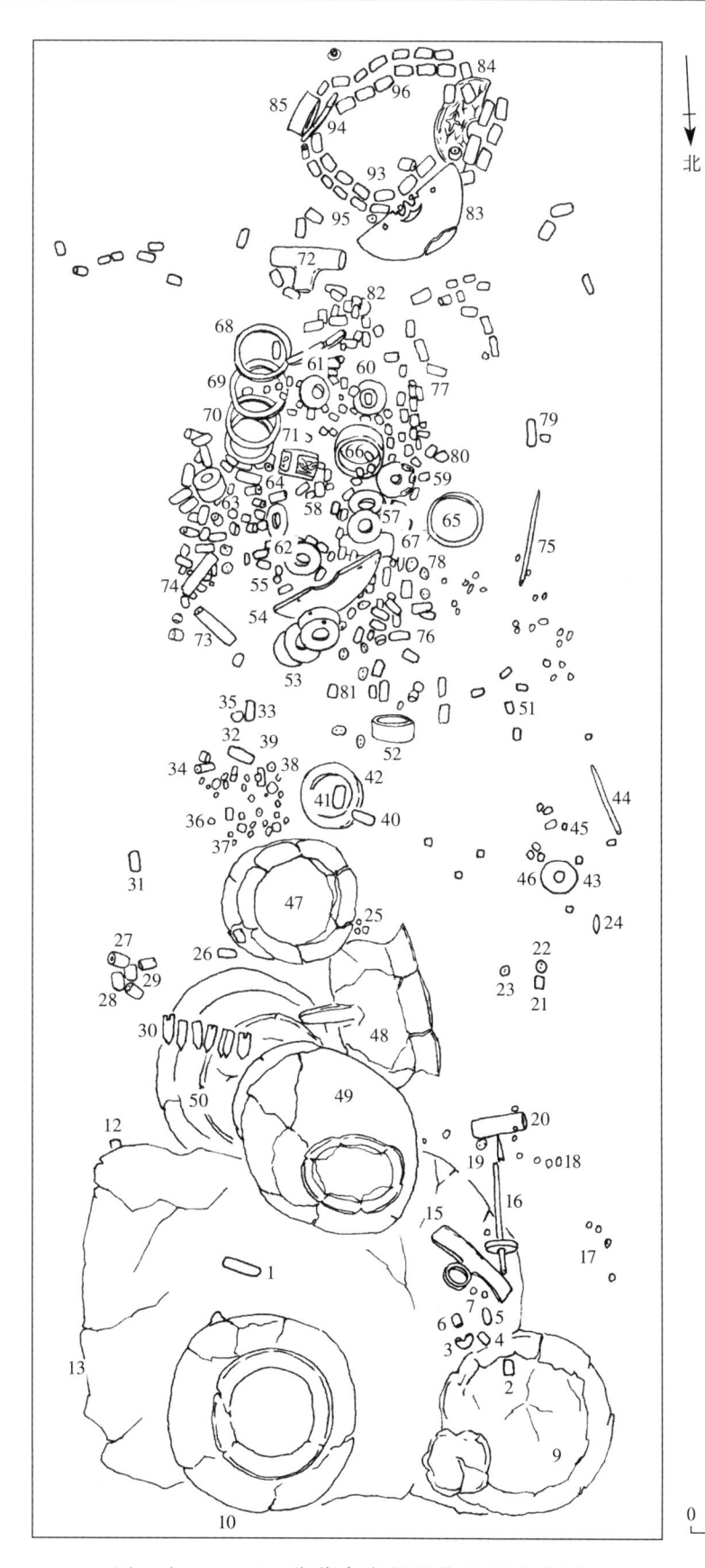

0　20厘米

图一九二　M11 墓葬中南部器物平面分布图

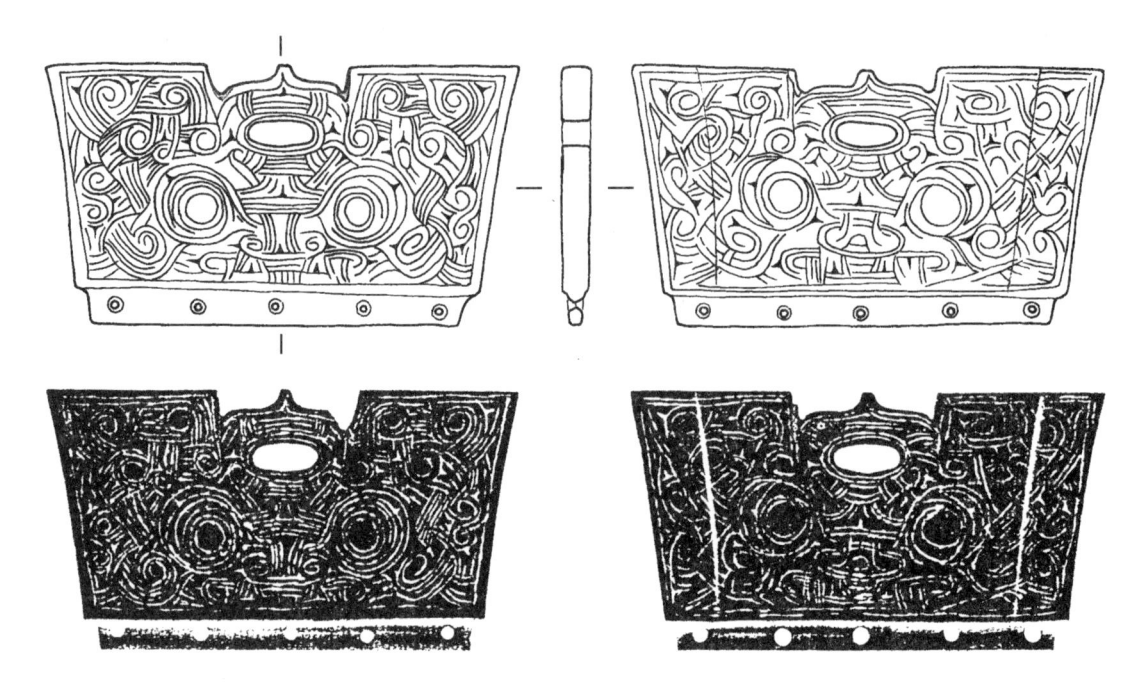

图一九三　M11出土玉冠形器（M11∶86）及拓片（1/1）

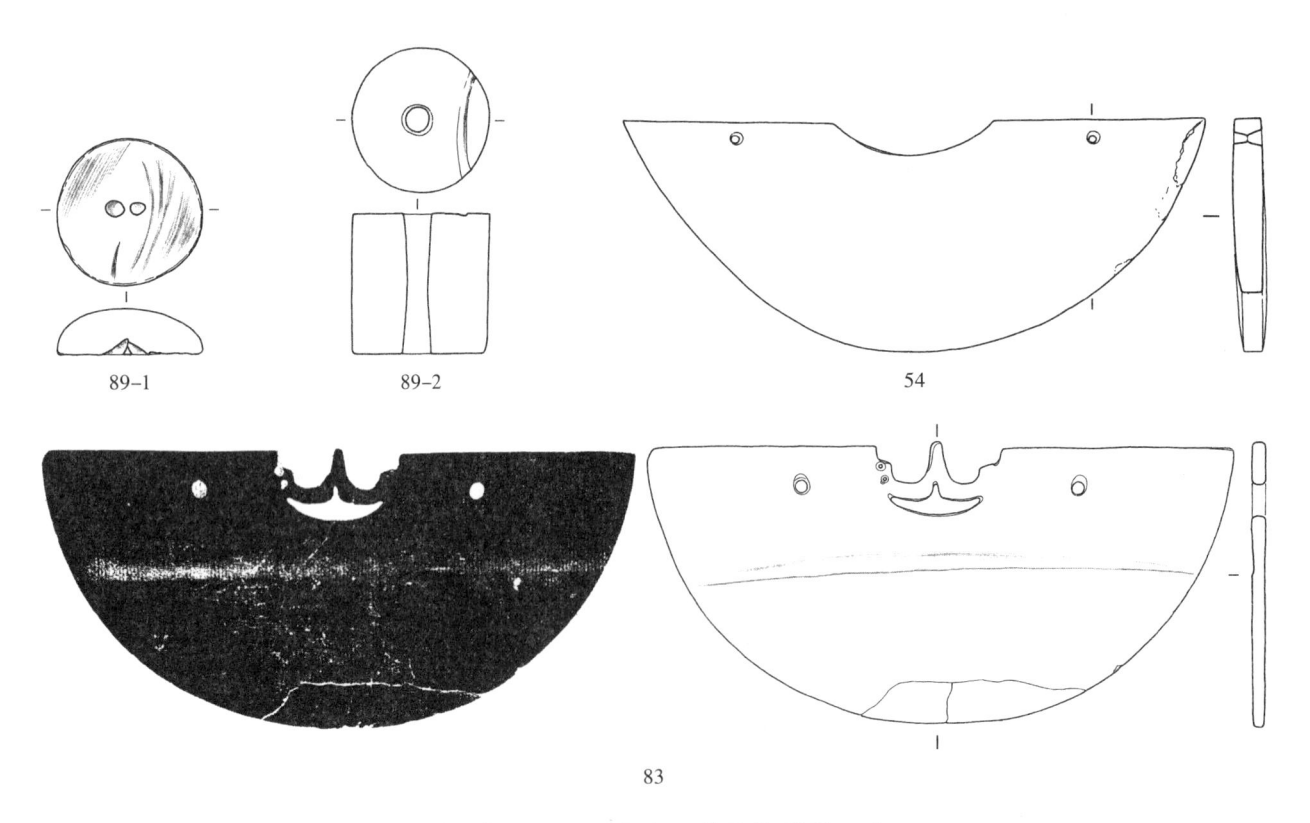

89-1　　　89-2　　　54

83

图一九四　M11出土玉带盖柱形器、璜
54、83.璜　89-1.柱形器器盖　89-2.柱形器（1/2）

图一九五　M11 出土玉璜（M11：84）及拓片（1/1）

纹饰展开示意图

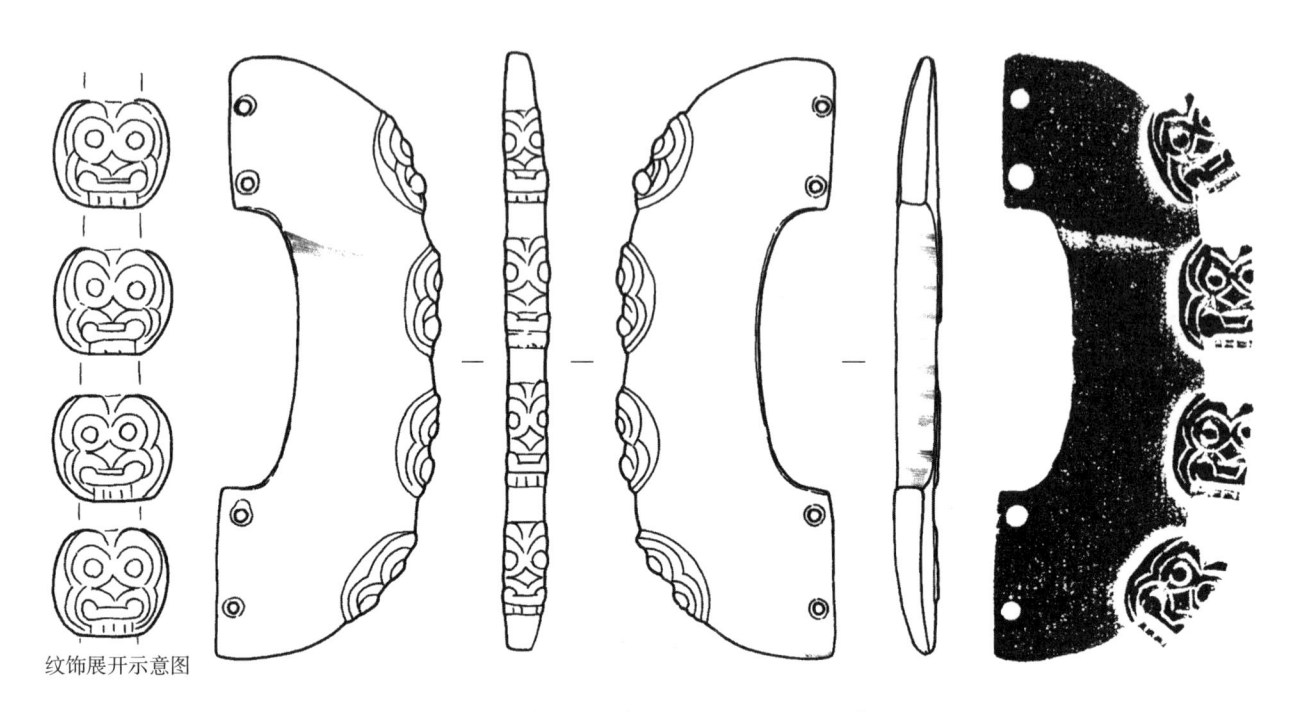

图一九六　M11出土玉璜（M11∶94）及拓片（1/1）

M11∶53-2，断面略呈梯形，孔壁斜并留有旋痕。器表有弧线状切割凹痕。直径4.4、孔径1.8、厚0.4厘米（图一九七；彩图474）。

M11∶53-3，器表有弧线状切割痕。直径4.4、孔径1.7、厚0.4厘米（图一九七；彩图475）。

M11∶53-4，器表有自外向里的弧线状切割凹痕。直径4.4、孔径1.8、厚0.3厘米（图一九七；彩图476）。

M11∶55，器表有弧线状切割痕。直径4.4、孔径1.6、厚0.4厘米（图一九七；彩图478、479）。

M11∶56，器表有弧线状切割痕。直径4.5、孔径2、厚0.4厘米（图一九七；彩图477）。

M11∶57，出土时断成两部分。直径4.15、孔径1.6、厚0.4厘米（图一九七；彩图480）。

M11∶58，中间钻孔留有钻孔台痕，器外缘对钻一小圆孔。器表有弧线状切割痕，外缘侧面有切割痕。直径4.5、孔径1.6、厚0.4厘米（图一九七；彩图481）。

M11∶59，单向钻孔，孔壁留有旋痕。在器边缘等距离有3个浅浮雕凸面，为同向的"龙首"图案。器体厚薄不匀，器表有弧线状切割痕。直径4.7、孔径1.1~1.3、厚0.5~0.9厘米（图一九八；彩图482、483）。

M11∶60，器表有弧线状切割凹痕。直径4.4、孔径2、厚0.35厘米（图一九七；彩图

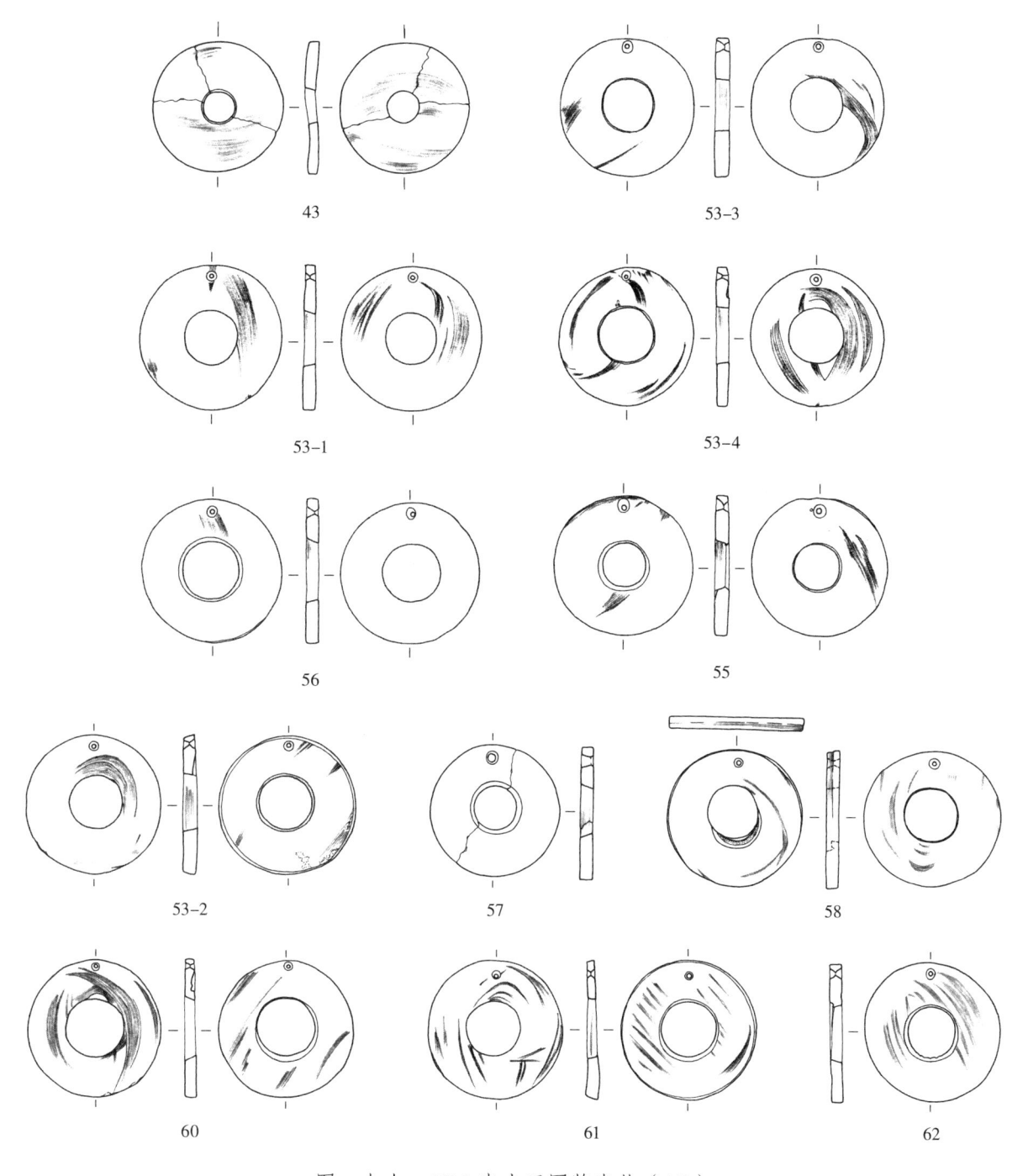

图一九七 M11 出土玉圆牌串饰（1/2）

485）。

M11:61，器表不平整，有弧线状和直线形切割痕。直径 4.4、孔径 1.9、厚 0.35 厘米（图一九七；彩图 486）。

M11:62，中间钻孔留有台痕。器表留有弧线形切割痕。直径 4.4、孔径 1.8、厚 0.35 厘米（图一九七；彩图 484）。

图一九八　M11 出土玉圆牌（M11∶59）及拓片（1/1）

上述圆牌串的钻孔多表现为单向钻孔，其实是先将柱状体玉件双向钻孔后，再横向切割而成。如图一九七所示 5 件圆牌（M11∶53-1、53-3、53-4、55、56），即为同一玉件切割而成。此外，图一九七的 M11∶60、61、53-2 也是同样做法。

圆牌　1 件。

M11∶43，出土时断成三块。圆饼形，单向钻孔。器表不平整，有自外向里的弧线状切割痕。直径 4.2、孔径 1.2、厚 0.3 厘米（图一九七；彩图 487）。

镯形器　9 件。

M11∶42，有褐色瑕斑。环形，外壁浑圆，内壁弧凸。高 2.1、直径 8.2、孔径 5.9 厘米（图一九九；彩图 490）。

M11∶52，圆台形，中间穿孔，外壁斜直，内壁微弧。高 1.7、直径 5.3~5.8、孔径 4.7 厘米（图一九九；彩图 488）。

M11∶65，有青灰色瑕斑。环形，外壁弧凸。高 1.2、直径 6.9、孔径 5.7 厘米（图一九九；彩图 491）。

M11∶66，宽环形，外壁圆弧，内壁微凸。高 3.3、直径 6.9、孔径 5.7 厘米（图

图一九九　M11 出土玉镯形器（1/2）

一九九；彩图 489）。

M11：67，有灰色瑕斑。圆筒形，外壁微内凹，内壁弧凸。高3.7、直径6.6、孔径5.7厘米（图一九九；彩图 492）。

M11：68，有青绿色和红褐色瑕斑。宽环带状，内壁平直。外壁琢一周平行的斜向凸棱，为绞丝纹。此种纹饰为良渚文化镯形器中所仅见。高2.3、直径6.5、孔径5.7厘米（图一九九；彩图493）[1]。

M11:69，环形，外壁浑圆，内壁微弧凸。高1、直径7.25、孔径5.6厘米（图一九九；彩图494）。

M11:70，青灰色。环形，外壁圆弧，内壁微凸。高1.3、直径6.85、孔径5.7厘米（图一九九；彩图495）。

M11:71，环形，内、外壁均弧凸。器形不规整。高1.4、直径6.5、孔径5.8厘米（图一九九；彩图496）。

柱形器 4件。

M11:63，有灰色瑕斑。圆柱形，中间对钻孔，留有钻孔台痕。高2.6、直径4.6、孔径1.5厘米（图二〇〇；彩图497）。

M11:64，圆柱形，器表有3个弧凸，每个凸面用浅浮雕和阴线琢刻神兽纹，有细微差别。图案上端中间刻3组羽纹。双眼微凸，椭圆形眼眶，双圈圆眼。两眼之间阴刻鼻子，鼻翼阔。嘴扁宽，口内中间2枚獠牙朝上，外侧2枚獠牙冲下。主体纹饰周围阴刻线纹和卷云纹为地纹。两端面有弧线状切割痕。高3.3、直径5、孔径1.4厘米（图二〇一；彩图498）。

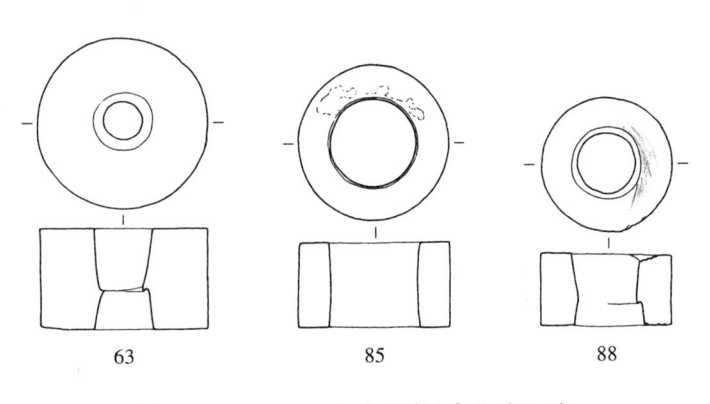

图二〇〇 M11出土玉柱形器（1/2）

M11:85，圆柱形，中间穿孔。高2.2、直径4.1、孔径2.25厘米（图二〇〇；彩图499）。

M11:88，有灰色瑕斑。圆柱形，中间对钻孔并经打磨，但仍留有钻孔台痕。一端面有弧线状切割痕。高1.9、直径3.6、孔径1.9厘米（图二〇〇；彩图500）。

锥形器 2件。

M11:44，出土时断成两截。长条形，一端对钻小孔，另一端平。长8.8、直径0.55厘米（图二〇二；彩图501）。

M11:75，出土时断成两截。长条形，一端锥尖，另一端对钻小孔。长11.5、直径0.5厘米（图二〇二；彩图501）。

长管 1件（M11:20）。圆柱形，对钻孔。长6.7、直径2.15、孔径0.8厘米（图二〇二；彩图502）。

端饰 1件（M11:3）。半球形，一端弧凸，另一端平面，开直向槽口。槽口两端呈喇

---

[1] 此件镯形器上海博物馆借展陈列，器物线图和照片由该馆提供。

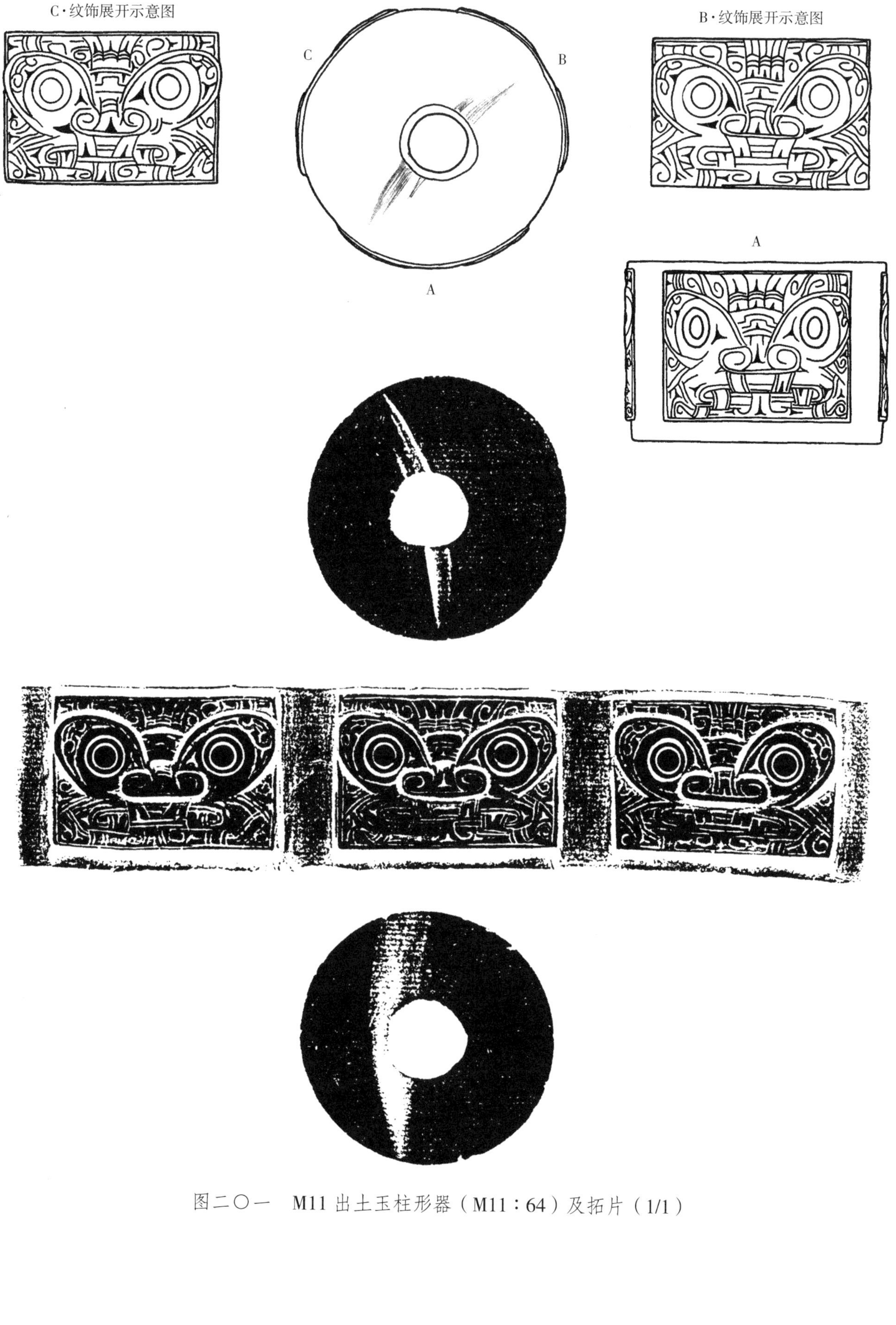

C·纹饰展开示意图　　　　　　　　　　　　　　　　　　　B·纹饰展开示意图

A

图二〇一　M11 出土玉柱形器（M11∶64）及拓片（1/1）

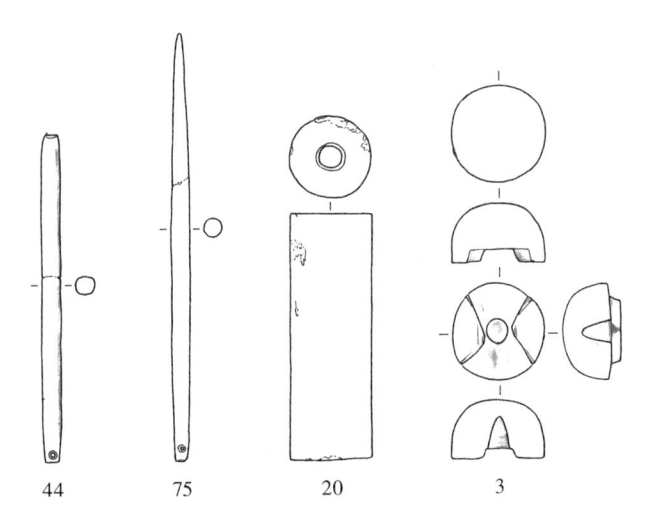

图二〇二　M11 出土玉端饰、长管、锥形器
3.端饰　20.长管　44、75.锥形器（1/2）

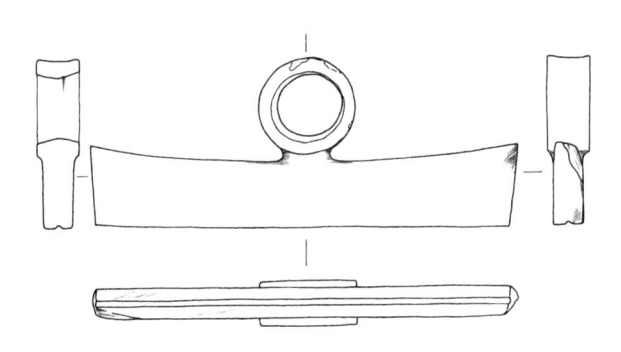

图二〇三　M11 出土玉手柄（M11:15）（1/2）

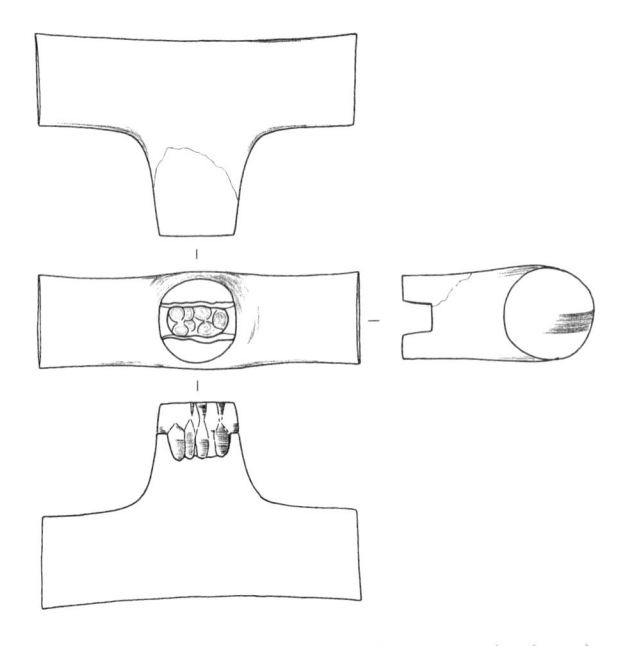

图二〇四　M11 出土玉手柄（M11:72）（1/2）

叭形，留有切割线痕。中间钻孔未透。直径 2.6、厚 1.6 厘米（图二〇二；彩图 519、520）。

手柄　2 件。

M11:15，有褐色瑕斑。扁平长条状，上连一圆环。圆环的内、外壁均略内凹，对钻孔。条形柄上端凹弧，两角略上翘；底端平整，中间纵贯浅凹槽。高 4.5、宽 11.7 厘米（图二〇三；彩图 504）。

M11:72，有褐色瑕斑。侧视形如"凸"字形。横把部分底微凹弧，断面呈圆形；凸出部分顶端琢一横槽，槽内用多个实心钻琢出椭圆形卯孔。高 5.2、宽 8.7 厘米（图二〇四；彩图 503、505）。

纺轮　1 件（M11:16）。由纺轮和杆两件单件组合而成，其中纺轮白玉，杆为青玉。纺轮圆饼状，断面呈梯形，中间对钻，孔壁经过打磨。圆杆长条形，头端锥尖，并对钻小孔，尾端有对钻孔痕迹。纺轮直径 4.3、孔径 0.6、厚 0.9 厘米，杆长 16.4 厘米（图二〇五；彩图 506）。

弹形饰　1 组 7 件（M11:30）。出土时 7 件并列，大小一致，尖端朝向北。状如枪弹，一端锥尖，另一端中空，并开横向槽口。中孔壁有旋痕。长 3.1、直径 1.1、孔径 0.6 厘米（图二〇六；彩图 507）。

刻纹管　2 件。

M11:73-1，三棱柱形，中穿孔，一端切割断，留有弧线状切割痕。器表琢刻一周纹带，有 4 个圆凸眼，周围单线圆眼圈，眼之间阴刻直线，眼上饰一周凸棱。高 1.1、直径 1.5 厘米（图二〇五；彩图 508）。

M11:73-2，三棱柱形，中穿孔，一端切割断，留有弧线状切割痕。器表纹饰与上件近同。高 1.2、直径 1.4 厘米（图二

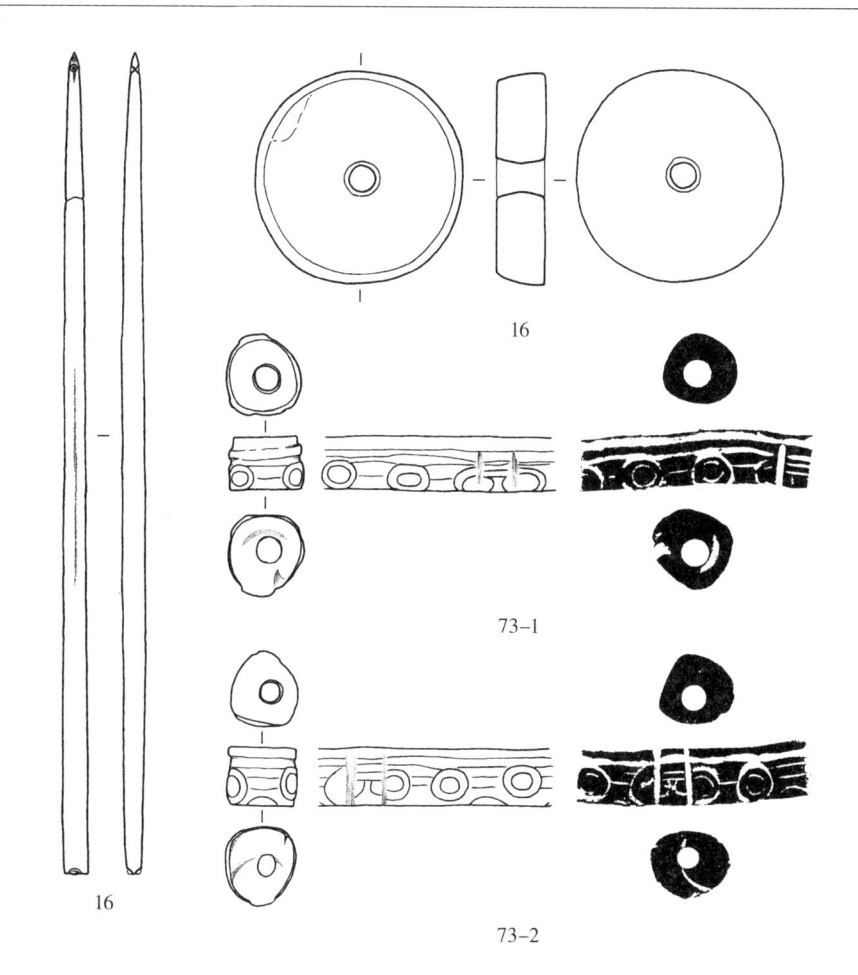

图二〇五　M11 出土玉纺轮、刻纹管
16.纺轮及杆　73-1、73-2.刻纹管（2/3）

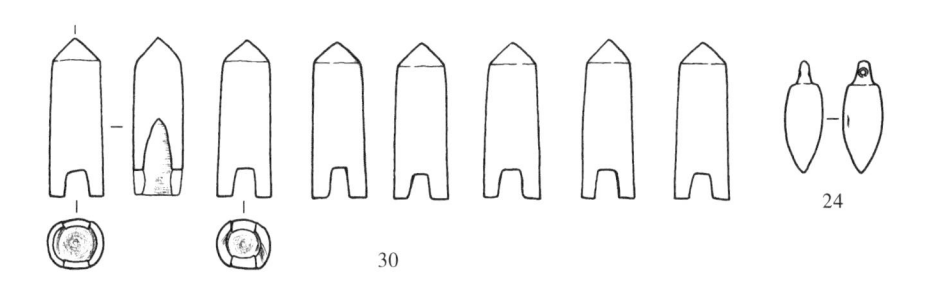

图二〇六　M11 出土玉坠、弹形饰
24.坠　30.弹形饰（2/3）

〇五；彩图 509）。

这两件刻纹管从形态及刻纹看，应为同一件器分割而成，但却无法直接相连，可能缺中间一段。

坠　1件（M11∶24）。形似橄榄，一端尖，另一端有一小凸榫，上对钻小孔。长 2.25 厘米（图二〇六；彩图 510）。

管串 5组，共253件单件。

M11：51，由5件单件组成。圆柱形，对钻孔。长1.25、直径0.9、孔径0.4厘米（图二〇九）。

M11：76，由98件单件组成。个别的有灰色瑕斑。圆柱形，对钻孔。部分玉管器表及端面有弧线状切割痕。长1.7~3、直径0.9~1.2、孔径0.3~0.5厘米（图二〇七；彩图511）。

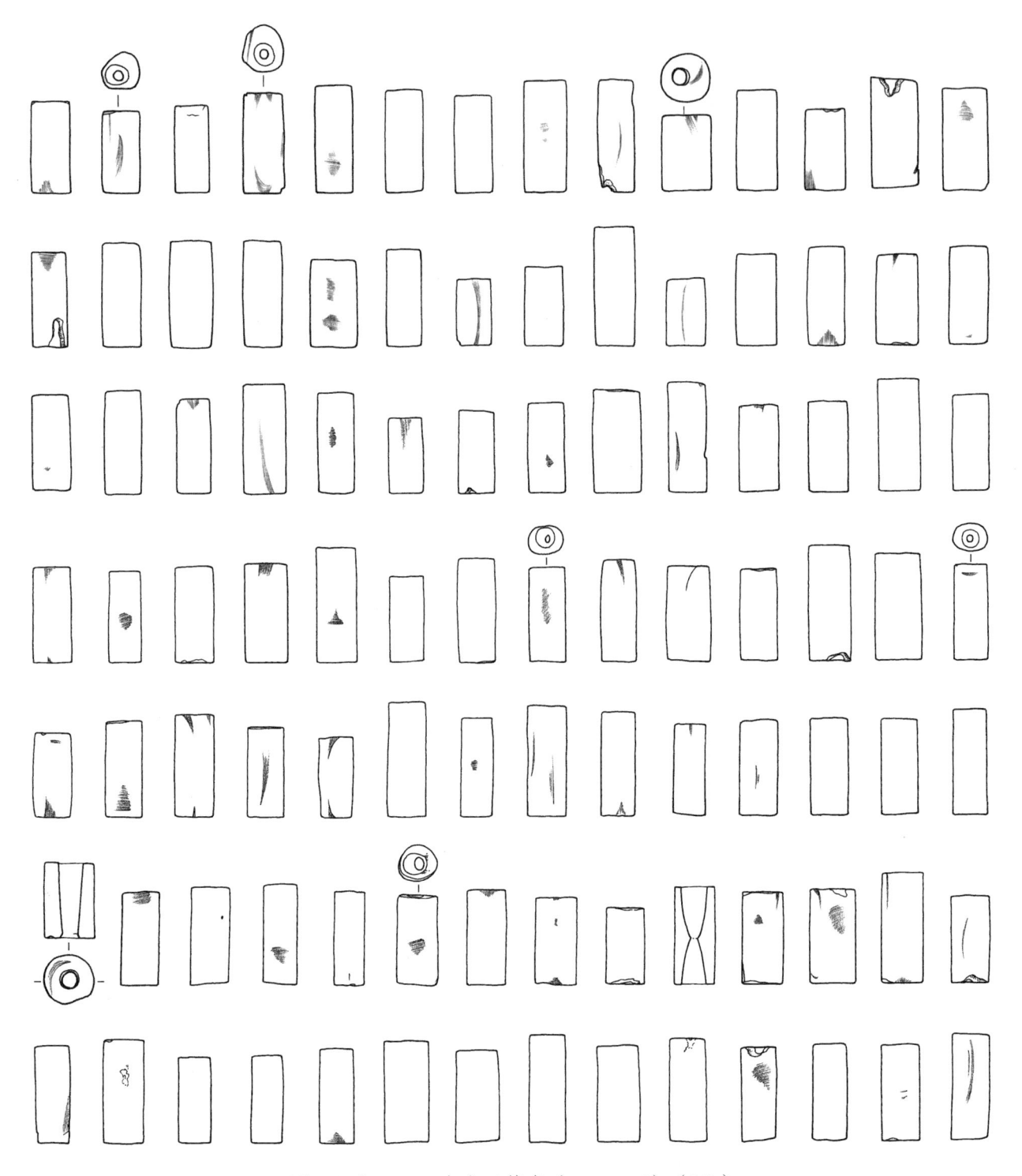

图二〇七　M11出土玉管串（M11：76）（2/3）

图二〇八　M11 出土玉管串（M11：77）（2/3）

M11：77，由110件单件组成。有青灰色、褐色瑕斑。圆柱形，大多对钻孔，少数钻孔后切割断，从而呈现单向钻孔。部分玉管器表及端面有弧线状切割痕。长0.75~2、直径0.7~1.1、孔径0.3~0.6厘米（图二〇八；彩图512）。

M11：95，由23件单件组成。个别有灰褐色瑕斑。圆柱形，大多对钻孔，少数钻孔后切割断，从而呈现单向钻孔。部分玉管端面及器表有弧线状切割痕。长2.2~2.5、直径1~1.4、孔径0.4~0.6厘米（图二〇九；彩图513）。

M11：96，由17件单件组成。圆柱形，大多对钻孔，少数钻孔后切割断，从而呈现单向钻孔。此类玉管端面常留有弧线状切割痕，个别器表也有切割痕。长2.4~3.9、直径1.1~1.3、孔径0.5~0.8厘米（图二〇九；彩图514）。

珠串　1组（M11：78）。由34件单件组成。个别有褐色瑕斑。腰鼓形，对钻孔或单向

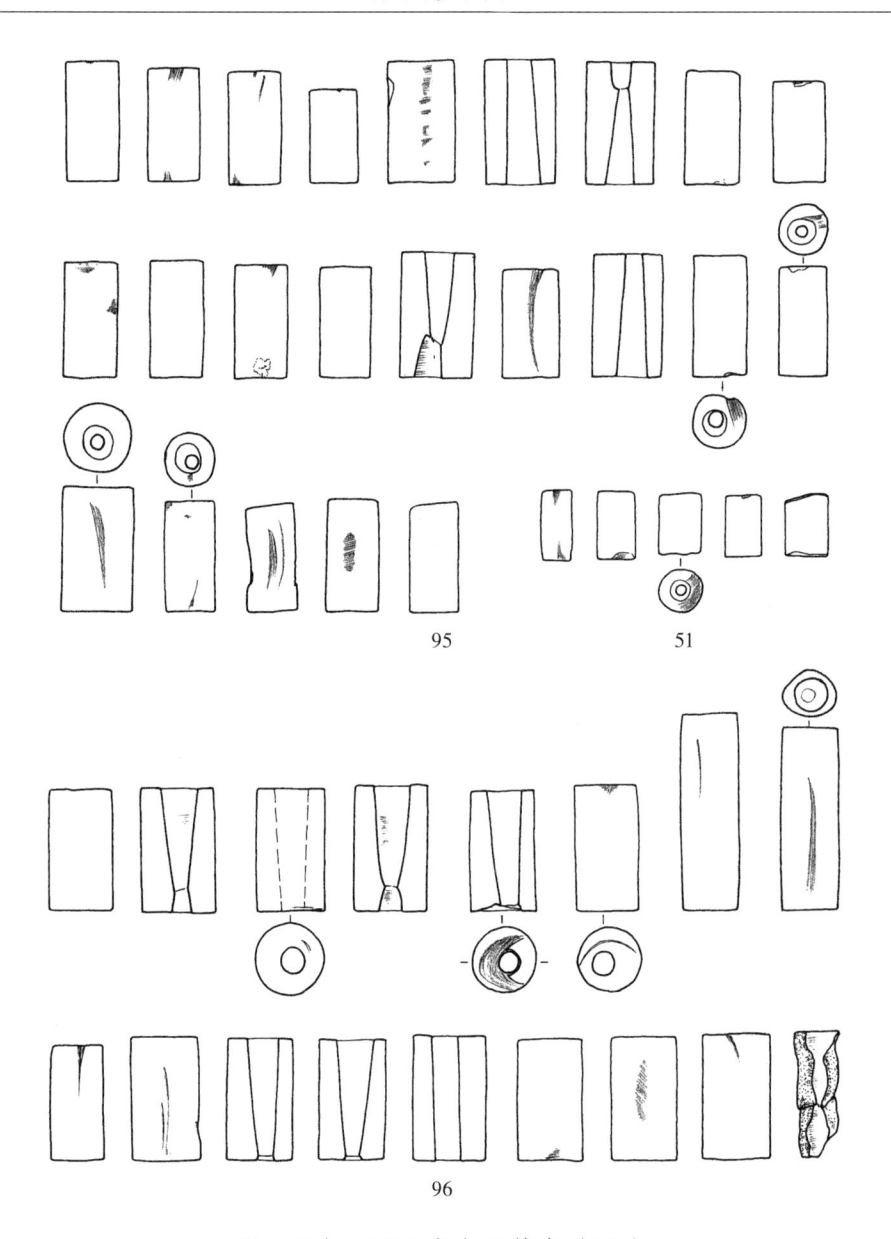

图二〇九　M11 出土玉管串（2/3）

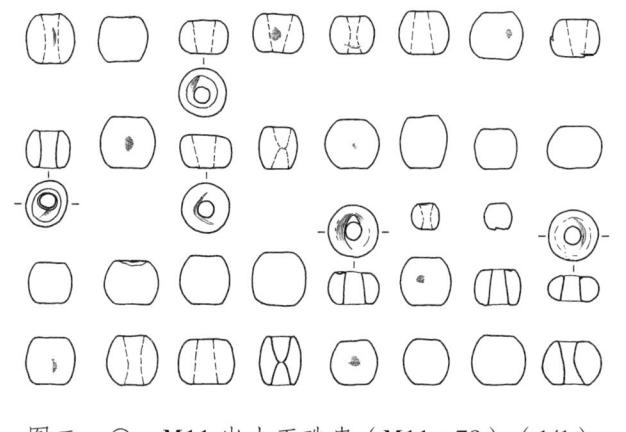

图二一〇　M11 出土玉珠串（M11：78）（1/1）

钻孔。部分玉珠端面有弧线状切割痕。直径 0.3~0.6 厘米（图二一〇；彩图 515）。

瓣形饰　75 件。

M11：81，69 件单件编为一号。有灰褐色瑕斑。平面呈椭圆形，一面平，另一面弧凸。两端各钻 1 个小孔。部分平面有弧线状切割痕。长 1.6~1.75、宽 0.95~1.3、厚 0.5~0.8 厘米（图二一一、二一二；彩图 516）。

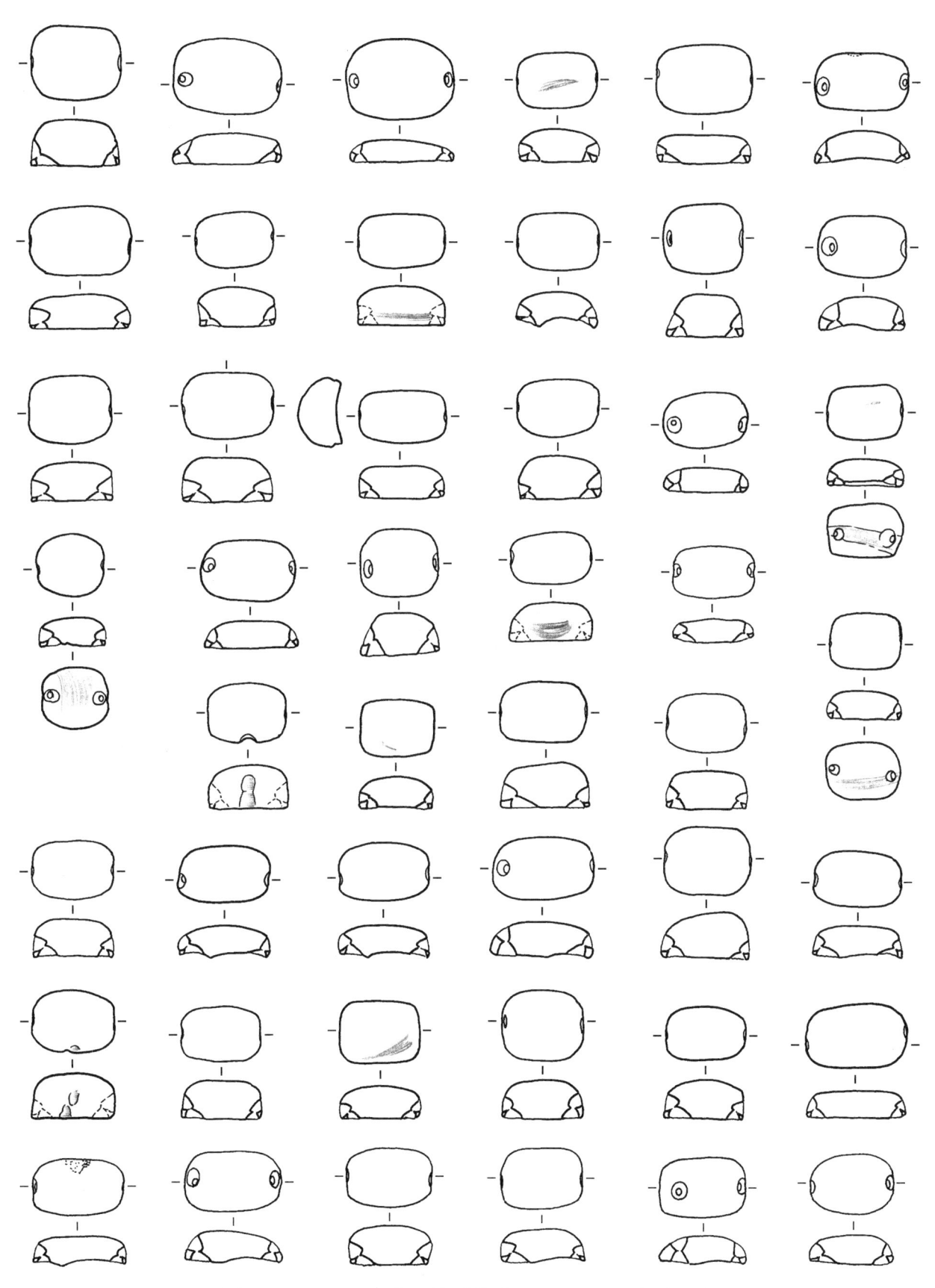

图二一一　M11出土玉瓣形饰（M11∶81之一）（1/1）

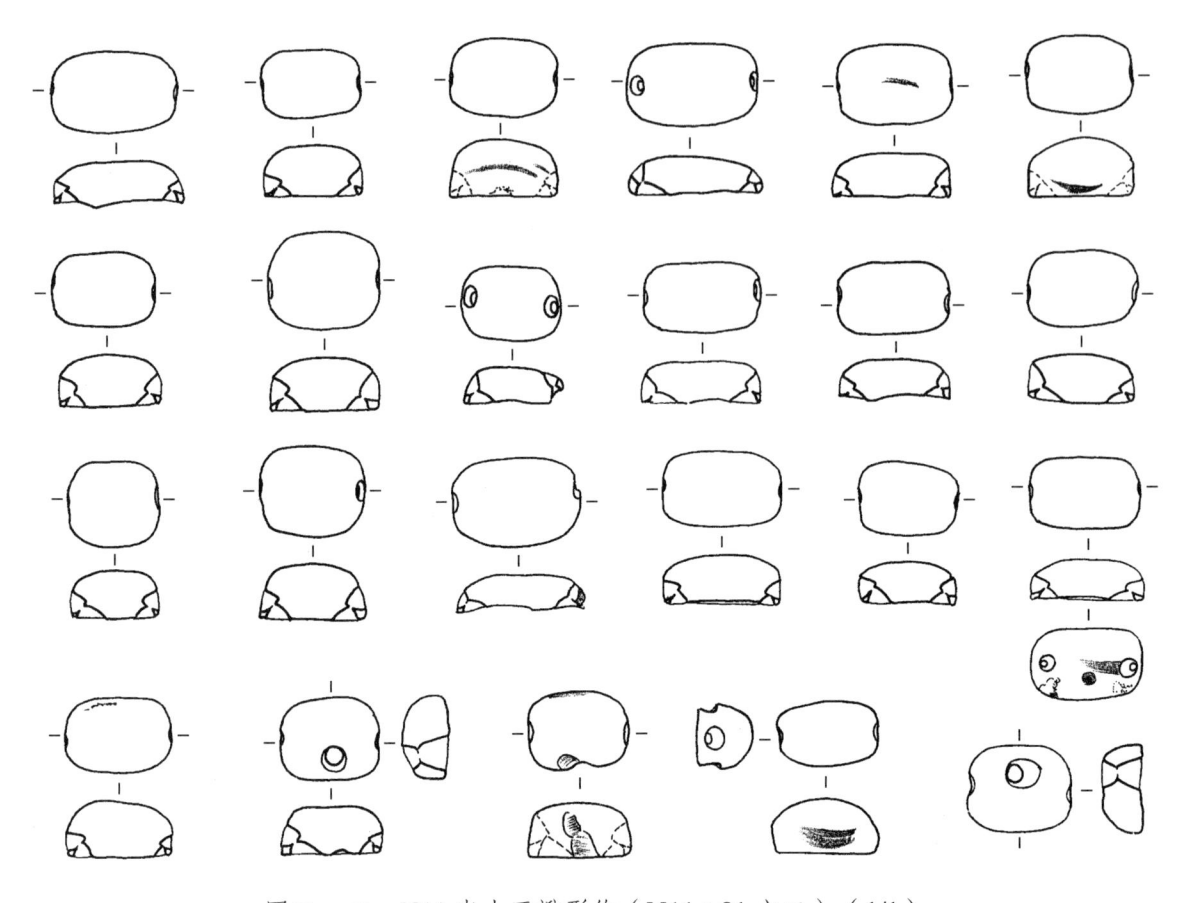

图二一二　M11 出土玉瓣形饰（M11：81 之二）（1/1）

M11：82，6 件单件编为一号。有灰褐色瑕斑。平面呈椭圆形或长方形，两端钻隧孔，其中 3 件平面钻隧孔。长 2.2~2.5、宽 1.4~1.55、厚 0.5 厘米（图二一三；彩图 517、518）。

管　28 件。

M11：1，有灰绿色瑕斑。三棱柱形，对钻孔。器表有弧线状切割痕。长 4.4、直径 1.2、孔径 0.6 厘米（图二一四；彩图 521）。

M11：2，圆柱形，对钻孔。端面有弧线状切割痕。长 1.4、直径 1.4、孔径 0.8 厘米（图二一四；彩图 522）。

M11：4，圆柱形，对钻孔。长 1.7、直径 0.8、孔径 0.4 厘米（图二一四；彩图 522）。

M11：5，圆柱形，对钻孔。长 1.7、直径 1、孔径 0.45 厘米（图二一四；彩图 522）。

M11：6，圆柱形，对钻孔。长 0.9、直径 0.8、孔径 0.3 厘米（图二一四；彩图 522）。

M11：8，圆柱形，对钻孔后切割断，断面上有弧线状切割凹痕。器表有斜向切割痕。长 1.9、直径 1.2、孔径 0.6 厘米（图二一四；彩图 522）。

M11：11，圆柱形，对钻孔。长 1.6、直径 1.7、孔径 0.9 厘米（图二一四；彩图 523）。

M11：12，有灰褐色瑕斑。圆柱形，对钻孔。器表有弧线状切割痕。长 2.5、直径 0.9、孔径 0.6 厘米（图二一四；彩图 522）。

M11：14，圆柱形，对钻孔。长 2.2、直径 1、孔径 0.5 厘米（图二一四；彩图 522）。

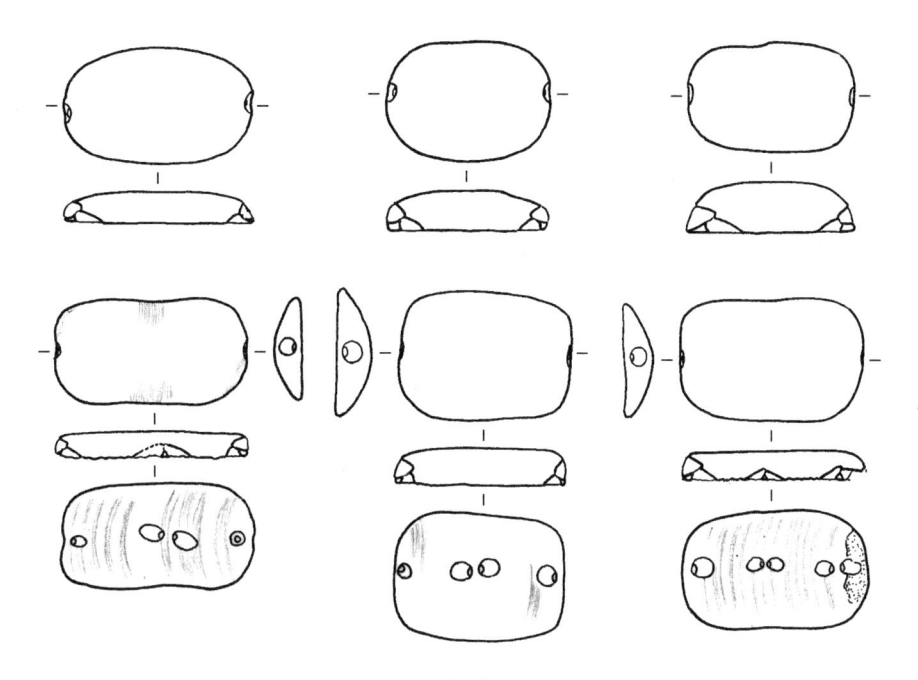

图二一三　M11出土玉瓣形饰（M11∶82）（1/1）

M11∶21，圆柱形，对钻孔，一端开一槽口。长1.4、直径0.9、孔径0.4厘米（图二一四；彩图522）。

M11∶26，圆柱形，对钻孔后切割断，断面有弧线状切割凹痕。长1.4、直径1、孔径0.5厘米（图二一四；彩图522）。

M11∶27，一端有褐色瑕斑。三棱柱形，对钻孔后切割断，断面有弧线状切割凹痕。长2.1、直径1.65、孔径1.1厘米（图二一四；彩图523）。

M11∶29，2件单件编为一号。有褐色瑕斑。圆柱形，对钻孔。长2.2、直径1、孔径0.5厘米（图二一四；彩图524）。

M11∶31，有灰色瑕斑。圆柱形，对钻孔。长2.5、直径0.9、孔径0.5厘米（图二一四；彩图524）。

M11∶32，圆柱形，对钻孔，并留有钻孔台痕。长3.3、直径1.2、孔径0.6厘米（图二一四；彩图524）。

M11∶33，有褐色瑕斑。圆柱形，对钻孔。长2.7、直径1、孔径0.4厘米（图二一四；彩图524）。

M11∶34，有灰色瑕斑。圆柱形，对钻孔。长2.9、直径1、孔径0.5厘米（图二一四；彩图525）。

M11∶37，圆柱形，对钻孔。长2.4、直径1.2、孔径0.6厘米（图二一四；彩图525）。

M11∶38，有青绿色瑕斑。圆柱形，对钻孔。端面有弧线状切割痕。长2.4、直径1.2、孔径0.6厘米（图二一四；彩图525）。

M11∶40，有灰褐色瑕斑。圆柱形，对钻孔。长3.15、直径1、孔径0.7厘米（图二一四；彩图525）。

M11：41，有灰绿色瑕斑。圆柱形，对钻孔。长3.2、直径1.1、孔径0.5厘米（图二一四；彩图526）。

M11：74，2件单件编为一号。三棱柱形，对钻圆孔。其中一件的端面有弧线状切割痕。长5.9、直径1.6、孔径0.55厘米（图二一四；彩图527）。

M11：79，有灰褐色瑕斑。圆柱形，对钻孔。长4、直径1.2、孔径0.6厘米（图二一四；彩图521）。

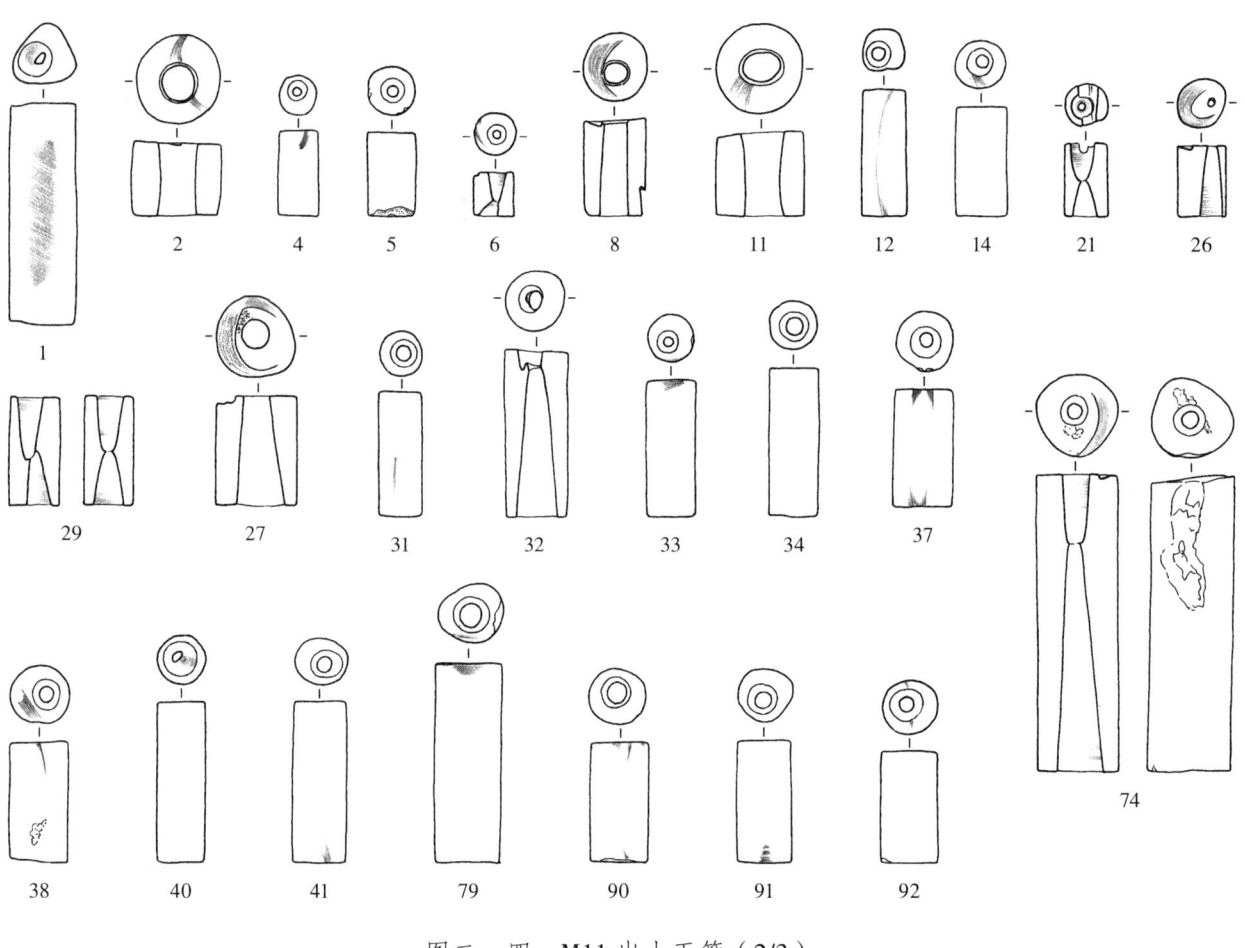

图二一四　M11出土玉管（2/3）

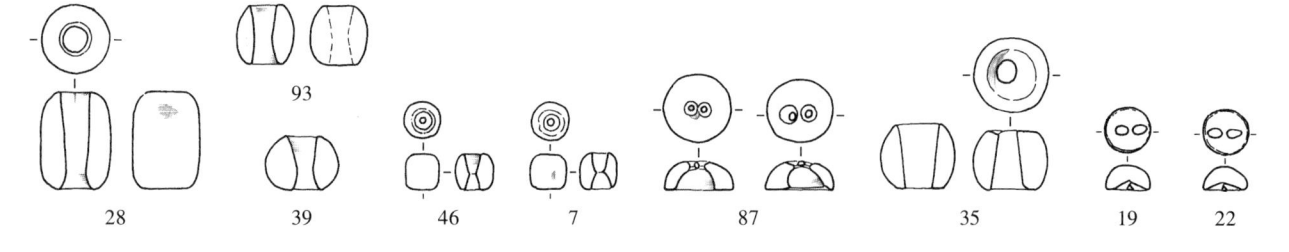

图二一五　M11出土玉珠、绿松石珠

19、22.绿松石珠　余.玉珠（2/3）

M11:90，圆柱形，对钻孔。长2.4、直径1.2、孔径0.6厘米（图二一四；彩图526）。

M11:91，圆柱形，对钻孔。长2.4、直径1.1、孔径0.6厘米（图二一四；彩图526）。

M11:92，圆柱形，对钻孔。长2.15、直径1.1、孔径0.55厘米（图二一四；彩图526）。

珠 13件。

M11:7，2件单件编为一号。腰鼓形，对钻孔。长0.8、直径0.7、孔径0.35厘米（图二一五；彩图528）。

M11:28，2件单件编为一号。腰鼓形，对钻孔。长1.9、直径1.3、孔径0.6厘米（图二一五；彩图529）。

M11:35，2件单件编为一号。腰鼓形，其中一件单向钻孔，另一件对钻孔后切割断。割断面留有弧线状切割痕。长1.3、直径1.4、孔径0.8厘米（图二一五；彩图531）。

M11:39，腰鼓形，对钻孔。长1.1、直径1.4、孔径0.5厘米（图二一五；彩图531）。

M11:46，2件单件编为一号。腰鼓形，对钻孔。长0.7、直径0.75、孔径0.5厘米（图二一五；彩图528）。

M11:87，2件单件编为一号。半球形，平面钻凹孔，凸面钻2个小孔。直径1.4、厚0.5厘米（图二一五；彩图529）。

M11:93，2件单件编为一号。腰鼓形，对钻孔。长1.2、直径1.2、孔径0.5厘米（图二一五；彩图531）。

粒 84件。

M11:17，5件单件编为一号，其中1件残。平面呈椭圆形，一面平，另一面弧凸。长0.7、宽0.4、厚0.25厘米（图二一六；彩图532）。

M11:18，9件单件编为一号。平面略呈椭圆形，一面平，另一面弧凸。长1、宽0.5、厚0.35厘米（图二一六；彩图533）。

M11:23，有褐色瑕斑。平面呈椭圆形，一面平，另一面弧凸。长0.8、宽0.6、厚0.4厘米（图二一六；彩图530）。

M11:25，4件单件编为一号。玉色青白。平面呈椭圆形，一面平，另一面弧凸。长0.5、宽0.4、厚0.25厘米（图二一六；彩图534）。

M11:36，32件单件编为一号。有褐色瑕斑。平面呈椭圆形或圆形，一面平，另一面弧凸。其中4件的形体相对较大，1件大者平面有自外向里的弧线状切割痕。椭圆形长0.5~0.8、宽0.3~0.5厘米，圆形直径0.6~1.3、厚0.2~0.4厘米（图二一六；彩图536）。

M11:45，10件单件编为一号。色杂。平面呈椭圆形，一面平，另一面弧凸。长0.6~1.6、宽0.6、厚0.3~0.5厘米（图二一六）。

M11:80，23件单件编为一号。有灰褐色瑕斑。平面略呈椭圆形，一面平，另一面弧凸。长0.8~1.2、宽0.5~0.6、厚0.3~0.6厘米（图二一六；彩图535）。

（二）绿松石珠 2件。形制相同。

M11:19，半球形，平面钻隧孔。直径0.8、厚0.55厘米（图二一五；彩图537）。

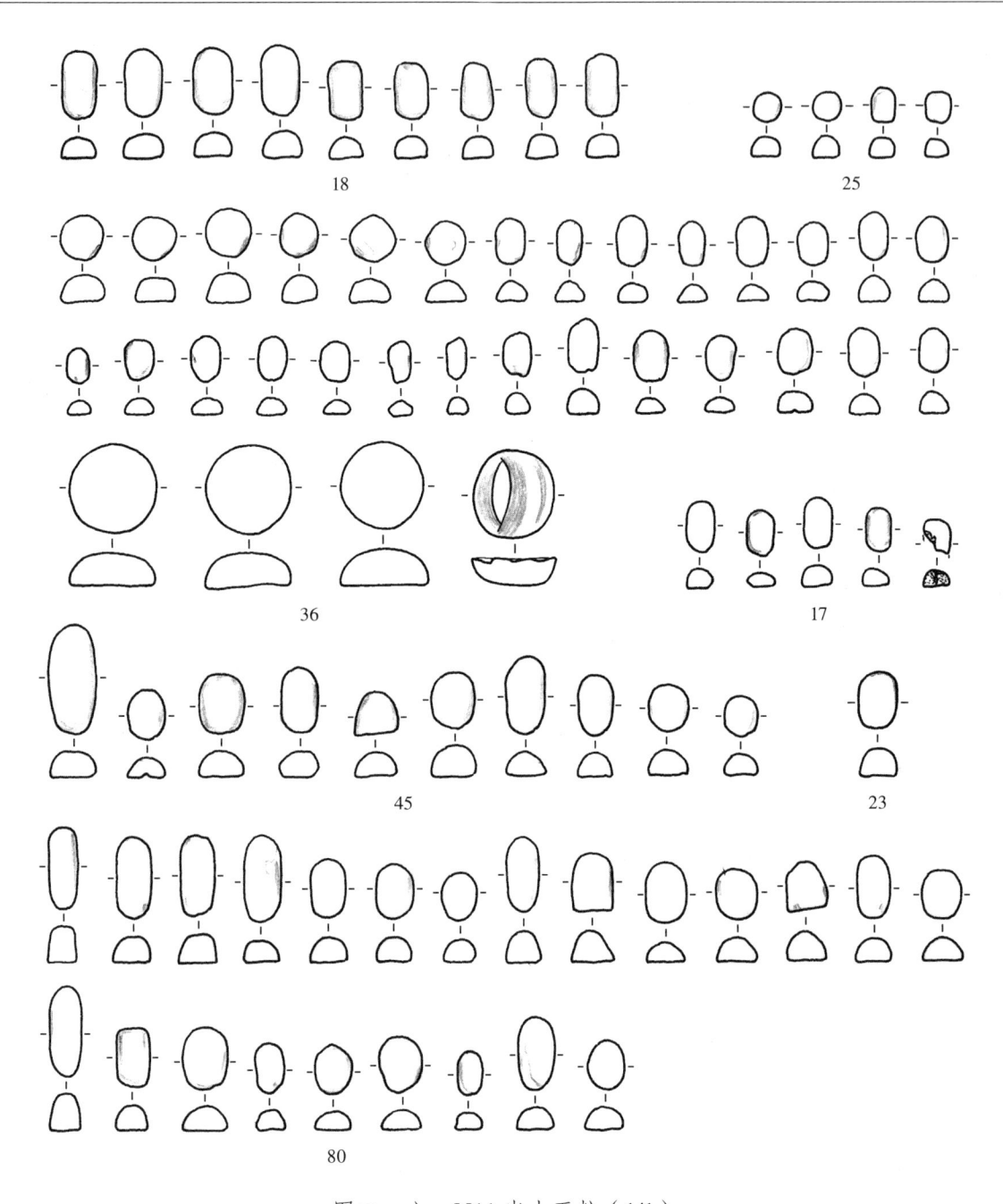

图二一六　M11 出土玉粒（1/1）

M11:22，半球形，平面钻隧孔。直径0.8、厚0.55厘米（图二一五；彩图537）。

（三）陶器　7件。

鼎　2件。

M11:10，夹砂红褐陶，口沿内壁施红陶衣，器表光滑。侈口，沿面平直，鼓腹，圜底。鱼鳍形足，横断面扁，外侧平，折角圆弧。高18、口径13.9厘米（图二一七；彩图540）。

M11:48，夹砂红褐陶，器表光滑。侈口，沿面微有凹凸不平，鼓腹，圜底。矮鱼鳍形足，横断面扁，外侧平。高14.8、口径13.6厘米（图二一七；彩图539）。

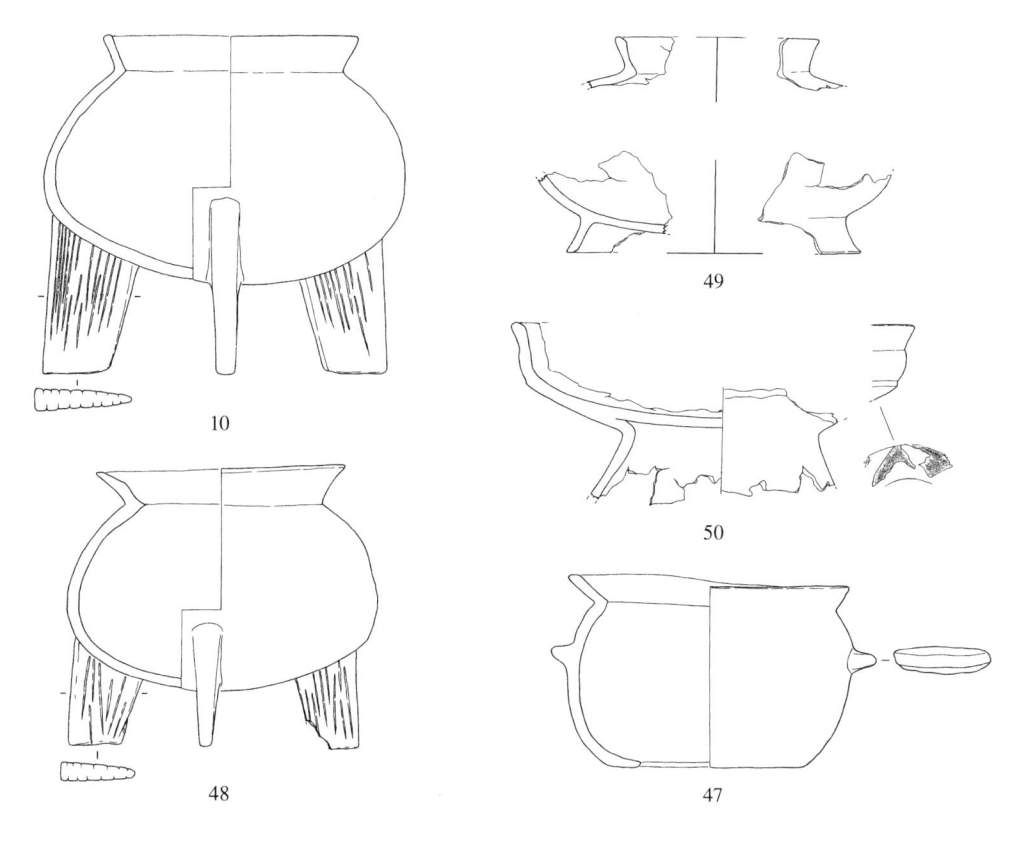

图二一七　M11出土陶器
10、48. 鼎　47. 甑　49. 圈足罐　50. 豆（1/4）

豆　1件（M11：50）。泥质陶，胎芯依次为灰色、橙色。侈口，盘壁微折，喇叭形圈足，下半部破碎较甚而无法复原。盘外壁及圈足均有朱绘，但图案不清。口径约23.4厘米（图二一七）。

圈足罐　1件（M11：49）。夹砂红陶，器表磨光。破碎较甚。侈口，斜唇，沿面内凹，鼓腹，矮圈足外撇。口径约11、足径约16厘米（图二一七）。

缸　1件（M11：13）。夹粗砂红陶。破碎较甚，无法辨别器形。

甑　1件（M11：47）。夹细砂红褐陶，器表抹浆而呈深褐色，比较光滑。侈口，沿面直，微鼓腹，平底，底中间有大孔。腹外壁有2个对称的鸡冠状鋬耳。高10.3、口径15.5、底径10.2厘米（图二一七；彩图538）。

过滤器　1件（M11：9）。泥质灰陶。破碎较甚，仅可粗略判断。

第十二节　十四号墓

一、墓葬形制

M14位于北行墓的中段，西与M5为邻，东为M11。开口于表层耕土下，打破黄土台子。

长方形竖穴土坑墓，墓向 182°。墓圹长 2.80、宽 1~1.15 米，墓坑深约 0.60 米。墓圹略向内斜收，坑壁较为明显而易于剥剔。

墓内堆积可分为 5 层。第 1 层为灰黄色斑土，第 2 层为灰褐色斑土，第 3 层为偏红色黏土。第 1~3 层土质较疏松，局部夹杂砾石，土层底部均呈凹弧状，从堆积情况看，应为墓内葬具塌陷所致。第 3 层下有局部凸起的灰色淤泥堆积，分布于墓坑的东、西两侧和北侧，可能是葬具的板灰痕。第 4 层为细密的灰色淤土，随葬品多出于此层。第 5 层为堆积极薄的灰色淤泥，应属墓底淤积土。墓内人骨已朽无存（彩图 541）。

随葬品集中于墓中部和北部。北部出土的陶器保存较差，可辨别出的陶器有 4 件，为鼎 1、圈足罐 1、豆 1、缸 1。

玉冠形器（M14：10）的凸榫朝南，周围散落串饰一组（M14：1~9），由 9 件单件玉管组成。一对半球形玉珠（M14：11、12）器形一致，可能是耳饰，但这 2 件玉珠相距很近，可能因葬具塌陷所致。与玉璜（M14：25）相邻出土 1 件玉圆牌饰，有 2 件玉镯形器（M14：39、36）分列左右。玉锥形器 1 件（M14：37），出土时断成四截，其尖端叠压在 M14：36 玉镯形器之上（图二一八）。

二、随葬器物

随葬品 52 件，其中陶器 4 件，其余均为玉器。

（一）玉器 48 件。

冠形器 1 件（M14：10）。出土时断成两截。有灰色瑕斑。平面呈倒梯形，上端略宽，中间凹缺，其中央有圆凸。下端为扁平凸榫，上面均等对钻 3 个小圆孔。一面上端的角部有弧线状切割痕，但经打磨。凹缺部位有竖向线切割痕。高 2.3、宽 5.35~5.65、厚 0.42 厘米（图二一九；彩图 542）。

锥形器 1 件（M14：37）。出土时断成四截。有灰色瑕斑。长条形，两端锥尖，其中一端对钻孔。长 11.8 厘米（图二二〇；彩图 543）。

璜 1 件（M14：25）。有灰色筋斑。半璧形，左、右两端略呈尖角，顶端凹缺两侧各有 1 个对钻孔。高 4.85、宽 12.3、厚 0.5 厘米（图二二〇；彩图 544）。

镯形器 2 件。

M14：36，有灰褐色瑕斑。扁圆环形，内壁直，外壁弧凸。高 1.65、直径 9.25、孔径 6.05 厘米（图二二〇；彩图 545）。

M14：39，圆环形，内壁直，外壁弧凸。高 1.75、直径 7.05、孔径 5.1 厘米（图二二〇；彩图 546）。

圆牌 1 件（M14：23）。有灰色筋斑。扁平圆环形，中间对钻大圆孔，并用线切割法开一狭窄的缺口，与缺口对应的一侧对钻小圆孔。平面有弧线状切割痕，中间钻孔稍加打磨。直径 4.45、孔径 1.95、厚 0.6 厘米（图二二一；彩图 547）。

瓣形饰 3 件。

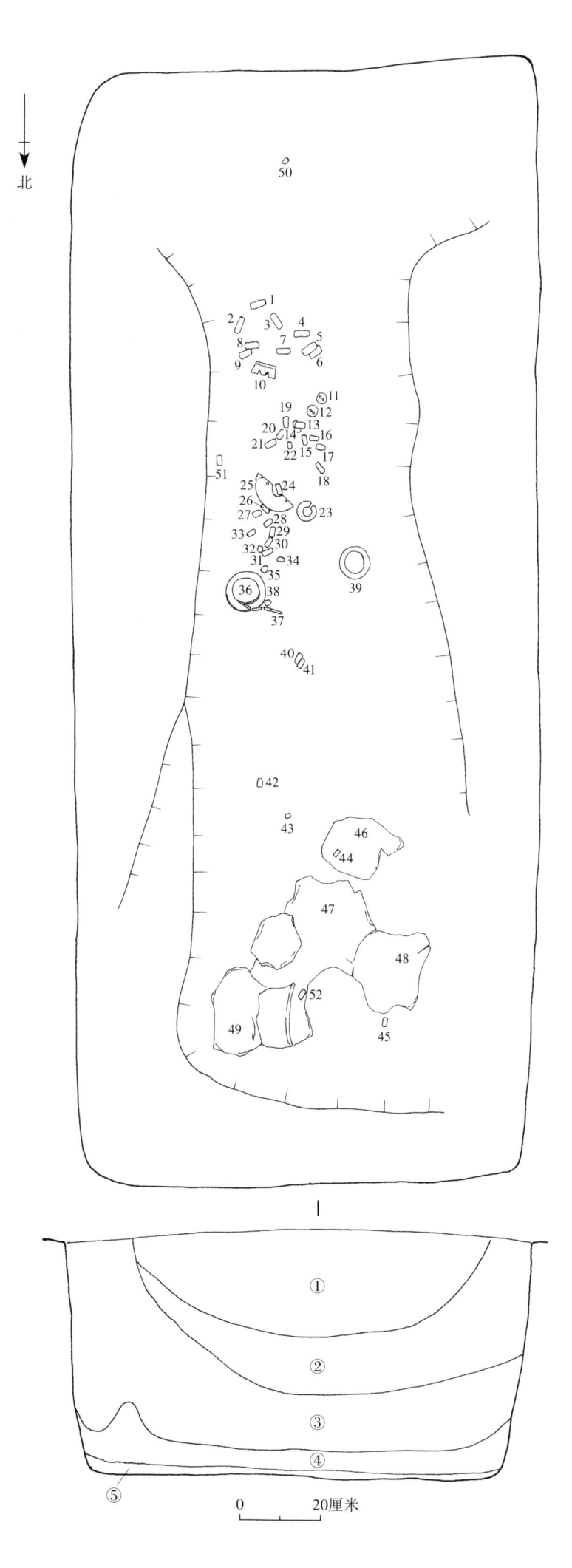

图二一八 M14 平、剖面图

1~9、13~22、24、26~33、40~45、50~52. 玉管
10. 玉冠形器
11、12. 玉珠
23. 玉圆牌
25. 玉璜
34、35、38. 玉瓣形饰
36、39. 玉镯形器
37. 玉锥形器
46. 陶豆
47. 陶鼎
48. 陶圈足罐
49. 陶缸
① 灰黄色斑土
② 灰褐色斑土
③ 偏红色黏土
④ 灰色淤土
⑤ 灰色淤泥

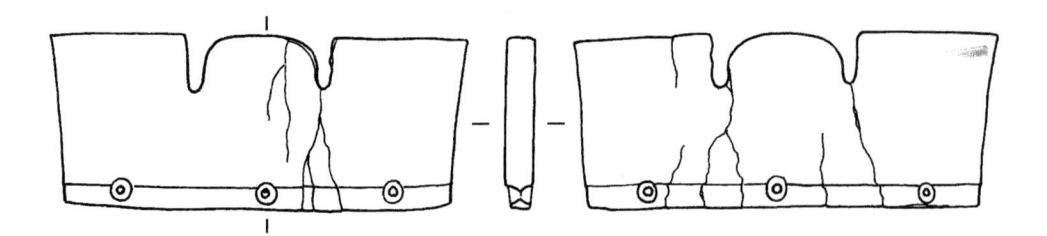

图二一九 M14 出土玉冠形器（M14∶10）（1/1）

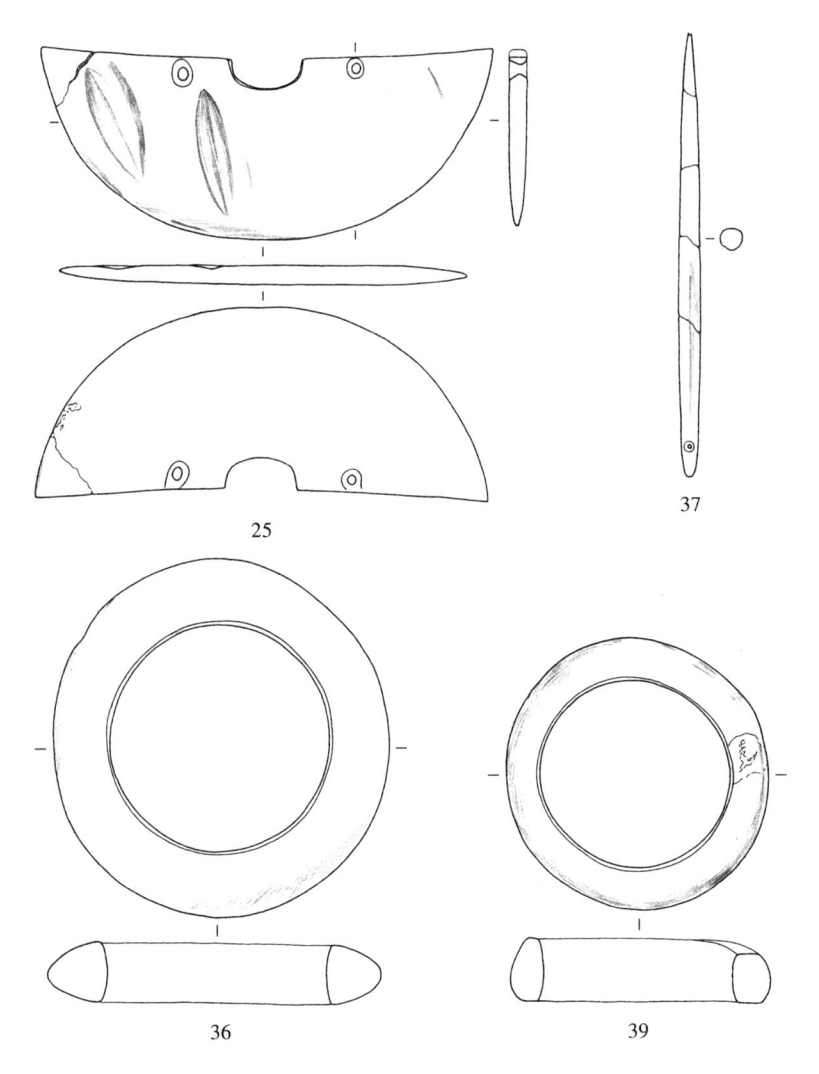

图二二〇 M14 出土玉璜、镯形器、锥形器
25.璜 36、39.镯形器 37.锥形器（1/2）

M14∶34，平面略呈椭圆形，一面平，另一面弧凸。两端均有对钻的斜向小孔。长 1.55、宽 1.3、厚 0.58 厘米（图二二一；彩图 548）。

M14∶35，平面略呈椭圆形，一面平，另一面弧凸，两端均有对钻的斜向小孔。长 1.45、宽 1.22、厚 0.55 厘米（图二二一；彩图 548）。

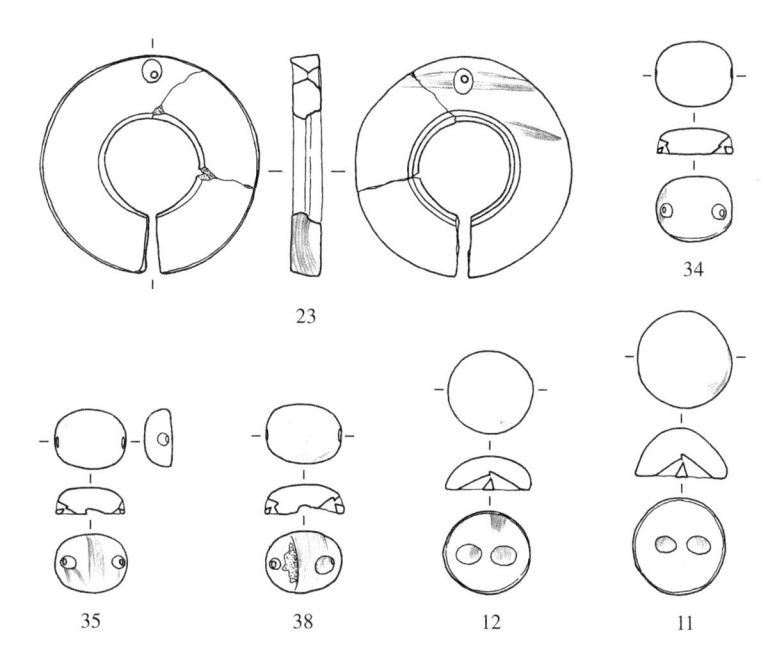

图二二一　M14 出土玉珠、圆牌、瓣形饰

11、12. 珠　23. 圆牌　34、35、38. 瓣形饰（2/3）

M14：38，平面呈椭圆形，一面平，另一面弧凸，两端均有对钻的斜向小孔。长 1.55、宽 1.3、厚 0.6 厘米（图二二一；彩图 548）。

珠　2 件。

M14：11，半球形，平面对钻隧孔，并留有弧线状切割痕。直径 1.9、厚 1 厘米（图二二一；彩图 549）。

M14：12，有褐色瑕斑。半球形，平面对钻隧孔。直径 1.75、厚 0.75 厘米（图二二一；彩图 549）。

管　37 件。

M14：1，圆柱形，对钻孔。长 3.5、直径 1.05 厘米（图二二二；彩图 550）。

M14：2，圆柱形，对钻孔。长 3.65、直径 1.05 厘米（图二二二；彩图 550）。

M14：3，有灰色瑕斑。圆柱形，对钻孔。长 3.3、直径 1 厘米（图二二二；彩图 550）。

M14：4，圆柱形，对钻孔。长 2.65、直径 1.05 厘米（图二二二；彩图 550）。

M14：5，有灰色瑕斑。圆柱形，对钻孔。长 3.2、直径 1.05 厘米（图二二二；彩图 550）。

M14：6，有灰色瑕斑。三棱柱形，对钻孔。长 2.95、直径 1.25 厘米（图二二二；彩图 551）。

M14：7，圆柱形，对钻孔。长 3.2、直径 1.05 厘米（图二二二；彩图 551）。

M14：8，圆柱形，对钻孔。长 3.3、直径 1.1 厘米（图二二二；彩图 551）。

M14：9，圆柱形，对钻孔，断面不规则。长 2.3、直径 1.2 厘米（图二二二；彩图

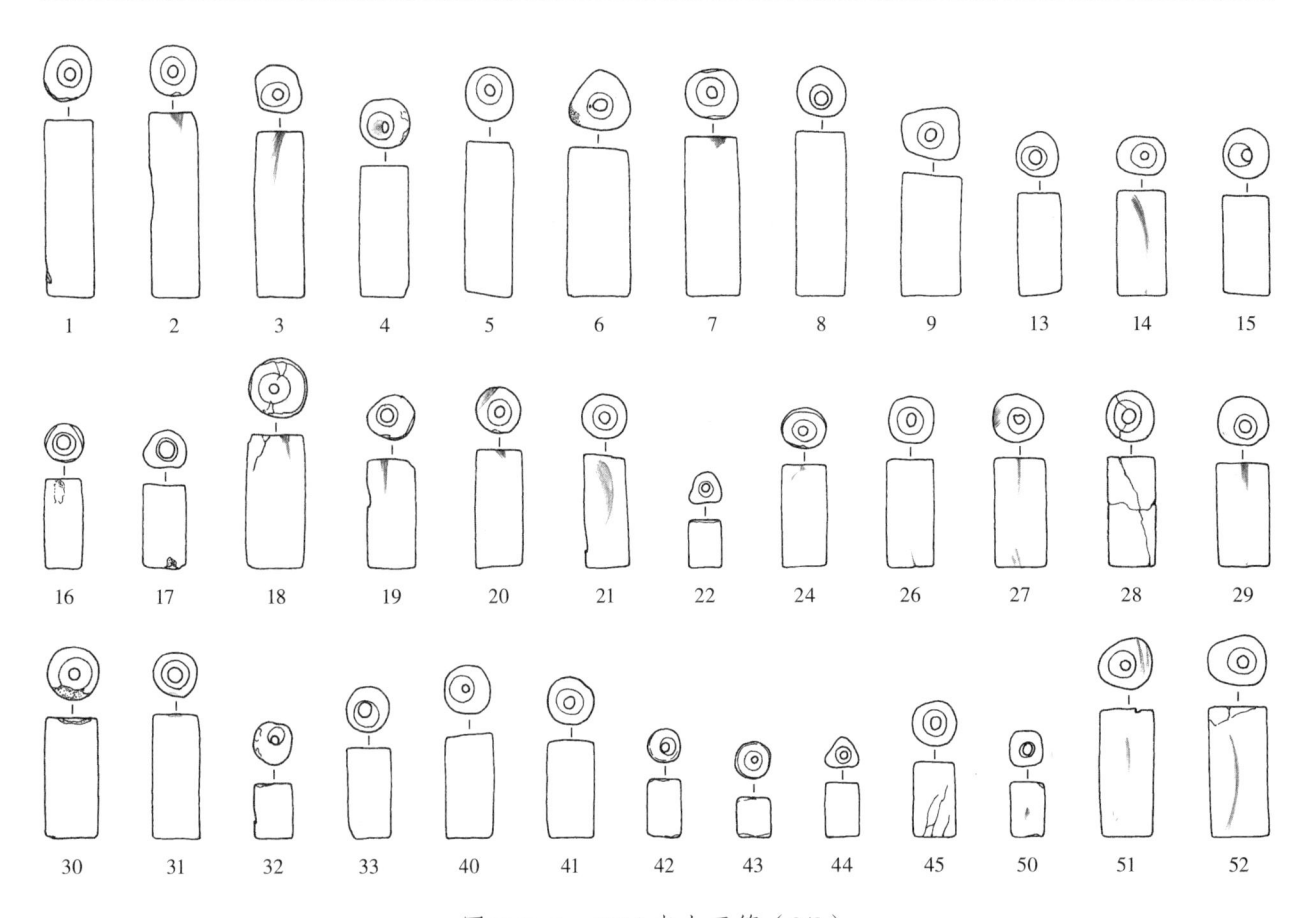

图二二二　M14 出土玉管（2/3）

551）。

　　M14：13，圆柱形，对钻孔。长 2.05、直径 0.95 厘米（图二二二；彩图 551）。

　　M14：14，圆柱形，对钻孔。长 2.15、直径 0.95 厘米（图二二二；彩图 552）。

　　M14：15，圆柱形，对钻孔。长 1.95、直径 0.95 厘米（图二二二；彩图 552）。

　　M14：16，圆柱形，对钻孔。长 1.8、直径 0.85 厘米（图二二二；彩图 553）。

　　M14：17，圆柱形，对钻孔，断面不规则。长 1.75、直径 0.9 厘米（图二二二；彩图 553）。

　　M14：18，有褐色瑕斑。圆柱形，对钻孔，两端略有残损。长 2.75、直径 1.2 厘米（图二二二；彩图 552）。

　　M14：19，略呈三棱柱形，对钻孔。长 2.2、直径 0.95 厘米（图二二二；彩图 552）。

　　M14：20，圆柱形，对钻孔。长 2.4、直径 0.95 厘米（图二二二；彩图 552）。

　　M14：21，圆柱形，对钻孔。长 2.2、直径 1 厘米（图二二二；彩图 554）。

　　M14：22，三棱柱形，对钻孔。长 1、直径 0.7 厘米（图二二二；彩图 553）。

　　M14：24，圆柱形，对钻孔。长 2.15、直径 0.9 厘米（图二二二；彩图 554）。

　　M14：26，圆柱形，对钻孔。长 2.2、直径 0.95 厘米（图二二二；彩图 554）。

　　M14：27，圆柱形，对钻孔。长 2.2、直径 1.05 厘米（图二二二；彩图 554）。

M14：28，圆柱形，对钻孔。长 2.2、直径 1 厘米（图二二二；彩图 554）。

M14：29，有灰色筋斑。圆柱形，对钻孔。一端有直向刻槽。长 2.05、直径 1.05 厘米（图二二二；彩图 555）。

M14：30，圆柱形，对钻孔，一端稍残。长 2.4、直径 1.05 厘米（图二二二；彩图 555）。

M14：31，圆柱形，对钻孔。长 2.5、直径 0.95 厘米（图二二二；彩图 555）。

M14：32，圆柱形，对钻孔。长 1.1、直径 0.8 厘米（图二二二；彩图 553）。

M14：33，有青灰色瑕斑。不规则圆柱形，对钻孔。长 1.8、直径 0.8 厘米（图二二二；彩图 553）。

M14：40，有灰褐色瑕斑。圆柱形，对钻孔。长 2.2、直径 1.05 厘米（图二二二；彩图 555）。

M14：41，圆柱形，对钻孔。长 2、直径 1.05 厘米（图二二二；彩图 556）。

M14：42，有灰色瑕斑。圆柱形，对钻孔。长 1.2、直径 0.75 厘米（图二二二；彩图 557）。

M14：43，圆柱形，对钻孔。长 0.84、直径 0.75 厘米（图二二二；彩图 557）。

M14：44，三棱柱形，对钻孔。长 1.15、直径 0.7 厘米（图二二二；彩图 557）。

M14：45，圆柱形，对钻孔。长 1.5、直径 0.9 厘米（图二二二；彩图 557）。

M14：50，圆柱形，断面略呈圆角方形，对钻孔。长 1.1、直径 0.75 厘米（图二二二；彩图 557）。

M14：51，有灰色瑕斑。圆柱形，横断面略呈三角形，对钻孔。一端有弧线状切割痕。长 2.6、直径 1.1 厘米（图二二二；彩图 556）。

M14：52，不规则方柱形，对钻孔。器表有两道弧线状切割痕。长 2.6、直径 1.2 厘米（图二二二；彩图 556）。

（二）陶器 4 件。

陶器质地较差，无法复原整件陶器，只能根据碎片大致判断器形。

鼎 1 件（M14：47）。夹细砂，器表呈红褐色，并经抹划，可见星点状石英云母物质。侈口，折沿，浅腹，圜底近平，鱼鳍形足。

豆 1 件（M14：46）。泥质灰陶。浅盘，折腹。豆柄形态不清。

圈足罐 1 件（M14：48）。夹细砂，胎芯灰黑，器表呈褐色。卷沿，鼓腹，矮圈足。

缸 1 件（M14：49）。夹粗砂，深褐色。侈口，深腹，尖圜底。

第四章　采集及地层出土遗物

1987年5月瑶山遗址被盗掘后，余杭文物管理部门收缴的遗物共344件，据称均出土于M7与M2之间。当年发掘时，也曾在此清理出了残存的墓坑。故而在以后的发掘简报中，我们将其作为一组墓葬遗物，编号为M12，余杭县文物管理委员会办公室也有简报刊布[1]。1987年8月，在当年发掘区以西进行取土时，又出土了一批良渚文化遗物，包括玉器和石器。

上述两批良渚文化遗物现由余杭市文物管理委员会收藏，承蒙该委员会应允，2000年年末，由浙江省文物考古研究所芮国耀、方向明对这些遗物作了全面整理。本章将主要介绍这些遗物。需要说明的是，对于这两批玉器、石器的归属，我们主要是根据余杭县文物管理委员会办公室发表的简报以及入藏的时间先后，所以，做出的判断可能会有不准确处。

此外，1996~1998年的历次发掘中，在表层耕土内曾出土有良渚文化遗物。同时，在耕土下的良渚堆积层层面也出土了一些良渚文化遗物，也在本章一并介绍。

第一节　十二号墓

M12位于南行墓列的中段，西为M7，东为M2，从清理的残存墓圹看，M12打破了遗迹中心的方形红土堆积的南缘。墓内出土的玉器以单件计共344件，种类有冠形器、带盖柱形器、三叉形器、半圆形器、锥形器、琮、钺、小琮、带钩、柱形器，以及大量的管、珠、粒等。现择要介绍如下：

冠形器　1件（2850[2]）。白玉。体扁，平面呈倒梯形，左、右两侧微凹弧。上端两角向外伸展，中部略凹，中间有尖凸。凹缺为线切割所致，并留有痕迹。尖凸之下是椭圆形孔，孔壁留有实心钻痕。底端有扁凸榫，上面均等对钻3个小孔。高3.8、宽5.95~7.2、厚0.4厘米（图二二三；彩图558）。

带盖柱形器　1组（2853、2854）。由器盖和柱形器组成。

2853，器盖。白玉。圆饼形，一面弧凸，另一面平直，并对钻隧孔。直径4.45、厚1.1厘米（图二二四；彩图559）。

---

[1] 余杭县文物管理委员会办公室：《浙江省余杭县安溪瑶山12号墓考古简报》，《东南文化》1988年第5期。
[2] 此四位数字为余杭市文物管理委员会馆藏总编号，下同。

2854，柱形器。白玉。圆柱形，中间对钻孔，孔略偏。高2.7、直径4.3~4.4、孔径0.6厘米（图二二四；彩图560）。

三叉形器 1件（2807）。黄白玉，玉色较杂。左、右两叉平齐，且略向外伸展，中叉较底，中间直向穿孔，底端圆弧。整器一面平整，另一面微弧凸。一叉断后又经修复，在另一叉底部的圆弧部位有玉料切割后留下的斜面，但经过打磨。在左、右两叉的内壁上，有自上而下的弧线状切割痕。高4.4、宽6.42、厚1.13厘米（图二二三；彩图561）。

半圆形饰 1组4件（2806），形制相同。白玉，有较多的灰色瑕斑。平面呈半圆形，底端平直，顶端圆弧。一面弧凸，另一面凹，凹面底缘有2对隧孔，顶部端面两侧与凹面均

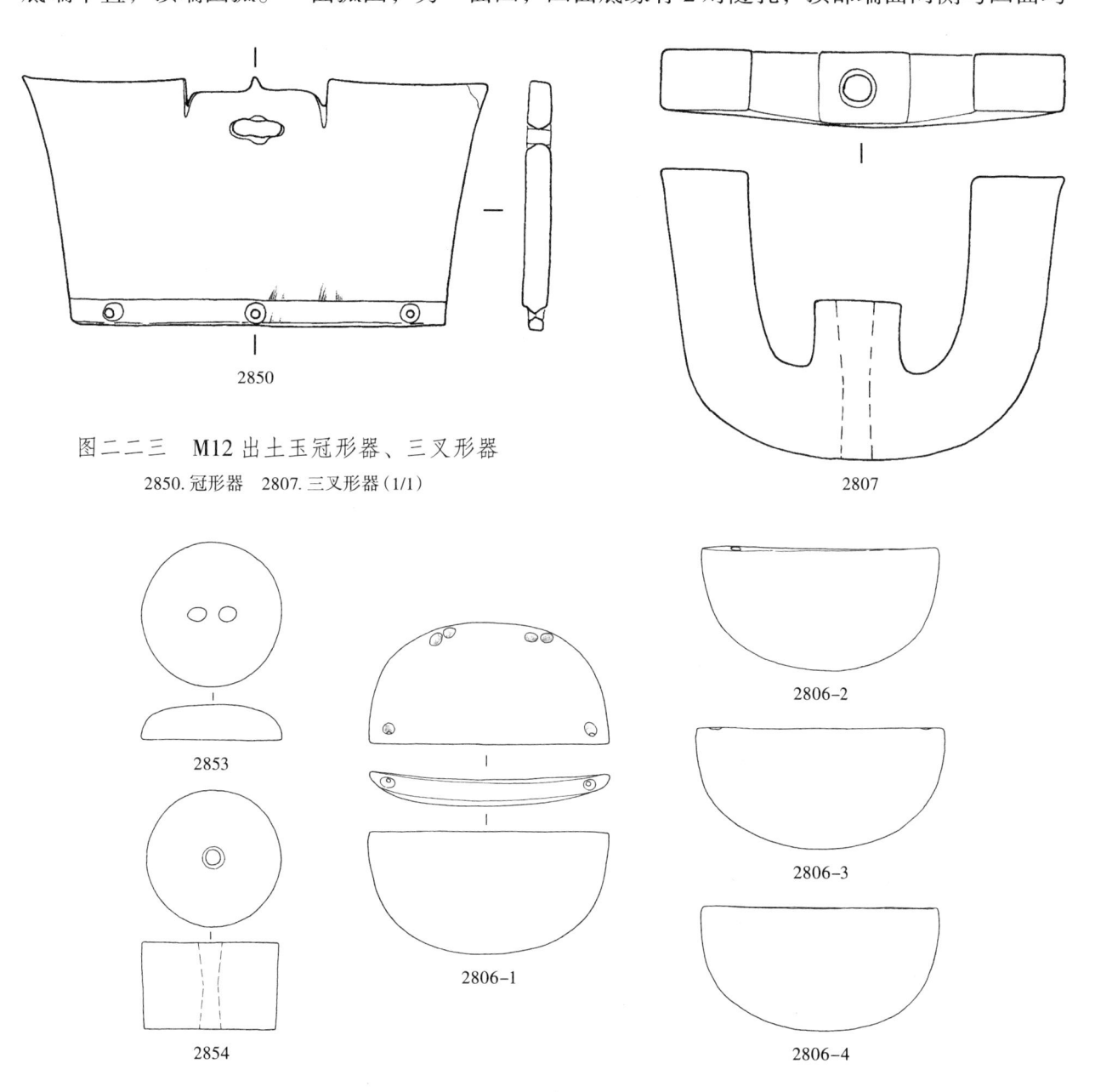

图二二三　M12出土玉冠形器、三叉形器
2850.冠形器　2807.三叉形器（1/1）

图二二四　M12出土玉带盖柱形器、半圆形饰
2806-1~2806-4.半圆形饰　2853.柱形器器盖　2854.柱形器（1/2）

对钻 1 对隧孔。高 3.76~3.89、宽 7.5~7.92、厚 0.76~0.87 厘米。关于此类器的性质，根据反山墓地 M20 的出土情况，可以推知它是墓主人的头饰[1]（图二二四；彩图 562~565）。

成组锥形器 1 组 9 件。

2816，白玉。方柱形，一端锥尖，另一端小凸榫残，但留有半个对钻孔。整器下半部琢刻神兽纹，神兽纹之间以竖向浅槽隔开，并被横向凹槽分成上、下两部分。图纹以转角线为中轴展开，上端饰 2 组弦纹带，单圈圆眼，凸鼻。图纹下部减地，形成台阶状。残长 8.1 厘米（图二二五；彩图 566）。

2817，白玉。残成两截。方柱形，横断面有弧边。一端锥尖，另一端有小凸榫，并对钻小孔。整器下部减地，形成凸面，上琢刻神兽纹。分为上、下两组，图案相同。上端饰 2 组弦纹带，弦纹线不直，阴刻单线圆眼，眼为共享，转角处有凸棱鼻。长 10.9 厘米（图二二五；彩图 567）。

2818，白玉。断为两截。方柱形，尾端小凸榫已残，留有不完整的对钻孔。整器下部减地，形成凸面，上以转角为中轴，琢刻神兽纹。图案被横向浅槽分成上、下两部分。上部为神人，顶端饰 2 组弦纹带，单圈双眼，眼两侧有细线状的眼角，扁凸鼻，上面阴刻线纹。下部是兽面，有浅浮雕的椭圆形眼，弧形眼眶，眼下阴刻卷云纹。两眼之间阴刻鼻梁，鼻的形态与神人部分相同。残长 10.4 厘米（图二二五；彩图 568）。

2819，白玉。形状与标本 2817 近似。已残，残长 8.9 厘米（图二二五；彩图 569）。

2820，白玉。断成三截。方柱形，一端锥尖，另一端有小圆凸榫，已残，但留有不完整的对钻孔。整器下部减地形成凸面，上以转角线为中轴，琢刻神兽纹，被横向浅槽分成上、下两部分。上部为神人，顶端饰 2 组弦纹带，单圈双眼，眼两侧有眼角，扁凸鼻，上面阴刻线纹。下部为浅浮雕兽面，椭圆形眼，弧形眼眶，两眼之间阴刻线表示鼻梁，扁凸鼻，上刻卷云纹（图二二五；彩图 570）。

2821，白玉。残。方柱形，一端锥尖，另一端残损，中段残，无法知其形态。整器下半部琢刻神兽纹，神兽纹之间用竖向浅直槽隔开。眼部残损，扁横凸鼻，上阴刻卷云纹。图案上下各饰 2 组弦纹带（图二二五；彩图 571）。

2822，白玉。尖端和尾端残。整器下半段浅浮雕神兽纹，以转角线为中轴，中间被竖向浅直槽隔开。另有一道横向浅槽，将图案分为上、下两节，共 8 组，每组图案基本相同。上端饰 2 组弦纹带，其下阴刻单线橄榄形双眼，扁横凸鼻，上阴刻卷云纹。残长 6.9 厘米（图二二五；彩图 572）。

2823，白玉。尖端和凸榫残，但可见钻孔。整器下半段琢刻神兽纹，以转角线为中轴，中间被竖向浅直槽隔开。另有 2 周横向浅槽，将图纹分割成上、中、下三节，共 12 组，每组图案基本相同。上端饰 2 组弦纹带，其下是单圈双眼，横凸鼻，上阴刻单线卷云纹。残长 6.6

---

[1] 浙江省文物考古研究所反山考古队：《浙江余杭反山浪渚墓地发掘简报》，《文物》1988 年第 1 期。参见第 4 页图六。另外，第 22 页对其分布位置及用途作了阐述。

第四章 采集及地层出土遗物

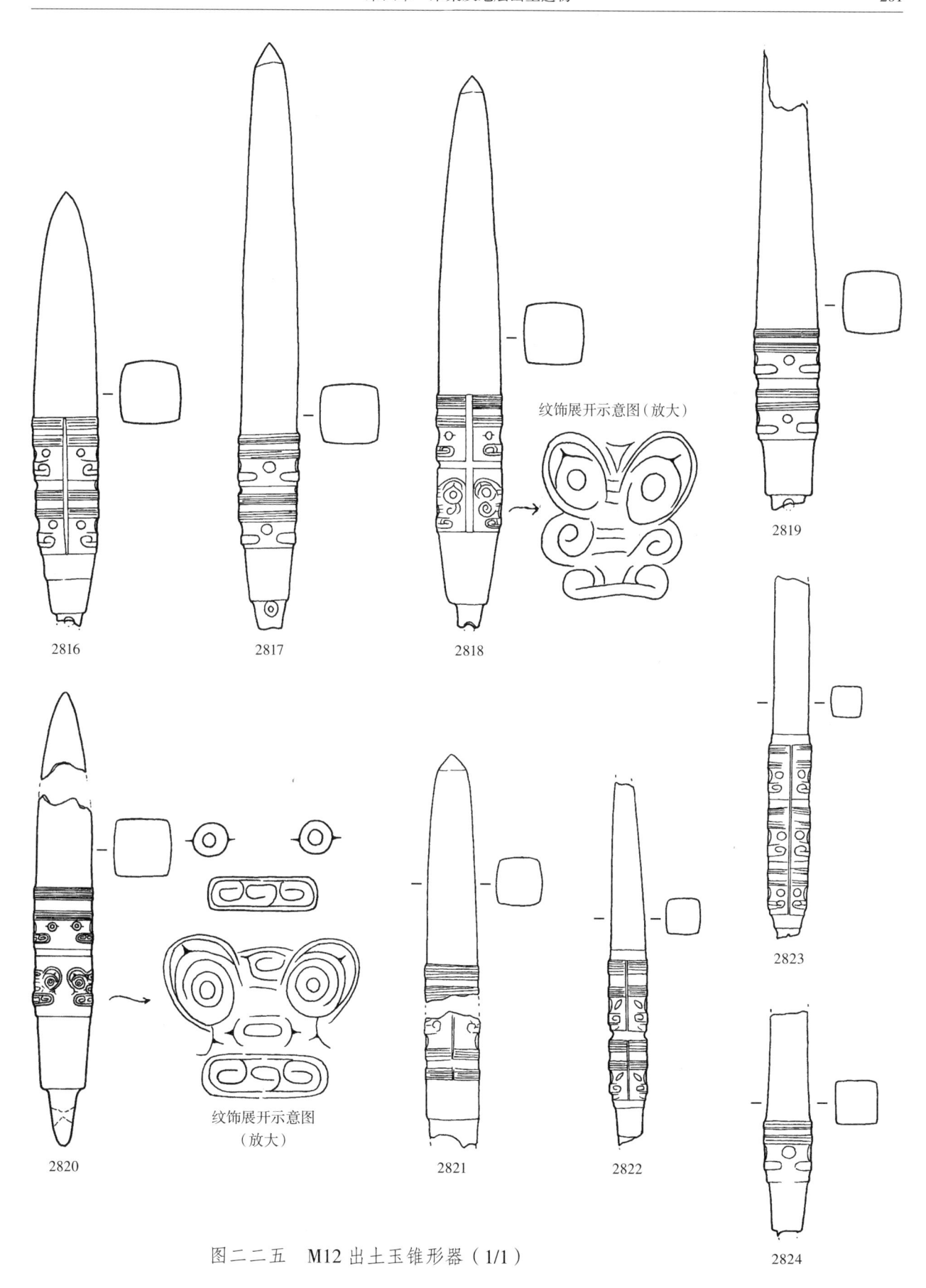

2816 2817 2818 纹饰展开示意图（放大） 2819

2820 纹饰展开示意图（放大） 2821 2822 2823

2824

图二二五　M12 出土玉锥形器（1/1）

厘米（图二二五；彩图573）。

2824，白玉。尖端和尾端残。方柱形。下半部琢刻神兽纹一周。上端饰2组弦纹带，其下每面阴刻单圈圆眼，眼为共享，转角处扁横凸棱为鼻。残长3.95厘米（图二二五；彩图574）。

琮 7件。

2784，黄白色，底端有大块红褐色瑕斑。弧边矮方柱体，器中钻穿孔，孔壁经打磨，微凸。横截面为圆角方形，有4个凸面，凸面夹角大于90°。每个凸面以转角线为中轴，琢刻相同的神兽纹，相邻的两个凸面之间开竖向直槽。图纹又被横向浅槽分割成上、下两部分。上部顶端饰2组弦纹带，其下是双圈眼，其中内圈为管钻，眼两侧有尖锥形眼角，扁横凸鼻。下部双圈眼的周围有椭圆形眼眶，眼眶内填以弧线纹和卷云纹，两眼之间有桥形鼻梁，其下扁横凸鼻。顶端留有开料时剥损的不平整斜面，但经打磨，从而使凹凸面均较光洁。高6.05、射径12.7、孔径5.7厘米（图二二六、二二七；彩图575）。

2785，黄白玉。弧边方柱体，中间钻圆孔。横截面为圆角方形，有4个凸面，凸面夹角大于90°。每个凸面以转角线为中轴，琢刻相同的神兽纹，相邻的两个凸面之间开竖向直槽。图纹又被横向宽浅槽分割成上、下两部分，上下图案相同。上端饰2组横向弦纹带，其下一对双圈眼，其中眼内圈为管钻，眼两侧有尖锥形眼角，扁横凸鼻。中间浅槽为线切割而成。整器微有剥损，底端留有开料后的凹缺，但经过打磨。高7.9、射径8.8~8.85、孔径6.5~6.6厘米（图二二八；彩图576）。

2786，白玉，玉色偏黄。弧边方柱体，中间钻圆孔。横截面为圆角方形，有4个凸面，凸面夹角大于90°。每个凸面以转角线为中轴，琢刻神兽纹，相邻的两个凸面之间开竖向直槽。图纹又被一周横向浅槽分割成上、下两部分。上部为神人，上端饰2组弦纹带，双线圆眼，眼两侧有尖锥状眼角，扁横凸鼻，其上阴刻卷云纹和直线纹。下部为兽面，管钻双圈圆眼，其外侧有椭圆形浅浮雕眼眶，两眼之间是桥形凸鼻梁，下有扁横凸鼻。兽面两下角阴刻弧线，表示脸庞。眼与眼眶之间、鼻梁与鼻之间、凸鼻上均饰阴刻的卷云纹、直线和弧线纹。高6.95~7、射径7.95~7.98、孔径6.15厘米（图二二九；彩图577）。

2787，白玉，有较多的黄色瑕斑。弧边方柱体，中间钻圆孔。横截面为圆角方形，有4个凸面，凸面夹角大于90°。每个凸面以转角线为中轴，琢刻神兽纹，相邻的两个凸面之间开竖向直槽。图纹又被一周横向浅槽分割成上、下两部分。上部为神人，上端饰2组弦纹带，双线圆眼，其中内圈眼线为管钻，眼两侧有尖锥形眼角，扁横凸鼻，其上阴刻线卷云纹和直线纹。下部为兽面，双线圆圈眼，其中眼内圈为管钻，眼外侧是椭圆形浅浮雕眼眶，眼与眼眶之间有2个阴刻的斜向尖角。两眼之间是桥形凸鼻梁，扁横凸鼻，其上阴刻线卷云纹和直线纹。顶端留有切割后的凹凸面和斜面，但经打磨。高7.4、射径7.95、孔径6.3厘米（图二三〇；彩图578）。

2788，白玉。弧边方柱体，中间钻圆孔。横截面为圆角方形，有4个凸面，凸面夹角大于90°。每个凸面以转角线为中轴，琢刻神兽纹，相邻的两个凸面之间开竖向直槽。图纹又

第四章　采集及地层出土遗物

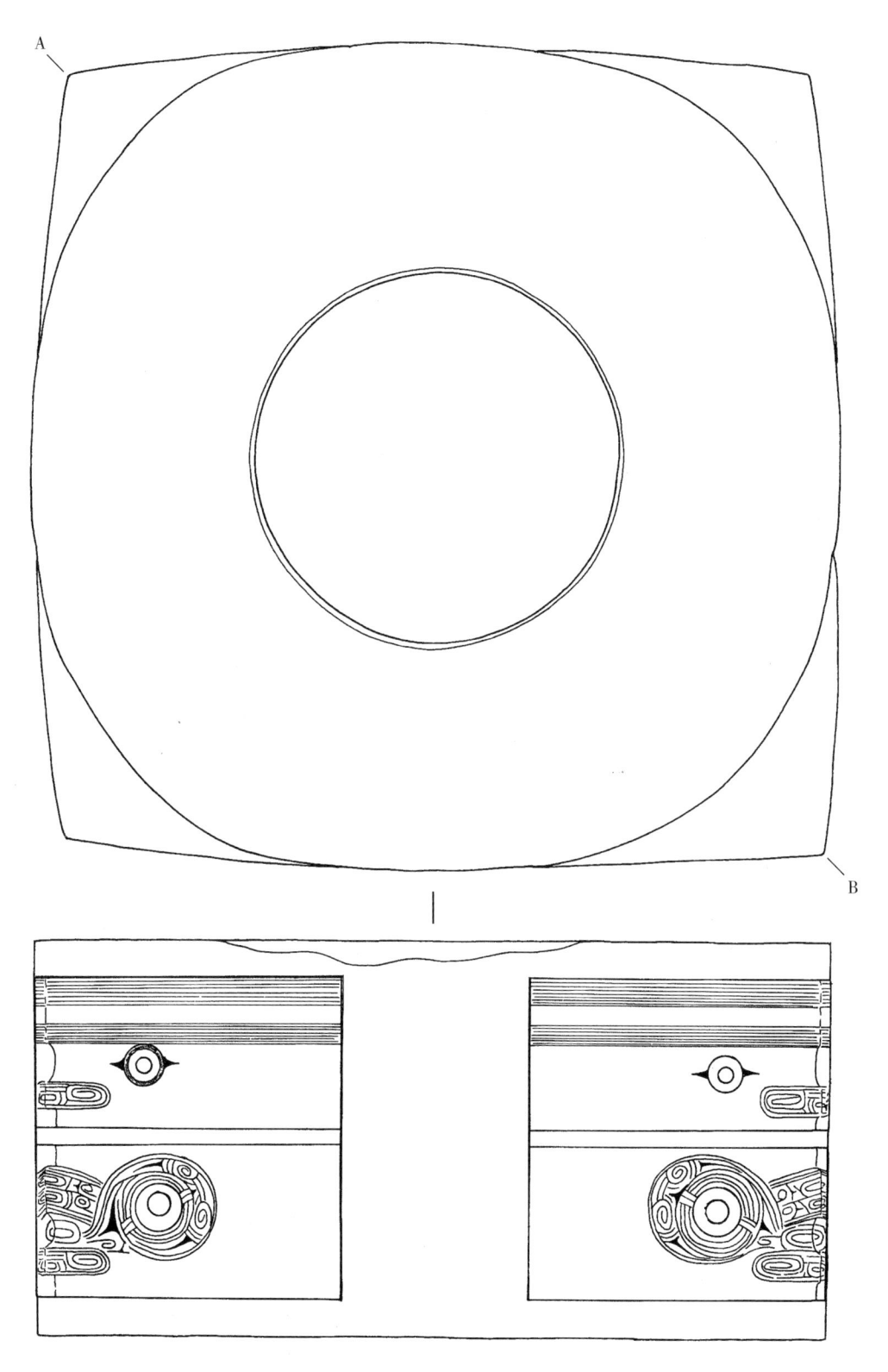

图二二六　M12 出土玉琮（2784）（1/1，A、B 见图二二八）

A·纹饰展开示意图

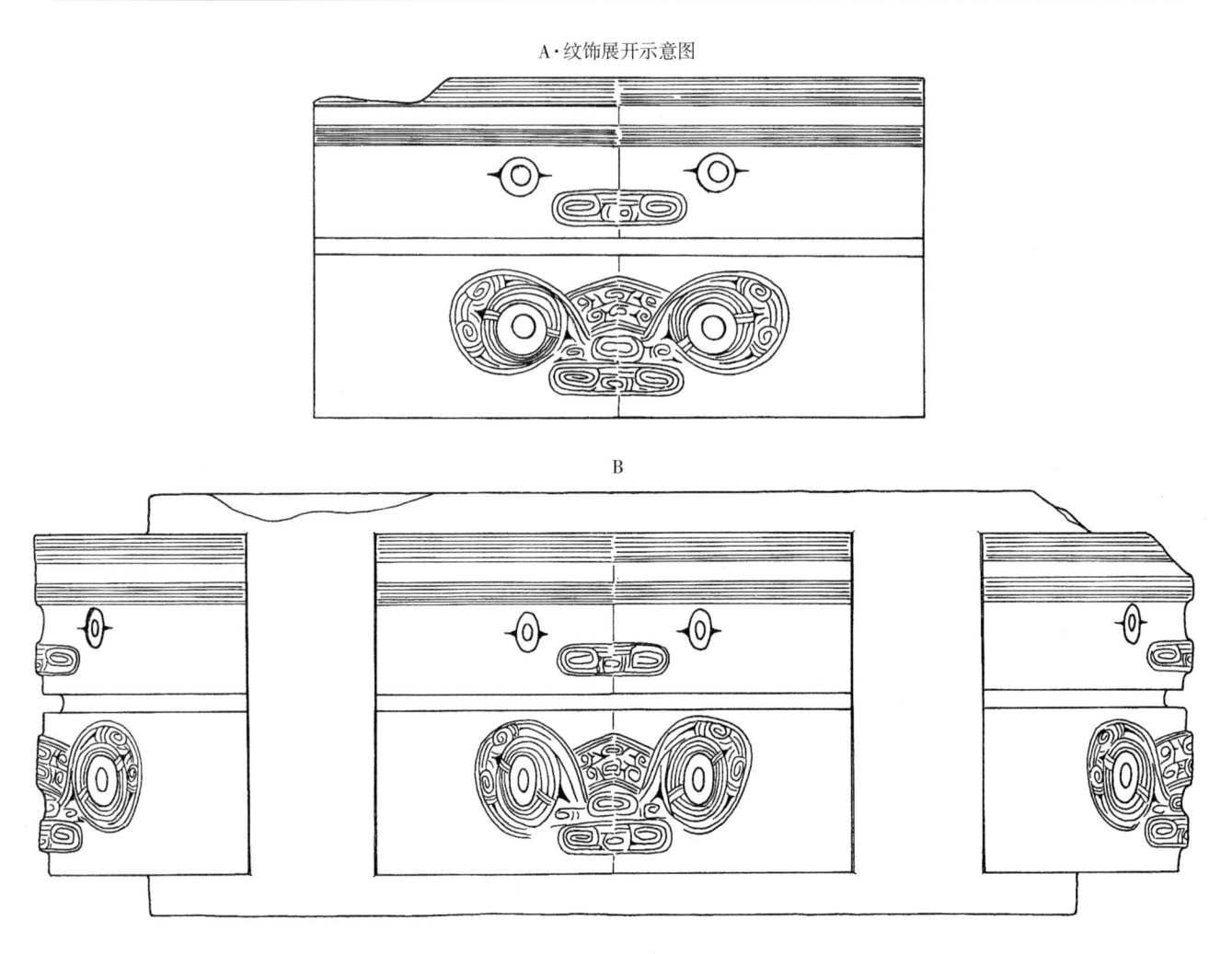

B

图二二七　M12 出土玉琮（2784）（1/1）

被一周横向浅槽分割成上、下两部分。上部为神人，上端饰 2 组弦纹带，双线圆眼，眼两侧各有一尖锥形眼角，扁横凸鼻，其上阴刻线卷云纹和直线纹。下部是兽面，管钻双线圆圈眼，外侧有椭圆形浅浮雕眼眶，两眼之间是桥形凸鼻梁，扁凸棱鼻，鼻两侧阴刻尖角形线纹。眼与眼眶之间、鼻梁上、鼻梁与鼻之间、凸鼻上均阴刻卷云纹、直线和弧线。顶端及底端留有切割后的凹凸面和斜面，但经仔细打磨。高 5.8、射径 7.2~7.3、孔径 6.2 厘米（图二三一；彩图 579）。

2789，白玉，顶端及部分有褐色瑕斑。弧边方柱体，中间钻圆孔，孔壁微弧凸。横截面为圆角方形，有 4 个凸面，凸面夹角大于 90°。每个凸面以转角线为中轴，琢刻相同的神兽纹，相邻的两个凸面之间开竖向直槽。图纹又被横向宽浅槽分割成上、下两部分。上部为神人，上、下两端各饰 1 组弦纹带，弦纹带之间阴刻双线卷云纹。在下端弦纹带内中段（即转角处）有一个倒梯形的神人面部，头上阴刻向上向外舒展的羽状纹。下部为神兽，双线圆圈眼，眼圈线为管钻。外侧是椭圆形浅浮雕眼眶，眼与眼眶之间阴刻弧线纹。两眼之间有微凸的鼻梁，上面阴刻卷云纹。扁横凸鼻，鼻翼较宽。鼻下刻 4 枚尖齿，其中内侧 2 枚朝上，外侧 2 枚冲

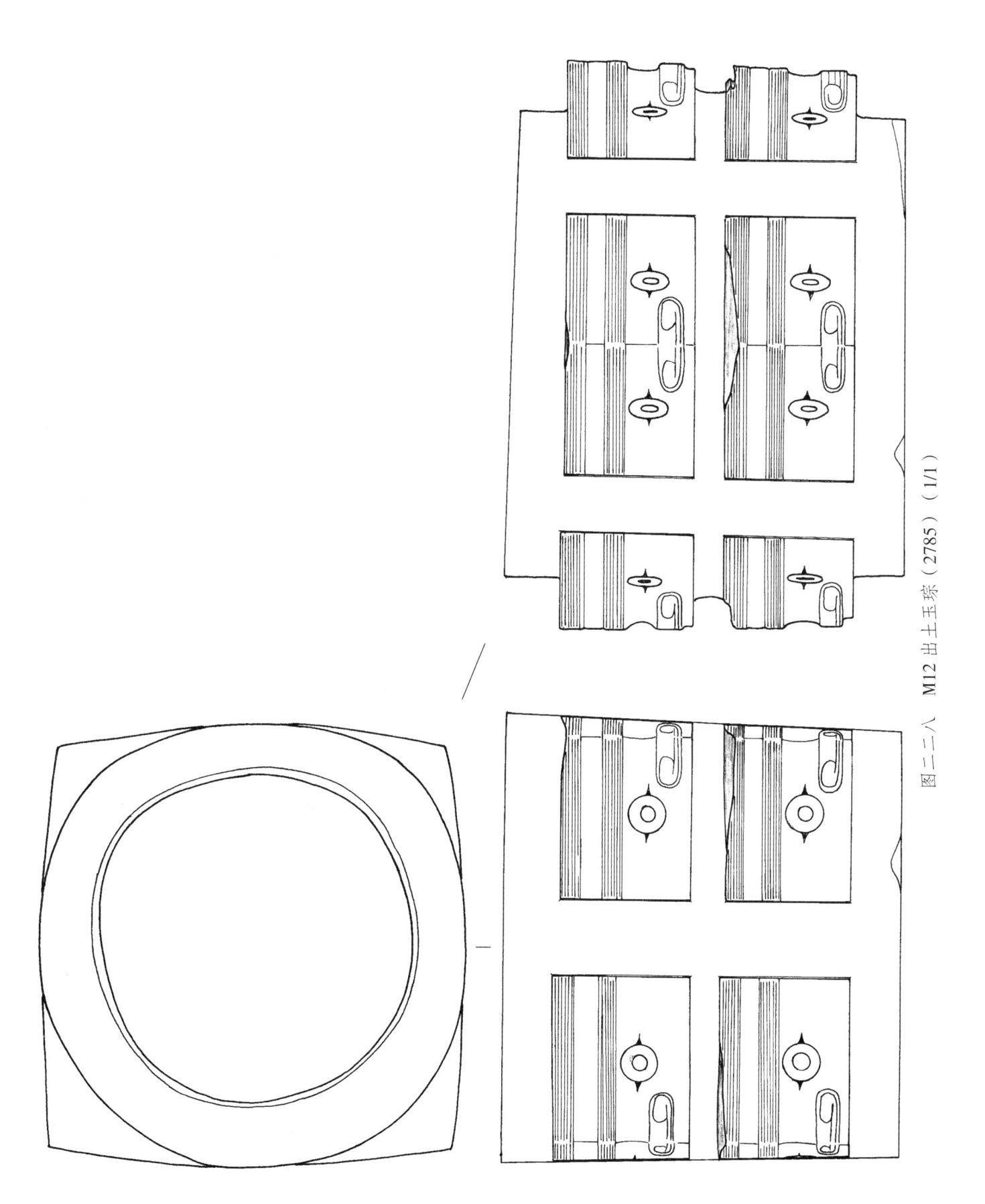

图二二八 M12 出土玉琮（2785）（1/1）

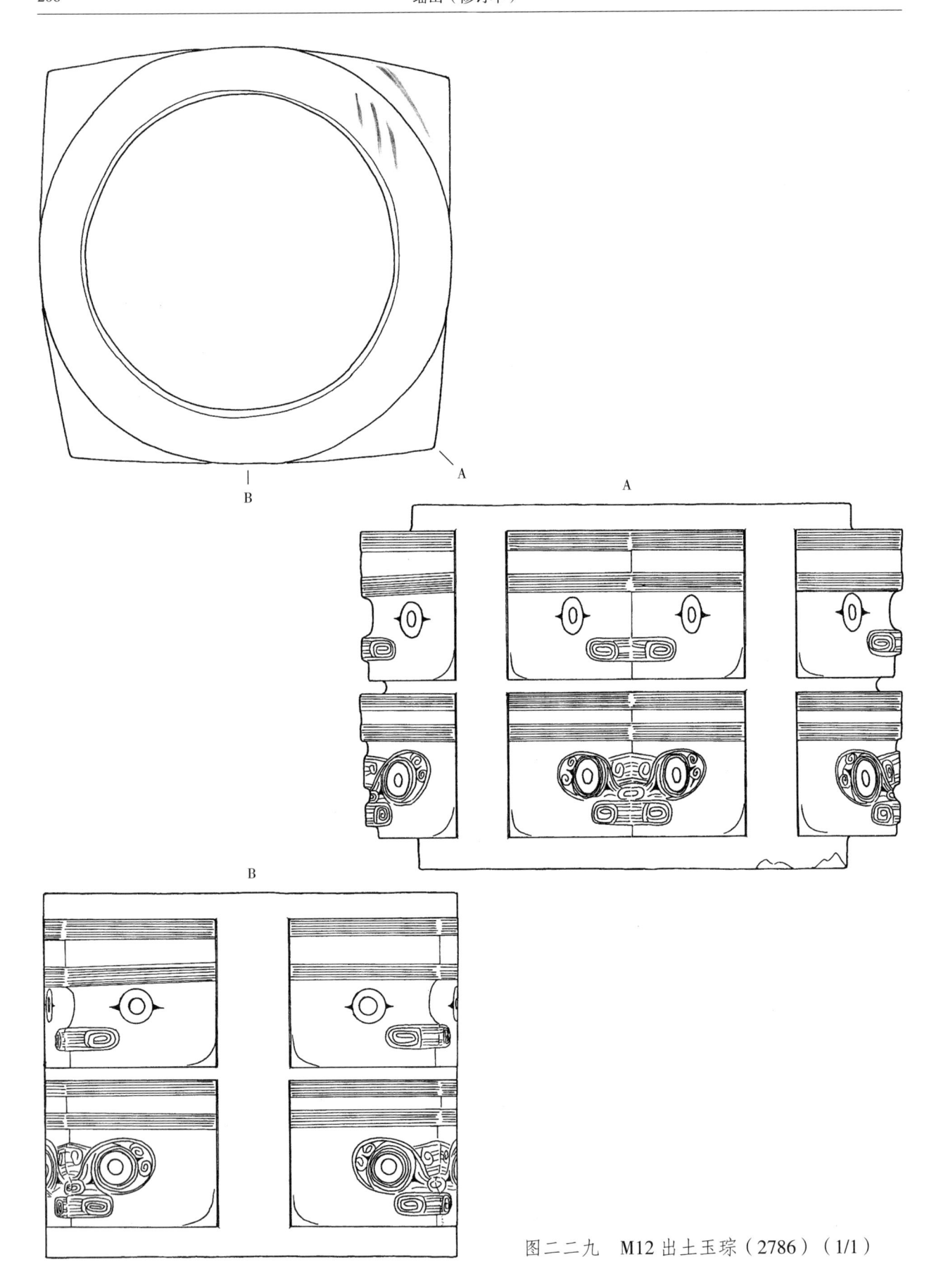

图二二九　M12 出土玉琮（2786）（1/1）

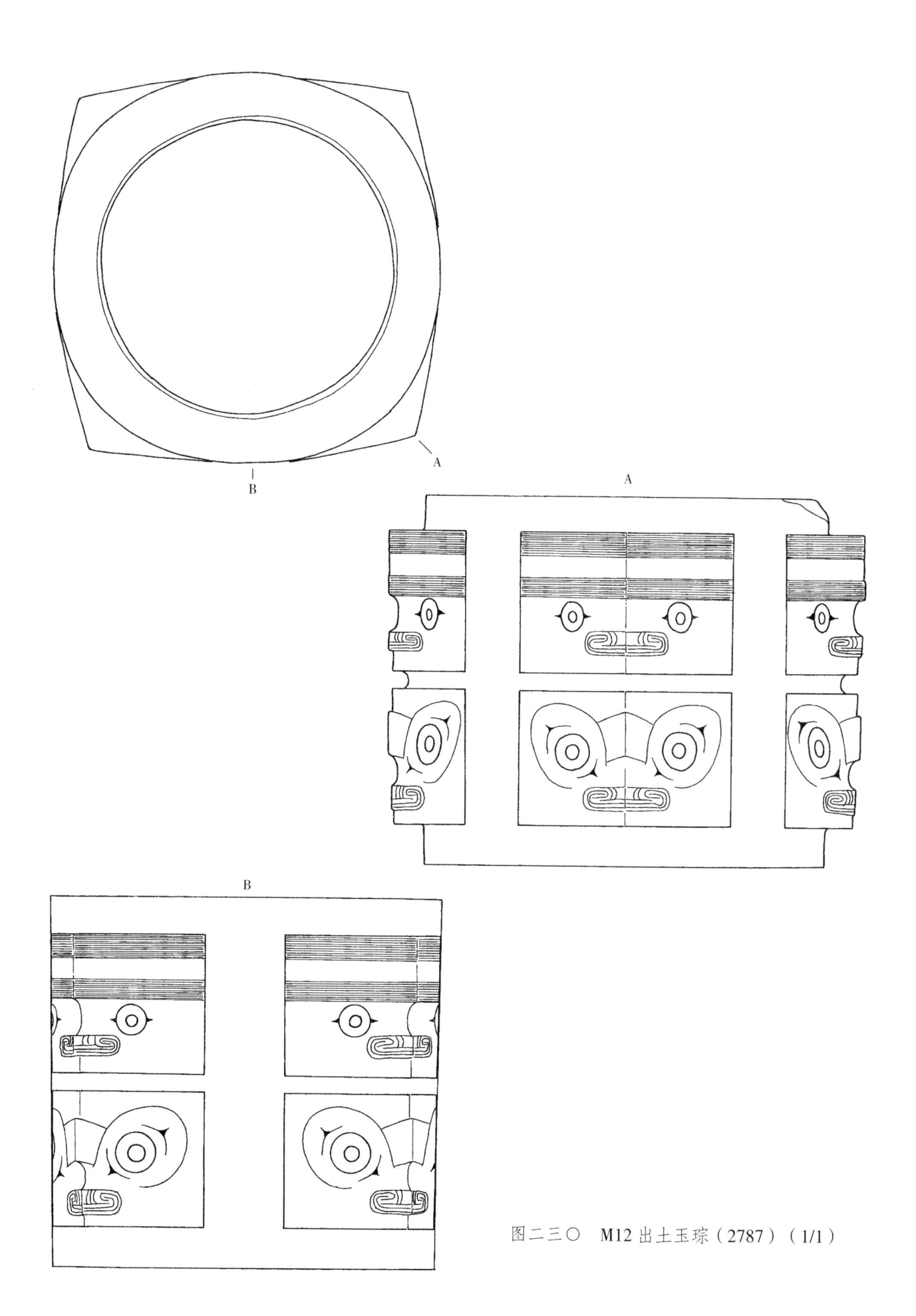

图二三〇 M12 出土玉琮（2787）（1/1）

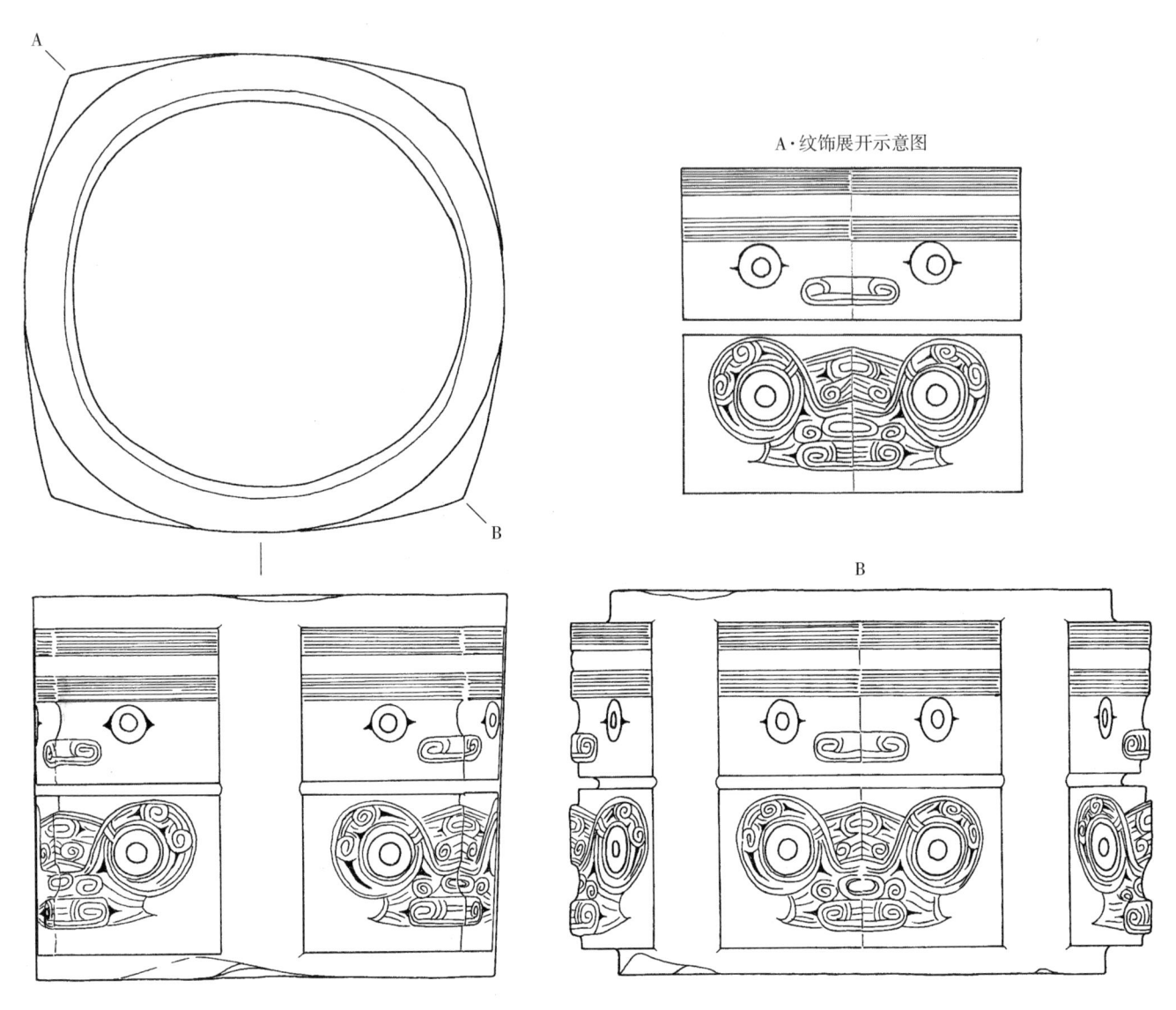

图二三一　M12 出土玉琮（2788）（1/1）

下。主体纹饰之外阴刻卷云纹为地。图案的分节浅槽内依稀可见切割线痕。高 5.75、射径 7.15、孔径 5.75 厘米（图二三二；彩图 580）。

2790，白玉，玉色偏黄。裂为多块。弧边方柱体，中间钻圆孔。有 4 个凸面，以转角线为中轴，琢刻神兽纹，相邻的两个凸面之间开竖向直槽。图纹又被一周横向浅槽分割为上、中、下三部分。上、下部分均为神人，上端饰 2 组弦纹带，弦纹带之间填刻卷云纹，双线圆眼，眼两侧有尖锥状眼角，扁横凸鼻，其上阴刻卷云纹和直线纹。中部为兽面，管钻双圈圆眼，其外侧有椭圆形浅浮雕眼眶，两眼之间是桥梁凸鼻梁，下有扁横凸鼻。兽面眼与眼眶之间、鼻梁与鼻之间、凸鼻上均饰阴刻的卷云纹、直线和弧线纹。高 5.5、上端射径 7.7、下端 7.6、孔径 5.8 厘米。现借展中国国家博物馆。

钺　1 件（2792）。白玉，有褐色瑕斑。平面呈梯形，弧刃，上部对钻一孔，孔两侧有

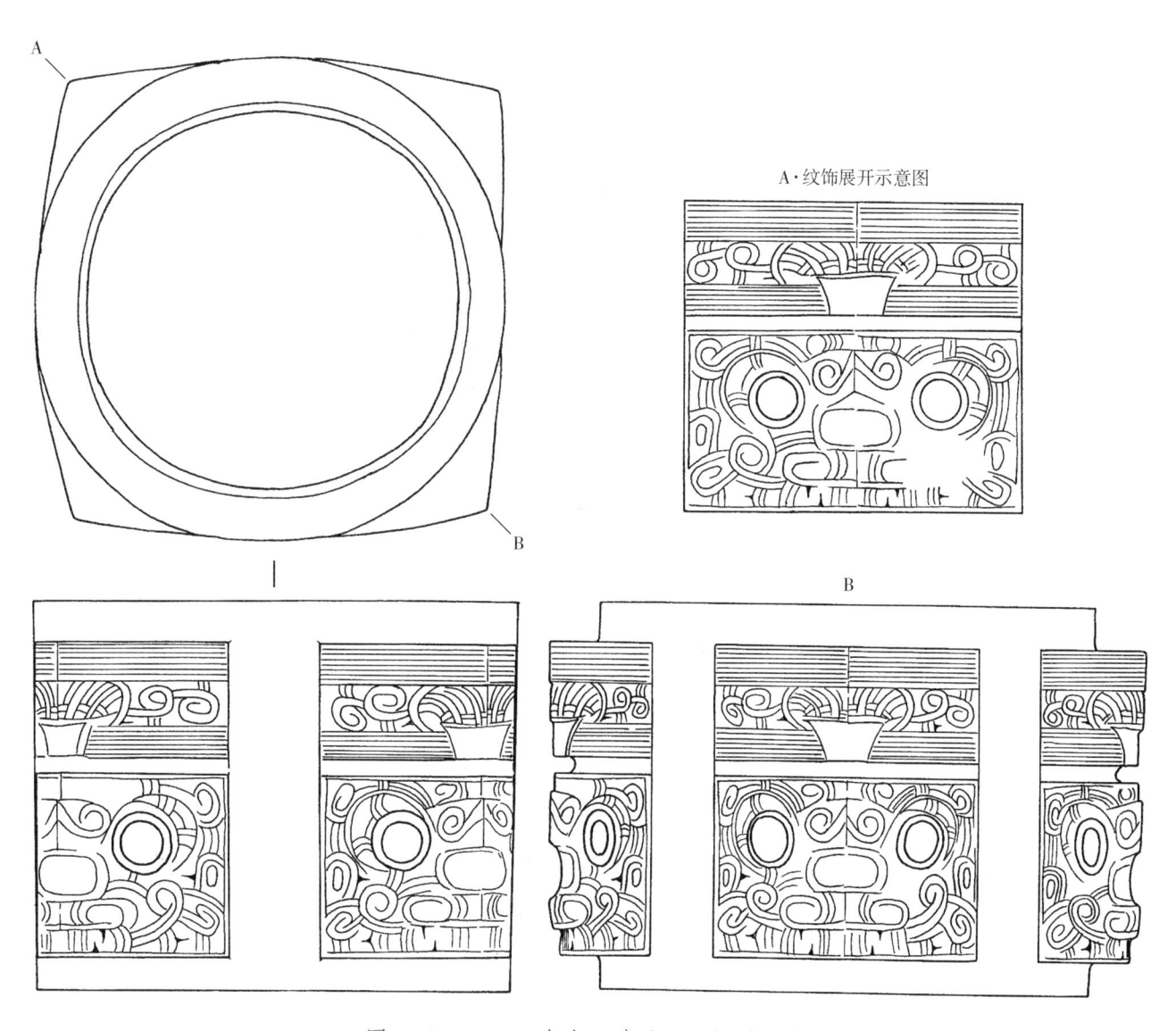

图二三二　M12 出土玉琮（2789）（1/1）

朝向两顶角的斜向细线痕，孔之上有横向细线痕。整器略显厚重，横断面呈中间厚、两边缘薄。顶端留有开料时的碴口，一端为切割后打磨光洁。器表有两道弧线状切割痕。高14.8、顶端宽8.7、刃宽11.2、厚1.1、孔径1.35厘米（图二三三；彩图581）。

小琮　1件（2825）。白玉，有灰色瑕斑。弧边方柱体，中间对钻孔，孔内壁底端呈凹弧状斜面。器表相邻的两个凸面之间开竖向直槽，以转角线为中轴琢刻神兽纹。图纹又被4周横向浅槽分成5组，整器共20组，每组图案基本相同。上端饰2组弦纹带，其下阴刻单圈线双眼，眼侧有眼角，扁凸鼻，上阴刻卷云纹。高4.5、射径1.4~1.5、孔径0.7厘米（图二三四；彩图582）。

锥形器　1件（3050）。白玉。短方柱形，一端锥尖，另一端小榫残损，但仍见对钻孔痕。器下半部琢刻简化的神兽纹一周。上端饰2组弦纹带，其下转角处有扁横凸鼻。残长2.65

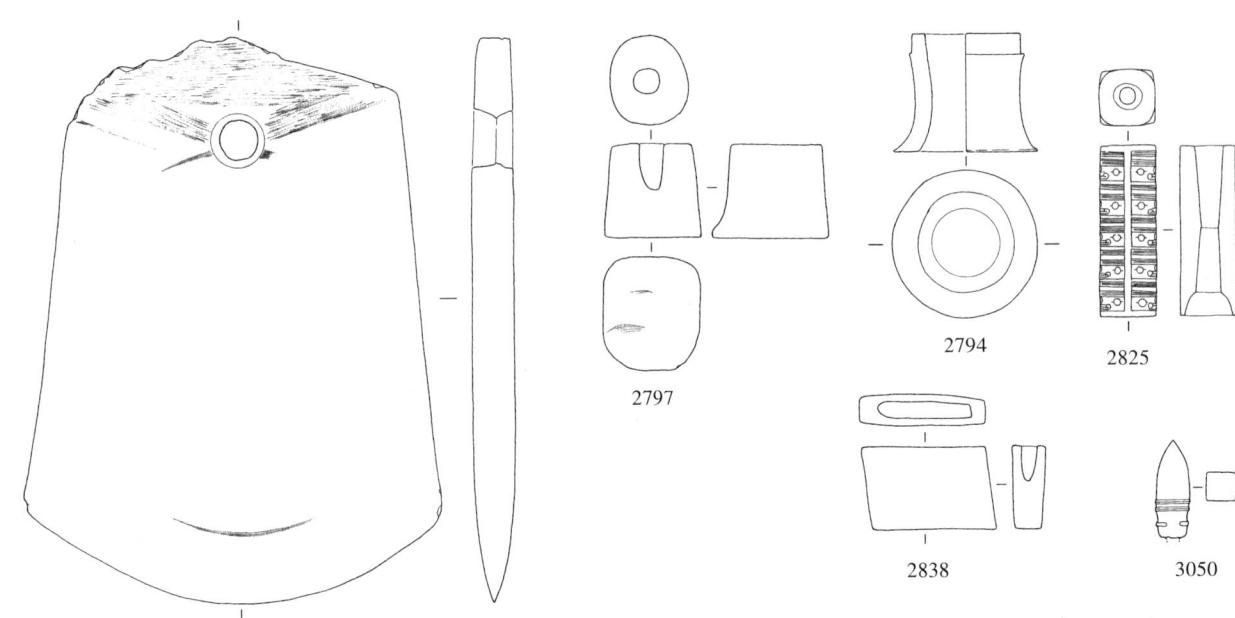

图二三三　M12 出土玉钺（2792）（1/2）

图二三四　M12 出土玉端饰、小琮、锥形器
2794、2797、2838.端饰　2825.小琮　3050.锥形器（1/2）

厘米（图二三四；彩图583）。

端饰　3件。

2794，白玉，有灰色筋斑。整体呈圆筒形，外壁凹弧，内壁微凸。顶端呈凸榫状，底端呈喇叭形。高3.1、直径2.9~3.85厘米（图二三四；彩图584）。

2797，灰白色玉，玉色较杂。圆柱形，底端呈圆角方形，顶端圆形，且中间钻椭圆形卯眼。高2.6厘米，圆端直径2.3厘米（图二三四；彩图585）。

2838，白玉。平面呈平行四边形，器扁平。一端面钻扁圆形卯孔，由多个实心钻钻孔相连而成，由于孔口残损，无法判明全貌。高2.15、宽3.6、厚0.85厘米（图二三四；彩图586、587）。

柱形器　9件。

2798，白玉，有灰点状瑕斑。圆柱形，中间对钻孔。一端有剥损，但经打磨。高2.4、直径4.6、孔径0.6厘米（图二三五；彩图588）。

2799，白玉。2件编为一号。

2799-1，一端有灰褐色瑕斑。圆柱形，中间对钻孔。高2.6、直径3.1~3.2、孔径0.6厘米（图二三五；彩图589）。

2799-2，一端有灰褐色瑕斑。圆柱形，中间对钻孔。高2.7、直径3.25、孔径0.65厘米（图二三五；彩图590）。

2800，3件编为一号。

2800-1，白玉，有灰色筋斑。圆柱形，对钻孔。高1.8、直径2.6、孔径0.6厘米（图二三五；彩图591）。

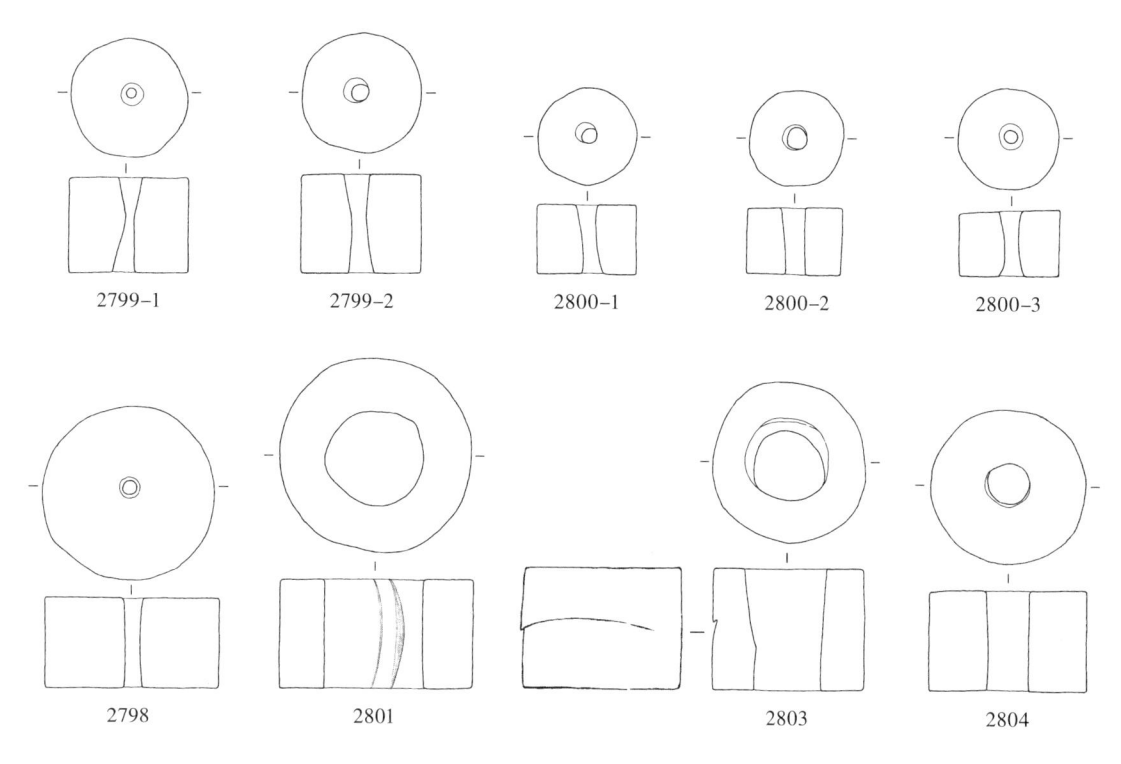

图二三五　M12 出土玉柱形器（1/2）

2800-2，白玉，有灰色瑕斑。圆柱形，对钻孔。高 1.8、直径 2.6、孔径 0.7 厘米（图二三五；彩图 592）。

2800-3，白玉，有灰、褐色瑕斑。圆柱形，对钻孔。高 1.75、直径 2.7、孔径 0.7 厘米（图二三五；彩图 593）。

2801，白玉，一端有灰褐色瑕斑。圆柱形，中穿孔。孔内壁有直向的弧线状切割痕，微切入器内壁面。高 2.85、直径 5.2、孔径 2.6 厘米（图二三五；彩图 594）。

2803，白玉，有灰色筋斑。圆柱形，中间孔较大，留有少许对钻孔的台痕，孔壁有旋痕线。器表有半周管钻孔痕，可知此器是利用琮孔钻芯改制而成。高 3.4、直径 4.3、孔径 1.85~2.15 厘米（图二三五；彩图 595）。

2804，白玉，有褐色瑕斑。圆柱形，中穿孔。高 2.7、直径 4、孔径 1.1 厘米（图二三五；彩图 596）。

刻纹管　共 37 件，编为一号（2826）。其中 5 件甚残，无法辨明刻纹。其余管的形态均为圆柱形，中间对钻孔。器表浅浮雕加阴线刻神兽纹，被横浅槽分成上、下两节，共 4 组。双线圆眼，椭圆形眼眶，两眼之间刻线纹和卷云纹，扁横凸鼻，上刻卷云纹。主体纹饰之间填以线纹和卷云纹。32 件玉管所刻图案相似，但无一完全相同者，现分述如下。

2826-1，鼻的底端线刻有 1 枚冲上的尖角状牙。长 2.68、直径 1.13~1.2、孔径 0.55 厘米（图二三六；彩图 597、599）。

2826-2，玉色偏黄。上半段残，仅见一周纹带。鼻两侧各有 1 个向外的尖角。残长 1.5、

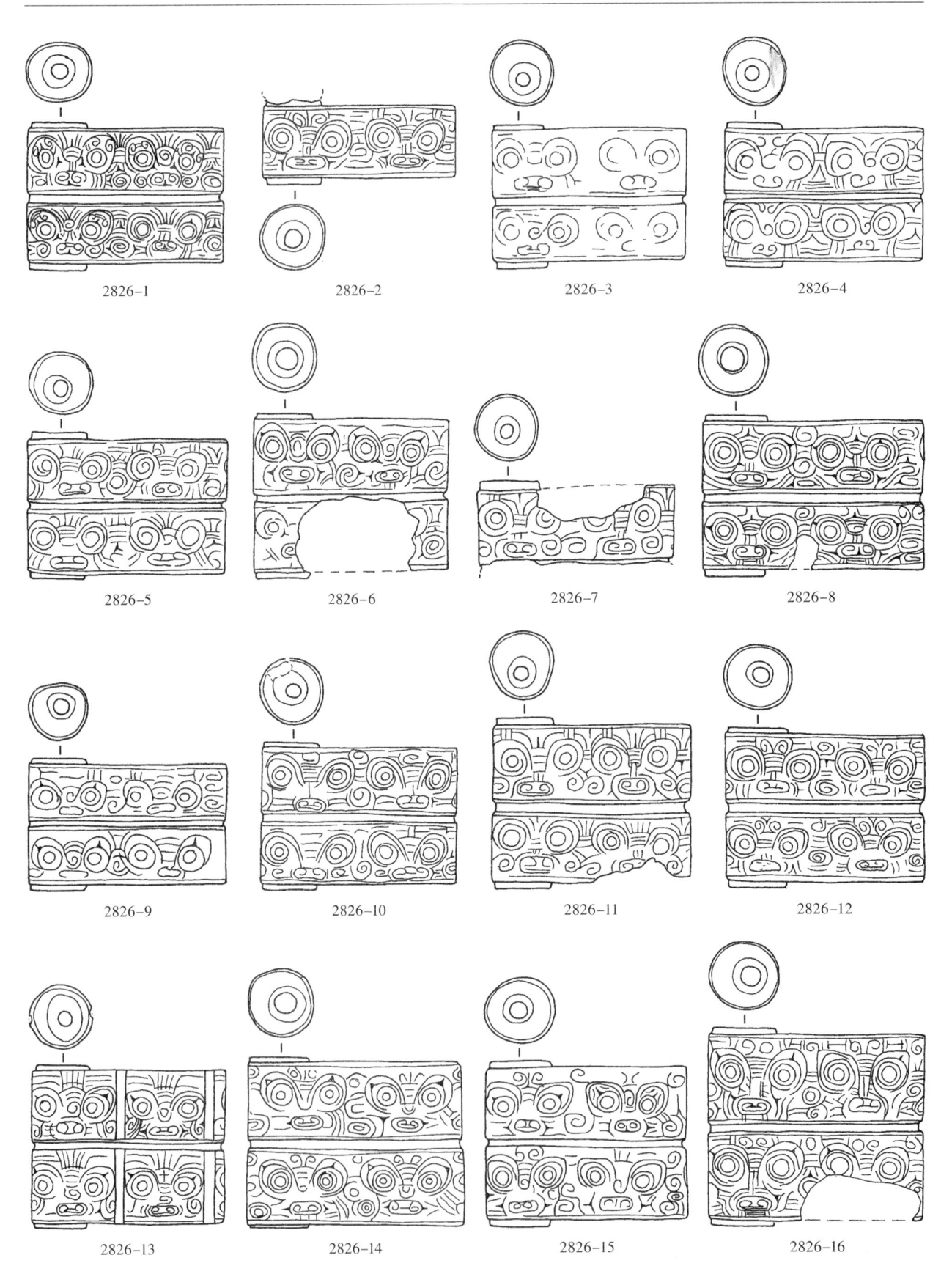

图二三六　M12 出土玉刻纹管（1/1）

直径 1.18、孔径 0.55 厘米（图二三六；彩图 597）。

2826-3，有灰色瑕斑，并显露绿色玉质。器表打磨过甚，而使图纹不甚明显，依稀可见神兽纹。长 2.56、直径 1.05~1.1、孔径 0.5~0.6 厘米（图二三六；彩图 597）。

2826-4，长 2.65、直径 1.11~1.18、孔径 0.5 厘米（图二三六；彩图 597）。

2826-5，长 2.7、直径 1.2、孔径 0.5 厘米（图二三六；彩图 598）。

2826-6，下半段略有残损。长 2.92、直径 1.19~1.22、孔径 0.6 厘米（图二三六；彩图 598）。

2826-7，残存上半段部分。直径 1.08~1.12 厘米（图二三六；彩图 598）。

2826-8，长 2.89、直径 1.3、孔径 0.55~0.7 厘米（图二三六；彩图 598）。

2826-9，鼻的部位不甚明显。长 2.45、直径 1.14、孔径 0.45~0.5 厘米（图二三六；彩图 602）。

2826-10，顶端略有残损。长 2.75、直径 1.18、孔径 0.5 厘米（图二三六；彩图 602）。

2826-11，底端残。长 3.08、直径 1.1~1.15、孔径 0.5 厘米（图二三六；彩图 602）。

2826-12，玉色偏黄。断成两截。长 2.88、直径 1.2、孔径 0.4~0.5 厘米（图二三六；彩图 602）。

2826-13，中间钻孔略偏。长 2.93、直径 1.1~1.15、孔径 0.6 厘米（图二三六；彩图 603）。

2826-14，中间钻孔略偏。长 3.05、直径 1.24、孔径 0.6 厘米（图二三六；彩图 600、603）。

2826-15，长 2.95、直径 1.14、孔径 0.5 厘米（图二三六；彩图 603）。

2826-16，底端略残。长 3.57、直径 1.25~1.3、孔径 0.6 厘米（图二三六；彩图 601、603）。

2826-17，长 2.68、直径 1.1、孔径 0.6 厘米（图二三七；彩图 604、606）。

2826-18，长 3.17、直径 1.19、孔径 0.6 厘米（图二三七；彩图 604）。

2826-19，长 3.33、直径 1.23、孔径 0.6 厘米（图二三七；彩图 604）。

2826-20，刻纹不明显。长 2.42、直径 1.09~1.18、孔径 0.5~0.6 厘米（图二三七；彩图 604）。

2826-21，长 2.56、直径 1.15、孔径 0.5 厘米（图二三七；彩图 605）。

2826-22，残存下半段。直径 1.04~1.12、孔径 0.6 厘米（图二三七；彩图 605）。

2826-23，长 2.85、直径 1.05、孔径 0.5 厘米（图二三七；彩图 605）。

2826-24，长 3.55、直径 1.15、孔径 0.5 厘米（图二三七；彩图 605、607）。

2826-25，断成两截。整器断面呈略扁的圆角方形。长 2.75、直径 0.95~1.05、孔径 0.4~0.5 厘米（图二三七；彩图 608）。

2826-26，长 3、直径 1.15、孔径 0.6~0.75 厘米（图二三七；彩图 608）。

2826-27，残存上半段。残长 1.5、直径 1.15、孔径 0.5 厘米（图二三七；彩图 608）。

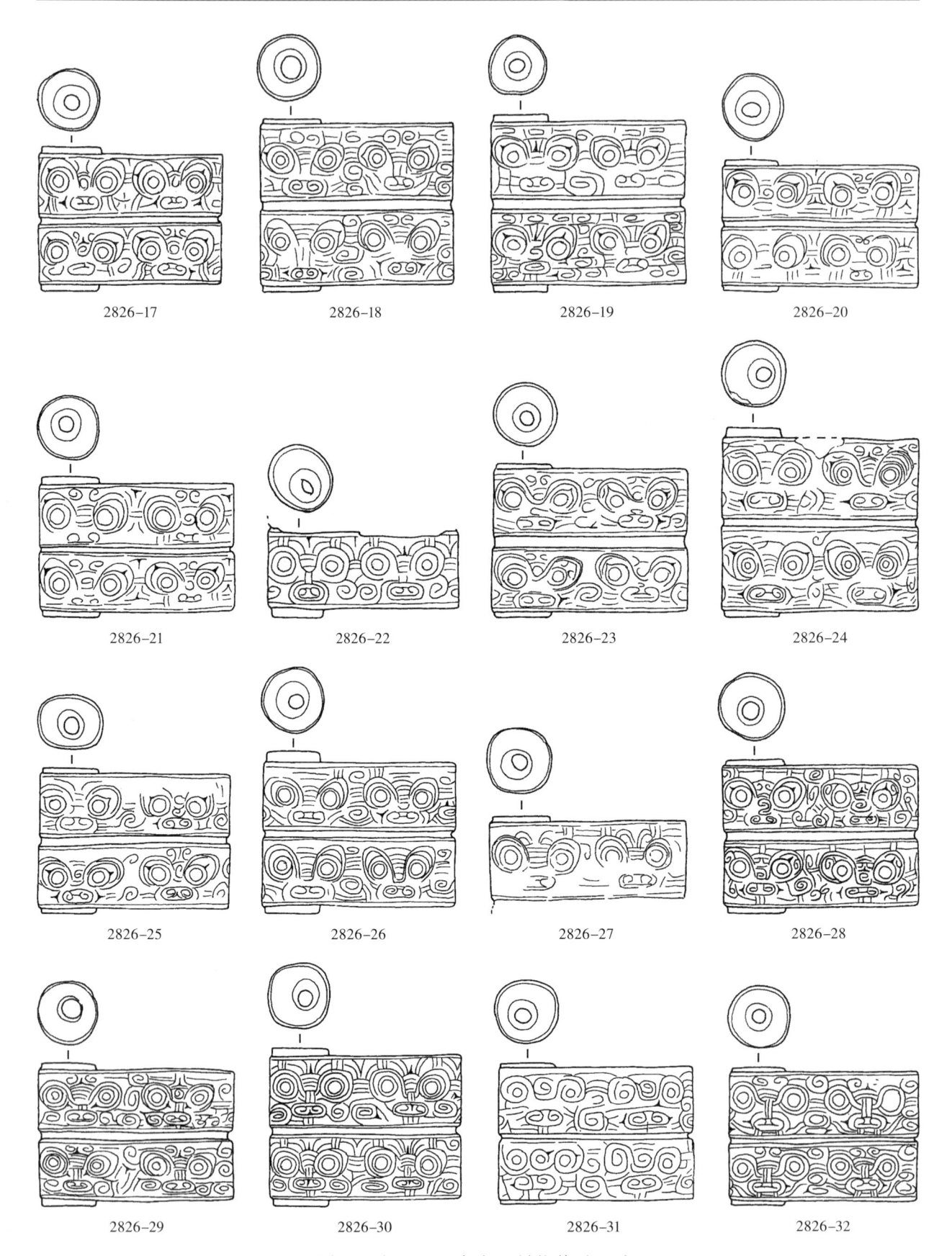

图二三七　M12 出土玉刻纹管（1/1）

第四章　采集及地层出土遗物

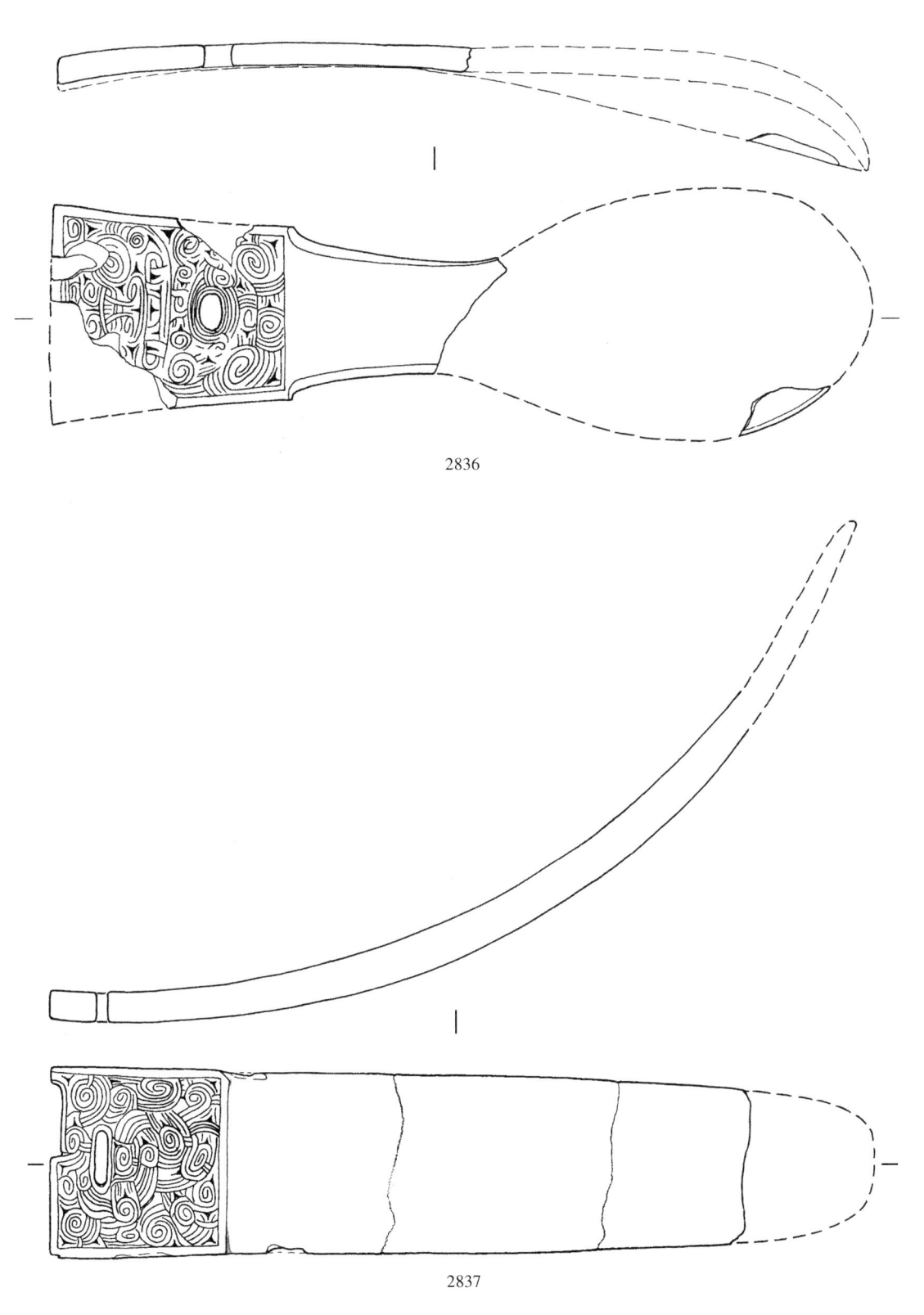

2836

2837

图二三八　M12 出土玉匙、匕形器
2836. 匙　2837. 匕形器（1/1）

2826-28，长 2.83、直径 1.2、孔径 0.4~0.5 厘米（图二三七；彩图 608）。

2826-29，长 2.6、直径 1.1、孔径 0.4 厘米（图二三七；彩图 611）。

2826-30，长 2.9、直径 1.2、孔径 0.5 厘米（图二三七；彩图 609、611）。

2826-31，长 2.55、直径 1.08、孔径 0.6 厘米（图二三七；彩图 610、611）。

2826-32，长 2.5、直径 1.1、孔径 0.45 厘米（图二三七；彩图 611）。

匕形器 1 件（2837）。白玉。断成三截，一端残，部分边缘有破损。整体为扁宽条形，侧视呈弯弧状，柄端有一扁圆形穿孔。柄端内凹面琢刻方框，内刻卷云纹。凸面近器端钻扁圆形孔。器端一侧琢刻凹缺，形似冠形器顶端凹缺之一半。器宽 2.55~3.15、厚 0.5~0.63 厘米（图二三八；彩图 612、613）。

匙 1 件（2836）。白玉。仅残存柄部和勺部边缘。器扁平，侧视微凹弧。柄端略呈梯形，上有椭圆形穿孔。凹面阴刻神兽纹，图案分为上、下两部分，下部围绕穿孔阴刻卷云纹；上部图纹残损，可见 1 个椭圆形眼，另一眼残。其间为卷云纹组成的鼻，鼻梁竖直，鼻翼阔。横扁嘴，嘴内伸出 4 枚獠牙，其中内侧 2 枚朝上，外侧 2 枚冲下，内侧 2 枚之间还有 1 枚冲下的尖牙。宽 1.84~3.52、厚 0.47 厘米（图二三八；彩图 614、615）。

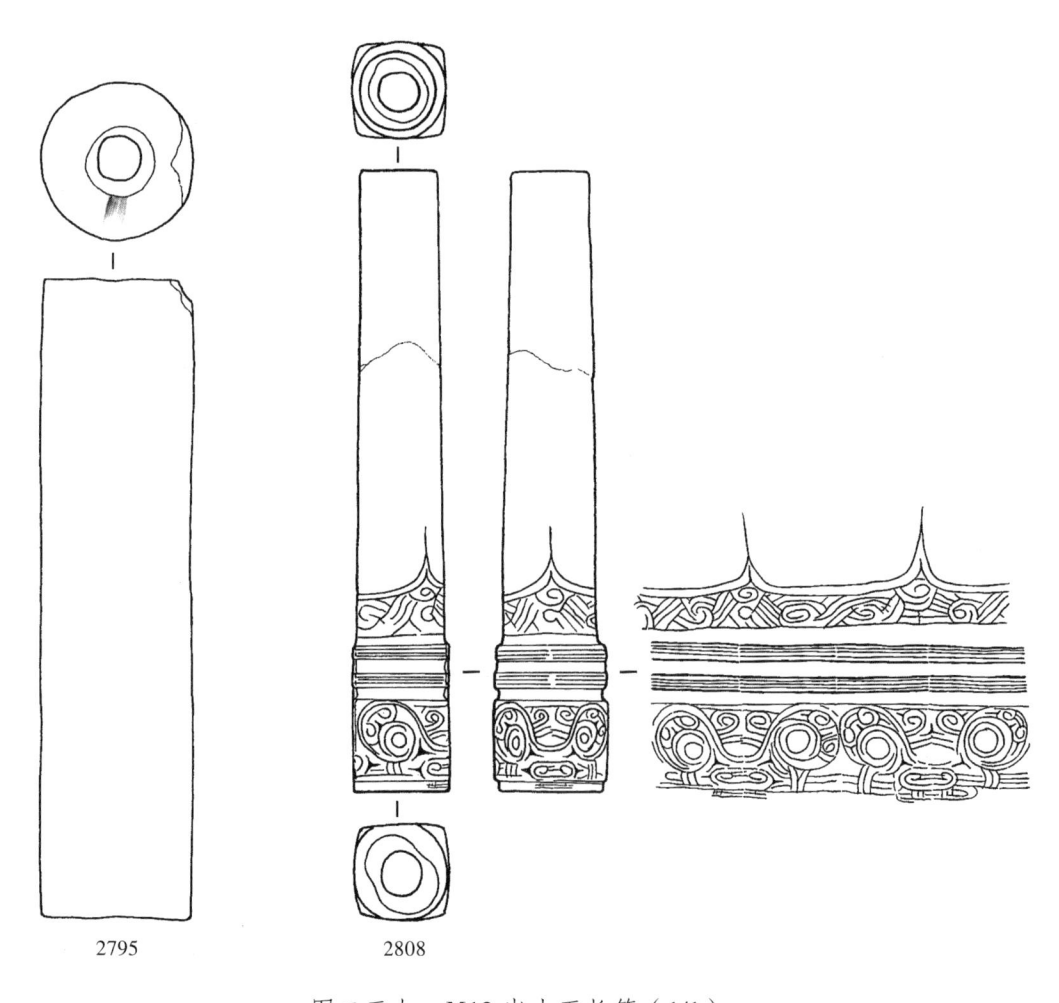

2795　　2808

图二三九　M12 出土玉长管（1/1）

长管 2件。

2795，白玉，一半部分有褐色瑕斑。长圆柱形，中间对钻孔。长8.55、直径2.13、孔径0.84~1.05厘米（图二三九；彩图616）。

2808[1]，白玉。圆柱形，中穿孔，壁略薄，底端为方柱体。器表琢刻神兽纹。上饰2组弦纹带，其下以2个对称的转角线为中轴琢刻图纹。椭圆形眼眶，双线圆眼，眼外侧有眼角，两眼之间阴刻线纹。扁横凸鼻，上刻卷云纹，鼻两侧均有尖角。鼻下部阴刻宽嘴獠牙。神兽纹之上饰一周卷云纹带，有尖形刻纹。长8.23、上端直径1.02、底端直径1.18~1.22、孔径0.7~1.05厘米（图二三九；彩图618）。

器座 1件（2793）。白玉，偏黄。喇叭形圆筒状，底端外撇。高4.6、直径9.8~12.6厘米（图二四〇；彩图617）。

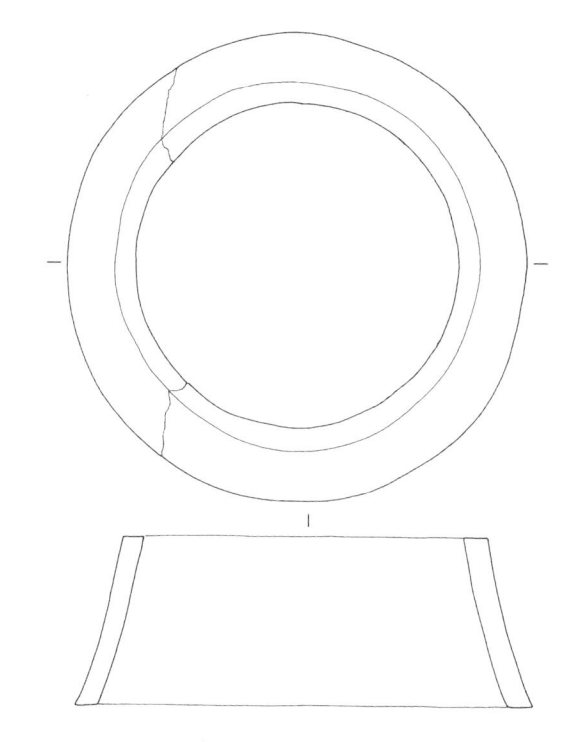

图二四〇　M12出土玉器座（2793）（1/2）

此外还有半球形玉珠、球形玉珠、圆柱形玉管、玉粒等若干件。

第二节　西区出土遗物

1987年8月，在当年的发掘区以西（即1997年上半年度发掘的T303范围内），出土了一批良渚文化遗物，包括玉器和石器。当时，经余杭县文物管理委员会办公室的工作人员现场判断，应该是出自墓葬。现择要介绍如下：

（一）玉器

冠形器 1件（3048）。白玉，有灰色瑕斑。体扁，平面呈倒梯形。上端平直，中部微有凹缺，中央有一尖凸。尖凸之下有1个椭圆形孔，由实心钻钻孔而成。底端有扁凸榫，上面均等对钻3个小孔。高4.3、宽6.8、厚0.6厘米（图二四一；彩图619）。

带盖柱形器器盖 1件（2805）。白玉，有细点褐色瑕斑。圆饼形，一面弧凸，另一面平直，并对钻隧孔。平面有缺损，为盗挖所致。直径4.85、厚1.55厘米（图二四二；彩图620）。

成组锥形器 1组（2863）7件。均为白玉。长条形，横断面基本呈圆形。

2863-1，尖端残，另一端略扁，并对钻小孔。残长6.6厘米（图二四三；彩图621）。

2863-2，一端锥尖，另一端面平，略扁，并对钻小孔。器表有直向的切割线痕切入器表。长8.2厘米（图二四三；彩图621）。

---

[1] 此器可能是与三叉形器中叉相连之长管。

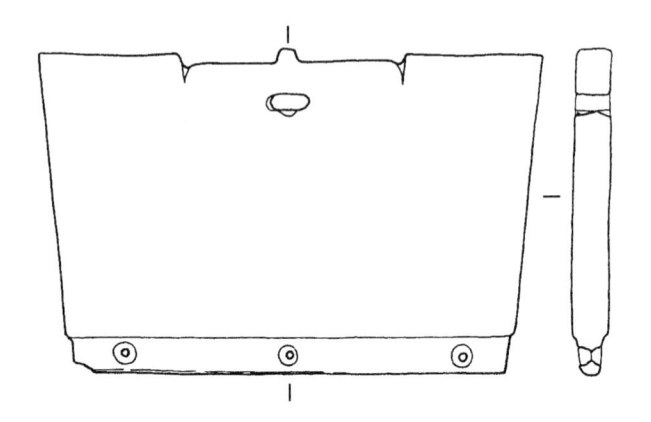

图二四一　西区出土玉冠形器（3048）（1/1）

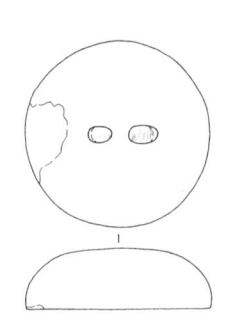

图二四二　西区出土玉柱形器器盖（2805）（1/2）

2863-1　2863-2　2863-3　2863-4　2863-5　2863-7　2863-8

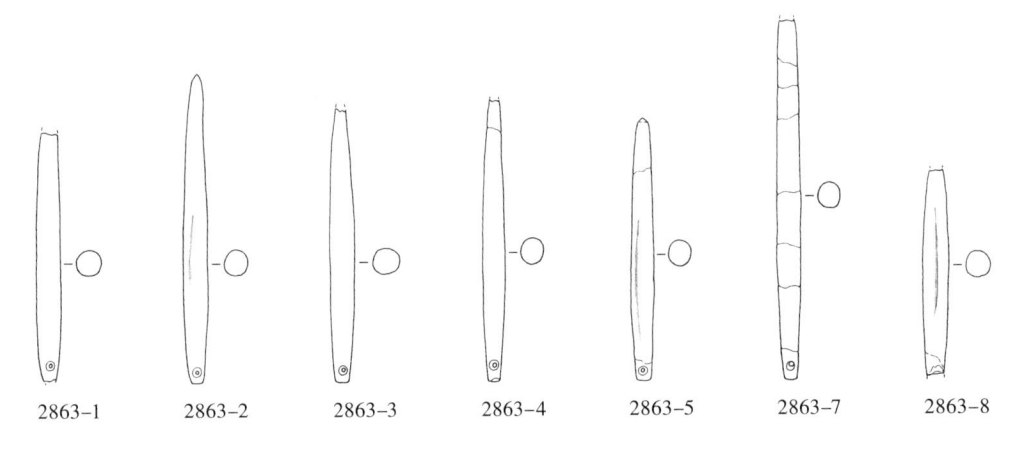

图二四三　西区出土玉锥形器（2/3）

2863-3，中段略粗于两端。尖端残损，另一端面平，略扁，并对钻小孔。残长7.2厘米（图二四三；彩图621）。

2863-4，尖端残损，另一端加工时折断后略经打磨形成平面，略扁，并对钻小孔。残长7.5厘米（图二四三；彩图621）。

2863-5，断成两截。一端锥尖，另一端面平，略扁，并对钻小孔。器表有一道直向的切割痕切入器表。长6.9厘米（图二四三；彩图621）。

2863-7，断成八截。尖端残，另一端面平，略扁，并对钻小孔。器表有直向切割痕。残长9.5厘米（图二四三；彩图621）。

2863-8，两端均残。器表有一道直向切割痕。残长5.5厘米（图二四三；彩图621）。

三叉形器　1件（2851）。白玉，有黄褐色瑕斑。左、右两叉平齐，中叉低矮，并对钻穿孔，底端圆弧，左、右两边有折角。正面弧凸，背面平齐。器表留有弧线状切割痕，两个外叉的内侧有自上而下的弧线状切割痕。高4.5、宽4.9、厚1厘米（图二四四；彩图622）。

琮　4件。

2841，白玉。残。弧边方柱体，横截面为圆角方形，有4个凸面，凸面夹角大于90°。

器中钻圆孔，孔壁微弧凸。每个凸面以转角线为中轴琢刻相同的神兽纹，相邻的两个凸面之间开竖向直槽。图纹又被横向浅槽分割成上、下两部分。上部为神人，上端饰2组弦纹带，其下一对双圈圆眼，眼两侧有尖锥状眼角，扁横凸鼻，上阴刻卷云纹。下部为兽面，椭圆形眼眶，重圈双眼，两眼之间有桥形鼻梁，扁横凸鼻，上阴刻卷云纹。器顶端留有线切割后的凹凸面，但经仔细打磨。高5.1、射径7.45、孔径6.1厘米（图二四五；彩图624）。

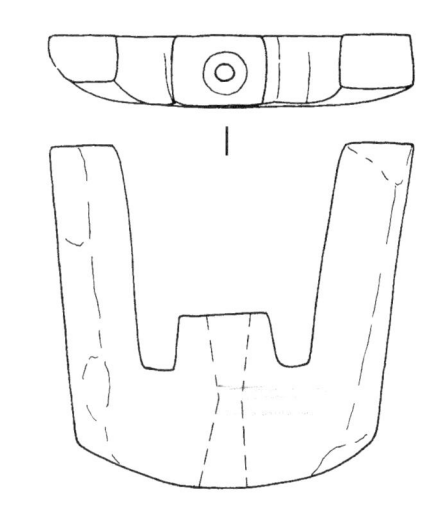

图二四四　西区出土玉三叉形器（2851）（1/1）

2842，白玉。弧边矮方柱体，横截面为圆角方形，有4个凸面，凸面夹角大于90°。器中钻圆孔。每个凸面以转角线为中轴琢刻神兽纹，相邻的两个凸面之间开竖向直槽。图纹又被2周横向浅刻槽分割成上、中、下三节。其中上、下节图案相同，为神人部分。上端饰2组弦纹带，其下为双线圈眼，两侧有尖锥形眼角，扁横凸鼻，上刻卷云纹。中间一节为兽面纹，双线圈眼，外侧有浅浮雕的椭圆形眼眶，两眼之间是桥形凸鼻梁，扁横凸鼻，上刻卷云纹。此琮上节和中节刻纹可组成一组完整的神兽图纹，下节为其一半。高5.85、射径6.6、孔径5.9厘米（图二四六；彩图623）。

2844，白玉。弧边矮方柱体，横截面为圆角方形，有4个凸面，凸面夹角大于90°，器中间钻圆孔。每个凸面以转角线为中轴琢刻神兽纹。上端饰2组弦纹带，其下为双线圈眼，两侧有尖锥状眼角，扁横凸鼻，上阴刻卷云纹。端面部分的射口有切割后产生的斜面，但经过仔细打磨。高2.93~3.45、射径7.97~8.03、孔径5.82厘米（图二四七；彩图625）。

2845，白玉。弧边矮方柱体，横截面为圆角方形，有4个凸面，凸面夹角大于90°。器中间钻圆孔，孔壁微弧凸。每个凸面以转角线为中轴琢刻相同的神兽纹。上端饰2组弦纹带，其下阴线刻双圈双眼，眼两侧有尖锥状眼角，扁横凸鼻，上阴刻卷云纹。顶端平，底端斜直，留有线切割后的凹凸痕，但经过打磨。高2.65~2.95、射径7.1~7.2、孔径5.85厘米（图二四六；彩图626）。

钺　2件。

2840，白玉，有灰色瑕斑。平面呈长方形，顶端平直，弧刃。器上部对钻一孔，有钻孔台痕（彩图627）[1]。

3047，白玉，有灰色瑕斑。平面近方形，顶端略平直，弧刃，一刃角略有破损，另一刃角残。上半部对钻孔，留有钻孔台痕。顶端留有锯切割痕，但经打磨。高12.8、顶端宽11.1、孔径2.5厘米（图二四八；彩图628）。

---

[1] 此件玉钺在中国国家博物馆借展陈列，由该馆提供器物照片。

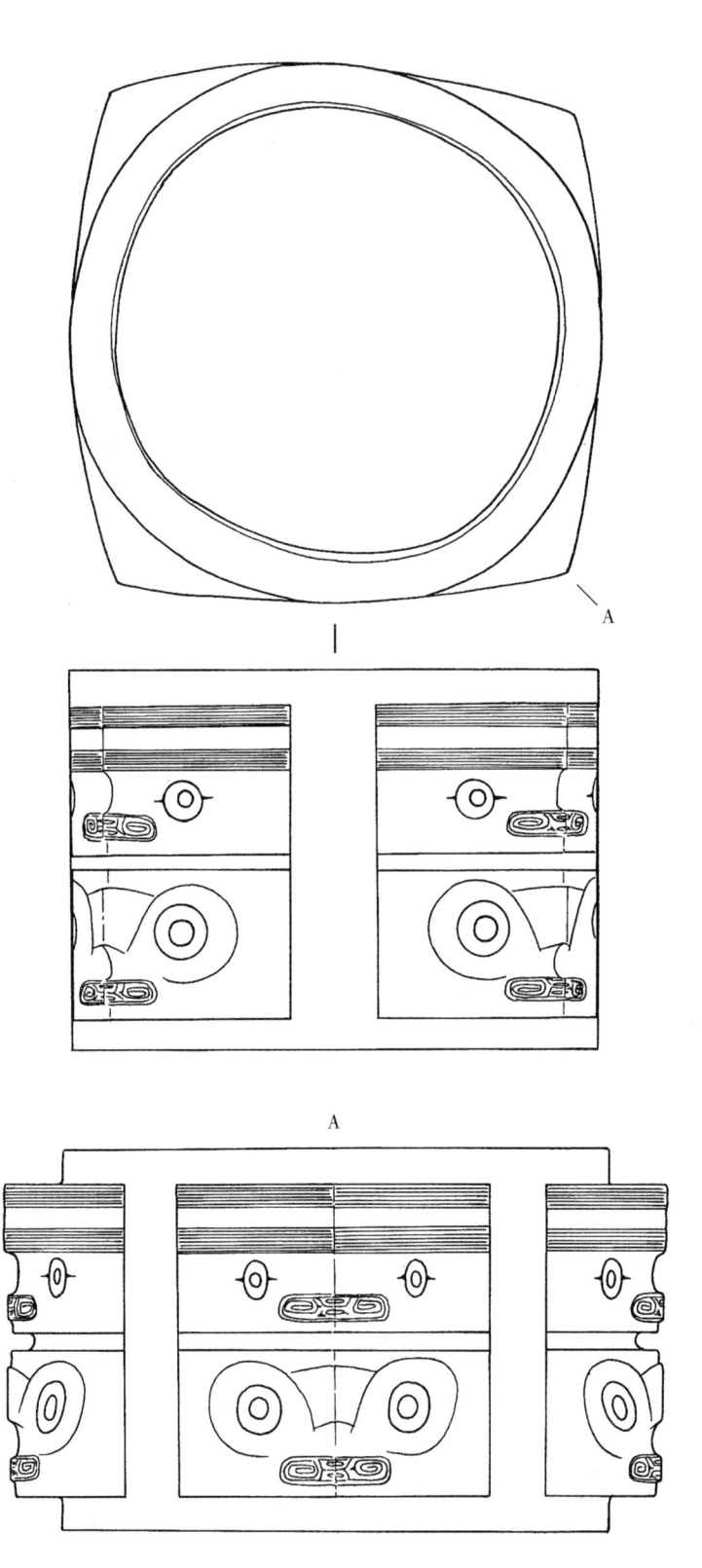

图二四五　西区出土玉琮（2841）（1/1）

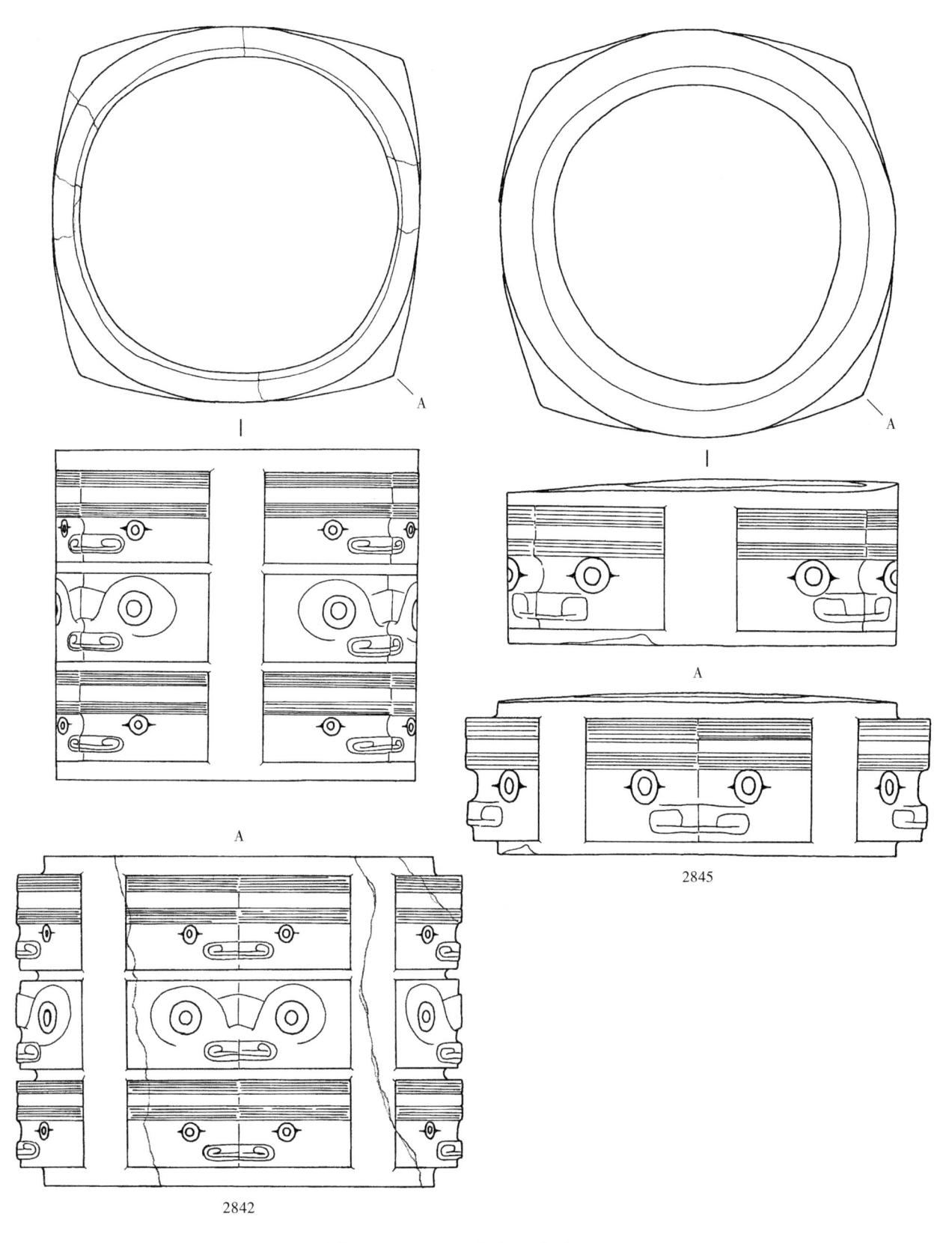

图二四六 西区出土玉琮（1/1）

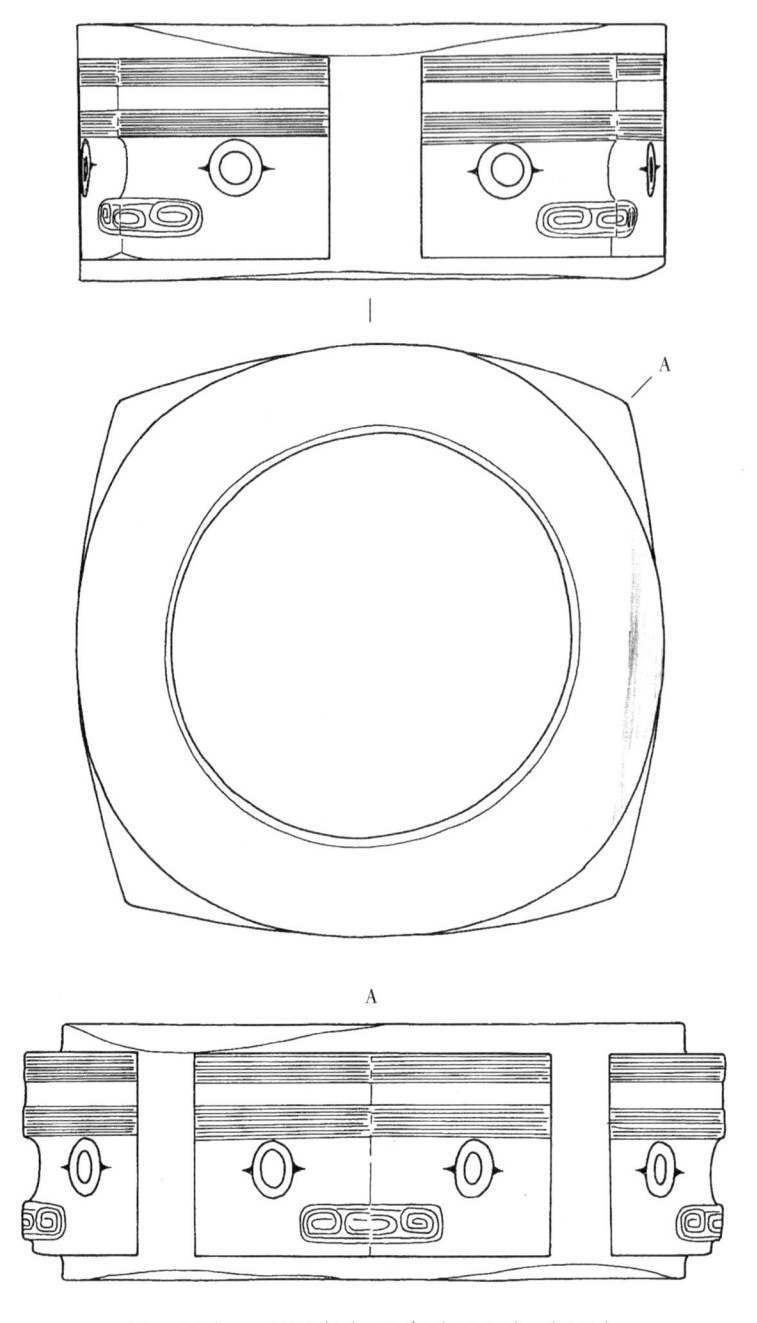

图二四七　西区出土玉琮（2844）（1/1）

小琮　4件。

2846，白玉。方柱体，横截面为圆角方形，中间对钻孔，有4个凸面，凸面的夹角大于90°。每面直向浅槽分割图纹，以转角线为中轴琢刻神兽纹。图案被5周横向浅槽分成6组，整器共24组，每组图纹基本相同。上端饰2组弦纹带，下部阴刻双线圈眼，眼两侧有眼角，扁凸棱鼻，上阴刻卷云纹。一端面有弧线状切割痕。高10.2、射径2.25、孔径1~1.1厘米（图二四九；彩图629）。

2847，白玉。顶端残。弧边方柱体，横截面为圆角方形，中间对钻孔，有 4 个凸面，每个凸面以转角线为中轴琢刻神兽纹。相邻的两个凸面之间开竖向浅直槽，整器中段被横向浅刻槽分为上、下两节，以转角线为中轴琢刻神兽纹，共 8 组。每组又分为上、下两部分。上部为神人，上端饰 2 组弦纹带，其下单圈眼，眼两侧均有眼角，扁横凸鼻，上阴刻卷云纹。下部为兽面，双圈眼，外侧有椭圆形浅浮雕眼眶，两眼之间是凸起的桥形鼻梁，扁横凸鼻，上阴刻卷云纹。高 5.65、射径 1.55、孔径 0.8 厘米（图二四九；彩图 630）。

2848，白玉。弧边方柱体，中间对钻孔。每个凸面以转角线为中轴琢刻简化神兽纹，中段又被横向浅刻槽分割成上、下两节。比较特殊的是，上、下两节图案的方向相反。高 4.05、射径 1.5、孔径 0.6 厘米（图二四九；彩图 631）。

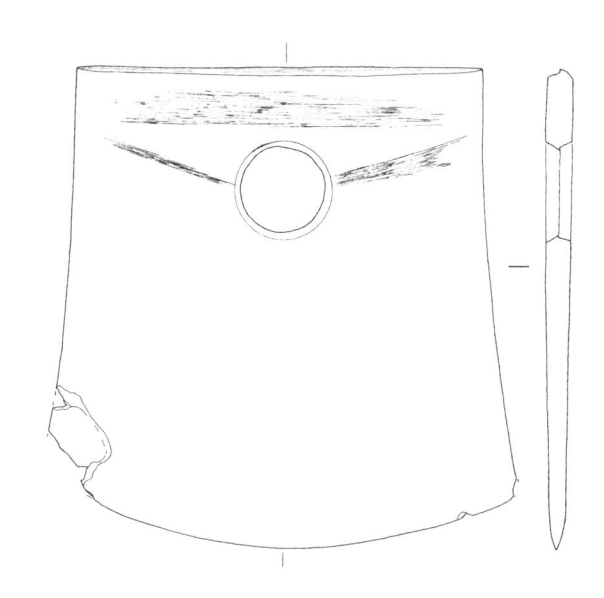

图二四八　西区出土玉钺（3047）（1/2）

2849，白玉。弧边方柱体，中间对钻孔。四面以转角线为中轴琢刻神兽纹。被横向浅槽分割成上、下两节，整器共 8 组，每组图案基本相同。上端饰弦纹带，其下有不规则的单线圆眼，部分不甚明显，似是打磨受损。高 2.5、射径 1.4、孔径 0.6 厘米（图二四九；彩图 632）。

锥形器　4 件。

2781，以黄色为主，有褐绿色玉质，部分呈白色。断成两截。长条状，横断面呈圆形，一端圆尖，另一端略扁圆，并对钻小圆孔。长 10.9 厘米（图二四九）。

2815，灰绿色玉。横断面呈圆形，一端锥尖，略平，另一端略扁，并对钻小孔。长 4.15 厘米（图二四九；彩图 633）。

2827，白玉。短条形，横断面呈圆形，一端锥尖，另一端有一圆榫，其上对钻小孔。长 4.4 厘米（图二四九；彩图 634）。

2863，白玉。断成两截。一端锥尖，另一端有小圆榫，残，但有对钻孔痕。器表有一道直向的切割痕。残长 6.7 厘米（图二四九；彩图 635）。

坠　1 件（3051）。白玉。水滴状，断面呈扁圆形，顶端一小榫，残，但见对钻小孔痕，另一端锥尖。残长 2.1 厘米（图二四九；彩图 636）。

柱形器　1 件。

2855，白玉。圆台形，底略大于顶，中间穿孔，外壁斜直。高 3.2、直径 3.9~4.4、孔径 1 厘米（图二五〇；彩图 637）。

端饰　2 件。

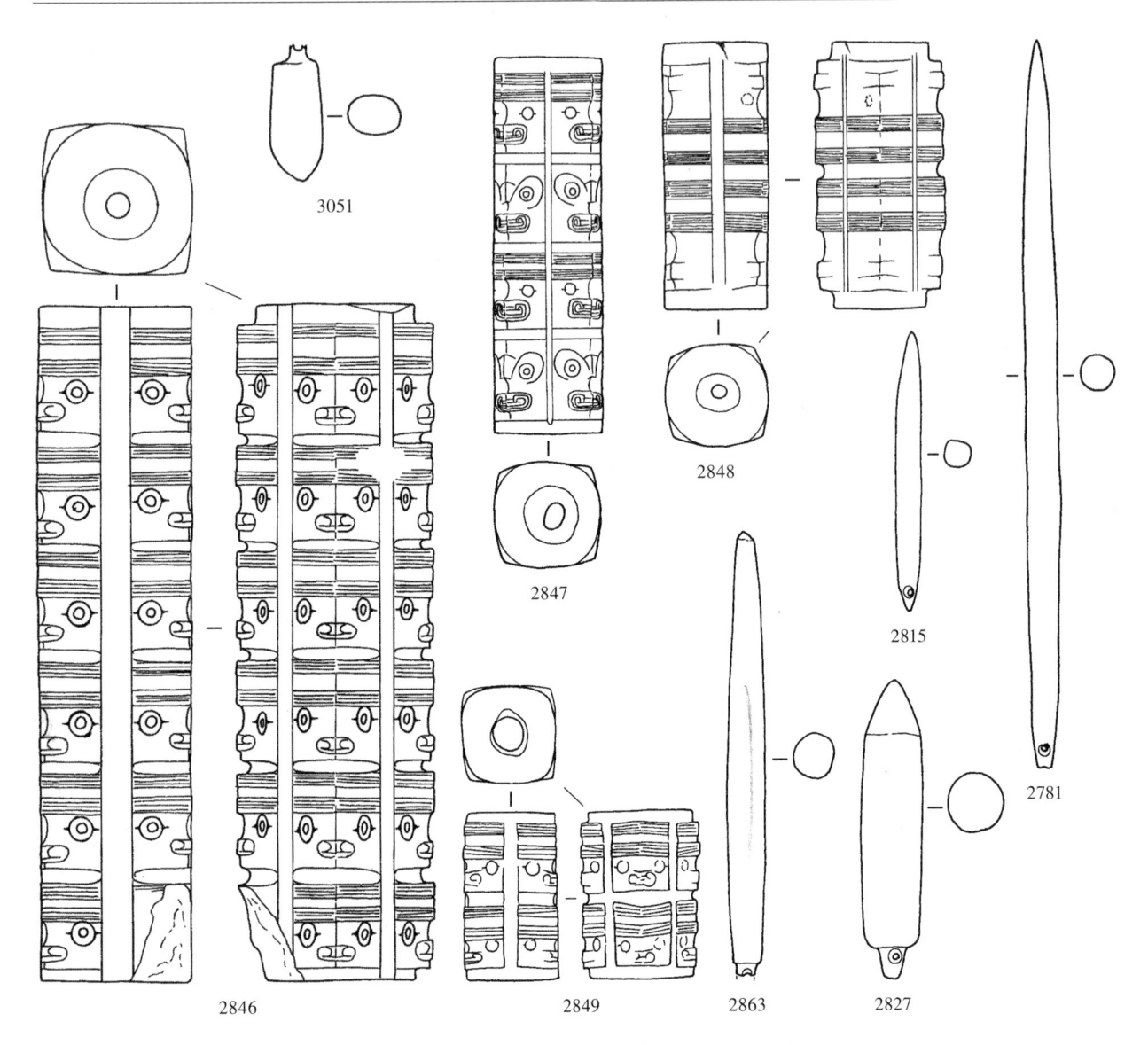

图二四九　西区出土小玉琮、锥形器、坠
2846~2849. 小琮　2781、2815、2827、2863. 锥形器　3051. 坠（1/1）

2780，青绿色。圆台形，外壁微凹，底面弧凸，中间钻孔，上端孔口略大。高 1.95、直径 2.4~2.75 厘米（图二五〇；彩图 638）。

2856，白玉，有较多的灰色瑕斑。圆柱形，中间对钻孔，底端略大于顶端，底面微弧凸。高 1.8、直径 2.78~2.83、孔径 0.8 厘米（图二五〇；彩图 639）。

镯形器　1 件（2779）。白玉，有灰色筋斑。圆筒形，外壁微内弧，内壁微凸。高 3.4、直径 6.75、孔径 5.5 厘米（图二五〇；彩图 640）。

长管　2 件。

2852，白玉，偏黄。圆柱形，中间对钻孔略偏。器表不规整，留有切割面和直向的切割线痕。长 6.6 厘米（图二五〇；彩图 641）。

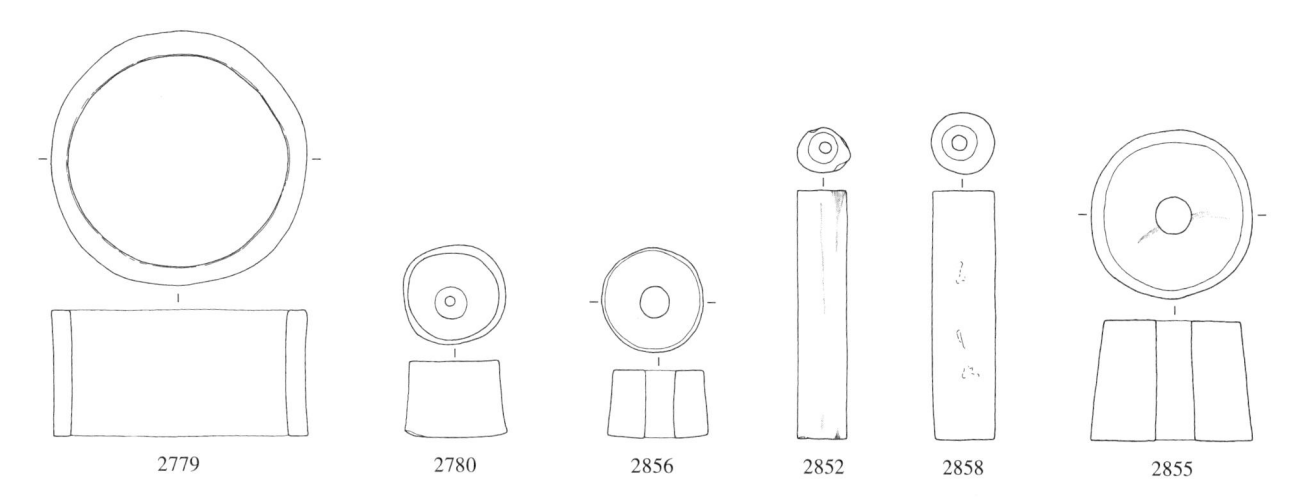

图二五〇　西区出土玉镯形器、端饰、长管、柱形器
2779.镯形器　2780、2856.端饰　2852、2858.长管　2855.柱形器（1/2）

2858，白玉，有灰色瑕斑。圆柱形，中间对钻孔。长6.65、直径1.65~1.72、孔径0.9~1厘米（图二五〇；彩图642）。

（二）石器

仅石钺一种。3件。

2868，黑褐色。平面略呈方形，顶端略呈横向斜面，弧刃。上半部对钻圆孔，孔壁留有钻孔旋痕。高13、顶端宽10.1、刃宽11.8、孔径3.7厘米（图二五二；彩图643）。

2869，黑褐色。断成两截。平面呈长方形，弧刃端略宽于顶端。中上部对钻圆孔，留有钻孔的台痕。高15.6、顶端宽9.9、刃宽12、孔径3.6厘米（图二五二；彩图644）。

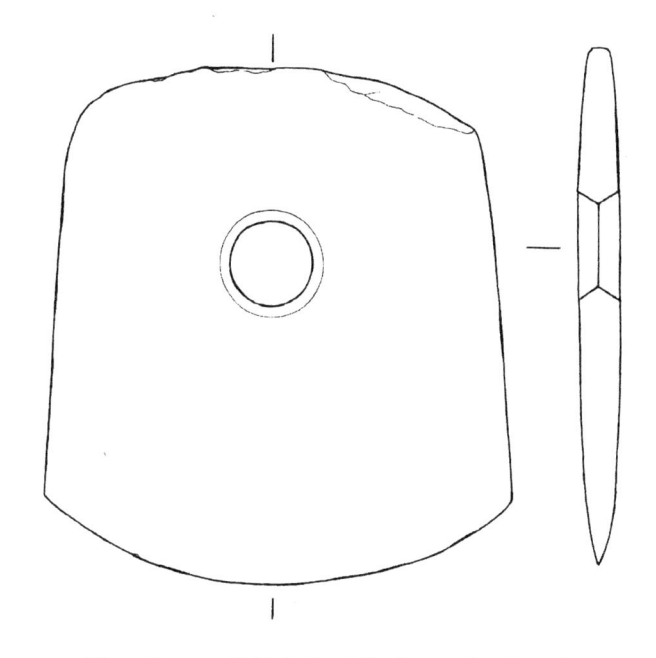

图二五一　西区出土石钺（3046）（1/2）

3046，黑褐色。顶端有破裂面，未经打磨。平面略呈方形，弧刃。中上部有对钻孔，孔壁有钻孔痕。高13.6、顶端宽10.9、刃宽12.8、孔径2.8厘米（图二五一；彩图645）。

（三）推论

这组器物中包括了玉冠形器（1件）、玉琮（4件）、玉钺（2件）、玉三叉形器（1件）等良渚文化的重要器物，由于出土现场已遭人为破坏，无从确认这组遗物的出土原貌。在瑶山的南行良渚文化墓葬中，每墓只出冠形器、三叉形器、钺各1件，而这批遗物中却有玉钺2件，所以，它们可能出自两座墓葬。

2868　　　　　　　　　　2869

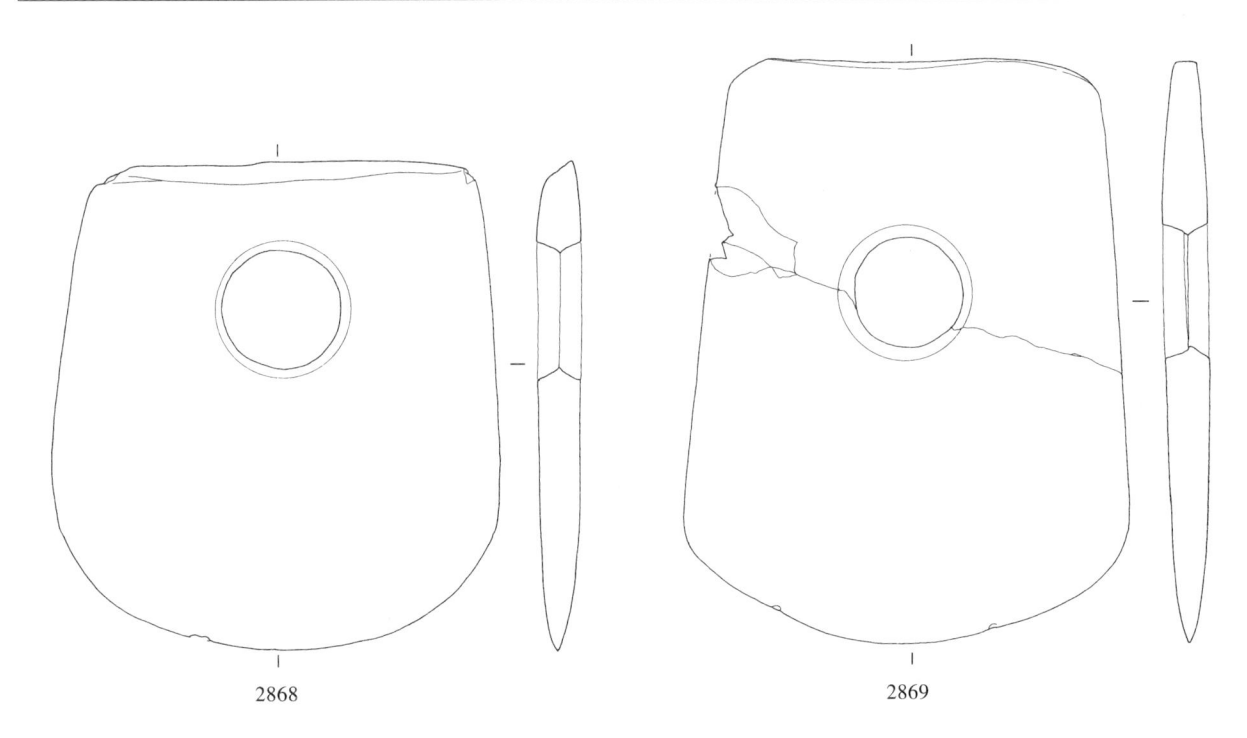

图二五二　西区出土石钺（1/2）

第三节　地层出土遗物

1996~1998年的大面积发掘中，在表层耕土内出土了一些良渚文化遗物。此外，在不同区域的探沟内所发掘的良渚文化地层中也出土了一些遗物。简要介绍如下。

（一）玉器

3件。

管　1件（T0111①：1）。深褐色，从表面观察非软玉系列。圆柱形，中间穿孔。长0.6、直径0.8厘米（图二五三，5）。

锥形器　1件（97采：1）。仅存锥尖部分。白玉。横断面呈圆形。残长1.9、直径0.5厘米（图二五三，6）。

环　1件（97采：2）。残，仅存约1/4部分。白玉。体扁平，内侧厚于外侧（图二五三，7）。

（二）石器

15件。

锛　11件。

T204南探沟④：1，体扁，平面呈长方形，刃平直，单面刃，背微弧。长5.6、宽2.6、厚1.3厘米（图二五三，2）。

T204中探沟①：1，残。扁平长方形，刃平直，单面刃，背微弧。长4.5、宽2.5、厚1厘米（图二五三，8）。

T206①：1，体厚，扁平方形，斜刃，单面刃，背微弧。长3.1、宽4.1、厚1.2厘米（图

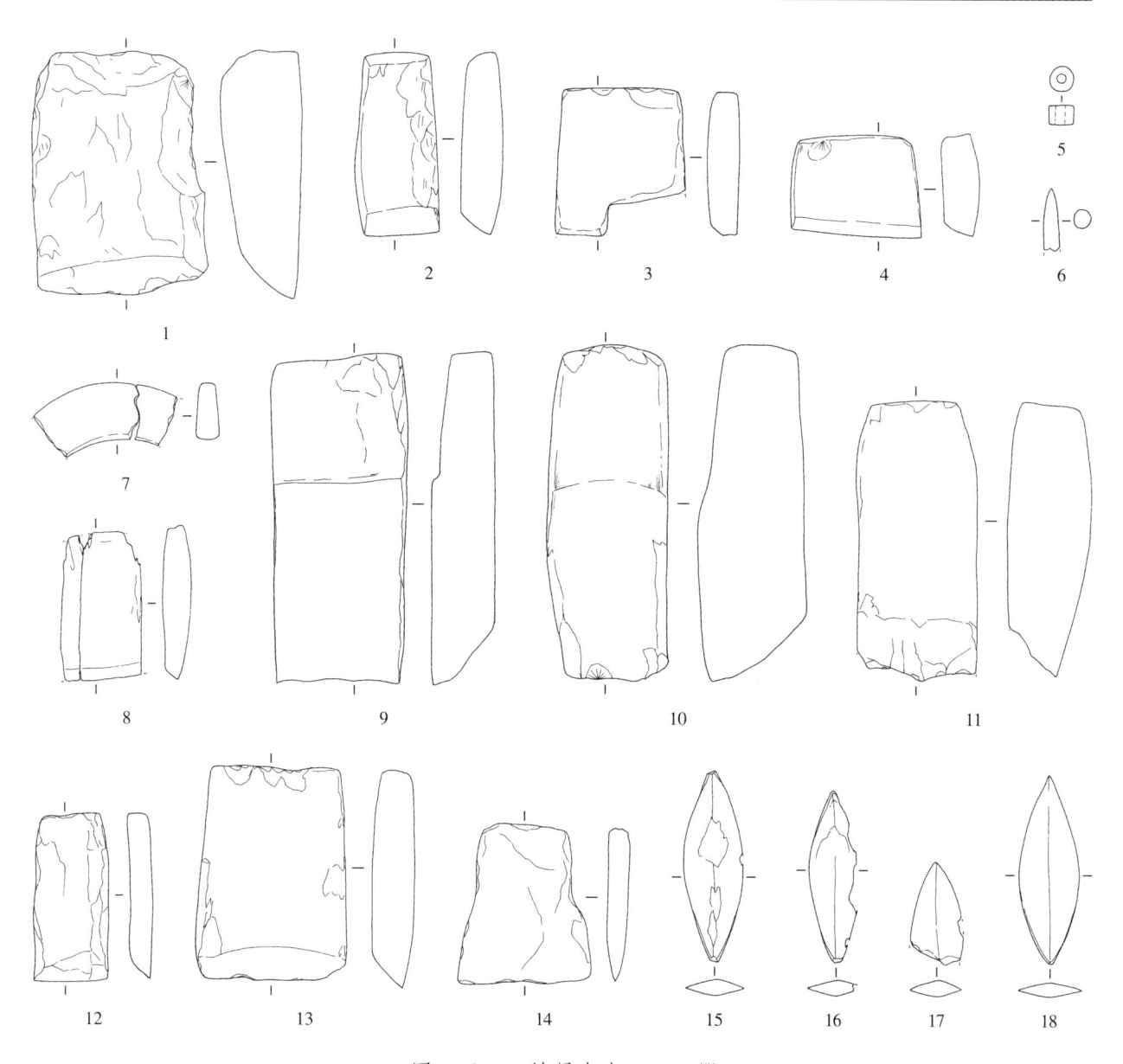

第四章 采集及地层出土遗物　　227

图二五三　地层出土玉、石器

1~4. 石锛（T311①：1、T204南探沟④：1、T206①：2、T206①：1）　5. 玉管（T0111①：1）　6. 玉锥形器（97采：1）　7. 玉环（97采：2）
8~14. 石锛（T204中探沟①：1、T0705①：1、T0502①：1、T311①：2、T0705①：2、T0210①：1、T0511②：1）　15~18. 石镞（T204南探沟②：1、T204南探沟②：2、T204北探沟②：1、T0513：1）（1/2）

二五三，4）。

T206①：2，残，仅存上半段。体扁平。宽4、厚0.9厘米（图二五三，3）。

T311①：1，略残。体厚，平面呈长方形，单面刃，刃部有使用碴口，器表粗糙。长7.4、宽5.4、厚2.5厘米（图二五三，1）。

T311①：2，体厚，平面呈长方形，刃部无存，弧背。残长8.6、宽3.8、厚2.6厘米（图二五三，11）。

T0210①：1，体扁，平面呈长方形，单面刃，刃与背均较平直。长6.5、宽4.7、厚1.4

厘米（图二五三，13）。

T0502①：1，长条形，横断面略呈方形，微起段，刃端残。长10.5、宽3.7、厚3.4厘米（图二五三，10）。

T0511②：1，体较扁平，平面略呈梯形，平刃，斜背。长4.9、宽2.8~4.2、厚0.7厘米（图二五三，14）。

T0705①：1，长条形，有段，横断面方正，单面刃，刃背平直。长10.2、宽4.1、厚2厘米（图二五三，9）。

T0705①：2，体扁薄，平面呈长方形。长5.2、宽2.3、厚0.8厘米（图二五三，12）。

镞 4件。

T204南探沟②：1，完整。柳叶形，横断面呈菱形。长5.8、宽1.9、厚0.5厘米（图二五三，15）。

T204南探沟②：2，残。柳叶形，横断面呈菱形。长5.3、宽1.6、厚0.5厘米（图二五三，16）。

T204北探沟②：1，残，仅存锋端。扁平柳叶形，横断面呈菱形。残长3.1、宽1.7、厚0.6厘米（图二五三，17）。

T0513：1，柳叶形，横断面呈菱形。长5.8、宽1.9、厚0.4厘米（图二五三，18）。

第五章 研究认识

第一节 墓葬的器物组合及年代

瑶山墓葬出土的随葬品主要是陶器、石器和玉器，下面分别讨论这三类器物的组合情况。

一、陶器组合

瑶山发掘的 12 座墓葬都出土有陶器。其中最多的是 M4 和 M11，均出土 7 件陶器，最少的是 M5，仅出土 3 件，其余各墓均出土 4 件陶器。整个墓地共出土陶器 53 件。其中，夹砂陶鼎 13 件，除 M11 出土 2 件外，其余各墓分别出土 1 件；泥质陶豆 13 件，除 M2 出土 2 件外，其余各墓分别出土 1 件；夹砂陶圈足罐 9 件，除 M1、M4、M5 未出外，其余各墓分别出土 1 件；夹砂陶缸 9 件，除 M2、M5、M6 未出外，其余各墓分别出土 1 件。上述四种陶器共出土 44 件，占全部陶器的 83%，可见，鼎、豆、圈足罐、缸是瑶山墓葬的主要随葬陶器。此外，12 座墓葬中，每墓均出土鼎、豆、圈足罐、缸四种陶器中的三种以上。由此可以推断，瑶山墓葬的陶器组合是夹砂陶鼎、泥质陶豆、夹砂陶圈足罐和夹砂陶缸。在南行墓列中，M3、M7~M10 每墓出土的陶器均为前面确认的组合，而且每类器物仅出土 1 件，只有 M2 未出夹砂陶缸。墓葬出土陶器组合情况参见表二。

二、石器组合

瑶山墓葬出土的石器种类有钺、带盖柱形器、束腰形饰和柱形器。其中后三种器类仅出土于 M8，所以，石钺是瑶山墓葬的主要石器。石钺的质料为低铁阳起石。按照现代矿物学的划分，它被划入软玉范畴，但在本报告中，仍按良渚文化发掘、研究中的习惯称谓，将石钺归入石器类。瑶山墓地共发掘出土石钺 10 件，分别出自 M2、M3、M7~M10，其中 M7 出土 3 件，M2、M10 出土 2 件，其余三座墓分别出土 1 件。出土石钺的墓均属南行墓列，显然，石钺是南行墓葬的特有随葬品。

三、玉器组合

玉器是瑶山墓地的主要随葬品，以单件统计，占全部出土器物的 97% 以上。除了大量的管、

表二　瑶山墓葬出土陶器组合表

器类 墓葬	鼎	豆	圈足罐	缸	其他
M1	1	1		1	1
M2	1	2	1		
M3	1	1	1	1	
M4	1	1		1	4
M5	1	1			1
M6	1	1	1		1
M7	1	1	1	1	
M8	1	1	1	1	
M9	1	1	1	1	
M10	1	1	1	1	
M11	2	1	1	1	2
M14	1	1	1	1	

珠、粒及其他小型饰件外，玉器种类有冠形器、带盖柱形器、三叉形器、成组锥形器、钺、琮、小琮、璜、圆牌、镯形器、柱形器、锥形器、带钩、牌饰、纺轮、鸟等。下面讨论一下这些玉器在各墓中的出土情况。

每座墓都出土的玉器只有冠形器，而且每墓只出 1 件，这是全部墓葬的共性之一，同时也说明，冠形器在瑶山墓地出土器物中占重要地位。

只在南行墓列（M2、M3、M7~M10）中出土的器类有三叉形器、成组锥形器、钺、琮和小琮。其中，三叉形器和钺每墓只出 1 件，成组锥形器每墓也只出一组。三角形牌饰则在 M7、M9、M10 分别出土 1 件。玉琮 8 件，分别出自 M2、M7、M9、M10。小琮也仅出自南行墓列。

带盖柱形器多出土于南行墓列，除 M8 以石质制品替代外，其余各墓均出土 1 件。而在北行墓列中，只有 M11 出土了 1 件带盖柱形器。

仅在北行墓列（M1、M4~M6、M11、M14）中出土的玉器只有玉璜，除 M5 没有出土外，其余每墓出土 1~4 件不等。在那些出土 2 件以上玉璜的墓中，都有 1 件玉璜与玉质圆牌串饰相组合，这表明，圆牌与玉璜有着密切联系。

圆牌在北行墓列中，除 M6 未出外，每墓出土 1~13 件不等。有意思的是，在属于南行墓列的 M2 也出土了 1 件刻纹圆牌。属于北行墓列的 M6 和 M11 还分别出土 1 件纺轮。

除成组的锥形器外，南、北行墓列的个别墓中还出土单件的锥形器。其他在南北两行墓列中共出的器类还有镯形器和柱形器。

整个墓地仅有 1 件玉带钩和 1 件玉鸟，分别出自 M7 和 M2。墓葬出土主要玉器的组合情况参见表三。

表三 瑶山墓葬出土主要玉器组合表

器类\墓葬	M1	M2	M3	M4	M5	M6	M7	M8	M9	M10	M11	M14
冠形器	1	1	1	1	1	1	1	1	1	1	1	1
带盖柱形器		1	1				1		1	1	1	
三叉形器		1	1				1	1	1	1		
成组锥形器（组）		1	1				1	1	1	1		
钺		1	1				1	1	1	1		
琮		2					2		1	3		
小琮		2	2				10		5			
璜	2			2	1						4	1
圆牌	6	1		8	3						13	1
镯形器	1	1	3	3		2	12		1	7	9	2
柱形器		3	1			1	2		2	8	4	
锥形器	1	2	1	1		1	1	2	1		2	1
带钩							1					
牌饰							1		1	1		
纺轮						1					1	
鸟		1										

四、器物组合

瑶山墓地的随葬品组合可分为以下两类：

甲类的随葬品组合是玉冠形器、带盖柱形器、三叉形器、成组锥形器、钺、小琮，石钺，陶鼎、豆、圈足罐、缸。乙类的随葬品组合是玉冠形器、璜、圆牌、纺轮，陶鼎、豆、圈足罐、缸，没有石器。含甲类器物组合的墓是M2、M3、M7、M8、M9和M10，均属于南行墓列；含乙类器物组合的墓是M1、M4、M5、M6、M11、M14，均属于北行墓列。由此可见，随葬品组合与墓葬排列具有一致性。

五、墓葬年代

关于瑶山墓地墓葬的年代，我们可依据墓葬内出土的陶器进行判断。墓内的陶器组合为夹砂陶鼎、泥质陶豆、夹砂陶圈足罐、夹砂陶缸，这也是良渚遗址群内良渚文化墓葬的主要陶器组合。瑶山各墓出土的陶器组合中，同类器物的形制相似，这表明它们应属于同一时期。其中，夹砂陶鼎多为夹细砂的红褐陶，器表抹浆而显得比较光滑；鼎的口沿沿面平直或微内凹，圜底近平；均为鱼鳍形足，足的内侧角圆弧，足断面略扁，外侧略厚于内侧。陶豆为泥质灰陶，有的为黑皮陶，并饰朱红彩绘；多数为宽矮的喇叭形圈足，豆盘口微敞，折壁浅腹，盘底近平，有的盘外壁有未透之三角形和圆形镂孔组合。圈足罐夹砂红陶，敞口，沿面内凹，鼓腹，矮圈足外撇。陶缸为夹粗砂的红陶质，多为直口尖唇，器表施篮纹。

通过对上述陶器的观察，结合以往对良渚文化的分期结果[1]，我们可以推断，瑶山墓葬的陶器组合相当于良渚文化第三期，瑶山墓葬的年代处于良渚文化的中期偏早阶段。

第二节　玉器的研究

一、玉器的刻纹

良渚文化玉器的刻纹主题是神人兽面纹，以反山 M12 出土大玉琮上的图纹为代表[2]。这件玉琮在直槽中表现的是完整的近于写实的神人兽面的组合，采用了浅浮雕和阴线刻手法，注重表现平面的视觉效果，假以形体特殊的大琮，体现了神人兽面纹在良渚文化玉器中的特别意义。

瑶山出土玉器上的刻纹图案同样是以神兽纹为主，其中既有相对完整的形态，也有简化形态。琢刻神兽纹的玉器种类有琮、三叉形器、冠形器、锥形器、小琮、璜、柱形器以及钺柄端饰件。

在 M10∶20 三角形牌饰上，正面以浅浮雕和阴刻线琢出有立体效果的神兽纹。上部为长方形羽冠状的浅浮雕，其中间阴线刻神人头像。神人脸面与反山 M12 大琮上所刻的相同，所不同的是头颈两侧有镂孔，以此勾勒出神人细长的脖颈。下部为浅浮雕兽面，阔嘴琢刻在器底下缘。该器背面平直，有斜向钻成的 4 对小隧孔，应是缝缀在某物体之上。

从平面上完整地表现神人兽面纹的是 M2 出土的冠形器（M2∶1），整器平而微凹，凹面阴线刻神兽纹。图纹上半部为头戴羽冠的神人，脸面形态与上述牌饰的相同，并显露张开的双臂，这是瑶山玉器中唯一一件在神兽纹中琢刻臂膀的玉器。图纹下半部为阴线刻的兽面。器上端两角均刻有伫立云端、引颈回首的鸟纹图案，显示出神兽纹与鸟纹的特殊联系。

更多玉器上的神兽纹都是从上述较完整的神兽纹简化而来。神人部分将脸面和羽冠省略，只留下羽状纹来表现神人羽冠，如 M7 所出的钺柄端饰（M7∶31）、M9 所出的圆筒形琮（M9∶4）上，都用羽状纹来表现神人部分。更简化的则是以横向的弦纹带来表示神人，主要分布于琮、小琮、锥形器等器类上。

神兽纹的完整与残缺、写实与抽象、繁细与简化并不具有年代学的意义，而是因器而异。例如 M10∶6 三叉形器的三叉顶端，就采用了直向羽状纹来表现神人，而 M7∶26 三叉形器的左、右两叉顶端，则分别琢刻了可以对应的半个较为完整的带有羽冠的神人。

瑶山出土玉器除琢刻神兽纹外，还有一类是我们释读为"龙首纹"的主题图纹，以 M1∶30 镯形器为代表。该器宽环状，利用外表的宽平面表现龙首的正面形象，并以浅浮雕延伸，

---

[1] 芮国耀：《良渚文化时空论》，《文明的曙光——良渚文化》，浙江人民出版社，1996 年。
[2] 浙江省文物考古研究所反山考古队：《浙江余杭反山良渚墓地发掘简报》，《文物》1988 年第 1 期。

在镯体的上、下端琢刻龙首侧面，从而组成颇为立体的龙首纹。正面有一对圆凸的眼球，外饰一道圆形眼圈。两眼的上方分别阴线刻出一对短角，短角之上浮雕近方形的两耳。眼、鼻之间阴线刻双线菱形图案，最下端是宽扁的嘴。图纹侧面用浅浮雕和阴刻线条表现深而长的嘴裂以及鼻子和头部的侧面形象。

以往将这种形态的玉镯称作"蚩尤环"。它有一对凸眼球，外加一周圆眼圈，与神兽纹用圆圈表现的平面的眼睛完全不同。它在双眼与嘴之间双线阴刻菱形图案，在神兽主题图纹中也未发现。这表明，菱形刻纹和圆形凸眼是龙首纹的主要特征。

琢刻龙首纹的玉器除镯形器外，还有圆牌、璜等。玉璜上既有琢刻神兽纹的，也有琢刻龙首纹的。虽是同一类器物，两种主题纹样的表现形式却完全不同。例如，神兽纹都出现于璜的平面，龙首纹则是纵向排列，刻在璜的侧面。圆牌也是在外侧缘面琢刻龙首纹。在瑶山墓葬中，尚未发现将龙首纹刻在扁平玉器平面之上的情况。

依照我们对瑶山南、北行墓列死者性别的初步判断，璜和圆牌是北行女性墓主的主要随葬品。所以，龙首纹可能与女性墓主有密不可分的关系。

如果将圆凸眼和双线菱形纹作为龙首纹的主要特征，那么，在一些管形玉器上能够看到其简化形态。如 M10：21 长形玉管，器表图案被横凹槽分成相同的上、中、下三组，每组一周有 4 个圆凸眼，眼上面用圆弧线相连，两眼之间阴刻双线菱形，整组图纹可以看作是共用眼的 4 个龙首。这在其他一些玉管上也有表现。

综上所述，瑶山玉器的主题纹样有神兽纹和龙首纹两类。在全部有刻纹的玉器中，刻有龙首纹的约占 12.5%，可见在瑶山玉器中，神兽纹仍占主要地位。

二、玉作工艺

大部分玉器表面都经过精细打磨，我们只能通过观察制作痕迹来讨论瑶山出土玉器的制作工艺。

瑶山玉器的开料、切割采用两种方法，即线切割和锯切割。

线切割法是用柔性的线状物，带动解玉砂粒进行切割，它留下了平面呈椭圆或抛物线状的弧形线条。这种连续的弧线并不呈平行状分布（彩图 646）。从侧面观察，用该方法切割而成的表面不十分平整，未加精细琢磨的表面多凹凸不平。面积较大的玉器如玉璜等，器表常有较多的弧线状切割痕。在玦式玉圆牌的开口面，也留有未作精细打磨的线切割痕迹（彩图 647）。一些镯形器的内壁上有与器体垂直的弧线状切割痕，看来，这类器物的中孔是用线切割法加工完成的。

锯切割是用质地较硬的薄片状物体，以直线来回运动的方式，带动解玉砂进行玉料的切割加工。锯切割法主要施于锥形器、管等形体细长的玉件上，用来开料。

玉管的制作为用锯切割法制成长条形玉料，然后加以打磨。许多管的表面有若干纵向平面，外表呈棱柱形，这是纵向打磨，以极限的多棱面形成圆弧面。玉管的端面常发现弧线形痕迹，这表明，其端面多采用线切割法截断而成（彩图 648）。钺的顶端常留有锯切割痕（彩

图649）。此外，玉琮上琢刻的简化神兽纹中，上端表示羽冠的平行弦纹带、图纹上下的分节线等阴线条、中间的竖槽都采用锯切割手法。

玉器的钻孔主要采用空心的管钻，也有实心的桯钻。通常表现为双向对钻，两面钻进的深度大致相当。值得一提的是，很多的单面钻孔的标本，实际上都是双向钻孔后再切割所致，其切割位置常在双向钻孔的交接处。大部分钻孔对位欠准确，因而在交接部位出现不同程度的错缝痕迹。管钻法还用来制作玉琮上神兽纹的眼睛。在一些端饰玉件上，有方形或扁方形的卯孔，这是以密集的实心钻钻成的。

玉器器表、开料切割时形成的碴口或凹面均经过打磨，部分器表还留有切割时形成的高差面。我们推测，打磨物应是柔性物质。

除琮、镯形器、柱形器外，大部分玉器都采用穿连或榫卯结构，与其他器物组合使用，如管串、珠串和玉钺等。个别玉件在凸榫部位再琢刻卯眼，形成榫中有卯的复合结构，具有高超的工艺水平。

墓内出土了大量玉粒。这种玉粒一面弧凸且打磨光亮，另一面则较平且很少经过打磨，许多还留有线切割的弧线痕迹。这些玉粒应镶嵌于某类物体的器表，表明这一时期镶嵌工艺的发达。

三、主要器类研究

1. 冠形器曾有"倒梯形器"等称谓。我们在发掘反山、瑶山时，根据其形状近似神兽纹上部的羽冠，称之为"冠形器"。在瑶山墓地中，不论墓葬规模大小和随葬品多寡，每座墓都有冠形器，而且每座墓仅有1件冠形器。反山墓地也是同样情形。可见，冠形器在良渚文化玉器组合中占重要地位，从某种意义上讲，冠形器的地位高于其他器类。

冠形器的平面多为上宽下窄的梯形，上端中间多有尖凸。尖凸的造型有别，一种是上端平直，中间尖凸；另一种是上端中间凹缺，中有尖凸。虽然有所差别，但都是表现神人羽冠上的尖凸，从而显示出冠形器与神人羽冠之间的某种联系。在尖凸之下多有椭圆形透孔，这表明，冠形器在使用时可以前后视之。

冠形器器体扁薄，因此它注重平面的正视效果。在瑶山，每座墓葬中均出土1件冠形器，除M2和M11有刻纹外，其余的均光素无纹，显然，单从器形观察，无法判断冠形器的正反面。M2的冠形器刻纹面微凹，出土时刻纹面朝上，另一面则光素无纹，应该为单面的视觉表现。反山出土的刻纹冠形器亦为单面刻纹。可见，单面表现是冠形器的主要表现形式。M11出土的冠形器两面都阴线琢刻神兽纹，刻纹风格相同，构图相似，这似乎表明，冠形器也存在正反两面的视觉效果。但仔细观察，两面的图纹还是微有差别，主要表现为刻纹线条有繁简之分，在两面的视觉之中，仍然强调了单面的视觉表现，应该是繁面为正，简面为反。

所有冠形器均有扁薄的凸榫，其上钻有3~5个小孔，应是镶嵌于其他物体之上，小孔应为固定之销孔。M2：1冠形器出土时，底端凸榫的正反面均留有朱红色涂层，与凸榫等宽向外延伸约10厘米，有木质纤维痕迹，惜无法起取，难以知其全貌。浙江海盐周家浜

M30 冠形器出土时，其底端镶嵌在象牙梳形器上，这是目前出土的冠形器使用的唯一完整形态[1]。瑶山出土的冠形器底端均钻孔，多为三孔。M1∶3 冠形器无凸榫，钻孔钻于底边缘。M8∶3 冠形器钻孔于凸榫与器体的交界处，以此可知，镶嵌客体的厚度与冠形器玉件不完全等厚。瑶山出土的冠形器中，有 5 件底端凸榫宽度等宽于器体，所以，镶嵌物体不等宽于冠形器的可能性较大。

2. 玉钺在瑶山南行墓列的 6 座墓葬中均有出土，且每座墓仅出一件。

玉钺的顶端均较粗糙，有的还留有未经任何打磨的崩碴，有的顶端则有锯直向切割后扳断的痕迹。而钺的其他部位都经过精致打磨，这表明，钺的顶端部分没有视觉上的要求，顶端应嵌入其他物体中。

目前已可以确认，玉钺下葬时安装有精致的钺柄。瑶山 M7∶32 玉钺较完整，钺柄已朽无存，但在玉钺顶端的南、北两端延伸线上，出土 2 件形态相异的玉饰件。其中南端的玉件靠近玉钺，扁平近方形，仅厚 1.5 厘米，侧视顶端有 2 个台阶状尖凸。底端平直，中段有长方形凸榫，开直向槽口，并有横向圆形销孔穿透凸榫，底部凸榫两侧各有一个椭圆形卯孔。另一端玉件的横断面呈橄榄形，厚 3.4 厘米。底端也呈台阶状，和南端的相对应的一端有椭圆形榫头，并有横向凹槽，凹槽中有长方形卯孔，便于安装。这两件玉器宽度相近，应该分别卯接于钺柄两端。南端的扁薄形态与玉钺器体扁薄相适应；另一端的稍厚实，连接的钺柄应呈扁圆体，便于把握。两端玉件与已朽的钺柄相结合，组成完整的榫卯结构形态。

3. 三叉形器。此类器因其上半部形态而名之。这是瑶山南行墓列的主要器类，每墓仅出土 1 件，共出土 6 件，其中 4 件琢刻有神兽纹。这 4 件刻纹三叉形器当中，有 3 件为单面刻纹，显然，三叉形器所要表现的是单面的视觉效果，这与个别三叉形器在一面钻有隧孔相吻合。M9∶2 三叉形器两面均琢刻神兽纹，是为特例。在反山也有类似的情况。可见，三叉形器又注重正反两面的表现。

大多数三叉形器的中叉都低于左、右两叉。M8 和 M9 的三叉形器，其左、右两叉顶端还有不同方向的几对隧孔，表明其可能附于某种物体之上。三叉形器出土时，在其近旁往往有 1 件长玉管伴出。如 M7∶26 三叉形器出土时，它的中叉紧密相连 1 件长管（M7∶25），这是三叉形器与长管组合使用的完整形态。据观察，一些三叉形器中叉的钻孔孔壁不直，与之相连的长管钻孔孔壁也不完全直，似乎三叉形器与长玉管不是直接可以上下贯通的。

第三节　祭坛与墓地

已揭露的瑶山遗迹基本上是在瑶山西北坡依山势而堆筑的。埋墓的中心区域大致平整，堆筑考究，且处于整个遗迹的最高处。遗迹东缘与瑶山山体相连，由于后期耕作的破坏，没有发现明显的边界。遗址的南、北边缘存在着明显的陡坡，与中心区域形成高达数米的落差，

---

[1] 浙江省文物考古研究所：《浙江考古精华》第 184 页，文物出版社，1999 年。

更加突出了中心区域的恢宏气势。遗址的西缘位于瑶山与凤凰山的山坳之间，也无明显界限。总体上看，瑶山遗迹的平面形态不十分规整。

整个遗迹在堆筑过程中，用砾石叠砌了多条斜坡状石坎。除西1石坎与北1石坎构筑成规整的中心区域外，其余石坎多依地势而砌，从而形成慢坡状的台面。尤其是南1石坎，其构筑形成了中心区域以南较为平缓、宽阔的台面。根据对叠压在南1石坎外侧黄色斑土堆积的局部解剖，可以确认，该层堆筑时并未全部覆盖石坎。南1石坎中段有一处被后期破坏的缺口，石坎所用砾石散布在就近的黄色斑土层面上，其体量大致与被破坏形成的缺口吻合，由此可知，黄色覆土层面基本保持原貌。进而推测，整个遗迹表面除中心区域之外，基本上保持了慢坡状的原貌。

在历年的发掘中，我们曾试图在遗迹表面寻找建筑遗迹，结果一无所获。除叠砌的石坎外，也没有发现相关的具有特别意义的遗迹现象。因此，根据已有的考古学现象，尚无法判断瑶山遗迹除作为墓地之外是否还有其他用途。当然，联系到较为平整的中心区域及其以南宽阔的慢坡台面，不能排除该遗址建成后或埋墓前后存在祭祀活动的可能性，只是我们目前无法从考古发掘中得到确认。

这是一处构筑相当考究的良渚文化贵族墓地。从现有的发掘情况看，墓葬均排列在地势最高且十分规整的中心区域内，而且有明确的分布规律，分成东西向的南、北两行墓列。墓葬的陶器组合及器形一致，这表明它们大致处于同一时期。在墓葬排列中，遗迹中心区域的"红土台"被个别墓葬打破，但"红土台"仍基本保存完整，显然，这处墓地与"红土台"遗迹有着密切的联系。

由于在发掘的全部墓葬中，除七号墓发现人头骨朽痕及牙齿残骸外，没有发现其他的人骨残骸，因此无法判定所有墓葬的墓主人性别，我们只能从各墓葬中出土的随葬品组合情况做一些初步推测。瑶山南行墓列发掘的6座墓葬中，均出土1件玉钺和数量不等的石钺，属于南行墓列的十二号墓也收集了1件玉钺。钺为斧演化而来，斧、钺在我国史前墓葬中一般是男性墓葬的随葬品，所以，判断南行墓列的墓主人为男性大概无误。而在北行墓列的6座墓葬的随葬品组合中均没有玉（石）钺，玉器组合中主要为璜和圆牌，包括纺轮，所以，判断北行墓列的墓主人为女性也在情理之中。

现已揭露的墓葬没有超出"黄土台子"（即第二章中所述的中心区域第Ⅲ阶段堆积）的范围。但1986年发掘的T3西端表层耕土中，出土了玉冠形器的残损件及完整的管、珠等玉器，之后在"西区"采集到玉琮、钺、冠形器等重要良渚玉器。从这些现象看，瑶山墓地已经有若干个墓葬遭到破坏，当时墓地埋入的墓葬数量显然要多于现已发现的数量，埋墓的范围也比现在发现的要大。

良渚遗址群是良渚文化最重要的分布区域，瑶山则是良渚遗址群乃至整个良渚文化中最高等级的墓地之一，它的发现必将有助于推动中国文明起源问题的研究。

Reports of the group sites at Liangzhu, Volume I

YAOSHAO

Yaoshan hill is a low hill on the plain abutting the eastern edge of the Tianmu Mountain range,which is located to the west of the Hangjiahu plain. The hill is about 20 kilometers northwest of Hangzhou in Xiaxiwan, Anxi town, Yuhang district of Hangzhou, Zhejiang Province. The coordinates of the site are 30°25′37″ East longitude and 120°00′56″ North latitude. Its height above sea level is 36 meters. The Yaoshan site is located on the western slope of the hill. From May to June in1987,May to July in 1997, October 1997 to January 1998, and April to July in 1998,this site was excavated five times by the Cultural Relics and Archaeology Institute of Zhejiang Province.

The most important discovery is a noble cemetery of the Liangzhu culture. Twelve intact graves of the Liangzhu culture were excavated at this cemetery, and an additional looted grave (M12)was also discovered. The 13 graves were orderly arranged and can be divided into northern and southern rows each running from east to west. There are 7 graves at the southern row and 6 for the northern row. From west to east the southern row includes M3, M10, M9, M7, M12, M2, M8;the northern row includes M1, M4, M5, M14, M11, M6,also from west to east. All graves were rectangular pits with a north-south orientation. Jades are the dominant burial objects from this cemetery although pottery, stone tools and lacquer with inlaid jade were also present. The pottery assemblage, which includes sandy tripod , *dou* with ring feet, sandy jars with ring feet and coarse sandy urns, is similar in both the southern and northern rows. The jade assemblage of the southern row includes crown-shaped objects,a pillar-shaped ornament with a lid, a three-pronged plaque, sets of awl-shaped ornaments, *yue*, and small *cong*. The northern row includes crown-shaped objects, *huang*,disc-shaped objects and jade spindle whorls. The graves of the southern row all yielded stone *yue*, while none was unearthed from the northern row. Based on the research on the pottery groups and the characteristics of the jades, the date of the Yaoshan cemetery can be established to be about the early-middle phase of Liangzhu culture.

Based on the excavations at the central part and some marginal areas of the Yaoshan site, the formation process of this site can be reconstructed: firstly,primarily red clay was piled up on the hill atop the natural eroded sandstone and yellow-brown sand, and, in some places,courses of stones were added; secondly,a level of gray-brown soil was added; thirdly, the yellow-colored clay platform was built. The surface of this platform was flattened and then courses of stones were laid down along the western and northern sides and covered with yellow clay with black spots; fourthly, a red-brown sandy earthen platform was constructed. The platform surface has the general appearance of a floodplain with a ridge of stones along its western side; fifthly, a black-spot yellow-clay platform was built, also with a floodplain shape. At this point the entire platform was almost complete; sixthly, surrounding ditches were dug and filled with pure gray clay. This made the central part strongly contrast in color; finally, the graves were dug in the central part of the platform, destroying the layout of it to a certain extent. The whole platform was built up from the feet of the western and southern sides of Yaoshan hill, forming a floodplain shaped platform, connected with the natural hill on the east. The height from the hill fo0t to the surface of the platform is nearly 9 meters.

The Liangzhu culture is a relatively advanced archaeological culture among those of the late Neolithic period in China. It played a very important role in the formation process of the early Chinese civilization and had a far-reaching influence. The Liangzhu sites groups is the most important group of sites in the Taihu lake area of the Liangzhu culture. This group had the highest status, the highest site density at that time, and also includes the best preserved sites. The Yaoshan site is one of the most high-level cemeteries of both the Liangzhu sites group and all of the Liangzhu culture. The discovery definitely will promote the research of both the Liangzhu civilization and its effect and position in the process of the birth of early Chinese civilization.

后 记

瑶山的发掘始于1987年,它与反山的发现同时被评为"七五"期间"全国十大考古新发现"之一。反山、瑶山的发掘将良渚文化的研究引向深入,推进了中国文明起源课题的研究。对这两处发掘地点资料的整理和发掘报告的编写,被列为"七五"期间国家社会科学基金资助项目。在随后的几年里,课题组成员对发掘材料进行初步整理,取得了一些研究成果,并相继刊发于有关的研究论著中。1996~1998年,我所又对瑶山遗址进行多次发掘,取得了重要成果。在第一次发掘主持人牟永抗先生退休后,芮国耀、方向明对历年来的发掘资料进行了全面整理,同时,对由余杭有关部门收缴入藏的出自瑶山的遗物也进行了整理,一并收入本书。本报告由芮国耀执笔,方向明负责器物线图的绘制和编排,器物照片由李永嘉拍摄。

本报告原拟以附录形式刊布所出玉器的矿物学检测报告,我们也曾约请有关专家对瑶山出土的玉器作矿物学检测,有关检测结论已散见于相关论著中,但我们至今尚未收到正式的检测报告,故无法将其收入本书,请读者见谅。我们认为,对良渚文化玉器的多学科研究是一项十分重要的任务,因此,我所拟将此作为重点课题,与有关单位合作,对我所收藏的良渚文化玉器作一综合研究,并尽快刊发有关玉器的矿物学检测报告,以弥补本报告的缺憾。

在资料整理和报告编写过程中,我们得到了牟永抗先生的悉心指导,浙江省文化厅副厅长鲍贤伦先生欣然为本书题写书名,北京大学考古文博学院的秦岭女士翻译了英文提要,本书刊布的玉器拓片在第一次发掘结束后由上海博物馆的万育仁、许勇翔等先生拓制,在此向他(她)们表示衷心的感谢。

浙江省文物考古研究所
2001年11月28日

修订与勘误表

原版页码/位置	原版内容	新版页码/位置	新版修订或增删内容
1	图一	2	换图，图名改为：图一　瑶山遗址位置图
4	图三	4	换图，图名改为：图三　瑶山遗址示意图
		5	新增图四：瑶山遗址等高模拟图
7、8	图五、图六	8	合为图六，图名改为：瑶山遗迹剖面图
8	图七：（1/2）	9	（5~7为1/4，余均1/2）
9/第3行	（T3:1）长6.4	9/第11行	长5.4
16~19	图一七、一八	16~19	编号互换，位置互换
19/第3行	这是原始起筑地面。	19	加脚注：2017年为申遗展示，再次确认该层，判断其为山体基岩。原先认为沙性红土中包含的小鹅卵石，并非人工搬运。
19/第7行	（H1）深约0.50米	19/倒数第7行	深约0.70米
25/倒数第7行	在T0511，该层之上……	25/第8行	在T0511，红土层之上……
30/倒数第3行	（M1:1）直径0.6	32/倒数第6行	直径0.9
33/倒数第11行	在墓北的陶豆（M2:34）之下……	33/倒数第4、5行	在墓北端陶豆（M2:34）之西北侧……
33/倒数第13、14行	往南约30厘米处有1件玉柱形器（M2:4），可能是钺柄底部的端饰。	33/倒数第7行	往北约90厘米处有1件小玉琮（M2:21），可能是钺柄底部的饰件。
34	图三一	34	原图上26号器物删除，26移至27号石钺刃部侧
37/倒数第2行	（M2:10）扁圆凸棱表示嘴	36/倒数第4行	扁圆凸棱表示鼻
39	图三七：尺寸略差，图被压扁	40	换图
43	图四一：图被压扁	44	换图
44	图四二：玉圆牌（M2:17）原图尺寸错，非原大	46	改为图四三，线图和拓片缩小至原大
45	图四三，1：图被压扁	47	（图四四：1）换图
46/倒数第7行	补端饰M2:15的尺寸	44/第5行	上端直径3.2、下端直径3.8、长3、孔径2.2厘米
50/第1行	（M2:52）直径1.8	49/第2行	直径1.3
50/第3行	（M2:53）直径1.8、孔径0.35~1.65厘米	49/第4行	直径1.3、孔径0.35~0.65厘米

续表

原版页码/位置	原版内容	新版页码/位置	新版修订或增删内容
50/第8行	腰鼓形珠 4件。	51/第3行	腰鼓形珠 3件。
50/第9行	M2:41,……	51/第6、7行	球形珠 1件。 M2:41,……
52/第3段第3行	其南侧玉珠（M3:8）应为耳饰。	53/第3行	其北侧玉珠（M3:8）应为耳饰。
53	图五二	54	改为图五一。图上2删除，32改为2，并根据照片重绘，为柱形器。16号根据照片重绘，为镯形器。30改为32。41号正文描述中为18件，图中仅1件
55/第12行	（M3:4-5）长7.6	55/第13行	长7.9
57	图六〇：图被压扁	59	换图
59/第2行	（M3:33）断面略呈三角形	60/倒数第1行	删除
60/第4段倒数第1行	位于左侧玉镯下	62/倒数第13行	位于左侧玉镯形器上
61	图六六	63	改为图六五。图上18根据野外照片修改，叠压17
64/第9行	（M4:35）长2.5~3.1	66/倒数第10行	长2.1~3.1
65	图七四：(1/2)	69	(1/4)
66	图七五：7、8有误，比例尺有误	70	换图
66/倒数第13行	（M5:3）厚4厘米	70/第14行	厚0.4厘米
67	图七六图说：2~4.圆牌（M5:2、8、10）	71	M5:2、8-1、8-2.圆牌
73/倒数第2行	在钺顶端有1件小玉琮（M7:45）	79/第19行	在钺底端有1件小玉琮（M7:45）
74/倒数第6行	图八四说明文字：81、8在31下	77/倒数第7行	82、86在31下
75/倒数第1行	（M7:63-27）厚0.2厘米	80/第13行	厚0.4厘米
80/倒数第2行	（M7:33）厚3.4厘米	85/第7行	厚2.4厘米
86	图一〇三：原图被压扁	90	换图，并改为原大
91	图一〇八，5	95	（M7:147）拓本方向旋转180°
92/第4行	（M7:73）长1.9	102/倒数第8行	长1.2~1.9
94/第1行	（M7:104）长1.1~1.9	103/第4行	长1.1~2.2

续表

原版页码/位置	原版内容	新版页码/位置	新版修订或增删内容
94/第10行	（M7：132）直径1.05	105/第3行	直径0.9~1.05
96	图一一三：一侧眼角缺线	101	改为图一一四，并补画线条
102	图一二三第14件管，编号45	108	编号48
105/倒数第4行	（五）动物牙齿	114/第1行	（五）鲨鱼牙齿
105	图一二九：动物牙齿（1/2）	114	鲨鱼牙齿（1/1）
109/第2行	（M8：14）孔径1.1	117/倒数第3行	孔径2.2
109	图一三四：原图被压扁	118	换图
114	图一三九：51、2.玉粒	123	图一三八：51、62.玉粒
114	图一三九，M9平面图	123	增加：墓葬中部器物平面分布图
123/倒数第4行	（M9：49）孔径0.8厘米	129/第4行	孔径0.6厘米
124/第8行	（M9：36）孔径0.8厘米	131/第5行	孔径1.2厘米
127/第1行	（M9：67）长1.4	138/第20行	长1
127/倒数第15行	（M9：32）长3.75、	139/第8行	长3.5、3.75厘米，
127/倒数第9行	（M9：34）长2.9、	139/第12行	长2.7、2.9厘米，
128/第3行	（M9：62）长0.85、宽0.6、厚0.4厘米	139/倒数第1行	长0.85~1.1、宽0.45~0.6、厚0.4~0.5厘米
131	图一六一：图上64标注位置有误	142	改为图一六〇，原64改为52，新标注64在19左上角
142	图一七七：原图被压扁	157	换图
146/第3行	（M10：65）长1.3~3.3	160/第3行	长1.3~3.6
148/第4行	（M10：55）长4、直径1.7	162/第5行	长1.4、直径2
148/第6行	（M10：56）长3.6	162/第7行	长3.8
149/倒数第6行	（M10：9）直径0.65、厚1.45厘米	166/第2行	直径1.45、厚0.65厘米
149/倒数第4行	（M10：11）直径0.75、厚1.3厘米	166/第5行	直径1.3、厚0.75厘米
153	图一九一：47.陶盆	170	47.陶甑
153	图一九一，M11平面图	171	增加一图：M11墓葬中南部器物平面分布图

续表

原版页码/位置	原版内容	新版页码/位置	新版修订或增删内容
159	图一九九：1、2. 圆牌（M11：58、43）编号颠倒了	175	改编号
160/第10行	（M11：72）宽18.8厘米	180/第13行	宽8.7厘米
160/倒数第10行	（M11：16）中间对钻孔壁，经过打磨	180/第18行	中间对钻，孔壁经过打磨
162/第3行	（M11：76）长1.7~2.6	182/第3行	长1.7~3
164	图二一一：（1/2）	184	图二一〇：（1/1）
166	图二一五：图被压扁	188	图二一四、二一五：换图
166/倒数第17行	（M11：87）直径4、厚1.1厘米	189/第14行	直径1.4、厚0.5厘米
171/第8行	（M14：36）孔径5.05厘米	192/倒数第8行	孔径6.05厘米
172	图二二二：（1/2）	196	原图应为（1/1），现缩小至（2/3）
179/第2行	琮 8件。	202/第5行	琮 7件。
181	（玉琮2787）图被压扁	207	换图，并改为原大
181/第4段	2790，白玉，有较多的灰色瑕斑。……（图二三三；彩图582）。 此器文字与线图、彩图为另一件出土地点不明的玉琮，并非十二号墓采集玉琮。	208	删除相关注释、线图和彩图。 文字改为： 2790，白玉，玉色偏黄。裂为多块。弧边方柱体，中间钻圆孔。有4个凸面，以转角线为中轴，琢刻神兽纹，相邻的两个凸面之间开竖向直槽。图纹又被一周横向浅槽分割为上、中、下三部分。上、下部分均为神人，上端饰2组弦纹带，弦纹带之间填刻卷云纹，双线圆眼，眼两侧有尖锥状眼角，扁横凸鼻，其上阴刻卷云纹和直线纹。中部为兽面，管钻双圈眼，其外侧有椭圆形浅浮雕眼眶，两眼之间是桥梁凸鼻梁，下有扁横凸鼻。兽面眼与眼眶之间、鼻梁与鼻之间、凸鼻上均饰阴刻的卷云纹、直线和弧线纹。高5.5、上端射径7.7、下端7.6、孔径5.8厘米。现借展中国国家博物馆。
181/倒数第1行 182/第1~4行	2791，白玉，有较多的灰色筋斑。……（图二三四；彩图583）。		删除文字及相关线图、彩图
182/第7行	（2792）一段为切割后打磨光洁。……器体横断面呈中间厚，两边缘薄。高14.8	209/第2行	一端为切割后打磨光洁。……高14.8
184	图二三三、图二三四		删除2790、2791两件玉琮线图

续表

原版页码/位置	原版内容	新版页码/位置	新版修订或增删内容
187	（2826-15）直径11.4	213/第20行	直径1.14
190	图二四一：玉长管（2808）图被压扁	216	换图
190/第9行	（2808）鼻两侧均有尖角。	217/第10行	后加：鼻下部阴刻宽嘴獠牙。
197	图二五一、二五二：石钺被压扁	225、226	换图
200/第9行	（石器）16件。	226/倒数第7行	15件。
201/第6行	（陶器）55件	229/第7行	53件
201/第7行	（夹砂陶圈足罐）10件	229/第9行	9件
201/第8行	（夹砂陶缸）10件	229/第10行	9件
201/第16行	低阳起石	229/倒数第7行	低铁阳起石
217	彩图17.玉圆牌串饰（M1:13-1） 彩图18.玉管串（M1:4）		彩图18.玉圆牌（M1:13-1） 彩图17.玉管串（M1:4）
217	彩图19.玉圆牌串饰（M1:13-2） 彩图20.玉圆牌串饰（M1:13-3）		彩图19.玉圆牌串饰（M1:13-2） 彩图20.玉圆牌串饰（M1:13-3）
218	彩图21.玉圆牌串饰（M1:13-4） 彩图22.玉圆牌串饰（M1:13-5）		彩图21.玉圆牌串饰（M1:13-4） 彩图22.玉圆牌串饰（M1:13-5）
226	彩图77.玉珠		彩图77.玉粒
239	彩图143.玉圆牌（M5:8-1） 彩图144.玉圆牌（M5:8-2） 两图编号位置错		彩图143.玉圆牌（M5:8-2） 彩图144.玉圆牌（M5:8-1） 两图编号互换
252	彩图223.玉坠（M7:56）		彩图223.玉坠饰（M7:56）
264	彩图296.玉管串（M8:32）		彩图296.玉珠串（M8:32）
278	左图缺说明		彩图373.M10
278	彩图373，方向不对		调整
317	彩图582、583		2790、2791玉琮删除
327	彩图638.玉锥形器（2863-6）		彩图635.玉锥形器（2863）

附 录

附录一

余杭瑶山良渚文化祭坛遗址发掘简报

浙江省文物考古研究所

1987年5月初，我省余杭县安溪乡瑶山发生盗掘良渚文化玉器事件。经报请国家文物局批准，由我所主持对盗掘现场进行了抢救性发掘清理。野外工作自1987年5月5日开始，至6月4日结束。发现了一处良渚文化时期的祭坛遗迹和11座良渚文化时期的墓葬。杭州市文物考古所、余杭县文管会派员参加了发掘。现将主要收获简报如下。

一、概况

瑶山在杭州市西北郊，是余杭县安溪乡下溪湾村的一座小山。北面紧靠天目山北支的崇山峻岭，南面是广阔的冲积平原，东苕溪在其东南逶迤而过。瑶山西南约5千米为著名的反山良渚文化墓地[1]，良渚镇位于其东南约6千米（参见本刊本期反山简报图一）。

瑶山山顶较为平缓，海拔高程为35米，东部由于开矿堆土略高于此。山顶及山坡现植杉树及茶树，未见文化层堆积或人类居住的遗物和遗迹，只在瑶山东南山脚的苕溪之滨曾发现过良渚文化遗址。发掘地点在瑶山山顶的西北部位，根据盗掘现场的情况，开25米×2米的东西向探沟4条，探沟之间各留2米宽的隔梁。发现遗迹后，分别向西、南、北三面扩方，总计发掘面积588平方米。

二、祭坛遗迹

揭去厚约20~30厘米的表层耕土，即暴露了祭坛遗迹和墓口。祭坛遗迹平面呈方形，由里外三重组成。最里面一重偏于东部，是一座红土台，平面略呈方形，边壁的方向与磁针方向基本一致。东壁长7.60、北壁长5.90、西壁长约7.70、南壁（残）长约6.20米。现存的红土台上未见夯筑或其他遗迹。

第二重为灰色土，在红土台四周挖凿65~85厘米深的围沟，边壁与底边平直方正，极易剥剔。围沟内填灰色斑土，与红土台形成鲜明的对比。围沟填土疏松，未见任何遗物。围沟宽约1.70~2.10米不等。

第二重灰土围沟的西、北、南三面，分别为宽5.7、3.1、4米的黄褐色斑土筑成的土台。

---

[1]《浙江余杭反山发现良渚文化重要墓地》，《文物》1986年第10期。

台面上散见较多的砾石，推测土台原铺砾石台面。灰土围沟以东即为自然山土。南部的台面，由于垦殖已遭破坏，仅残存高约20厘米的土坎。砾石台西、北边缘各发现一道由砾石叠砌的石塝。石塝叠筑整齐，呈斜坡状。西侧石塝残长11.30米，北侧石塝长10.6米，两道石塝呈直角相连，转角处垂直高度0.9米。石塝侧面的土质护坡为褐色斑土，较为坚硬，但未见夯筑迹象。北面石塝护坡土中发现夹砂陶缸残片、鱼鳍形鼎足、泥质灰陶片等遗物，石塝石缝中也发现相同的夹砂陶缸片。

三、墓葬结构

这次发掘清理良渚文化墓葬11座（编号：余瑶M1~11）。11座墓均开口于地表耕土层下线，分别打破红土台、灰土围沟和砾石台。同时打破红土台与灰土围沟的有M2、6、7；打破砾石台与灰土围沟的有M9、11；打破灰土围沟的有M8；打破砾石台的有M3、4、5、10；打破石塝护坡的有M1。

墓葬集中分布于祭坛的南半部，分为东西向南北两列。北列5座，自西向东分别为M1、4、5、11、6；南列6座，自西向东分别为M3、10、9、7、2、8。在M7与M2之间，我们清理了被盗残墓的一角，为研究方便，编为M12。两列墓葬排列，东缘没有超过东围沟，而西缘一直延伸到砾石土台西侧石塝之外，可见墓列的分布范围和祭坛的面积具有一致性（图一）。墓坑基本呈南北向，墓与墓之间排列紧凑，两墓相距最近的是M3与M10，间隔仅25厘米。

11座墓葬均为竖穴土坑墓，壁较直，唯M9、M10两座坑壁向内斜收，墓坑呈斗状。墓底平整，有的墓发现回字形填土结构，推测当时应有棺、椁之类的葬具。墓坑大小不一，长2.50~3.70、宽0.80~2.15米，墓壁高0.35~1.75米。各墓人骨架均已朽尽，仅在M7南端隐约可见头骨及牙齿的朽痕。

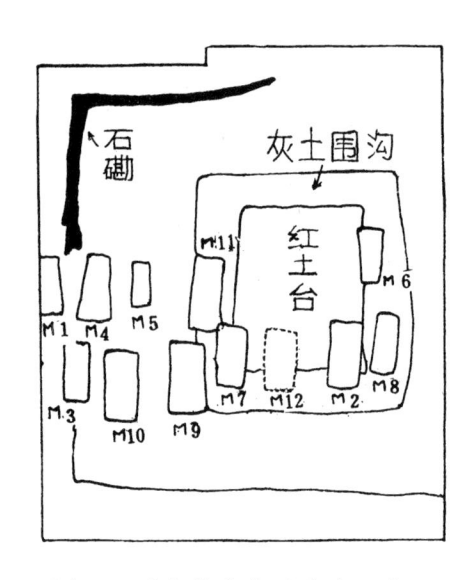

图一 瑶山墓葬位置分布示意图

随葬器物各墓多寡不一，最多的是M7，达160件（组）；最少的是M5，仅12件（组）。随葬品以玉器为主，主要集中在墓室中部及南端，另外还有少量的陶器、石器和嵌玉漆器。陶器的基本组合为鼎、豆、罐、缸，均置于墓坑北端。

兹举三例介绍如下。

M7，位于红土台南端，打破红土台西南角及灰土围沟，深至生土。长方形竖穴土坑墓，头向184°。墓坑长3.20、宽1.60、深0.64~1.30米。坑壁较直，墓内填灰色斑土。在墓南部发现人头骨朽痕及牙齿的残迹，推知头向应为南向。此墓共出土随葬器物160件（组），为此次发掘诸墓葬中最丰富的一座。玉器的数量最多，计148件（组），种类为琮、钺、三叉形器、锥形饰、冠状饰、带钩、串饰等。另外还有石钺3件；陶器4件，组合为鼎、豆、罐、缸；嵌玉漆器1件；鲨鱼牙4枚。

墓内南端有1串玉管及1件玉带盖柱形饰。3件（6、57、58）内径约5厘米的镯形玉饰，分别置于墓室两端及中部。其中北端的一件（58）位于陶缸之上，中段的一件（57）显然因滚动跌落而破碎于墓室东侧，由此推知该器原置于棺顶。如棺外不存在某种空间，中段的镯形器就不可能出现滚动、跌落甚至破碎的现象。据此，我们认为当时在棺外可能已有近似木椁的某种设施。头顶部置三叉形器1件和锥形饰1组10件，头部西侧有冠状玉饰。琮2件置于墓中部，大约相当于死者的腹部。玉钺置于东侧，刃缘向西，原似持于左手。镯9件，其中7件对应地分布于两侧，原应戴于两臂，似有臂环和腕镯之分。北部靠近陶器处有1件

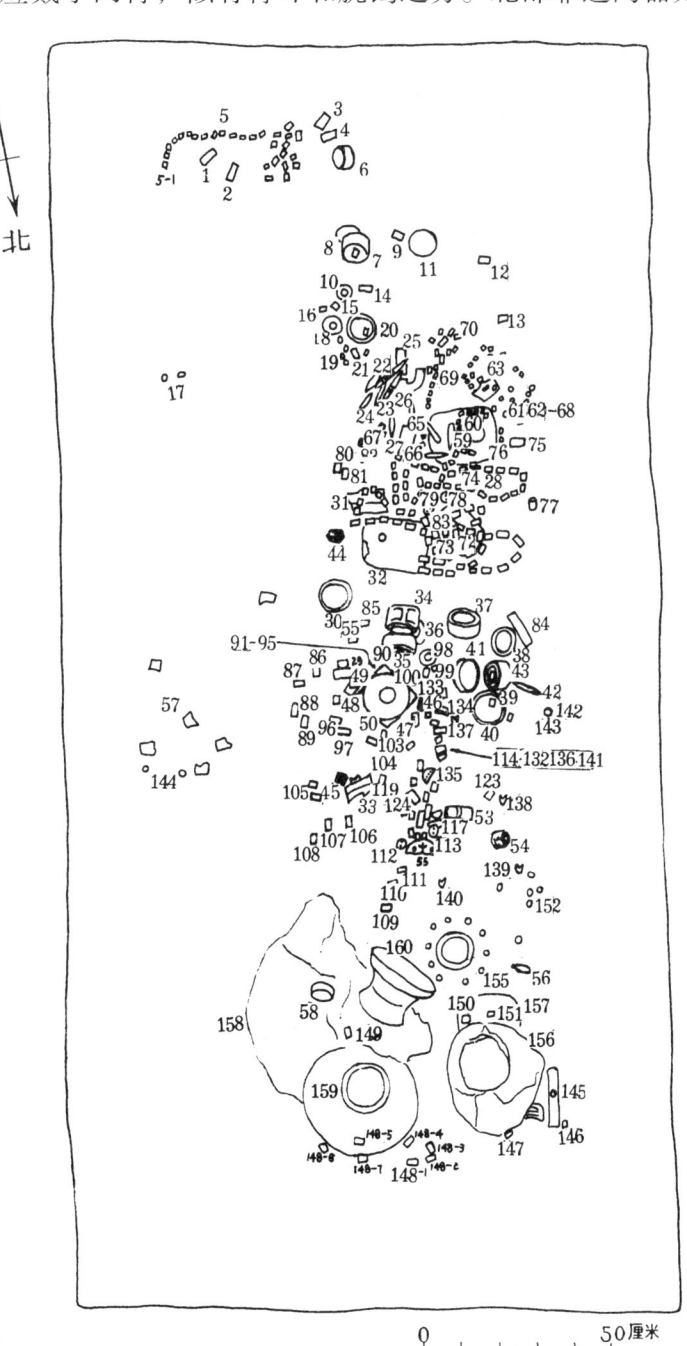

图二 M7平面图

1~5、7、9、10、12~16、21、28、48、70、73、75、77、80~82、84~92、94~97、99、100、102~111、114~132、142、146、148、149、151、161. 管 6、20、30、35~41、57、58. 镯 8. 带盖柱形饰 11. 泡形饰 17、19、152. 玉粒 18、29. 柄端饰 22~24、42. 锥形饰 25. 长管 26. 三叉形器 27、98. 柱形饰 31. 钺冠饰 32. 钺 33. 钺端饰 34、50、147. 琮 43~47、49、51、52、54. 小琮 53. 带钩 55. 牌饰 56. 坠 59~62、64~69、74、78、79、93、136、141、143、150. 玉珠 63. 冠状饰 72. 半玉管 76、83、157. 石钺 101、112、113、133、134、135、144. 穿缀件 137~140. 鲨鱼牙 145. 手柄 155. 嵌玉漆器 156. 陶鼎 158. 陶缸 159. 陶罐 160. 陶豆（图上未见器号者在其他器物之下，未标明质料者均为玉器）

0　　　　50厘米

透雕牌饰。管、珠等散见于大玉器之间，原均应成串组合。按现存的遗物分布情况，南端相对空旷，可能原来是放置有机质随葬品的部位（图二）。

M11，紧挨红土台西侧，打破灰土围沟及砾石台，直至生土。长方形竖穴土坑墓，墓向153°，坑壁较直。墓坑长3.51、宽1.70、高1.58米。墓内填灰色斑土。在墓底发现长2.80、宽0.96米的板灰遗迹，应是棺的位置。此墓为北列墓中随葬品最丰富的一座，共出土随葬器物96件（组）。陶器集中于墓北端，有鼎2、豆1、罐2、缸1、澄滤器1，共7件。绿松石泡2件。玉器87件（组），主要有璜、镯、冠状饰、圆牌饰、纺轮、串饰等（图三）。

M1，位于祭坛西石墈外，打破护坡土层。为竖穴土坑墓，平面略呈长方形，南宽北窄。墓向183°。墓坑长2.84、南端宽1.13、北端宽0.80、高0.20米。骨架已不存，共出土随葬品30件（组）。陶器

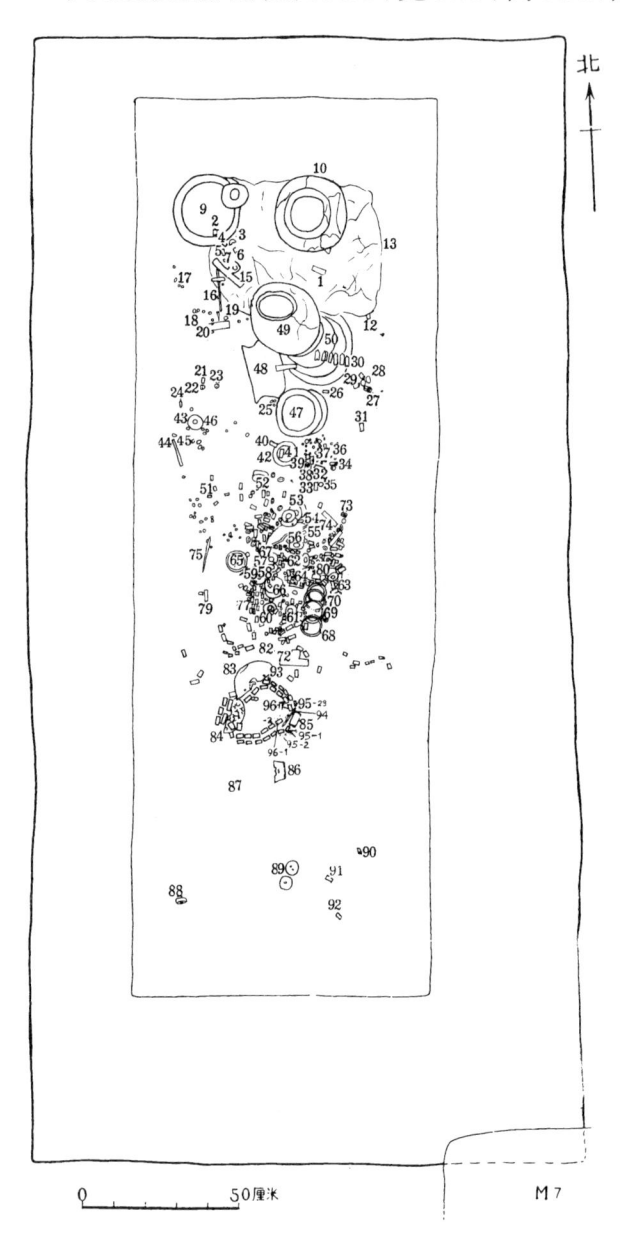

图三　M11平面图

1、2、4~6、8、11、12、14、20、21、26、27、29、31~34、37、38、40、41、51、74、76、77、79、90~92、95、96.管　3、87.绿松石泡　7、19、22、28、35、39、46、78、93.珠　9.陶澄滤器　10、48.陶鼎　13.陶缸　15、72.手柄　16.带轴纺轮　17、18、23、25、36、45、80.粒　24.坠　30.弹形饰　42、52、65~71.镯　43、53（4件）、55~62.圆牌饰　44、75.锥形饰　47、49.陶罐　50.陶豆　54、83、84、94.璜　63、64、85、88、89.柱形饰　73.小琮　81、82.穿缀件　86.冠状饰（图上未见器号者在其他器物之下，未注明质料者均为玉器）

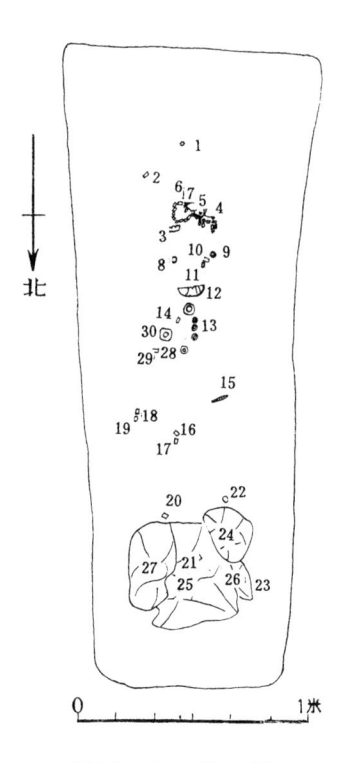

图四　M1平面图

1、2、4、6、10、11、14、16~23、28、29.管　3.冠状饰　5、12.璜　7~9.泡　13.圆牌饰　15.坠　24.泥质黑陶豆　25.夹砂陶缸　26.灰陶缸（?）　27.夹砂陶鼎　30.镯（未注明质料者均为玉器）

置于北端，玉器在墓中部和偏南部，主要有冠状饰、璜、镯等（图四）。

四、采集遗物

M12 被一较大的盗坑破坏，据说这次盗掘的玉器均出自此墓。

目前，出自此墓后由余杭县文管会收集并珍藏的玉器达 344 件，计琮 7 件、钺 1 件、小琮 1 件、半圆形饰 4 件（应为 1 组）、三叉形器 1 件、带盖柱形饰 1 件、琮式锥 9 件、琮式管 38 件（完整 27 件，残碎 11 件）。其余为大量的玉管和珠。

此墓应是一座拥有 7 琮的良渚大墓，出土玉器中有不少是前所未见的精品。经征得余杭县文管会同意，这里刊布若干图片以飨读者（图版伍：1；图五~八、一二、一四）。

五、随葬器物

11 座墓葬共出土随葬器物 707 件（组），分陶器、漆器、石器和玉器四大类。

出土陶器共 49 件，每墓 3 至 7 件不等，均集中置于墓北端。陶器胎质较差，破碎严重，但可以认出其基本组合为夹砂陶鼎、泥质灰胎黑衣陶豆、夹砂圈足罐、夹砂条纹缸。部分陶豆上绘有朱砂红彩。各墓出土的同类器形相似，目前尚在修复中，本文暂不作具体介绍。

在这次发掘中，发现不少朱红色的漆皮残痕和 200 余颗用于镶嵌的玉粒，可推知原来随葬不少漆木器具。但是剔出器形的只有两件，分别出自 M7 和 M9。M9 出土的是一件朱漆嵌玉高柄杯（图一三）。器体作敞口圆筒形，下接细而弯的喇叭形圈足，形似现代的高柄酒杯。出土时胎体已朽，但通体内外壁原髹漆膜仍保持原状。推测原器厚约 2~3 毫米。漆膜呈朱红色，涂布均匀，出土时仍有光泽。在杯体与圈足的接合部及圈足近底处的外壁，分别镶嵌平面椭圆形、正面弧凸、背面平整的玉粒一周。这是我国已知的最早的嵌玉漆器。

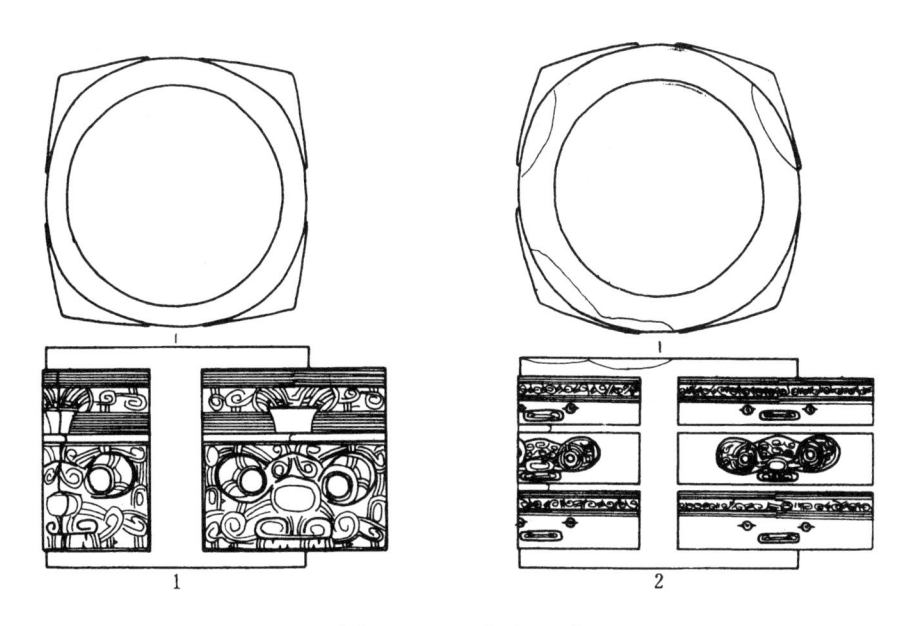

图五　M12 出土玉琮
1. M12:1　2. M12:7（均为 1/2）

图六 玉琮（M12:4）

图七 玉琮（M12:7）

图八 玉琮（M12:2）

图九 A型玉琮（M9:4）

图一〇 B型Ⅲ式玉琮（M2:23）

图一一 A型小玉琮（M7:43）

图一二　刻花长玉管（M12：12）

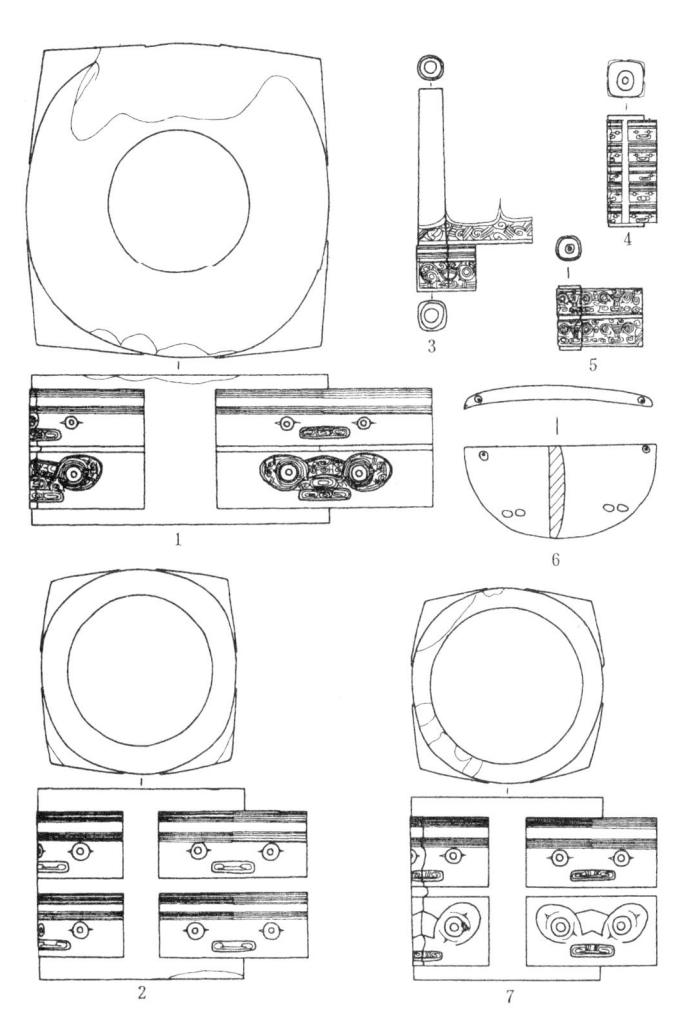

图一四　M12 出土玉器
1、2、7. 琮（3、6、5）　3. 刻花长管（12）　4. 小琮（24）
5. 琮式管（8）　6. 半圆形饰（18）（均为1/3）

图一三　M9 出土朱漆嵌玉高柄杯

石器只有石钺一种，共10件。均出于南列各墓，每墓出1至3件不等。质料属低阳起石，褐色夹铁黑色斑纹，部分石钺上有锈蚀孔。现按习惯称谓，暂列为石质。器体扁平，中厚边薄，整体为扁平方形或长方形。顶端多不平整，斜向或稍稍弧起。双面刃，刃缘弧凸，刃部无使用痕迹。器体中部或偏上端双面对钻一大孔，孔壁呈现极细的螺旋纹，当为管钻所致。有的石钺出土时孔周留有朱红色的安柄痕迹。M7：83，长15、上端宽9.4、刃宽10.5、孔径3.8、厚0.9厘米。

此次发掘共出土玉器635件（组），器种有琮、钺、冠状饰、三叉形器、锥形饰、牌饰、璜、圆牌饰、镯、带钩、管（珠）串饰等。玉质多为白玉，也有黄玉、青玉。部分玉器用阴线刻、浅浮雕、半圆凸雕、镂孔透雕等技法雕琢出繁简不一的神人兽面图案。

琮 8件。均出于南列墓葬，暂分为两型。

A型 2件。整器作圆筒形，外壁环饰四块平面呈长方形的凸块，每个凸块为图案的布列单元，每个单元图案之间有一竖槽相隔。射部、竖槽和图案单元等特征均与良渚的琮吻合，故认作琮。

M9∶4，白玉，有灰褐色斑点。每一凸块均用浅浮雕法琢出兽面的鼻、目、嘴、额，再以阴线勾画眼珠、鼻孔和嘴内的两上两下獠牙。额部上端有三组羽状纹，似象征神人羽冠。在主体纹样之间以卷云纹作地纹，构成主体纹、地纹及主体的装饰纹三层构图形式。整个图形为平面展开的正面像。器高4.5、射径7.9厘米（图九、一五∶1）。

B型 6件。呈内圆外方的柱状体。外壁的四个长方形凸块作角尺形。仍以凸块为构图单元，转角处为图案中线。按构图繁简，可分三式。

Ⅰ式 2件。M10∶19，白玉，有灰褐色斑。凸面中段有一横向凹槽，将凸面分为上下两部分。以转角为中心，刻简化神人兽面图案。上部似为神人图形的简化，或可认作下部之冠。下部以椭圆形凸面为眼眶，两眼间扇面形凸面为额，扁圆的横向凸起为鼻。鼻下以阴线刻出扁圆形的嘴，嘴中四枚獠牙，外侧两枚向下，内侧两枚向上，保持着兽面的完整形态。器高5.2、射径8.2厘米（图版陆∶1；图一五∶2）。

Ⅱ式 3件。每个凸面无横向凹槽，仅刻一组兽面图案。M7∶34，白玉，有大块红褐色瑕斑。每块凸面以两组弦纹带象征羽冠，兽面眼眶为凸起的椭圆形，两眼间为扇面形的额，下为横鼻。嘴及獠牙均已省略不见。左右下角刻画弧线，构成脸庞。器高4.4、射径7.5厘米（图版伍∶6；图一五∶3）。

Ⅲ式 1件（M2∶23）。白玉。一横向凹槽将凸面分为上下两节。每节各刻兽面图案一组，纹饰相同。以重圈为眼，以两短线表示眼角，眼下扁长凸棱为鼻，无嘴及獠牙。在两眼之上饰两组弦纹带作羽

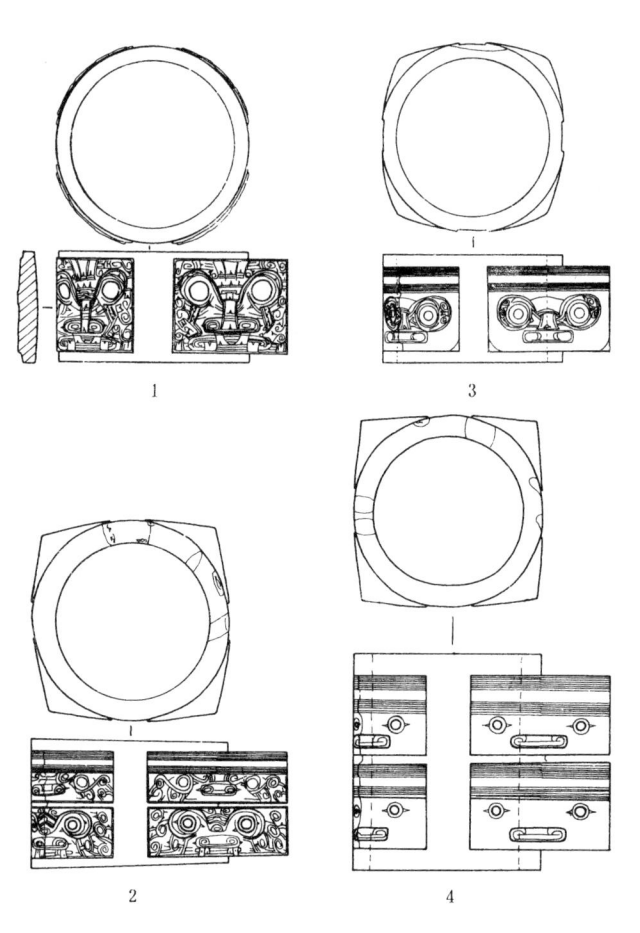

图一五 玉琮
1.A型（M9∶4） 2.B型Ⅰ式（M10∶19） 3.B型Ⅱ式（M7∶34）
4.B型Ⅲ式（M2∶23）（均为1/3）

冠。器高 8.8、射径上 7.8、下 7.7 厘米（图一〇、一五：4）。

小琮 19 件。分别出自南列的 M2、M3、M7 和 M9 四墓。器形较小，外形如柱，内贯圆孔，符合琮的特征。分为两型。

A 型 15 件。一至三节不等，均以转角为中心琢兽面图案。M7：43，白玉。两节。下节刻兽面图案，椭圆形凸面为眼眶，以单圈为眼，两眼间有扇面形凸面为额，下有凸面为鼻。上节顶端饰两组弦纹带，其下为单圈的双眼，眼的两侧各刻一短线为眼角，鼻的形态与下节同。高 2.7、射径 1.5 厘米（图一一、三六：1）。M9：12，白玉，有青、褐色斑纹。一节。矮方柱形，每面刻一个兽面图案，顶端饰两组弦纹带，弦纹带下为双眼，眼为单圈，两侧各刻一短线为眼角，鼻微凸，有阴线刻的鼻孔。高 3、射径 2.8 厘米（图一七、三六：2）。

B 型 4 件。琮面仅刻弦纹带。M7：44，白玉，有褐色斑纹。一端有直条状凹槽。琮面仅刻三组弦纹带，每组刻四至六道平行弦纹线。高 2.65、射径 2.2 厘米（图一八、三六：3）。

钺 6 件。均出于南列各墓。每墓各出一件，置于随葬品的东侧偏南。M7：32，钺身青白玉制成，有褐色斑。平面作扁平梯形，顶端破裂，上部双面钻一圆孔，双面弧刃。圆孔两侧各有一道向后侧延伸的索状捆扎痕迹，表明钺身的顶端原嵌入钺柄之内，再以筋条或高强度的线状物作斜向捆扎加固。长 16.3、上端宽 10.3、刃宽 13、孔径 1.5 厘米（图一六：2；图一九）。

此钺出土时，其南有钺冠饰 1 件，其北有钺端饰 1 件，三者组成带柄的完整玉钺形态。有机质的钺柄已朽，通长 80 厘米。M7：31 为钺冠饰，白玉质。扁平近方形，犹如纵向对折的冠状饰，或可视作冠的侧视图。顶端倾斜作台阶形，前端尖凸如角。底端中段有一长方形凸榫，凸榫中再开直向槽口，并有横向圆孔穿透凸榫。冠饰底部凸榫两侧各有一个椭圆形卯孔。器身两侧各有三道横向凸脊将该器分成上下两部分。各刻竖向羽状纹和卷云纹。高 6.7、宽 7.7、厚 1.5 厘米（图版伍：3；图一六：1）。根据出土部位，此器应卯合于钺柄前端，显示了钺在当时的神圣地位。M7：33 为钺柄末端饰，白玉质。平面近长方形，底端也呈台阶状，和钺冠饰相对应。承接器柄的一端有椭圆形榫头，并有横向凹槽，凹槽中有长方形卯孔，便于安装。横断面呈橄榄形，表现钺柄后段较粗壮厚实。两侧的装饰图案与钺冠饰同。宽 7.5、高 3.5 厘米（图版伍：5；图一六：3）。

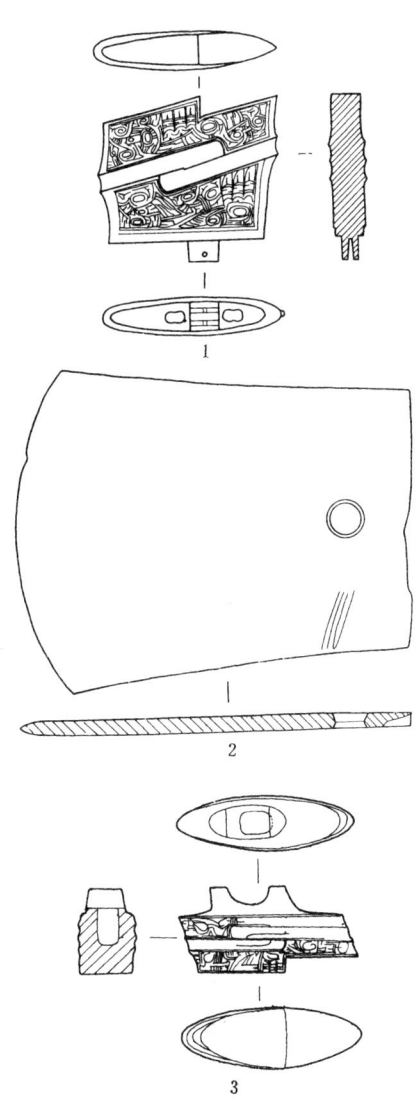

图一六 M7 出土玉钺
1. 钺冠饰（31） 2. 钺身（32） 3. 钺端饰（33）
（均为 1/3）

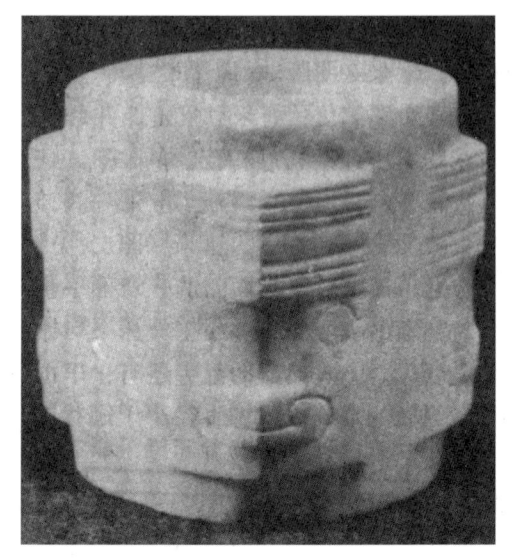

图一七　A型小玉琮（M9:12）

图一八　B型小玉琮（M7:44）

图一九　玉钺（M7:32）

图二〇　玉冠状饰（M7:63）

图二一　玉龙首圆牌（M2:17）侧视

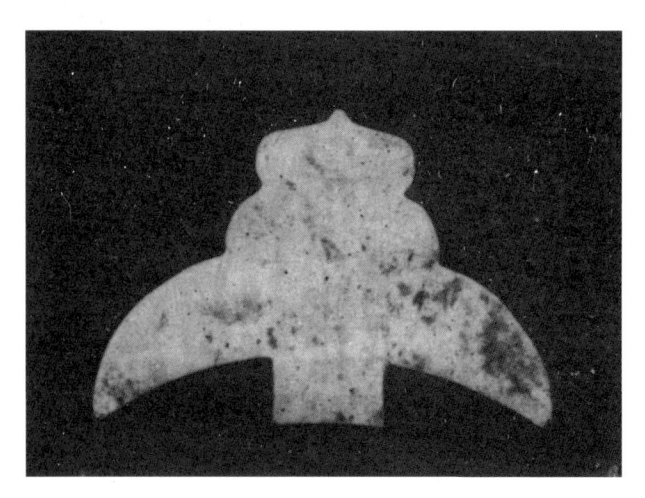

图二二　玉鸟（M2:50）

南列墓葬出土的七对小玉琮，大小相近，图案相同。其中 M2、7、9 三墓的各对小玉琮，出土位置与玉钺相邻，或位于钺身的顶端，或在钺的柄饰之旁。它们有可能是玉钺的挂饰（图二三）。

冠状饰 11 件。每墓各出 1 件，均出于墓南端。器形为规整的扁平体，顶端略宽，平面呈倒梯形。大部分顶端的中段有凹缺，其中心常有尖状凸起。整体形态极似神人图像的冠饰。底端均有扁凸榫，上有插销孔，可知应为镶嵌于某物顶部的饰物。M2 和 M11 所出的 2 件有精细的线刻花纹，余均素面。M2∶1，乳白色玉，玉质优良。正面中段上部刻神人兽面图案。上部为戴羽状冠的神人。脸庞为倒梯形，鼻、目、口俱全，并显露张开的双臂。下部为兽面。椭圆形眼眶中以重圈为眼，并刻三角形的眼角。蒜状鼻下侧用卷云纹刻出鼻孔。长扁形嘴，嘴部刻四枚粗壮的獠牙，内侧两枚向上，外侧两枚向下。整幅图形表现了神人凌驾于兽面之上。兽面下有一椭圆形镂孔，器的底边再饰一道卷云纹带。器的两侧角各刻伫立云端、引颈回首的鸟纹图案。鸟尾舒展，神态极佳，为此类器中的精品。器高 5.8、宽 7.7、厚 0.3~0.4 厘米（图版肆：1；图二四）。此器出土时，凸榫部位留有朱砂痕迹，并和长约 8 厘米的木质纤维朽痕相连。M7∶63，白玉，有红褐色瑕斑。通体素面无纹。器高 3.3、宽 5.4~7.2、厚

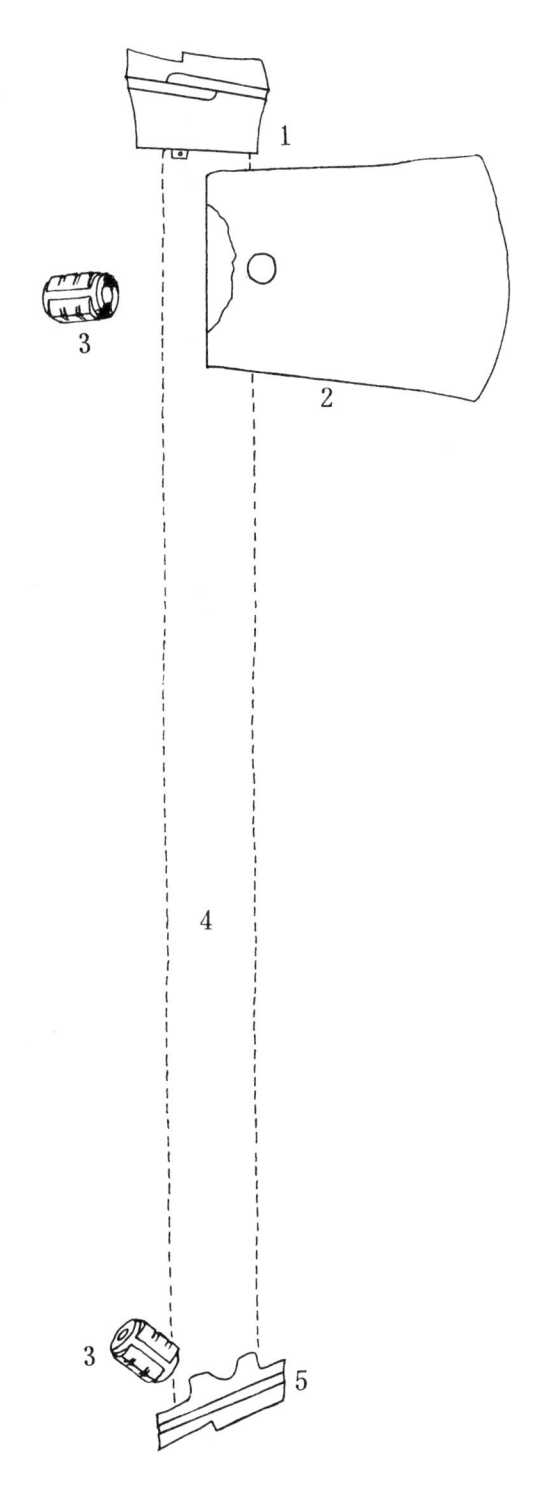

图二三　M7 玉钺出土整体平面图（1/6）
1. 玉钺冠饰　2. 玉钺身　3. 小玉琮　4. 柄　5. 玉钺端饰

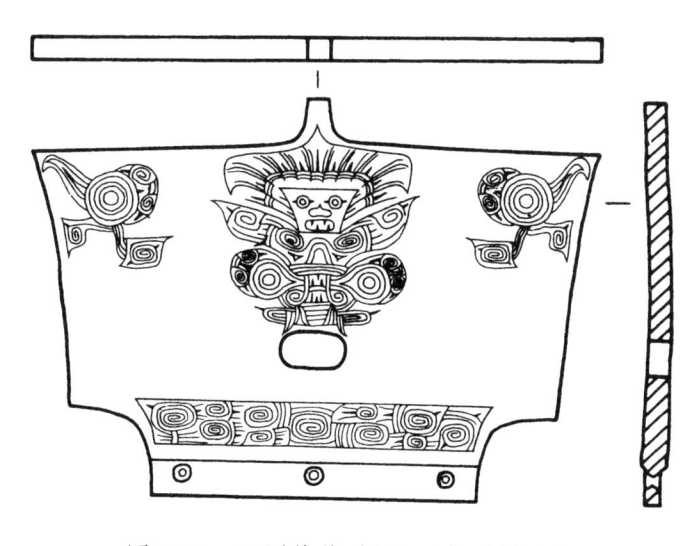

图二四　玉冠状饰（M2∶1）（原大）

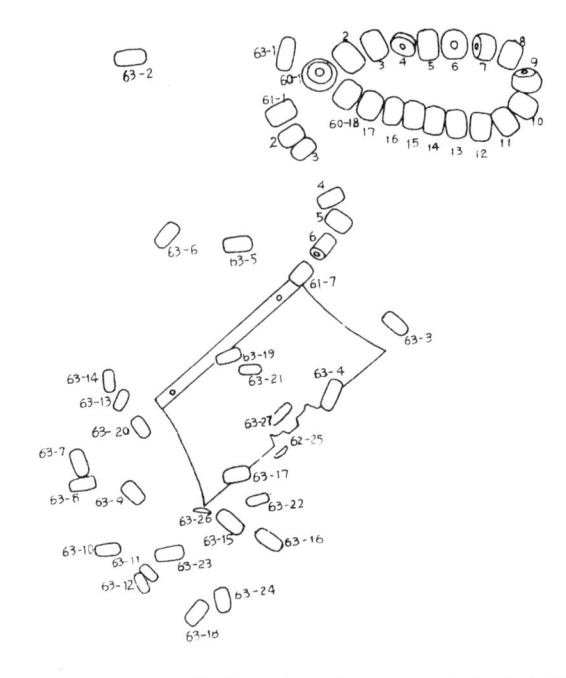

图二五 M7玉冠状饰与嵌玉粒、玉珠串饰出土情况

0.2~0.4厘米（图二〇）。此器出土时，周围散落正面弧凸、背面平直的小玉粒26颗，表明此器和小玉粒原来均镶嵌于某种物体之上。此器的近旁还有一串由18颗玉珠组成的串饰，串饰直径小于冠状饰下端之长度。显然不能作真人的挂饰，很可能原佩于镶嵌着玉质冠状饰的某种物体上。设想中的这种物体已经朽尽，可能是某种神像（图二五）。

三叉形器 6件。出于南列墓葬，每墓出1件。出土位置均相当于死者头部，且都与成组锥形饰相邻或叠压，应是某种冠饰。2件素面无纹，4件刻神人兽面图案。M10：6，青白玉，玉质精良，有褐斑。较显厚重。三叉平齐，中叉有竖向直孔一个。正面刻图案。三叉各饰三组羽状纹。下部用浅浮雕琢出兽面，嘴有四枚獠牙。器高5.2、宽7.4、厚1.3厘米（图版伍：1；图二六）。M7：26，白玉，有黄色斑纹。左右两叉平齐，上端略向外凸；中叉较低，有竖向直孔一个。左右叉各刻侧面而相向的神人头像。神人头戴羽冠，方形脸庞，单圈眼，嘴中用阴线刻出上下两列平齐的牙齿。中叉上端饰五组直向羽状纹，象征正视的神人像；下端以阴线刻兽面图案，是神人和兽面的另一种组合图形。器高4.8、宽8.5、厚0.8厘米（图版陆：2；图二七）。

此器出土时，三叉端向南，中叉紧连一长玉管。其余各墓三叉形器出土时也有类似情况。M3：3，体形稍厚，左右两侧各有一相向的眼，当为侧视的神人头像的简化。中叉为正视的神人头像。兽面的两眼作浅浮雕凸起，嘴内獠牙十分清晰，是此种神人与兽面组合的又一例证。器高5、宽6.9、厚1.2厘米（图版陆：7）。

锥形饰 58件。按其在墓中的部位，可分为成组和单件出土两种。成组的锥形饰多出自南列墓葬，每墓各出一组，6组共45件。置于墓南端，与三叉形器邻近或叠压，可能与三叉形器共同组成冠饰。按个体形态可分为两型。单件出土的13件，除M5外各墓都有，其位置在墓室中段的西侧。

A型 45件。长条形，断面圆或扁圆，素面。M7：24-5，青玉，具有透光性。断面扁圆，前端圆尖，后端略扁。后端对钻一小横圆孔。长7.9厘米（图二八：1）。

B型 13件。琮式锥，后段断面呈方形，琢有简化的兽面图案。M2：10，白玉。前段作长条圆柱形，顶端为圆锥体。后段呈方柱形，正背两面各用极浅的浮雕琢出兽面图案。扁圆凸面为嘴，在转角处的一个凸点表示眼睛，在相邻的两侧仅有两道竖向凹槽，作为兽面的

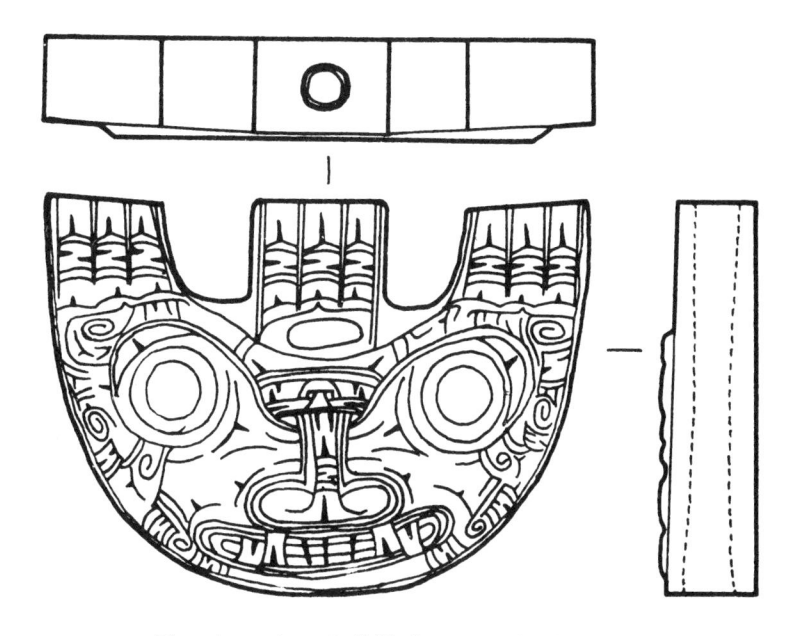

图二六　玉三叉形器（M10∶6）（原大）

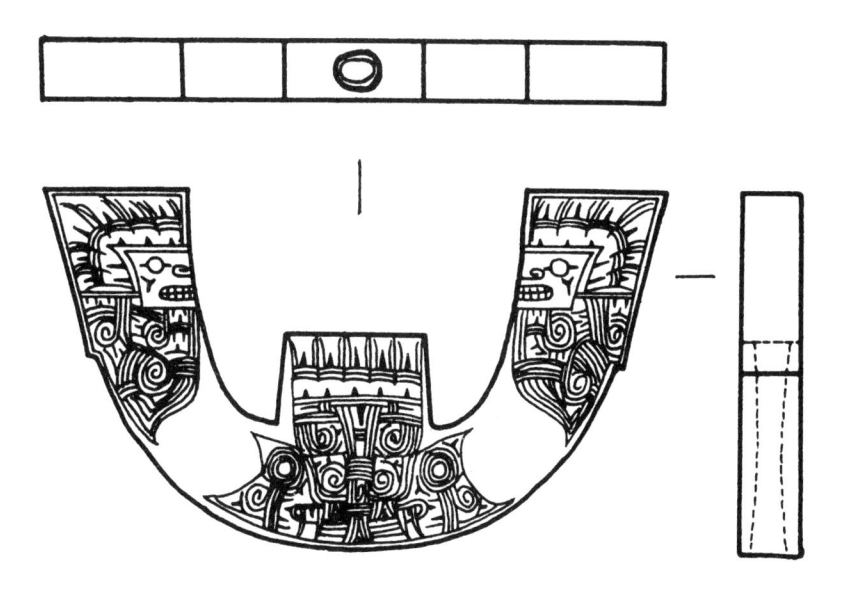

图二七　玉三叉形器（M7∶26）（原大）

界限。后端有小柄，并对钻一横圆孔。长10.2厘米（图二八∶2，二九）。M7∶22，白黄玉。长条方柱形，前端为方锥体，后端圆钝，对钻一横孔。后半段以两条横槽分为三节。每节各以转角为中心，刻兽面纹，但相邻两组兽面共用一眼，即方柱体的每一面仅刻一只眼睛。长12.2厘米（图二八∶3；三〇）。

带盖柱形饰　7件。南列墓葬每墓各出1件（其中M8所出为石质），北列墓葬只M11出土1件。均置于墓南端。可分为上下两个单体。下部是圆柱体，中心钻一圆孔。上部为顶面弧凸的扁平泡形盖，底平面中心钻一对隧孔。出土时上下两部分叠在一起。其用途可能与下葬时的某种礼仪有关。多为素面。M9∶1是唯一刻有花纹的，扁平泡形盖，直径4.5、高1.1

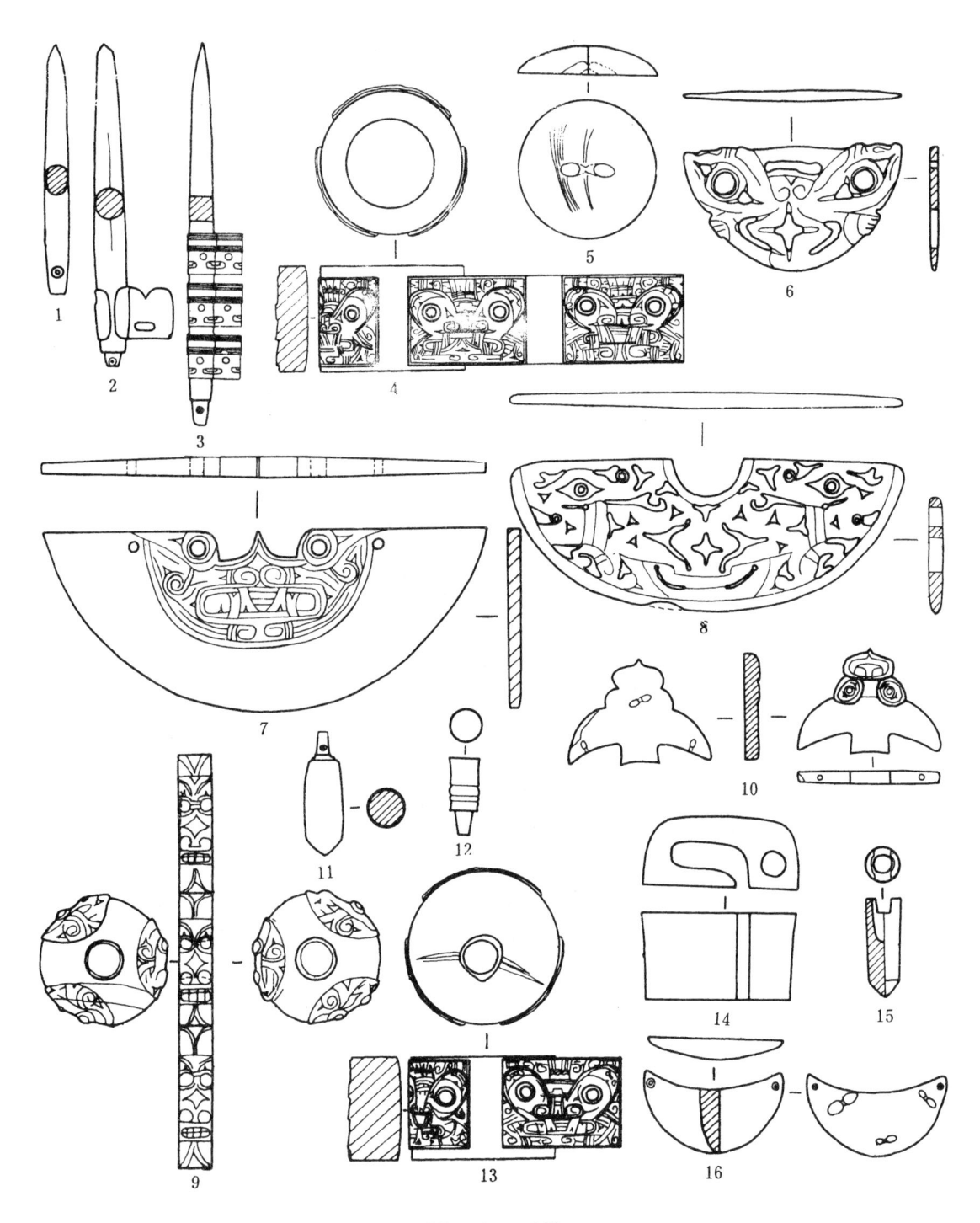

图二八 玉器

1. A型锥形饰（M7:24-5） 2、3. B型锥形饰（M2:10、M7:22） 4、5. 带盖柱形饰（M9:1-1、1-2） 6. 牌饰（M7:55） 7、8. 璜（M4:34、M11:84） 9. 龙首圆牌（M2:17） 10. 鸟（M2:50） 11. 坠（M2:26） 12. 纽饰（M2:44） 13. 柱形饰（M11:64） 14. 带钩（M7:53） 15. 弹形饰（M11:30-1） 16. 半月形穿缀件（M10:47）（均为1/2）

图二九　B型玉锥形饰　　图三○　B型玉锥形饰　　图三一　玉璜（M11∶54）
（M2∶10）　　　　（M7∶22）

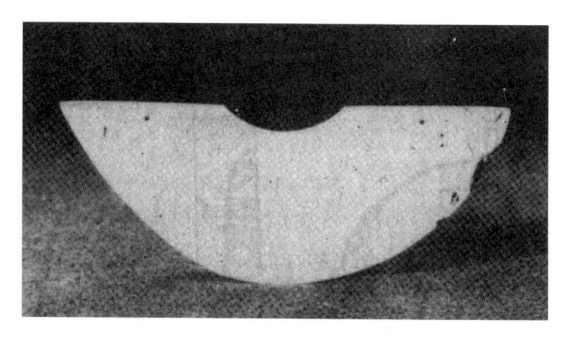

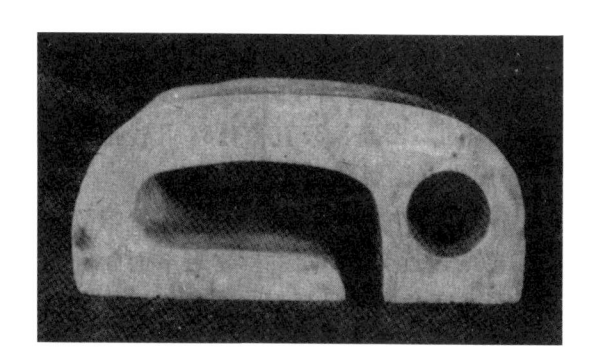

图三二　玉带钩（M7∶53）

厘米。在圆柱体表面凸起三块方形的凸面，如A型琮。每个凸面用浅浮雕和阴线刻技法琢出兽面图案，基本构图也与A型琮同。器高3.3、直径4.8厘米，孔径上2.7、下2.6厘米（图版陆：6；图二八：4、5）。

牌饰 3件。分别出自三墓，均置于墓北端陶器南边近旁。M7∶55，器形平面如倒立三角形，底角圆钝呈弧形。全器用透雕和阴线刻技法琢出兽面图案。两角各用管钻法透雕一圆孔为眼，眼两侧以线切割法镂扩成弧边三角形的镂孔，组成眼眶及眼睑，边周再用阴刻线勾勒。两眼之间以长条形的镂孔为额。鼻孔用阴刻的云纹表现。鼻下端弧边十字镂孔的部位似可认作嘴。眼眶以下的两侧各有一个锯齿状凸起，颇似蛙爪，十字镂孔及其两侧的形态更近蛙的后腿，故整器又如变形的伏蛙。宽7.1、高3.9厘米（图版陆：3；图二八：6）。M10∶20，白玉，有褐点斑。下半部为兽面图形。眼眶椭圆形，凸出于器面，以阴线的重圈为眼珠，眼眶中再填以阴刻的云纹。扁圆凸起的鼻翼用云纹勾画出粗大的鼻孔。底缘的凸起部位用来表现兽的嘴部，嘴内用阴线表现的四枚獠牙位于底缘的侧面。整个兽面的表现技法，有如立体的圆雕。牌体上端为神人头像。神人脸作倒梯形，橄榄形眼眶、单圈的眼球、蒜状鼻和扁圆的嘴，均用阴线刻表示。嘴内还刻牙齿上下各四枚。神人头戴长方形羽状冠，用阴线刻出十一组羽状纹。颈的两侧有椭圆形镂孔。神人伸颈探首，神态自若地凌驾于威严的兽面之上。构图精巧，堪称绝品。整器上部较薄，兽面部位略厚。器背面平整，有四组横向隧孔，应为穿缀之用。宽8.3、高6.2、厚0.6~1.1厘米（图版肆：2；图三三）。

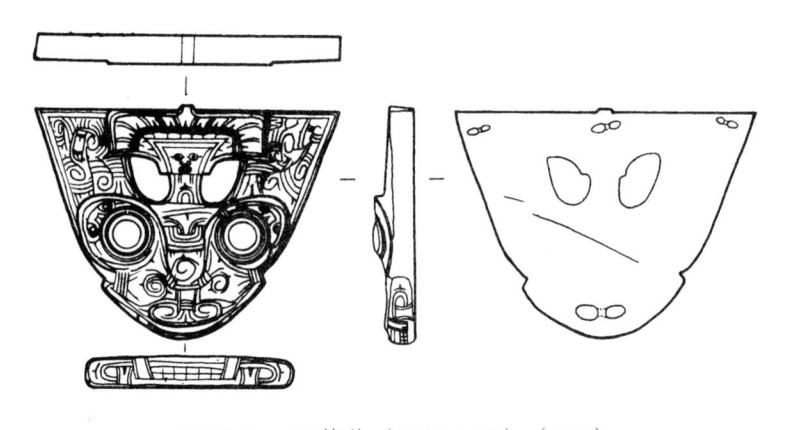

图三三　玉牌饰（M10∶20）（1/2）

璜　9件。其中8件为半璧形。北列诸墓除M5未见外，每墓出1至4件不等。M1、M4各出2件玉璜，分别出自墓南端和墓中部；M11出4件玉璜，1件出于墓中部，其余3件出于墓南端。凡位于墓室南端的璜，出土时均有玉管串饰相连，其所在位置约在死者颈、胸部。此类玉璜及管组成的串饰应是颈饰。M4∶34，黄玉。半璧形。上端两侧各有一小圆孔便于系挂。背面平素，正面有线刻兽面图案。兽面着重表现一长方形的巨嘴及两对獠牙。宽14.3、高5.7厘米（图二八∶7）。出土时正面向上，与由16件玉管组成的串饰（M4∶35）相连。M11∶84，白玉。半璧形。中间半圆孔两侧各有一小圆孔，用于系挂。两面用透雕及阴线刻技法琢出兽面图案。两端各对钻一较大孔为眼，用阴线勾出椭圆形的眼眶。下端用阴刻线及弧条形镂孔作嘴。中心部位用弧边十字和弧边三角形的镂孔表现出鼻梁和鼻孔。整器清晰地保留着镂孔的琢制痕迹。凡镂孔部位，均先用阴线勾画出部位，用管钻法穿透，然后用线切割的方法镂扩成图形。这是研究良渚琢玉工艺的一件难得的标本。宽12.7、高4.8、厚0.35厘米（图版陆∶8；图二八∶8）。M11∶94，白玉，有褐色斑纹。桥形，中间较厚，两端稍薄。上边的两端各对钻两小孔，下弧缘的窄面用浅浮雕法琢出四个龙首形装饰，犹如传世的"蚩尤环"。图形凸出了方形嘴，嘴内刻上列门牙四枚，下唇及下列门牙均隐去，似被口内所含物体遮掩。眼眶用阴线刻成，眼球及眉脊用凸起的圆雕表现。两眼上方有一对凸起的犄角。这种长吻双角的形态与良渚常见的兽面纹迥异，如将璜当作此种动物的躯体，似可认作龙。宽7.9、高3、厚0.55厘米（图版陆∶5；图三七）。M11的两件玉璜出土时均有玉管串饰相连，其位置约在死者的胸、腰部。它们和圆牌饰相连布列，可能是一组胸饰或覆盖于尸体的佩饰。M11∶54，白玉。半璧形。素面。两端呈尖角，上边两侧对钻一小圆孔。宽15.6、高6.3厘米（图三一）。出土时与一组9件的圆牌穿连。凡墓室南端出土的玉璜，其制作工艺均较同墓中部所出的精致，似乎当时比较注重于颈饰。

圆牌饰　31件。除M2出1件外，余均出自北列墓葬。其中成串分布的3组26件，单件出土的5件。3组圆牌饰分别出自M1（6件）、M4（8件）和M11（12件）。出土时直排成列，并与墓室中部的玉璜相联结。就其个体形态可分成三型。

A型　4件。玦式圆牌。圆饼形，中间钻一孔，厚薄不匀。往往在厚边用线切割法开一狭窄的缺口，与缺口对称的另一侧对钻一小孔。M4∶13，白玉，有黄色斑纹。直径4.6、孔径1.9厘米。

B型　25件。璧式圆牌。圆饼形，中部对钻一圆孔，其中16件在边缘的一侧对钻一小孔。

M11:57，白玉。边缘钻一小孔。直径4.15、孔径1.6、厚0.4厘米。

C型 2件。龙首圆牌。M2:17，白玉。圆饼形，似小璧。中孔对钻，外缘三等分琢龙首形装饰。龙首的形态和M11:94的玉璜相似，全器犹如互相吞噬着下半身的三条蟠龙。直径4.1、孔径1.3、厚1~1.15厘米（图二一、二八:9）。

瑷 2件。环状，内外壁直。M10:3，白玉。直径10.3、孔径3.1、厚1.35厘米。

鸟 1件（M2:50）。青玉。整体近似扁平三角形，上端尖凸，下端两翼舒展，中间略凸起，底面平素，有三对隧孔。正面尖端用浅浮雕和阴刻线琢出兽面图案，在横扁形的巨嘴中刻出两排门牙。如将鸟嘴向下，审其花纹，犹如俯冲而下的青鸟，又似挺角露齿的牛首（图二二、二八:10）。

镯 38件。可能有臂环和腕镯之分，有的直径在5厘米左右，不一定作镯用，或可称为镯形器。其中以M1:30最为特殊。镯体作宽扁的环状。内壁平直光滑，外壁以浮雕加线刻琢出四个相同的龙首形装饰凸出于器表。其图形与M11:94璜、M2:17圆牌同。由于此件体形较大，纹样比较具体清晰。利用环身的宽平面表现龙首的正面图形，图像下端为宽平的嘴裂，露出平直的上唇和上门齿九至十枚，以浮雕法凸出于环体的外侧。在上唇的两侧琢出圆形凸起的鼻孔，宽扁的鼻部与上唇平齐。图像上端与鼻翼相应的部分琢出一对圆凸的眼球，外饰一道圆形的眼圈。两眼的上方用阴线刻出一对圆端的短角，短角的后方以示意性的浮雕显现近方形的两耳。在眼、鼻之间壁面稍稍弧陷，表现长而且大的鼻梁。在环体弧形侧

图三四 玉手柄（M2:55）

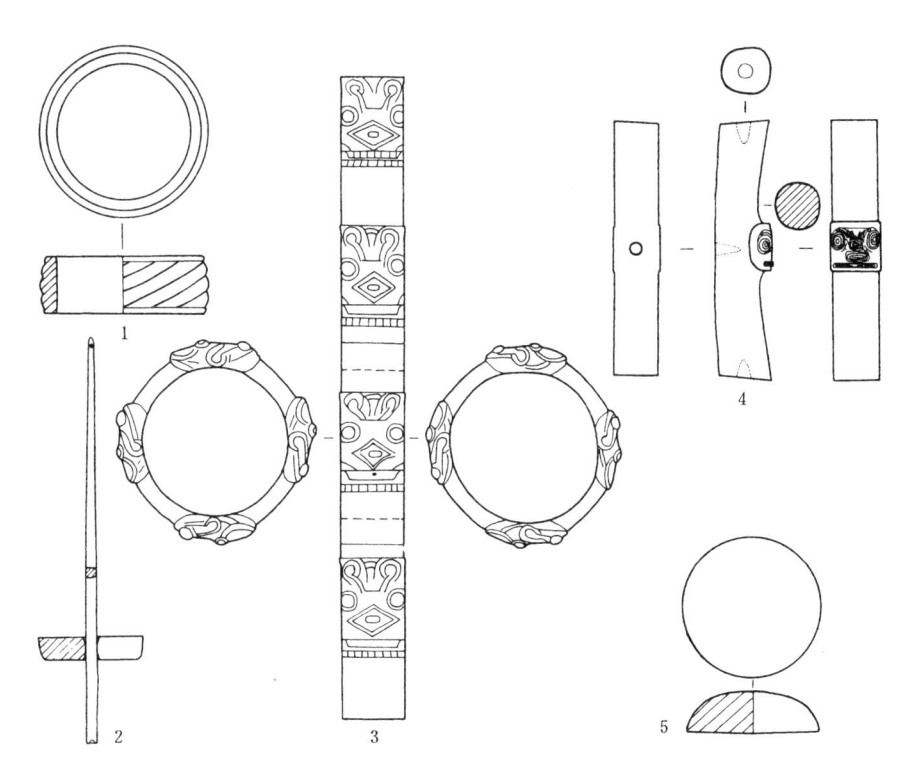

图三五 玉器
1.镯(M11:68) 2.带杆纺轮(M11:16) 3.龙首镯(M1:30) 4.手柄(M2:55) 5.泡形饰(M7:11)
（均为1/3）

面，用很浅的浮雕和阴刻线条表现深而长的嘴裂和鼻及头部的侧视外形。细审图像各部，眼和牙近似水牛或鹿，鼻如猪，角和耳非牛非鹿，似为各种动物的结合图形。以往曾将这种玉器称为"蚩尤环"。我们认为如以平面加一个侧面进行斜向观察，其形态和我国传统观念中的龙形颇为近似。这种玉镯与商、西周乃至春秋战国时期的龙形玉雕有相似之处，环曲的镯身，或可视作龙体的象征。外径8.2、内径6、宽2.6厘米（图版伍：2；图三五：3）。

M11：68，白玉。宽带环状，内壁略直，外壁有13道斜向凸棱纹。此种纹样为以往良渚镯类器中所未见。外径6.9、内径5.7、高2.2厘米（图版陆：4；图三五：1）。

带钩 1件（M7：53）。白玉。长方体，表面略弧凹，一端横穿直径约0.9厘米的圆孔，另一端用钻孔和线割结合的方法琢成深槽状的弯钩。长5、宽2.75、厚2.2厘米。这是研究当时琢玉技法的一件难得标本（图二八：14；图三二）。

纺轮 2件。圆饼状，中穿一圆孔，断面呈倒梯形。出土时置于墓北端陶器近旁。M11：16，白玉。直径4.3、孔径0.6、厚0.9厘米。出土时有一根青玉圆杆穿在其中，圆杆上端锥尖，在尖端对钻一小横孔。这是了解当时纺轮用法的好标本。杆长16.4厘米（图三五：2）。

坠 3件。M2：26，白玉。柱状垂囊形，下端圆尖，上端一小柄，柄上对钻一小横孔。长3.9、直径1.25厘米（图二八：11）。

条形饰 3件。M10：25，青黄玉。长条形，断面呈椭圆形，两端平直，各有一凸起。

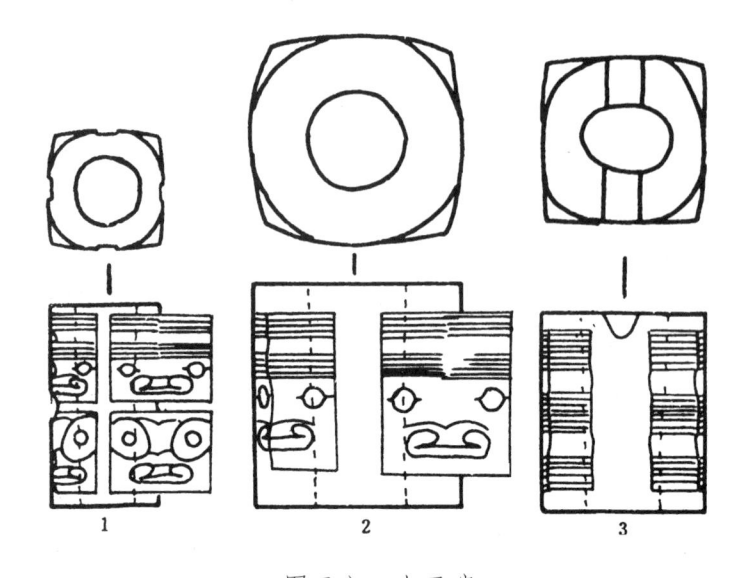

图三六　小玉琮
1、2.A型（M7：43、M9：12）　3.B型（M7：44）（均为原大）

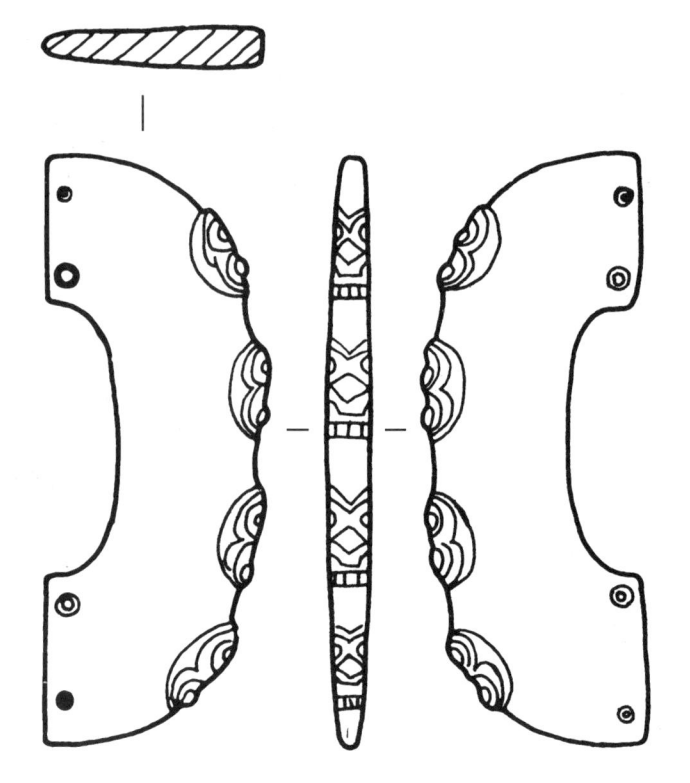

图三七　玉龙首璜（M11：94）（原大）

长 10.1、直径 0.8 厘米。

手柄 3 件。M2：55，青白玉。长圆柱体，两端各有深约 0.8 厘米的凹孔。两端上翘，中间内凹并有一方形凸面。凸面竖向琢兽面图案。椭圆形凸面为眼，眼球凸出。两眼之间阴刻云纹为额。额上两侧各阴刻四线似羽冠。凸面下边长条形横凸面为鼻，鼻中有云纹两组。与凸面相对的部位有一深约 1.05 厘米的凹孔。长 10.4、厚 2.2 厘米（图三四、三五：4）。

柄端饰 7 件。M7：29，白玉，有红褐色斑。圆台形，上端为平面椭圆形的凸榫，凸榫中间有长方形卯孔，卯孔中间穿一小圆孔至底部，榫头横穿一小圆孔。直径 5.5、高 4 厘米。

纽饰 3 件。M2：41，青玉，有斑纹。圆柱形，一端为凸榫。外表阴刻弦纹三道。长 2.4 厘米（图二八：12）。

柱形饰 21 件。圆柱体，中空，多为素面。M11：64，白玉，有褐斑。中竖穿一圆孔。用减地法琢出三个长方形凸面，每个凸面琢出如 A 型琮的兽面图案。器高 3.3、外径 5 厘米（图二八：13）。

弹形饰 9 件。分别出自 M10 和 M11。形似子弹，一端开横向槽口。M11：30，黄玉。7 件 1 组。中空，一端圆尖。7 件大小一致，长 3.1、直径 1.1、孔径 0.6 厘米。出土时并排位于墓北端陶器东侧，带槽口端向南。此器可能是某种杆状物体的顶端饰件（图二八：15）。

泡形饰 1 件（M7：11）。玉色呈褐色斑状。半圆球体，一面平，一面弧凸。直径 5.5、厚 1.4 厘米（图三五：5）。

穿缀件 器物背面或侧缘有隧孔，应是穿缀在某种有机物上的饰件。有三种形态。

半月形　12 件。M10：47，白玉，有褐色斑纹。一面平，一面弧凸。背（平）面三对隧孔，两角各对钻一孔。凹边厚于凸边。高 2、宽 4.5、厚 0.65 厘米（图二八：16）。

椭圆形　75 件。形似半个果核，一面平，一面弧凸，两端各有双面钻斜向小孔。M11：81 共 69 件。长 1.65~1.75、宽 0.95~1.3、厚 0.4~0.8 厘米。

圆形　21 件。似半球，一面弧凸，一面平。背（平）面一对隧孔。M7：112，白玉。直径 2.1、厚 1.1 厘米。

嵌玉粒 249 件。平面呈长圆形，正面弧凸，背面平齐，应是一些有机物件的镶嵌物。

管、珠串饰 玉管的形态均为圆柱形，中有一孔，多对钻而成。共出土成串的 46 组，散件 271 件。成串的一串最多达 201 件。玉珠有鼓形、球形两种形态，成串出土的 13 组，散件 57 件。出土部位多数在胸腹部附近，有的分布于南部的顶端或北部的脚端。

六、几点认识

（一）这次发现的由红土台、灰土围沟、砾石面组成的近方形的三重遗迹，是发掘中的最大收获。按现存的表层，上面没有发现房屋等具有空间的建筑物的迹象，仅为一土建实体，故名之为坛。从石墈外存在慢坡状的护坡土和一墓同时打破两重遗迹的多组墓例判断，三重遗迹之间不存在台阶状的高差，推测原坛表面为慢坡状土丘。

在现存的瑶山顶部，没有发现生活遗迹或遗物。红土台、灰土围沟、砾石面等遗迹边壁平齐，转角方正，布局规整，位于山顶之上，连围沟中的灰色填土，也是特意从山外搬运来的。可以想见，这是一项经过精心设计、认真施工，具有特定用途的建筑。

布列在土坛上的12座墓葬，为我们认识土坛的功能提供了线索。从时间关系看，12座墓葬全部打破土坛，表明建坛早于埋墓。但从砌于石墈中、覆盖于石墈之上的护坡内和打破护坡土的墓葬中出土的陶鼎、篮纹夹砂陶缸等遗物，却具有同一时期的特征。也就是说，在建坛时所使用的陶器的特征，到埋墓时还没有发生变化。建坛和埋墓先后相隔不久，因而可能出于同代人之手。这一点也说明两者存在某种联系。从发掘情况看，所有墓葬没有超越土坛的范围，12座墓分为南北两列。在南列7墓中，M2、M12、M7自东向西打破红土台和灰土围沟，随葬品都较丰富。M12居中，随葬品为数最多，仅玉琮就达7件；琢有兽面纹的琮式管多至38件以上。在北列诸墓中，M11墓坑最大，随葬品最丰厚，其东壁也打破了红土台。红土台是三重组合土坛的核心，而打破红土台的墓恰恰也是同列诸墓中最大或较大的。就土坛而言，作为核心的红土台偏东，西侧有较大的空间。上述几墓也偏于东侧。南列M12之东仅有2墓，而其西有4墓；北列M11之东仅有1墓，而其西则有3墓。营造土坛时平面布局的构想和墓列的顺延方向具有明显的同一性。

然而，这种土坛并不仅仅是一处专用墓地。

从平面位置上看，12座墓仅占土坛的南半部。虽然墓分南北两列，但两列之间不存在时间先后。北半部的空旷地带显然不是留作后代埋葬用的。

建坛的地点选择在山顶之上，如果仅是为了避潮防湿，不需要在山顶再建土坛。这高上加高应含有通向上天之意。坛作方形，和传统的"地方"说也许不是偶然的巧合，我们认为这类土坛是以祭天礼地为主要用途的祭坛。

祭坛是巫觋们表现"神"的存在和神权的专用场所，而祭坛的主事者（祭师或巫觋），则是神的代言人，是神权的执行者。祭坛上的墓内随葬如此众多的玉质礼器，鲜明地反映了死者生前的特殊身份。我们认为这里埋葬的就是巫觋。这种现象也见于中美洲，玛雅文化的祭坛上就埋有祭师。埋葬在祭坛上的巫觋，可能也是祭祀的对象。以上推断是否有当，尚祈有识者教正。

（二）瑶山墓葬分南北两列。两列墓的随葬品中，陶器的形态及组合均相同；占玉器大宗的管、珠和常见的柱形器、杖端饰、镯等也没有区别。南列诸墓共见的琮、玉（石）钺、三叉形饰和与之配套的成组锥形饰等重器为北列诸墓所无；而北列诸墓的璜和纺轮又为南列墓所未见；北列常见的圆牌在南列仅见一例。按史前墓葬的常例，凡纺轮和斧（钺）不共见者，一般作墓主性别的区分。据此，三叉形饰和与之配成的成组锥形饰，应是男性冠饰。在反山发现璜和圆牌的M22和M23也不见钺、三叉形饰和成组的锥形饰，可以作为旁证。如是，琮也是男性墓的随葬品。那么，瑶山墓地的琮全部出自男性墓。在反山，出璜和圆牌的墓仅M23出琮1件。由于北列墓明显少于南列，不同性别的墓主人不一定是配偶关系。

前已述及，同列墓中随葬品的多寡，以近祭坛内重（红土台）者最丰，同列各墓的穴位序列很可能是死者生前在祭祀典礼中的地位和作用的一种反映。可以认为，巫觋当时已经组成了包括不同地位的某种集团或阶层。

（三）玉琮是良渚文化的重器。

M12∶1号琮上的图案，表现了神人与兽面的复合图形。嘴内露出獠牙的兽面是一种表象、躯壳，阴线细刻的若隐若现的神人是其灵魂。复合的实质是人们把一种特定的兽加以人化，这就是神。M7和M3、M10出土牌饰的图案，表现的是神人凌驾于兽面；M7∶26和M3∶3两件三叉形饰则表现神人与兽面复合的另一种图形。据此，我们认为可以把这种图形简称为兽面神，它正是良渚人的主要崇拜神。瑶山北列诸墓所出的镯、璜、圆牌上表现的龙首形，可能是另一种被神化了的动物。如果这些墓为女性墓，那么可能意味着女巫除礼拜兽面神之外，还另有专司。瑶山诸墓未见一件玉璧，在已知良渚显贵者墓中实属例外，不知供奉上是否有其他含义。

（四）瑶山祭坛及其所属良渚墓葬的年代可根据陶器组合进行判断。瑶山良渚墓葬出土的陶器组合为鼎、豆、圈足罐、缸。陶器破碎较甚，目前尚在修复中。根据现场剥剔时的观察，鼎的形态为斜敞口、束颈、鼓腹、圜底。鱼鳍形足的断面呈扁圆形。陶豆为泥质黑衣陶，绘红彩，豆盘较深，宽把喇叭形的矮圈足。圈足罐为夹细砂陶，直口稍外敞，圆肩，鼓腹，矮圈足略外撇。缸为夹砂陶，胎壁粗重厚实，深腹、圜底，饰篮纹。鼎、豆是良渚墓葬的常见器。我们按陶器群将浙江地区的良渚文化小墓分为四期[1]，依照鼎、豆的形态，瑶山良渚墓葬的陶器组合相当于第二期偏早阶段。

从出土玉器来看，瑶山的玉琮以单节为主，有少数为二节；雕琢的花纹线条较粗犷，纹样较繁密；琢有花纹的器件较多。其年代约与反山墓地相当或稍早。

瑶山良渚文化祭坛遗址的发现，是半个世纪以来良渚文化考古研究的又一重要成果，它对于我们研究良渚文化时期的社会性质，认识原始宗教在我国及东亚地区原始社会向文明时代发展的历史进程中的作用，有着重要的意义。

本简报文字部分由芮国耀执笔，牟永抗改定，赵晔参加了后期工作。

发掘：牟永抗　芮国耀　沈岳明　刘斌　桑坚信　林金木　费国平　陈欢乐

照相：强超美

绘图：沈岳明　费国平　陈越南　陈欢乐

（原载《文物》1988年第1期。此文收入本书时，删除了原文发表图版，但文内仍然保留图版号）

---

[1]《浙江良渚文化小墓的分期》，纪念良渚文化遗址发现五十周年学术讨论会论文，待刊。

附录二

浙江省余杭县安溪瑶山 12 号墓考古简报

余杭县文物管理委员会办公室

瑶山位于浙江省余杭县安溪东苕溪北，下溪湾村西北，海拔 35 米，紧靠天目山北支的乌尖、大遮诸山，东邻德清县三合乡。山顶为熟土堆成，1973 年在东南部剥土采石，发现西汉土坑墓数座。村民耕作时曾出土零星小玉管，因此被作为控制保护范围。

1987 年 5 月 1 日，部分村民上山盗挖古墓，被乡干部得悉后及时制止。省、市、县有关领导会同文物管理部门、公安、司法机关，立即赶赴现场。经调查，收回被盗挖玉器 344 件，经整理后有 41 件（组），计玉琮 7 件，半圆形冠饰 4 件（1 组），玉锥形饰 9 件，刻花玉管 37 件，玉钺、小玉琮、玉圈足、坠、玉盖纽、玉匕、玉匙、带卯杖端饰、镶插端饰各 1 件，带盖柱形饰 1 组，柱形饰 9 件，大玉管 2 件，玉珠 22 颗，玉泡珠 3 颗，玉管 233 节，镶嵌玉 27 粒，器形计达 20 多种。均属牙白色透闪石软玉，大都带有黄色筋络和斑纹，经加工雕刻后，打磨抛光，表面有闪亮光泽。

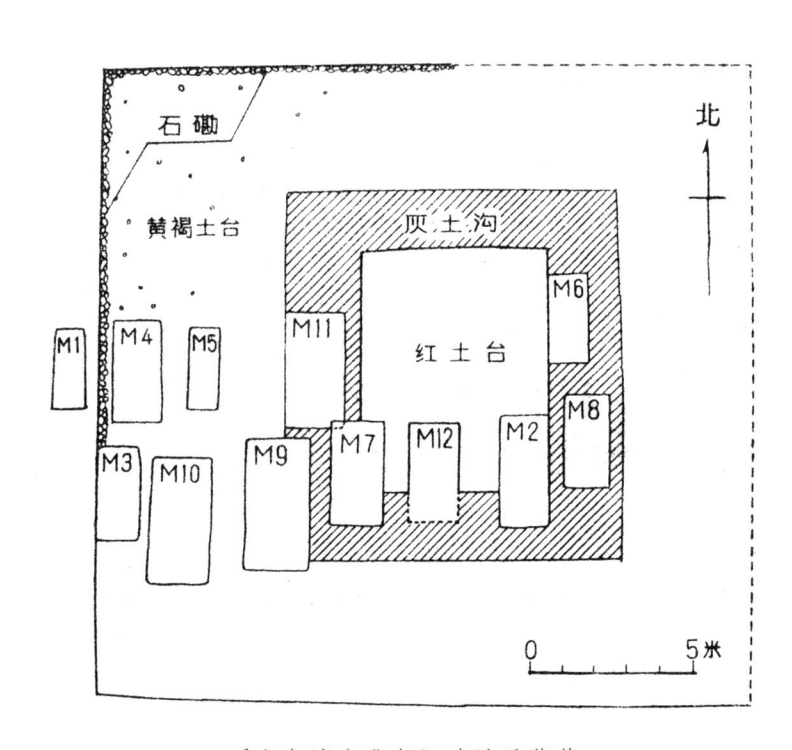

当年 5 月 5 日至 6 月 4 日，瑶山盗掘现场由浙江省文物考古研究所主持进行了抢救性发掘清理，发现一处良渚文化祭坛遗址和 12 座压在祭坛上的良渚大墓。被盗掘的这座墓编为 M12，处于祭坛的红土台中心位置，打破祭坛红土台的南边和灰土围沟，位于 M2 之西、M7 之东（参见本文"瑶山良渚文化祭坛遗址及墓葬"图）。从发掘现场看，M12 为长方形竖穴土坑墓，方向约 180°，墓坑长 3.1、宽 1.6、深约 0.6~0.8 米。

现将搜集并经整理的玉器报告如下：

玉琮 8 件（应为 7 件，此笔

瑶山良渚文化祭坛遗址及墓葬

误）。均为外方内圆，按形式分为三型：

Ⅰ型琮　1件。M12：3，白色，上端及柱体有棕黄色斑纹，下端呈青紫色瑕斑。为矮方柱，高6厘米，上端射径12.7×13.6厘米，下端射径12.5×13.5厘米，孔径二端均5.7厘米，孔内最窄处5.1厘米。上下分为二节，上节四角雕刻四组简化兽面纹，下节四角精雕繁缛兽面图像，用浅浮雕技法刻出眼睑、额、鼻，用线刻卷云纹作底，重圈为睛，形象生动威严。此重器略逊于1986年我县反山出土"琮王"，可谓"琮王"第二（图一，1；图五）。

Ⅱ型琮　6件（应为5件，此笔误）。白色带浅黄斑筋。矮方柱体，壁薄孔大。可分三式（应为二式，此笔误）：1式1件。M12：6，高7.8、上端射径8.8、孔径6.5厘米，下端射径8.2×8.5厘米。分二节，上下四角均刻简化兽面纹8组（图二，2）。2式4件。M12：5，高7.4、上端射径7.9、下端7.7厘米，孔径上端6.2、下端6.1厘米。分二节，上节刻简化兽面纹，下节刻繁缛兽面图像（图二，3）。M12：2，高6.9、上端射径7.9、下端7.8厘米，孔径异于一般，上端6、下端6.1厘米。分二节，兽面纹上简下繁。M12：4，高5.7厘米，上端射径7.1×7.3厘米、下端7厘米，孔径上端6、下端5.9厘米。分二节，兽面纹上简下繁（图二，4）。M12：7，高5.5、上端射径7.7、下端7.6厘米，孔径5.8厘米。分三节，上下节为简化兽面纹，中节精刻繁缛兽面纹（图一，2）。

Ⅲ型琮　1件。M12：1，高5.8、射径二端均为7.1厘米，孔径上端5.8、下端5.7厘米。分二节，上节四个转角处刻近倒梯形神像脸面，简去嘴、眼，戴羽冠，左右阴刻套索纹，下节繁刻兽面，四周遍施地纹（图一，3）。

上述7件玉琮，所刻各组繁简兽面纹饰，均大同小异，如出一师承。

管式小玉琮　1件。M12：24，白色，方柱形。高4.5、射径1.5、孔径上端0.8、下端0.6厘米。分五节，各转角处均阴刻简化兽面纹（图二，1）。

玉钺　1件。M12：9，色洁白澄亮素面，一侧微泛青褐色瑕斑。长14.8厘米，背宽8.9厘米。刃中间微凸，宽11厘米，厚处1厘米。背部装柄处粗糙，未加琢磨，近背处二面对钻小孔，孔径1.3厘米。刃部与两面通体打磨抛光，一面有两道弧形切割痕，显系出料时遗留（图三，1）。

玉圈足　1件。M12：10，牙白色，遍布黄色斑筋。高4.6、壁厚0.6厘米。上部直径9.8厘米。足外撇，圈底直径12.4厘米。内外均打磨抛光（图三，2）。

玉盖纽　1件。M12：11，玉质与圈足同料。高3厘米，顶端直径3.9、孔径2.3厘米，向下收分，下端直径2.9厘米，下边有一高0.6厘米的套圈。看来与上述圈足有密切的内在联系，很可能是漆豆底盖的镶嵌饰（图三，3）。

玉匕　1件。M12：15，牙白色，残长14.3厘米，可分捉手与匕身二部。捉手处上宽3.2、下宽3、高2.8、厚0.5厘米，上部钻有宽0.2、长0.9厘米的扁孔，顶端右边刻一长1.1厘米缺口，通身刻卷云纹，犹如半个冠状饰。匕身宽3.2~2.5厘米，两边修薄如刃（图三，4）。

玉匙　1件。M12：14，色泽与玉匕同，残长8厘米，可分捉手、匙颈、勺三部。捉手处上宽3.5、下宽2.7、高3.9、厚0.4厘米，上半部线刻兽面纹，下半部钻一0.6×0.4厘米的

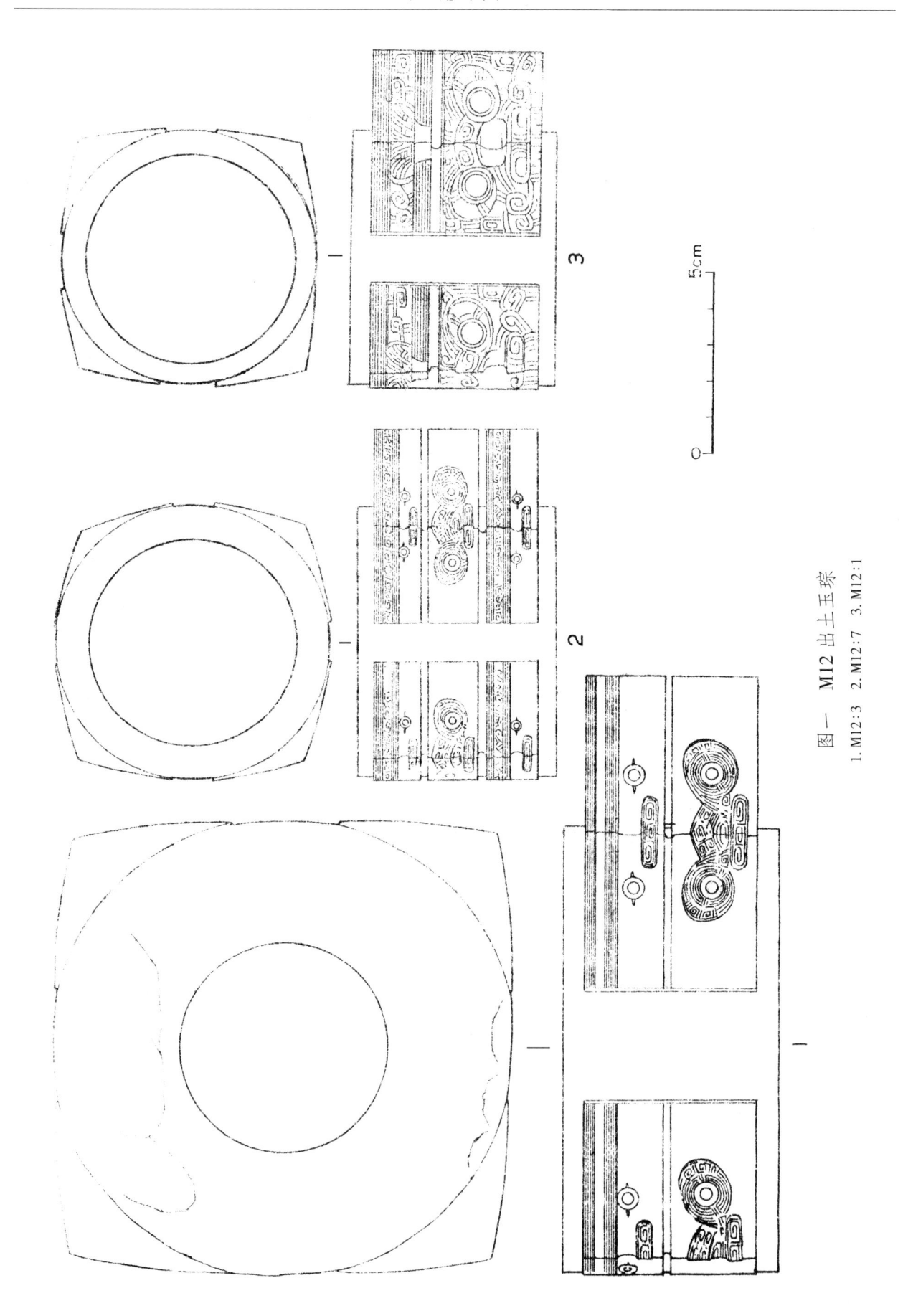

图一 M12 出土玉琮
1. M12:3 2. M12:7 3. M12:1

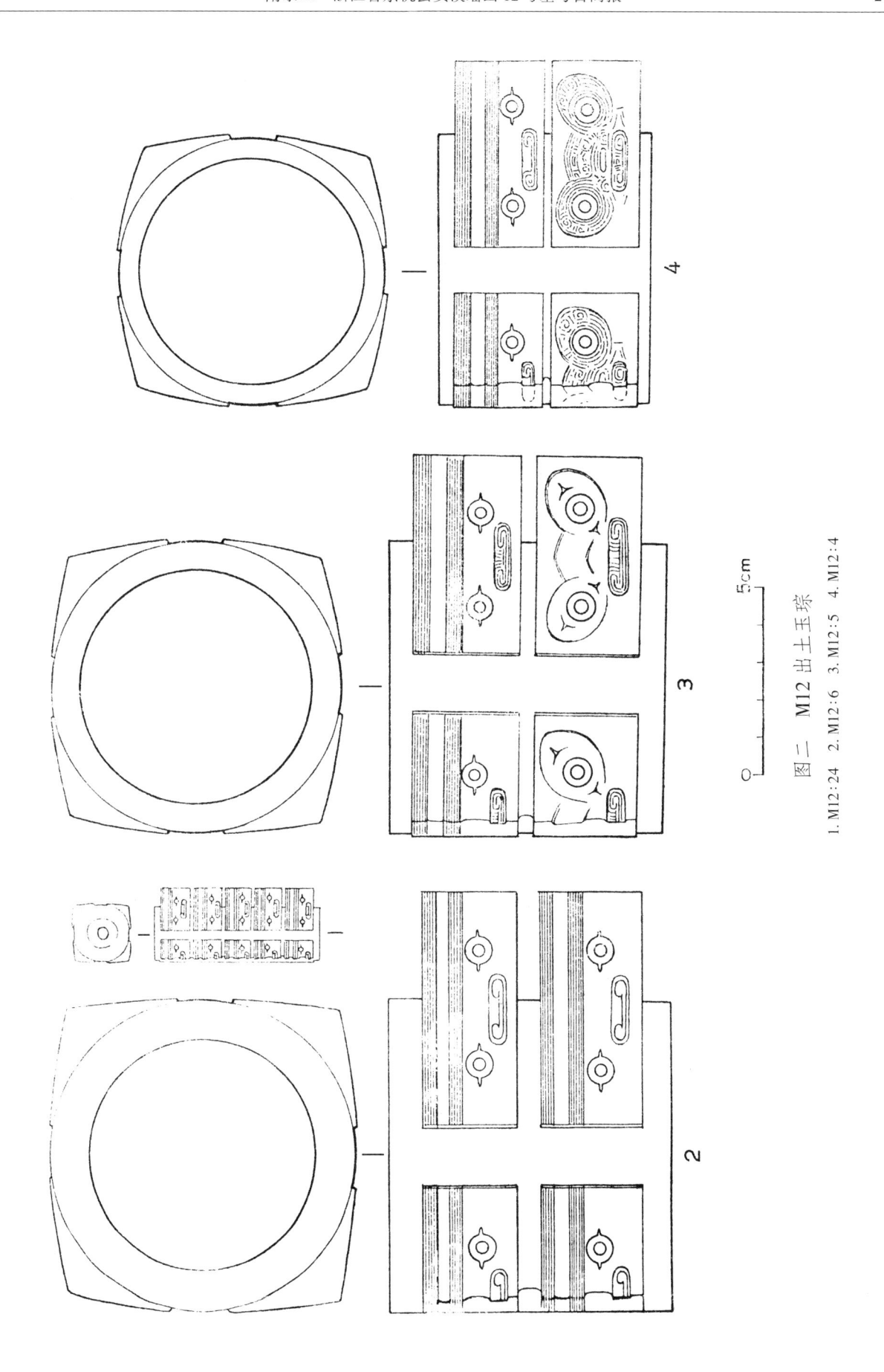

附录二　浙江省余杭县安溪瑶山 12 号墓考古简报　271

图二　M12 出土玉琮
1. M12:24　2. M12:6　3. M12:5　4. M12:4

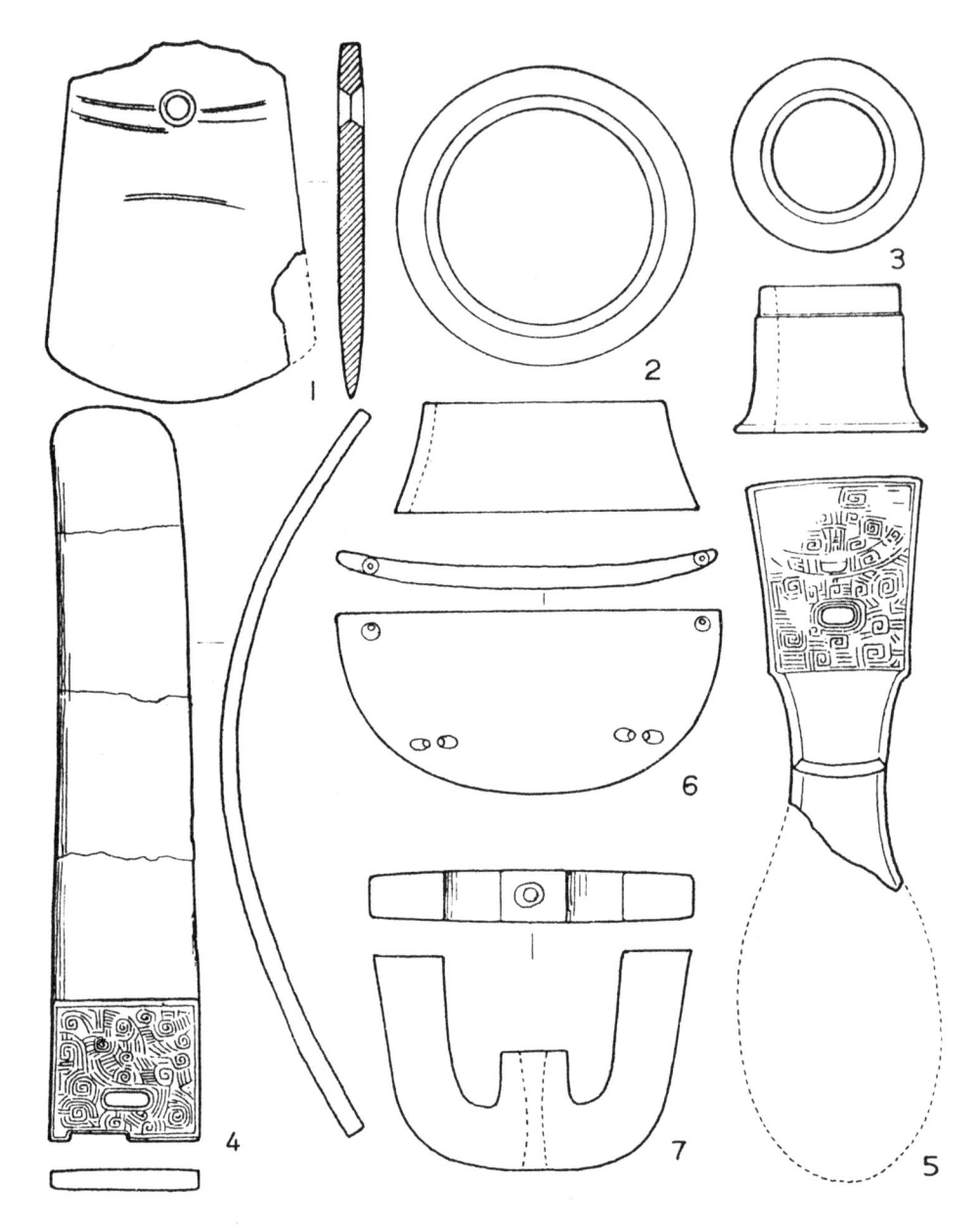

图三　M12 出土玉器

1. 玉钺 M12:9　2. 玉圈足 M12:10　3. 玉盖纽 M12:11　4. 玉匕 M12:15　5. 玉匙 M12:14　6. 玉半圆形冠饰 M12:18　7. 玉三叉形器 M12:13（1、2 为 1/3，3~7 为 2/3）

椭圆小孔，四周遍刻云纹，匙颈收缩，中间凹，弧背凸，厚处 0.6 厘米。勺部残损，另有 1.3×07 厘米，勺边沿残缺。玉匕与玉匙同出一墓，这是良渚文化器物中首次发现，只有显贵者才能拥有这样珍贵的餐具（图三，5；图六）。

半圆形冠饰　1组（4件）。M12:18，浅青玉制成，素面无纹，带有青灰斑点。底平直，宽 7.5、高 3.8、厚 0.6 厘米。正面微弧凸，圆弧边沿略薄，背面相应弧凹，斜向对钻 4 对隧孔，作冠面穿缀（图三，6）。

三叉形冠饰　1件。M12:13，白玉带黄色斑点，冠 6.3、通高 5.4、底部最厚处 1.1 厘米，中间一叉较短，并有一个上下贯通的小孔（图三，7；图七）。

刻花长玉管 1件。M12：12，呈烟嘴形，色泽与三叉形冠饰同，上圆下方。二头对钻贯通，长 8.2、上端圆径 1 厘米，下端 1.2 厘米见方，以转角处为轴线刻出额鼻，二边对称细刻重圈为眼，相背二组兽面。这种特殊玉管似与三叉形冠饰为组合饰物（图四，1）。

锥形饰 9件。均属白玉，带微黄，体方，上端饱尖，下端有小短榫，榫上对钻小孔以供穿缀用。大小纹饰略异，可分三式：

Ⅰ式 3件。M12：16，残长 9.4、宽处 1.1 厘米（图四，2）。M12：17，残长 8.3、宽处 1 厘米。M12：19，残长 8.2、宽处 1.1 厘米。偏下宽处刻出二节略同于玉琮形状的上简下繁的兽面纹。

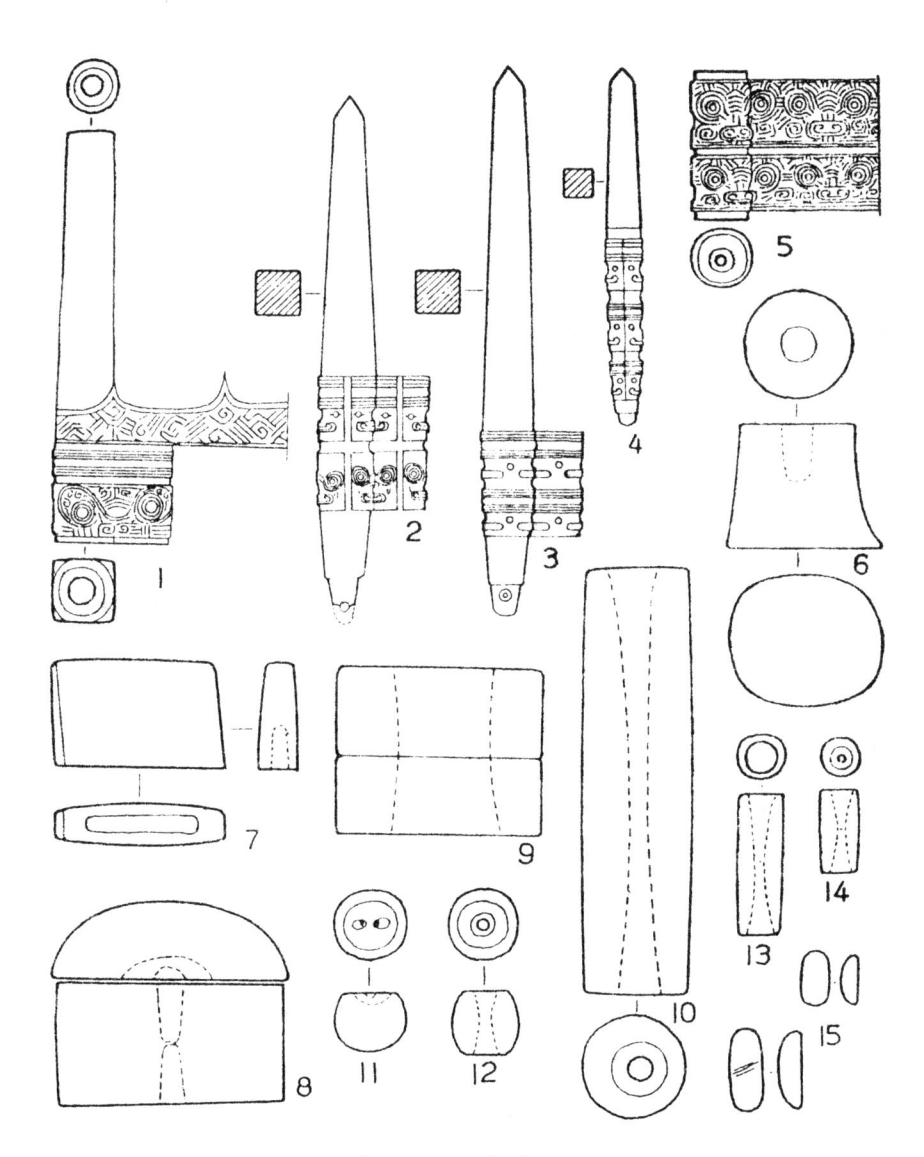

图四 M12 出土玉器

1. 刻花长玉管 M12：12　2、3、4. 锥形饰 M12：16、20、25　5. 刻花玉管 M12：8　6、7、8. 端饰 M12：27、28、29　9. 柱形饰 M12：32　10. 大玉管 M12：36　11、12. 玉泡珠 M12：38、39　13、14. 玉管 M12：42、43　15. 镶嵌件 M12：45（均约 2/3）

图五　瑶山遗址 M12 出土玉琮（M12∶3）

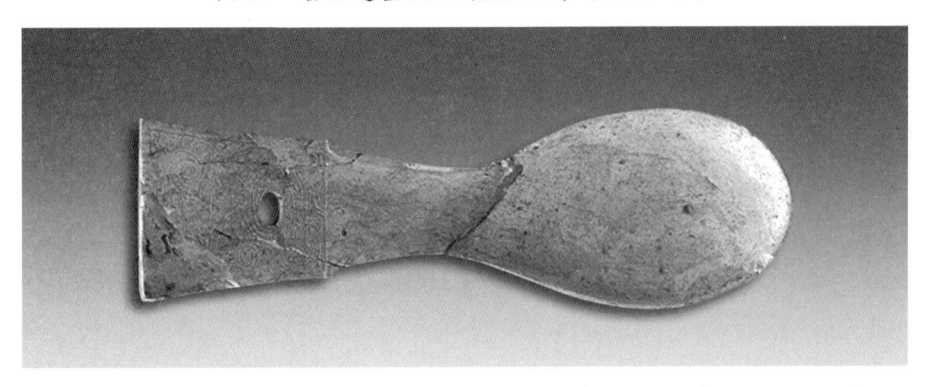

图六　瑶山遗址 M12 出土玉匙（M12∶14）

Ⅱ式　4件。M12∶20，长11.1、宽处1.1厘米（图四，3）。M12∶21，残长9、宽处1.1厘米。M12∶22，残长7.5、宽处1厘米。M12∶23，残长4.2、宽处0.8厘米。偏下宽处刻出二节简化兽面纹。

Ⅲ式　2件。M12∶25，残长6.7、宽处0.8厘米，刻出三节简化兽面纹（图四，4）。M12∶26（1），残长7.9、宽处0.8厘米，刻二节简化兽面纹。

坠　1件。M12∶26（2），白色榫残，残长2.7、宽0.9厘米，体方头钝尖，榫部对钻一小孔，近榫处四角刻一节简化兽面纹。

刻花玉管　37节：M12∶8，白色带浅黄，长2.5~3.3厘米，径粗1~1.1厘米，二端钻孔贯通，孔径0.5~0.6厘米，分二节，上下各相背精刻兽面纹二组（图四，5）。

杖端饰　1件。M12∶27，白色带筋络状青灰色，高2.5厘米，一端截面圆形，直径2.2厘米，中间钻0.7厘米小孔，孔深1.5厘米作为卯眼，一端截面呈椭圆形，长、短轴为3×2.6厘米（图四，6）。

镶插端饰　1件。M12∶28，白色，高2.1、宽3.3厘米，呈斜方形，三边厚0.7厘米，开卯一边中间厚0.9厘米，二边钻0.4厘米，小孔再琢成长2.2、深1厘米的卯槽（图四，7）。

带盖柱形饰　1组：M12∶29，色洁白，分上下二个单体，下部圆柱体，径粗4.4、高2.6厘米，中心透钻小圆孔，盖径与柱体同，高1厘米。呈扁平泡形，底部正中斜向对钻隧孔一对（图四，8）。

柱形饰 9件。均为白色，按大小可分为6式：M12∶30，1件，高2.9、直径4.6、中心孔径2.6厘米；M12∶31，1件，带青灰斑纹，高2.8、直径5.6、中心孔径2.8×2.4厘米，孔内留有弧线6条；M12∶32，1件，一边带棕黄色斑纹，高3.2、直径4.2、中心孔径2厘米，柱体中间一侧有一道长5.5厘米的线割横痕（图四，9）。

图七 瑶山遗址M12出土三叉形玉冠饰（M12∶13）

M12∶33，1件，略有黄斑，高2.6直径4、孔径1.2厘米；M12∶34，2件，略带青斑，各高2.6、直径3.2厘米，中孔对钻贯通，孔径0.6厘米；M12∶35，3件，其中一件带有灰褐瑕斑，各高1.8、直径2.6、中心孔径0.7厘米。

大玉管 2件。白玉带黄褐斑，一长一短。M12∶36，长8.5、径粗2.1厘米，二端对钻贯通，孔径0.9厘米（图四，10）。M12∶37，长4.6、径粗2厘米，一端呈不规则三角形，二端对钻贯通，孔径0.7厘米。

玉泡珠 3颗。M12∶38，白色，半球形，其中一颗带有灰褐色瑕斑，高1.1、直径1.6厘米，底径收分为1厘米，采用斜向对钻隧孔一对，以作穿缀（图四，11）。

玉珠 22颗。白色，球形。按大小归为三类：M12∶39，7颗，径粗1.2厘米（图四，12）。M12∶40，6颗，径粗0.8厘米。M12∶41，9颗，径粗0.6厘米。

玉管 233节。白色，均为圆柱形，二端对钻一孔贯通。按粗细分成三类：M12∶42，49节，径粗1、长2.7厘米（图四，13）。M12∶43，89节，径粗0.8、长1.6厘米（图四，14）。M12∶44，95节，径粗0.6、长1厘米。

镶嵌玉 27粒。M12∶45，白色，形如半瓣豇豆，大者1.6×0.7、厚0.5厘米，小者1×0.6、厚0.4厘米。通体磨光（图四，15）。

M12因被盗掘，出土器物受到不同程度损坏，且随葬器在墓内摆放位置不明，有的器物之间内在联系不清。关于此墓的时代，瑶山遗址发掘证明，12座良渚文化大墓均打破了一座良渚文化祭坛，其他11座科学发掘的大墓时代可作M12的参考，浙江省文物考古研究所所著瑶山遗址发掘简报（刊载于《文物》1988年第1期）认为这批墓属良渚文化中期，M12自然也属于这一时代的遗存。

（执笔：沈德祥　摄影：胡玉芳　绘图：费国平　修复：林金木）

（作者简介）沈德祥：浙江余杭人。1925年生。现任余杭县文物管理委员会助理研究员。

（原载《东南文化》1988年第5期）

彩　图

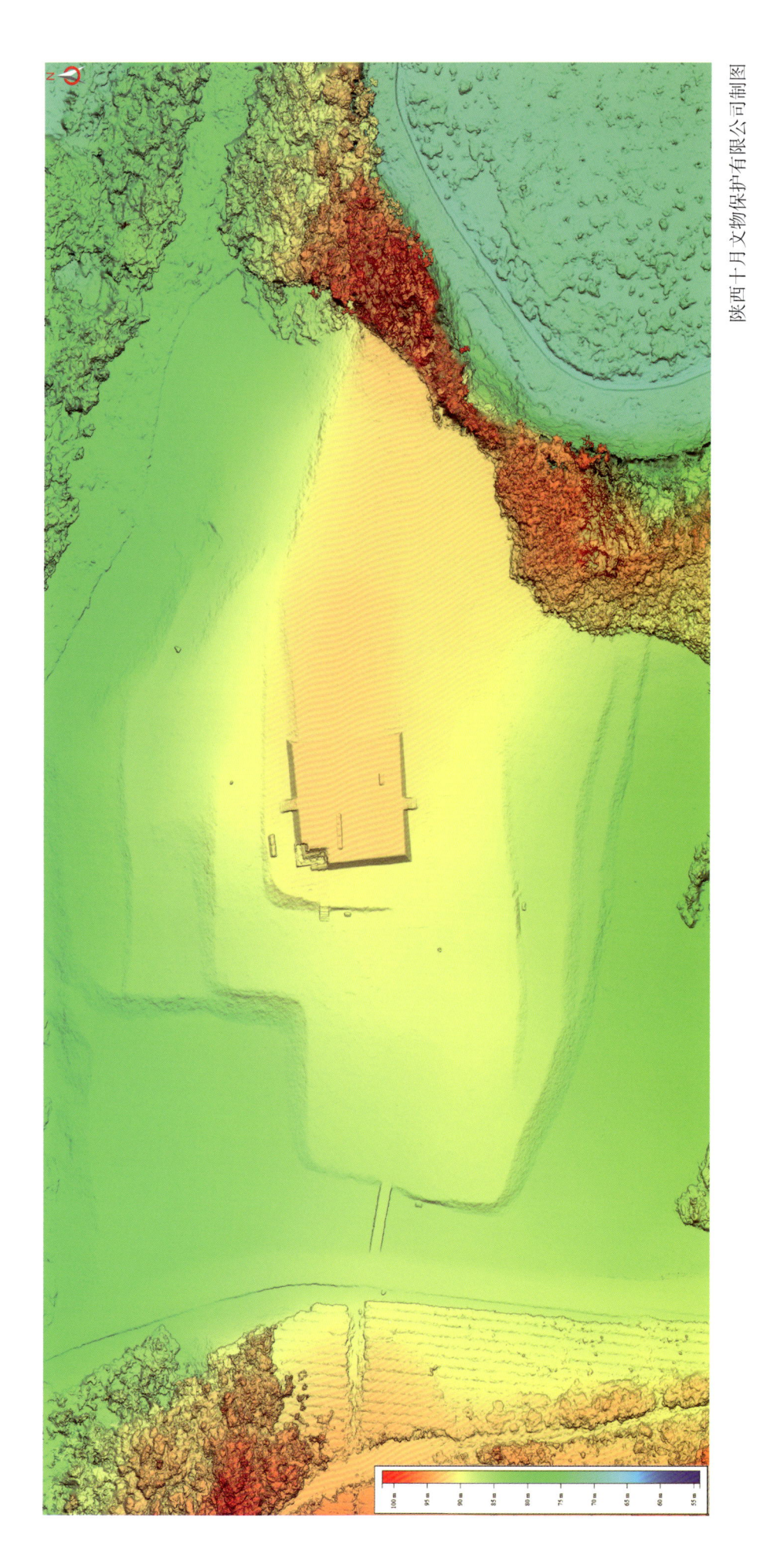

瑶山遗址祭坛高空DSM高程晕渲图

陕西十月文物保护有限公司制图

彩图 1. 1987 年发掘时的瑶山

彩图 2. 1997 年发掘时的瑶山

彩图 3. 1987 年揭露遗址全景（自南向北摄）

发掘
过程

彩图4. 西1石坎

彩图5. 西2石坎局部

彩图6. 南1石坎局部

彩图7. 南1石坎

彩图8. 北1石坎

彩图 9. M1

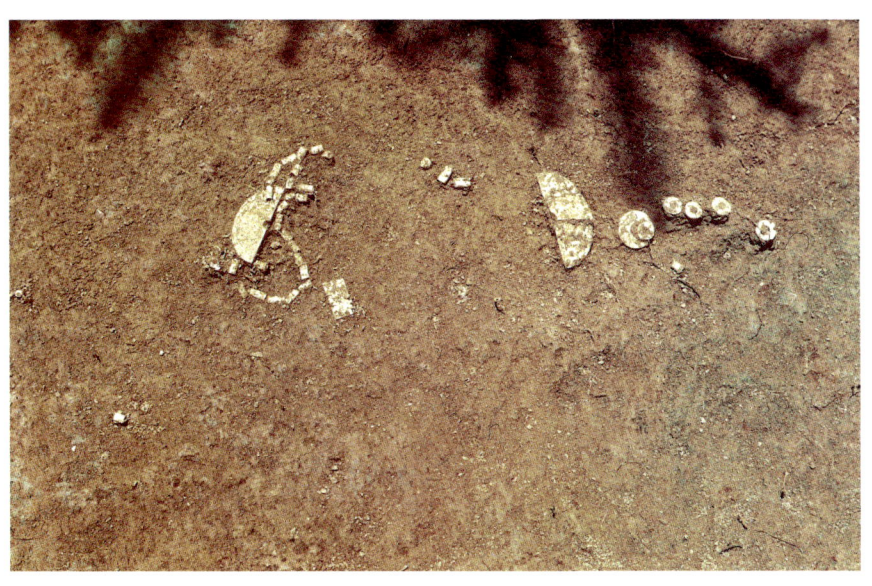

彩图 10. M1 玉璜出土状况

彩图 11. 玉冠形器（M1∶3）

彩图 12. 玉镯形器（M1∶30）

彩图 13. 玉镯形器（M1∶30）

彩图 14. 玉镯形器（M1∶30）

彩图 15. 玉璜（M1∶5）

彩图 18. 玉圆牌（M1∶13-1）

彩图 16. 玉璜（M1∶12）

彩图 19. 玉圆牌（M1∶13-2）

彩图 17. 玉管串（M1∶4）

彩图 20. 玉圆牌（M1∶13-3）

M1

彩图 21. 玉圆牌（M1∶13-4）

彩图 22. 玉圆牌（M1∶13-5）

彩图 23. 玉珠、管（M1∶1、2、14、19、20）

彩图 24. 玉管（M1∶6、10、11、16~18）

彩图 25. 玉管（M1∶21~23、28、29）

彩图 26. 玉锥形器（M1∶15）

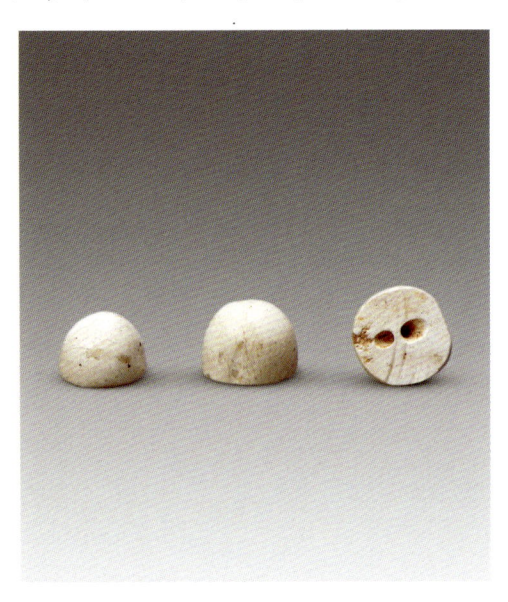

彩图 27. 玉珠（M1∶7~9）

M1

彩图 28. M2

彩图 29. M2 玉琮、玉钺和石钺等出土状况

彩图 30. 玉冠形器（M2∶1）

彩图 32. 玉带盖柱形器（盖）（M2∶2）

彩图 31. 玉三叉形器（M2∶6）

彩图 33. 玉带盖柱形器（柱）（M2∶3）

| 彩图 34. 玉长管
（M2：7） | 彩图 35. 玉长管
（M2：18） | 彩图 36. 玉锥形器
（M2：8-1） | 彩图 37. 玉锥形器
（M2：8-2） |

| 彩图 38. 玉锥形器
（M2：9-1） | 彩图 39. 玉锥形器
（M2：9-2） | 彩图 40. 玉锥形器
（M2：10） | 彩图 41. 玉锥形器
（M2：11） | 彩图 42. 玉锥形器
（M2：12） |

彩图 43. 玉琮（M2∶22）

彩图 44. 玉琮（M2∶23）

彩图 45. 玉钺（M2∶14）

彩图 46. 小玉琮（M2∶20）　彩图 47. 小玉琮（M2∶21）

彩图 48. 玉柱形器（M2∶4）

彩图 49. 玉柱形器（M2∶5）

M2

彩图 50. 玉圆牌（M2：17）　　彩图 51. 玉圆牌（M2：17）　　彩图 52. 玉柱形器（M2：16）

彩图 53. 玉镯形器（M2：24）　　彩图 54. 玉端饰（M2：15）　　彩图 55. 玉锥形器（M2：25）

彩图 56. 玉锥形器（M2：28）　　彩图 57. 玉条形饰（M2：51）　　彩图 58. 玉坠（M2：26）

彩图 59. 玉端饰（M2∶44） 　　　　　彩图 60. 玉端饰（M2∶46） 　　　　　彩图 61. 玉端饰（M2∶54）

彩图 62. 玉鸟（M2∶50）正面 　　　　　　　　彩图 63. 玉鸟（M2∶50）背面

彩图 64. 玉手柄（M2∶55） 　　　　　　　　彩图 65. 玉手柄（M2∶55）细部

彩图 66. 玉管串（M2：37）

彩图 67. 玉管串（M2：40）

彩图 68. 玉管串（M2：57）

彩图 69. 玉管串（M2：58）

彩图 70. 玉管串（M2：19）

彩图 71. 玉管（M2：39、48、43-1、43-2）

彩图 72. 玉管（M2：29、47、52、53）

彩图 73. 玉管串（M2：38）

M2

彩图 74. 玉管串（M2：59）

彩图 75. 玉珠（M2：13）

彩图 76. 玉珠（M2：42、60、41）

彩图 77. 玉粒（M2：30~33、45、49）

M2

彩图 78. 石钺（M2：27）

彩图 79. 石钺（M2：61）

彩图 80. M3

彩图 81. 玉带盖柱形器（盖）
（M3∶1）

彩图 82. 玉带盖柱形器（柱）
（M3∶2）

M3

彩图83. 玉冠形器（M3：5）

彩图84. 玉三叉形器（M3：3）

彩图 85. 玉长管（M3：9） 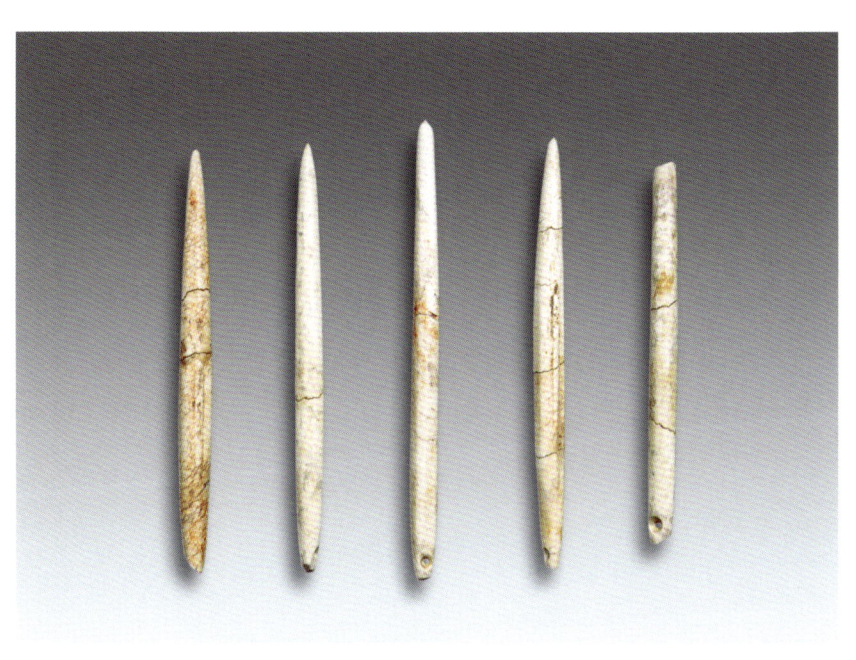　　　　　　　　　彩图 86. 玉锥形器（M3：4-1~4-5）

彩图 88. 小玉琮（M3：38） 　　彩图 89. 小玉琮（M3：39）

彩图 87. 玉钺（M3：12）　　　　　　　　　彩图 90. 小玉琮（M3：38、39）

彩图 91. 玉镯形器（M3：14） 　　　　　　　彩图 92. 玉镯形器（M3：15）

彩图 93. 玉镯形器（M3：16） 　　彩图 94. 玉锥形器（M3：23） 　　彩图 95. 玉坠（M3：44）

彩图 96. 玉管串（M3：29） 　　　　　　　彩图 97. 玉管串（M3：31）

彩图 98. 玉管串（M3：42）

彩图 99. 玉管（M3：6、7、21、27、37、46）

彩图 100. 玉管（M3：10）

彩图 101. 玉管（M3：11、48）

彩图 102. 玉管（M3：17、24、26、28、35）

彩图 103. 玉管（M3：18）

M3

彩图 104. 玉管（M3：19、25）  彩图 105. 玉管（M3：22）  彩图 106. 玉管（M3：30、33、34、36）

彩图 107. 玉管（M3：47）  彩图 108. 玉珠（M3：8）

彩图 110. 石钺（M3：13）

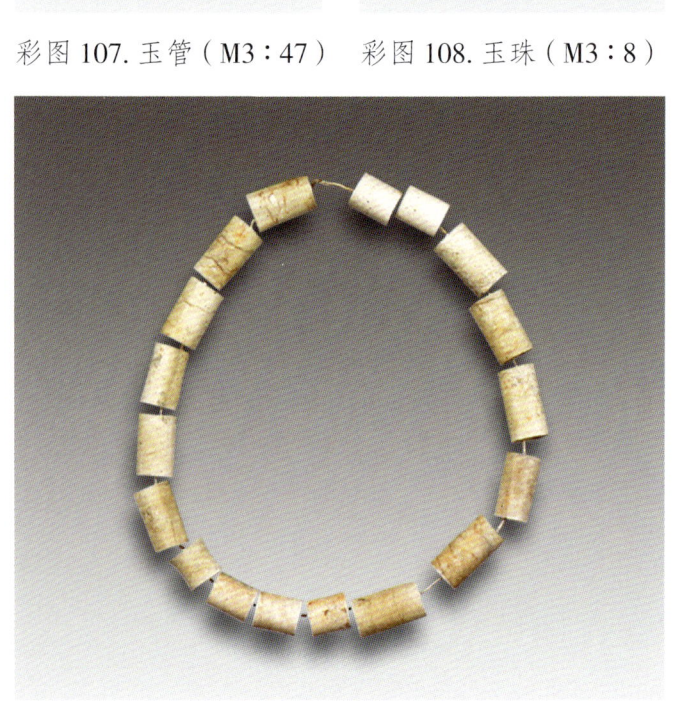

彩图 109. 玉管串（M3：41）

彩图 111. M4

彩图 112. M4 玉璜、冠形器及管串出土情况

彩图 113. M4 玉璜与圆牌串饰出土情况

彩图 114. 玉冠形器（M4：28）　　　　　　　彩图 115. 玉璜（M4：6）

彩图 116. 玉璜（M4：34）

彩图 117. 玉圆牌（M4：7）　　　　　　　彩图 118. 玉圆牌（M4：13）

彩图 119. 玉圆牌（M4∶8）  彩图 120. 玉圆牌（M4∶9）  彩图 121. 玉圆牌（M4∶10）

彩图 122. 玉圆牌（M4∶11）  彩图 123. 玉圆牌（M4∶12）  彩图 124. 玉圆牌（M4∶14）

彩图 125. 玉柱形器（M4∶3）  彩图 126. 玉管串（M4∶35）

M4

彩图 127. 玉镯形器（M4∶15）

彩图 128. 玉镯形器（M4∶16）

彩图 129. 玉镯形器
（M4∶17）

彩图 130. 玉锥形器
（M4∶18）

彩图 131. 玉管
（M4∶2、5）

M4

彩图 132. 玉管（M4∶1、24~26、36）

彩图 133. 玉管（M4∶19~22）

彩图 134. 玉管（M4：23、27、29）

彩图 135. 玉管、珠（M4：44、33、31、37）

彩图 136. 玉珠（M4：4）

彩图 137. 玉珠（M4：30、32）

彩图 138. 陶豆（M4：38）

彩图 139. 陶盘（M4：45）

M4

彩图 140. M5

M5

彩图 141. 玉冠形器（M5∶3）

彩图 142. 玉圆牌（M5:2）

彩图 145. 玉管串（M5:5）

彩图 143. 玉圆牌（M5:8-2）

彩图 146. 玉管（M5:4）

彩图 144. 玉圆牌（M5:8-1）

彩图 147. 玉珠（M5:6、1、7）

M5

彩图 148. M6

M6

彩图 149. 玉冠形器（M6：1）

彩图 150. 玉璜（M6：2）

彩图 151. 玉镯形器（M6∶3）  彩图 152. 玉镯形器（M6∶4）

彩图 153. 玉珠串（M6∶8）  彩图 154. 玉饰件（M6∶9）  彩图 155. 玉锥形器（M6∶14）

彩图 156. 玉纺轮（M6∶5）  彩图 157. 玉管（M6∶10、16、11、12）

彩图 158. 玉柱形器（M6∶6）  彩图 159. 玉珠（M6∶7、13、15）

M6

M7

彩图 160. M7

彩图 161. M7 玉冠形器等出土情况

彩图162. M7玉管串饰出土情况

M7

彩图 163. M7 玉琮及部分玉器出土情况

彩图 164. M7 嵌玉漆器出土情况

彩图 166. M7 玉三叉形器出土情况

彩图 165. M7 玉牌饰出土情况

M7

彩图 167. 玉三叉形器（M7：26）正面

彩图 168. 玉三叉形器（M7：26）背面

彩图 169. 玉冠形器（M7：63-27）

M7

彩图 170. 玉带盖柱形器（盖）（M7∶8-1）

彩图 173. 玉锥形器
（M7∶22）

彩图 174. 玉锥形器
（M7∶23）

彩图 171. 玉带盖柱形器（盖）（M7∶8-1）

彩图 175. 玉长管
（M7∶25）

彩图 176. 玉长管
（M7∶84）

M7

彩图 172. 玉带盖柱形器（柱）（M7∶8-2）

彩图 177. 玉长管（M7∶145）

彩图 178. 玉锥形器（M7：24-1）	 彩图 179. 玉锥形器（M7：24-2）	 彩图 180. 玉锥形器（M7：24-3）	 彩图 181. 玉锥形器（M7：24-4）
 彩图 182. 玉锥形器（M7：24-5）	 彩图 183. 玉锥形器（M7：24-6）	 彩图 184. 玉锥形器（M7：24-7）	 彩图 185. 玉锥形器（M7：24-8）

彩图 186. 小玉琮（M7：43） 　　彩图 187. 小玉琮（M7：44） 　　彩图 188. 小玉琮（M7：45）

M7

彩图 189. 玉琮（M7：34）

M7

彩图 190. 玉琮（M7：50）

彩图 191. 玉钺（M7：32）

彩图 192. 玉钺冠饰（M7：31）

彩图 193. 玉钺端饰（M7：33）

彩图 194. 玉钺端饰（M7：33）

M7

彩图 195. 小玉琮（M7∶46） 　　彩图 196. 小玉琮（M7∶47） 　　彩图 197. 小玉琮（M7∶47、46）

彩图 198. 小玉琮
（M7∶49）　　彩图 199. 小玉琮
（M7∶51）　　彩图 200. 小玉琮
（M7∶52）　　彩图 201. 小玉琮
（M7∶54）

彩图 202. 小玉琮（M7∶147） 　　彩图 203. 玉锥形器（M7∶42） 　　彩图 204. 玉镯形器（M7∶6）

彩图 205. 玉镯形器（M7：20） 　　彩图 206. 玉镯形器（M7：35） 　　彩图 207. 玉镯形器（M7：36）

彩图 208. 玉镯形器（M7：37） 　　彩图 209. 玉镯形器（M7：38） 　　彩图 210. 玉镯形器（M7：39）

彩图 211. 玉镯形器（M7：40） 　　彩图 212. 玉柱形器（M7：27） 　　彩图 213. 玉柱形器（M7：98）

M7

彩图 214. 玉镯形器（M7∶30）

彩图 215. 玉镯形器（M7∶41）

彩图 216. 玉镯形器（M7∶57）

彩图 217. 玉镯形器（M7∶58）

彩图 218. 玉端饰（M7∶18）

彩图 219. 玉端饰（M7∶29）

彩图 220. 玉带钩（M7∶53）

彩图 221. 玉带钩（M7∶53）

彩图 222. 玉牌饰（M7∶55） 　　　　　　　　　　　彩图 223. 玉坠饰（M7∶56）

彩图 224. 玉饼状饰（M7∶11） 　　　　　　　　　彩图 225. 玉半圆形饰（M7∶101）

彩图 226. 玉半圆形饰（M7∶133） 　　　　　　　彩图 227. 玉半圆形饰（M7∶134）

M7

彩图 228. 玉半圆形饰（M7∶135）

彩图 231. 玉管串（M7∶70）

彩图 229. 玉管串（M7∶5）

彩图 232. 玉管串（M7∶72）

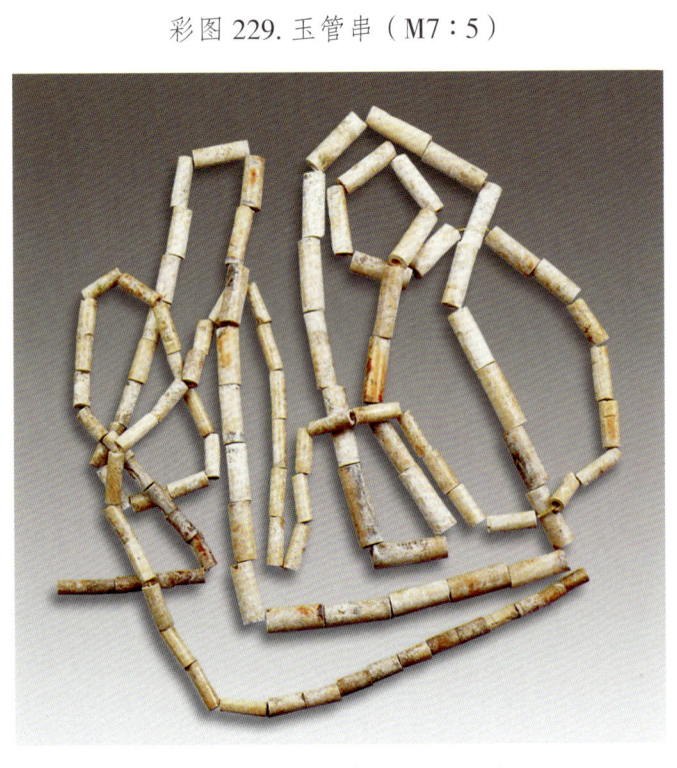

M7

彩图 230. 玉管串（M7∶28）

彩图 233. 玉管（M7∶72）

彩图 234. 玉管串（M7：73）

彩图 235. 玉管（M7：80、81）

彩图 236. 玉管串（M7：82）

彩图 237. 玉管（M7：102）

彩图 238. 玉管串（M7：104）

彩图 239. 玉管串（M7：114）

M7

彩图 240. 玉管（M7:115）

彩图 241. 玉管串（M7:116）

彩图 242. 玉管（M7:132）

彩图 243. 玉管串（M7:141）

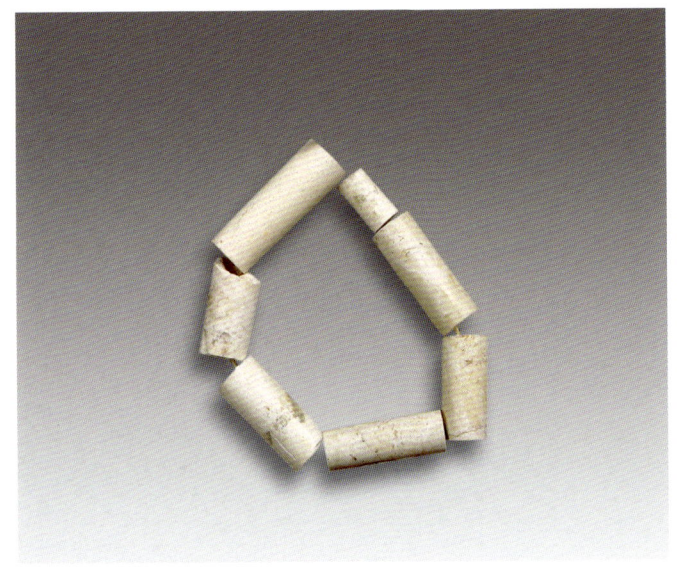

M7

彩图 244. 玉管串（M7:148）

彩图 245. 玉珠串（M7:60）

彩图 246. 玉珠串（M7：61）

彩图 247. 玉珠串（M7：69）

彩图 248. 玉珠串（M7：136）

彩图 249. 玉管（M7：10）

彩图 250. 玉珠串（M7：59、62、64~68）

彩图 251. 玉管（M7：9）

M7

彩图252. 玉管（M7：1~4）

彩图253. 玉管（M7：12、13、15、86、88）

彩图254. 玉管（M7：14、21、75、96）

彩图255. 玉管（M7：16、87、110、111、118）

彩图256. 玉管（M7：48、91、100、124、128）

彩图257. 玉管（M7：77）

M7

彩图258. 玉管（M7：85）

彩图259. 玉管（M7：89、92、95、107、108）

彩图 260. 玉管（M7：90、103、120）

彩图 261. 玉管（M7：94、122、142）

彩图 262. 玉管（M7：97、99、106、129）

彩图 263. 玉管（M7：105）

彩图 264. 玉管（M7：109、117、119、125）

彩图 265. 玉管（M7：121、123、130、131、149、161）

彩图 266. 玉管（M7：126、127、146、151）

彩图 267. 玉珠（M7：74、93）

彩图 268. 玉珠（M7：78） 　　彩图 269. 玉珠（M7：79） 　　彩图 270. 玉珠（M7：112、113）

彩图 271. 玉珠（M7：150） 　　彩图 272. 玉粒（M7：17） 　　彩图 273. 玉粒（M7：19）

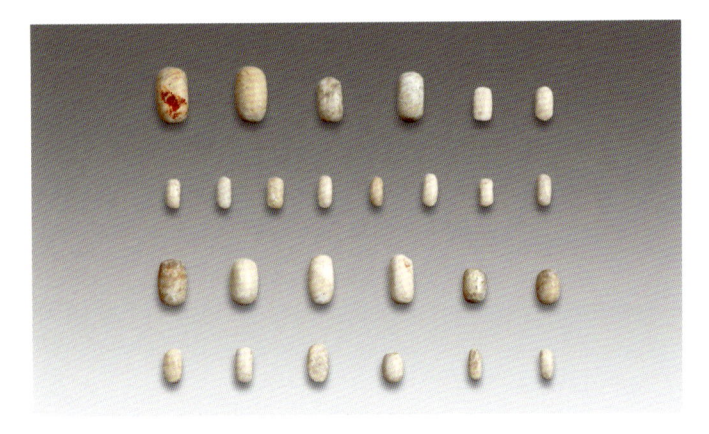

彩图 274. 玉粒（M7：63-1~63-26） 　　彩图 275. 玉粒（M7：143）

M7

彩图 276. 玉粒（M7：144） 　　彩图 277. 玉粒（M7：152）

彩图 278. 石钺（M7：76）

彩图 279. 石钺（M7：83）

彩图 280. 石钺（M7：157）

彩图 281. 动物牙齿（M7：137）

彩图 282. 动物牙齿（M7：137）

M7

M8

彩图 283. M8

彩图 284. 玉冠形器（M8：3）

彩图 285. 玉三叉形器（M8：8）正面

彩图 286. 玉三叉形器（M8：8）背面

M8

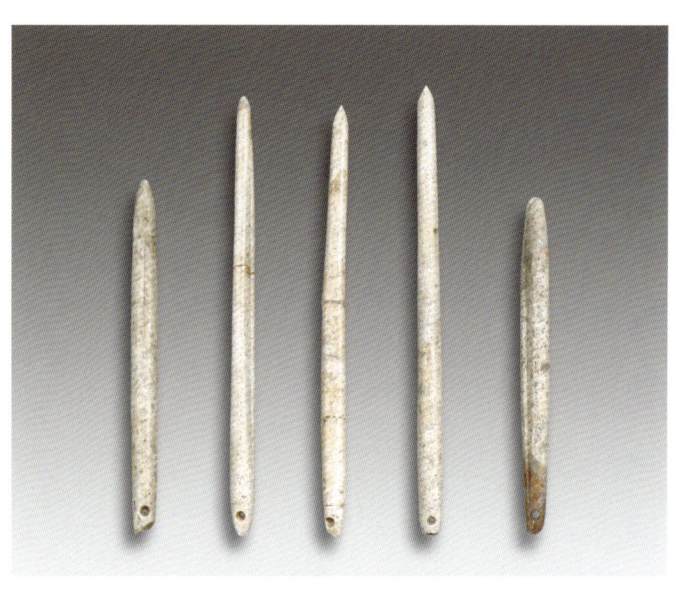

彩图 288. 成组玉锥形器（M8：10-1~10-5）

彩图 287. 玉钺（M8：14）

彩图 289. 玉锥形器
（M8：30）

彩图 290. 玉锥形器
（M8：31）

M8

彩图 291. 玉长管（M8：27） 　　彩图 292. 玉柱形器（M8：28） 　　彩图 293. 玉镯形器（M8：29）

彩图294. 玉坠（M8：34）  彩图295. 玉管串（M8：33）  彩图296. 玉珠串（M8：32）

彩图297. 玉管（M8：1、9、11、17、25）  彩图298. 玉管（M8：18、24、37）

彩图299. 玉管（M8：22）  彩图300. 玉管（M8：26）  彩图301. 玉珠（M8：35）

彩图302. 玉珠（M8：12、16、20、38）  彩图303. 玉珠（M8：15、19）

彩图304. 玉粒（M8：13）

彩图305. 玉粒（M8：36）

M8

彩图306. 石束腰形饰（M8：4）

彩图307. 石束腰形饰（M8：5）

彩图308. 石带盖柱形器（盖）（M8：2-1）

彩图309. 石带盖柱形器（M8：2）

彩图310. 石钺（M8：21）

彩图 311. M9

彩图 312. 玉冠形器（M9：6）

彩图 313. 玉带盖柱形器（M9：1）

M9

彩图 314. 玉带盖柱形器（盖）（M9：1-1）

彩图 315. 玉带盖柱形器（柱）（M9：1-2）

彩图 316. 玉三叉形器（M9∶2）

彩图 317. 玉三叉形器（M9∶2）

M9

彩图 318. 玉长管（M9∶3）

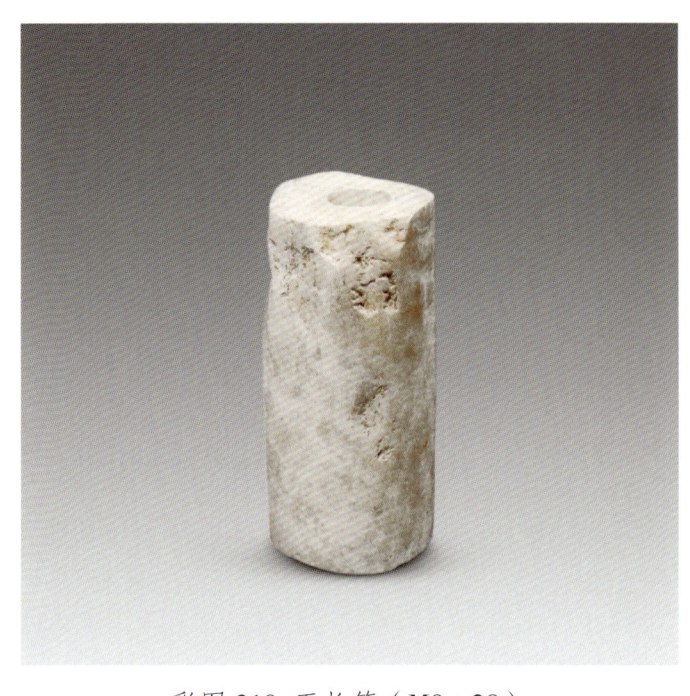

彩图 319. 玉长管（M9∶28）

彩图 320. 玉长管（M9∶29）

M9

彩图 321. 玉刻纹管（M9∶5）

彩图 322. 玉钺（M9∶14）

彩图 323. 玉锥形器（M9∶7） 　　　彩图 324. 玉锥形器（M9∶8） 　　　彩图 325. 玉锥形器（M9∶9）

彩图 326. 玉锥形器（M9∶10） 　　　　　　彩图 327. 玉锥形器（M9∶17~19）

M9

彩图 328. 玉琮（M9∶4）

M9

彩图 329. 玉琮（M9∶4）细部

彩图 330. 小玉琮（M9：11）　　　彩图 331. 小玉琮（M9：12）　　　彩图 332. 小玉琮（M9：49）

彩图 333. 小玉琮（M9：11、12）　　　　　　　　彩图 334. 小玉琮（M9：72）

彩图 335. 小玉琮（M9：50）　　　彩图 336. 玉镯形器（M9：41）

M9

彩图 337. 玉柱形器（M9：35） 　　　彩图 338. 玉柱形器（M9：36） 　　　彩图 339. 玉锥形器（M9：40）

彩图 340. 玉牌饰（M9：68） 　　　彩图 341. 玉牌饰（M9：68） 　　　彩图 342. 玉条形饰（M9：57）

M9

彩图 343. 玉管串（M9：48） 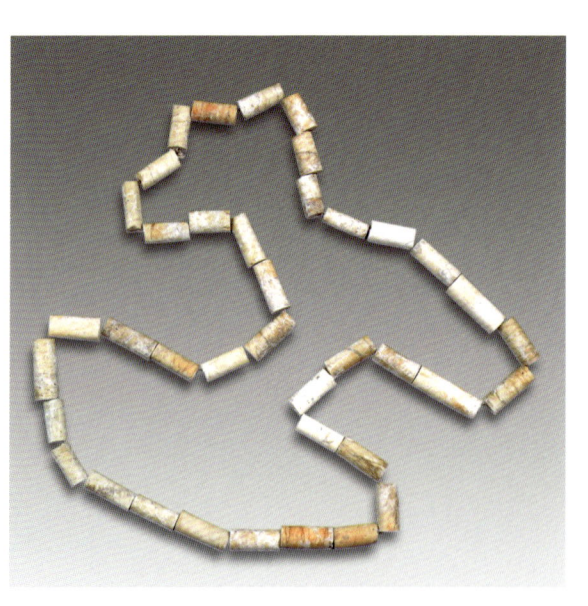　　　彩图 344. 玉管串（M9：31） 　　　彩图 345. 玉管串（M9：66）

彩图 346. 玉管串（M9：70）

彩图 347. 玉管串（M9：71）

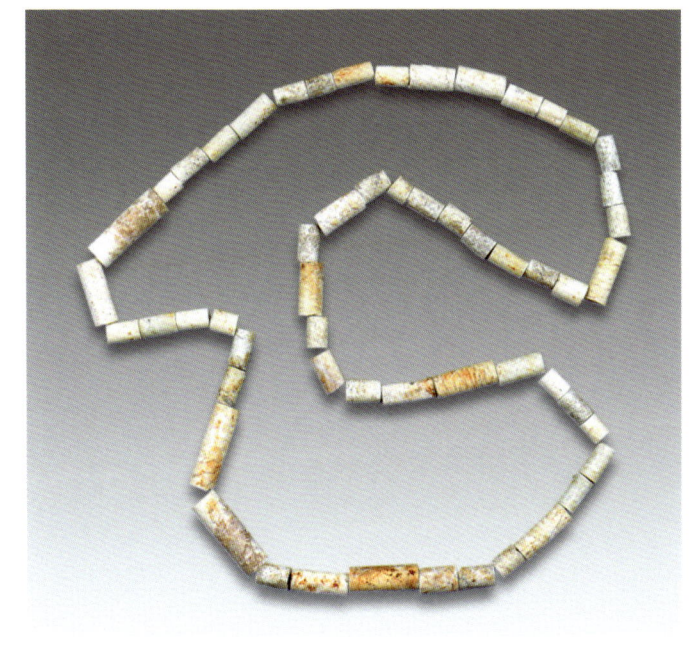

彩图 348. 玉管串（M9：77）

彩图 349. 玉管（M9：15、65）

彩图 350. 玉管（M9：22、23、25、27、39、56）

彩图 351. 玉管（M9：37、38、44、45、52）

彩图 352. 玉管（M9：53~55、63、76）

彩图 353. 玉管（M9：58~61、64）

彩图 354. 玉管（M9：67、69、73、16、21）

彩图 355. 玉管（M9：74）

彩图 356. 玉珠（M9：24、26）

彩图 357. 玉管（M9：75）

彩图 358. 玉珠（M9：42、43）

彩图 360. 玉粒（M9：30）

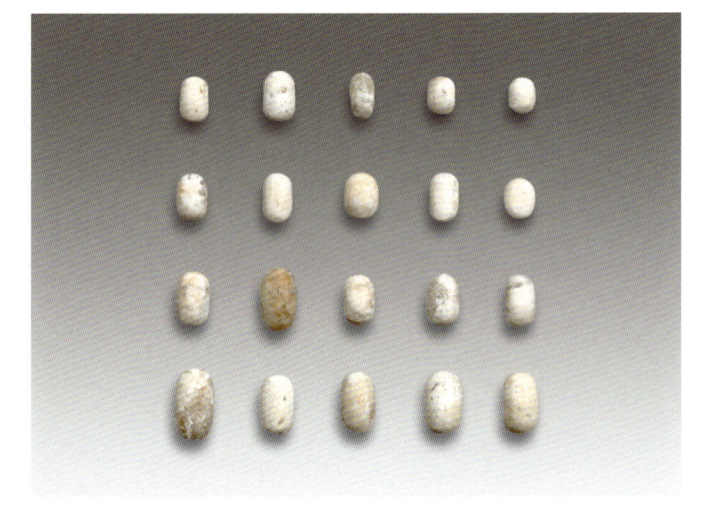

M9

彩图 359. 玉粒（M9：20）

彩图 361. 玉粒（M9：30）

彩图 362. 玉粒（M9：32、34）　　彩图 363. 玉粒（M9：33）　　彩图 364. 玉粒（M9：46）

彩图 365. 玉粒（M9：47）　　彩图 366. 玉粒（M9：51）　　彩图 367. 玉粒（M9：62）

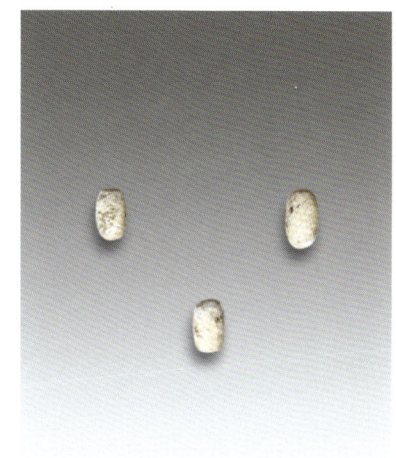

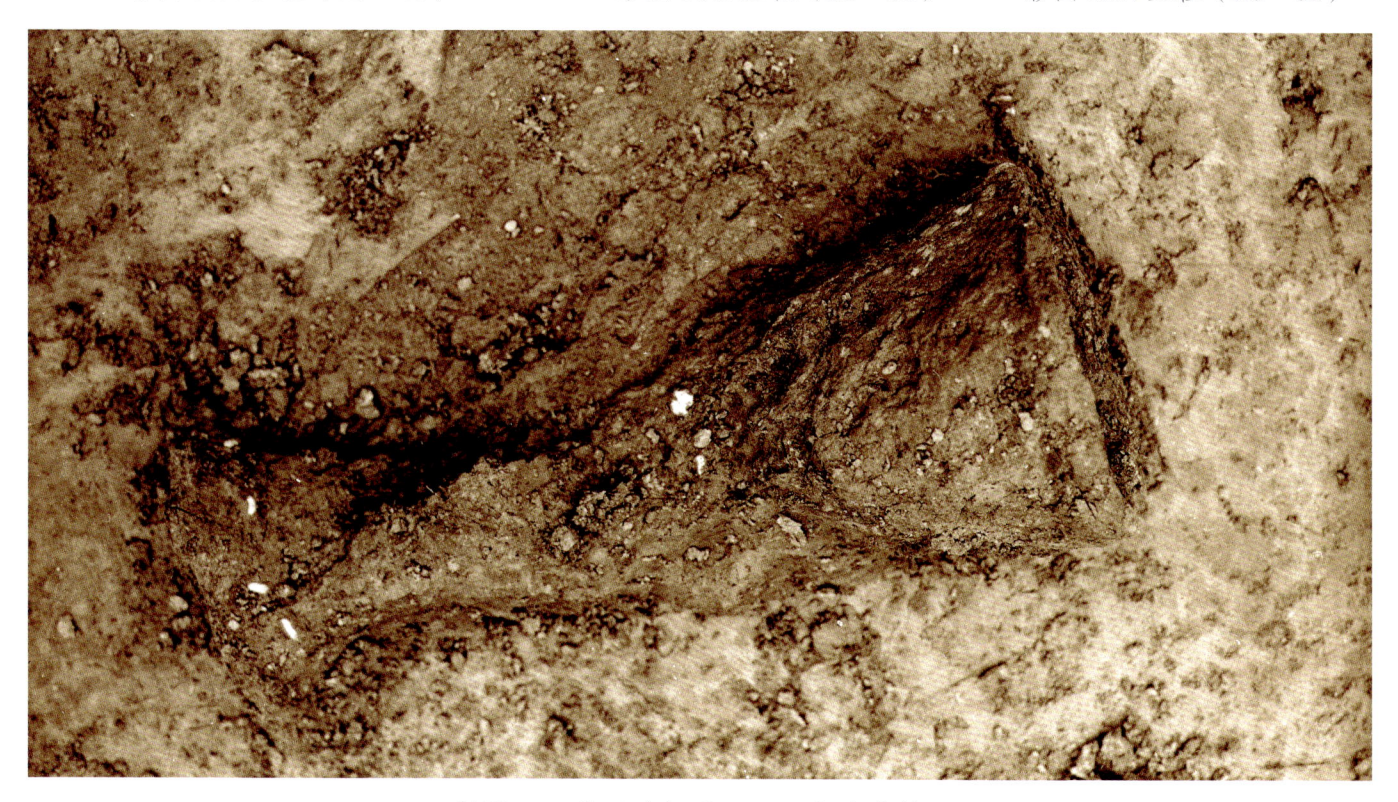

彩图 368. 嵌玉漆杯（M9：78）出土情况

M9

彩图 369. 石钺（M9：13）

彩图 370. 陶鼎（M9：79）

M9

彩图 371. 陶豆（M9：80）

彩图 372. 陶缸（M9：82）

彩图 373. M10

彩图 374. M10 中部随葬品出土情况

M10

彩图 375. M10 玉三叉形器及成组锥形器出土情况

彩图 376. 玉冠形器（M10：4）

彩图 377. 玉带盖柱形器（盖）（M10：2-1）

彩图 378. 玉带盖柱形器（柱）（M10：2-2）

M10

彩图 379. 玉三叉形器（M10：6）

M10

彩图 380. 玉三叉形器（M10：6）细部

彩图 381. 成组玉锥形器（M10：5-1~5-11）

彩图 382. 玉琮（M10：15）

M10

彩图 383. 玉钺（M10∶14）

M10

彩图 384. 玉柱形器（M10∶1）

彩图 385. 玉琮（M10:16）

彩图 386. 玉琮（M10:19）

M10

彩图 387. 玉柱形器（M10：17） 　　　　　　　　　彩图 388. 玉柱形器（M10：34）

彩图 389. 玉柱形器（M10：23） 　　彩图 390. 玉柱形器（M10：32） 　　彩图 391. 玉柱形器（M10：33）

M10

彩图 392. 玉柱形器（M10：38） 　　　　　　　　　彩图 393. 玉柱形器（M10：90）

彩图394. 玉长管（M10:21）  彩图395. 玉长管（M10:37） 彩图396. 玉长管（M10:53） 彩图397. 玉镯形器（M10:3）

彩图398. 玉镯形器（M10:28）  彩图399. 玉镯形器（M10:26）

彩图400. 玉镯形器（M10:27）  彩图401. 玉镯形器（M10:29）

M10

彩图 402. 玉镯形器（M10∶30）

彩图 406. 玉端饰（M10∶24）

彩图 403. 玉镯形器（M10∶31）

彩图 407. 玉半圆形饰（M10∶42）

M10

彩图 404. 玉端饰（M10∶18）

彩图 408. 玉半圆形饰（M10∶42）

彩图 405. 玉端饰（M10∶18）

彩图 409. 玉半圆形饰（M10∶43）

彩图 410. 玉半圆形饰（M10：44）　　　　　　　彩图 414. 玉半圆形饰（M10：99）

彩图 411. 玉半圆形饰（M10：44）　　　　　　　彩图 415. 玉月牙形饰（M10：46）

彩图 412. 玉半圆形饰（M10：45）　　　　　　　彩图 416. 玉月牙形饰（M10：46）

彩图 413. 玉半圆形饰（M10：48）　　　　　　　彩图 417. 玉月牙形饰（M10：47）

M10

彩图 418. 玉牌饰（M10∶20）正面

M10

彩图 419. 玉牌饰（M10∶20）背面

彩图 420. 玉牌饰（M10∶20）

彩图 421. 玉环形饰（M10：22）

彩图 422. 玉管串（M10：61）

彩图 423. 玉条形饰（M10：25）

彩图 424. 玉弹形饰（M10：67）

彩图 425. 玉弹形饰（M10：70）

彩图 426. 玉管串（M10：49）

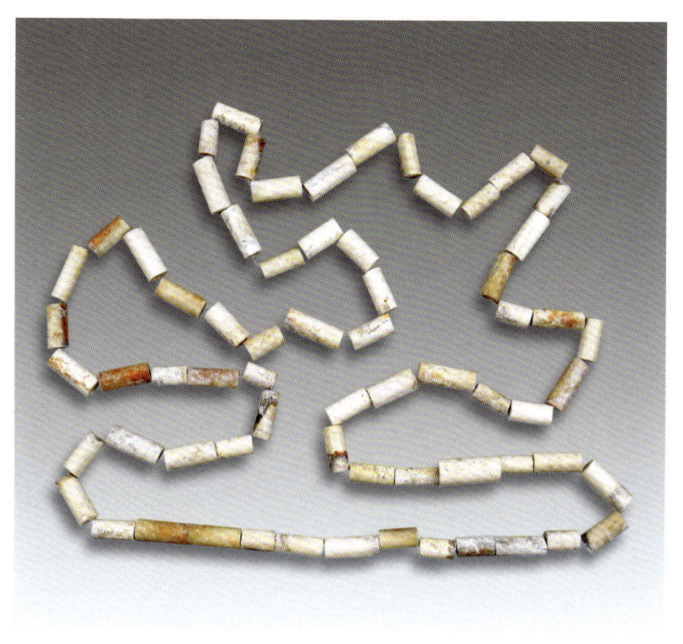

彩图 427. 玉管串（M10：63）

M10

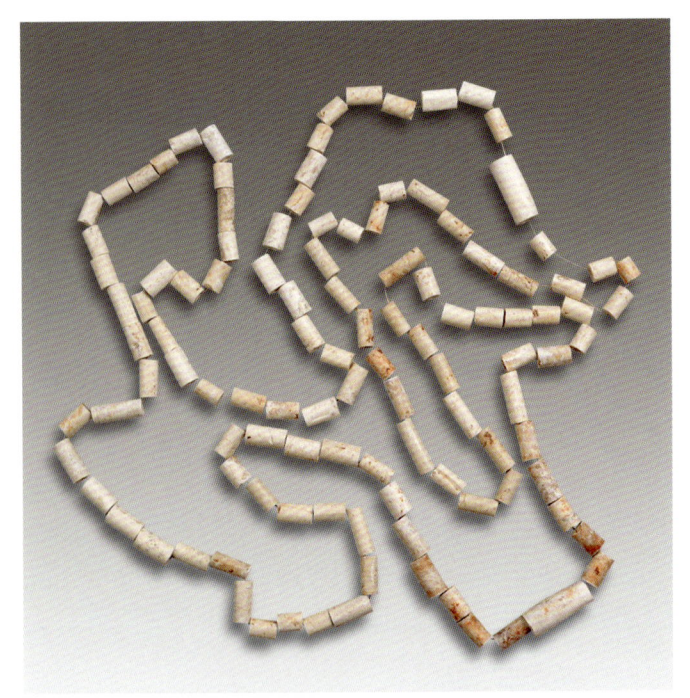

彩图 428. 玉管串（M10：65）

彩图 429. 玉管串（M10：97）

彩图 430. 玉管（M10：36）

彩图 431. 玉管（M10：39、40、57、60、66）

M10

彩图 432. 玉管（M10：51）

彩图 433. 玉管（M10：101、102、59、41、74、93）

彩图 434. 玉管（M10：52）

彩图 435. 玉管（M10：54、56、58）

彩图 436. 玉管（M10：55）

彩图 437. 玉管（M10：62）

彩图 438. 玉管（M10：68、69、71、72、75）

彩图 439. 玉管（M10：76~79）

M10

彩图 440. 玉管（M10：80、81、86、87、91）

彩图 441. 玉管（M10：88）

M10

彩图 442. 玉管（M10：104）

彩图 443. 玉管（M10：85、106）

彩图 444. 玉珠
（M10：12）

彩图 445. 玉珠
（M10：10）

彩图 446. 玉珠
（M10：105）

彩图 447. 玉珠（M10：11、9）

彩图 449. 玉珠（M10：35、64）

彩图 450. 玉珠（M10：50）

彩图 448. 石钺（M10：8）

彩图 451. 玉珠（M10：94、100、103）

彩图 452. 陶豆（M10：82）

彩图 453. 石钺（M10：13）

彩图 454. 玉粒（M10：7）

彩图 455. 玉粒（M10：95）

彩图 456. 玉粒（M10：96）

彩图 457. 玉粒（M10：98）

彩图 458. 玉粒（M10：107）

M10

M11

彩图 459. M11

彩图 460. M11 中部随葬品出土情况

彩图 461. M11 玉镯形器出土情况

彩图 462. M11 玉璜及管串出土情况

彩图 463. M11 玉纺轮出土情况

彩图 464. 玉璜（M11:84）

M11

彩图 465. 玉璜（M11:83）

彩图 466. 玉冠形器（M11∶86）

彩图 467. 玉冠形器（M11∶86）

彩图 468. 玉带盖柱形器（盖）（M11：89-1）

彩图 469. 玉带盖柱形器（柱）（M11：89-2）

彩图 470. 玉璜（M11：94）

彩图 471. 玉璜（M11：94）

M11

彩图 472. 玉璜（M11：54）

彩图 473. 玉圆牌（M11：53-1）

彩图 474. 玉圆牌（M11：53-2） 　　　　　　　　　彩图 475. 玉圆牌（M11：53-3）

彩图 476. 玉圆牌（M11：53-4） 　　　　　　　　　彩图 477. 玉圆牌（M11：56）

彩图 478. 玉圆牌（M11：55） 　　　　　　　　　彩图 479. 玉圆牌（M11：55）

彩图 480. 玉圆牌（M11：57） 　　　　　　　　　彩图 481. 玉圆牌（M11：58）

M11

彩图 482. 玉圆牌（M11:59）  彩图 483. 玉圆牌（M11:59）

M11

彩图 484. 玉圆牌（M11:62）  彩图 485. 玉圆牌（M11:60）  彩图 486. 玉圆牌（M11:61）

彩图 487. 玉圆牌（M11:43）  彩图 488. 玉镯形器（M11:52）  彩图 489. 玉镯形器（M11:66）

彩图 490. 玉镯形器（M11：42） 　　　　　　　　　彩图 491. 玉镯形器（M11：65）

彩图 492. 玉镯形器（M11：67） 　　　　　　　　　彩图 493. 玉镯形器（M11：68）

彩图 494. 玉镯形器（M11：69） 　　　　　　　　　彩图 495. 玉镯形器（M11：70）

M11

彩图 496. 玉镯形器（M11：71） 　　　　　　　　　彩图 497. 玉柱形器（M11：63）

彩图 498. 玉柱形器（M11∶64）

M11

彩图 499. 玉柱形器（M11∶85） 　　　　　　　　　彩图 500. 玉柱形器（M11∶88）

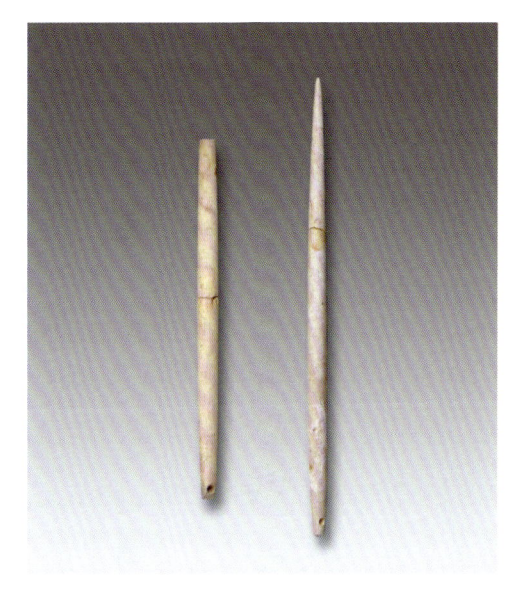

彩图 501. 玉锥形器（M11：44、75）  彩图 502. 玉长管（M11：20）  彩图 503. 玉手柄（M11：72）

彩图 504. 玉手柄（M11：15）  彩图 505. 玉手柄（M11：72）

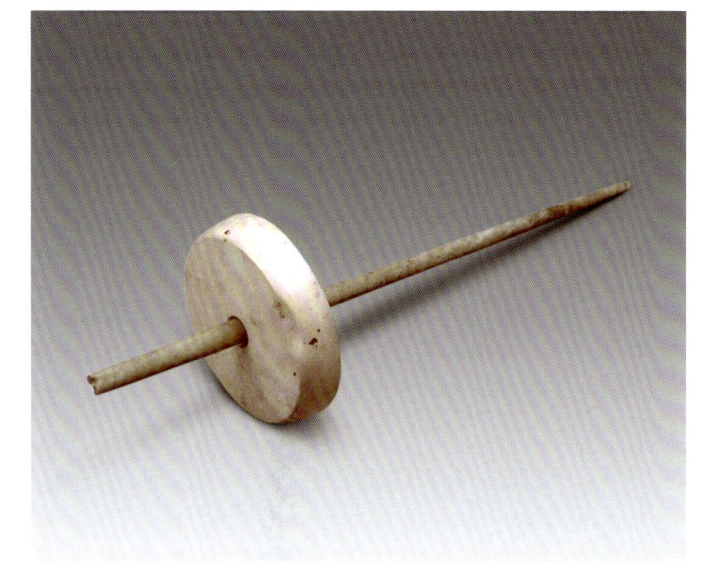

M11

彩图 506. 玉纺轮（M11：16） 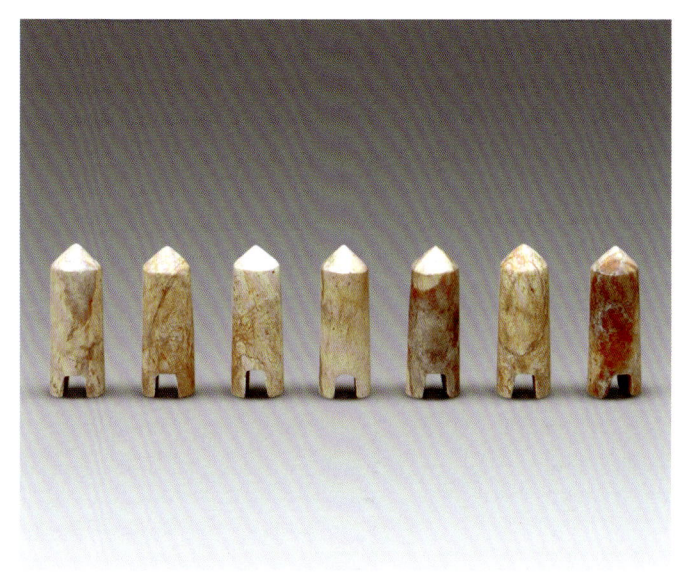 彩图 507. 玉弹形饰（M11：30）

彩图 508. 玉刻纹管（M11：73-1） 彩图 509. 玉刻纹管（M11：73-2） 彩图 510. 玉坠（M11：24）

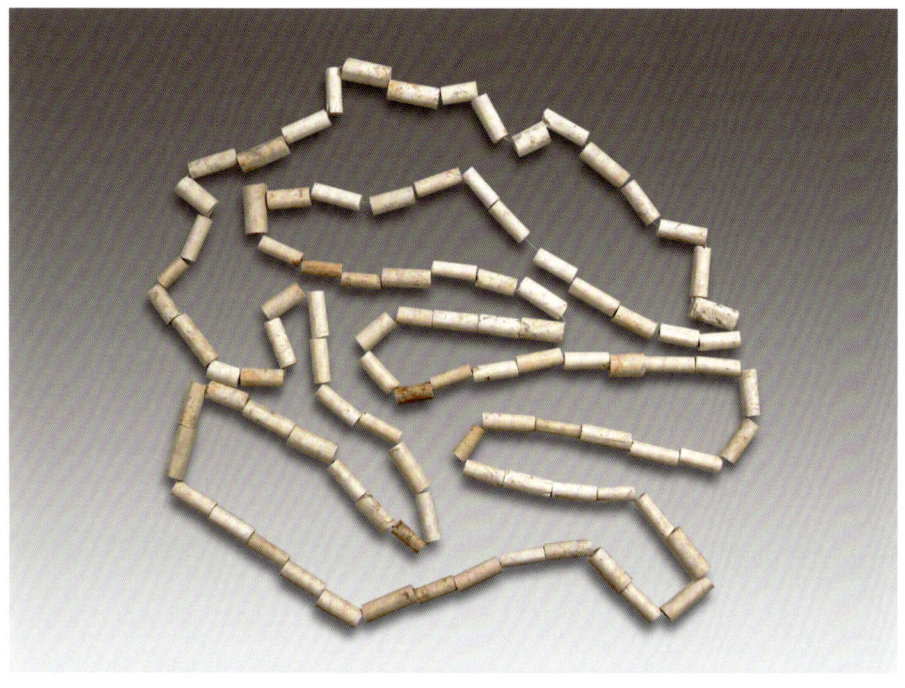

彩图 511. 玉管串（M11：76）

M11

彩图 512. 玉管串（M11：77）

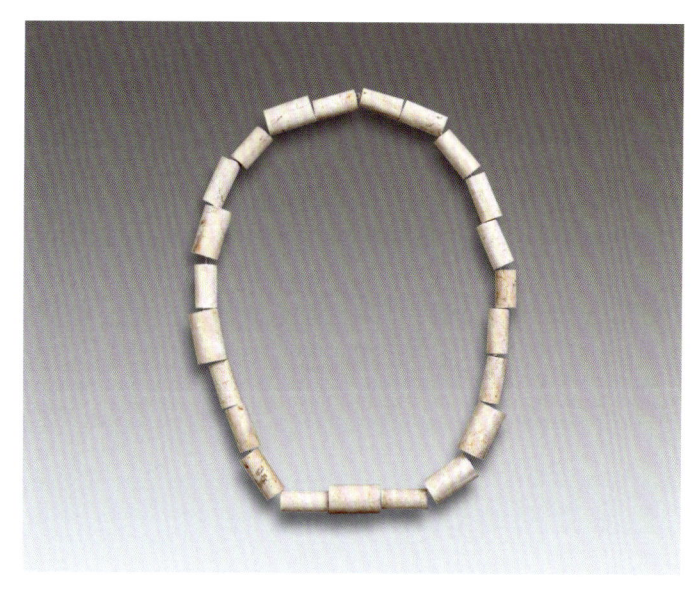

彩图513. 玉管串（M11：95）

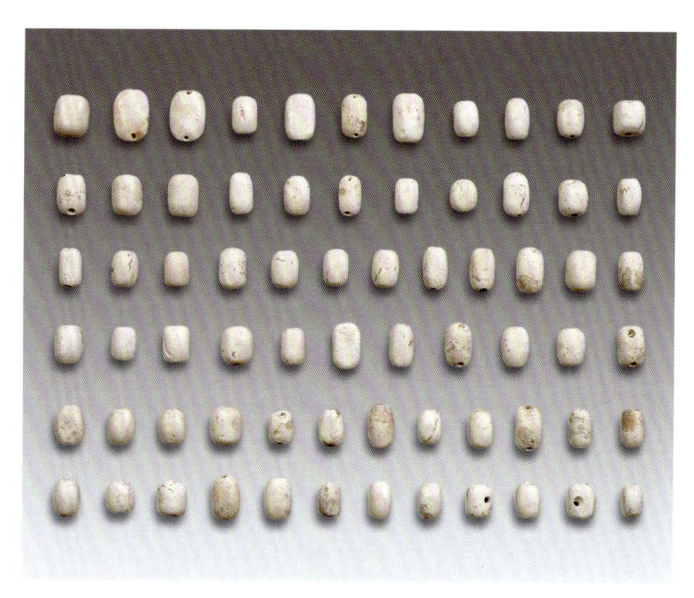

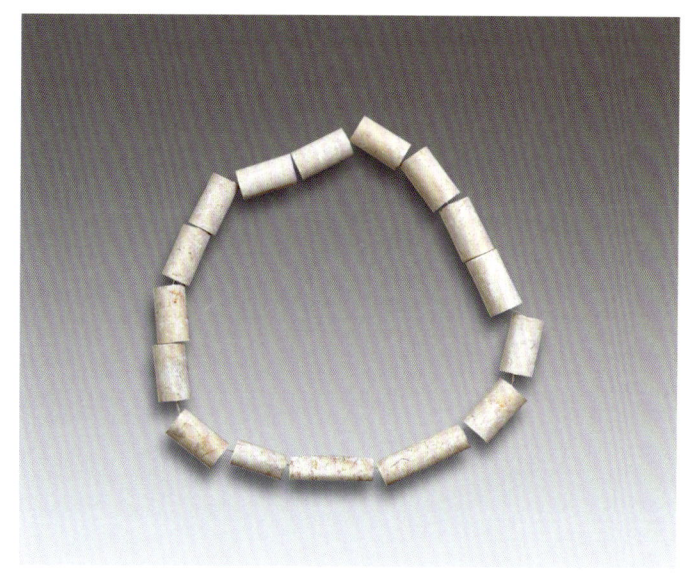

彩图514. 玉管串（M11：96）

彩图515. 玉珠串（M11：78）

彩图516. 玉瓣形饰（M11：81）

彩图517. 玉瓣形饰（M11：82）

彩图518. 玉瓣形饰（M11：82）背面

M11

彩图519. 玉端饰（M11：3） 　　　彩图520. 玉端饰（M11：3） 　　　彩图521. 玉管（M11：79、1）

彩图522. 玉管（M11：2、5、8、12、14、4、6、21、26）

M11

彩图523. 玉管（M11：27、11） 　　　彩图524. 玉管（M11：29、31~33）

彩图525. 玉管（M11：34、37、38、40） 　　　彩图526. 玉管（M11：41、90~92）

彩图 527. 玉管（M11：74）

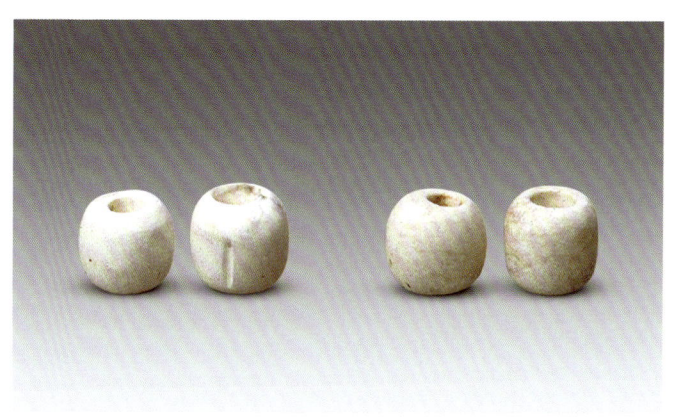

彩图 528. 玉珠（M11：7、46）

彩图 529. 玉珠（M11：28、87）

彩图 530. 玉粒（M11：23）

彩图 531. 玉珠（M11：35、39、93）

彩图 532. 玉粒（M11：17）

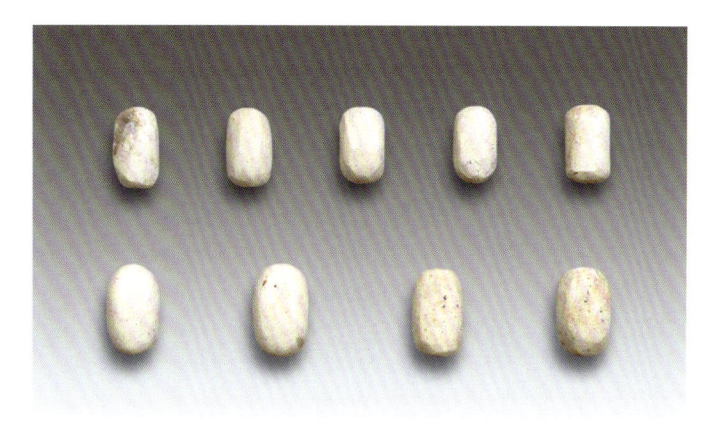

彩图 533. 玉粒（M11：18）

彩图 534. 玉粒（M11：25）

M11

M11

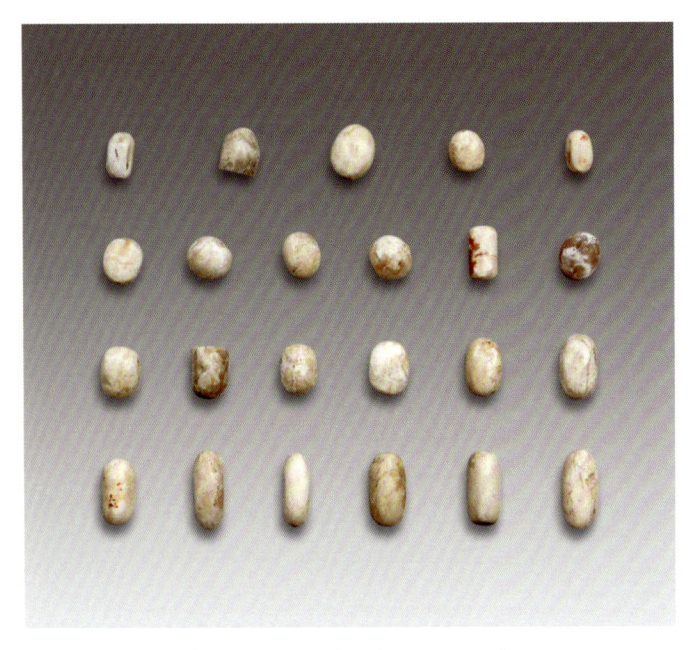

彩图535. 玉粒（M11：80）

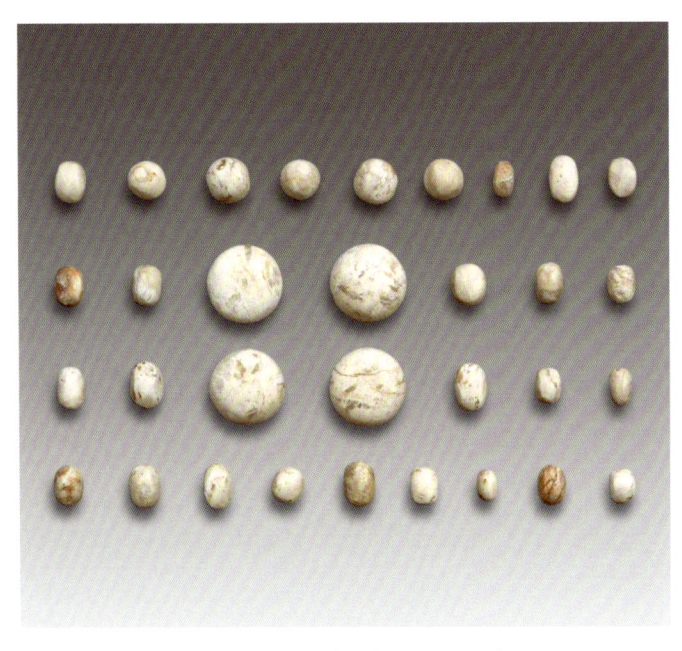

彩图536. 玉粒（M11：36）

彩图537. 绿松石珠（M11：19、22）

彩图538. 陶甗（M11：47）

彩图539. 陶鼎（M11：48）

彩图540. 陶鼎（M11：10）

彩图 541. M14

彩图 542. 玉冠形器（M14：10）

彩图 543. 玉锥形器（M14：37）

彩图 544. 玉璜（M14：25）

彩图 545. 玉镯形器（M14：36）

M14

彩图 546. 玉镯形器（M14：39）

彩图 547. 玉圆牌（M14：23）

彩图 548. 玉瓣形饰（M14：34、35、38）

彩图 549. 玉珠（M14：11、12）

彩图 550. 玉管（M14：1~5）

彩图 551. 玉管（M14：6~9、13）

彩图 552. 玉管（M14：14、15、18~20）

彩图 553. 玉管（M14：16、17、22、32、33）

彩图 554. 玉管（M14：21、24、26~28）

彩图 555. 玉管（M14：29~31、40）

M14

彩图 556. 玉管（M14：41、51、52）

彩图 557. 玉管（M14：42~45、50）

彩图 558. 玉冠形器（2850）	彩图 562. 玉半圆形饰（2806-1）
彩图 559. 玉带盖柱形器（盖）（2853）	彩图 563. 玉半圆形饰（2806-2）
彩图 560. 玉带盖柱形器（柱）（2854）	彩图 564. 玉半圆形饰（2806-3）
彩图 561. 玉三叉形器（2807）	彩图 565. 玉半圆形饰（2806-4）

彩图 566. 玉锥形器（2816）  彩图 567. 玉锥形器（2817）  彩图 568. 玉锥形器（2818）

彩图 569. 玉锥形器（2819）   彩图 570. 玉锥形器（2820）及细部

彩图 571. 玉锥形器
（2821）
彩图 572. 玉锥形器 
（2822）
彩图 573. 玉锥形器 
（2823）
彩图 574. 玉锥形器 
（2824）

征集文物

彩图 575. 玉琮（2784）

征集文物

彩图 576. 玉琮（2785）

彩图 577. 玉琮（2786）

彩图 578. 玉琮（2787）

彩图 579. 玉琮（2788）

征集文物

彩图 580. 玉琮（2789）

征集
文物

彩图 581. 玉钺（2792）

彩图 582. 小玉琮（2825）

彩图 583. 玉锥形器（3050）

彩图 584. 玉端饰（2794）

彩图 585. 玉端饰（2797）

彩图 586. 玉端饰（2838）

彩图 587. 玉端饰（2838）

征集文物

彩图 588. 玉柱形器（2798）  彩图 589. 玉柱形器（2799-1）  彩图 590. 玉柱形器（2799-2）

彩图 591. 玉柱形器（2800-1）  彩图 592. 玉柱形器（2800-2）  彩图 593. 玉柱形器（2800-3）

彩图 594. 玉柱形器（2801）  彩图 595. 玉柱形器（2803）  彩图 596. 玉柱形器（2804）

征集文物

彩图 597. 玉刻纹管（2826-1~2826-4）

彩图 598. 玉刻纹管（2826-5~2826-8）

彩图 599. 玉刻纹管（2826-1）

彩图 600. 玉刻纹管（2826-14）

彩图 601. 玉刻纹管（2826-16）

彩图 602. 玉刻纹管（2826-9~2826-12）

彩图 603. 玉刻纹管（2826-13~2826-16）

征集文物

彩图 604. 玉刻纹管（2826-17~2826-20） 　　　　　彩图 605. 玉刻纹管（2826-21~2826-24）

彩图 606. 玉刻纹管　　　彩图 607. 玉刻纹管　　　彩图 608. 玉刻纹管（2826-25~2826-28）
（2826-17）　　　　　　（2826-24）

彩图 609. 玉刻纹管　　　彩图 610. 玉刻纹管　　　彩图 611. 玉刻纹管（2826-29~2826-32）
（2826-30）　　　　　　（2826-31）

彩图 612. 玉匕形器（2837）

彩图 614. 玉匙（2836）

彩图 613. 玉匕形器（2837）刻纹

彩图 615. 玉匙（2836）刻纹

征集文物

彩图 616. 玉长管（2795）

彩图 617. 玉器座（2793）

征集文物

彩图 618. 玉长管（2808）

彩图 619. 玉冠形器（3048）

彩图 620. 玉带盖柱形器（盖）（2805）

彩图 621. 成组玉锥形器（2863-1~2863-5、2863-7、2863-8）

彩图 622. 玉三叉形器（2851）

征集文物

彩图623. 玉琮（2842）

征集
文物

彩图624. 玉琮（2841）

彩图625. 玉琮（2844）

彩图626. 玉琮（2845）

征集文物

彩图627. 玉钺（2840）

征集
文物

彩图628. 玉钺（3047）

彩图 629. 小玉琮（2846）

彩图 630. 小玉琮（2847）

彩图 631. 小玉琮（2848）

彩图 632. 小玉琮（2849）

征集文物

彩图 633. 玉锥形器（2815） 　　　　　　　　彩图 634. 玉锥形器（2827）

彩图 635. 玉锥形器（2863） 　　　　　　　　彩图 636. 玉坠（3051）

彩图 637. 玉柱形器（2855） 　　　　　　　　彩图 638. 玉端饰（2780）

彩图 639. 玉端饰（2856）

彩图 641. 玉柱形器（2852）

彩图 640. 玉镯形器（2779）

彩图 642. 玉长管（2858）

征集文物

彩图 643. 石钺（2868）

彩图 644. 石钺（2869）

彩图 645. 石钺（3046）

彩图 646. 玉圆牌（M11：60）线切割痕

彩图 647. 玉圆牌（M5：8）缺口的线切割痕

彩图 648. 玉管（M3：11）端面线切割截断

彩图 649. 玉钺（M3：12）顶部锯切割痕

征集文物